U0140375

国家社科基金项目

"中古后期佛教般若范畴与美学流变研究"（13BZW014）

中古般若与美学历程

赵建军 著

Prajna
in Mediaeval China
and Aesthetics History

中华书局

图书在版编目(CIP)数据

中古般若与美学历程/赵建军著. —北京:中华书局,2023.11
ISBN 978-7-101-16346-9

Ⅰ.中… Ⅱ.赵… Ⅲ.美学-研究-中国-古代 Ⅳ.B83

中国国家版本馆 CIP 数据核字(2023)第 183156 号

书　　名	中古般若与美学历程	
著　　者	赵建军	
扉页题签	白　鹤	
责任编辑	高　天	
责任印制	陈丽娜	
出版发行	中华书局	

　　　　　　　(北京市丰台区太平桥西里 38 号　100073)

　　　　　　　http://www.zhbc.com.cn

　　　　　　　E-mail:zhbc@zhbc.com.cn

印　　刷	三河市中晟雅豪印务有限公司
版　　次	2023 年 11 月第 1 版
	2023 年 11 月第 1 次印刷
规　　格	开本/920×1250 毫米　1/32
	印张 18⅝　插页 3　字数 470 千字
印　　数	1-1500 册
国际书号	ISBN 978-7-101-16346-9
定　　价	108.00 元

赵建军 1958 年生，内蒙古巴彦淖尔人。复旦大学文学博士，江南大学人文学院教授。主要从事中国美学史、佛教美学、中国饮食美学史、中西文化与美学研究。代表著作有《中国饮食美学史》《魏晋南北朝美学范畴史》《映彻琉璃：魏晋般若与美学》《中国艺术结构论》《知识论与价值论美学》《存在与转换：幻象美学本体论研究》等。在《光明日报》《学术月刊》《文史哲》等发表学术论文 160 余篇。两次入选江苏省"333 高层次人才培养工程"，主持完成国家社会科学基金项目、国家出版基金项目各 1 项，获省级哲学社会科学优秀成果奖多项。

目　录

自　序

中古美学与中国美学史的内在关联，一般情况下，由后者规定前者的逻辑走向，但特殊阶段也呈现出某种"异变"或"突变"，促使整体走向发生偏转。中古佛教及般若与本土美学的交遇、互渗乃至融合，就反映了这样一种历史变革，它既是美学对自身挑战的结果，也是美学跃升到更高境界的反映。

般若范畴之所以成为中古美学的聚焦，个中原因甚多，如中国人对审美浓郁的文化情结，潜在构成般若接受的基础，般若特殊智慧所展现的异质冲击力，也诱惑着人们的文化好奇心和探索欲望，但归根结蒂，般若对佛教文化主脉、精髓的思想承载，及其作为佛教母范畴所拥有的符号、形式呈现，在后续的文化演绎和阐释中是不受拘限的，从而无论其内在质蕴和能量是爆发还是隐匿，是杳邈无形，抑或幻化如真，俱能体真罩俗，惟法理为本。当般若以此种特质传输于中国，最深切地被感染和触动的文化领域就是美学。般若自身本来具备显豁的审美性与美学特质，在与中国审美、美学相遇后，便产生多层面的相通相融，从而佛教之浸种中国，在很大程度上便意味着般若与美学姻缘的缔结与展开。也恰恰因为这种历史姻缘，中国美学在中古凝成了新的生长规律，并以中古般若与美学非同凡响的熔铸过程，有力地印证了全新的美学发展之可能，具体表现在：一是美学史并非纯然沉淀、积重，以绵延、传承为己任的历史，而是不断突破樊篱、挣脱惯性束缚、重塑自身的历史。二是美学史并非全然决定于内部动因,在特殊境遇下,外部因缘的促动或能引发更具爆发力和质量提升的系统性革命。中古般若与美学的熔铸,堪称这方面的典范,足以为古代美学的彪炳。三是中国美学史的发展逻辑,原本是多质、多元的,在凝聚、扩散中摩荡、流动,呈回环往复的螺旋轨迹上升。多质、多元因素的融合,使中国美学在不同时代被赋予不同的印记,同时,也被赋予非常速度,超越一般发展状况,重塑民族精神的品质和意志趋向。中古美学历程所展现的多极化、立体化态势,便充分而圆满地实现了该时代所能达到的理论与实践探索的极致。中国美学不仅建构形成自足的美学理论体系,而且在理论外化方面,也闯出从未有过的新路,为之后的美学发展奠定了坚实的方向和基础。

　　由是,我们就可以理解"中古""般若""美学"这三个美学史概念在中古时代何以如此超强黏合。"中古"吸摄共时性、历时性因缘,让地缘、民族、政治、宗教、伦理、民俗和现实生活俱纳入生命情志与精神理想迸射的时代洪流;"般若"凸显生命细胞神奇因缘的智慧栖居,使感性、识性、理性、非理性、灵性、直觉和潜能等,幻化百变,自由而在,摇荡鼓舞,彻底刷新了中国美学的思想存在方式和显现形态;"美学"则以中国人特具的颖悟力、感通力和创造力,将思想与现实的精神矿脉,演绎为思、兴、慧、觉、悟的历史传奇。可以说,中古美学因般若而别致、深邃、饱满,在承接跳脱旧樊篱的兴奋与清新的同时,又开启了古典现代性的躁动与狂悖,它既老成又年轻,充分展现出民族文化的自信力与探险精神,有力地实现了思想与历史的细密交融与相互支撑!

　　这是我构思和撰写本书时经常考虑的问题。我觉得对美学理论、美学史内部关系的厘清,是确保认识完成先于实践的必须。而后,在意识到已形成基本的历史观、美学观、价值观和学术观的时候,便当努力付诸实践。但这时又产生新的问题,首先是书写乃以主观化逻辑为主,而理论论证和对历史实相的还原,必须克御甚至阻断主观认识的人为干预。那么，如何做到这一点，我采取严肃的态度，对史料和文献进行了尽己所能的严格梳理和考稽，来实现美学史还原的前提奠立。其次是对中国审美和美学史，不可避免地直遇历史上生动蓬勃的审美文化现象，其中包括理论建构的直觉及其外化为日常生活、个体化的践行。对此我深知由审美过渡到理论抽象，是美学史研究的一种习惯路径，但我不能满足于这种研究方式，对从文论和佛经中抽绎美学理论的方式，也多存怀疑，从而采取了将书写提升到美学史和学术形态现象学呈现的视界，使之形诸实践。我相信对中古美学唯如此才能切中美学存在的真实本质，本书有关般若范畴及其与中国美学逻辑的融合、演化，便依循了这样的美学学理"独立化"的流变轨迹，让美学以客观面目"被显现""被推移"，在场域转换和境遇变迁中获得现象学性质的呈现。第三是对中国美学逻辑和佛学意义的结构处理与理性提炼问题。对此我自始宁愿把它们视为宏观向度的公共运势，觉得无法用来替代历史中的偶然际遇和个体性的差异化抉择。为此我通过对僧人传闻和翻译实际的甄别，检视佛经流播过程的义理转化与消化，并对从最高统治者到文人卿大夫、普通民众的政治、伦理、宗教立场犹疑，与最终落实于美学上的态度抉择，给予了关联其所处时代共时性截面的辨析、审视。结果我有了意外的收获，发现古典现代性就发轫于浮动的表象之中，并且在唐代中叶飒然回归于本土文化的统绪。而且，令人不无惊喜的是，其存在方式与美学的或学术的现象学还原是并行不悖的。最后是如何看待并解决中古文学和文学理论在中古美学中的位置和意义的问题。我是文学专业出身，搞文学研究当是我的本务，那么做出"纯粹的美学""纯粹的佛教美学"或"纯粹的文学理论"，更符合我的内心期冀。但在实际进行时，我无法简单化地进行人为的逻辑切割，因为中古文化、佛学、美学与文学本来就交织在一起。为此，我力图让美学依从其自身的逻辑，来凸现文学在时代美学景观、境遇中成为巅峰表征的价值、意义,自在而为、顺其自然地绽现文学与文学理论的存在价值和意义。同时,在这方面撰述时,我糅入了近十年来自己关于幻象美学的理论思考,试图通过本土美学的本位化纵向扫描和与佛学、美学交互性幻化的考察,就文学意境理论终结于晚唐、五代的事实,对时代文化在跨系统联结中产生的思想张力和智慧极限,有新的感悟和思考。

总之,作为一本具有特定对象和研究目标的理论著作,本书进行了多方面的积极探索。或许,所做未免过于纠结、复杂,但我试图打破线性的"先总后分""一以贯之的定势"和沉溺于"事实性的次第罗列"的做法,而让各章内容错落开来,腾挪迁转,进而使学理逻辑进势自然归拢于文学。在学术理念上,我喜欢单纯和纯净,然而般若让中国美学变得复杂和幽婉曲折的客观史实,使我不得不接受这样一种应对复杂境况的挑战。好在就我个人的境遇而言,能够从事类似课题的机会不是很多,反而使我可以更从容、细致地去做这件事。常言道,"板凳要坐十年冷",话虽好说,做起来还是寸心甘苦,非一言可以尽道,但毕此一功,余与美学此生之结缘,于愿可谓足矣!

是且为序。

赵建军

2022 年 6 月写于江南大学人文学院

绪　论

一、研究对象

中古时期佛教般若范畴与美学流变的关系,系对特定历史阶段跨学科问题的研究。"范畴",英文写作 category,是思想体系的类别、种类,"范畴理论",category theory,指以范畴为逻辑核心和结点展开的系统性研究。范畴作为思维的工具和思想的单位,能够集中反映某一领域的学科逻辑和基本蕴涵,仿佛构织网络的结点,既建立逻辑本体意义的认知客体及其关系,又通过自身内涵的扩渗、转换、变异,而使范畴与其他的范畴凝合、扭结形成新的思想网络。在文化学、宗教学、伦理学和历史学与美学的研究中,范畴主要以其思想特质、内蕴,起到支撑整个思想体系及推动思想外化与应用的作用。

佛教般若范畴是佛教义理的核心范畴。般若,梵文写作 prajñā,丁福保《佛学大辞典》(文物出版社 1984 年)、沈行如《般若与业力》(北京图书馆出版社 1998 年)、姚卫群《佛教般若思想发展源流》(北京大学出版社 1996 年)等解释过这个概念,以姚卫群的最具代表性:"般若一词的梵语为'Prajñā',在一般的梵语词典中都解释其含义为'智慧''知识''判断'等,但在印度宗教与哲学中(特别是在佛教中),它又常常指非一般意义的智慧等,而被解释为一种真正的或超常的智慧。在汉译佛典中,该词常音译为'波若''钵罗若'

等,意译为'明''智''慧'等。"①就其具体的思想内涵,这个解释显然是不够的,隋吉藏《金刚般若疏》有一具体的解释:

般若是外国语,《释论》有二文。一者般若秦言智慧,开善用之;次文云,般若深重智慧轻薄,不可以轻薄智慧秤量深重般若。庄严法师云:"般若名含五义,智慧但是一条,非正翻译。但解智慧经论不同,《净名经》分二字解之,知众生心念如应说法,起于智业;不取不舍入一相门,起于慧业。"旧释此文云:"智是有解,慧是空解,亦智是化他,慧是自行。"《大品》云:"道慧、道种慧、一切智、一切种智,此则智慧名通空有也。又因名慧、果秤智,如因名道慧、道种慧、果秤一切智、一切种智。"又智名通因果,如三智义:声闻一切智,菩萨道种智,佛一切种智。又慧名通因果,《法华》云:"诸佛平等大慧也。"《成论》文合解"智慧"两字云:"真慧名智。"又云:"慧名智人。"又云"慧义",经中说解脱智是慧义,故智犹慧也。又《大智论》亦有二文:"般若者秦言慧也。"又云:"秦言智慧也。"问:经论何故言语或出或没,乍合乍开,不分明一途示人,合分明得解耶? 答:圣人非不能一途分明示人,而今有出没言者,此有深意,以众生本来有取著之心,以是因缘系属于魔,生死不绝,若轮常转,不悟中道佛性正观般若。今若复作一途实说,则更增其依著之心,所以不定出没,动其生死根识令迥悟正法,故不定之说为益深矣。若学者定执经论,一文以成一家之义者,皆是系属魔人耳。又众生非一国土一根性一善知识,是故诸佛种种说法也。问:已知般若名,云何是般若体? 答:地论人说,有二种般若:一真修般若,即第八识;二缘修般若,即第七识。成论师言:缘真谛心忘怀绝相,以此解心为般若体。

①姚卫群:《佛教般若思想发展源流》,北京大学出版社1996年,第2页。

阿毗昙师云:缘四谛理无漏慧相是般若体。此三解即世盛行,具
须破洗。至《大品》玄中广明,但即世多诵此经,今辄言其要句,
冀参玄君子领其指外。问:今以何为般若? 答:若行人了悟颠
倒,豁然悟解假名般若。问:此豁然悟解岂非心耶? 答:此解悟
非心非离心。问:云何非心非离心? 答:既言心悟解,岂离心耶,
此悟心毕竟不起有心无心,岂即心耶? 问:若言心悟还是即心,
若言悟此心不得心有无,便是离心。答:犹言即离,还是不悟,如
其得悟竟有何即离! 问:既不即离应不迷悟。答:迷故言其即
离,悟故了无即离。既不即离竟复何有迷悟耶? 可取其意,勿著
其言也。①

吉藏是从中观学角度阐释般若的,他综述诸家般若之说,给我们提供
了客观的认知信息。综合其解释:其一,般若是 prajñā 的音译,读
bōrě,意译智慧。但智慧仅仅是字面的格义比配,并不能传达般若的
深意,尤其是般若指超离世间的智慧,此更非世间常言的"轻薄智慧"
所能传达。其二,般若在佛教内部,因缘于知识系统的差异而有不同
的解释,小乘、部派都涉及般若的义解,大乘初起之般若及继起之中
观、唯识、因明诸学,对般若都有自己系统的诠释;中国佛教诸宗也是
依经有别,释义错综。吉藏所论着重就地论、成实论和阿毗昙论与中
观般若进行比较,对南北朝佛教知识给予了有意识的整理,当时佛教
中国化的步伐已经起步,从其诠释可知对般若义解的分歧是很大的,
至于从吉藏再到唐代佛教各宗,般若义解的分歧就愈发严重了,说明
般若范畴的内涵具有鲜明的历史性,各家有关般若的诠释是揭开般
若历史蕴涵的最真实的文献。第三,般若的深义很难用语言穷其究

---

① 吉藏:《金刚般若疏》卷一,《大正新修大藏经》第三三册,(台北)新文丰出版股
份有限公司 1983 年,第 89 页下—90 页中。

竟。吉藏言:"可取其意,勿著其言也。"意思是般若思想的深奥莫测,不在于概念意涵的所指通向深邃的精神世界,也不在于般若既具法相实义,也具假名的动态幻象,还在于依照类似如今哲学、伦理学、心理学、美学、语言学和艺术学、文学等的尺度可以窥察到的般若与它们均发生的深度关联,对此既不能用抽象的概念涵括穷尽,也没法用语言描述罄其玄妙。吉藏的理解虽然十分玄奥,也只是从大乘佛教中观般若与小乘及准大乘佛教的比较而说的,若是追溯般若的历史渊源,对其所蕴涵的美学特质及其中国化的本真意蕴进行探测和阐释,就更不容易了。拙著《映彻琉璃:魏晋般若与美学》曾就中印般若思想源流及其所蕴涵的美学特质、意味进行过考论和梳理,探讨了魏晋般若与美学的历史联系,但鉴于般若意旨的复杂深奥和思想演化的复杂性,觉得有关佛教入渐早期般若与美学的关系,仍需要从历史与美学文脉背景的深刻联系进行更进一步的探讨,尤其需要从整个中古时期般若与美学的关联和变化,侧重从中古后期中国化般若美学的存在,来揭示中国美学思想蕴涵、结构机制与衍生、变异的历史本质和规律,由此发现并认识到中国美学思想与理论对塑造民族文化与精神的作用和意义,发掘出般若思想作为特殊思想资源,对中古时期及中国美学的整体发展状况、态势和存在逻辑、肌理所具有的特殊价值和意义。中古般若与美学是开辟中国美学时空、诠释古代中国美学精魂的一个重要途径。

对"中古"概念的界定,需要在学界使用该词语的习惯基础上进一步明确。目前学界对"中古"的历史时限大体明确,不能严格确指,有多种界定:一为"汉至唐前"区间,蒋述卓据刘师培持此意①,王瑶

----

①按:刘师培《中国中古文学史讲义》(上海古籍出版社 2006 年)、王瑶《中古文学史论》(北京大学出版社 1986 年),均以"中古文学"冠名书题。

对"中古文学"亦取此提法①；二为"东汉献帝至唐昭宗天祐年间
（904—907）"，毛汉光《中国中古社会史论》一书持此说②；三为"汉
到唐宋时期"，此说法最流行，谢重光《中古佛教僧官制度和社会生
活》采用③；四为"魏晋南北朝到唐宋时期"，此说外延上略内收，臧克
和《中古汉字流变》持此说④；五为"唐至元代以前"，个别西方学者从
思想发展的特点出发持此看法⑤……这些说法依不同的研究目标和
侧重点提出，借以表达和反映"中古"时段的历史复杂性。统观诸说，
概认定佛教入华渗播之几百年为"中古"的关键时段。参酌诸家意
见，我们确定"汉末至唐末、五代"为中古时期。进一步细分，则有
"三段"和"两段"分法，"两段"指汉末至南北朝为"中古前期"，隋、
唐、五代为中古后期；"三段"指汉末、三国和两晋，为中古早期，南北
朝为中古中期，隋、唐和五代为中古后期。本书总体取"两段"说，聚
焦中古般若与美学的纵横交织，发掘般若思想与美学的流变历程，尤
其对中古后期般若中国化及中国美学般若化的融合趋势给予重点考
释、阐发和辨析。

二、研究现状

目前国内外学界涉及般若范畴与中古佛教史、佛教学的研究，成
果积累甚丰，佛教研究愈趋深入和细化，这对我们已经和正在展开的
工作给予了很好的启迪。在中国佛教美学与中古美学关系研究方

①蒋述卓：《佛经传译与中古文学思潮》，江西人民出版社1990年，第1页。
②毛汉光：《中国中古社会史论》，世纪出版集团、上海书店出版社2002年，第
　1页。
③谢重光：《中古佛教僧官制度和社会生活》，商务印书馆2009年，第1页。
④臧克和：《中古汉字流变》，华东师范大学出版社2008年，第1页。
⑤Christian de Pee, *The Writing of Weddings in Middle-Period China*, State University
　of New York Press, 2007, p. 1.

面,国内外学术成果也非常丰硕,不仅研究的路径、基础越来越广,研究的主题愈趋细化,而且系统的成果也出现不少,对推进这一领域的研究奠定了很好的基础,但已有成果存在未能使佛教与美学很好融合的情况,究其原因:一是佛教义理复杂深奥,本身容易产生不同的理解,相对于佛教义理的系统、深奥,佛教美学属于一个侧面,与美学研究的探索路径和方法多有差异,因而佛教学者在介入美学时主要着眼于宏观命题的思考,过细的研究或转向系统研究的人并不多,美学学者介入佛学领域存在的困难似乎更多,因为从阅读佛经文献到会通佛法,均须耗费大量精力,所以就总体而言,从美学背景转入佛教美学研究的学者并不是很多。二是国外各学科对佛教的最新阐释成果,在国内的消化目前尚有难度,其主要原因不是语言理解的障碍,而是国外学界对佛教义理的阐释,更多从西方语境出发,加之将中国佛教与藏传佛教、南传佛教相比,认为中国佛教原旨色彩汉化,因而形成不乏偏见的学术评判。同时,国外学者的阐释在契合中国佛教历史本真方面多有局限,因而,国内学界要将国外佛教般若的相关研究转化和应用于美学尚存较大难度。三是对于国内佛教美学和中古美学的成就与特点,及至目前,仍然未能形成一个相对清晰的共识。比较流行的看法是,认为隋唐时期,特别是唐代文学、美学的繁荣主要表现在诗歌和图像(造像、壁画、绘画)艺术方面,如王明居先生指出:"把唐代文学、艺术、美学放在国际大背景下考察,我们还可发现,当唐代文学、艺术、美学已成为参天大树,独傲苍穹的时候,有的国家的文学、艺术、美学园地还是一片荒芜,有的只是一些小树小草,有的尽管后来也长出了挺拔高耸的大树,却远远晚于唐代达数百年、千余年之久。"①王先生认为唐代美学引领当时世界美学的特性

①王明居:《唐诗风格美新探·唐代美学》,《王明居文集》第三卷,文化艺术出版社2012年,第248页。

和成就,主要体现在诗歌、绘画、书法和音乐等的创作风格、倾向所折射的美学内涵方面,至于儒道释思想与美学的关系只占很小的讨论篇幅,构不成学理逻辑上的重量级比重。王明居的观点在学界是有代表性的。其实,诗歌及绘画、书法等体现的美学思想主要是审美思想,也可以折射美学思想,但并非美学理论本身。就一个时代来说,审美达到世界巅峰般的成就,没有坚实、系统的理论支撑是不可能的。那么,这就触及唐代佛学与美学的关系,触及佛教理论与美学理论的建构及其关系、定位问题。对于前一个问题,较普遍认可唐代佛教是中国佛教的成熟期,肯定佛教对中国美学的文化背景意义。孙昌武认为,佛教各宗的思想成果"融入到中土传统思想、学术之中"①,"在中国本土传统思想、文化土壤上发挥教理,思想、信仰、语言等都具有鲜明的中国特色,体现成熟的民族文化性格"②。王振复认为,唐代"佛学中国化"在"文脉"意义上为"以往时代所未有的相对思想深度与大度的文化背景"③,其形成具有两个基本特点:"其一,在唐代有容乃大的总体文化格局中,唐最高统治者奉行儒道释三教、三学并行、融合的政治、文化政策,为佛学中国化准备了一种自由、宽松的政治、文化氛围。"④其二,唐代佛学"教义的阐说与论争,加深了佛学中国化的思想性,这在一定程度上推动唐代美学的深化"⑤。这些看法从佛教促成"中国特色"的美学、促成中国美学的深

①孙昌武:《中国佛教文化史》第四册,中华书局2010年,第1690页。
②孙昌武:《中国佛教文化史》第四册,中华书局2010年,第1684页。
③王振复:《中国美学的文脉历程》,四川人民出版社2002年,第474页。按:该著前言释曰:"文脉,Context,原为西方结构主义语言哲学、美学范畴,可译为语境、涵构。本义:上下文关联域。故笔者以为,译作文脉似乎更契合Context本义,并采用文脉观念来审视、解读中国美学的文化历程。"(《中国美学的文脉历程》,第1页)
④王振复:《中国美学的文脉历程》,四川人民出版社2002年,第471页。
⑤王振复:《中国美学的文脉历程》,四川人民出版社2002年,第475页。

化角度,肯定了唐代美学的成熟及其与唐代佛教的深度连结。对于后一方面即美学理论的建构问题,学界也从佛教义理或佛教范畴与美学理论构成的关系角度,来探索佛教对中国美学理论建构所起的作用。目前,采取的研究路径、方式可概括为四种:其一,从解读、辨析佛经文献和文论入手,抽绎出佛教美学或中国佛教美学的原理命题,进而演绎形成中国佛教美学的理论体系。祁志祥的《中国佛教美学史》(北京大学出版社 2010 年)、《佛教美学新编》(上海人民出版社 2017 年),基于文献与阐释的结合,尝试建立佛教美学或美学史的整体框架,对唐代美学的重要范畴、命题,有侧重地予以综合陈述。这种研究具有梳理理论文献的学术意义,但佛经抑或古代文论的概念诠释、命题抽绎,对于美学原理的逻辑把握,在作者是作为主导性的“牵引”因素发挥作用的,这容易导致对佛教美学的客观性和中国美学历史性的把握产生信息遗漏和主观干预过重的缺失。其二,采取理论论证与阐述的方式发掘佛教美学意涵,并将认知发现组织为系统的美学理论。此种研究早在 20 世纪 90 年代初即已起步,如王海林的《佛教美学》(安徽文艺出版社 1992 年)、曾祖荫的《中国佛教与美学》(华中师范大学出版社 1991 年)等,其优点是注重佛教与中国审美、艺术和文化的宏观关系,不足是限于阐发语境的局限,在建构佛教美学体系时存在把“时代意识”导为佛教美学构架的偏误。其三,2000 年以后,中国美学史、中国美学范畴研究进入关注佛教理论系统论证和阐发阶段,成果十分丰富,在一定程度上扭转了 20 世纪 90 年代偏重于审美角度研究佛教美学的趋向,而且注重把佛教视为中国美学发展的有机因素来看待,历年主要成果有王振复《中国美学的文脉历程》(四川人民出版社 2002 年)、王振复主编《中国美学范畴史》(山西教育出版社 2006 年)、赵建军《映彻琉璃:魏晋般若与美学》(中国社会科学出版社 2009 年)、王耘《隋唐佛教各宗与美学》(上海古籍出版社 2010 年)、赵建军《魏晋南北朝美学范畴史》(齐鲁书社 2011 年),王耘《"空"之美学释义》(上海人民出版社 2016 年)、王振复《汉魏两晋南北朝佛教美学史》(北京大学出版社 2018 年)等,虽然对于佛教意蕴与中国美学理论的内在关系有很大的认识推进,但深入细化的研究还有很多问题有待探索。其四,从思想主体和创作主体的还原角度,再现佛教美学的思想意识和理论构成。这方面的美学理论通过文化、文学、艺术等的阐释被揭示,成果颇为丰富。如陈允吉的《唐音佛教辨思录》(上海古籍出版社 1988 年)、孙昌武《佛教与中国文学》(上海人民出版社 1988 年)、《禅思与诗情》(中华书局 1997 年)、侯传文《佛经的文学性解读》(中华书局 2004 年)、陈允吉《佛教与中国文学论稿》(上海古籍出版社 2010 年)等,研究王维、柳宗元、白居易等诗人的佛教美学意识,及其在诗歌作品中被客体化、具象化的佛教思想构成,提炼佛教对中国美学意象、意境、原型等的生成作用,再现佛教审美的现实与理论、思想的历史性互映等。这些研究充满佛教美学的特殊意趣,能够唤起人们对中国美学佛教意蕴的浓厚探索欲望,但主要属于文学或文化研究,并非严格意义上的美学理论研究。综上来看,佛教理论、佛教美学理论与中国美学理论的历史生成关系、结构关系,目前在国内学术界确实还没有得到清晰的认定,对于佛教理论对中古美学所起的作用及其所具历史意义也没有形成明确的认定。可是,如果这些问题一直得不到解决,对于正确理解和评价中古时期的中国美学将是十分困难的。甚至,可以确切地说,会影响对中国美学的历史性建构的理解,影响到对中国古代美学结构肌理的历史转型及其性质与节奏的准确把握。自然,也不能准确理解和确定众所瞩目的唐代美学理论形态,遑论对其做出切合历史实际的判断。据此,本书拟着重就佛教与中国美学理论的历史性内在关联,来发掘、探讨中古美学的历史性生成与转换的建构问题。

　　解决这一问题的关键,是发掘佛教理论对中古美学所起的作用。

就佛教理论与美学深度融合的唐代而论,佛教理论之于美学,究竟是一种文化背景,抑或本身就是美学的"理论"？抑或佛教理论与美学是整体文化中既独立又相互依赖的有机存在,在并存不悖的同时,亦具有交迭、重合的关系？在这方面,王振复关于美学史的"文脉"说提供了很好的启示。根据"文脉"说,美学理论的生成与文化、哲学意涵的发展具有历史性本质关联。所谓文脉,指美学精神、气韵的流向,"脉"从何而动？从文化、哲学而来,文化哲学的流动趋势提供了美学精神、气韵勃发的通道,艺术、文学等的孕育,形象、形式的产生,都在这个通道之内,正是文化、哲学的勃勃气浪铸就了美学景观的彬蔚。将"文脉"说用于中古美学理论的建模,无疑能提供很好的基础框架,因为佛教义理本来就是丰富、深刻的文化、哲学系统。

笔者认为,还应当注重从历史的佛学与美学如何共生共构,佛教义理如何转化为美学本身的生成角度,发掘中古美学理论的体系构成及其历史演变。从佛教理论的存在方式上讲,佛教义理的宗教意涵固然可以外化于社会形式,包括佛教活动、流派戒律、僧侣日常生活、信仰仪式和器物等,都属于佛教宗教实践的现象学范畴,但都是佛教践行中被呈现出来的理论或意涵;反过来说,佛教义理相对于佛教实践性内容属于内在的、法理性质的原理、系统,是佛教整个机体运作的根本性规定,于是,单从修炼角度说,这种佛教义理是"外在于"实践的,但把修炼和义理整合起来,从佛教存在的有机整体看,则这种义理处于整个有机体的核心,是既可以独立于实践之外以理论形式存在,又可以以具体的、现象性形态渗化于实践,转化为实践形式的理论意涵的。当然,后者由于"被显现"而"显现出来",在显示义理系统的完整性与纯粹性方面,无法与精纯的佛法、佛教义理相比,因此,将佛教义理视为外在于实践但又规定了实践的基本内容和方向的理论存在,无疑是成立的。同样理由,佛教义理也构成美学的"外在"基础,只是美学理论本身拥有外化的实践性现象学形态,同时具有自身的理论系统，因而，如果佛教理论在整个中古时期抑或某一阶段能够作为统一的文化背景，那么，佛教义理及其理论构成与美学理论的交融和同一性，就可以通过佛教义理的理论形态、形式及其构成得到确认。这种辩证存在的关联性结构形式，即便用于解释经济学是政治学的基础①、哲学是美学的基础同样适用。因此，佛教义理的价值表述，佛教义理的理论构成与系统形式，一方面成为佛教体系内部佛教美学的生成渊源；另一方面，佛教义理与美学理论因同处于大的文化有机体格局内，与当时的美学形成共生性结构关系，也导致它不无特殊地成为美学理论的生成渊源之一。特别是，当时代文化造就佛教和美学都成为最活跃的精神因子，则佛教与美学的理论共生与互动，在规定佛教与美学的外化实践与显现方式方面，也变得更为趋同和有效。正是基于此，将佛教义理的核心范畴——般若，作为探究中古时期佛教——主要以佛学形态而存在——与美学流变的中枢，就具有极其特别的意义。本书拟将梳理的中古美学历程，试图通过文化或美学"由外转内"的共生共存、互动映射和横向性的、截面性的变革，揭示时代美学的"元细胞"精神运动，以对中古佛教般若范畴与美学发展的实质性理论结构关系，做出切近历史本身的系统阐发。

　　之所以以般若为研究的中枢，不仅因为般若是佛教义理的核心范畴，更因为它是佛教范畴中美学蕴涵呈现得最为集中和鲜明的一个，而且对其他佛教范畴起着思想统领作用。在此前，笔者在《映彻琉璃：魏晋般若与美学》一书中，曾就般若范畴的美学蕴涵及其理论

———————

①按："外在基础"指某一学科对另一学科的逻辑支撑。学科逻辑及其核心范畴、命题，都不能从自身凭空产生，必依赖于"外在于"自身的他学科的逻辑，才能有效转换、生成自身的本体论和逻辑基础。跨学科的知识嫁接以客观存在为依据，理论范畴在不同学科的共存共在正是这种转换得以完成的奥秘。因此，可以说，外在性是内在性的前提或基础；也可以说，内在性与外在性构成相对的分界。

渊源,以及佛教般若范畴与魏晋美学流变之关系做过专门探讨,其中关于般若的原始美学含义,主要从印度原始宗教和婆罗门教奠定的基始涵义进行解析,概括为三个方面:一是作为超验本体;二是作为非常的智性力;三是作为幻相①。这三个方面的含义,规定了般若范畴所具的本体论性质的美学意味,揭示了般若作为精神形式的特殊流体拥有的特殊美学意蕴和相应的价值、功能;强调了般若识性的特殊美感价值,及其所拥有的特殊的认知、传导和生成方式;突出了般若的美学创造功能和般若幻象的存在与流动,对精神主体幻归、幻现、变异、还原等所产生的非常效果。般若美学含义入渐中土,在其中国化进程中,通过般若为"六度之母"和体现大乘菩萨道的主体地位和精神,对中国化佛教的形成拥有无可争议的"话语主导权"地位,它所起的巨大而特殊的作用,是魏晋乃至延贯到中古中后期最重要的思想、学术力量。为此,考察佛教般若与中国美学流变之历程,扣住般若这个思想"中枢",对于进入佛教与中国美学历史融合的深层结构肌理,对于完整、细致地理解中古美学理论构成所实现的系统性与历史贯通性,深入剖解中古美学发展的历史本真面目,具有学术探索充分的必要性和现实意义。

三、研究目标

本书拟展开的研究目标和任务如下:

其一,梳理、考释佛教般若范畴与中古美学发展的逻辑结构脉络。佛教般若与美学的逻辑结构,乃基于美学性而生成的价值结构关系,揭示般若与美学的相互融合与渗透,重要的是对由此促成的美学新变能给予切当的理论发现和诠释,并概括其新生成的美学系统

①赵建军:《映彻琉璃:魏晋般若与美学》,中国社会科学出版社 2009 年,第 21—22 页。

的性质、内涵、特点,这一切均以还原中古中国美学理论的历史本真为至要。本书将着力于锢补学界在这方面的空缺,既注重般若美学思想的美学化扩散,以及中国美学理论机制对般若的整合性改造和挥发性理论内容,又始终注重般若美学思想在中古美学历程中的绵延与贯通性,以充分、完整地凸显中古般若与美学流变的结构关系和般若在中古美学历程中的特殊角色、功能作用。

　　其二,论证并阐述般若美学的思想构成及其对时代精神、氛围和趋势的影响,凸显般若美学理论对中古美学格局的转型意义,揭示般若美学特质对中国化佛教各宗美学的"系统化""体系性"建构意义,发掘这种理论建构对中国美学现实的外化影响,以政治、文化和生活风尚等诸多场域的般若美学呈现,印证中古美学的整体历史性改变。对般若中国化与美学中国化的历史演进,将侧重中古后期佛教美学与中国美学在"形态""体系"上的关联性、互渗性,揭橥其基于般若美学特质的同一性,进而阐发其呈现的中国美学整体趋势的时代性、民族性与革命性。研究中古美学的时代特征和历史趋向,是本书高度重视的宏观向度,然而,重要的是既要本真地揭示出中国美学以开放格局对般若思想的吸纳和改造,而微观地触及般若成为精神肌理、构成的奥秘,又不因般若为佛学母范畴而对之夸大或放大,将般若范畴的美学思想渗透变为一种逻辑认知的表达而轻忽其作为思想性美学行为、想象的现实性。因此,有关主体性的和客体化的欲求,都体现了中国美学有血有肉的审美气质和"质""象"融一的美学特质。在学术逻辑上认可这种天然的亲缘性和相似性,是本质上解决中古般若与美学发展特色、理论建构的关键。通过这样的学术目标,一方面对忽视中古美学的理论贡献及般若智慧变革与转换的偏颇给予某种程度的纠正;另一方面,对中古美学逻辑被在理论上强化了的历史性与现实性结合的思维维度给予客观揭示,使中国美学史得到更加完整有机的观照。

其三，深入探讨、阐释般若范畴对美学机制的特殊影响，侧重发掘般若遮诠机制的独特美学蕴涵，揭示般若在禅宗美学中被应用和"淬化"了的中国美学智慧。通过这种揭示，对传统美学既成驱力下呈线性发展的特定历史阶段的中国美学，形成更清晰的认识，进而客观认识这种发展态势下"总体稳定局部变革"的模式局限性，而对般若范畴导入的否定性思维，及其带来的具有思想突变性质的价值本体变异和增殖模式，有更为深刻、辩证的理解。同时，中古后期禅学的发展受般若否定机制影响颇深，相当程度上体现了中国美学实践的理论化和经验形式化，是美学理论成熟的特殊类型。对中国美学理论特色的深入把握，离不开对禅学般若智慧美学践行的深刻理解与揭示。

其四，系统梳理和阐释了幻象逻辑、幻象美学与般若美学的理论问题，立足于从美学到文学意境的幻象逻辑贯通与从般若美学理论到般若美学实践的幻象思维、形式的呈现，揭示中国美学一以贯之的逻辑体性，如何在融合般若之后实现般若美学幻象的提升、突变，并由此促成中国美学幻象逻辑的整体深化与转型。而关于所有这一切的研讨均落实于唐代文学意象的美学演变与意境美学的推进、终结之上，形成理论上对本书核心问题的思想归结。

这些研究目标在全书试图形成一种历时性与共时性的统一，时代美学意蕴扩张与内在逻辑辐辏的统一，宏大理论叙述与细微思想思辨的统一。故而对各种理论任务和思想问题，在各章均以逻辑上既侧重又彼此扭结的结构设置，使之在保持思想性不断深化掘进的同时，体现出文献与考辨、思辨与阐释的紧密结合，此亦笔者所试图追求之效果。概括之，第一章主要解决中古前期般若美学的生成问题。在笔者《映彻琉璃：魏晋般若与美学》中，已就般若美学思想由印度到中国及其与中国美学的交遇进行过实证性论述，在此基础上，重新对汉末两晋南北朝的般若美学生成之思想背景与知识基础建立之历史状况,进行系统的厘定和阐释。第二章解决中古后期前段般若美学理论体系的建构问题,立足于佛教各宗般若美学的自足自成,着重发掘其补足和提升中国美学体系的相关理论内蕴,如三论宗、天台宗之般若直觉美学、唯识宗之般若心理美学、华严宗之般若理想美学等。研究中努力避开从佛经文本简单抽绎思想命题的阐释方法,坚持佛教美学既为佛学"系统中的系统",同时亦为中国美学文化性逻辑演成的认识,使之汇成为唐代美学理论建构的"高峰"而获得呈现。第三章解决般若美学理论与时代语境的关系问题,即其对政治、经济、文化和社会生活的思想外化及由此而唤起的般若美学意识与时代精神的觉醒;对思想语境的现实性讨论,关注般若化与美学化的迭合和般若美学向世俗社会的衍射如何促成中国美学逻辑连续性与"突变性"奇妙的结合,并由此促发中国美学古典现代性的"爆发"问题。第四章解决中古般若美学由以般若美学理论建构为主导趋向向般若美学实践转化,而在美学实践特色上形成"心性美学"的肯定性逻辑内核与极限性否定的风格、境界问题,主要聚焦禅宗南宗的般若美学践行,对其"心性"美学内涵的冶铸和细化,及遮诠性质的否定性美学实践历程,进行了细致的梳理、思辨和诠释。第五章解决中古般若与中国美学的逻辑归结问题,在前述中古般若与美学历程的基础上,揭示了般若幻象及其幻象美学逻辑对中国美学所具的特殊而深远的理论价值与贡献。

　　上述目标和内容结构坚持遵循历史与逻辑相统一的原则,集中凸显中古美学理论发展历程和般若思想对美学实践的映射这一主线,对佛教般若范畴与中国美学的整体状况和发展轨迹做了新的概括。本书所研究的中古般若与美学历程议题,具有学术研究的多重聚焦,它既是中国美学史发展到中古时期的重要历史"节点"和嬗变内核,也是中古美学断代史的整体性与独到性"重合"的内容主体,还是佛教美学中国化范畴美学研究的逻辑重心,以及中国诗学、文学理论"破局"本土美学惯性，创立自主自觉之新美学的话语"沸点"，这样多重的相关性皆因般若而黏合、扭结，充分凸显了中古美学的思想智慧和文化自信，洋溢着中国美学在该时期的无限青春活力和生命韧性，可以说，中古般若与美学之发展展现了中国美学的进取本色和精神尊严！在研究过程中，笔者对般若影响中国美学的历史考稽，注重了般若化与美学化迭合语境中的"渐变"与"突变"生成，针对学界侧重"感悟"特质和对佛教理论与中国美学理论的关系不无疏离的现状，注重了中国美学的体系化和思辨性构成的论证与阐释，尤其对中国美学吸纳佛教知识、理论所实现的幻象逻辑、幻象美学耦合，及其对非理论性质的社会审美实践与思潮产生渗透，及由般若美学实践的"偏至"引致时代美学转型这样的重大问题，均给予了集中讨论。由于个人学识和能力所限，这些学术目标未必都能够达到，但已尽己力进行了具有垦荒性质的积极探索。总之，系统考察中古般若与美学历程的关系，有助于重新认识中国文化在该时期发展的真正"主干"，有助于深刻理解中国古代美学发展的繁荣和鼎盛期所产生的文化巨变与巨大精神能量！在我们当下所处的时代，很需要汲取中古美学变革的精神能量和营养，而通过重新审视和评判中古美学和隋唐美学，不断发掘和细化其美学理论的系统性与思想话语的独到性和特殊性，对于推动中国美学的当下与未来的研究，或能产生惊人的殊胜之效。

第一章　中古前期般若美学之产生

汉末至南北朝时期,是佛教般若范畴逐渐渗透于中国美学,中国美学对佛教义理进行积极主动吸收,进而实现美学理论的知识化准备时期。从佛教初入期"图志""史志"的审美、美学化捩转,确定了般若美学意涵以佛经形态完成智慧转存;到佛教般若思想对玄学美学本体论产生渗透,奠定了佛玄统一的本体论美学范式;再到各部类佛经的大规模传译和析理辨疑、整理知识形式以提出创说的判教运动,般若思想逐渐从佛教理论系统中凸显出来,成为具有特定美学蕴涵与思想指向的"系统中的系统",标志着中国般若美学以其注重精神性和心性、灵魂的超越,拥有了开掘中国美学无限蕴涵的潜能,在中国作为一种独特的美学力量产生了出来,从此推开了中国美学向"般若化"趋向发展美学理论建构的崭新格局。

第一节　佛教初入期的美学化捩转

一、审美"图志"的呈现

佛教进入中土是学界一直探讨的重要话题。异域佛教要进入中国必然要遇到一个接受基础的问题,在与中国文化最初碰撞时,审美的、艺术学的"图志"呈现及其向中国历史、文化深层的转化,是中印文化交流非常重要的环节。然而以往学界忽略了这一重要环节,直接影响了对佛教改变中国文化进程及其深入中国文化变革中心的认识,在此我们拟首先澄清这一问题,以对佛教般若进入中国美学之初始确立一个清晰的认知基点。

在佛教初入时期,中国艺术有效吸取异域资源,打破了过去相对封闭和单一的历史传承。对于中印文化交接,学界以往从佛教被误读为"黄老方术"进行阐释,忽略佛教初入时"图像""图志"呈现的审美、艺术表现特征,也忽略了"图志"被进一步"史志"化才巩固为精神信仰交流的历史事实和过程。佛教初入期的"图志"呈现的特殊意义,具有民族文化志的审美、艺术学交遇的逻辑合理性。而"图志"向"史志"的本质转换,则在艺术图像、图式中增加了历史轶事和学术、文化叙述成分,使原来偏于审美观感的形态转为美学、艺术学的反思形态,实现了根本上超越了原有文化局限,进而推动佛教深入中国文化巨变的中心,其结果:佛教思想和美学智慧通过佛教翻译形态得到有效的转存,在最初是摘译辑合,后来在系列性的翻译过程中,那些最初想象性的、猜测性的审美和美学因素,逐渐凭借佛经翻译形态获得价值表达,佛教从此基于深层文化精神、观念展开其传播,佛教的美学智慧对中国人的精神观念和价值结构产生了深切有效的影响。

佛教拥有异域文化性质的艺术学、美学渊源和表现特征,原始佛教、部派佛教的缘起论以道化过程的内观行为表现生命感性。"四谛说"讲"苦"为人生的相状,对生命无常的本质进行反思。因为尊重生命的因缘相状,才视如流如瀑的生命感性是一种客观性,认为主体如果执着于渴爱,就会成为烦恼缠缚的根源。集、灭、道进一步强化内观反省,在进行这一行为时,将外境感性与生命感性区别开来,没有强调外在感性,也没有把外在感性化为内知觉图像的倾向,而是强调整个精神的觉醒意志,把它视为衡量生命是否受缚的根本尺度。部派佛教的"十二因缘说",表面上将生命从孕育到老死的过程,赋予十二个重要图像环节,似乎每一个环节都十分重要,但实际上图像的意味原本很淡,反而是十二因缘的次第相续与转换表明了人生自我观照和觉悟的途径或方式,其整个过程的循环并没有涵摄外在感性,也没有将自我生命感性的观照作为重点。因此,早期佛教的教义基础及其教化目的,并没有刻意于感性因缘和图像的渲染来实现传播、训导,佛教的内观、审美知觉和掺入生命过程的感性图像特征,是由佛教早期的教义、理论原本就具有的审美性质所规定了的。

佛教界认同佛教最初作为"黄老仙术"传入中国之说。汤用彤说:"佛教在汉世,本视为道术之一种。其流行之教理行为,与当时中国黄老方技相通。其教因西域使臣商贾以及热诚传教之人,渐布中夏,流行于民间。"[①]中村元说:"弘扬佛法人士环顾当时社会,百姓早已将老子神仙化,将之与神话传奇中的太古帝王黄帝并列尊奉,遂不得不大肆渲染开启佛教的释尊其超人的威德,俾与崇尚神仙的民众脾胃相吻合。"[②]黄老仙术,表面上指道家的辟谷养气、成仙不死之术,实则另与民间巫术相通,但道家方士好装神弄鬼,学界亦因此而将佛教解为方术,反映了把佛教作为道家的一种历史误读。其实不然,方士从阴阳家来,阴阳家正是古代巫术的大师。"盖易至京房、焦延寿而流为方术,至陈抟而岐入道家,学者失其初旨,弥推衍而錯繆弥增。"[③]东汉重谶纬,用阴阳五行的交互变化卜度政体、德行的运数,使得方士大行阴阳之道。谶纬的内在结构包括主观卜兆与感性测验两个方面。主观卜兆要对宇宙、自然现象进行诠释,目的是让先前的卜兆与图谶、语谶合迹;感性验证则注重感性显象与谶言、图谶

---

① 汤用彤:《汉魏两晋南北朝佛教史》,北京大学出版社1997年,第81页。
② 中村元主编,余万居译:《中国佛教发展史》,(台北)天华出版事业股份有限公司1984年,第18页。
③ 纪昀总纂:《四库全书总目提要》壹·卷六《易学象数论六卷》,河北人民出版社2000年,第152页。

的相符。《说文解字》："谶，验也，有征验之书。河、洛所出书曰谶。"[1]"河图"和"洛书"都是传说。龙马或龟背上的图案，是以数理模式显示的感性图案。所谓"戴九履一，左三右七，二与四为肩，六与八为足，五为腹心"[2]为最早的谶书，它根据阴阳观诠释了宇宙系统的演化与构成。两汉的"谶"与先王道统、先圣经录合为一类，又用"纬"与"经"相对，纵横交织，谶纬互文，形成了貌似感地通天的占卜、预测之术，其实这里面"纬"的经验验证和依托于主体意志的术数诠释占据很大比重，从而使得感性迹象的"征兆"和"谶言"的"先在合理性"得以不断衍化，谶纬的"立前"与"验后"遂完成一种文化性质的互成。而具体到东汉谶纬所操纵的仙道方术，也尊奉了这个传统，表面上谈论黄老仙术，似乎颇看重道家的长生观念，实则以宇宙阴阳观为依据，努力通过天人感通召唤和诠释类似巫术（方术）性质的神灵异术，进而对宇宙超自然力给予膜拜和夸张。因此缘故，宇宙生命力是汉代突出的主题和形象，回归宇宙阴阳大数，让不可知的神秘意志成为一切感性图像的主宰就成为当时审美的主导趋向。这个倾向对于最初由异域传入的佛教无疑也产生了覆盖性的影响。汉代人对佛教这一"天外神灵"懵懂无知，就怀持着对天地神灵一样敬畏、

---

[1] 许慎撰，段玉裁注：《说文解字注》三篇，上海古籍出版社1981年，第90页下。

[2] 刘牧：《易数钩隐图遗论九事》一，《景印文渊阁四库全书》第八册，（台北）台湾商务印书馆股份有限公司1986年，第160页上。按：宋人对《河图》《洛书》多有争议，一般认为八卦据《河图》《洛书》演化而来，《河图》是星图，《洛书》为龟背之象。"唯刘牧意见以九为《河图》，十为《洛书》，托言出于希夷，既与先儒旧说不合，又引《大传》以为二者皆出于伏羲之世，其《易》置《图》《书》并无明验，但谓伏羲兼取《图》《书》，则《易》《范》之数诚相表里，为可疑耳！"〔董楷：《周易传义附录》卷首下，《景印文渊阁四库全书》第二〇册，（台北）台湾商务印书馆股份有限公司1986年，第33页上〕谶言、图谶皆为谶，用以验证所悟之理的神圣性，就"数""象"所孕之"理"而言，则隐含着对宇宙、自然的理性发展，由源而流，由粗而细，毋庸置疑耳。

膜拜、怀疑、恐惧、期冀、赞叹的复杂心情。

但是注重历史考稽的中国人，对佛教入华的接受事迹，从谶纬阴阳的时代流向似乎能给予解释，却不能从"史实"角度得到合理证明。后人考据汉以降文献，认为有关佛教的记载多荒诞臆构，不可置信。汤用彤在《汉魏两晋南北朝佛教史》中着力检索"佛教入华诸传说"，认为"伯益知有佛""周世佛法已来""孔子亦知有佛""始皇之时，有外国沙门释利防等一十八贤者，赍持经来化始皇"等十余种"传说遂少可信"①。但汤氏唯独采信永平求法，认为该说"有相当根据，非向壁虚造"②。汤氏所考是否确切，仍可进一步质疑，包括永平传法的年代——汤氏证为 65 年——也是很难证实的，因当时佛教入华传闻甚多，任何一种说法都约略沾上史实，因而大都当作传闻来看：一方面可以作为轻描淡写的"史话"，另一方面又从"史信"上不至于遽下判断。但是历史视角始终是一个不能轻易绕过的坎儿，而以往研究过于注重"史实"的附和，也相当程度上遮蔽了汉代文化和佛教入华的真实情状。限于传统学术的认知局限，对佛教初入状况的审美、艺术学考察，本当作为极其重要的研究视角，却也因为与传统学术视野不能相侔而沦为荒诞无稽而被无情摒弃了。

对佛教初入"史实"的审美、艺术学还原，意味着将佛教入华的传闻当成民族文化志的"图像"或"想象"来看。民族文化志是人类艺术学、人类学美学的一个基础，其中民族文化志的思想、想象和图像的内容，都具有人类原始美学、艺术学的逻辑合理性。而佛教入华的初始，其民族文化志的艺术学、美学逻辑则表现为"图志"性质的事实存在，"图"在这里似乎具有很宽泛的意义，既表明物质、形式等感性现象的图像显现，也表明意念、心理等精神内观性质的图像、感性形

---

① 汤用彤：《汉魏两晋南北朝佛教史》，北京大学出版社 1997 年，第 1—12 页。
② 汤用彤：《汉魏两晋南北朝佛教史》，北京大学出版社 1997 年，第 22 页。

式显现。不同的图志承载不同的意义,包括对传闻记录、史话记载和根据谶纬、仙道、儒、释等形成的诠释都体现某种价值意图,因此"图志"的价值和意义并不取决于它们本身以何种方式呈现和存在,而是取决于对"图志"进行历史判断的标准或尺度。就两汉至南北朝佛教入华的"图志"(传说、事实和想象等)来看,凡越是言之凿凿,表述神异夸张特别者,就越为真实可信;反之口气不确实,疑虑重重,对所闻所传一律求诸史实勘验者,则很难实信。晋至隋唐,史实记载对佛教初入的传闻采取过滤严格的"春秋"笔法,凡虚诞不实的"神话""传说"一类尽行删除。虽然,删除之后的所谓"史实"因为成为裸植,会暴露出另外的问题,但佛教入华的真实情状却进一步被"学术""文化"的专断给掩盖和遮蔽了。

鉴于上述情形,关注和重视当时作为"图志"一类的表征,是还原佛教入华真实情状的第一步,而要揭示"图志"存在的历史过程,又意味着从逻辑上对佛教与中国谶纬发生审美、艺术学联结的明确肯定。

佛教入华"图志"的呈现,始于前2世纪。《魏书·释老志》说:

> 案汉武元狩中,遣霍去病讨匈奴,至皋兰,过居延,斩首大获。昆邪王杀休屠王,将其众五万来降。获其金人,帝以为大神,列于甘泉宫。金人率长丈余,不祭祀,但烧香礼拜而已。此则佛道流通之渐也。
>
> 及开西域,遣张骞使大夏还,传其旁有身毒国,一名天竺,始闻有浮屠之教。①

汉武帝元狩年间(前122—前117)遣霍去病讨伐匈奴,是否从西域带回"金人",从史实上考不大可信。佛教造像之风约在1至2世

---

① 魏收:《魏书·释老志》卷一一四,中华书局1974年,第3025页。

纪传至罽宾地区,而霍去病时的罽宾信奉的是小乘佛教,这种佛教可以追溯到阿育王时代对该地区的传法及拜塔之风,若谓有丈余金人则根本不可能。但问题的另一面是汉武帝时中国确曾与罽宾国在元狩年间建交,因而从罽宾经常能得到有关佛教的传闻,这种传闻被衍化为"大神""金人"这样的传说也不是不可能,而且传闻中的"大神"就是来自异国的,所以才"不祭祀",置之甘泉宫做做一般的烧香礼拜而已。记述中说,二十多年以后张骞出使西域回到汉朝,人们才明白那个"大神"来自天竺(印度),与一种"浮屠之教"有关。这属于史家的补记笔法,与传闻中想象的"大神""金人"的信息性质不同,属于从"史信"角度把传闻纳入"可信"类史实的信息。其与《后汉书》《后汉记》都记载的楚王英私下"为浮屠斋戒祭祀"①的讯息,原属于一类,但应该是佛教入华的"图志"在中国获得"史志"性质的记录许可的产物。

相比之下,牟子《理惑论》记载的孝明皇帝感梦,就比汉武帝时的"金人"传闻要真切可信,记录十分具体,描述神的形象还用了"拟人格"笔法:

> 昔孝明皇帝梦见神人,身有日光,飞在殿前,欣然悦之。明日,博问群臣:"此为何神?"有通人傅毅曰:"臣闻天竺有得道者,号之曰佛,飞行虚空,身有日光,殆将其神也。"于是上悟,遣使者张骞、羽林郎中秦景、博士弟子王遵等十二人,于大月支写佛经《四十二章》,藏在兰台石室第十四间。时于洛阳城西雍门外起佛寺,于其壁画千乘万骑,绕塔三匝。又于南宫清凉台,及开阳城门上作佛像。②

---

① 汤用彤:《汉魏两晋南北朝佛教史》,北京大学出版社1997年,第37页。
② 释僧祐撰,李小荣校笺:《弘明集校笺》卷一,上海古籍出版社2013年,第41页。

　　"神人"的到访不期而至,令东汉显宗皇帝欣悦且诧异,便在朝堂上向众臣征询,这种验梦方式符合谶纬风气,只是傅毅的回答口气仍然采取了传闻"图志"的想象推测方式,说大概是天竺的那个神吧!而孝明皇帝正处于谶纬文化语境的主体感觉之中,对梦中一切要卜测验真,因而立即派使者出使西域诸国。"使者张骞"以下的记述,疑为后人所作衍文,记录"羽林郎中秦景、博士弟子王遵"等专访天竺浮屠教迹,亲证了佛教传闻属实。这里的天竺疑为西域的一个小国叫东天竺,秦景、王遵等的考察今人研究也基本给予否定,只是有关佛教入华的那些传闻及伴随着传闻浮动的历史想象,真实地在中国文化中存留了下来,成为中国人最初吸收佛教文化精神历程的一种生动记录。

　　"图志"作为"史志"在这个时候开始凸显超越和突破已有文化阵围的意义。在中国文化史上,"图志"先于"史志",如巫文化更多属于"图志"性质,具有超强的肉体想象性质的图像和形式。在"史志"诞生以前,"图志"忠实地记录下中华民族的原始感受、想象和思考,表达了他们真挚而热烈的生命审美期待。后来"图志"逐渐掺入史官文化的"史志"记录当中,基于历史观的认识不同,很多原始时期真实的"图志"在"史志"里不是被改头换面,就是找不到踪影。佛教初入的情形,也重演了"图志"与"史志"的文化交接,在中国人不了解佛教时,乐于采取"图志"方式捕捉传闻,以谶纬"观兆""验梦"方式曲折保存了"浮屠神"在中国人心目中的存活。当类似的"图志"越来越多,导致人们的"心理和语言的双曲线采取了相似或重合的弧度"①,就开始有意无意地把这些信息聚拢起来,让它们与本土真实的事实融混在一起,于是不无改窜性质的艺术学化"史志"就出现了。

---

①梁一儒、宫承波:《民族审美心理学》,中央民族大学出版社、内蒙古大学出版社 2003 年,第 249 页。

鱼豢《魏略·西戎传》：

> 《浮屠》所载与中国《老子经》相出入，盖以为老子西出关，过西域之天竺，教胡。浮屠属弟子别号，合有二十九。①

这则传说见于《魏书》，所叙明显是虚构的，但所用语气煞有介事，言之凿凿，似乎佛教入华已不再是传闻，而是当然的史实。只是记述者并不愿意让"大神"出彼异域，乃采取"子虚乌有""改头换面"手法编造"史实"，建造出另外一种传闻与史实掺杂在一起的"史志"。当然，我们知道这仍然是一种"图志"性质的存在。人类学家坎贝尔说："图像不仅表达诗情与爱，也表达宗教与民族精神。图像发挥作用时，因为有真实的身体响应而被理解：眼泪、悲叹、内部的疼痛、自发的呻吟、哭啼、狂笑、愤怒和冲动的行为。"②作为伴随"史志"衍生的"图像"，有关佛教入华的"图志"或"史志"真实地表达了当时的佛教信徒和中国人（他们当中既有信佛者，也有半信半疑和全然不信者）对佛教的文化态度，这种态度在很大程度上是中国人艺术学意识和审美经验的一种延续，但它把中国文化与佛教文化从艺术化的"图志"基点紧密地联结起来，为以后佛教思想融入中国美学奠立了文化想象与历史记录的根基。

二、"史志"性质的文化转换

佛教被误读为仙道方术，好像有很大的偶然性，因为佛教不

---

①陈寿撰，裴松之注：《三国志·魏书》卷三〇，裴松之注引鱼豢《魏略·西戎传》，中华书局1971年，第859—860页。

②Joseph Campbell, *The Masks of God: Primitive Mythology*, Martin Secker & Warburg, 1960, p. 41.

了解中国就不能主动选择，而中国文化对佛教更是闻所未闻，于是，两种庞大的文化撞在一起就出现了"图志"交流的接合方式。

在入渐之初，东汉谶纬为佛教"图志"的存活提供了便利条件。今人黄复山认为，"东汉迄唐、宋之学者引用光武帝所宣布、郑玄、宋均所注之'八十一卷'原书，是亦可证《河图》《洛书》《春秋》《周易》《论语》《孝经》等'图谶'（共计十种，即后世认定之'纬书''谶书'），皆包含在光武帝宣布之八十一卷中"①。其中《尚书纬》的内容类型包括"心历""帝王"及"其它"三种："'星历'包括日、月、北斗七星、五星、二十八宿等天象，及历元、四季政令与祭祀等目；'帝王'则序列三皇、五帝、三代迄秦、汉帝王之事迹；'其他'则为解经、刑法、瑞异、误认谶文等。"②黄复山认为这些内容述及地理、天文、历法等，间或有符合后世科学理念的内容，但这些内容也见于传世之成书，而"其余谶文内容实多与《尚书》经旨无关"，"至若纬书视为重要内容之星历、祭祀、受命、礼坛、灾验诸事，《尚书纬》所论并不明确"③。这种观点没有夸大谶纬的理论系统性，对纬书也在反思传统的"纬以配经""谶为预言"和"先言后验"的理解中重新树立谶纬，别具他意，却并无系统性，阐发也并无明确的认识。近二十年来，文学、艺术学界对谶纬激发审美想象和纬书采取图文结合方式多予发掘和肯定，如孙蓉蓉《谶纬的图像文本考论》一文认为，谶纬既有"图像文本的叙事形式，又有中国传统文化的深厚底蕴"④，该文以武梁祠祥瑞图为例，说明图像的图文形式表达出"木连理"的原生态形象，表达了"《宋

---

①黄复山：《汉代〈尚书〉谶纬学述》，（台北）花木兰文化出版社2007年，第13页。

②黄复山：《汉代〈尚书〉谶纬学述》，（台北）花木兰文化出版社2007年，第82页。

③黄复山：《汉代〈尚书〉谶纬学述》，（台北）花木兰文化出版社2007年，第305页。

④孙蓉蓉：《谶纬的图像文本考论》，《中国文化研究》，2015年第4期，第53页。

书·符瑞志》对八十余种祥瑞的记载,这正是汉代以来到南朝齐梁时期,被人们普遍认同而广泛运用的吉祥瑞兆的概括和说明"[1]。笔者认为,对汉代谶纬持以像南北朝、隋唐统治者那样的否定态度,完全视谶纬为"妖术""异端"是不可取的。谶纬文化具有双重性,对谶纬文化持绝对的否定态度,等于整体上否定了汉代尤其是东汉的文化,有失辩证。文化史学家以审慎态度辨别谶纬文献,认为谶纬所述重要观点在其他所传成本中亦有,至于其特别显示的星历、祭祀、受命、灾异等内容,则从目前的研究进展看尚无明确定性,因而认为谶纬的文化内容和作用仍然有待进一步研析考察,自然不失为一种研究的选择。但从谶纬文献已有成型的辑录文本,并且作为文化形态的存在在汉代也是整体性的,因而不能像零星的或甚少听闻接触的材料那样可进行从容的冷处理。材料的发掘固然是一个长期的任务,但对以往时代做出整体性的价值判断是不能回避的。对于从图像文本的审美、艺术学感性特点和谶纬区别于其他文化形态的独特文化传承方式来说明谶纬独具的文化、艺术学、美学魅力,这无疑体现了一种新的学术研究态度,在价值判断上对谶纬也不无翻案张新的意义。但是谶纬所显示的主要是两个面向,一个是"预言"(谶),一个是"配经"(纬,纬书)。立谶之言或见于经,或显于图,而凡是神秘的隐语必须配合显象(兆迹)才能验证是属于祥瑞还是灾异,于是在观象验兆这个环节,大量的感性资料涌入进来,佛教初入时形成林林总总的传闻图志也算是钻了这个空子,因此不能简单地把中国人将"浮屠"解读为"仙道方术"当成是一种误读行为,可能就是本土审美的一种顺势而为的方式。对佛教而言亦与小乘佛教在中亚细亚糅合了民间巫术,以及大乘兴起前夕婆罗门大梵"宇宙意志"和大众部酝酿神话、幻术密切相关,

---

[1]孙蓉蓉:《谶纬的图像文本考论》,《中国文化研究》,2015年第4期,第45页。

所以也不能算对佛教的一种误解误判,可能就是当时所能达到的一种文化理解水平。但对于东汉及汉末的谶纬来说,观兆验迹确实为佛教的输入提供了方便条件。至于"纬书",它本来是汉代"文化复兴"的一种重要途径,但由于借助的是民间巫术的力量,从而导致理性迷失,对宇宙神秘意志的牵强附会、硬性诠释占了主导,思维质量大大逊色于先秦诸子以来的理性文化,这一点毋庸置疑地是应该给予指摘的;但是思维质量的降低并不影响思维的产出,正是在大量重复亦颇多新造的纬书中,先前的圣贤之作和民间的感兴寄寓、神秘求索的本能联结交汇起来,观象卜意的解读方式进一步强化了这两方面精神信息的融汇,因而若从这方面说谶纬具有激发审美生命力和想象力,和勾兑文化传统与现实审美经验的作用,也是毫不夸张的。只是由于思维水平限于宇宙阴阳的"配伍"水准,从而使谶纬审美效果的释放也受到很大的限制。当然,这种限制对于初入的佛教传闻也同样发生着作用,所以,在相当长的一个时期之内,佛教只能以审美形态呈现于人们的听闻闲谈之中,不能成为中国文化的主导形态。

在这种情形之下,中国的知识分子开始对佛教图志进行文化改造。他们把原来听闻、想象性的"图像""故事",变换为历史叙述的方式用文字加以叙写、演绎,使得原本模糊、不清晰的"图志"变成了曾有史实性质的"史志"。《高僧传·竺法兰传》载:"昔汉武穿昆明池底得黑灰,以问东方朔,朔云:'不委,可问西域人。'后法兰既至,众人追以问之,兰云:'世界终尽,劫火洞烧,此灰是也。'"[1]东方朔不知道"劫灰"为何物,法兰提供了一种对"宇宙图像"的解释。这个解释未敷"人类造作",且托为"西域人"所解,其对实物"图像"的态度已由疑转信。又《佛祖统纪》作孔子、老子法传,称老子为佛门之祖,最

---

[1] 释慧皎撰,汤用彤校注,汤一玄整理:《高僧传》卷一,中华书局1992年,第3页。

后"往西域化胡,毕于于阗升天"①。这些法传记述似乎很随意,其实并不简单,它蕴含着一种叙述意图,就是让人们相信佛教是真实的历史和文化,佛教虽然来自异域,但创立者则是中国人。类似的索赜、改窜或附会甚多,使以往模糊的佛教"图志"一下子变得具体、清晰起来,且与历史掺杂在一起,让人们难辨真伪。

佛教"图志"的历史化,主要是一种"文字功夫",通过细节叙述上的添油加醋,不刻意丢弃"图志"原有的想象和图像成分,也不刻意掺入文化性的诠释,目的是把原有的"图志"纳入一种中国历史的时间序列,使佛教的观念、心理更容易被接近、接受。通观佛教初入之"图志"到"史志"化的过程,大体分为两个阶段:第一个阶段是影像、图像的本能和原型想象认同阶段。前述"神像""梦中金人"都属于这一阶段。第二阶段是图像、轶事、史传结合阶段,略微增加僧人身份、资禀和经历的介绍,有一定的文化诠释性。这个阶段显现出"史志"的特征已开始脱离谶纬背景,但超自然的因素、力量仍然是叙述强调的特殊内容。到后来"史家笔法"渐趋浓厚,历史感越来越强,佛教开始不显山露水就拥有了中国文化的主体身份。《高僧传》中记述的汉末魏初来华的西域僧人,其身世、教籍、教行等,显示了这样一种"文化介入"的递进演绎过程:

> 汉永平中,明皇帝夜梦金人飞空而至……即遣郎中蔡愔、博士弟子秦景等,使往天竺,寻访佛法。愔等于彼遇见摩腾,乃要

①志磐:《法运通塞志》第一七之二,《佛祖统纪》卷三五,《大正新修大藏经》第四九册,(台北)新文丰出版股份有限公司1983年,第333页中。按:在托为"史志"的编纂中,中古圣贤和道经都具有"化胡"之功。称周孔制礼作乐,缘于对治众生根性薄弱,又针对根性不感佛兴,"我遣三圣化彼真丹,礼乐前驱,真道后启。《清净法行经》云'月光菩萨彼称颜回,光净菩萨彼称孔子,迦叶菩萨彼称老子'"(《法运通塞志》第一七之二)。

还汉地。腾誓志弘通，不惮疲苦，冒涉流沙，至乎雒邑。明帝甚加赏接，于城西门外立精舍以处之，汉地有沙门之始也。①

安清，字世高，安息国王正后之太子也。幼以孝行见称，加又志业聪敏，克意好学，外国典籍及七曜五行医方异术，乃至鸟兽之声，无不综达。尝行见群燕，忽谓伴曰："燕云应有送食者。"顷之果有致焉。众咸奇之，故俊异之声，早被西域。②

康僧会，其先康居人，世居天竺，其父因商贾移于交趾。会年十余岁，二亲并终，至孝服毕出家。励行甚峻，为人弘雅，有识量，笃至好学。明解三藏，博览六经，天文图纬，多所综涉，辩于枢机，颇属文翰。③

维祇难，本天竺人。世奉异道，以火祠为正。时有天竺沙门习学小乘，多行道术，经远行逼暮，欲寄难家宿。难家既事异道，猜忌释子，乃处之门外，露地而宿。沙门夜密加咒术，令难家所事之火，欻然变灭，于是举家共出，稽请沙门入室供养。沙门还以咒术，变火令生。难既睹沙门神力胜己，即于佛法大生信乐，乃舍本所事，出家为道。④

巫法、道术这些灵异力量、因素，作为僧人的资禀，或教行的超凡能力，或佛法的应验结果，体现出一种历史性转换的面目，标志着佛教由审美性质的"图志"向文化、艺术学、美学性质的"史志"存在转换。

在这四个例子中，安清具有特殊的说明意义。安清即安世高，汉

①释慧皎撰，汤用彤校注，汤一玄整理：《高僧传》卷一，中华书局 1992 年，第 1 页。
②释慧皎撰，汤用彤校注，汤一玄整理：《高僧传》卷一，中华书局 1992 年，第 4 页。
③释慧皎撰，汤用彤校注，汤一玄整理：《高僧传》卷一，中华书局 1992 年，第 14—15 页。
④释慧皎撰，汤用彤校注，汤一玄整理：《高僧传》卷一，中华书局 1992 年，第 21 页。

灵帝末年谶纬炽行时来华,他先是在关中、洛阳用异术度人,后游化南方一带。传记记载安世高前世今生,用了色彩诡异的谶纬笔法,说他前世就是出家人,修学期间曾劝勉一位犯嗔恨业的同学,后游行到广州竟然被一位少年所杀。被杀的安氏"神识"飘回安息国,转世为太子,后逊让王位又来到中国,就成为安世高本人。在似乎很荒诞地编造了前世修道的故事之后,传记自然接转到安世高的现世弘法,叙其因北方动乱而避难到江南,在湖上遇大船挡道,却是一条蟒蛇发力作祟。该蟒蛇见到安世高就痛哭流涕,说自己就是前世同学转生。安氏见其形貌如此丑陋,于心不忍,就将它救度为人。然后安世高就南下到广州去了,可谁曾料想在广州又遇到前世杀害自己的少年,其时已是六旬老者。安世高与他一番晤谈之后,其追悔不已,遂决意赎回罪愆,便向安世高提供路资,随安世高一起东游弘法,游化到会稽(一说为苏州,又一说为浙江境内,当为苏浙交界处之东吴旧地)的集市时,遇上有人打架,"误着高头,应时陨命"①。这是一个因果报应的叙事,在渲染安世高度化异术的同时,对其前世、今生的事迹按照历史传记笔法细致写来,传达出安世高命运无常、受神秘意志支配的谶纬背景,又强调了无常命运背后的因果链,暗示了信奉佛法解脱命运束缚的合理性。总之,历史感的铸入让安世高的传记充满了神秘、诡异之感,但同时生平、地理和游化细节的历时性表达,又给予人们以真实的教行历史感,从而大大地加深了可信力。显然,由"图志"向"史志"的转化,增益了叙述的学术和文化成分,也使对"图志"的审美观感转变为"史志"的文化、艺术学反思,得以进一步与相关的甄史求实类的文字会通,开启了佛经形态对美学智慧转存的新路径。

①释慧皎撰,汤用彤校注,汤一玄整理:《高僧传》卷一,中华书局1992年,第6页。

三、佛经形态的美学智慧转存

据《高僧传》载,安世高一生"宣译众经,改胡为汉,出《安般守意》、《阴持入》、大小《十二门》及《百六十品》。初外国三藏众护撰述经要为二十七章,高乃剖析护所集七章,译为汉文,即《道地经》是也。其先后所出经论,凡三十九部。义理明析,文字允正,辩而不华,质而不野,凡在读者,皆亹亹而不倦焉"①。安世高传记的神话气氛与史志性质的真实轶事,在其翻译事迹中均被化解为真实的文字信史,他所翻译的成果形成一个序列,证明了佛教入华渐趋展开和深入文化中心的演变历程。

当我们对安世高翻译如此多的佛经有所了解之时,便不会对佛教经历"图志""史志"的传播,然后转入到佛经翻译情态感到惊奇,而佛经翻译实际上自然而然地接续了文化主体的推广者责任。在最初时候,翻译者大多来自中亚细亚的小国家,如大月氏、罽宾、东天竺等,也有接受方的学者来担当此任的,但似乎没有充分的理由证明最早译入的佛经就是成系列的。那么,或许采取零散片段性的收集方式,选择佛经来进行翻译,以至翻译完以后也不能够十分明确译者为谁,即使有也是涉及多人的共译性质,这种综合杂糅性质的佛经译本,大概就是最早流入中国的佛经,其流入时间显然早于安世高译经的时间。

虽然是零散性搜集和选择性的翻译,却比"史志"的编造、改纂更多了一种理性。如果说"史志"的注重事实是理性省思与权衡的体现,"史志"的改编也体现文化建构的想象和维护之心,那么,即使在"事实"的改纂中存在很多主观妄断和臆测的不合理因素,促发其生

①释慧皎撰,汤用彤校注,汤一玄整理:《高僧传》卷一,中华书局1992年,第4—5页。

产的动机也还是无可訾议的,因而体现出浓厚的美学态度与精神。但现在转换为佛经的翻译形态,则意味着佛教入华合法性要通过另外一种精神形式得到确认,意味着佛教要通过文化的深文本形态进入中国,其意义自然不同凡响。那么,佛经的翻译形态体现了美学的意识和态度吗?

答案无疑是肯定的。佛经翻译体现了价值观和心理、经验内容的推广与传播,体现了佛教与中国文化深层内涵的交融和交流,否则佛经即便翻译出来也不会被中国人所接受。于是,随着佛经翻译工作的展开,就发生了一种奇妙的现象,那些本来处于精神隐性层面的深层文化观念,竟然通过译经当中语词和观念的选择与汇编,源源不断地输入中国人的内心。根据史实记载,最早被选择并进行翻译的佛经叫《四十二章经》(一卷),它是一部摘译西域各种小乘佛经并加以辑合的作品。《四十二章经》译入的时间大约在永平年间,即孝明皇帝夜梦金人之后,"遣使向西域求之,乃得经像焉"①,其中的"经"就是《四十二章经》。目前学界对于此经的真伪和何为最早译经亦存争议②,特别是汤用彤先生着力论证《四十二章经》属最早翻译的经

---

① 杨衒之撰,周祖谟校释:《洛阳伽蓝记》卷四,中华书局 2010 年,第 134 页。

② 按:赖永海主编《中国佛教通史》(第一卷):"现今的学界一般以汉哀帝元寿元年(公元前 2)博士弟子景庐受大月氏王使伊存口授《浮屠经》为佛经正式传入中土的标志"(江苏人民出版社 2010 年,第 82 页),认为《浮屠经》的翻译在《四十二章经》之先,此恐非确。从时间上说,"伊存口授《浮屠经》"距楚王英供养佛像仅差 7 年,因前后所差年头不多,或亦为真实,但《浮屠经》为"口授",加上其文不传,当视为与谶纬之风相合的"传闻"一类,其中必掺杂有佛法教义,只是口头相袭,未足据也,而《四十二章经》则有译文流传(其一为支谦本,另译文质朴不传),译者之冢今仍存于白马寺,汤用彤以《四十二章经》译出为早,"桓帝延熹九年(公元 166 年)至明帝时(公元 58 至 75 年)约百余年。明帝时于大月支写译此经,或亦可能之事也"(汤用彤:《汉魏两晋南北朝佛教史》,第 24—25 页)当可采信。

本①。从《四十二章经》译入时间在"史志"被明确记录之后，及该经义理有选译特点和僧祐《出三藏记集》有"访核遗源，古经现在，莫先于《四十二章》"②之语，我们同意首部译经为《四十二章经》的说法。

今亦传《四十二章经》为后汉迦叶摩腾（即摄摩腾，Kāśyapa-mātaṅga，叶音摄，摄是迦摄，天竺国大姓，指西域东天竺国姓）和竺法兰（竺，天竺国姓）共译，大概是在他们从西域来中国期间（1 至 2 世纪），丝绸之路的天山南路一线开通，打通了西域和中亚细亚的交通。可以推测，在摄摩腾、竺法兰来中国之前，他们就很熟悉犍陀罗、罽宾、大月氏等国的小乘佛教了。而重要的是，2 世纪左右，大乘佛教开始由贵霜王朝派使由南方向中亚细亚、西域一带推广，因而极有可能先期进入西域诸国，让摄摩腾、竺法兰接触到大乘的佛经。目前，大乘具体进入的时间节点无法通过文献证明，但《四十二章经》作为首部译入中国的佛经，它的大小乘义理杂糅的特点，反映了译者对佛经进行价值选择的主体态度，而这种价值倾向性恰恰是大乘佛教向精神智慧的方向转向，进而被中国人广泛认同和接受的一个价值基础。

《四十二章经》最早译入中国并在洛阳一带流行。后人因译者二人为洛阳白马寺开寺锡驻者，因而或推《四十二章经》在洛阳译出，其实该经作为选本，涉经众多已不可考，因而不能因首住白马寺便认定是在该寺译出此经，但该经在白马寺完成翻译并流行开来，却是可以成立的。总之，作为佛经的一个选本，该经的义理大小乘杂糅，显示了鲜明的主导解脱的价值旨趣，而这种价值旨趣的核心就是般若思想，透过般若思想这种由"图志""史志"转化为观念形态的美学智慧

---

① 汤用彤：《汉魏两晋南北朝佛教史》，北京大学出版社 1997 年，第 24—25 页。
② 释僧祐撰，苏晋仁、萧炼子点校：《出三藏记集》卷二，中华书局 1995 年，第 22 页。

得到了很好的转存。

首先,该经倡导道行是善行与智慧的统一。"道"的用法与原始佛教"道"的意涵相同,但对果位的定位渗透了般若意识。经文说:"辞亲出家为道,名曰沙门,常行二百五十戒,为四真道。行进志清净成阿罗汉。阿罗汉者,能飞行变化,住寿命,动天地;次为阿那含。阿那含者,寿终魂灵,上十九天,于彼得阿罗汉;次为斯陀含。斯陀含者,一上一还,即得阿罗汉;次为须陀洹。须陀洹者,七死七生,便得阿罗汉。爱欲断者,譬如四支断,不复用之。"①阿罗汉"能飞行变化,住寿命,动天地",具"仙道"色彩;"生命"永住,与天地相行,掺入了婆罗门的"梵天"宇宙观念。另三个果位,级别愈低愈差等,特别是"须陀洹",要"七死七生"才能修成阿罗汉,这四果位的渐修显示了主体对生命自觉掌控的意识。

进而主张道行与善的同一。该经对"道"或"善"的解释,夹杂有儒家的善恶观念,表明译经过程也受到中国文化的影响,因而诸如"止于德行""如影随形"一类的表述,具有比较浓的儒家文化色彩,但表述的最终依托是心灵智慧,因而说:"道无形,知之无益,要当守志行;譬如磨镜,垢去明存,即自见形,断欲守空,即见道真,知宿命矣。"②"何者最明?心垢除、恶行灭,内清净无瑕;未有天地,逮于今日,十方所有,未见之萌,得无不知、无不见、无不闻,得一切智,可谓明乎。"③没有"行",道心则有垢无明。又说:"夫为道者,譬如持炬火入冥室中,其冥即灭而明犹在,学道见谛,愚痴都灭,得

①迦叶摩腾、竺法兰译:《四十二章经》卷一,《大正新修大藏经》第一七册,(台北)新文丰出版股份有限公司1983年,第722页上一中。
②迦叶摩腾、竺法兰译:《四十二章经》卷一,《大正新修大藏经》第一七册,(台北)新文丰出版股份有限公司1983年,第722页下。
③迦叶摩腾、竺法兰译:《四十二章经》卷一,《大正新修大藏经》第一七册,(台北)新文丰出版股份有限公司1983年,第722页下—723页上。

无不见。"①这里讲"明",即指"智慧"。综上可见,《四十二章经》中的"道"为"智慧"的修行,体现了般若注重精神解脱的内在旨趣。

其次,该经揭示"爱欲"是导致"无明"的苦患因缘。《四十二章经》指出:"爱欲"阻碍人获得清净智慧,"使人愚弊者,爱与欲也"②,"人怀爱欲不见道,譬如浊水,以五彩投其中,致力搅之,众人共临水上,无能睹其影者;爱欲交错,心中为浊,故不见道;水澄秽除,清净无垢,即自见形。猛火着釜下,中水踊跃,以布覆上,众生照临,亦无睹其影者;心中本有三毒涌沸在内,五盖覆外,终不见道;要心垢尽,乃知魂灵所从来,生死所趣向,诸佛国土、道德所在耳"③。"爱欲"是两种不同的精神能量,会在心里交错发生作用,犹如污浊搅水,毒火烧釜,使心不能清静,照不见"我法",看不清"生死所趣向",从而失去人生大智慧,远离"诸佛国土"的道德家园。该经以"爱欲"为"智慧"的对立面,认为"爱欲"因缺乏智慧之根而受"无明"驱遣,由执着幻相生出烦恼苦热。对"爱欲"的否定体现了古典美学崇高的精神价值旨趣。《四十二章经》能够明确地表达出这种观点,大大超越了原始佛教的价值态度,因为在原始佛教里"爱欲"并没有被完全否定。《中阿含经》说:"谓有三爱:欲爱、色爱、无色爱,是谓知爱如真。"④"欲爱"即缘于生理本能产生的爱,"色爱"指对物质存在和身体享受的执爱,"无色爱"则指心理执着所生之爱。三种爱,第一种为欲望、

①迦叶摩腾、竺法兰译:《四十二章经》卷一,《大正新修大藏经》第一七册,(台北)新文丰出版股份有限公司1983年,第723页上。
②迦叶摩腾、竺法兰译:《四十二章经》卷一,《大正新修大藏经》第一七册,(台北)新文丰出版股份有限公司1983年,第722页中。
③迦叶摩腾、竺法兰译:《四十二章经》卷一,《大正新修大藏经》第一七册,(台北)新文丰出版股份有限公司1983年,第723页上。
④瞿昙僧伽提婆译:《中阿含经》卷七,《大正新修大藏经》第一册,(台北)新文丰出版股份有限公司1983年,第463页上。

本能之爱,第二种为攫取物质之爱,第三种为迷执观念之爱,它们皆有因缘,因而具有因缘自在一样的真实性。原始佛教以如实知因缘为知其真,达到体察本相的深度,但因缘毕竟不是本质,如果没有智慧的引导,则所有的"爱"都会陷入轮回,此即"无明为习,是为缘无明行,缘行识,缘识名色,缘名色六处,缘六处更乐,缘更乐觉,缘觉爱,缘爱受,缘受有,缘有生,缘生老死,缘老死苦"①。十二因缘的循环流动,其本质上就是感受性"爱欲"的一种循环流动,由此种"爱欲"的真知获得的只能是流动虚幻的无常,而不是"逆水行舟"、截杀"爱欲"的智慧,所以《四十二章经》的主导旨趣超越了小乘原始佛教,体现了更高精神解脱目标的大乘般若智慧。

再者,该经倡导中道是调御心志的审美智慧。《四十二章经》对"中道精神"有明确的表达:"夫为道者,犹木在水,寻流而行,不左触岸,亦不右触岸;不为人所取,不为鬼神所遮,不为洄流所住,亦不腐败,吾保其入海矣。人为道,不为情欲所惑,不为众邪所诳,精进无疑,吾保其得道矣。"②这段话像出自儒家,实为佛教初创时即宣扬的精神。佛陀以乐、苦为二边,离苦、乐二边为得中道。"莫求欲乐、极下贱业,为凡夫行,亦莫求自身苦行,至苦非圣行,无义相应。离此二边,则有中道,成眼成智,自在成定,趣智、趣觉、趣于涅槃。"③儒家的中庸之道取伦理上不偏不倚,允厥执中,是用"中"的审美尺度规范人生实践,以培养中正怡乐之人格。原始佛教的中道,表现为对身心出离世间的调御,其涵义不为把握住世间的伦理根本而设,但在培养超

---

① 瞿昙僧伽提婆译:《中阿含经》卷一○,《大正新修大藏经》第一册,(台北)新文丰出版股份有限公司 1983 年,第 491 页上。
② 迦叶摩腾、竺法兰译:《四十二章经》卷一,《大正新修大藏经》第一七册,(台北)新文丰出版股份有限公司 1983 年,第 723 页中。
③ 瞿昙僧伽提婆译:《中阿含经》卷四三,《大正新修大藏经》第一册,(台北)新文丰出版股份有限公司 1983 年,第 701 页中一下。

拔世俗的信仰精神,以超凡的智慧控制身、口、意的行为方面,一样具有伦理审美实践性。汤用彤说:"《四十二章经》,虽不含大乘教义、《老》《庄》玄理,虽其所陈朴质平实,原出小乘经典,但取其所言,与汉代流行之道术比较,则均可相通。"①又说:"则汉代道术,必渐受佛教之影响,致采用其教义。"②"朴质平实",就是指这种对伦理上审美的"智""趣"和"涅槃"境界的追求,而汤所说"与汉代流行之道术""均可相通"者,应是指篇首以幻化巫术入章,就实际教义所陈,则理趣尽可寻归儒家宗旨,修行意味却大有乖违,因此才能使汉代道术"渐受佛教之影响,致采用其教义"。汤先生所说甚切,《四十二章经》如果不是有如此精微的意旨,并且是一些似乎契合中国人"中道"意识的思想,要使佛教从影响民间转到影响士人贵族,似乎是不可能的,而紧随着,支娄迦谶的《道行般若经》就译入进来,大乘般若智慧成为佛教的主导价值旨趣。

　　总之,佛教初入中华是通过三个节点的节奏推进完成身份转换的,由最初审美图像的接受,到艺术化、美学化的"史志"性轶事改编,再到经文翻译的价值导引,使得佛教由异邦文化闯入者,一步步成为与中国文化、美学融合的构成因素。虽然,在"图志""史志"性质的交遇与转换阶段,佛教被中国人接受还不是很彻底,甚至还存在着"误解",但它的奠基性作用是十分明显和有力的,这首先归功于审美与美学的宽阔胸怀和融感性、理性于一体的特殊品质。《四十二章经》对美学价值旨趣和精神境界的倡导,以般若旨趣对美学智慧的导引起到定向作用,显示佛教入华从此基于文化价值和精神观念层面获得展开,佛教美学智慧开始对中国人的精神观念和价值结构产生真切而深入的影响。

----

①汤用彤:《汉魏两晋南北朝佛教史》,北京大学出版社 1997 年,第 32 页。
②汤用彤:《汉魏两晋南北朝佛教史》,北京大学出版社 1997 年,第 32 页。

第二节　般若与玄学美学的本体论演革

一、般若是否影响了玄学美学?

佛教般若范畴与本土玄学美学的关系,反映了中古前期般若与中国美学深层理论形态之间的关系。长时期以来,学界多持两者为平行而进之观点,然而从般若蕴涵及玄学美学本体论所达到的思想深度及表达风格而看,般若与玄学并非毫无关联之并行关系,正是在般若影响下,玄学美学的本体论构建才达到了主体化观念本体的深度;而"格义"佛教的发生,本质上正是中国哲学、美学的深层概念与佛教深层蕴涵交汇的体现。"格义"拓展了本体论的逻辑范围,把中国美学的整体逻辑和体系的变革,更为急迫地推到了学术前沿。

在佛教激醒中国美学力量的过程中,中国美学的深层逻辑与般若是怎样一种关系,需要进行专门的讨论。从大的方面说,般若对谶纬的影响,主要是对世俗层面在精神和智慧体验方面起到导引作用,但这种影响仅限于审美表面。在桓、灵之际,即般若经刚输入的那一段时间,人们对般若的了解还不深入,般若译经也限于不多几部。后来,僧人聚居集中起来,与汉族士人的交游也频繁起来,就开始与中国美学深层逻辑的交接,而这种交接首先通过魏晋玄学对佛教般若的间接吸收与渗透,实现了对中国美学深层逻辑的改造。其次,佛教在中国的传播过程中,大乘般若蕴涵在不同部类的传递转换,也对中国的审美生活和现象产生了某种程度的覆盖,不仅深刻影响和改变了中国人的审美意识,而且促使中国美学进入了正面融会佛教般若思想,创建属于中国自身的美学逻辑与体系、机制的阶段。

魏晋玄学美学标志中国美学达到了高度思辨的哲学化形态。玄学美学本体论是这种哲学美学思辨的产物,在反省自上古开始形成和完善的美学逻辑基础上,对之进行进一步的改造提升。在玄学发展的同时,佛教沿中国西北部向长安、洛阳一带,展开其广泛的影响。几乎社会的各个阶层,都受到了佛教或直接或间接的影响。但由于历史文献资料对于玄学是否受教于佛教缺少可证明的材料,学界持较一致的观点是,魏晋时期佛教般若与玄学应当是平行关系。我们认为,般若有没有影响玄学,不是一个实证性的事实问题,而是一个文化与美学逻辑性质、规律的演化问题。如果是事实问题,则汉末安世高、支娄迦谶对小乘、般若的翻译,以及由西域经敦煌再南下入住洛阳的一批批僧人,他们都在传播佛教思想,这是可以证明的事实,由这些事实也足以证明他们所传播的佛教思想对魏晋玄学能够产生影响,况且这也能够从当时何晏、曹植的诗文和行为获得某种佐证。这还不算,甚至士人那么快就由清谈品鉴径直转到玄学论理,也不难视为是般若清流扩渗的痕迹。但无论可以采取的实证方向有多少,相对于玄学美学而言,作为事实的证明毕竟是外在的,关键的还是要看佛教般若思想与玄学美学内在逻辑之间的关系,要弄清佛教般若对玄学美学本体论有没有刺激或启发性的影响。对这个从更宏观的向度看也涉及中国美学逻辑的历史转向问题,从中国文化、美学发展到那个时期的状况以及佛教在那个时期在中国传播的实际状况来看,都很有必要进行深入的研讨,以期对学界目前在此一方面尚无明确结论的历史真实,有一重基于学理发掘的揭示与再现。

　　在我们讨论玄学美学本体论与般若的关系之前,必须先说明三个前提性认识:

　　一是玄学美学本体论,是中国美学逻辑在该时期"历史性"改造与提升的重大成果,正是由于玄学美学注重"本无""玄之又玄""以本举末"的本体论建设,才能对谶纬给予强有力反拨,对儒家名教给予深度消解,对政治化功利化人格意识也给予积极的超越等,而达到

"否定""抑制"这些方面的理论效果,如果没有佛教般若意识注入中国美学逻辑的内在构成之中,是根本不可能完成的。佛学对魏晋玄学意识不可能不发生直接或间接作用,在学界是有一些确认发生的意见的,如日本学者中村元说:"正始(240—249)末年,何晏、王弼相继谢世,后人称二人探讨老庄思想的谈话为'正始之音'。他俩所掀起的新学风,孕育出追究'无'的玄学,以'竹林七贤'为代表的隐逸之士,纷纷求道于超然世界,并以自身去体会'无',在自由的讨论中为学术界培植了绚丽的奇花异卉。曹操的宗教政策及正始清谈学风,均导源于接纳佛教后的东汉时代。先民将黄老与佛教思想合并研习,决定了基于老庄思想接纳佛教的方向,并使其扎根于民间,并未因当政者的禁止而泯灭。同时,佛教自与黄老结合后,深受知识阶级的欢迎,在学者们的大力鼓吹下,遂更为人们津津乐道及虔诚崇奉了。"①中村元慎重而客观地强调"基于老庄接纳佛教"和"学者们大力鼓吹"的情况,另外,易学专家潘雨廷、宗教哲学学者王晓毅等也提出过类似的支持性观点。

二是般若对玄学美学的逻辑影响,作为要解决的核心学术问题,首先需要切入到本体论根源上厘清这一重要美学问题,其次需要弄清魏晋玄学的本体论与玄学美学的本体论逻辑,是否在理论内涵上是重合的。如果是重合的,则有关玄学本体论的研究,势必也解决了玄学美学的本体论问题;如果两者并不重合,甚至完全错开为两种不同的逻辑序列,则有关玄学美学本体论的研究,需要另张纲目。我们认为,玄学本体论是不能完全替代玄学美学本体论的,毕竟美学要关注感性力量及其存在的本质与趣味,回答最终的美学价值的存在意义问题,这些与玄学作为哲学的本体追问是不同的。玄学本体关注

---

① 中村元主编,余万居译:《中国佛教发展史》,(台北)天华出版事业股份有限公司1984年,第39页。

"何为存在?"(what)"何以存在?"(why)和"何处存在?"(where)这一类问题,它们在终极性意义上,与玄学美学的本体追问存在着内在的相通,以至构成玄学美学本体论内核,甚至可以说就是玄学本体论。但玄学美学的关注方式、提问方式大大不同于玄学,玄学美学本体论关注"何为玄学之美?"(what)"玄学美何以存在?"(why)和"玄学美何处存在?"(where)的问题,那么,在学科话语的存在方式和表达特征方面,由玄学本体论到玄学美学本体论就意味着面对同一对象体的不同审读或观照,就像我们看白天和黑夜,从科学角度看到太阳对地球的正面映照和背向运行,从人文科学角度看到白天象征着光明、热情和生命,黑夜象征着黑暗、沉寂和死亡一样,同样切入逻辑价值的内核却得到差别甚大的解释。对于魏晋玄学而言也是如此,在玄学的本体论追问中,原本蕴涵着玄学美学的本体论追问。因而,倘若玄学本体论的演化,深刻地表现出对于般若式的有关审美和美学价值的观念,可以对玄学受般若的影响从逻辑上给予某种体认。在以往的研究中,由于忽略了玄学和美学均具有诠释价值意涵的特点,而单纯从事实举证讨论二者的关系,在遇到古代本有的人为隐匿之外,再加上研究时选择性的意识排除,便基本上排除了般若对玄学影响的可能。如在许抗生、余敦康《魏晋玄学史》以及任继愈主编的《中国佛教史》、汤用彤《魏晋玄学论稿》中,虽然都十分关注玄学本体论内在逻辑由"本无""贵有"到"独化"的演进,却对这一演进有否受到般若影响,持一种明确否定或暧昧不明的态度。在已有的研究态度中,近乎达成的一种共识是:玄学与般若没有发生内在逻辑的关联,因为玄学是源于本土文化的土壤而成熟的,只因玄学达到了高度思辨的程度,才对外来的佛教达成了理解,并努力做到用玄学来解般若,东晋般若学的"六家七宗"即是中国本土化玄学的一种佛教式的复现与表达。这种看法,就不仅把玄学本体论与佛教般若的本体意涵区隔开来,而且也把玄学本体论与玄学美学的本体论区隔开来,认为后者只是玄学本体论在审美场域的一种映射而已,至于玄学的美学或佛教般若的美学(如果般若构成系统性的美学意涵的话)不过是另出的一种逻辑存在和思想存在,二者根本不存在任何可重合的方面。这种看法显然是很极端的,因而,我们审视般若与玄学的内在逻辑关系,必然对于玄学本体论与玄学美学的本体论、佛教般若的本体论,给予内在价值相通方面最大限度的认可,才能使我们对这一涵义的讨论给予更充分的认可。

　　三是关于中国传统的宇宙本体论思维与般若、玄学的逻辑联系问题,要从本体论思维的转换角度,对其与般若、玄学美学的内在关系有一种新的认识。换言之,宇宙本体论,或宇宙论本体观,乃中国人观照自然、社会的一种传统思维方式,它由上古绵延至中古,到底有没有消亡,或发生了哪些转变,它与玄学和般若思维有无发生联系,又起到怎样的作用,这些细节性问题属于当时中国美学内在逻辑的有机构成,也是必须面对的问题。

　　综上三个方面,都要从根本上追问美学的本体问题,而"本体"一词,系从西方哲学引入的术语,指关于"ontology"或"being"的学问。英语"on"源自荷兰语、德语介词"aan",意为"在……之上",强调从基元开始;"being"指"在""是"或"存在",是事物存在或运动的本质状态。西方美学从建立语言"逻各斯"基元开始,成为依于元素、观念本体的"逻辑"系统,这种逻辑、思维形式在魏晋以前的中国是没有的。中国美学的本体论源于混沌性的整体性"象"思维。"立象以尽意",就指由感悟对象而生成的美学观念。但感悟所得之观念并不具逻辑基性性质,更多时候倒像是终点,宇宙论本体就是感悟性本体的典型表达。因而自上古至两汉,虽然"道"本体观念具有形上意味,且在逻辑上可推衍,但道的构成及其感悟性的推衍,都不是一种知识化的、观念思辨的逻辑推衍。老子的"道生一,一生二,二生三,三生万物",仅仅对"道"进行了感悟式推演的描述,至于道的内在结构及其观念生成的逻辑，其实仍然处于一种模糊不明的状态。在相当长的一段时间内，中国美学的本体论都深陷在感悟性的本体论思维形式之中，宇宙本体论如此，儒家、道家美学亦如此，甚至特别受到人们推崇、具有思辨意味的墨家美学也如此。儒道美学的本体都是在对自然、社会形成整体性感悟认识之后，形成颇具理性意味的观念、体系。墨子的逻辑思辨，固然确实触及语言名相和命题的逻辑本质，但颇类似西方的形式逻辑，其语言、形式思辨，作为提炼和细化经验理性的知识化表达具有积极存在价值，作为对自然与社会的审美、美学化的本体论认知，仍然没有跳脱象思维的整体性与模糊性，加之其对后来中国美学的影响，并未体现出本体论主干的建构意义，因而不能作为典型形式考虑在内。这样，从远古经两汉至中古时期的中国美学本体论发展，实质上主要是针对象思维传统（整体性的、类比性的思维及其推衍）的模糊逻辑所实现的改变，而体现于美学本体论的逻辑变革，又集中地体现为美学内核的玄学本体论深层逻辑的改变。如果玄学本体论的逻辑在深层意涵上真真切切地受动于佛教般若范畴的思想影响，那么，无疑为解决中古美学，尤其是中国美学真实的逻辑演化打开了一个豁亮的理论窗口。

二、"鸡子"本体与玄学美学逻辑内核

　　中古以前，中国美学基于感悟和类比推理，虽有类似形上意味的本体归结，却并不可演绎，也不能从所归结的本体展开析理性质的诠释，因而也可以说，并不存在具逻辑推演性质的观念本体，但在魏晋玄学中，有了这种逻辑观念本体，王弼、何晏、裴頠、向秀、郭象等均持某一种观念本体进行系统的逻辑推演。那么，这种新的本体论意识是如何产生的呢？

　　对于魏晋玄学本体的来源，学界以《老子》《庄子》为据，述其构成王弼和何晏、嵇康和阮籍、向秀和郭象三家学说的来源，但笔者以

为嵇康、阮籍并没有形成系统的新本体观，其玄学立意仍然沿袭了汉末人伦品鉴之风，是从伦理人格美学角度阐发人生境界，所倡"越名教而任自然"①，虽主旨切合于自然，却仍然是基于对自然的感悟而立论，并不具备逻辑本体的性质。钱穆也持类似看法，倡导此三家为玄学所本，但他认为魏晋玄学对老庄的诠释与对《周易》的疏解相通："弼既注《易》，又注《老》，殆谓《老子》义通《周易》"②，"此证平叔辅嗣，均主以《老子》通《周易》，即以《周易》阐儒义。所为祖述老庄，以天地万物为原本于无者，其宏旨密意，正可于此觇之"③。说老庄与《周易》义理相通，正是强调对宇宙论思维的接续，若言其有本体，则为宇宙论本体。汤用彤也持相近意见，认为："'新学'（玄学）的生成有两个主要因素：（一）研究《周易》《太玄》等而发展出的一种'天道观'；（二）是当代偏于人事政治方面的思想，如现存刘邵《人物志》一类那时所谓'形名'派的理论，并融合三国时流行的各家之学。上述二者才是'玄学'所以成为魏晋时代特有思想的根源。"④"天道观"即宇宙观，汤氏将宇宙观及汉末人伦品鉴合视为玄学产生的因缘。从学理沿承上讲，魏晋玄学确与宇宙论有关，但"本体"观念作为核心构成，其本源并不能以此来做解释，如王弼主张"以本息末"或"以本举末"，再如"言""象""意"之辨等，均表明王弼以"意"为本体，"言""象"为次第之表，体现了由内核而及外在的本体论系统意识，说明魏晋玄学本体逻辑的形成另有原因，但前辈于此未做更深入的研考，因而没有揭示出本体的真正成因。

　　学者饶宗颐撰《安荼论（aṇḍa）与吴晋间之宇宙观》一文，从汉末

①嵇康著，戴明扬校注：《嵇康集校注》卷六《释私论》，中华书局2014年，第402页。
②钱穆：《庄老通辨》，生活·读书·新知三联书店2002年，第310页。
③钱穆：《庄老通辨》，生活·读书·新知三联书店2002年，第314页。
④汤用彤：《魏晋玄学论稿》，世纪出版集团、上海古籍出版社2005年，第106页。

宇宙观吸收佛教"安荼论"而有"鸡子论"本体的视点,提出一种新发现。在他看来,"鸡子论"就是一种宇宙新本体的比喻:

> 中国古代言天文者有三家:曰盖天,曰浑天,曰宣夜。宣夜失传(俞正燮《癸巳类稿》有《宣夜论》)。盖天即《周髀》。浑天之说,兴起较晚。东汉以后,浑天家言,大致谓天地之初,状如鸡卵,水环其外。考此说,扬雄《难盖天八事》及王充《论衡·谈天篇》俱不载,知东汉初年,尚无是说。至张衡《浑天仪》始畅言之,时佛教已入中国,经典传译甚多。"天如鸡子"之论,三国晋初学者每乐道之,成为一时风尚,尤以吴人为众。是说之兴,与婆罗门之"金胎"(Hiraṇyā-garbhā),似不无关系。[①]

饶宗颐是从自然宇宙论切入的,认为佛教的传入将"鸡子"宇宙论导入了中国,从而形成了新的宇宙本体观。饶氏举证初期来华僧徒多系婆罗门种姓,而初期汉译佛经与婆罗门天文有关者有三部,为:后汉安世高所译《佛说摩邓女经》(一卷)、吴竺律炎与支谦共译《摩登伽经》(二卷)、西晋竺法护译《舍头谏太子二十八宿经》(一卷),正是在三部经译入的时期,中国开始流行"鸡卵说"。而"鸡卵说"与中国原有宇宙论最大的不同,就在于强调了宇宙内芯是创造生命的本源,饶氏引提婆"安荼论"及《奥义书》解释说:

> "安荼"即梵语:Aṇḍa 音译,意为鸡卵。
> 又 Maitri Upaniṣad VI 36,P. 849 云:
> Antaryāṇḍopayogād iman Sthitān ātmaśuci tathā
> 此颂大意则谓鸡子为宇宙外壳,而神我(atman)居其中,如

---

①饶宗颐:《梵学集》,上海古籍出版社 1993 年,第 61 页。

灯之芯,得膏油而燃。婆罗门经典所重在鸡子中之神我,故为有神论,浑天说仅用其鸡子之喻,以比拟天体耳。①

　　应该说,"鸡子论"喻说宇宙,确实比早先整一的"盖天说""浑天说"等更明确、具体,也更清晰了,这在人文意识上比"混沌莫辨"的感悟性"本体"大大推进了一步,确立的宇宙"内芯"即系统的内核。这种进步性,在张衡《浑天仪》中有了鲜明的体现:"天地之体,状如鸟卵,天包地外,犹壳之裹黄也;周旋无端,其形浑浑然,故曰浑天也"②,"天表里有水,天地各乘气而立,载水而行"③。"裹黄"指宇宙天体的中心,天在地外,水在天外,水浮天而载地,地表有水,故两仪乘水气流转,喻示了宇宙不息的创生。

　　也不能排除饶宗颐认为"鸡卵说"借鉴了婆罗门"安荼论"是一种猜测。但这个推测展开来,则可以追问张衡有没有借鉴婆罗门,后汉至东晋的"鸡卵"之喻与这期间译入的佛经有没有关联,以及其他一些问题。从逻辑序列上征询,那么,如果科学家张衡能够援用,玄学家当然也可以用来阐释宇宙人文的生成。只是考稽"鸡卵说",似不尽出自婆罗门,因婆罗门"安荼论"仅为外道"涅槃说"之一种,该论被称为"二十外道本生论师",主张"见有无物是涅槃因"。在"安荼"论师之上,还有涅槃本根。《提婆菩萨释楞伽经中外道小乘涅槃论》(一卷)说:"第二十外道本生安荼论师说,本无日月星辰虚空及地,唯有大水。时大安荼生如鸡子,周匝金色时熟,破为二段:一段在上作天,一段在下作地。彼二中间生梵天,名一切众生祖公,作一切有命无命物,如是有命无命等物散没,彼处名涅槃。"④这段话讲"大

---

①饶宗颐:《梵学集》,上海古籍出版社1993年,第64—65页。
②房玄龄等:《晋书》卷一一,中华书局1974年,第285页。
③房玄龄等:《晋书》卷一一,中华书局1974年,第281页。
④提波造,菩提流支译:《提婆菩萨释楞伽经中外道小乘涅槃论》卷一,《大正新修大藏经》第三二册,(台北)新文丰出版股份有限公司1983年,第158页中。

安荼生"是鸡子熟后破为两段,分上天下地,梵天在天地的中间产生,再由梵天产生出一切有生命、无生命之物,而这些物最终都要散灭,就像那鸡子原本为水,无物可见,是一种水性的"空"。"大安荼生"也是一种涅槃论,所论到的"梵天"与印度佛教之源《奥义书》的"大梵"不同,显见是对"本体"的一种设置,也与所谓婆罗门的安荼论师之"鸡子论"不同,表明在运用"鸡子"做比喻解释天地创生时,对婆罗门的宇宙本体论,本就存在对其"有神论"进行破解的发展之论,因而才被称为外道,而饶宗颐解释的"鸡子论"所表明的,却是肯定"神性""内核"的婆罗门"有神论"之一种,两者存在较大的偏离。我们认为,"安荼论"确实可以成为影响玄学本体论的一个根源,但它本来就是佛教学说一个系列的一种,只不过在否定"有神论"方面不如佛教彻底而已,毕竟"水"也是一种物质性存在,"大梵天"既然能够归摄物生物灭,又何必对"水"独犯执着? 显见灵魂还是没有解脱,也许正因此,才被从外道中走出的佛教斥为"邪见"。饶宗颐先生的考述给了我们很好的启发,早期佛经中关于"般若"的解释,常称之为"天中天",如支娄迦谶译《道行般若经》(十卷)与《佛说般舟三昧经》(一卷)、支谦译《大明度经》(六卷)、康僧会译《六度集经》(八卷)等,表达"天上天下,于中最尊"[①]"作佛,名能儒如来无所著正真道最正觉,三界最尊,安定于法中极明,号曰天中天"[②]"今果得佛,号天中天,为三界雄"[③]的译法、理解甚为普遍。"天中天"将般若视为宇宙的中心,与"鸡卵说"的比喻形成巧合,在小乘《善见律毗婆沙》(十八卷)

①支娄迦谶译:《道行般若经》卷二,《大正新修大藏经》第八册,(台北)新文丰出版股份有限公司 1983 年,第 431 页上。

②支谦译:《大明度经》卷二,《大正新修大藏经》第八册,(台北)新文丰出版股份有限公司 1983 年,第 483 页下。

③康僧会译:《六度集经》卷一,《大正新修大藏经》第三册,(台北)新文丰出版股份有限公司 1983 年,第 2 页中。

中,甚至直言般若与天体之论无关,为调伏精神的特殊"智慧":

> 是时婆罗门心中清净,譬如虚空无诸云翳,亦如日月照诸暗冥。如来以种种方便教化令知,如来自称:"我已得'无上智慧',常住涅槃。"向婆罗门言:"汝老死至近,来到我所,于汝实有所获。何以故? 譬如鸡卵,或八,或十,或十二。"
>
> 问曰:"何以三种分别数?"
>
> 答曰:"此是足句,亦令文字美满。鸡母伏卵随时回转伏者,以两翅覆至欲生时,眼见光明以嘴啄壳,出已鼓翅鸣唤。"①

　　此处所引佛经是后魏时期译入的,佛与婆罗门对话中的"鸡卵"成为般若的"方便"比喻,意为抵达彼岸。"对法"提到的数字,是用来形容智慧所达到的程度的。鸡母出子的比喻更是离开了天体,暗示了智慧产生的情状。根据这里的用意和表述,则"天中天""鸡子"的比喻或译法,其实都从般若为修道系统的核心着眼,不过因与天体中心论观念极其相似,从而才有科学家张衡借用这一说,但相比较之下,将此用于哲学、宗教和伦理等人文性的诠释系统,给之以美学化的形象比喻,用以完成玄学逻辑内核的本体建构,也能自成其理。虽然,从目前玄学文本我们不能找到采纳"鸡子"或"中天中"的证据,但从同时代思维、文化和概念的同步影响和互摄互用考量,认为玄学突破了中国原有的混沌性宇宙论思维,建立了观念内核的逻辑新本体,是在佛教流行般若思想的影响下,潜在而深刻地建立起"思维链"的关联性,则是可以成立的。

---

① 僧伽跋陀罗译:《善见律毗婆沙》卷四,《大正新修大藏经》第二四册,(台北)新文丰出版股份有限公司 1983 年,第 699 页下—700 页上。

三、本体"格义"与佛玄美学的铸合

般若译经中,采用了大量的老庄名相,通常把翻译中词语的匹配、拟对解释为"格义",认为两种文化嫁接中对意涵的权衡、比配、拟对和置换,就是"格义",这应当是不错的,但是"格义"具体放在什么样的层面上理解,差别甚大:如果是因为两种文化彼此陌生,从未有过深层的交流,因而在词语层面进行比配,大量采用输入方的词语来翻译,以便于理解,似也能讲通。可是,佛经文本并不是普通的常识性知识读本,而是蕴藉了宗教、哲学、美学等人文性蕴涵的文本,这并不是仅凭简单的词语"格义"就能完成思想传达的。同时,早期僧人多从西域来,他们自身的语言、文化修养十分深厚,在来华后还得到中国士人的积极帮助,在这种情况下他们所从事的翻译工作,仍停留于词语层次的比配,似乎不大能讲得通,不仅连僧人和士人都不能满足,就翻译本身讲,也无法通过"词语"比配完成,因为在不具备深入研究能力的基础上解读、翻译任一部佛经,都会因意涵本身殊深而不能完成这项活动。所以,佛经的"格义"绝不会限于简单的、初步的概念辨识与替换,而是译者在深入理解两种文化蕴涵的基础上,对佛经经义系统有组织、有选择地展开名相"拟配"。从思想的系统输入与本土词语的拟配与结合角度来解释"格义",就能理解魏晋译经中何以老庄名相被大量使用,而基于本体论的逻辑视野能够做出的解读是,那些所谓"比配""拟配"的概念、名相,不外乎是玄学体系中的本体论核心范畴,它们在佛经和玄学中的位置,都证明了般若名相与玄学本体论的核心概念、范畴,存在着一种逻辑本质上的相通互渗。

王弼、何晏玄学把"本无"作为核心范畴,在支娄迦谶翻译的《道行般若经》中①，"本无"也是核心范畴，却属于"般若"概念"格义"的异名：

何所是本无者？一切诸法亦本无。②

阿惟越致菩萨，如逮得禅者不动摇，如罗汉、辟支佛地、佛地，是佛地如本无终不动。佛说本无，闻不言非。空是中，本无入本无，是所本无如本无，亦不言非。如是入中，入中以闻是本无以，若转于余处闻心终不疑，亦不言是，亦不言非，如是本无如本无住。③

一切我所悉断本净，般若波罗蜜亦本无如是。譬如梦中与女人通视之本无，般若波罗蜜亦本无如是。所名本无，般若波罗蜜亦本无如是。④

贤者欲知成佛身，如是无有形，亦无有著，因缘所生，世世解空，习行空，一切生死，无死生为因缘，佛智悉晓本无死生，本亦无般泥洹者。⑤

---

①按：镰田茂雄云："支娄迦谶所译经有：《首楞严经》《小品》《阿阇世王经》《屯真陀罗尼经》《般舟三昧经》等。"《道行般若经》是译入中国的第一部般若经，镰田茂雄说的《小品》即此经，是《摩诃般若波罗蜜经》（十卷三十品）中的第一道行品，亦称《道行经》〔镰田茂雄著，关世谦译：《中国佛教通史》第一卷，（高雄）佛光出版社1985年，第152页〕。

②支娄迦谶译：《道行般若经》卷五，《大正新修大藏经》第八册，（台北）新文丰出版股份有限公司1983年，第450页上。

③支娄迦谶译：《道行般若经》卷六，《大正新修大藏经》第八册，（台北）新文丰出版股份有限公司1983年，第454页中。

④支娄迦谶译：《道行般若经》卷一〇，《大正新修大藏经》第八册，（台北）新文丰出版股份有限公司1983年，第475页上。

⑤支娄迦谶译：《道行般若经》卷一〇，《大正新修大藏经》第八册，（台北）新文丰出版股份有限公司1983年，第476页下。

"本无"与"般若""佛"均具有逻辑本体意味。"本无"是空,是空的"所"与"能"。王弼强调"本无"兼具体用,何晏认为只具"体"的性质。《道行般若经》的"本无",不属于"是""非"判断,强调抵达智慧的清净,故有"般若波罗蜜亦本无如是"的陈述。"本无"即佛智本体,悉晓本无,就是以般若智慧洞悉死生,灵魂获得涅槃究竟。可见,"本无"无论在佛经或玄学中都具有本体核心范畴地位。任继愈说:"《般若道行经》把'本无'当作它的宗教唯心主义哲学体系的至高概念,在某种程度上被当作'本体'应用,认为世界上一切物质的和精神的东西都是'本无'的体现,都是'本无'的产物。"①孙昌武指明"般若"即是"本无":"《道行般若经》又宣扬证知本无要通过修习般若,逐步获得根本智、一切智(萨云若)、无上正等正觉(阿耨多罗三耶三菩提),从而证得佛果。"②在确认逻辑本体意义上,佛学和玄学采用了同样的名相,这并非一种巧合,而是在根本问题上彼此的认识达到了一致。

除"本无"概念外,"自然""心""道""意"等,也属于般若译经和魏晋玄学中具有美学本体论意义的重要概念,在此我们不做具体援引。我们需要从这种翻译现象进一步弄清楚这个问题:到底是佛教僧人翻译借用了老庄即玄学名相,还是佛经般若本体的固有之义被选择了相应的老庄、玄学名相"匹配"呢?长期以来,对此几乎形成一种定识,认为是在僧人对中国文化、美学不理解情况下,借老庄名相诠释般若而造成了实际上对佛教般若的误读,甚至有的学者据此认为,东晋般若学的"六家七宗"也内在地贯通了魏晋玄学的"无""有"

①任继愈主编:《中国佛教史》第一卷,中国社会科学出版社 1981 年,第 119 页。按:"宗教唯心主义"一词具"时代"色彩,依实而引,任继愈就"本无"作为"本体"的理解是非常明确的。
②孙昌武:《中国佛教文化史》第一册,中华书局 2010 年,第 239 页。

到"无""有"之合的逻辑发展轨迹,将之用来诠释般若学。这样理解不完全错误,就是东晋般若学含有玄学诠释的成分当属无疑,但对于汉末的般若经而言,当时玄学还没有产生,在逻辑上般若经的本体概念先于玄学,而且又如此集中在逻辑内核的本体论概念拟配方面,显见不是一种不了解"老庄"的作为,而是对般若含义的理解趋向于本体论的一种认同:不仅把般若的本体论涵义凸显出来,而且也凸显了老庄哲学的本体论涵义。只有这样才能解释后来玄学对这些本体范畴也采用相同或相类的名相;再就是,在魏晋时译入的般若经,以《放光般若经》和《光赞般若经》的影响力最大,其中《放光》用"本无""无为""意""道"等精神性概念诠释般若甚多,《光赞》也常用"自然""有为""无为""清静""寂寞""本无",表明了当时佛经与玄学对本体概念的同调选择,在它们彼此不是有意为之,至少也是相互默认的。否则,按照当时佛学传播和玄学发展都很兴盛的势头,竟然说彼此互不听闻,毫无相互间的影响,那是根本不可能的。我们根据佛教般若经传播与玄学发展的过程,可以推断,最初是玄学受到般若经影响,确立了本体论范畴和相应的逻辑系统,而后在发展中又对佛经产生了影响,这种后来形成的相互影响由于要照顾到彼此属于不同文化统绪的"面子",故而没有在文本中给予记载,但再到后来这种互相渗透竟然达到了无法拆解的程度,必须正面解决"本无"与"空"在般若和玄学中的终极含义时,僧人和士人们才把这种内心的疑问和见解上的差异公开,这便是东晋时期形成般若学高潮的真实原因。

但是,由于佛教般若和玄学本体,都已经被僧人和士人们理解得很深入了,所谓在本体名相上的争议,实际上在正面展开的讨论中,更多地被他们所持的相同见解给融合了,于是基于深度意涵的"格义",般若与玄学本体论形成了基本原理、理论范式的融合与共享,对这种具有美学价值趋同和共振意义的融合,我们称之为佛玄美学本体论。

佛玄美学本体论经过了对般若与玄学本体复杂的转换、遗失、强化和化合环节,特别是对于般若涵义的思辨,达到了对逻辑存在方式和名相表达方式精细的体认,形成了关于佛玄本体细微方面诸多差异性的立说。这些差异性的见解,拓宽了本体论的内在空间,使佛玄美学的本体论更贴近人生的多样相状与可能性,而且尽管对本体为何依然存在诸多差异性见解,但仍都倾向于对般若意涵与中国美学深度意涵的整合,有一种重构中国美学深层逻辑结构与观念的趋向,意义可谓十分重大。鉴于此,对佛玄义理辨析促成美学价值蕴涵的铸合,我们可以视之为中国美学内在逻辑的一种变革,其历史性的建设意义体现在:

(一)佛玄美学本体的铸合意味着中国美学的内在逻辑汲取了佛教般若的美学智慧。哲学、美学的逻辑是思想灵魂的综合与提炼,在观念变革时期,哲学、美学系统往往借助一定“外力”或“他者”的推动,实现自身发展的方向变革。佛教是外来思想系统,输入中国以后先是对谶纬,而后对玄学产生影响,为扭转中国美学的逻辑认知结构做好了思想铺垫。从而当佛学与玄学彼此都认为已经完成了对话准备,可以就对方与自身的观念差异进行对话时,就会不失时机地展开对话,并把对方作为自身历史书写的一部分,以“精神与灵魂的化石”面目,奠定理论的系统建构。中国美学变革与佛教般若的关系,由于后者属“客者”“他者”一方,从而对于中国美学建立起主体自信,以中国固有思想主干吸收佛教般若智慧极为有利。佛玄美学的铸合,确认了共享佛与玄的文化、哲学、宗教和美学资源,在已然中国化的思想体系与构架之内,开始了新质的生成,随着这种新质在本体论构成和整个机体中的比重的增加,自然而然地,整体性的中国美学的逻辑机制与结构,也随之发生全新的变化。

(二)佛玄铸合清理了本土美学逻辑,标志着一个美学新世纪即将到来。谶纬及巫文化的炽热,激发了世俗美学求道向善、超越生死的省思,在般若智慧的导引下,中国美学由注重直觉感悟逐渐向注重反思人生、命运转化,开始睥睨儒家名教和政治功利,一种新的社会审美思潮蔚然成风。魏晋审美风度缺乏深刻的思想系统的支撑,般若经的译入需要寻找能够与般若思想相对接的中国文化、美学形态,玄学自然而然地被推向时代前台。作为士人知识分子自觉追求的精神思想系统,玄学具有清醒的理性品格,以"无所有"的否定精神和开辟"自生""独化"的人生美学态度,俯瞰现世人生,与同样洋溢着新鲜的时代气息与理性精神的佛教般若汇合一体。佛玄美学铸合有力地清理了儒道以及流行的谶纬美学观念,使中国美学循着人生美学的观念本体轨道,走入新的人文世纪。

（三）佛玄铸合初步奠定了中国美学理论的内涵、结构和生成机制。佛玄铸合呈现于理论形态是中国美学深层逻辑的玄学化。这种玄学化由于般若范畴的导引而充满精神意趣,从而理论兴味十分浓厚。当佛玄理论适时向中观般若美学转移,玄学化趋势也基本趋向终结。在这个过程中,由于佛教般若思想与玄学思想的交汇,中国美学理论的内涵、结构和生成机制得以初步建范。中国美学的核心逻辑,在原来注重现实人生价值境界的意趣之上,更多了一重否定和超越现实有限性的内涵;在思维方式上,也更加懂得从道俗、动静、真如等对立范畴的矛盾中把握真实的契机;其生成机制也迥然不同于先前的感悟性观照,更注重主体实践者的心性觉悟和旷达自由,以一种从未有过的美学胸怀和智慧应对复杂的一切,真正使既往审美性的人生、政治化的人生和伦理化的人生,转向坚实而生机无限的有思想、有能量和有智慧的人生,而未来美学也将在新理论范型的基础上,可以有更理想的建构生成。

第三节　佛教判教及其般若美学研判

一、佛经翻译中的般若展开

汉末以降,佛教大乘般若深入流播,迨及东晋般若学炽盛,佛玄美学本体论遂以迥别于中国传统道论的面目建立。但东晋般若学聚焦般若本体义的玄学化,缺乏对印度般若涵义的深入检思与批判,因此未能充分吸收般若的丰富思想蕴涵。迄南北朝大乘佛典广泛译入,般若类及其他部类佛经的般若思想,接续佛玄逻辑,更深一步推进中国文化的观感、认知方式,遂使佛教美学也由中观经验美学向涅槃境界论美学转进。南北朝的佛经传译,为般若思想与中国美学的深入缔结提供了充分的知识资源,佛教判教运动就在这种背景下,由代表中国最前沿的思想、文化人士——僧人和士人——掀开。这是一次轰轰烈烈的知识与思想改造、整合运动,不仅对异域入传的佛教思想进行了系统的知识论清理,而且最大限度地发挥了般若美学的功用,将之与中国美学进行精研细判的融摄,从而使般若美学特质愈益鲜明地与中国美学的思想精华熔铸为一体,既从根本上突破了传统的美学理论范式,也使美学境界及其内在的思想结构和理论内蕴发生了根本转变。南北朝的佛教判教及其美学研判,在中国美学发展史上具有极其重要的理论革命意义。

魏晋南北朝期间,佛教般若传播主要取两条路径:一是般若本部,即直接对般若类佛经的翻译,在旧译新译迭出情况下,般若主导思想的传播得到巩固和完善。大体从2世纪中后叶,到三、四世纪鸠摩罗什大量译经为止,有影响的般若类佛经基本已译入,如:支娄迦谶译《般若道行品经》(十卷)、《首楞严经》(二卷)、《般舟三昧经》

（二卷）等三部①，支曜译《成具光明经》（二卷），支谦译《大明度经》
（四卷），昙摩蜱、竺佛念译《摩诃般若钞经》（八卷），无罗叉、竺叔兰
译《放光般若经》（八卷）②，竺法护译《光赞般若经》（八卷）③，等等，
这些都属般若小品系。还有鸠摩罗什所译《小品般若经》，即《摩诃
般若波罗蜜经》，又称《小品般若波罗蜜经》（十卷）和《大品般若经》
（二十七卷），几乎拆译了后来玄奘所译《大品般若经》的"小品"全
部。二是其他部类的般若翻译。鸠摩罗什陆续译入般若和其他部类
的佛经，别部类的如《涅槃经》《华严经》《宝积经》等，这些部类从所
侧重角度对佛教有新的思想探索，大都产生于印度佛教般若思想的
展开期，在某种意义上，其他部类也是般若本部的思想扩展或以其他
方式对佛教的一种展开。其他部类佛经中的般若思想性质，构成非
常复杂：既有"根本般若"，也有大乘菩萨道的"化身般若"；既有观想
佛陀圣迹与天上诸佛的"天上般若"，也有体证菩萨受教与面向世间
的"中道般若"；既有佛法变现、万有皆佛的"现象般若"，又有凸显佛

---

① 靖迈：《古今译经图纪》卷一，《大正新修大藏经》第五五册，（台北）新文丰出版
股份有限公司 1983 年，第 348 页下。按：《般若道行品经》（十卷），即《道行般
若经》（十卷）。

② 按：《高僧传》对此经之出有详细记载，今人黄忏华在《中国佛教史》中做明晰
梳理："朱士行（时存俗姓），颍川人。出家后，以大法为己任，专究经典。尝于
洛阳，讲竺佛朔译《道行经》即小品之旧本，觉文句简略，意义未周，每叹此经
为大乘之要典，而译理不尽，誓远求《大品》，遂于魏甘露五年，自雍州，西渡流
沙。既至于阗，果写得般若之梵书正本。以太康三年，遣弟子弗如檀（即法
饶）等十人，送至洛阳。九年后元康元年，善梵汉语之河南清信士竺叔兰，与
稽古多学之于阗沙门无罗叉（《放光经记》称无罗叉执梵本，竺叔兰口传，祝太
玄、周玄明笔授）。于陈留仓垣之水南寺，共译出之，称为《放光般若》。"（黄忏
华：《中国佛教史》，吉林人民出版社 2013 年，第 13 页）

③ 按：僧祐《渐备经十住与本业大品异》云："护公出《光赞》，计在《放光》前九
年，不九年当八年，不知何以遂逸在凉州，不行于世。"（释僧祐撰，苏晋仁、萧
炼子点校：《出三藏记集》卷九，中华书局 1995 年，第 332 页）

法灵异、智慧超常幻现的"深般若"……，总之，"见缝插针"，纵横流溢，般若脉络如网交织，巨细无遗，俨然具足了人世间思想涵义的各个方面，汇成大海般波涛、潜流恢宏不绝的盛况。

般若本部与其他部类的"般若"，是"根本般若"与"杂般若"的关系。般若思想的内核，最初只规定最基本的方向、性质元素，其思想母体的形成是在不断摄取新的思想元素中完善起来的。在中国和西方美学中，也存在类似情况，但存在方式又有所不同。新的思想元素汇入原逻辑母体，构成基本逻辑的生长机制，变与不变依然在统一的逻辑范围里熔旧凝新，呈螺旋式上升。譬如，西方"逻各斯"对形上范畴的规定，内在地包含思维方法的变异与断裂，形上层面的本体论变革确定了经验现象层面的思想现实形态。西方美学偏重于形上本体，以断为续，乃其逻辑上独异之处。中国美学也存在类似规则，在"天人感应"总体模式下注重不断吸收感受性的经验印象、意念，整个思想体系的变革不依赖也不以形上性质的观念为恒定的客体法则，而是用具有感通性的方式，始终将人的情志作为表达与认知的根本驱力，作为美学存在与变革的根本基础。中国美学的变革发展，由于总体依于天人互通格局，具体依于人心与现实的交互对流，因而具有很强的张力机制和应现实而变的不确定性品格。佛教美学的逻辑、规则是又一种情况，般若是佛教的母范畴，般若思想的变革决定了佛教思想的整体存在性质，从而般若既标识整体逻辑的精神个性，作为"逻辑基础"而存在，又衍生、变现为具体阶段性的、现象性的精神特征，这两方面始终貌似纠结、拧巴，又圆融、透明地缠合为一体，使美学的本体论和现象学层面结合得非常紧密，因此，在其美学逻辑与美学践行的发展中，很难分辨母体与支脉的变异细节。尤其是，相对于印度佛教在中国的流播而言，般若思想的发展变化愈发显得复杂。一方面，印度般若的特殊思想结构和存在方式，在中国也得到了很好的传承。印度所有与般若有关的乃至无关的思想资源，在中国南北朝佛教翻译时都得到响应,形成了一种与印度佛教美学精神感通的"精神人类学"思想存在;另一方面,中国人素来重视审美与美学的传统,对印度般若思想的吸收,必然有所侧重和选择,而这种侧重选择的方面,恰恰是印度佛教的般若美学特质,当"般若本部"与"他般若"在中国的翻译蔚为彬茂之时,中国美学对佛教般若思想的接受,便呈现出极具思想高度,且能深入体味其思想精蕴而予消化吸收的积极发展态势。

中国人对佛教般若的思想接受,内在地受制约于中国的认知方式,特别是中国美学的认知方式。自古以来,中国文化和美学拥有严格的历史、时间观念,举凡自然兴衰、朝代更迭,历史的轶事、事件,人物的行为、语言等,都在文化体系中有严格的实录,这些构成内容对于思想观念的生产、推衍与异变起着很重要的"事实基础"意义,即在观念逻辑之外,事实与历史构成思想逻辑的"基础的基础",其结果是六经典坟无论怎样被诠释扩展,怎样变易其道统思想,依然有中国的历史和现实承载文化、思想的脉络、肌理。那么,当佛教般若输入时,佛教的缺少时间概念,仿佛混沌又很精细的思想观念体系,就遇到了中国时间观念的堵截,般若洪流的浩荡流播,必然要在中国人的时间序列和其他认知序列中遭遇到中国文化的人为切割,所谓方等般若、中观般若、唯识般若、法华般若、华严般若、禅教般若,在某种意义上,也可以说是中国式认知的产物。

中国式认知在充分积累认知经验、提升认知能力的基础上,针对印度和中国的文化差异,对"根本般若"与"杂般若"的关系,从译经开始到之后进入判教,注重从以下几方面提高思想认知:第一,站在接受主体的角度看"根本般若",毋宁说,更多以其作为"道体"对象来感悟,对于"杂般若"则将之纳入中国的历史、人文语境,视为"根本般若"的演绎和变体,予以切合真实感受的体味和吸收。第二,中国文化与美学对般若的观念认知,过滤了印度本土的"冥想性"和

"去时间性",所谓"根本"与"杂"的观念,原本在佛教般若体系里并无明确的认定,但中国的文化与美学对般若进行了观念和认知的选择过滤:凡属中国人易理解和喜欢的般若思想,就受到推崇和强调;凡是一时不能理解、不太喜欢的内容,则对之进行冷淡处理,直至弃而不顾。在佛教般若初传时这种情况尤为明显,到南北朝时期,因般若类(本部)佛经在玄学化思潮下得到了知识阶层的理解,就受到空前欢迎,并适时推广到普通信众。如梁代对《放光般若经》的欢迎程度依然十分热烈,反倒是对其他般若经比较忽略,这显然与其他般若经在般若体系中的地位、意义不够相称,但思想的过滤和认知选择是以接受主体的价值取向为依托背景的,一旦接受语境变化,认知的过滤与选择亦随之转变。所以,当梁武帝萧衍极度推崇《大般涅槃经》,几度出家还俗,亲撰慈悲忏法,自觉地将般若意趣由道行向境界归趣转化,就十分符合般若思想深入体味之后的受众心理,因关心立身、立名的终极之趣而向涅槃论语境转向。第三,从中国文化的系统属性,确定般若类(本部)与"杂般若"的性质归属,凡以般若名目命名、表现了般若思想的译经,在当时译人和信众心目中就是般若思想;而以非般若名目命名的,则在当时人心目中其思想以非般若为主体构成。这个方面与佛教思想的本来状况存在一定视差,因为其他部类的思想,亦属般若思想的衍生。譬如"涅槃",在小乘佛教里指"灰身灭智,不受后有",即人的肉体入化,直白说就是死了,它不属于般若范畴,但其中内蕴的阿罗汉得道解脱、不受轮回思想,就是一种精神觉悟的般若境界;在大乘佛教里,"涅槃"指"阿耨多罗三藐三菩提",意为"无上正等正觉",形容觉悟了的崇高佛性,思想涵义的客体化、对象化性质十分鲜明,这个涅槃佛性的内涵独立自足,直指觉悟了的佛性,然而,它终究还是一种般若智慧的究竟。其他亦然,中国化的"道""器"、"体""用"概念,相分相合的辩证统一意识,都对般若系统化的分解、定位产生作用,一方面使般若变得越来越"纯粹",越来越"根本"和"共"般若,另一方面,也越来越"杂",越来越趋向"世俗谛"和"不共"般若,如此佛教般若才一步步走向深入的中国化,使佛教的思想活力和整体机制渐渐"移存"于中国文化、美学机体之中。南北朝时,各部类论师纷纷涌现,他们梳理佛教思想的渊源,辨析其细微差异,正反映了内在地依循般若流播与中国文化发展的实际,来对般若进行主动性文化整合的状况。

须特别指出的是,从佛经翻译到进入判教阶段,对般若新义的认知就在翻译对象和研判对象的转换当中悄悄发生了。不管是大乘初、中期般若,如中观般若、小乘的般涅槃;还是大乘中、后期般若,如小乘、大乘综合的佛经译种、宝积经类、法华经类和涅槃经类等,都凸显了译者和研究者崭新的思想认知。而足以构成南北朝般若涵义由一般文化性态向美学性态转化的,则是对涅槃学的般若化、般若学化之体认。对此,学界一般认为,南北朝时期发生的佛教由般若学向涅槃学的转进,标志着佛学内涵、境界的重心转变。这固然不错,但佛教思想始终持有一种坚韧难拆的品质,并不明显地通过替换、递进来突出不同义项的内在区别,而是在你中有我、我中有你的同时,厘定价值根义的逻辑展开、涅槃范畴或关于涅槃学的发展,与其说关注的重心转换于解脱之旨趣,莫如说,般若在涅槃根义上拥有了愈益繁复的交叉和重叠。只因为这种在更高程度、水平位上的交叉和重叠,般若的深刻意趣及其美学境界,才得到不可用语言形容的幽深,它是至境之化,是中国文化与美学对涅槃美学化般若基因认同的"家族相似性"的升华。因此,对于从翻译到判教形成的过程,有必要对般若美学化促成的具体涵义及其根由,以及理论类型,形成一个清晰的认识,来实现对中国佛教般若化与美学化似分又合之演进趋势的准确把握。

各部类般若美学性涵义的呈显,主要表现为:

(一)中观部般若侧重空性美学涵义的探索。中观部般若缘起之说,由龙树(Nāgārjuna)、提婆(Deva)所提出,作为中观派主要创始人,他们的撰述因不出自佛陀名下,故被称为"论"。大乘初起之时,通过编纂菩萨道表达对佛陀和涅槃的信仰,弘扬空性观念,龙树、提婆及其信徒编造了大量关于菩萨超验得道的言论,宣导慈悲情怀,造文连篇累牍,几无节制。他们极度夸张菩萨的灵悟体验,宣称菩萨具备救度众生解脱苦难的神妙法力。为了加强菩萨道的权威性,中观派领袖和信徒们假称新造的经、论出自佛陀本人,声称所造一切观点均契合佛法宗旨,视小乘及一切有执之法都为戏论,鼓励众生妙解施设,破除疑惑,以对佛法真实性勇于探究的精神,怀疑一切关于物、法自性的主张,从中道而观世界。中观学派将法理思辨推到极致,甚至连佛、菩萨的存在也从佛法施设角度给予解释,这等于宣告了彻底否定根究法理本源的存在意义。在确定了这样哲学化的话语和主体意识之后,他们进而从般若为"幻"(摩耶,māye)的角度,对佛法和菩萨道的真谛观予以解说,强调佛法应与能理解它的根机对应,倘是佛法的真际,则非一般信众所能深解,最好是有神性的菩萨,像龙树和提婆那样,才能理解般若神秘而不可究竟的意涵。据史家考论,"中观部"的经、论有一些原本就是佛陀"向天界听众宣说的"①,所以佛教产生的初期世俗间根本不得其闻。至于《十万颂般若》②,则是龙树菩萨从海底龙宫"偷"得来的,"九十日中读方等,得无生忍。龙还送于南天竺,大知佛法,摧伏外道。度明摩诃衍,作《优婆提舍》十万偈"③。《龙树传》里详细记载了这件事情,而龙树本人也得益于此奇妙因缘而拥有了"千部论主"美称。"九十日中诵三藏,尽通诸深义,

---

①渥德尔著,王世安译:《印度佛教史》,商务印书馆 1987 年,第 329 页。

②渥德尔著,王世安译:《印度佛教史》,商务印书馆 1987 年,第 346 页。

③惠达:《肇论疏》,《新编卍续藏经》第一五〇册,(台北)新文丰出版股份有限公司 1995 年,第 874 页上。

更求诸经都无得处。雪山中深远处有佛塔,塔中有一老比丘,以《摩诃衍经》与之,诵受爱乐,虽知实义,未得通利,周游诸国,更求余经,于阎浮提中,遍求不得。"[1]

中观部这些强调大乘般若的神话,从学问的缘起角度确定了中观学属于面向天界宣说的高端学问。实际上,龙树、提婆的论著与早期般若经有很大的区别,中观般若思想主要采取了哲学的智慧思辨形式,在实际的思辨运用中他们特别擅长否定思维,重视直觉空性的中观审美经验。东晋年间,中观学的重要论著,由鸠摩罗什(Kumārajīva)译入数种,包括《中论》(四卷,龙树造,青木释)、《顺中论》(二卷,龙树造,无著释)和《十二门论》(一卷,龙树造)等。中国人对中观学的理解和阐释,通过僧肇有了质的跨越。僧肇着力阐释中观般若的"观照"涵义,将之与中国美学的"有""无"、"动""静"、"圣""凡"等二元对立涵义结合,化为中国式的佛教义理。到南北朝时,大乘各论师对中观般若皆有所讨论和吸收,其风延续至隋代,有僧人吉藏集为大成,创立了以中观学说为核心要旨的三论宗学派,及时认真面对和清理了各种非中观学派的流行学说[2]。隋代的三论宗对中观般若的弘扬,构成了中国化佛教思想和中国美学般若思想之直觉论的主要来源之一。

(二)法华部般若延承中国化般若直觉美学,将之发展为系统化

---

[1] 鸠摩罗什译:《龙树菩萨传》卷一,《大正新修大藏经》第五〇册,(台北)新文丰出版股份有限公司 1983 年,第 185 页下。

[2] 按:主要指吉藏三论斥辩的四宗,包括外道、毗昙、成实、大执等。韩廷杰解释:外道为非佛教派别;"毗昙,是阿毗昙(Abhidnarma)之略,新译阿毗达磨,意译对法(对佛说法的解释)或论,特指小乘佛教说一切有部(Sarvāstivāda,简称有部,音译萨婆多部)诸论,种类繁多";"成实,即成实论(Satyasidhiśāstra),是小乘佛教经量部所依据的主要经典,'成'为成就,'实'指四谛";"大执,指除三论宗之外的其他大乘佛教派别的主张,主要包括摄论师、地论师和天台宗等"(吉藏撰,韩廷杰校释:《三论玄义校释》序言,中华书局 1987 年,第 6—7 页)。

的理论。从理论、学说的系统性上讲,法华部真正延承了般若直觉美学。三论宗对般若直觉有提倡、辨义之功,但以遮为表,并没有正面建立起般若直觉的理论系统。法华则不然,其经名本身就是一种美学譬喻,原题全名为《妙法莲华经》,"妙法"指殊妙之佛法,"莲华"是喻体,与妙法同生,莲花净而无染,圣洁开放,层层累迭,娇艳璀璨,光耀日月。法华直觉亦如此,它生于佛法本根,本身就是至妙佛法。妙法含一切智,亦含一切智之灵妙幻化。法华般若与中观般若侧重的智观并不矛盾,但其着眼点不同,更具有逻辑本体及本体论系统衍生意味。那么,法华部显示了般若思想怎样的内在相续性? 在大乘般若发展的不同阶段,法华究竟属于哪个时期的产物? 首先,法华部也与部派佛教大众部有深厚渊源。据说,佛陀对天上菩萨和众天神说法时,所涉诸经就包含有法华部。多罗那他《印度佛教史》载,大乘初起时,印度西南方的守罗史吒国(Saurasta)有位叫鸠梨迦(Kulika, rigs idan)的婆罗门长者,从难陀(Nandva)处请来法华部。于是,法华部在当时与其他大乘经部一同产生,"无数宣说大乘的善知识在各地一齐出世,所有这些人各自从圣观世音、秘密主、文殊、弥勒等菩萨处闻法,都证得法流禅定"①。其次,如果要确定《法华经》产生的时间,也可以根据《法华经》作为经书问世的情况,做出一个大致的推测。同样可参见多罗那它的叙述,当时产生的经部,"《圣宝积经》十万法门、《大集经》一千、《华严经》十万法门一千品、《圣入楞伽经》二万五千、《密严经》(Ghanavyūha, rgyan stug po)一万二千、《法集经》(Dharmasa mgiti, chos yang dag par sdud pa)一万二千等一部分经典也分别由天神、龙、乾达婆、罗刹等处所——大部分出于龙处——出世"②。在这里,没有提到《法华经》,那么,龙树造论约在 2 世纪,如果《法华经》

①多罗那它著,张建木译:《印度佛教史》,四川民族出版社 1988 年,第 75 页。
②多罗那它著,张建木译:《印度佛教史》,四川民族出版社 1988 年,第 75 页。

为大乘兴盛期的作品，就应该先于龙树造论的时间产生，至少 2 世纪前就应该有法华经部了，然而，为什么同为龙树造论前的诸经，能够看到《华严经》《圣宝积经》和《大集经》诸经，唯独不见《法华经》呢？只有两种情况可以解释，一是《法华经》产生于龙树造论之后，二是《法华经》或属于更早期的大乘作品，只因其带有浓郁的神话、隐喻意味，故而未能列入善知识的编纂、造经范围，才未能与其他诸佛经部的名目同列。

那种浓郁的神话、隐喻意味，正是一种般若美学特质的自然显现。由这个原因，倒反证了多罗那他所述《法华经》出自难陀所请说法的可信。但对于我们而言，法华部所显现的美学特质，恰恰是被中国文化与美学积极接受并响应的那种直觉美学的特质。这种美学特质不可能产生于原始佛教，只能是佛陀涅槃后聚焦了虔诚的信仰，格外放大了对佛陀的崇拜想象，被适时转化为文化符号形态的一种理论设计。因此，呈显鲜明美学性的法华部，与注重知识系统化的部派佛教上座部毗昙经论，与向心理学、伦理学、哲学方向转化的其他部类般若经，也包括中观部，在思维和思想的存在与延续方面，具有不同的美学特质和倾向。法华部并不特别依赖婆罗门智者，对般若的知识化也并不特别苛求，但对自身的佛理系统和形象比喻却充满自信，从而能够将般若理论系统化，使般若美学特质能够有机融摄佛教知识的各方面要素与结构。这种情况与中国的《周易》存在义理学和象数学两种发展脉络颇为相似。不同的是，佛教知识化的义理系统，经过婆罗门智者的加工，愈来愈隔绝了与现实生活的联系，逐渐也变得知识性超强，神秘色彩浓郁，相应也越发难以理解了，如果不是经过了魏晋南北朝的玄学化革命趋势，经过了佛教判教的进一步深化，要想理解佛教般若这一脉络几乎是不可能的。中国人对于法华部也是如此，在拥有了审美和美学的"自觉"而"觉醒"之后，反而将法华潜在的般若直觉美学意涵，推为最显豁的、最易于理解和接受的对象内容。为此，《法华经》译入不久,很快就被奉为佛教中国化的重要原典,不仅受到了士人、信众的特别青睐,而且,对中国学者而言,深切颖悟《法华经》,也意味着其佛教理论造诣的融会贯通,意味着其对美学理论的建构,也能在凸显中国化特色内容的基础上展开中国式的积极创构。

因此,进入南北朝佛教判教阶段的法华部译经,便间接地反映了中国人对佛教直觉美学的认知推进。从法华部译入的经本言之,主要涉及如下几种:吴支彊梁接翻译的《法华三昧经》(六卷)、西晋竺法护所译《正法华经》(十卷)、西晋支法度译入的《正法华经》(日本学者羽溪了谛考证,此经后未得传)、东晋支道根翻译的《方等法华经》(卷数不详,也有说五卷),以及后秦鸠摩罗什译的《妙法莲华经》(七卷)。除了这些译本,还有刘宋智严翻译的《佛说法华三昧经》(一卷)、求那跋陀罗译《大法鼓经》(二卷)、昙无蜜多译《佛说观普贤菩萨行法经》(一卷)、北魏菩提流支译《大萨遮尼乾子所说经》(十卷)等,诸译本中数竺法护和鸠摩罗什译本影响最大。众所周知,竺法护和鸠摩罗什的翻译,无论内容还是表达形式,都已经相当优美,体现出美学意识的浓郁渗透。

(三)华严部展现了般若思想的理想色彩与境界。各部类佛经中,华严部的译入时间甚早,先有后汉支娄迦谶译《兜沙经》(一卷),而后吴支谦译入《佛说菩萨本业经》(一卷),西晋时聂道真翻译《诸菩萨求佛本业经》(一卷),东晋祇多蜜翻译《佛说菩萨十住经》(一卷),西晋竺法护译品甚多,译有《菩萨十住行道品》(一卷)、《渐备一切智德经》(五卷)、《等目菩萨所问三昧经》(三卷,亦有说二卷)、《如来兴愿经》(四卷)、《度世品经》(六卷)等多种,都属于华严部;还有东晋佛驮跋陀罗的集大成译作《大方广佛华严经》(六十卷)及《文殊师利发愿经》(一卷),后秦鸠摩罗什、佛陀耶舍共译《十住经》(四卷),鸠摩罗什译《佛说庄严菩提心经》(一卷),竺佛念译《最胜问菩萨十住除垢断结经》(十卷),北魏吉迦夜翻译《佛说大方广菩萨十地经》(一卷),昙摩流支译《信力入印法门经》(五卷)等,也都属于华严部。可以说,南北朝时华严部的翻译情况已经十分完备。

从佛经在印度产生的次第说,华严部比法华部晚出,这对于它吸收其他经部的思想,综合各部类般若思想的精华十分有益。事实也如此,中国人对华严经部的接受,主要基于其严密的思想体系和完备充分的理想美学特性。《华严经》在唐代被中国知识界改造,完善为中国化的华严宗,其严密的思想逻辑和般若美学理想与中国的"天人合一"旨趣契合,成为唐代最有代表性的美学理论系统。

(四)涅槃部为中国美学的修道实践提供了终极境界的支撑。相比而言,涅槃部在印度本土出现得还要晚。大概在般若经大量出现之后,各经部收摄了般若空慧有关信仰、发心、发愿和修道实践等偏重于否定、解构的思想,这种思想对小乘阿罗汉、部派轮回主体都予以坚决的否定,赞成般若空观,倡导绝对的空性。但佛法的"阿耨多罗三藐三菩提"毕竟是目标,极端化的空观否定一切,只能走到空空之空的"恶趣空",不仅否定一切存在和生的意趣,也否定智慧、思辨及一切为修道而努力的作为,这当然是连印度人也不能接受的,更是重视人生现世的中国人所不能接受的。所以,前1世纪至3世纪之间,为追忆佛陀在世的情景而展开的联想和生成的理论,便皆因关联佛陀逝世的信念和法理,而伸展出有关灵魂解脱的涅槃旨趣,为涅槃经部关于修道终极境界的诠释提供了法理根据。

涅槃经部的代表作为《大般涅槃经》。中国人最早接触到该经,约在2至3世纪,译入者多人,翻译过程先零后总。先是后汉支娄迦谶译《梵般泥洹经》(二卷)①,然后有东晋法显与佛驮跋陀罗共译

---

①按:唐智昇《开元释教录》卷一:"或一卷。初出与《大般涅槃经》等同本,见朱士行汉录及僧祐录。旧云胡般,新改为梵。"〔《大正新修大藏经》第五五册,(台北)新文丰出版股份有限公司1983年,第478页下〕

《大般泥洹经》（六卷）、《方等泥洹经》（二卷）①以及其他经，之后便是北凉昙无谶翻译的《大般涅槃经》（四十卷）。对昙无谶的译品，后人将其译名为《大般涅槃经》的前五品十卷，称为"前分"，认为其内容与之前法显、佛驮跋陀罗译本属同本异译；再把昙译前五品十卷以后的部分，称为"后分"，属于新译的内容。唐时若那跋陀罗又翻译了《大般涅槃经》"后分"的二卷，僧人义净考证，认为这一部分与前人所译《大般涅槃经》不同出，是从中亚细亚一带的《华严经》版本《阿蔹摩经》中摘译来的，指出了《涅槃经》的又一个来源渠道。

不管涅槃部译出的是部分，还是完整，是属于同本异译，还是不同经本的传译，作为涅槃部的主要思想和精神，却是在中国戏剧性地传播开来。其中，单就《大般涅槃经》之"前分"的内容来说，或许就完全可以认同昙无谶译本对"一阐提亦可成佛"及竺道生先行觉悟涅槃的成全意义。对于佛理奥蕴的觉悟，不必得到明师指点，只要内中蕴藏着这方面的意趣，并能被人感悟和理解了，那便是文本本身的一种思想力量。《大般涅槃经》具有这种思想力量，给予般若思想以终极理想的境界支撑，解决了般若的价值归趣问题。实际也如此，自是经流传，般若部、般若学偏重于"空空"的狡智弄巧，或偏重于"方等"的智性膨胀的风气，都得到了有力的纠正。众生度化或度化众生，的确以般若波罗蜜为渡筏，但此筏若既无所依亦无所谓自身存在，则失去了修道发愿的意趣，涅槃部的经义针对于此，彻底巩固了众生修道、化度的方向。也自此，大乘"六度"（布施、持戒、忍辱、精进、禅定、智慧）方得真正以般若为领导，同时注重智性、佛性的修持，使涅槃目的、境界内在于六度之中，般若与佛性互为制约和促进，变成佛

---

① 按：法显西行带回的梵文经典，在建康道场寺，由佛驮跋陀罗与法显共译出多种，此为任继愈主编《中国佛教史》（第二卷）（中国社会科学出版社 1985 年，第 596 页）之说法，本书采信。

学一组最重要的辩证范畴。佛教其他部类的思想,也在般若与涅槃的融合中得以彰显各自的意涵,有力地推动了南北朝佛学围绕涅槃范畴展开系统的知识研判运动,判教的兴起和进展节奏也基本缘此而来。总之,涅槃经部的般若,通过涅槃境界提升了般若的理想美学旨趣。当终极理想能够以悲壮而优美的图景再现,并以无比庄严神圣的法义告诫世人,这种信仰化的美学氛围对人的精神冲击是非常大的。中国美学关于境界的理想,基本是从现世出发观望现世之可能,究之以人格之价值影响,这虽然不失其伦理完善的理想性,但毕竟仍有名利系挂之嫌,而涅槃部的思想,托现出理想境界,又诉诸般若心性的解脱,其对中国传统美学系统原有缺憾的弥补,无疑是不言而喻的。在新的文化态势和价值趋向下,涅槃部的般若理想融入中国的现实审美,对于重塑中国美学的审美主体精神,促使其义无反顾地趋向理想美学胜境,产生了深巨的影响。

二、般若对教判的领导角色

中国的佛教判教不是一个临时性的短暂运动,从零散的佛经翻译,到相对集中,再到形成不同宗系、派别的认知研判活动,前后是连贯的,也跨越了较长的历史阶段。因此,自各部类佛经传译之始,就伴随着般若思想的深入渗化,开始了般若范畴启导下的佛教知识、思想的分类、判别和评价行为。而当佛经翻译形成规模,僧人、知识分子译者对经义有了深入体悟,能够从中有所发现,且急于热切地将这种内心的震荡表达出来之时,便意味着译者不再仅仅是译者,已成为主动的思想创造者,一个明显的标志就是,在这些人当中,颇有人自信满满地创作了大量伪经。据僧祐《弘明论后序》《弘明集重序》,伪经制造已经到了很泛滥的程度,为此,他呼吁展开整理和辨伪:

余所集《弘明》,为法御侮。通人雅论,胜士妙说;摧邪破惑之冲,弘道护法之堑:亦已备矣。然智者不迷,迷者乖智。若导以深法,终于莫领;故复撮举世典,指事取征。言非荣华,理归质实;庶迷途之人,不远而复。总释众疑,故曰《弘明论》云。①

余所撰《弘明》,并集护法之论。然爱录书表者,盖事深故也。寻沙门辞世,爵禄弗縻。汉魏以来,历经英圣,皆致其礼,莫求其拜。而庾君专威,妄起异端;桓氏疑阳,继其浮议。若何公莫言,则法相永沉;远上弗论,则僧事顿尽。②

"弘明"之"明",在于"释疑破惑",佛教知识的准确理解、传译是"明"的必要基础,更进一步,挖掘佛教知识的内涵,特别是那些潜在的不易理解和识别的涵义,更是"明"的任务重点。为此,僧祐撰《弘明集》汇集僧人和士人的论述,将不同的理解,特别是有歧义的论析集中起来,同时,作为一种响应,他也做了经录的辨伪、筛查和对义理甄别、考究的研判工作。《出三藏记集》就是这方面的重要成果,该书整理、汇编了佛经入华以来的经序,对经、律、记等的目录,进行了仔细的勘实,奠定了中国最早的佛教文献学基础③。除僧祐之外,其

————————

① 释僧祐撰,李小荣校笺:《弘明集校笺》卷一四,上海古籍出版社2013年,第794页。

② 释僧祐撰,李小荣校笺:《弘明集校笺》卷一二,上海古籍出版社2013年,第636—637页。

③ "僧祐经录为唐代道宣经录的依本,显然具有首创之功。但学界也从让·纳蒂耶(Jan Nattiier)所著 *A Guide to the Earliest Chinese Buddhist Translation : Texts From the Eastern* 东汉 *and Three Kingdoms* 三国 *Periods* (Tpkyo, *International Research Institute for Advanced Buddhology*)一书找到别种看法,纳蒂耶认为僧祐收录'安录',即道安之《综理众经目录》当是更原始的经录。"(张翰墨:《为什么外国的和尚会念经?——早期汉译佛经译者权问题的探讨》,未刊本,2018年8月浙江大学人文高级研究院"佛教与中国文学新探:观点与方法"工作坊宣读)

他的译僧、士人也行动了起来,他们着手对佛教进行全面的整理与反思,遂使判教运动轰轰烈烈地展开。判教运动达到一定高潮阶段,反映了本土文化、美学在与佛教形成深入撞击、遇合之后,均期望实现深度变革,彼此的思想结构和文化身份、地位,均期望取得优先话语权。判教运动的对象主体、内容主体是佛教,但发动和实施判教的认知、践行行为,却并不纯粹基于佛教意识,而是具有中印文化、美学综合参与的性质。长期以来般若思想占据大乘传输的主导,且在佛教思想中居核心范畴地位,因此,作为前沿文化意识,般若能与中国文化、美学内在相通,自然而然充当了判教活动的领导者角色,从根本上引导对佛经知识的识别、鉴定和批判工作,引导对佛教思想的价值界定、阐释以及与中国文化的互摄互动关系、自身身份的归位等工作的展开。

作为判教的领导者,般若识性发挥了与判教思辨相一致的气质。"判教",亦称"教判",学界对此概念的解释,大多倾向于指对当时流行之佛教学说,包括教义宗旨、特征、教化方式、途径等的判分与裁定。"判教"作为一种分析批判思维,本来并没有奇特之处,但南北朝发展为一种对佛教知识系统全面清理、整合的思想运动,就使这个概念超出了单一概念、含义的分析与判断的范围。那么,在佛教发展史上有无"判教"的学术渊源? 从印度佛教发展的情况来看,找不到类似的对应性的概括词语,然而性质相似的运动倒曾经出现过。据考,佛陀逝世后,弟子们发起结集三藏,首先面对的问题,就是辨别佛法的真伪,即是否确实出自释迦本尊,而这个问题也即佛教之"宗"的问题。后来,佛经凡确认为真的,皆冠以"如是我闻",标明从佛陀处亲闻。这种文本叙述形式的明确标记,是判教最初的一种解决方式。然而,流传下来的佛法非常庞杂,后人编辑时把其与假托佛陀的撰述相混杂,若是不从法理和知识系统角度考辨其真伪,不仅很难合理分类,也无法避免鱼目混珠,缁涅不清,为此,印度人也用他们擅长的方式推进"判教"意识。木村泰贤说："原始佛教之教理,亦不必为佛一时所完成,其仅为佛陀所暗示,或谨说示轮廓,由佛弟子渐次撰辑而成者,亦属不少。见此有能真正启发佛教之真精神者,亦即认为原始的,得与佛说受同一之待遇。但此类记录,其全体仍须于阿含部或律部中求之耳。又其撰辑者,不独为佛陀之直传弟子,即佛灭度后一百年,或至其更后之时期,殆亦继续未已。浸至占有为阿毗达磨圣典之特殊地位,斯亦其网罗于阿含部与律部中之由来也。是故苟依此意义,而整理原始佛教,则阿含经典与律部经典,大概仍可谓为全部之资料,至其含有后世的要素,虽不容疑然依据传说,当其编辑之际,至少亦曾经多数长者与上座之集会。就其可认为佛之直说与真正之代表者,方采录之。"①这是指部派佛教时期,婆罗门信徒即便假托佛陀名义虚构,也用严密的思想、逻辑包装以使教理系统更加完善。再往后,随着佛教思想向世界各地广泛传播,人们对"宗"义形成不同的理解,也相应形成不同的认知、评价尺度,先前还特别重视是否为佛陀亲传,现在逐渐被是否具备佛陀的人格、信仰色彩,是否具备佛陀教义的精神所替代。因此,部派、大乘诸学说,不管所思义理、思想结构多么繁复和芜杂,都注意依照佛法的知识"宗"系建立系统的思想脉络,至于甄别真伪、研判教义的工作,则具体到不同教义、法理的辨别、勘正跟阐释上面。在 2 至 6 世纪期间,佛教门徒一直致力于佛教教义的辩论、研析和阐释工作,以至到后来,佛教知识系统发展到很庞大、不得不令人瞠目的程度,不管人们是否承认曾有过名目上的"判教"运动,其实质性的判教活动,实际是一直地内在于佛教思想的发展当中的。对佛教教义、义理的"研判",使佛教思想经受了严格的理性与知识"过滤",从而对维护佛教的思想体系和宗源的合理性,起到了强有力的"保真"作用。此外,判教或佛教研判,也适于采纳新的

①木村泰贤著,欧阳瀚存译:《原始佛教思想论》,贵州大学出版社 2013 年,第 6 页。

"合理性"尺度判断佛教,正本清源,客观上有利于佛教的发展。所以,后来佛教的发展,包括佛教进入中国之后的发展,在相当长的时期内,都对佛教知识的增长采取异常宽容的态度,终于导致佛教流派越来越多,而不得不在中土异域正面展开彻底的寻"宗"索"源"的判教运动。

南北朝的佛教判教相对于印度内在于佛教系统中的理论分析和研判,显得更为集中和鲜明,它是扎扎实实介入现实思想变革的文化解放运动。现实思想变革的主要动力来自要把散乱和芜杂的思想,给予知识化的系统整理;将习惯意识中视为异在的、对立性的思想,通过纳入思维系统,以恰当的文化修改机制吸摄进来。这些目标和任务,主要针对佛教文化和知识的蔓延而进行。本来,印度本土的佛教义理和知识,已经随着各种学说的不断涌现,加上印度文化,自然也包括佛教文化本身的幻构变现的消解机制,像滚动的雪球体量变得越来越大,现在,佛教这种日渐输入、体量也不断增大的知识系统——散乱的,与局部整一的,还有流播民间的诵经、传说等——在中国如何转化为文化的有机整体内容,而与中国原有文化和思想互相交叉、包容,或分类持存,或同体熔融等,都成为让两种思想体系的差异,在错落有致、悬殊不一的情境中被赋予现实生命活力的革命运动。由于中国知识分子和僧人对佛教判教已经进行了充分的准备,特别是在般若思想和美学智慧方面,已经达到当时世界上最为领先的程度,从而这次的知识化整理与思想改造运动,就现实地在中国僧侣和信仰佛教的士人之间展开了。他们不仅极大地提升了印度佛教的思维水平和思想质量,而且也借这个机会,将中国文化的各个流脉,包括儒道易学,以及民间的巫文化传统,在疏浚佛教文化时给予了相应的整理。这样,中国的文化、美学知识系统,一方面就与佛教知识系统构成平行发展格局,而在南北朝有中兴复活之态势;另一方面,由于这次改造的力度特别强大,导致印度原生的知识结构和思想机制,在相当程度上被中国化了。西方人,譬如德国和英法的一些研究佛教的专家,对于佛教的中国化,往往从佛教原旨主义出发,认为此后存在一种汉化佛教,与南传佛教不属一个系统。其实主要的问题是佛教在其本土,由于文化、思想语境的土壤流失,已经丢失了佛教的传统,但在中国,佛教或以另一种改造了的知识结构和思想面貌保存下来,或被充分地尊重和接受,使其原生的思想原原本本地得以传续。当然,中国化佛教的持存与传续,并不是在南北朝这一个时间段就全部完成的。由于文化、种族、语言等的人类学语境差异,也由于佛教输入的时序次第,有一些严密而深邃的佛教义理,还需要在更长的时间里辨义、消化。但有一点确定无疑,判教使佛教在南北朝真正地扎下思想、文化与美学之根,佛教般若在南北朝真正地实现了般若部与各部类教义的交融渗透,众流归海,般若作为佛教之母的作用获得充分凸显。中国人对般若的美学感悟,已经开始超越语言、识性和日常思维的惯性,而能在超常智慧、蕴藉般若化理性底蕴的前提下,对纷繁复杂的文化与美学内容,对意涵迥然有别的佛教知识给予辨析,提出新的概念诠释和思想发展进路,可以说,南北朝的佛教判教推动佛教文化和中国美学的思想资源整合大大地跨上了新的台阶。

南北朝的地论师、摄论师和成实论师等,是判教运动实际的"佛学批评家""文化、理论评论家"和"思想家"。从实际成果讲,他们比隋唐的"判教"要逊色许多,但因为起步早,面对的是所有的佛法内容,因而在"基本面"上对判教标准和方向的把握十分明确。大体说,它们包含:一是甄别、判明佛教学说的源流、性质;二是权衡、评估"立宗""设教"的原始佛典,再据以提出自家的理论创说。方立天说:"判教是'教相判释'之略称,意指判别、判定佛教各种经典的意义、特色、价值和地位。"①方立天不主张"判教"为"中国佛教特有的概

---

① 方立天:《韩焕忠〈天台判教论〉序》,韩焕忠:《天台判教论》,巴蜀书社 2005年,第 1 页。

念",也反对将它理解为"对印度早期佛教审视的一种说法",而是认为判教把印度、中国打通了,从而中国的"判教"既切合于中国,又来源于印度,还有自己的创新。这个说法比较现代,综观"中国判教"的性质似乎恰当,但忽略了印度原来实际存在的准"判教"传统为中国判教提供了辨析的示范基础。在印度类似的"判教"传统中,般若的作用始终居于领导者的中心地位。同时,只有承认了中印各具的文化传统,才能更好地理解相互间的融通,进而对般若能被中国人有效吸收有更深入的理解。概括言之,中国的判教,前期注重"义理征询"和"知识拷问",目的在于探索佛教知识系统在中国的合法化存在,其判涉始于僧肇、僧叡的般若分析,继之以鸠摩罗什、菩提流支、竺道生等的"一圆音""一音""一时""顿渐""半满""四法轮"等论说的提出为继,其中特别以刘宋慧观的"五时教"对佛教知识的系统研判较为复杂和深入,后期是地论师、摄论师、成实论师的细致甄别,此脉延至隋代,由嘉祥吉藏和天台智𫖮集为大成。但是,隋代的般若思想已从判教运动跳脱出来,构建形成了中国化的、在世界上独树一脉、体系宏巨的佛教理论系统,因此不能当作一般的判教活动理解。尤其是,隋代佛教以般若为内核,具化到了思想机体的细胞构成方面,显示出完整的美学意识,已经内在地标识出中国佛教由判教向理论化建构的掉转。因此,有关隋代判教活动及其思想发展,当属于中国佛教判教研究之外的对象内容。

三、般若研判与般若美学之创生

关于中国佛教判教,学界迄今对般若范畴所起作用未予应有关注。一般论及判教,较普遍地看到早期般若学的玄学化分析,对"六家七宗"的义学反思也颇多,但对中观般若推动的佛教智慧和佛法观照,从般若理论视角加以"判释"的却很少,对此应予重新评估。我们认为,恰恰是般若同时秉有"直觉幻化"和"识性研判"的功能,才使中观般若的经验现象学闪耀出佛法的理性光芒,使中观经验美学成为佛教美学中国化的中心内容之一。僧肇、僧叡和竺道生在这方面的贡献堪可称道,他们所完成的般若理论,体现了各所擅长的般若识性,他们对大乘般若理论的归结与评判,在中国佛教发展史与美学史上具有重要的价值和意义。僧肇讨论"本无、即色、心无三义的偏失"①,做出超越"六家七宗"的般若分析;僧叡的般若评析极富美学色彩②,其"大觉在乎旷照,小智缠乎隘心"的表述陈述了新颖的美学境界;竺道生将般若终极义转向教行实践和涅槃解脱。虽然般若识性的介入,表面上似乎使佛法的知识相状变了,但内在的理蕴却更深入和易被中国人理解了。正如汤用彤说:"《般若》《涅槃》,经虽非一,理无二致"③,"《般若》实相,《涅槃》佛性,理固无殊。然就经文言,则佛性之义固《般若经》之所未明言"④,竺道生从本体论的立论高度贯通了般若与佛法的终极价值关系。在一定意义上,早期中国佛教的研判意识以竺道生最为深刻,他开启了中国佛教判教的理论分界。自他之后,中国人不再因循般若宗义根究空有,而是注重般若的殊相存在,力图真切地接近佛教般若的真实本相。

般若研判与一般知识评判不同,它所拥有的显明的理性趋向,是通过对系统的佛法理论的"判定""判别"凸显出来,所完成的结论要具有般若范畴的思想蕴涵,并体现出般若美学的价值旨趣。从当时所能资用的理论资源和条件出发,般若研判最大限度地保留了佛教美学和中国美学的特质、属性,对于涉及印度美学的涵义、属性,鉴于般若范畴的知识存在特点,在尽可能维系原有流派、主张的前提下,

---

① 赵建军:《映彻琉璃:魏晋般若与美学》,中国社会科学出版社 2009 年,第 286 页。
② 僧叡:《中论序》,释僧祐撰,苏晋仁、萧炼子点校:《出三藏记集》卷一一,中华书局 1995 年,第 400 页。
③ 汤用彤:《汉魏两晋南北朝佛教史》,北京大学出版社 1997 年,第 445 页。
④ 汤用彤:《汉魏两晋南北朝佛教史》,北京大学出版社 1997 年,第 446 页。

依中国信众的修道目标和实践意图给予修改,而在熔铸中国美学精神内蕴的方面,则努力将信仰色彩所覆盖、遮蔽的东西发掘出来。这样便形成中国化的般若特征,使佛教义理的甄别判定、佛教知识体系的归类、思想脉络的梳理,都呈现出中国人能够理解且依于实践的美学化特色与旨趣。

般若研判促成了中国化佛教般若美学,内在于佛教体系之中创生,即所谓"逻辑的逻辑""体系中的体系"。概括般若研判对中国美学所产生的实质性影响,主要体现在:

(一)提升了中国佛教的主体性及其生命美学品格。印度般若范畴蕴含的超拔肉体生命的宇宙精神、生命智慧,使精神生命呈现出纯粹化、精细化性质,这在中国美学中是缺乏的。中国美学也重视主体性,但依托于自然的感受性,过于贴近现实,缺少超越主体当下感受而让精神腾越到更高更远空间的"神性"。在中国判教中,般若范畴融汇各种知识能很好处理主体感受与宇宙想象的关系,并把主体对"佛法""实相"的精细认知以切近佛法本体的"宗义"面目呈现出来,使中国佛教的美学主体性一方面将感受性细化为觉悟生命的智慧,另一方面也将印度般若的识性用到梳理中国的宇宙论思维方面,使原来混沌性的整合思维转化为观照性的、对义性的、网络状的认知性存在,生命认知在具体的观、感、思、想中,追求般若的"法性""神力",在相当程度上改造了中国美学原有的"直觉的""感受性"的"阴阳摩荡""生生不息"的生命力,对中国美学的主体性给予了更具理性意味的品格提升。

(二)提升了中国美学的生命智慧运动形式。印度般若美学特质以智慧本体为运动形式,与西方美学用"存在"本体承载概念运动形式截然不同,当然也与中国美学的"情志"本体驱动感受、情感运动有根本区别。般若范畴提引了生命智慧的性灵化,颇类似中国道家的"精、气、神"的内化递进,可是它截断了"神"的"精""气"基础,对于物质和肉体方面,以灵魂超离、精神变现、智慧幻化托现辉煌灿烂的境相化存在,并不从肉体本身及其对应的主体官能角度来肯定生命本相,而是从灵魂能够在解脱后回照肉体、欲望,使一切存在成为生命智慧的创造物来理解生命的原生力。显然,印度的生命智慧形式作为人生的存在形式,更赋予存在以转化、提升、强化、完形的意义,更要求以美学上的辩证理解来洞达人生存在的形式与本相。在佛教判教理论中,般若注入思想研判,让"生命"的"多",即印度宗教贯通性的"生命气息"——从原始宗教到原始佛教都具备的——与中国文化的"重生"意识通过区别"教行""教时"而成为感性的、活性的"多"与"生",通过佛陀的生命行为和教化的时间性区别凸显出生命存在的具体性和特殊性,让中国人更加真切地了解到佛陀对不同根性的人展示不同的人格,在不同时间、不同地点宣讲的佛法具有不同的法力。这样的研判效果超越了抽象认知的僵硬定性。同时,般若的生命智慧形式,在与中国文化的结合过程中,也提升了中国美学的情感、悟想方式。在南北朝,不仅各个方面的知识化风气比较浓,而且原来习惯于从感悟自然和表达主体情感来再现人文意识与情怀的方式,也开始发生潜在的转向:文人游历山水,感怀故地,对自我情怀的表达注重"游"的心境,催生了园林、建筑、书法等艺术,在诗歌创作方面也因生命智慧形式的改变,大大提高了表现的生命幅度与深度。

(三)般若幻论强化了中国美学感性特质。佛教传入以前,中国美学也讲"幻",但主要是《周易》的"变易"和宇宙论的"气化"观念,这种观念与印度的"幻化"存在很大不同。表现在印度的"幻"作为"感性"的呈现,在其呈现之前便与"梵天"同体,因而为梵天所变现,此为一个方面的意思;当其幻现时,又显示灵魂独特的品质,逐渐地与肉体因缘呈分离相状,从而又呈现向梵天回归的特征,这是又一个方面的意思。印度原始幻化的这个特点,佛教继承了下来,除改变"梵天"的永恒存在性,将空性法理作为本体之外,其他有关幻化的感性呈现,都与佛性密切相关,也就是说具有非常强的理论性和思辨性,体现为一种智慧的、灵思的幻化。中国南北朝以后,印度美学的幻论借助般若深刻影响了中国美学,其表现是不仅理论上开始强调思想、精神和灵魂的幻化,而且从原来注重情绪、情感的生命感性特质,开始在融合信仰意识的方式下趋向宏阔的精神思想境界,主观性、精神性的内容逐渐占据了美学的主导方面。至于中国原有的易幻和气化思想,则在般若幻论的推动下,把精神的场域向宇宙、向超越个体之外的境域拓展,开始了向生命存在的旷达明智、知乐觉苦的情怀转进。

四、美学内蕴的般若研判

南北朝佛教研判相对于隋唐中国化佛教体系的完成,虽然中国化程度不够深,不够系统,但奠定了佛教向文化、美学方向的转型,意义十分重大。厘清本源使佛教般若突出出来,"宗"义的甄别、判定,使中国美学拥有了十分丰富的异域资源,除此而外,判教对美学境界的般若化研习也特别重要。如果说本源裁定促动了般若智慧的中国化,是给佛教思想打上中国印记,实质上等于给中国美学进行文化充电,那么,佛教般若境界的美学化,则将般若终极理念赋予了中国美学,等于适时调整、修正了中国美学的终极境界。终极境界,也关涉美学的存在逻辑,但与本源性的"宗义"不同,主要指向修道践行的目的。而教判之"教",或"宗教"之"教",主要指"教系"或"教派",就其宗教的义理存在和世俗组织形式而言,是与"境界"不直接相关的,所以,南北朝之前中国就建立起一定的僧侣组织,如北方长安的关河鸠摩罗什僧团、从北方南下到襄阳一带的僧先僧团,还有在北方赫赫有名的释道安僧团等。这些僧团有的规模达到三千余人,不可谓不大,但在缺少般若智慧的引领,缺少美学境界的铸入时,各教派基本停留在佛经翻译和知识的师门传承方面,还不能从"教派""流派"的角度甄别和定位,对佛教义理提出更深入系统的主张。一旦离开了般若的引导，缺乏美学内蕴的关联、注入，佛教的僧团组织也只在私授学生或师徒相承方面，具有沿袭门户的意义。到南北朝般若研判就使这一切发生内在的变化，不仅各个经部都依照其部、类的知识脉络，从本源上解决了教派的法理归属，而且，各教派也寻求义理的相通，特别注重中国智慧的"中和""博取约通"。于是，不同教派、教系间就"佛法"展开讨论，实质性地触及教理、教系的"分"与"不分"、"共"与"不共"的认识，进而推进到"宗通"到"教通"。其中，"通"中有"分"，是各教派的存在所必需的。那么，从何保证"通"中之"分"？有学者认为，主要靠教导、说法、化度手段、方便的差异，即各以其法度化众生，"教通即指善言方便巧说令众生得度"①。这是宗教意义的一种判定，般若研判则依般若识性对教派进行境界之"分"，毗昙师、地论师、摄论师等竞相解释义理，其中般若识性最凸显的方面，就是让般若美学特质以中国化的美学境界获得呈现。对此，宗教界其实也一直深切关注，只是没有用"文化"或"美学"这样的词语概括而已，譬如隋代智顗大师就概括南北朝的教派为"南三北七"②，近现代佛教理论家黄忏华

---

① 蓝日昌：《佛教宗派观念发展的研究》，（台北）新文丰出版股份有限公司 2010 年，第 71 页。

② 按：黄忏华《南山北七教判之说》，以智顗《法华玄义》中"南三北七"之概括为据，逐一分析，指出"南北诸师的教判互有出入，然而智顗说它们有一个共同的基础，就是都用顿、渐、不定三种教相"〔张曼涛主编：《天台宗之判教与发展》，（台北）大乘文化出版社 1979 年，第 4 页〕。这里"教相"之"相"近似于"派""类"的概念，即在理论和教法实践方面形成的派系、类别。因宗教之"教"也依于"宗义"而形成该派的理论，故"教派"也称"宗派"，又"教"涉因缘及施教对象等而致"教法"有别，故"教派"又指依于所执之教理而成之体系、系统，并在教法上形成门户性质的实践传统而与他派相区别，这时的"教派"又不同于"宗派"。"教相"的"通"与"相别"正是基于此而有两说，一方面可从"宗义"的划类形成"相通"，另一方面，则从"教法""教时"（相应于施教对象的不同）而有更明确、具体的分别。

说:"南地诸师之说侧重佛说法的形式,主要把一代教法加以时间的配列,而以教理的组织辅之。北地诸师之说侧重佛说法的内容,主要把一代教法就教理的深浅加以组织,其中也有参合时间的配列的。"①隋代智𫖳注意到"地域性空间"的分布,近现代黄忏华注意到"配列时间",都是切合中国实际情况的解释。其中没有言明的内容,譬如以扬子江为界划分南北,认为江北重内容、江南重形式等,恰恰与中国美学的地缘、地域审美观念相一致。

般若研判有效改造中国美学的境界。此前中国美学也重视体现文化的境界和韵味,但受现实功利、政治意识牵制很大,导致美学境界最终要归结到道德伦理或政治理想上面。在般若研判中,境界超越了知识的本源,讲究物无自性,空性为空,超越了现实性及其对人格的伦理化设定。般若将精神、智慧的超越视为根本的旨趣,涅槃论的流行集中反映了这种内在价值趋向。吕澂《中国佛教源流略讲》指出,南北朝各教派都在研究《涅槃经》,把涅槃看作佛说的最高阶段。涅槃境界对"如何达成佛性"做出了契合心性观念的新解。如以佛性为"性净之心""心性本净",追求的是心性原性,佛性的本根是心性,这是用净与染的问题,替代了儒家心性善恶的道德价值判断。佛性的本体是心性,讲的不只是人性,是超拔人性的佛性。这样的认知,对于中国美学无疑意味着思维方式和思想目标的提升。通过般若研判,佛教各教派、各论师借用中国美学的判别方式,注重心性和人生实践,使般若境界成为中国美学的一种内在的理论基础,得到广泛的认可和确定,并促使中国美学境界的存在方式和内容构成发生根本改变,主要表现在:

(一)基于般若识性的开悟厘定佛性内涵,熔融美学智慧。东晋

①黄忏华:《南山北七教判之说》,张曼涛主编:《天台宗之判教与发展》,(台北)大乘文化出版社1979年,第3页。

时,道生提出顿悟主张,认为佛性的本体就是心性,心性觉悟也即顿悟。道生的同学慧观,也提出过类似主张,认为有顿、渐二教之分。源自印度佛教的"顿悟"说与《涅槃经》《般若经》《法华经》《大智度论》等,都属于大乘初起阶段在印度南方生成的产物。般若在中国与"天人合一"观相合,从宇宙宏观角度思味人生,把佛推到天乃至更高位置,体现了大乘佛性说的重理重智倾向。但因为要从人性、心性角度来理解佛性,就使般若识性对宇宙永恒性的把握,变为对心性寂静与否的考量。心识开悟,心性统驭理、智、精神的觉悟,达到佛性通达的境界,顿悟说亦因兹成立。"一阐提"成佛,反映了竺道生对佛性和心性的颖慧感悟,成佛归于"理""智",只问结果,不究出身,顿悟自然就成为成佛的一种标志。到南北朝时,般若识性与顿悟的关系基于般若智的开解被明确下来。类此,成实论总体上也属于此系,只是成实论并不主张心性本净,而是视心性的知性、智性为万能,无可匹敌。并且特别重视过程,重视终极的归趣,唯小乘的"中阴"概念在涉及顿悟概念时变得不可相信,使三世续传的可能性被卡在了"刹那顿悟"的时间点上,意思是,既然是顿悟的,就不可能有一种延续的、推延的心。总之,顿悟说强调"心性"的刹那本觉,为佛性达于人,解脱人的烦恼,获得人生、生命的自由价值定下了基调,至于"假名心""法说心"和"空心"等论说,则属于对如何成佛的顿悟妙门做出的解释。

（二）基于践行、认知的累积,确定渐悟为修成佛性的根本。此以慧远、慧光、菩提流支等为代表,他们依照《毗昙经论》和《十地经论》诠解大乘涅槃胜义。阿毗昙(Abhidharma)为音译,汉语意译为"大法",指"无比法""对法",其实是"智慧"在部派时期的别名。道安说:"阿毗昙者,秦言大法也。众祐有以见道果之至赜,拟性形容,执乎真像,谓之大也。有以道慧之至齐,观如司南,察乎一相,谓之法,故曰大法也。"①阿毗昙不同于《成实论》用准大乘的观念解释"苦集灭道",用般若智识否定苦空观、无常幻灭观,而是把小乘毗昙当作大乘来解说,以法身真如境界为阿毗昙最高境界,修道重实修,把般若效力与业力消解对应起来。作为解释《十地经》的著作,世亲的《十地经论》将成佛之道分为十个层阶,菩萨"乘十地成佛","渐开佛眼",果位逐级而上,都与般若深浅关联。七地前不算觉悟的般若,但是算菩萨在自觉、主动、自如地践行般若,从而般若之修也是觉悟般若的相对之法,是后者的渐成准备。前六地依次为"欢喜地""离垢地""发光地""焰慧地""难胜地""现前地"。第六"现前地"观见真如,洞明缘起,有恍然觉醒之意;第七"远行地",乘般若波罗蜜多行殊胜修为;第八"不动地"为已经达到的智慧定力,不刻意作法,也不执着于真如的加持、减少;第九"普慧地"为度化众生获得真法;第十"法云地",也作"法雨地",菩萨证得圆满智慧,达到最高果位。上面诸地表明菩萨获得般若自觉,并非就"顿悟"成佛了,而是还要继续前行,他的修为仿佛沙漠里跋涉、苦海里酿蜜,始终不以自身开悟为终结,而是以"为他"——度化世人——把众生从苦厄中解脱出来为真际。这个境界指向了法界,消泯了任何的分别与确定性,达到了真正的菩萨非佛非众生又众生是佛的真如状况,菩萨与世界的本质完全一体化了。《十地经论》的思想在《华严经·十地品》中也被细致表达出来,为南北朝人所熟悉,也因此成为中国人研判"渐悟"的重要理论依据。从上面的诠释可以发现,惭悟说所表达的内涵是非常深刻独到的,与顿悟说也存在很大的区别,但现今人们诠解顿悟、渐悟,多以顿悟是渐悟累积到特定阶段的殊胜效果,渐悟则是顿悟过程的细化,犹如质变与量变的关系,渐悟的每一地都标明量的变化,达到一定程度才有

①道安:《阿毗昙八犍度论序》卷一,《大正新修大藏经》第二六册,(台北)新文丰出版股份有限公司 1983 年,第 771 页上。

了觉悟的突变。这其实是对渐悟的误解,渐悟强调修行、体法过程以菩萨的动机、行愿和法力克服各种障碍,"十地"犹如阶梯,要一阶一阶克服,这里有累积的意思,但重要的是认知、觉悟(般若)层位的改变,都存在或深或浅的"顿悟"效果。南北朝时期重视渐悟,对于深化佛学和美学的佛性、心性内涵,具有重要的价值引领意义。

　　(三)基于意识、情感的精神作为,深化佛性、心性的内涵。心性作为"体相",无性无相。般若心性总持与外境的"能摄""熏习"关系,形成心性的相状,谓之"相分"。心性的觉悟既非顿悟的智性开解,也非渐悟的修行、施法所得,它是一种以众生心为主体自觉心的设定,因而,心性的生命美学蕴涵不单纯决定于智、理,也不刻意追求道力的深浅,而是随众生之缘显现本相,让慧悟内含于生命存在的本然相状。意识"熏习"说是根据《大乘起信论》的观念所发,因为该论是中国人写的著作,凝聚了中国人的文化、美学智慧,加上以佛法立论方式表达出来,就融聚了颇多佛学与中国美学的玄妙智慧,譬如,体察其对"境相"的设定,有两点特别玄妙:一是强调般若智慧的悟解不要预设某种终极果位,主张生命过程要发挥意识能动性,通过心与缘、境的结合,唤醒生命本相。"如来藏识"中包含了染净诸缘,就是人生命的真实相状,抵达本相又触境、缘,这岂不是一种"混沌莫辨"的原生"境相"?二是运用"中国古代'二元对立'模式"①,诠释佛教的生灭缘起和涅槃概念,将二者无缝接合。二元对立模式源于《易经》"阴阳"对立统一观念,儒、道学说将其用于道论分析,汉代谶纬糅合杂家学说演化为广泛的辩证推演。该方法强调不同的"二元"因素构成互依互存、摩荡衍生的关系,通过二元对立的存在模型展示思想扩张的丰富内容。就思想的聚焦来说,二元对立统一是该种理论

---

①李幼蒸:《仁学解释学:孔孟伦理学结构分析》序言,中国人民大学出版社2004年,第3页。

的内核。《大乘起信论》将二元对立用于诠释佛教"心法",说:"依'一心法',有二种门。云何为二? 一者心真如门,二者心生灭门。""一心"即"如来藏心",即"众生心",一心摄二门,"真如门"即"约体绝相",是心性总持的"有"和自体相状的"非染非净,非生非灭,不动不转,平等一味,性无差别"①之"无"。"心生灭门"即心性自体随缘化用的"相用",它含藏生灭二元相对之意,表现为"随缘转动,成于染净,染净虽成,性恒不动"②。"相用"虽然含藏心体的生灭大义,但自身的存在与染净相随,表明其心性"相位"不在彼岸佛界,也不归位于心性自体,而是心与诸缘相合相随,随境而在,换言之,即为生命自觉意识向外展开的过程,生命本质也随之呈现。如来藏的生命染净同体,般若觉悟的随境、相而在,都表达了一定过程和状态中的主体意识和情感,具有高度的主体集合性,将主体的自觉性、般若智慧和生命感性(体现生命本质的情感性)诸品质,都集合于主体的心性建构。心与缘合,凸显了意识、精神的绽现过程,融合了中印关于心灵、智慧、意识、情感的认识的复杂构成,既体现了"识性"的本体寄寓,又是识的变现、转化,与中国化直觉之"意"构成对义,又统合起来,能自相类比,有力推动了主体精神的重新整合,体现了般若价值期待的审美意趣和趋向。

(四)基于禅的原则,使佛性、心性内涵高度简约化。禅悟是般若慧悟的一种。南北朝时期,中国佛教依《楞伽经》形成禅学系统。513年,北魏菩提流支译入《入楞伽经》(十卷),提出"五法"(名、相、分别、真如、正智)为禅的根本观念,认为"三法相,八种识,二种无我,一

---

① 法藏:《大乘起信论义记》卷中,《大正新修大藏经》第四四册,(台北)新文丰出版股份有限公司 1983 年,第 251 页中。
② 可度详解,正谧分会:《十不二门指要钞详解》卷三,《新编卍续藏经》第一〇〇册,(台北)新文丰出版股份有限公司 1994 年,第 422 页上。

切佛法皆入五法中"①。"五法"概念融摄三法(虚妄分别名字相、因缘法体自相相、第一义谛法体相)、八识(阿赖耶识、意、意识、眼识、耳识、鼻识、舌识、身识)、二无我(人无我、法无我),使佛教名相高度简化,而缘于"名相",又可谓之"观"与"知"。"何者名为相? 相者见色形相状貌胜不如,是名为相。大慧! 依彼法相起分别相,此是瓶此是牛马羊等,此法如是如是不异。"②意思是,"相"是识的所见,"名"是法体所知。法体即真如,真如乃遍知、依他知和圆成知的合一,就是能达到无所不知的一切智、一切知。真如约于法体而得五种相,真如为自体相,其他的名、相、分别、正智等都属于真如相。"名、相"相对于"观、知"就像一枚硬币的两面,从法的角度看简约为名,从识的角度则分别为相。只要名与相依于法体,则法的体性就都能得到呈现。"八识"共于意识,"二无我"的名相也融合于"真无",简言之,五法作为根本心法,放在禅里面,就可以简约为"名"与"相"两种。禅慧因何而修,依何法而证得道果,都可以从"名""相"得到证解。禅的最高境界是无相虚寂,就是精神进入禅定、寂静状态。但修禅者的这个自身相状及其"修道处"并非亦是寂静处,也要依因缘让自身有止有依,于是透过般若体相的"无相",禅慧得到的并非真的空寂无相,而是遍智,即拥有一切分别相的让"名相"归乎智慧本然与极限的精神自觉,禅的内涵强调因果互含互摄,显示了在般若智慧方法论和效果方面的美学化应用。

　　总之,般若判教对中国美学的内容和形式的影响,基于佛教知识系统的正本清源,间接促发了对中国美学知识结构的改造。般若美

---

①菩提留支译:《入楞伽经》卷七,《大正新修大藏经》第一六册,(台北)新文丰出版股份有限公司 1983 年,第 558 页上。
②菩提留支译:《入楞伽经》卷七,《大正新修大藏经》第一六册,(台北)新文丰出版股份有限公司 1983 年,第 558 页上。

学特质在中国文化、美学机体之内凸显,不再是纯粹的信仰意识或信仰行为,而是使信仰通达人生、生命的文化美学运动。这对于佛教中国化而言,无疑是十分重要的基础理论建设的工作。南北朝的般若研判达到的初步实绩,有力推动了之后隋唐时期佛教各宗知识、理论系统的建立。因此,具体地切合历史地审视佛教判教的般若智慧研判实践,具有非常重要的既为基础也是过渡性的理论工程建设的意义。因为判教,才深化了对佛教的系统认识,由此才进一步夯实了佛教作为中国文化的有机构成与中国美学的知识形式这一重要基础内涵。至于佛教般若的美学特质,经过如许多的努力之后,也血肉不分地融入中国文化与美学的综合性历史发展,促使中国美学不仅可以上天(理论化)入地(经验化),亦可通古(中国化)化今(现实化),达到真正重构民族美学精神的崭新境界和发展状态。

第二章　中国佛教般若美学的建构

般若作为佛教母范畴,蕴含了佛教思想的理论精髓,同时,又因其审美原生性和重幻化理蕴的熔融性,而具有鲜明的美学特质。南北朝时期佛教各宗的知识论汇聚,为般若美学理论做了思想资源和方法论方面的准备,隋唐时期佛教各宗展开来,完成了佛教般若美学的系统化理论建构。相比于佛教理论,中国佛教般若美学虽属于"体系中的体系",却并不因整体的宗教信仰色彩而对审美性、美学性发挥造成偏转性影响,相反,宗教信仰基于心性论基点得以展开,反而在直觉美学、心理美学和理想美学方面,获得了符合中国人美学期待的别致内容,并且当这些内容也形成系统化的理论时,便异常地丰富了中国美学体系的深层精神、思想结构。因此,隋唐般若美学理论体系是中古美学理论的代表性创新形态,它呈现了中国美学的智慧深度和体系化特色,同时,隋唐佛教般若美学的系统化、体系化①,也标志着中国美学理论走向自主建构的成熟,它有效推动了般若美学对

---

① 按:体系化与系统化属于内涵交叉而蕴涵所指并不等同的两个概念。体系化指依学理逻辑而显示统一性的存在系统,系统化指依性质、属性、功能等而显示统一性的多样性具体存在。体系化的必是系统化的,而系统化的却不一定是体系化的存在。如神话可能是系统的,却未必是体系化的,巫文化亦然,然而由巫文化分蘖、进而建立了自身逻辑体系的,却可能是体系化的,如仙道文化、乡礼文化等。佛教般若美学的体系化是在般若思想实现系统化输入与改造基础上建立起来的,是佛教般若中国化的高级思想形态。

现实实践的映射和实践形式、形态的理论化。

第一节　般若美学理论综述

一、佛教各宗般若美学体系

般若美学理论体系,即作为"体系中的体系""系统中的系统"之美学思想体系,它以鲜明的般若美学特质而与传统中国美学构成区别,但这种区别是相对的,因为它是在中国文化的滋润、浇铸下塑形的,从而"中国化"不独是思维、语言方面的标记,也是思想本身的特征,它是内在于中国文化运动机制的翘楚,若潮峰之涌,引领时代之先,固鲜明特质为人钦赏,且以此而具独立性。同时,隋唐时期般若美学思想与其所依托的佛教各宗理论系统的关系,也并非分离、对立的存在,而是有机一体的。般若美学思想既内在地渗化于佛教各宗理论、范畴之中,又具有统领、提摄的作用,因而所谓般若美学体系,就内涵上而言,属于佛教核心义理所凸显的一种系统的理论旨趣;就外延而言,与佛教各宗相互交叉和重叠,甚至在各宗体系内大于其自身的理论限域设定。那么,有关佛教各宗的理论系统又是怎样一种情况? 根据学术传统一般被总结为"八大宗派",包括:三论宗、三阶教、天台宗、唯识宗、华严宗、律宗、密宗和禅宗①。晚清杨文会根据佛教源流判为"十系":律宗(南山宗)、俱舍宗(有宗)、成实宗(小乘之空宗)、三论宗(性空宗)、天台宗(法华宗)、华严宗(贤首宗)、慈恩宗(法相宗)、禅宗(心宗)、密宗(真言宗)、净土宗(莲宗)。另有颜尚文认为佛教流派虽然很庞杂,且都从印度传入,尤以"汉末至隋唐"

---

① 按:赖永海主编的《中国佛教通史》(江苏人民出版社 2010 年),主要对此八个宗系进行系统梳理。

分蘖较多,但可依其宗义、师承、派别意识、寺院、宗规等沿承进行判分,列为"十五家":禅宗、律宗、毗昙宗、俱舍宗、摄论宗、唯识宗、地论宗、华严宗、成实宗、三论宗、涅槃宗、天台宗、净土宗、密宗、三阶教。从上述几种分法可知,隋唐是中国佛教宗派的形成和发展期,此前则为准备期。南北朝佛教判教的不同脉系,只具备佛教宗派的雏形,还不能称之为真正意义的宗派,更无法与隋唐佛教宗派并论。

　　前所述"八家""十家""十五家"说法差异较大,到底哪一些流派最重要,与般若联系最为紧密,而且理论系统最完备者又有哪些,还需进一步讨论。某些派别跨越隋唐两代,究其与般若的关系也很密切,但作为派别并不以般若见长,譬如"律宗",隋唐前便有了,到隋唐时形成规模,对其或可发掘出丰富独特的般若美学,但与其他宗派比较,般若美学特质并不是最突出的。隋唐佛教各宗都有自身的性质和特点,彼此相互联系,甚至互为印证,从不同侧面展现出般若美学的独特韵致。对此,古今学者或有真切的感觉,甚至形成一定的认识,但般若在各宗之内缠绕不定的状态,使学者们一般也只能从法脉传承和总体特色上形容其思想风貌。杨文会说:"出世三学,以持戒为本,故首标律宗,佛转法轮,先度声闻,故次之以小乘二宗。东土学者,罗什之徒,首称兴盛,故次以三论宗。建立教观,天台方备,贤首阐华严,慈恩弘法相,传习至今,称为教下三家。拈花一脉,教外别传,灌顶一宗,金刚密授。故列于三家之后。以上各宗,专修一门,皆能证道。但根有利钝,学有浅深,其未出生死者,亟须念佛生西,以防退堕,即已登不退者,正好面觐弥陀,亲承法印,故以净土终焉。"①杨文会以三学为纲通观各宗的教相和观风,将戒定视为各宗传授"法印",建立教学的根本规约,说明般若在戒律、禅定之后才能依次实现

①杨仁山撰,万叔豪注:《佛教宗派详注》,(台北)新文丰出版股份有限公司1975年,第72—76页。

根本的突破，故戒定慧为佛学"教下三家"，师从传习，源远流长。而其他宗派，则相应于修道人根基的深浅不一，而别开多种法门。这个看法是从修道的"精神环境和状态"上来理解般若的，对般若限定范围很小，因而不能充分揭示般若与佛法内在贯通的关系，并且各宗的出现次第也过于拘泥于已成之教，阐发不够细致。倒是唐君毅从佛法演变对般若与各宗分合轨迹，别有侧重揭示：

> 印度佛学之传入中国，初盛大乘般若之学，次有成实论师为小乘佛学近大乘般若者。及吉藏以般若通涅槃法华，至智𫖮而归宗法华圆教，以摄论地论人所论者，为别教义。此是沿印度般若之学之路，而进至融摄印度二大流之佛学所成之圆教。故智𫖮于《法华文句》卷一有"张大教网，亘法界海，洒人天鱼，置涅槃岸"之语，气象弘阔。此是中国佛学之一大成，前文尝谓之为一大创造。至于由《十地经论》《摄大乘论》之译出，中国之地论宗摄论宗之成立，至《大乘起信论》之出现，再至华严宗之成立，则为沿印度瑜伽法相唯识之学之道路，而进以融摄般若之学所成之又一圆教。故法华与《华严一乘教义章》，稍易智𫖮之语，而言华严圆教，亦有"张大教网，下生死海，洒人天鱼，置涅槃岸"之语。其《游心法界记》，亦有此四语，更易第三句为"洒人天龙"，其语尤美。此正以华严之教为中国佛学之又一大成或大创造之故也。[1]

唐君毅特别标榜天台和华严二宗，认为天台继承了印度般若学之路，融摄印度小乘大乘般若而成为"圆教"之学；法华继承了印度瑜

---

[1]唐君毅：《华严宗之判教论》，张曼涛主编：《华严宗之判教及其发展》华严学专集之三，（台北）大乘文化出版社 1978 年，第 41 页。

伽唯识学之路，为"融摄般若所成之又一圆教"。唐君毅超越判教对佛教与般若关系的认识，不仅打破了依大乘般若经或"三论"阐释般若的习惯，也打破了一般的通修法则——以般若为涅槃之母，进而分出"般若"为妙空含佛性诸"有"——的不足，将佛教传承从印度到中国，尤其在中国从天台到华严演化为"圆教"的历程，概括为逐渐深化的"又一大成或大创造"的发展过程，可谓对中国佛教的般若美学逻辑给予了深刻揭示。但是唐君毅对唯识融摄般若之说，不免存有些许对唯识的偏袒，从精神心理的深度上讲，唯识的确极为细腻，几乎是一套完整有效、便于操作的"精神行为学"，但即便如此，唯识亦仅为心理状态、精神行为的侧面，在理论涵义上无法与般若的融摄力相比，何况唯识的所依所止终究还是般若，"唯识美学"属于般若美学的一个重要构成领域。

　　天台与华严是中国佛教逻辑发展的两座巅峰，标志着般若美学实现了历史性的里程碑跨越。至于其他各宗与般若的关系，它们也都在中国佛教逻辑基础上发展起来，中国美学与各宗义理的交涉原本属于中国美学和佛教最有"亮色"内容的嫁接和互渗，不同宗派之间不仅佛教义理交互渗透，互为强化，而且中国美学的般若化和佛教般若的美学化，也在这种交互渗透中逐渐完善起来。在分辨佛教逻辑与美学逻辑时，作为知识客体是一种历史性存在，这种历史性存在的宗派面目并不彰显"美学的"个性与趣味，但对于针对它们展开的学术研究而言，确有必要把逻辑的历史存在个性转换为学理系统的逻辑个性，这种个性以其所蕴藉的丰富学术内涵为真实而直接的存在，所谓超越时代的佛学精神、美学气韵，所谓透过佛教义理折射的审美、美学思想，就在这种学理个性化逻辑的外化、让渡、转换和伸张中被创造出来，佛教因为基于学理逻辑的这种突破而真正中国化了，同样，中国美学也因为佛教义理逻辑的这种个性化突进与创生而充满了奇绝、绚丽、伟大、精致的精神色彩。中国佛教的般若美学体系，基于佛教各宗既交互渗透又相对独立的状况建立起来,形成各显本宗特色又因般若而与他宗相融贯的不同美学理论系统。各宗美学体系的理论建构,从其般若蕴涵的美学化特色与趋向考量,则在思想源流、价值取向和系统性上,呈现对"佛性""情感"和"名言"等意涵发扬的不同侧重,且依于此而构成般若美学体系的生成原点,进而展示出不同的般若美学理论类型和趋向。

二、佛性本体与超主客论美学

　　佛性本体沿着般若识力的方向,以人的心性通达宇宙普遍性为感性完满化之路,建构超主客美学理论系统。中国佛教的佛性本体,即涅槃佛性论,作为系统的理论最早出现于南北朝,隋唐时期达到极盛。涅槃佛性论是般若本体论在极限性客体论侧面的一种完善。中国美学原本缺乏超越主客体的本体论视角,远古的"神灵"投射巫性,本来具有"自然神性",但巫居于天地之间则有体现人的主体性,尽管是蒙昧的原始直觉主体性,"神性"屈尊于天地间则形同万物,纵有奇志也不能超拔。故屈原《天问》说:"灵蛇吞象,厥大何如?黑水、玄趾,三危安在?延年不死,寿何所止?鲮鱼何所?鬿堆焉处?"意思是巴蛇吞象不能超出体量限制;黑水地带的黑脚趾百姓,总归要在适合他们生存的地方找到;生命寿限有限;怪鱼怪鸟不能凭空生长。神性和人性,与超主客的佛性不是一回事情,人性是有意识、有情感的存在本性,和人的生存境况、社会境遇直接相关;神性是人拟想的一种永恒存在的本性,神性自然是超越主客体的。但因为神性由人的设定而来,自然而然使神性的高度受到局限,很多"神性"就是人性的曲折投射,因此通过神性来肯定其超主客本体特性,往往是不全面的。佛教进入以前,中国美学由于超主客意识的不彻底、不系统、不全面,导致美学对现时性(现世性)时空过于关注,人性受缚于现实生存的欲望,缺乏人性抵达真正自由境界的超拔与愉悦。佛教进入以后,随着佛教教义关于佛性学说的渗透,在隋唐时期涅槃、佛性等范畴成为表达般若终极境界的重要理论范畴。在佛性本体论所衍射的灌注了佛法之"神性"意蕴的般若美学系统中,人的般若智慧最终归依于极具美学意味的涅槃佛性境界。如三论宗把涅槃空性作为佛法的最高衡量尺度,认为只有涅槃可以使人脱离欲、色、无色界之苦,从而得到真正的解脱。三论宗追求"空性"而非"性空",这里大有讲究赋神性于空的意味,即"空性"之"空"是一种理论化过程,一种般若的特殊直觉化过程;"性空"之"空"则为已成之性的显现,是另一种般若理论系统的呈显。由于这里面存在细微差别,外道和佛门中人历来对三论宗空性多有曲解,吉藏对此做过分析、判断:"外道不达二空,横存人、法。毗昙已得无我,而执法有性。跋摩具辨二空,而照犹未尽。大乘乃言究竟,但封执成迷。自浅至深,四宗阶级。"①吉藏认为"空性"是很高的佛法宗旨,外道、小乘毗昙、成实及大乘执都没有达到"空性","四宗"即四派对般若空性的理解都受到主、客的局限,故而"自浅至深"形成四个等列。从吉藏的分析和论述,可知般若空性绝非一般对主体性、客体性的思想描述,它是体现智慧美学妙用的一种理论系统,其思维方式因为是般若式的,因而非常特别,以空为有,空的否定性即本体的遮诠式的认知存在,貌似进入虚无主义的拒绝一切的境地,实则是把肯定性以透明的贯通性智慧注入本然存在的对象之中,而在整体过程中,"空性"作为"佛性"的自我遮诠性表达,丝毫没有任何人为的意识痕迹,完全体现般若美学的智慧殊胜妙蕴。

　　佛性本体的超主客作用,从空性一极表现是否定性逻辑优先,内中仍有肯定性在发生作用,但总体上要服从空的宗旨。在印度大乘初创时,空的极限由自然虚无、意念冥灭向法理的逻辑之空迁转,这个过程中曾发生以空为空的所谓恶趣倾向,就是认为空是绝对的空,

①吉藏著,韩廷杰校释:《三论玄义校释》,中华书局1987年,第10页。

但这种思维并不能在般若思维中占据主导，而且作为绝对的空，实际上也是一种客体的极限性目标，并没有做到真正超越主客。到龙树才从中观学为空做了很好的智慧定位。隋代三论宗对空的理解基本上就继承了龙树的观念，用中观般若诠释空性。同时代竭力倡导三论的智者大师，采取了"性空"佛性本体表达超主客美学智慧。"性空"与"空性"均秉持中观般若本体智慧，但空性注重过程，性空强调本性，后者的思维、表达都中国化了。对此我们在后面将专门进行针对性的讨论。这里要强调的是，从空这一极向所展开的佛性超主客探索，内在地以否定性为中轴不断突破一个又一个客体或主体的极限，致使否定性思维本身也成为一种极限，在唐代中后期禅宗的探索中，主体否定性极限得到了无与伦比的开掘，异彩纷呈地展示了中国人在否定性思维方面所具有的超强美学智慧。如果仅仅限于空与否定性主旨的美学智慧应用，固然对中国美学整体思维特质和实践风貌会产生根本性的影响，但对佛法和中国美学的存在结构而言则是不全面的，而唯识宗有力弥补了这方面的不足。唯识宗从佛性"有"的角度探索超主客美学功用，以"识有""唯识"承载佛性的价值本体。此如唐君毅所说，"识"继承的是印度瑜伽唯识学的理论传统，但与原始般若的"识性"含义并不矛盾。在大乘般若的哲学思辨时代，世亲、无著的瑜伽唯识学弘扬的是一种与大众空宗不同的有宗路线。中国人玄奘、义净等远涉印度把其传译回国内，建立起唯识宗系，该宗派是中国化佛教最有影响的宗派之一，也是佛教理论系统化、美学化程度最高的派别之一，唯识宗对中古后期美学性质基于情缘、识性的转换起到划时代奠基作用。

而唯识作为佛性本体，具有怎样的超主客作用，从般若美学的逻辑出发审视主要是两个方面的问题：一是识性本体与中国美学原有的核心概念"意""志""情""象"等的关系问题，这一问题规定了唯识本体在中国美学中的位置定位。二是唯识作为中国化大乘佛教与印度大乘不同的趣向,在唤醒众生情缘、识性方面具有怎样的法力。
这两个问题,前一个问题涉及般若识对中国美学本体论之"化",后一
个涉及中国化之般若识性,具有既超越中国美学自身以往,又无法用
印度、西方等任一国家、民族的美学概念相比拟的功效与法力,根究
起来,依然是一种神性的具化,只是属于用般若识性"化"中国原有之
情识或情缘,使佛性通达现世的一种体现:

（一）"识性"作为般若的意识功能,总体指精神、智慧的生命存
在,即从精神价值角度规约生命的整体存在。过去、现在、未来的生
命表现,无不体现为"识性"的不断纯净和回归自我——纯粹的佛
性——和将此佛性映射于一切存在。识性作为精神功能应当是全面
的,与中国的"意""志""情""象"等均能形成某种合体联系,但这种
合体相对于识性而言只是局部的,不是全部的,即识性与中国美学的
"意""志""情""象"等可能凝合起来,但不能将凝合体替代为识性,
也就是说,般若识性可以转换为中国化的元精神范畴,用中国化的精
神形式表现出来。一旦般若识性成为这种精神元范畴,便如同莱布
尼茨的精神"单子",产生逻辑上的扩张效果,形成基于识性展开的美
学理论系统。而对于中国化的佛教在唐代唯识学所达到的精神实体
效果来说,显然突破了纯粹的理性,也突破了"观念的直接性""感受
的直接性",它把精神上对意念的直觉和对物的因缘感知,都通过"识
性"的存在获得证明,这便是中国美学的精神智慧,便是中国美学的
"生"的价值与灵魂的超越性,它不依赖于任何直接性主体化存在,也
不依赖于外部的客体化神性,更不依赖于单一的、独断的或恣意的,
诸如"理性""意""志""情"等之类,总之,它的"先在性"就是"自在
性",就是生命自在的超越性,是"不能用某种更确实可靠的东西来证
明"的"原始真理"①。

---

① 莱布尼茨著,陈修斋译:《人类理智新论》,商务印书馆1982年,第418页。

（二）"识性"唤醒的众生佛性,在大乘般若的精神境界和信仰激情的感召下,产生了极其主动而普遍化的美学效应。中国美学重视人的主体性,重视通过精神主动性实现价值境界的理想化、以道导民的普遍化现实。《易经》说"立象以尽意",让"意"先于"象",在于强调精神力量的元规定对外部感性的统摄。儒家美学的"王天下"伸张道德化的美学理想来教化天下百姓,力图促成美美与共的大同世界实现。但是,佛教入华前的中国美学,主体的"意""情""志"或"情志"等精神概念,在导向教化百姓的方向时,始终未尝实现把"意""情""志"等的主体身份、权利转化为百姓的身份、意志,包括源于民间而升华形成的易学美学、源自士人独立思考的诸子美学,推行落实的都是贵族化的、适于知识阶层的思想意志,这样的主体身份、意志在历史中被固化,导致给中国美学的主体精神带来很大的局限性,使其内在逻辑始终难以达到真正超主客的理想目标和境界。至于保留了原始巫术文化审美特质、由民间绵延的巫性意识及其相应美学形态,纵是具有普通百姓的主体身份和意志,却因巫及巫性意识对实用性的极度追求和对神的膜拜,两者交织为审美与崇拜的矛盾二重性,只能"作为基本上的'似主体''伪主体',并非是真正的自由的主体"①,其主体性极限和美学理想对自身的否定都先天存在不足,因而每每民间巫性美学活跃之时,也是其自灭之日。战国时期屈原对神话、民间诗乐的复活如此,南北朝期间对乐府歌辞的复活也如此。而般若识性感召下被唤醒的众生主体性,其存在意志和生命意识以众生之性为佛性转生、实现的对象、过程和目的,让"识性"介入众生的主体自在体验,精神修道过程表现为主体的自觉自主,及因自觉自主而实现的自由转化过程,即自由本质依托于"识力"的熏习,始终与自我的人性、生命自省和觉醒相伴随,最后获得美学上生命存在与自

① 王振复:《中国巫文化人类学》,山西教育出版社 2020 年,第 270—271 页。

由境界同一的幸福感,即般若识性之佛性的众生化,众生识性归趣于佛性的纯净体虚,无所不有,无所不生,生生俱美。义净《南海寄归内法传》曰:"所云大乘,无过二种:一则中观,二乃瑜伽。中观则俗有真空,体虚如幻;瑜伽则外无内有,事皆唯识。"①"外无内有",就是体性空虚,识性感通众生之性,众生之性非众生,通达佛性,非众生之性是众生之性,乃超越了众生存在的个体性局限之众生之佛性,因此,众生主体性外无内有,俗有真空,世俗境遇及其身份意志,归依于般若识性(佛性)的超主客价值旨趣,表现了众生佛性的普遍觉悟与提升。这种超主客美学意涵有力地丰富了中国美学的理论谱系②。

三、情志本体与主体论美学

　　情志本体沿着生命气息方向,以般若化方式灌注、弥漫而形成理论系统建构。"情志"为中国美学的核心范畴,情志对自然、社会的回应,即人作为感受性主体、情感主体和意志主体。在与佛教般若融合过程中,情志本体被融解到佛教理论系统,使佛教理论系统传达的生命气息,表现出特别的宗教气息,换言之,中国美学的情志主体充分吸摄佛教般若精神,不仅将佛教生命观念有机吸收为中国化的佛教美学观念,而且将中国美学的情志主体也予以弘扬广大,塑造了新的民族美学情感和精神。情志主体在隋唐时期渗透于各宗佛教,与超主客旨趣互为映射,形成复杂结构中深化的侧面。由于情志范畴的

---

① 义净:《南海寄归内法传》卷一,《大正新修大藏经》第五四册,(台北)新文丰出版股份有限公司 1983 年,第 205 页下。

② 按:"谱系"与"族系""家族"概念近似,指具有血缘亲缘性、形成树状传承系列的家族或姓氏。这里借取"谱系"概念形容思想、方法上的"源"与"流"的血脉相通性,即中国美学文脉传承的气质或精魂,它不指向实有的美学流派或体系,仅以思想、精神的内在一致性为所强调;也与佛教判教的宗派谱系相区别,特指中国美学思想的基因构成及其基因"家族"的相似性、黏合性和延续性。

美学主体性鲜明,与中国经史子集所涉诸学关联密切,从而主体情志的话语呈现拥有异常深厚的历史积淀,当这种积淀在历史的截面,与佛经文本和僧人的实践相遇、交会,并对整个社会构成新的冲击力量时,便更多透露和凸显出中国美学主体由古典理想迈向世俗的趣向特点。中唐到晚唐时期,中国美学的情志主体受益于佛教般若的"淬炼",蓬勃而生具有古典美学现代性意味的、颇具般若否定性的美学精神,就是中国美学主体论达到极致境界的体现,这在华严宗、禅宗的美学思想与践行中得到充分的证明。

历史纵向发展中所呈现的美学情志和主体性,作为佛教般若与中国美学情志本体融合的产物,确证了中国美学的情志本体和主体论美学对般若生命气息的汲取或对般若生命理论的改造取得成功!那么,中国化的般若生命情志及其主体性,在哪些方面继承和发展了佛教般若的生命旨趣呢?一是中国化的佛教各宗遵循了大乘般若的"生命有情"原旨。《金刚经》云:"所有一切众生之类,若卵生、若胎生、若湿生、若化生,若有色、若无色,若有想、若无想,若非有想非无想,我皆令入无余涅槃而灭度之。如是灭度无量无数无边众生,实无众生得灭度者。"[1]有情众生,即有情生命,人为有情众生之一种,众生都有"入无余涅槃"之解脱运命,则所有人,无论贫富贵贱都可获得佛性。南北朝至隋唐期间,般若众生有情思想非常普及,加之佛教以人生状况为苦厄,人生追求为执欲爱而生烦恼,如是而陷入轮回命运,愈发使众生有情变得可以接受,因缘观与自然主义观念仿佛不谋而合。大乘般若从人生无常苦观(声闻)切入,以跳脱斩断世俗因缘流瀑为醒觉,以破解对欲望、情爱的执爱为生命智慧的标识,肯定生命存在的有情性,肯定生命的有生性,无情则无生,有情必有生,有因

---

[1]鸠摩罗什译:《金刚般若波罗蜜经》卷一,《大正新修大藏经》第八册,(台北)新文丰出版股份有限公司1983年,第749页上。

缘必有烦恼染,有烦恼必有诸缘聚,将生命自在性提高到肯定生命智慧存在的合理性高度,主张循着般若波罗蜜道,以心安住法相,不住相,视一切烦恼如幻,当心无相、心无所住,则与有情生命之"情""意""志"诸主体意识、状态概念结合,将原来缧绁于天人感应、拘限于直接性感受和情感反应的主体情志,归结于般若情志本体。二是践行大乘般若波罗蜜道的菩萨是情志主体的象征。隋唐各宗佛教都将菩萨作为佛在人间的化身,以菩萨的智慧实现觉悟、自由的生命,即"天中天"之般若使者。在佛经和通俗化的变文说唱文本中,在佛教造像和书画诗文等的艺术化显象中,在僧人与文士的交流以及百姓谈佛论道的话题中,菩萨都是充满主体慈悲情志的、集神性与俗性于一体的完美形象,这个形象因为居于佛与众生之间,可上天入地,因而他是世俗百姓对道德、力量、美感、幸福的寄托所在。中国人喜欢和接受菩萨,索性让其就生活在世间,让其神性发挥在对现实的丑陋、罪恶、腐败的鞭挞惩罚上面,让其扶助弱小、悲悯百姓的美好精神发挥在众生命运的改变上面,从而使菩萨形象凝聚了非常饱满的情感因素,并通过菩萨的道行实践、百姓对菩萨的崇仰及由此所得来的改变证明菩萨生命的真实与完满。菩萨"无余涅槃者何义? 谓了诸法无生性空,永息一切有患诸蕴,资用无边希有功德,清净色相圆满庄严,广利群生妙业无尽"①,在大光明智慧观照和超自然能量辐射下,中国美学人文性系于三才(天地人)汇通、自我道德化的情志主体,外化为情志性对象世界的思想、习惯被彻底扭转了,阴阳、善恶、美丑等二元偶对、变易性美学结构,在菩萨生命感官的遍在(眼耳鼻舌身)和对治"贪""嗔""痴"人性的反思凝合下,焕发出切合中国人文超拔志趣的美学理想,极大提升了美的价值境界,情志主体因此而

①功德施造,地婆诃罗等译:《金刚般若波罗蜜经破取著不坏假名论》卷一,《大正新修大藏经》第二五册,(台北)新文丰出版股份有限公司1983年,第887页下。

富有更博大的胸怀气度和主动探索姿态。三是唯识宗和禅宗的情志本体,体现了般若智慧与中国主体思想的有机结合。唯识宗的"三无性"(three non-natures)均体现有主体性:

1."相无性"揭示了众生有情执之性。从众生情执之性出发,就是从接地气的主体性开始,先激活众生善恶、美丑、净染混处的本原状态,在现象学美学形容的"现象直观"(presents itself in direct experience)境遇中,获得中国美学的"感物而动"。感而动之,即泛主体,即众生情志主体,此主体"以妄心为识""以妄心向因缘生",作为主体情志"识"的初步判断。这种主体介入因缘的"妄心",不可理解为不存在,而是非存在,因为非存在,所以需要为向因缘生寻得合乎的法道,而又因为确为"唯识"性存在,所以是确确的众生情志,因而属遍在因缘,具备主体性的存在真实与相对之世界的事实性存在的真实,而且它们是共同存在的。遍在则无人我寿者相,无因缘生相,无主体识性分别相,故"相无性",实众生情志之法相。

2."生无性"揭示了般若波罗蜜道行中的情志主体。因为主生无性,故只有入得有生,方得无生。有生依他,"依他"为本相起变,随因缘而成其性,使众生所执随缘,生生于无性自性之和合,则生生为美,充沛美感活力,亦使自然状态的执欲、渴爱与情炽而燃的主体性,在随缘情境中被唤醒"性空"自律,将变化不定的欲望、情绪消解,稳定为明确而清晰的情志主体。至唐代中叶,中国美学的情志主体因唯识宗的广泛传播而展现出新的姿态、面貌,主体的情感性得到尊重并获得世俗流行的合理性,对人的情感性的尊重,是对生命自然性和法本有情、法本性空之主体性的一种通透性理解,无疑也是传统生命主体性的一种解放,因此,情感成为唐代美学的基本主题和精神,可以说,"生无性"强化了主体的生命情志,使之更有方向、更集中和有力量了!

3."胜义无性"揭示了主体情志自由之法性。法性无性,体现中国化、般若化和合的美学取向，是对人的本性、性情、情志觉悟抵达自由、得到完满解放的概括。法性之无性，是法性的境界，更是主体情志的境界，它与儒家的"圣贤"情怀、道家的"至人绝待"终极涵义相通，但作为理论话语，毕竟以佛教姿态出现，所对应的又是广大的信众，因而其主体性一方面随法性而起，得寂静无上的美学意境，另一方面随接受群体的"非众生名众生""非佛性名佛性"本愿而起，愈加拓开了主体情志的生命时空，将中国文化的黏合力与想象力充分发挥，以"圆成实性"不遗余力地进行文化填充！事实也表明，华严宗一方面从"随法性"极向"填充"美学的完满自由，法性完满的对象化法界即人性觉悟之佛性圆满；另一方面，中国禅宗的主体情志，在中国化禅学的规约中，禅定和禅慧与经验世界融合，向实有方向深入展开突破，不断推进的禅化的主体情志，表达了最简捷率达的、自由的主体美学境界。"禅"是中国美学对般若意涵的特别改造与收获，它不是在佛、儒、道之外另开炉灶，而是消化、熔铸了诸学精髓，更为丰富、幽玄，更显现出实践理论化形态的美学，禅主体的美学建构也属于中国般若美学体系的重要构成之一。

四、名言本体与和合论美学

名言本体沿着般若幻化路线建构美学知识谱系。"幻化"为印度原始宗教般若范畴的本义之一，基于"般若赋予语言"的思想、命题，使语言和逻辑一体互化。印度原始宗教《爱多列雅奥义书》云：

> 语言而语，诸气皆随之而语。眼而见，诸气皆随之而见；耳而闻，诸气皆随之而闻；心而思，诸气皆随之而思；气息而呼吸，诸气皆随之而呼吸！

语言也,则一切名委于其中,彼以语言而得一切名。

语言为(由般若)析出之一分;名者,其相应之外境也。

以般若加于语言,以语言而得一切名。①

　　这里强调"语言"的超自然性,即其具有神性本体、力量的依据。般若唤醒了语言的功能,同时般若也借助语言完成思维的过程。语言是精神存在的证明。在语言与感官、生命气息之间,均有般若"生命气息"灌注,均有般若精神特质呈显而使所涉诸一切归复其本体。在般若与其他生命现象之间,语言也是识与力存在的直接证明,因为语言本身就是般若。古印度研究学者巫白慧说:"吠陀诗人和哲学家从对宇宙万象的直观中得到一个认识论上的共识——幻(摩耶)"②,"幻"也是般若的别名。因此,所谓般若幻化,其实主要指语言的幻化。语言之幻让梵天与梵我的生命得以存在。原始佛教虽然对印度原始宗教的语言、逻辑同一性没有直接继承,但从"如实知"即对生命现象进行伦理意义的幻化认知出发,突出了般若化语言对生命觉悟的价值。故原始声闻,主要是语言受教,在"如是我闻"中接受开示,语言的幻化即苦蕴积聚与智慧解脱的合离。佛陀逝世后,语言似乎也进入冥寂,独觉是一种过渡,十二因缘次第进入,其实是般若语言的一种内化和递减性幻归本体,故轮回由语言命名,解脱也由语言宣布证现。但智慧不能因独觉十二因缘而困陷于循环,导致语言和般若均步入寻法之法执,于是大乘崛起了,大乘崛起复活了般若与语言的同一性思想,使般若幻论和语言权便论高度统一。在大乘中后期,

①徐梵澄译:《五十奥义书·考史多启奥义书》,中国社会科学出版社1995年,第58—60页。

②巫白慧:《印度哲学——吠陀经探义和奥义书解析》,东方出版社2000年,第3页。

佛教宗派只要讨论到语言,就必然涉及佛法修证,而佛法修证又直接涉及语言的名相定格、定位问题。语言与般若的关系,就在语言的叙述、赋名、变易、修辞、含蓄、蕴藉中,不断完善自身,并借助语言的幻化产生美学效能,般若本体和语言幻化的结合是中国美学对佛教般若理论汲取和改造的核心思想资源。

　　隋唐佛教般若范畴渗透了名言本体幻论观念,将之美学化于佛法修证的各个方面,构成般若美学体系的又一重要侧面。中国美学对语言范畴的理论应用,虽然不似西方、印度那样立足于哲学、宗教的原逻辑生态,语言逻辑一体化,但能把语言和象统一,立足于象——包括物象、卦象和意象等——展开孕象的语言系统,却是产生很早,并且自成逻辑格局,即不同于理性逻辑系统的另一种统合象、情、意诸因素的形象化思维、逻辑系统。对逻辑的认识,从古到今有很大变化,古人未尝用逻辑这个术语,却未尝没有逻辑。20世纪80、90年代,李泽厚曾提出情感逻辑,学界有学者响应,则形象思维别具逻辑意味亦成为可能。在西方,对理性的独断式逻辑思维,现代哲学一直给予讨伐,他们甚至也开始研究中国的形象、情感和理性皆不舍弃的思维方式。当代法国哲学家巴迪欧提出,那种原始的"逻辑"注重存在性的"一",以逻辑上的"一"为存在,是与实际存在的"非一"不相符的①,因而,理性的名言表达逻辑与事实存在悖论关系。这个问题很严重。维特根斯坦(Wittgensteinian)试图采取"图像扫描"的方式,主张"逻辑形象能描画世界"②,即让语言表达成为命题,事实存在成为命题表达的图像,以求得"一对一"的精准描述或概括,然而,最后他发现,有些内容是模糊的、说不清的,无法采用逻辑的"图像扫描"方式处理。"我们不能思考非逻辑的东西,因为否则我们就

---

①Alain Badiou, *Being and Event*, Continuum, 2005, p. 23.
②维特根斯坦著,郭英译:《逻辑哲学论》,商务印书馆1962年,第27页。

必须非逻辑地思考。"①执拗的他最后只好回避了问题,并没有解决问题。印度的般若与中国的形象、情感和意念(理性)等糅在一起的思维不同,也与西方从抽象的"一"之本体观念出发规定名言概念与逻辑的同一性关系不同,它是把"般若为幻"的逻辑应用于语言和眼、耳、鼻、舌、身等感官,既是理论的感性化,又是感性的理论化,如"唵"字,由一总体性书写 om 指向本体,另三个成分指向具体。一体多性,一个语言形式含多重表达涵义,阴阳中性皆备②。显然,印度语言的逻辑思辨性很强,但这种逻辑对感性的统摄是以放大"幻想"否定现实的真实性为代替的,它潜在地蕴含着一种感性从现实向精神化理性结构的移位,本质上还是由理性为感性制定规范。对于西方和印度的美学逻辑与语言的关系特点,中国对印度佛教美学,主要吸收了般若美学特质,强化了美学系统的理论性、思辨性、想象性,同时,也从自身居于"卦象"显现的中端定位和注重天人交感的象、情、意一体的名言与逻辑同一性模式,来巩固并强化对人生和现实的美学逻辑与名言的统一性。

　　这种逻辑和语言的深层融合是一个非常艰难的过程。充分调动彼此的优势,又聚焦审美现实和文化、美学思潮的内在驱动,就需要找到彼此能共振和结合的契机。对中国美学而言,对宇宙、自然的观察和认知,对社会的认知和体验,所谓理论化的建构不是为提出某种

---

① 维特根斯坦著,郭英译:《逻辑哲学论》,商务印书馆 1962 年,第 28 页。
② 按:巫白慧说:"om 的元音'o'是一个复合元音,由'a+u'复合而成。故 om 也写作'aum',常常交替使用。om,汉语传统音译为'唵'或'蓬';意译为'极赞、极至'。在奥义书中,此字被赋予深奥的神学和哲学的内涵。在神学上,om 字是婆罗门教(印度教)三大主神的密咒(代号、密码)。om 字的 a、u、m 三个成分中,'a'代表遍入天(Viṣṇu,毗湿奴),'u'代表紧思天(Rudra 鲁陀罗,吠陀后的湿婆 Śiva),'m'代表大自在天(Brahmā,大梵天)。"(《印度哲学——吠陀经探义和奥义书解析》,东方出版社 2000 年,第 245 页)

新的学说而准备的,而是为现实的,甚至不乏功利性目的的需求而准备的,这使得中国的理论化形态要求自身具备能被生活所融解的知识性,而富含价值底蕴的人文理论建构,则要超拔于知识之上,故在原创动力上,需要从事深度思想的士人对人文理论、美学体系的建构足够用力,而在应用方面,也有待文化人的政治管理或伦理化的现实教化。在这方面,中印似乎具有较一致的基础,印度的理论化形态,其幻想和思辨力的超胜也主要是上层贵族和知识分子的产物。因此,在中国一旦各方面条件具备,便首先在深层思想的名言组织方面,建立起来佛教般若与中国美学两相契合、熔融的名言系统。但这种契合一旦发生,便不以人的意志为转移,因佛教般若"天上的思辨"受孕于中国"地上的经验",便必然要把现实感受与体验的复杂因素、不确定理解也一并带入,遂使中国美学与般若的名言契合,远比印度原始名言的涵义还要错综复杂,它往往在中国二元对义的惯性思维模式下,极尽范畴与范畴之间的相近、相似、逆反、错位、对应、对立、同一、包含等复杂关系,而在阐发般若理蕴时很自然地注入,致使中国美学的名言论理论"知识"谱系,形成了深厚独到的阐释角度与效果,表现在:一是中国美学的名言所指,依然指向天、地、人的互动性存在,侧重对人的感受、感觉、体验、感动、想象状态的表现,不像印度原始宗教及佛教般若那样以脱离现实世界的自生识性、神力本体为逻辑根本指向,也不像西方美学那样以理性预置为独立、严格、精确的逻辑结构,一旦脱离开人及其相关关系,中国的名言概念就变成零散的字或词,不具备实际的表达意义;二是中国美学的名言概念,对"所指"意义(sense,meaning)的认知与表达,在相当长时期内以"能指"依附于"象"为特征,从而使中国美学的名言概念具有现实蕴藉的立体化表达形态;三是中国美学的名言概念对"幻化""变易""变化"等涵义的揭示,既不是西方那样视幻相为谬误、假象、模糊印象等的偏颇认知或低一级的知识判断,也不是佛教那样让"幻"本体、喻体呈现同一,使认知、心理和生命的存在意识局囿于理论化的自我冥想式认可范围,不寻求对现实、生活对象的修改与介入,成为"一厢情愿"式的名言论体系设置,而是自原始巫文化之"巫术"基础开始就探索人的主动性、创造性介入,将"变""易""化"等视为既可无限衍生,又具有宇宙、生命本质的对象性存在和规律,然后用文化性名言系统把这种可衍生又具有定数的现象、规律抽绎出来,进行操演或演绎,如卦象演绎的卦、爻之象,就属于此种,它恍兮惚兮,亦动亦静,若有若无,不离不即,充分表达了对不确定性的心理认知。这种推演用到实有事物,自然界、社会的色相,便自携着类似、相肖、相像的美学化因子,映射于同类或异类的事物,进而感通天地,似幻亦真,真实的世界与名言系统构成了相当程度的美学化"重合"关系。因此,中国美学的名言论实是把感觉、情感、想象的掺杂,用来应对有无限变化可能之世界,由此而使名言概念的运用与对整个世界的解释、判断和理解,达到全方位的由表及里、有真有假、有模拟有虚构的主体化诠释网络结构。中国美学的名言幻论,在这样一种表达和结构方式中,若论其大,则无所不包;若谓其小,则触及极细微、隐秘的变易。它是一种独特的,既具有知识网络可靠性又没有边界、不断在扩张的价值生成系统。佛教入华前,中国美学的名言幻论,已经将上述三个方面发挥得淋漓尽致,但因局限于对宇宙论的"象思维"运用,导致"天人交感""天人合一"模式还很难超越"天"的层面,同时,名言概念因时时寻求现象界的响应和对应,导致名言概念系统本身的自主建构,也存在想象力、超越力迸射的不足,而佛教般若范畴的进入和被吸收改造,则弥补了这方面的不足,在中古后期遂形成成熟的中国化之般若名言和合美学观。

般若名言和合美学观,与佛性超越宗旨、生命情志驱动美学观同属于般若美学的有机组成内容,但名言和合强调佛法对不同位置、性质、方向中的因缘、元素的统摄。审美情境中的参与元素,在中国美学中以主体化视点的"流观"思维进行"掠其特征"式的吸摄,般若美学以思维消解存在,让意识的流动、走向和存在状态、因缘具备佛法意义上的同一性,来实现总体佛法对因缘、个别性的统摄。三论宗的"空性",天台宗的"六即""止观""一念三千",都在讲对因缘、元素的统摄方式。中国人在吸摄印度人般若语言观的处理方式时,增强语言的现实存在感和生命性,由于般若语言具"神性"召唤功能,它原本不能产生和合现实诸缘的佛性,就是说,被吸摄的般若语言犹如因缘也是无自性的,然而,当般若思维以中国化的语言为单位,体现了与情、志、意等结合的般若识力时,则使意识和思维的空性,也统摄了现实的存在。因此,般若被中国人吸收和改造,最大的优点在于发挥出一种巨大无比的"黏合性",这种黏合性在印度佛教中,或表现为冥思幻想性的黏合,或呈现为语言施设性的假名,但在中国人这里,却成为秉持人为天地立法的"中心"意识,使之出现在思维或存在的具体情境中:有一个看不见的"我",成为佛性、生命之美的本源。这个鲜明的特点,在三论宗、天台宗的直觉化美学观得到透彻体现,随着各宗佛法的深入,唐人不满足于对诸种因缘、元素的主体化直觉处理方式,逐渐地,让语言名相自己突出出来,让主体思维、意识统摄诸因缘及其和合效果,在修行实践的名言、法相中凸显出来,这是美学上的一个巨大的进步,意味着和合论美学以形式美学方式冲破既有的观念、模式,独立地、体验性地存在和呈现出来。唐代禅宗由崇奉《楞伽经》转向信奉《金刚经》,很大程度上就与此直接相关,表明《金刚经》的"弃筏登岸"式的般若陈述,已经异常清醒地在名言和合性质的形式美学中被建立起来。因而,《金刚经》的"名言和合",无疑指向了语言、思维、心理和逻辑,指向了修行实践、心理体验和心性塑造,但在诠释"名言和合"时,禅宗没有笼统而模糊地将其处理为对现实存在的"名言和合"认同,一旦那样,就等于还没有从现实、生活的常识、知识境遇突围出来,而是把名言和合明确为"有情众生"的原生性生命根性——一种与自由、觉悟同一的存在。如此，才能够实现，"所有一切众生类摄，若卵生、若胎生、若湿生、若化生，若有色、若无色，若有想、若无想，若非有相、若非无想，乃至众生界及假名说，如是众生，我皆安置于无余涅槃"①。"假名说"化为"有情众生""众生界"的存在论名言，且皆能达无余涅槃境界，使"假名"以俗谛地位成为合法的名言，不仅自然消解了王弼的"得象忘言，得意忘象，故得意而忘言"的玄学化本体论旨趣，而且也将和合美学论主旨，由般若的纯粹精神式修炼转向了世俗化的身心修炼，可谓，佛教般若名言和合美学观在中国完成了自己的根本转型与改造。

　　般若名言和合观在唐代僧人的修行生活中，获得了切合宗要的美学化效果。律宗用语言名相贯彻对身口意业的戒律约束，使佛法实实在在成为生命、生活之学。与过去强调声闻悟解、"独觉"坐禅等开悟不同，律宗对般若的理解，不是以"形式""名言"上悟解为目的，也不因此简单舍弃直觉与坐禅，而是在名言和合的灵活认知中，注重了生活的境、相、缘的色、声、香、味、法的美学况味，名相与真如之境合，修行成为一种活泼泼的"圆教"，于是生活、心相的律行，一切皆置于名言境界，亦为自由之境界：

　　　　以净行为本的律，透过直心制定出来，由同持而形成习惯，由习惯而变为程式，于是，诸佛的弘规硕模建立了。程式，是律制与律行的齐限，严正礼防与完备典章，借这而保持。从法的涵盖性看，律乃是法的流类，法的本身最极殊胜，依之而制成的律当然极公明。从律的实效性看，法绝不能离律而独存，必须借律作护持，于弘传中始能远离诸弊。法是点化有情契顺于净善，在

①留支译：《金刚般若波罗蜜经》卷一，《大正新修大藏经》第八册，(台北)新文丰出版股份有限公司1983年，第757页中。

净善中资薰、涵润着,心地的积垢汰尽了,格局与慧命才会焕然一新。律是调伏有情强化其正行,在行动中精勤、惕励着,身口的重罪制住了,威仪与气度才会庄严凝重。在法的体解、领悟、薰修中,新鲜而深刻有力的义蕴常揭出来,佛法的光明、价值才能透入世人心眼而引起其注重、研讨。在律的倡导、练习、严慎的遵循中,健实而不受惑的品德养成了,僧伽的制度、局量才会从山门里建立而巩固起来。①

僧伽以律持法巩固了般若的名言和法相,获得殊胜美学效果。禅宗修行对般若的"名言"隐喻②,往往通过语言游戏揭示其蕴藉的佛法玄机。《祖堂集》卷五《龙潭和尚》记载:

　　在俗之时,世业作饼师,住在天皇巷阳。其天皇和尚住寺内,独居小院,多闭禅房,静坐而已。四海禅流无由凑泊。唯有饼师每至食时,躬持糊饼十枚,以饷斋餐。如是不替数年。天皇每食已,常留一饼与之,云:"吾慧汝,以荫子孙。"日日如斯,以为常准。师因于一日忽自讶之,乃问:"此饼是某甲持来,何乃返惠某甲?"天皇云:"是你持来,复汝何咎?"师闻此语,似少警觉,乃问曰:"弟子浮生扰扰,毕竟如何?"天皇云:"在家牢狱逼迮,出家逍遥宽广。"师便投天皇出家。天皇云:"汝昔崇福善,今信吾

①仁俊:《重法·重律·与法律并重》,张曼涛主编:《律宗思想论集》律宗专集二,(台北)大乘文化出版社 1979 年,第 99—100 页。
②按:如禅宗欣赏的"三车"之喻(原文太长,略述其事):某国一富翁年衰,田宅僮仆甚多。独房子朽坏,梁柱颓危。某天倏然火起,宅中孩子们贪恋玩耍,对火灾浑然不觉。长者焦灼、恐惧中以门外有羊车、鹿车和牛车可坐哄诱,孩子们"心各勇锐",奔出火宅。参见鸠摩罗什译:《妙法莲华经》卷二,《大正新修大藏经》第九册,(台北)新文丰出版股份有限公司 1983 年,第 12 页中—下。

语，宜名崇信。"受具戒已，执爨数年。忽于一日问天皇曰："某甲
身厕僧伦，已果宿志，未蒙和尚指示个心要。伏乞指示。"天皇
曰："你自到吾身边来，未尝不指汝心要。"师问："何处是和尚指
某甲心要处？"天皇曰："汝擎茶，吾为汝吃；汝持食，吾为汝受；汝
和南，吾为汝低首。何处不是示汝心要？"①

天皇禅师对崇信心机的开启，字字珠玑，全通过名言方便开示。这些
命题、语言都颇费琢磨，它们本身就是法相的一种和合，是名言与生
活糅合一体的美学化效果。禅宗的般若美学化效果所凸显的中国智
慧，迄今依然是难以企及的一个高峰。

　　总上三种生成般若美学体系的类型、要径，在隋唐佛教各宗理论
中，以般若思想的美学质蕴，汇成美学本体论、认识论和"实践—理论"
的系统观点。中国人建立的佛教理论，一旦具有美学性，并且拥有契合
般若智慧的美学思想系统——在逻辑上这种思想系统即般若美学体
系，就成为中古美学最重大的事件。诚然，佛经文本从印度输入，以佛
法逻辑为原本的教旨，但翻译和传播的过程，以及佛教思想被接受的重
心，在被中国人所择定时，就已经发生了从宗教向美学滑动的位移，以
至哪怕是理论义旨是指向佛教的，呈明了教义的具体意涵和实践要求
的，其教义的理论知解，依然要偏转到中国人、中国文化所能接受的立
场和视角方面来，因而，般若美学体系在纯粹的佛经文本中，能够通过
翻译的名相表达出中国审美、美学的意向、观念和趣味，传达出在彼也
及此的思想体系性，而当各宗佛教把它们分列类别，各有侧重地奉持和
加以实践落实，便意味着般若美学体系，已经通过佛教的社会化组织形
式和不同流派的思想定型、定格，在树立着自身的思想风范与品格，这

---

① 静、筠二禅师编撰，孙昌武、衣川贤次、西口芳男点校：《祖堂集》卷五，中华书
　局 2007 年，第 246 页。

样般若美学的体系化和中国化,就成为在时间中被逐渐加深印证的问题,就成为事实上被中国人、中国文化所认可、改造、深化和印证的有机内容,中国美学的价值逻辑因此得到根本提升,并因此而推动现实审美愈趋丰富、细致和生动、神奇。

第二节　般若直觉美学体系

一、三论宗的空性直觉

般若直觉美学是中国化佛教美学最早形成的理论成果。直觉,英语写作 intuition,本指与感觉和理性思考不同的,能在刹那之间把握住对象精髓或问题要害的思维、认知方式,但因其与感受、形象、想象的须臾不离,并且具有某种透明直观的洞察效果,人们往往将其与理性化的推理、判断区别开来,用来形容审美和艺术活动的特殊思维及其效果。现代科学表明,直觉的认知效果与理性没有太大差异,甚至会超过理性,但西方美学家更愿意将直觉视为另外一种理性化的认知方式,有的索性用直觉理性(intuitive reason)①这样的概念,把它和爱默生、柯勒律治、华兹华斯、尼采等名字联系起来,作为一种超越平庸智性和刻板理性、能表达浪漫主义情感的高级思维形式来看。中国的隋唐时期,实际上正处于后玄学(post metaphysics)时代,般若直觉美学恰恰对抽象思性方式给予诗化否定,它所要求的呈现形态最切合的是佛学理论。在隋唐各宗佛教体系之中,三论宗和天台宗的般若直觉美学最具特色,形成了系统的理论学说。三论宗侧重揭示般若直觉空性,天台宗侧重演绎般若直觉性空。就理论性质、特征

①Patrick J. Keane, *Emerson*, *Romanticism*, *and Intuitive Reason*: *The Transatlantic "Light of All Our Day"*, University of Missouri Press, 2005, p. 51.

而言,三论宗的印度原教旨色彩较浓郁,天台宗则充分中国化了。天台宗将般若"空慧"导入直觉美学逻辑,形成了圆融通脱的、中国式般若直觉美学系统。日本学者中村元称,中国佛教"在中国传统文化的基础上,将印度传来的异质宗教,重新加以改造,使成为中国人所可能实修践履的佛教。从这个角度来评量天台智顗及其门下组成之天台教团,那么,我们可以说天台智顗与天台教团实具有足以代表中国佛教形成的资格。在隋完成统一南北朝前后,智顗禅师以中国固有思想与民俗为基础,正努力于整理并统合当时外来的佛教,使之变成适于中国人的佛教,他自己亦不断地实修,完成了其独树一帜的佛教思想。智顗禅师的出现,在中国佛教史时代区分上,扮演了一个具有决定性的角色"①。虽然天台宗更具有中国化的典型性,但三论宗也是不容忽视的,在般若直觉的开掘上,三论宗做出了自己很有深度、也具理论系统的独特贡献。

三论宗为隋吉藏所创。三论指龙树所造《中论》《十二门论》和提婆的《百论》,东晋至刘宋年间由鸠摩罗什和其弟子译入。毗昙、地论、成实和摄大乘诸论兴盛时,三论一度式微。汤用彤认为,诸论师之说的兴盛,客观上激活了三论学说的弘传。"僧朗于齐梁之际,复兴三论,其远凭古说,理无可疑,但系得之师传,抑仅就旧疏抉择发明,则不可考。"②"盖成实小乘,而托谈空之名,极易乱大乘中观之正义,一也。二则齐梁以来,成实最为风行,实三论之巨敌。周颙嫉之于前,法朗直斥于后。而三论之学,传至法朗,势力弘大。"③摄山三

---

①中村元主编,余万居译:《中国佛教发展史》上,(台北)天台出版事业股份有限公司 1984 年,第 307 页。

②汤用彤:《摄山之三论宗史略考》,张曼涛主编:《三论宗之发展及其思想》三论宗专集之一,(台北)大乘文化出版社 1978 年,第 83 页。

③汤用彤:《摄山之三论宗史略考》,张曼涛主编:《三论宗之发展及其思想》三论宗专集之一,(台北)大乘文化出版社 1978 年,第 89 页。

论代表人物是法朗,自称属"关河"①学统,复兴了三论学,与成实学展开激辩,被称为新三论。陈、隋年间,吉藏撰写《三论玄义》《大乘玄论》等著作,将三论学进行系统阐发,"超出传统三论学"②。若从三论学的体系化讲,吉藏的贡献最大,是中观般若学的集大成者。

从鸠摩罗什及其弟子到法朗、慧达,再到吉藏,形成了中观般若的三论宗法系,中观般若直觉美学体系孕育、成熟于三论宗思想体系之内。在中国美学史上,就美学直觉意涵的理论探索而言,三论宗不是体系最庞大的,中国化程度也很有限,但将般若空性直觉发挥为法性、体性,并系统化为可践行的、具有经验美学意义的理论,三论宗却是首创的。吉藏作为三论宗思想体系的开山祖师,其思维和见解的严整、睿智、辩证,都深刻地影响了中国美学。三论宗研究学者董群说:"吉藏的贡献主要在三论思想的系统建构上面,他是集大成者,为三论宗建构了完善的理论体系。"③这个评价是非常允当的。

三论宗的般若空性直觉美学,用空性范畴统摄法性、涅槃概念,空性义理的主要内容是中观般若智慧。对这种般若空性智慧的理解,可借用巴赫金的"自我客观性"概念和"外位于"表述得到说明。"自我客观性"把自我作为空性置于认识过程。譬如,我之于树,或我之于他人,我、他人、树,都不是"空性"的客体,我与树或我与他人的"客体化""主观化"对流,都在我、他或假象之他人眼中之我、对象化"移动"到树中之我的结论中,包含了某种"作为对象性存在"的本

---

①按:汤用彤:"盖关河一语,本指关中。关河旧说,即罗什及弟子肇、影诸公之学。"〔《摄山之三论宗史略考》,张曼涛主编:《三论宗之发展及其思想》三论宗专集之一,(台北)大乘文化出版社1978年,第83页〕

②陈世贤:《吉藏对三论学之转化——以吉藏之佛性为中心》,(南投)《正观杂志》,1998年第5期,第62页。

③董群:《中国三论宗通史》,凤凰出版社2008年,第296页。

质,而自我客观性是强调自我体验、认知过程的与"对象""自我"的离位,不在而在,即"外位于"自身、对象和认知结果而在。巴赫金说:"我眼中的他人整个处在客体之中,他人之我,对我来说也只是一个客体。我可能记得自己,可能用外部感觉部分地体验自己,部分地使自己成为意志和情感的对象,亦即能够把自己变成自己的客体。但在这种自我客观化的行为中,我将不再与自己相吻合,自己眼中之我将留在自我客观化的这一行为之中,却不在这一行为的产物之中;在观照、情感、思维的行为之中,却不在所见或所感的事物之中。"①真正的主体不属于概念,不属于事实性客体,它"外位于"主客体而在,却又获得"客体性"空性本质。"空性"是对主体性在场的否定,是主体性的取消与撤离,空性澄明了"客体"的真实涵义,又使主体性具有空之"性",遂使"空"的"客体化"过程成为主体性的一种存在方式,所以,最终,并不意味主体被完全或部分取消,它不过以另一种审美的、宗教体验的方式存在,以"取消了多样客体性的统一主体性"而存在②。三论宗统一的空性主体是菩萨道主体,此一主体性强调以空遮有,妙纳万法。般若美学意趣主要体现于"般若无得"的空性表述,这也是吉藏从法朗所继承的思想③,"通论大小乘经,同明一道,故以无得正观为宗"④。"无得",即菩萨主体性,此主体性的完成即取消"所得"的存在自性,否定自我"欲得"之性。"无得"蕴含超主客的寓意,其佛性旨趣表现为超越且外在于一切"自性""欲望"而存在,是大乘菩萨道承载于慈悲主体所显现的"自

①巴赫金著,晓河、贾泽林、张杰、樊锦鑫等译:《巴赫金全集》第一卷,河北教育出版社 1998 年,第 135—136 页。
②Graham Pechey, *Mikhail Bakhtin:The Word in the World*, Routledge, 2007, p. 15.
③华方田:《吉藏评传》,京华出版社 1995 年,第 77 页。
④吉藏:《三论玄义》卷一,《大正新修大藏经》第四五册,(台北)新文丰出版股份有限公司 1983 年,第 10 页下。

我客观性",因此,具有殊妙智慧绝对至上的本体美学意义。吉藏说:

> 故前明其体,后辨其用也。又非凡夫行,非贤圣行,是菩萨
> 行。般若超凡,方便越圣。要前超凡后方越圣,故前明般若后辨
> 方便。又众生起见,凡有二种:一者有见,二者无见。般若破其
> 有见,方便斥其无见。①

"般若行"是信仰的所求、所持,以无得立基,性空慧照,菩萨主体的空性之体与慧照之用,都聚合于菩萨的道行,一币两面,合二而一,空亦不空,无得无不得,使印度般若原旨具备了中国美学的体用合一、游玄于现实的美学意蕴。

三论宗的般若美学直觉体系,具有如下主要意旨:

(一)般若直觉以空性为元本体。由中观空慧转为佛性空慧,看似空性从主客相对、审美过程化转到"菩萨主体""自我客观性",其实空性直觉的意义不在于唯佛性、神性或圣性,也不在于是否问其有无,而在于对空的践行,即菩萨道行以空为根本,空性成为以遮诠凸显道行思维的澄明之证。也因此故,空性成为般若直觉美学体系的元本体。菩萨道行利乐众生,这种实践的本质是现实的,但"空性"并不等于菩萨的现实作为,作为元本体,它"外位于"空性之现实呈现,属于本体论原始的,也是终极意义的最高范畴。吉藏从龙树、提婆的"空性"意涵得到启发,进一步给予深入的解读和改造:

1. 空性作为元本体、超本体,既具佛法"虚通"的普遍性,又能正解无、有关系,有效统摄般若践行的"缘起"而赋予现实差异性于佛法之自足与圆满。吉藏辨析当时流行的四宗论说,宣称三论"一摧外

①吉藏:《三论玄义》卷一,《大正新修大藏经》第四五册,(台北)新文丰出版股份有限公司1983年,第11页上。

道;二折毗昙;三排成实;四呵大执"①,对四宗论说只要根据空性涵义采取不同的对治性"破立"态度,就能彰显三论宗空性智慧的圆满和毫无偏颇。为此,对四宗也形成不同的教判,"初一为外,后三为内,内外并收……总谈破显,凡有四门:一破不收;二收不破;三亦破亦收;四不破不收"②。理由是,外道人、我不空,根本否定空性智慧,"心游道外",邪见歧出③,因而必须全部斥破,不做任何吸收;小乘毗昙我空法有,持论有所偏颇,但毕竟入了空性之道,故吸收其合理方面,对其不合理方面留待认识大乘学说时可以得到解决,是谓收而不破;成实论表面看也主张空性,貌似大乘,其实智慧不圆满,达不到大乘般若实相,故对它亦破亦取;至于归属于大乘的佛教诸说,如摄论师、地论师、天台宗等,虽然讲了佛法的空性终极境界,但它们各自碍于本宗立场不能对空性涵义彻底阐发,故对它们采取"不破不收"的态度。从对四宗的"破"与"收",可以看出凡被破者必不圆满,凡不收者必有缺憾。"破"和"收"均为般若空性的逻辑审视态度,指向佛法根本,与之相对,"三论"的般若空性就十分圆满,是彻底的大乘学说。吉藏肯定三论宗的般若智慧,将其摆在

①吉藏:《三论玄义》卷一,《大正新修大藏经》第四五册,(台北)新文丰出版股份有限公司 1983 年,第 1 页上。
②吉藏:《三论玄义》卷一,《大正新修大藏经》第四五册,(台北)新文丰出版股份有限公司 1983 年,第 1 页上—中。
③按:韩廷杰说:"关于外道的六十二种错误见解,据《长阿含经》卷一四《梵动经》记载,关于过去的见解有十八种:其中主张神我和世界是永恒的有四种,主张神我和世界一部分永恒一部分非永恒的有四种,主张世界有限和无限的有四种,诡辩论的有四种,主张神我和世界无因而存在的有二种。关于未来的有四十四种:其中主张众生死后还存在意识的有十六种,主张众生死后不存在意识的有八种,主张众生死后不是有意识也不是没意识的有八种,主张众生死后即断灭的有七种,主张当世可得涅槃的有五种。"(吉藏著,韩廷杰校释:《三论玄义校释》,中华书局 1987 年,第 13—14 页)

其他学说之上,实质上是把空性直觉置于整个佛法体系的中心,赋予其以元本体的核心地位。

2. 空性无自性,是佛法对诸有的权便性"旷照";空性的旷照呈相圆满,不探寻主体自我存在的根据,也不用对象实体进行"自我验证的预置"①,般若空性的智慧建构将现实敞开、澄明,自如实现般若主体的佛法意涵对万般之有(自然、现实和历史)的覆盖。吉藏《中观论疏》云:"大觉旷照者,此举大得也,对二乘生灭之小了一切无生毕竟空,秤为旷照。又,二乘但得人空,不得法空,名为小智;大乘具得二空,秤为旷照。又,二乘亦得二空,但是折法明空,故秤小智;大乘得自性空、自相空,秤为旷照。又,二乘但得三界内人法空,名为小智;大乘得三界内外空,名为旷照。又,二乘但见于空不见不空,名为小智;大乘见空及以不空,故秤旷照。"②这段话对三论宗空性般若的运行方式持独到的理解,中国化的"旷照",绝言非相,用吉藏的话说叫"自性空""自相空"或"三界内外空",三界即欲界、色界、无色界。不得空性只是小智,看不透三界之外的事情,有隔碍;得了空性叫作旷照,内外都透亮。有修行者在这方面对佛教的智慧旷照颇为自豪,认为儒家看清楚现世人生,不关心鬼神来世;道家看清楚人生以外的天地,似乎比儒家看得遥远、敞亮。但如果打比方,则儒道都是三界内观照,儒家心意外驰,最为狭隘,道家稍显自由,也不过是小周天境界,只有佛家突破了天地的限制,在三界之外观照所有事物的存在与变化。这个比喻极为巧妙地暗合了般若直觉的透明观照,指明儒家和道家皆不及释家。尤其是,三家俱重心性主体,却因观照三界之内、外的区别而产生主体

<hr>

① David J. Chalmers, David Manley, and Ryan Wasserman(eds.), *Metametaphysics : New Essays on the Foundations of Ontology*, Oxford University Press, 2009, p. 473.

② 吉藏:《中观论疏》卷一,《大正新修大藏经》第四二册,(台北)新文丰出版股份有限公司 1983 年,第 3 页中。

性落差,愈是能够超拔以观,则主体性的客观化程度愈高;主体客观化程度愈高,反映的空性境界就愈大,又反证了主体自我的智慧觉悟程度更加自由。吉藏的诠释深谙龙树《中论》的中观空性枢机,在将三论旨趣与中国文化、美学融合时,对中道与假名的结合开掘甚深,因以二谛相对,便解决了佛性世界的超越性与现实世界的俗常性的矛盾。佛性之空,空而不空;世俗之空,不空而空。佛性为大乘佛教原旨,从空性而论真谛,则避免了六家七宗的以玄解佛,陷于色、心、玄的抽象思性之辩,也避免了鸠摩罗什、僧叡、僧肇等的偏于佛法或认识方法论的任一端,如鸠摩罗什强调"法性"本体①,僧叡推崇"玄悟"归本②,僧肇擅长

① 按:《鸠摩罗什法师大义》记慧远问罗什:"佛于法身中为菩萨说经,法身菩萨乃能见之,如此则有四大五根。若然者,与色身复何差别? 而云法身耶!" 罗什回答:"佛法身者,同于变化,化无四大五根。所以者何? 造色之法,不离四大。而今有香之物,必有四法:色、香、味、触。有味之物,必有三法:色、味、触。有色之物,必有二法,有色有触。有触之物,必有一法,即触法也。余者或有或无,如地必有色、香、味、触;水有色、味、触。若水有香,即是地香。何以知之? 真金之器用承天雨,则无香也。火必有触,若有香者,即是木香。何以知之? 火从白石出者,则无香也。风但有触,而无色也。若非色之物,则异今事,如镜中像,水中月。见如有色,而无触等,则非色也。化亦如是,法身亦然。又经言法身者,或说佛所化身,或说妙行法身。性生身,妙行法性生身者,真为法身也。"〔《大正新修大藏经》第四五册,(台北)新文丰出版股份有限公司 1983年,第 122 页下〕鸠摩罗什说的"法性",即本体。鸠摩罗什翻译了般若大部分作品,也是哲学时代龙树、提婆的般若中观经论的重要译者,但他的思想受方等般若影响,带有明显的注重"客观化"、极限性空性客体痕迹,这种理解与中观般若的"中""假""空"合一的旨趣,存在一定的视差。
② 按:僧叡特别重视"玄悟"明本,"慧照"及末。《法华》镜本以凝照,《般若》冥末以解悬。解悬理趣,菩萨道也;凝照镜本,告其终也。"〔《小品经序》,《小品般若波罗蜜经》,《大正新修大藏经》第八册,(台北)新文丰出版股份有限公司 1983年,第 536 页下〕"参契真言,厕怀玄悟。"〔《毗摩罗诘堤经义疏序》,《出三藏记集》,《大正新修大藏经》第五五册,第 59 页上〕"真怀简到,彻悟转诣。"(《自在王经后序》,《出三藏记集》,《大正新修大藏经》第五五册,第 59 页上)

玄辩来消泯圣凡差别①等等,将般若思想呈现为旷照二谛世界的大气象、大洪流,势不可阻,可融聚天地汇合诸缘。三论宗的空性般若以虚怀无待的法象化解廓然无际的法性之海,使空而有性,中而彻观,体现出无碍自如、在在皆有皆明的美学性。诚如美学家理查·罗蒂所喻"自然之镜":"每一种语言、思想、理论、诗歌、作曲和哲学,将证明完全可以用纯自然主义的词语来预测"②,在美学化的宗教语境之内,一切话语都自然地流泻出来,无不携带着该时代的思想、文化、政治与社会生活的价值趣味,那些皈依佛门的信仰轶事、与中国孝道缠杂的供养三宝的传说、仿佛在空气中无所不在的有关佛教的种种救度人心的故事,乃至文人笔客追求时髦的观念所产生的对佛教种种别致的体验……这些都在空性的存在之域,被佛法以异常本真的态度向信奉者(无自相)以"菩萨即众生"的本体(无自性)因缘和合(无自待)呈现出来。空性的般若之境,也由玄悟之镜、直观之境(有限之观照),自如发展到彻观无碍、通体圆观的直觉之境。

(二)空性直觉具有渐悟、顿悟两种美学化实现方式。三论宗的空性直觉宗义,强调空义,亦强调空义呈现的透明与澄澈。美学本体的内蕴与美学式的慧照,在吉藏的"三论玄义"阐释中是合二而一的。拿这个结果回向检查大乘般若的直觉呈现,在大众部的神话式比喻中,实际上强调了超凡的神性,在般若观照方面并没有形成清晰的认识,后来般若经大量产生阶段,各种般若方法论产生出来,才在此之中出现了般若中观,得以把原来的伦理主体的自我

①按:僧肇是佛玄走得最彻底之人,也是对玄学由玄境向般若镜照转化最早提出系统看法之人,但僧肇议论般若空性偏重玄辩,有局限性,尽管其思维意向蕴藉了现象学美学的理蕴,但他的所思所想无不出自玄思之辩,对般若的理解玄学化痕迹明显,无法与隋唐时期般若空慧的"透明""澄明"观相比照。

②理查·罗蒂著,李幼蒸译:《哲学和自然之镜》,生活·读书·新知三联书店1987,第336页。

膨胀巧妙让渡到哲学化的中观思辨，这时的般若在强调思维的透明性与观照的透明性方面，较之以前的般若都有了很大的进步，但中观般若也有局限，主要是它也有玄学化倾向，所以传入中国后非常受僧肇、僧叡等的欢迎。到了隋唐时期，中国人要建构自己的佛法体系，在选择和运用般若时，对直觉就要从中国文化、中国美学的习惯着眼进行改造，这个改造过程必须克服以前的玄学化、审美主客感应式等局限，把它从向外感受自然、人事引向内心体悟的方面来，于是大乘初、中期阶段各部类佛经的般若思想，就在与中观般若的结合中呈显出它们的优势，创造出非常符合中国人美学化阐释口味的顿悟、渐悟之说。

1."不立而破"是顿悟。注重感悟、感应是中国人独特的审美方式，问题不在于主体通过"兴""应会"等得到对对象豁然开通的灵感，而在于感悟被中国人提升为认知世界的一种有效方式，《周易》、诸子、汉代经学等皆赖此形成不同的"知识"谱系和学问。然而，隋唐以前，对于感悟、灵悟、妙悟虽然在陆机《文赋》、刘勰《文心雕龙》里有所涉及和讨论，也只是从触发审美阅读和获得写作灵感的角度来谈的，并没有从感悟与学问、知识之间的关系来认识它。佛教般若智慧也重视取得"直觉"的超凡、非常的觉悟效果，但由印度原始宗教奠定的般若涵义，更注重主体对语言名相的识性发挥，这种般若识性具有很强的分析性，它与中国美学的"感兴""感受""感悟"有很大的不同，因此在南北朝佛教判教理论中，最初寻求印度般若的原旨，多停留在般若意味的分析上，注重意趣与玄学的投合，但逐渐地，当中观般若美学直觉开始占上风，这种思维、认知方式就渐渐以中国化面目出现，不仅进入中国本土的"二元互对"思维模式，也追求"悟"的产生与过程，而且以此为判定佛教的一种认知方式。而后，在展开这种美学化的研判认知时，又进而产生建立"大一统"的中国化佛学的宏愿，这种宏愿在当时的表述就是佛法归乎"一乘"。因为不管是之前佛玄创设的"六家七宗",还是南北朝各派论师纷纷不一的各部学说,都被搅和在外道、小乘、准大乘和大乘一起上阵的迷雾里,判教及依据般若进行的研判旨在对不同系统进行知识论清理,可是最终是知识研判并不能解决中国化佛教的统一信仰问题。因此,隋朝三论宗"归乎一乘"的宏愿,及由此首先尝试建立统一化的佛教信仰体系,便当是使佛教信仰知识体系与中国人美学化直觉、心理接受统一起来的一个伟大创举。吉藏综合不同佛法意蕴系统,对中观般若给予特别的青睐,从大乘菩萨道对践行佛法的法、界、识提出般若智慧应用的根本法则,推举一种崭新的思维和智慧。在吉藏的阐释中,《大品般若经》《大方广佛华严经》《妙法莲华经》《大般涅槃经》诸经,都成为宣扬大乘涅槃佛性、法理的一乘教经本,而相比之下,中观般若的智慧最高。对吉藏创三论宗中观学说的初衷,我们即便不做展开性的推想,单就他提出并系统阐释这种论说的情况,可以确定的是,一是他对印度中观般若的原旨特别感兴趣,对此中揭示的"中道"旨趣特别感兴趣;二是他对因缘于佛法而悟能多方理解,但对自发性妙悟尤为赞赏。对中般般若倡导的动机,就与小乘"声闻"和大乘"菩萨道"均含受教之为"他教"之学——"他教"之得,属后得之次一等之学,而不无推崇"自说""自悟"有关。"他教"之学,或受教于"亲闻"佛陀,或受教于"读诵"佛经。"自悟"之学,如小乘辟支佛悟觉十二因缘,大乘中观般若即属自悟之学,以不着边际、不落言筌、不住相、不滞碍于因缘为慧蕴。吉藏钟情中观般若,表明他对觉悟是基于主体的开心、立化而论说的;三是吉藏对中观般若的理解,楔入了中国式的"感悟"机制,以二元对法展开诠释,并依此建立起顿悟、渐悟的美学评判标准。在吉藏看来,"三论"般若智慧的核心是中道,这个中道是"一乘"的。所要解决的问题也就是中国文化有史以来要解决的"有""无"关系问题,而空性恰恰体现了中道般若践行处理有无关系的绝妙殊胜。空性所采取的中道般若直觉智慧,总体上是"对空说有,对有说空,故空有皆无自性,只是相待假名"①,实际则分顿悟、渐悟两种。"略判佛教凡有二科:一者顿教,即华严之流,但为菩萨具足显理;二者始从鹿苑终竟鹄林,自浅至深,谓之渐教。"②"顿悟"因菩萨具足,只是"显理",故以"破"为显,"不立而破",即顿悟。从佛法一乘角度理解,面对诸说纷纭不以"立"为目的,倘若再立一说,等于又添一宗,只要破除了错误的主张,正确的菩萨之道自然"立显"。"以'空'破'有'的'空'也是一种有法,仍然是有个'空'法,有'空'也是一种有法,凡是有法皆是因缘法,皆是假名无自性不可得。……要想破别人首先自己要一法不立,'不立而破'才能破一切法,自己才能立于不败之地。"③吉藏开的"破"的药方就是依中道而遮否。在龙树《中论》中,"不生亦不灭,不灭亦不断,不一亦不异,不来亦不出"④的"八不"命题是哲学性质的分析式的,吉藏《中观论疏》则在诠释"八不"时,抓住"有""空"的核心给予了简化,陈明所谓中道空性,目的在于对偏执"空""有"的否定,只要把握住这个,就能"破"掉所有的外道和小乘毗昙及其他准大乘,这就是三论宗凸显的"顿悟"涵义,它与后来的顿悟之说不同,特别在显示"破执"方面强化了般若中道直觉美学。"顿悟"之于"破"的极致是连同"中道"亦予破斥,吉藏说:"若破因缘即破世谛及第一义,复破中道"⑤,如此空性"直达法相,名之为慧,照空不证,

———————

① 刘常净:《三论宗纲要　三论玄义记》,中国佛学院 1992 年,第 42 页。

② 吉藏:《三论玄义》卷一,《大正新修大藏经》第四五册,(台北)新文丰出版股份有限公司 1983 年,第 5 页中。

③ 理净:《略释〈中论〉的"八不"含义》,《中国佛学》编委会编:《中国佛学》总第 33 期,社会科学文献出版社 2013 年,第 116 页。

④ 圣龙树菩萨造,汉藏诸大论师释译:《龙树六论:正理聚及其注释》,民族出版社 2000 年,第 5 页。

⑤ 吉藏:《中观论疏》卷五,《大正新修大藏经》第四二册,(台北)新文丰出版股份有限公司 1983 年,第 75 页中。

涉有不著。"①

2."有破有立"是渐悟。吉藏对"渐悟"讲得更具体。吉藏也从五时判教,并以五时由浅入深之次第为与顿教相别之渐教,渐悟是渐教的现实行为,既体现于次第当中诸环节,也由前后序列之"渐"而出。"谓之渐教,于渐教内开为五时:一者三乘别教,为声闻人说于四谛,为辟支佛演说十二因缘,为大乘人明于六度,行因各别得果不同,谓三乘别教;二者般若通化三机,谓三乘通教;三者净名、思益、赞扬菩萨,抑挫声闻,谓抑扬教;四者法华,会彼三乘,同归一极,谓同归教;五者涅槃,名常住教。"②吉藏对渐教"五时"之判与慧观"五时"教判基本说法一致,并且这个说法也为北地论师和三论宗同期的天台宗所沿用。天台有所改变,大体分时仍沿五时而判。吉藏的特别之处在于即便是判别"渐教",也从般若直觉切入,认为般若是"通教",能打通"声闻、缘觉、菩萨三乘人的根机"③,就是说佛法领悟因人的根机不同,开解也有快慢之别,但在体现出般若智慧的妙用方面,却是内在一致的。或者说,领悟的境界有高有低,但作为领悟本身都是般若觉悟的体现④。由于"悟"从明理而来,明理先从斥破而来,故若论明理的程度、境界高低,才有"渐渐开显"的分别。在这个意义上,只有"立"才能建出分别,"顿"是刹那间爆发的智慧,"立"则为"不定时"或前后形成时间链条的直觉所得,两者合起来即"有破

---

①吉藏:《中观论疏》卷二,《大正新修大藏经》第四二册,(台北)新文丰出版股份有限公司 1983 年,第 21 页上。

②吉藏:《三论玄义》卷一,《大正新修大藏经》第四五册,(台北)新文丰出版股份有限公司 1983 年,第 5 页中。

③吉藏著,韩廷杰校释:《三论玄义校释》卷上,中华书局 1987 年,第 105 页校释[一二]。

④后期大乘对修道位阶有更细的分列,如以四十一位配于五十二位,实质上把十住、十行、十回向、十地等高度细化了。十地阶位应是最基本的观念。

有立"才有渐悟。吉藏还根据真俗二谛判定渐悟的效果:首先,以龙树"八不"斥破戏论,为中道佛性在众生因缘中可得开解之门,为世俗中的渐悟,依向众生、圣贤根机开示的"药方"显示悟的级次差别:"示众圣得原,故标在论初,得此八不亦有四人,如《涅槃》云,观中道者凡有四种:下智观故得声闻菩提;中智观故得缘觉菩提;上智观故得菩萨菩提;上上智观故得诸佛菩提。"①其次,单从出世的真谛角度,对直觉的深浅、通达不同根机的程度、至世间的程度而分出小乘和大乘的渐悟次第,在《法华游意》中就法华有几种教,吉藏回答说:

　　或一教二教三教四教乃至十教。言一教者,一切皆是一乘教。……言二教者,谓大小乘二如上说也。言三教者,谓根本法轮,枝末之教及摄末归本。亦如前说也。言四教者,《方便品》偈文明于四教,谓四调柔。……言十教者:一者顿教,谓初成道时即以大乘顿化穷子,但根性未堪,是故息化也。二者渐教,从说人天乘乃至法华,皆是渐说大乘也。然顿教正化直往菩萨;渐教则化回小入大人也。就渐教之中复开二种:一世间教,即人天乘,如冷水洒面譬也;二出世间教,从趣鹿苑说二乘教,终竟法华也。就出世间教中复有二种:一小乘教;二大乘教。初趣鹿苑说小乘教,从波若已去谓大乘教也。就大乘教中复有二种:一者自说大乘,即《大品》付财命说之事;二者他教,从《大品》已后诸方等教,佛与菩萨为小乘人而说大乘也。此二种教谓密说大乘,至于法花谓显教小乘人大法也,此之五双十教并现《信解品》文也。②

————————

① 吉藏:《中观论疏》卷一,《大正新修大藏经》第四二册,(台北)新文丰出版股份有限公司 1983 年,第 9 页下。

② 吉藏:《法华游意》卷一,《大正新修大藏经》第三四册,(台北)新文丰出版股份有限公司 1983 年,第 644 页中—下。

出世间的渐教之悟,包括小乘教、大乘教。其中大乘教又有自说大乘和他教两种。从吉藏的解释看,他并没有把顿教看得比渐教高,只是从旧的根性"息化"的开悟初成而言的,但渐悟不同,分出五阶十位的渐次差别,其中低者如小乘之悟,高者则通达佛与菩萨,让小乘人悟解大乘妙法,因而渐教有一个抵达终极的境界,也是般若智慧累积的体现。至于在积累的般若经验中,特别是最高的般若体验,是否依然通过直觉获得,吉藏本人并没有明言,但从他把法华最高境界与"密说"联系起来解释的情况看,说明他并不认为最高境界的抵达是通过智力性的分析达到的,只有由不可言况的直觉性神秘体验才能达到这个效果,那么渐悟的终极实现仍然是直觉美学效果的极致体现。

总之,三论宗的般若空性美学直觉体系,对般若智慧的超主客识力、化归本然的直觉性澄明和透明式体验,形成了与深度认知暗通的悟解级差,显示出了美学智慧的深刻性与细腻性,具有很强的穿透性与实践性。由三论宗的否定性遮诠表述,即注重否定(破)为"悟"的基始理解,对中国文化和美学产生深远的影响,这种影响尤以唐代美学最为特出,以至我们对佛教影响中国美学的主导方面,几乎可以从主要倾向于否定性方面来形容,当然实际情况并不是这么简单,因为单就般若空性而言,其实它蕴含的肯定性智慧一样显示着美学的妙用,如渐悟的破中之立,和以立显破(在不同次第中凸显对不同对象的否定性判别),这些都需要考量总体语境才能确定美学意蕴的主导趋向。重要的是,由般若直觉体现的合力,它所具有的哲学思辨的穿透力与弹性,以及精神思维的自由,黏合世间现象的空灵、机巧和圆熟,显现出浓烈的美学意味,也因此故,三论宗的美学空性直觉为中国美学奠定了鲜活空灵的美学品格,起到了佛教他宗所不能替代的建模性理论基础意义

二、天台宗的性空直觉

在中国化佛教宗派中,天台宗的思想体系精致宏大、影响颇巨。隋唐佛教中国化步伐加快。"中国化"与"本土化"不同:"本土化"是原有文化逻辑的展开,主要表现为中华地理圈内汉族文化对他民族的吸收和同化,以纳入并增益、完善大中国的文化特质和体系;"中国化"则指对不属同一地理圈的异域文化的吸收、改造与转化,在中古时期指对佛教而言。前面我们讨论了三论宗是佛教中国化首先出现的一个宗派,但严格而论这个中国化要打上引号,因为三论宗追求印度般若原旨,其学术渊源、学理逻辑的中国化更多体现为"外学"性质,譬如,将般若直觉与"二元"对立思维糅合、让菩萨在体现佛性超主客意旨的同时,亦表达居于佛和众生之间的"调整者""转换者"的主体角色、位置等等。三论宗的中国化,表现于逻辑体系、命题中的中国特色,属于相对于印度原教旨的一种改造,与其他中国化佛教宗派相比,远远不够典型和彻底。天台宗不然,它是整体地改造了佛教原有意旨为中国文化特征的宗派,立足的佛教思想、义理,在"中国化"的审美性、美学性改造中成为符合中国人文化心理和精神特征的佛教思想,因此,是一个完全中国化的流派①。

---

① 按:关于天台宗是否是彻底的"中国化"佛教宗派,学界有不同意见。有一种比较普遍的看法,认为天台宗在唐代就终止了,没有能够流传下来,是因为它保持了印度原有的宗教的特点,不适合中国人的心理和文化接受习惯。这里面其实存在着误解:一是天台宗的义理、体系,具有很强的思辨性,确实作为宗派在唐代以后没有得到很好弘扬,但并不意味着这个宗派的思想、体系就此失传了,它不过是以融化在其他宗派思想体系中的面目获得流传和保存。二是天台宗作为宗派的失传,有宗教传播本身的原因,也有文化、历史转换方面的原因,更重要的一个原因是美学上直觉思维系统向情感化表现系统的转换,对于天台宗的直觉思辨形成历史消解,自然而然地造成一种历史化淘汰与保存的发展机制,天台宗在这个机制中属于最终被淘汰或被置换的选项。

天台宗影响隋唐大约一百年左右。最早是在560年,智顗开始在佛界崭露头角,575年他由南京入天台,于隋开皇年间(581—600)完成《法华经》系列诠释著作,建寺三十六所,进入创建天台宗思想体系的鼎盛期。智顗殁后,其弟子灌顶、智晞、法彦、等观、般若(高丽国僧人)等继续弘法,天台宗因此遍震南北。当时隋朝定都长安,洛阳属于陪都,却一直是佛教弘法中心,天台宗的弘传与《法华经》在洛阳、长安一带的影响分不开。但后人根据祖庭及法嗣的分布确定宗派的系谱,乃以国清寺系、玉泉寺系两脉的影响最大①。另据智顗曾为隋晋王杨广授菩萨戒和其死后极受推崇,推测智顗本人的著作影响甚为深入,否则无法想象隋末唐初诗歌意象的直觉应用和在统治阶层、士人阶层形成的思想智慧,这种智慧甚至也包括唐初美学色彩的选择和对天、人意志由宇宙绝对化向主体相对性的不自觉转化,以至在唐代中叶促成个体主体性的全面觉醒,迫使标志宇宙存在的整体性直觉不得不在不被选择中退场,这样一种历史趋势都与天台宗及其创始人智者大师的思想影响力密切相关。在一定意义上,正是天台宗现实地引领了隋唐的时代美学潮流,让那个时代的文化、美学的重心、趋向,在充分吸纳印度宗教文化元素的同时,按照中国文化、美学的固有逻辑向前展开。天台宗开启隋唐文化与美学的价值,也因此具有了先锋拓荒者和系统奠基者的历史意义。

(一)天台宗的般若圆融直觉。天台宗聚焦般若范畴,建构了逻辑独特的美学系统,将佛教义理用美学的创造性阐释发挥到极致。

中村元说:

---

① 按:朱封鳌说:"唐代前期,天台宗分为国清寺系和玉泉寺系。国清寺系从章安大师至湛然大师(九祖),中间共经历了3代。玉泉寺系从章安大师至法照大师,中间共经历了4代。"(《天台宗概说》,巴蜀书社2004年,第149页)

　　从天台的表现中,我们可以说,其乃企图改正南朝佛教的偏重讲学、与北朝佛教的偏重禅修,而将教相门与观心门比喻为车之两轮、鸟之双翼,主张教观一致,在现实生活中寻觅理想的诸法实相。天台思想在展开地狱、饿鬼、畜生、修罗、人、天、声闻、缘觉、菩萨、佛等十界,使之相摄成百界,加上了其他教义相数所显现的三千教之一切现象,并以为一切现象皆具备于日常生活中每一瞬间心里所生之一念三千思想。智𫖇又基于龙树的《中论》之"因缘所生法,我说即是空,亦名为假名,亦为中道义",讲说此偈的三观,以为此乃对超越人的羁绊之实现,是一无为的境界,故一心之中必须具备此三观。

　　智𫖇并基于《法华经》精神,以圆顿止观或圆教为自己终极的立场;他认为悟的境界虽有高低,但现身本具佛性,故十分重视来自印度的修行过程;以为人生几度投生的修行结果(以三祇百劫之天文数字表示),方能到达悟的境界。他又以为,不自觉但却本来就有的佛性之"理即佛"与闻知而解的"名字即佛",以及"观行即""相似即""分证即"等,与能到达佛的地位的"究竟即",共有六即位,加上从前的行位说"修行阶段与可得的境界",树立了自己独特的法门。上述之天台教义形成特色之一端,同时也可以贯穿整个隋、唐佛教。①

中村元概括天台思想的教义相数,包括十界及其他教相之一切现象,都为日常生活所具备,所谓一念三千皆可观行,是诸法实相和日常生活现象的一种折合。本体呈现涵摄具体性,在高度凝合中提炼出了"归一"的旨趣,这是美学范畴及思想体系的一种阐释佳境。

────────────

① 中村元主编,余万居译:《中国佛教发展史》上,(台北)天台出版事业股份有限公司 1984 年,第 309—310 页。

在这里智𫖮最大的贡献是将印度般若范畴的本体(法性)——幻化(摩耶)——本体(名相)之阐释构架,转换为中国美学式的感应(天、人之性)——心象(直觉心性)——感通(心生万象与名相汇通)之阐释构架。直觉转换是美学化实现的关键,也是佛教义理、思想体系中国化的关键。通过天台宗的思想构架,佛教原有教理及其践履所标志的身份,只是作为一种神秘的思想来源或者神秘的象征性本体在发生作用,这种思想的实际作用却并不依赖其思想渊源和标明佛法存在的价值而体现出来,因为离开了美学化的直觉及其审美,印度佛教的原理无法被中国人领悟,自然更不会被中国人接受,而一旦转化为中国化的美学逻辑与观念体系,中国人就可以根据中国的历史、文化和现实,对佛教践行的审美现象和其他一切审美行为、现象做出中国人能够理解和期待的阐释,很自如地显现出中国美学独有的本质和韵味来。

在这个直觉转换的过程中,佛教审美与中国美学的诠释既相对应,又不相吻合,甚至相乖谬。在思想逻辑的概括上,愈是对文化、现实综摄齐全,对过去、现在、未来的发展给予理论上的指引,便愈是淡化感官的审美和经验现象学,而将本体论从生命与精神的现象学加以涵括和激活;愈是排除来自传统和习惯的文化、美学影响,强调人的内心对外部世界的感受力和征服力,进而相信这种内心的真实与强大可以通过诗化的语言和行为得到明证,便愈是重视教理、教行和日常生活伦理、观念等的符合理想的美学类型,而在国家政治、哲学、宗教和艺术趋于统一化的背景条件下,理想美学的类型就凸显为综摄感受与内心省思的直觉系统。于是,能否构建一套契合人们的生命期待与感性存在的直觉美学,就成为隋代和唐初迫切面对的任务。而且唯有在直觉化美学系统中,生命、精神的本体论现象学美学和诗化的、融合日常现实行为与观念的主体美学经验与理想,才能洽合无间。天台宗的出现符合这样一种趋势,它在构筑直觉化美学系统时借助佛教的符号话语,以中国化的诠释方式完成了对佛教的直觉化转换。天台宗的直觉美学系统,将原来偏重冥想思辨,注重超凡人格的修炼与超离现实的修证相结合的价值趋向,转换为主体可依心而证而观而修的实法,突出了生命存在的现实性和主体心面对现实局限、缠缚可以在直觉化的美学化境中实现精神境界与伟大人格的理想超越,为中国美学突破过去的儒道以道德至善裁定完善人格理想的直线框架,将其多层次化、复合化和高度体验化了,彻底地把以前对现实的感兴际会从感悟天地人关系的迷执中解放出来,向人的心灵敞开的多元可能性中大大迈进,空前地推进了审美价值尺度的本质超越。这种渗透于直觉化美学过程与最终直觉化美学理想的主导旨趣,就是般若圆融直觉。根据佛教修证存在渐、顿、不定等不同程序、方式,般若圆融直觉也有不同的呈现和证明方式,天台宗创始人智顗通过非凡超绝的般若智慧,将美学想象和心灵的感应与涵摄力,发挥到了不可思议的程度,迄今为止,天台宗的般若圆融直觉依然是美学直觉冠绝古今、很难超越的高度。

或有人认为,智顗及天台宗学说,对于显扬佛教空观,依佛教解脱旨趣改造人生命运,固然极其有用,但不等于是一种美学影响,而且天台宗的影响主要在教界,即便存在一种宗教的美学,也不能把这种教内影响扩大为对整个时代的影响。再就是,天台宗的宗教学说凸显的高超的美学智慧是否对俗界人士能够产生影响,也是一个问题,因为高深的思想、智慧要让普通人理解是很不容易的。关于这个问题并不难理解,首先,作为一个时代最系统最高明的思想创造必然要对那个时代产生影响,至于影响的是教内还是教外,以及影响的程度深浅那是另外一个问题;其次,智顗从三十岁承慧思传播"禅慧"之命开始,由南岳到南京弘法,赢得了陈主和陈国上下普遍的敬重。"其本人所创造性地发展了的佛学思想作为某种独特的系统而传诸后人的自觉意识"[1],已使其学说"趋向于全国性的展开"[2]。加上隋

―――――――――――

①董平:《天台宗研究》,上海古籍出版社2002年,第218页。
②梅原猛:《中国的思辨哲学――天台智者大师》,田中芳朗、梅原猛等著,释慧岳译:《天台思想》,(台北)华宇出版社1987年,第295页。

朝时智顗为晋王扬广授菩萨戒,晋王尊其为智者大师,无可争议地奠定了智顗为隋朝佛教界首席代表的地位,正是由于这样的政治地位,他才能够走出天台山,到庐山、潭州、南岳、荆州等地宣讲《摩诃止观》《法华玄义》《法华文句》等著作,因此,智顗对佛教界内外产生影响并且使其思想让普通百姓也理解是完全可能的。考察当时的实际情况,天台宗主要盛行于东南吴越和荆州一带,这些地方与前面所提都城长安和陪都洛阳,都因为隋炀帝而形成紧密的文化关联也是顺理成章之事;再者,天台宗对于隋和唐,在文化气质上也非常符合大一统政治、经济和文化的整体格局。因而,不仅在我们提到的这些地方,就是在没有提到的城市和边远僻静之处,天台宗也有它的影响存在,只不过圆融直觉的美学思维渗透的程度有深有浅而已,例如,敦煌文献中《法华经》抄录甚多,唐初边塞诗人的直觉意象和中唐以前诗论中的诗势、诗风的清新高峻的风格表现,都显示出天台宗直觉美学的"大化""超验"特征,显示出般若与涅槃结合的主体心性空性统摄直觉智慧过程的运行特征。

天台宗的美学地位因其系统的般若圆融直觉美学得到确定。隋代美学开启了中国美学的新学术时代。隋代以前,美学系统也包括两种生成方式:一种是以"非美学"的文化形态凸显美学的深广底蕴,由此一途径形成巫文化美学、易学美学、诸子(士人)美学和官方意识形态美学等形态,汉代将各种文化构成糅合于经学和谶纬,使"来自于外部"的美学[①]以显示公共性伦理的"善"和具真理的相似性审美

①按:巴迪欧说:"从这种角度看,最根本的事情是对艺术的控制,而这种控制是可能的。为什么? 因为如果艺术的真理能够来自外部——如果艺术是感性的教育——紧接着这一点很关键,艺术的'善'的本质就由其自身的公共效果来传达,而不是通过艺术作品本身。"(Alain Badiou, *Handbook of Inaesthetics*, Stanford University Press, 2005, p. 3)巴迪欧所说的"艺术",就是指美学,在他看来美学必然存在一种通过"非美学"性质的文化或理论来构成美学的意义基础。这种美学的价值和意义,主要不是通过美学本身来确定,而是通过美学与哲学、伦理学、宗教学以及与社会经济学、政治学等的关联来得到或确定。

之"象"为主要职责;另一种是以"审美"和"美学"方式存在的美学,由于传统文化系统中并没有明确的"审美""美学"的名目,因而实际上所谓审美、美学自身规定性的"美学",也从来都不能够孤立存在,这在人类文化和艺术发展的早期是如此,在审美和美学发展到可依赖前一种广义的美学形态而存在时也是如此。这样,所谓来自外部的美学就为"审美"和"美学"的自律性逻辑的提出,先期提出了观念的基础与内核,例如,巫文化的"数"与"象"、易学的"数术"与"卦象"、诸子的"道"与"器"等,基于这些观念基础遂出现了可以成立的美学逻辑之"美学",这一方面的美学发展从汉代到隋一直处于不间断的转换与自觉性不断提升的过程当中,以至到隋代,美学逻辑本身的成熟程度已达到可以通过审美人格和玄学美学本体论的验证得到充分的证明。也正由于两种存在方式的美学,在魏晋南北朝展示出各自生命力的多元可能,这个可能性对来自印度的佛教文化、佛教美学尤为鲜明地体现出来,从而才对之表现出前所未有的消化吸收能力,促成了美学在更高一级的文化综合中展开美学理论的系统建构,天台宗的般若圆融直觉美学就成为两种美学存在方式的化合。因此,由天台宗所奠定的般若圆融直觉美学系统,它既是"来自外部的美学",即其对感觉、感性与生命的价值理解,更多来自宗教、哲学和伦理学对生命与感性对象、感性活动的价值诠释,又是"依照美本身的性质形成的美学",即美学的价值、观念,关于世界和人的诠释,关于心性和思维的主体性特征等,都通过美学化的"直觉性"表现方式得以呈现并形成体系。在"一念三千""十界""十如是""三谛圆融"等范畴、命题中,心性圆融直觉美学思想既表现为中国化美学的"象""意象""心""情志""化""通"等延伸了中国美学核心机理的范畴,又是印度原有中观学及经鸠摩罗什、僧肇、吉藏等所传播的中观般若美学的一种展开;既是中国审美观念借助佛教体系获得新知识形态的建构与转换,又是"流观""感应"等在般若思想空间发挥其优势,使得空性转为性空,进而因空止观转向主体性的充分诗意化的大悟大美境界。这样,天台宗的般若圆融直觉美学,就不仅超越了"南三北七"对佛教般若的佛学诠释,比地论师、摄论师和成实论师等的义理分析和涅槃证悟更多了一重般若直觉的美学觉醒,也超越了三论宗的空性直觉美学,比之更富有主体性阐释的本体论深度,其美学化的直觉、自证基本实现了对终极空性之玄学感悟的排除。

(二)《法华经》与天台宗的般若直觉设定。天台宗渊源于印度和中国涉及直觉美学的相关文化传统。中国美学和印度般若直觉的历史都很悠久,在语言、逻辑、思想、范畴的美学化、体系化方面,中国和印度各具特色,自成系列。佛教入华以来,佛经各部类都表现出了般若直觉的思想与智慧,中国人对它们的吸收最初存在杂取糅合的一面,但后来便逐渐能够窥其堂奥,达致用心极致的自创方面,因而在天台宗创立的时代,依经立论,对于宗何种"经"立何种"论"是非常审慎和严格的。天台宗以《法华经》为宗,《法华经》在天台宗创立和形成影响的过程中,一直扮演着十分重要的思想"底座"的作用。如果说,天台宗的理论是自觉建构的理论体系,那么,《法华经》在中国接受或被天台宗所尊奉,就不单单是《法华经》原有思想体系和风格在中国获得保存的问题,而是中国人对《法华经》的思想发生了主动选择和精神响应的问题,从而《法华经》在多大程度上产生了直觉美学的意趣和影响,也就在相当程度上对天台宗的直觉美学建构形成相应的支持,因天台宗理论建构的气质与《法华经》气质一致,反映理论渗透到现实终端则塑造了"依经而立"的终极理论化体系、形态。

据载,隋至唐《法华经》的影响一直很大。隋代天台宗依《法华经》弘法,天台宗又称法华宗,天台宗的影响也就是法华经的影响。唐初《法华经》流行的趋势不衰,高祖《答沙门慧净辞知普光寺任令》

记述僧门说法之事,云:"至如大乘小乘之偈,广说略说之文,十诵僧祇,八部般若,天亲无著之论,《法门句义》之谈,皆剖判胸怀,激荡清浊"①,这里的《法门句义》指《法华句义》,高祖视其与佛经原典等同,认为慧净宣法"精义入神,随类俱解,泻悬河之辩,动连环之辞"②,赞扬的词语展现出《法华经》及智顗学说的韵味,是对惠净佛法造诣的一种肯定。从唐初至中叶,《法华经》抄录本流传甚广,间接证明该经的思想流播之广。《敦煌宝藏》第四一册,记录"斯号5215—5327"区间收有的四十余种抄录文献,就有《妙法莲华经》卷七(5220)、卷三(5222、5319、5320 三种)、卷一(5318)、卷二(5323、5326、5327 三种)③,这个存量是比较多的,因为像《大般若波罗蜜多经》,属于唐代玄奘当时所译,存量也只有卷五〇〇(5218)、卷九〇(5226)、卷三〇(5233)、卷四〇〇(5237、5240 两种)、卷二〇〇(5310)、卷三〇〇(5321)、卷二〇(5322)、卷一〇〇(5325)这几种,说明至唐中叶《法华经》是最受重视且传播最广的佛经之一。《法华经》的传播和其能够被中国人理解并接受有很大关系。中国人素有审美传统,对审美意蕴浓郁、文采精美的佛经文本非常乐意阅读,《法华经》的般若直觉具有超常的"信仰感染力",文字表达精妙殊深,故能令当时的世人、知识分子十分向往。书法家李邕在与僧人频繁交往时,对佛法意趣深有体悟,其所撰《逸人宝居士神道碑》记曰:"幽抱虚壑,闲卧深林,黄卷晨开,素琴夕引,临沼而下视天镜,仰山而高

①周绍良主编:《全唐文新编》第一部第一册卷一一,吉林文史出版社 2000 年,第 148 页。董诰、戴衢亨、曹振镛等主修:《全唐文》卷一一,清嘉庆十九年(1814)钦定武英殿刊本。
②周绍良主编:《全唐文新编》第一部第一册卷一一,吉林文史出版社 2000 年,第 148 页。
③敦煌写本中《法华经》存量甚多,伦敦、北京、巴黎以及俄罗斯及他地的馆藏,都有相当数量的写本。

咏云庄,虽迹在人间,而志逸区外"①,这段描写颇显法华性空的直觉旨趣。其所书著名的《秦望山法华寺碑》云:

> 法华者,晋义熙十二年(416)释昙翼法师之所建也。师初依庐山远公,后诣关中罗什,深入禅慧,尤邃佛乘,虽礼数抠衣,而名称分坐。与沙门昙学俱游会稽,觐秦望西北山,其峰五莲,其溪双带,气象灵胜,林壑虚闲。比兴耆阇,营卜兰若,羞涅槃食,纳如来衣,专积法华,永言实意……则知妙法者,真如之正体。莲华者,净道之假名。是故崇厥经,署于牓,入无量义,成不住因。②

李邕对《法华经》推崇之至,时值唯识宗盛行,李邕也记录到窥基与其弟子慧沼研读《法华经》且"多有著述行世"的情况③。《唐故白马寺主翻译惠沼神塔碑》记慧沼投窥基门下之前,对《法华经》素有研究:"博通经藏,讲《法花》《般若》《涅槃》等经。皆智发宿报,缘通前佛。"④修炼《法华》甚至在其"服膺长安基、光二师"之后仍然兴致不减,意在"福智七德,其解其空也……瑳切《法花》《无垢称》《金刚般若》上下等,《瑜伽》《杂集》《唯识》《因明》《俱舍》,大小幽旨,因见

---

①周绍良主编:《全唐文新编》第二部第一册卷二六五,吉林文史出版社 2000 年,第 2985 页。董诰、戴衢亨、曹振镛等主修:《全唐文》卷二六五,清嘉庆十九年(1814)钦定武英殿刊本。

②周绍良主编:《全唐文新编》第二部第一册卷二六二,吉林文史出版社 2000 年,第 2963—2964 页。董诰、戴衢亨、曹振镛等主修:《全唐文》卷二六二,清嘉庆十九年(1814)钦定武英殿刊本。

③杨维中:《中国唯识宗通史》,凤凰出版社 2008 年,第 781 页。

④李邕:《唐故白马寺主翻译惠沼神塔碑》,佐伯定胤、中野达慧共编:《玄奘三藏法师资传丛书》,《新编卍续藏经》第一五〇册,(台北)新文丰出版股份有限公司 1994 年,第 180 页下。

道义"①。李邕、慧沼对《法华经》的崇仰只是一个缩影,大体唐初至玄宗年间,僧人、士人普遍都钻研《法华经》。当时诗文风格也因此率多性空意灵。太宗、高宗时明濬著《答柳博士书》,如此叹道:"大矣哉! 悲智妙用,无得而言焉。"他所叹的"无得",正是《法华经》和天台宗的核心思想,通过宣传一种通灵透脱的精神,彰显了般若圆融的直觉美学旨趣:

> 讨本寻源,出玉关而远游,指金河而一息。稽疑梵宇,探幽洞微,旋化神州,扬真珍谬,遣诠阙典,大备兹辰,方等圆宗,弥广前烈,所明胜义,妙绝寰中之中,真性真空,极逾方外之外,以有取也。有取丧其真,统无未也;无求蠹其实,拂二边之迹,忘中道之相,则累遣未易洎其深,重空何以臻其极? 要矣妙矣,至哉大哉! 契之于心,然后以之为法;在心为法,形言为教,法有自相共相,教乃遮诠表诠,粹旨冲宗,岂造次所能诊缕!②

"圆宗",就是法华天台宗,指向非常明确。明濬认为天台宗是"圆宗":"硁硁焉,敦匪石之固;孜孜焉,劳不及之心。至于顿渐格言,色空密义,罔弗钩深玄妙,笔削浮靡。爰登五腊,备演三宗。……

---

① 李邕:《唐故白马寺主翻译惠沼神塔碑》,佐伯定胤、中野达慧共编:《玄奘三藏法师资传丛书》,《新编卍续藏经》第一五〇册,(台北)新文丰出版股份有限公司 1994 年,第 180 页下。

② 僧祐:《弘明集》,道宣:《广弘明集》,上海古籍出版社 1991 年,第 271 页上。按:"有取丧其真,统无未也"一句,在董诰、戴衢亨、曹振镛等主修《全唐文》卷九〇八〔清嘉庆十九年(1814)钦定武英殿刊本〕、周绍良主编:《全唐文新编》第五部第一册卷九〇八(吉林文史出版社 2000 年,第 12359 页),皆为"有取丧其真,就无求之",疑为补文。《广弘明集》"统无未也"以般若意,统"有取""无求"及"中道"般若相,应合原意。

然以本寂圆宗,末学方驾,南北兴鼠首之执,当见怀犹豫之疑。"①在慧光判渐、顿、圆三教基础上,天台宗判藏、通、别、圆四教,将《法华经》推为至上圆教。明漷称法华为圆宗,除了内心对《法华经》的无比称许,还有个原因是《法华经》与当时流行的唯识类佛经和《华严经》相比,更切近士人和百姓的心境状态与智慧理解,因此才在唐初至唐中叶一直颇受推重。因此,《法华经》对天台宗既有学理逻辑上"宗义"的性质,又在直觉感通方面具有理论思想的启发意义。

1. "法华"譬喻传达了般若直觉对"空慧"的美学本体转化。"法华"一词的比喻修辞,以心为譬喻的本体。传说陈文帝天嘉元年(560),止光州大苏山期间,智顗投拜光州大苏山的慧思道场。慧思师从慧文。慧文擅长龙树《中论》"空、假、中"命题②和《大智度论》"以道种智具足得一切智""以一切智具足一切种智"③"一心有三相,生,因缘住;住,因缘灭。""以道智具足一切智,以一切智具足一切种智,以一切种智断烦恼及习亦如是,师依此文以修心观"④,始由道智而向具足一切智、具足一切种智化转,是由"一"转"多",一心有三

①陕西省古籍整理办公室编,吴钢主编:《全唐文补遗》第一辑,三秦出版社1994年,第13页。

②按:《中论》"四谛品":"因缘所生法,我说即是空,亦名为假名,亦名中道义。"慧文读之,"恍然大悟,顿了诸法无非因缘所生,而此因缘有,不定有;空,不定空。空有不二,名为中道"〔志磐:《佛祖统纪》卷六,《大正新修大藏经》第四九册,(台北)新文丰出版股份有限公司1983年,第178页下〕。吉藏《中观论疏》将此命题置为《因缘品第一》作解,抄本词语略异:"因缘所生法,我说即是空,亦为是假名,亦是中道义。"今多取鸠摩罗什译法:"众因缘生法,我说即是无,亦为是假名,亦是中道义。"(圣龙树菩萨造,汉藏诸大论师释译:《龙树六论:正理聚及其注释》,民族出版社2000年,第36页)

③龙树造,鸠摩罗什译:《大智度论》卷二七,《大正新修大藏经》第二五册,(台北)新文丰出版股份有限公司1983年,第260页中。

④志磐:《佛祖统纪》卷六,《大正新修大藏经》第四九册,(台北)新文丰出版股份有限公司1983年,第178页下。

相,空性法体作为心性本体,产生智慧辐射,具足世间出世间一切因缘。慧文的"修心"之悟,为《法华经》在中国建立心性根本,从慧文"修心"到智𫖮立"止观"之教,"观心"活泼泼地被提升到"无得之心",内在地改变了吉藏"空性"之意为"心空"和"性空"。另一方面,慧文所修仍为中观般若法门,中间又经过慧思"放身倚壁,豁然大悟法华三昧"①,已然生发一体多构之妙,到了智𫖮将这一重意思平添神秘意味,使智性的思量与直觉的超验糅合一体,放射出无限的光华。智𫖮在慧思那里因"身心豁然,寂而入定,持因静发,照了法华",得以初旋陀罗尼,证五品观行位。这个五品观行位还不彻底,但他已得法华三昧,实质上是从心上立住空性,从而超越人间品位,进至总持空慧法华的五品"天人"高位。杨文会对天台宗由空性转向性空的教行独创、般若殊胜的"法华三昧"给予了概括:

　　　　陈隋间,智者大师居天台山。后人因以山名宗,称为山家。盖自北齐慧文禅师悟龙树之旨,以授南岳慧思。思传之智者,而其道大显。以五时八教,判释东流一代圣教,罄无不尽。正宗《法华》,旁及余经。建立三止、三观、六即、十乘等法,为后学津梁。其著述有三大五小等部,辗转演畅,不可具述。智者大师亲证法华三昧,见灵山一会,俨然未散。其说法之妙,从旋陀罗尼流出,无有穷尽。人问其位居何等,乃曰圆五品耳。临舍寿时,念佛生西。可见佛果超胜,非思议所及。才登五品,已不能测其高深,而犹以西

----

① 志磐:《佛祖统纪》卷六,《大正新修大藏经》第四九册,(台北)新文丰出版股份有限公司 1983 年,第 179 页中。按:"法华",即"妙法莲花"之简称,以莲花花瓣和果实譬喻佛法的权实不二。万叔豪注:"法华三昧者,天台之意,三谛圆融为一实,譬之权实不二之花(花实为实,花瓣为权法),摄一切法使归一实相也。"〔杨仁山撰,万叔豪注:《佛教宗派详注》,(台北)新文丰出版股份有限公司 1975 年,第 24 页〕

方为归。世之我慢贡高,不学无术者,其亦稍知愧乎![1]

"陀罗尼"密咒,使心性空慧罩上超验而神秘的美学色彩。"旋陀罗尼"就是"妙法莲花"。"旋","旋转"。智𫖮大师曾在都下瓦官寺写《六妙法门》,云:"所谓证相者,即有二种:一者证旋转解;二者证旋转行。云何名为证旋转解发相? 行者于数息中,巧惠旋转修习故。尔时或证深禅定,或说浅定,于此等定中,豁然心惠开发,旋转觉识,解真无碍,不由心念,任运旋转,觉识法门。旋转有二种:一者总相旋转解;二者别相。总相复有二种:一者解真总相;二者解俗总相。别相复有二种:一者解真别相;二者解俗别相。于一总相法中,旋转解一切法,别相亦尔。"[2]"旋转"的目的不是禅定,禅定是一种"心相",即心理状况,它或深或浅地让心意轨持在一种静寂状态,"旋转"是心体的开转,它有主动性,又是自身具足,不依赖因缘的有意陈设,因而从心而发,摄总摄别,任运无碍。就好像莲花开放了,结出果实。那些花瓣不是单一的伸展其相,而是层层舒展,累累绽放;奇妙的是,果实就从花蕾吐瓣时自然形成,到底是花瓣因果实而绽放,还是果实因花瓣而结成? 各种因缘无法解释,只能说花瓣与果实,彼此互含,合而不一,一而不二。"陀罗尼"妙法璀璨、美丽,莲花之形、态、仪、意、韵、味,在奇妙无比的幻化境域具足呈现!

"法华"妙喻为天台宗确定般若圆融的直觉结构提供了形象化的认知途径。心性之觉作为逻辑起点,并非静态的感悟,而是动态的修行;圆融直觉对总、别涵义和相状的摄取,展示为持续性的、催放态的、

---

[1]杨文会:《十宗略说》,杨文会撰,周继旨校点:《杨仁山全集》,黄山书社2000年,第151页。

[2]智𫖮说:《六妙法门》卷一,《大正新修大藏经》第四六册,(台北)新文丰出版股份有限公司1983年,第554页下。

呈明心性法体的动态面目,内含着美学想象的演绎,这种理蕴已与中国美学的"生生"旨趣形成一致,至于心象虚湛,涵容万有,现象界辐辏于心性所臻精妙结构,乃心性之体达万有之空,是空有两者在更高美学立意上的熔融。显然,这里"法华"譬喻对空有的立意有倾向性,总体是以空为"总",又强调开权显实,这意味着美学本体的衍生——因为空与无的玄学意味切近,因而在南北朝及隋唐道家重玄中,空与无的本意是趋向于原朴、本根等"无所有"之始的,它是一种逆向性生生之易——空而不空,即为所宗,心相旋转,因缘相状即是性相所转。黑格尔说:"那内在世界或者那超感官的世界是出现了,它是从现象界出来的,而现象界就是它出现的中介;换句话说,现象界就是它的本质,并且事实上就是它的充实"①,"内在世界就是完成了的现象界"②。美的本质体现于两个世界的互化,感性和理性,理性和非理性,都通过互化得到自由释放,然而般若直觉能够将一切现象圆融为可控制的力量,任它们诱发、推动、平衡或升华,心性旋转为实体之现象,心性的本质即空,即现象,"现象是内核的本质"③。在心性之空本体绽放的实有与无限、感觉与想象、激情与冥思所迸射的、统一的"美学"世界里,佛性转换为心性的造物,彼岸转化为此岸之他者④,两者所涉诸因缘在一种新

---

① 黑格尔著,贺麟、王玖兴译:《精神现象学》,商务印书馆 1979 年,第 98 页。
② 黑格尔著,贺麟、王玖兴译:《精神现象学》,商务印书馆 1979 年,第 107 页。
③ 黑格尔著,先刚译:《精神现象学》,人民出版社 2013 年,第 93 页。
④ 按:黑格尔的"转化",本意为"异化"或"外化"观念(the idea of alienated),这种"异化"的前提是"自生"(self-reliant),即只有在存在未定性或实现其转化之前,先从"他者"角色以肯定性意识建立自身,完善自我,然后才能在超越自我的大体系中实现其肯定性本质。中国美学先已有玄学心性观念本体和自生观念(郭象),天台宗将绝体非象的"空"向心相和性相转化,可谓有自身的思想史基础,但更重要的是,它体现出与黑格尔"异化"概念相类的文化意涵,表达了被佛学意蕴激活的新人文世界,也能够如近千年之后"资本主义自我发展的精神"那样,让中国文化以新的文化气韵,表达新时代的生活理想和生命真实。

的结构、体式里完成缀合,由此营构出一种般若直觉的殊绝韵味,甚至达到了古典美学兼摄内在、现象、经验与超验的登峰造极的体系和境界。

2. 天台宗对《法华经》的判摄,熔铸了中国的二元对境理论。南北朝的判教理论还不成熟,对于渐教的性质、特点虽形成一定的认识,如"半""满"字教和"顿""渐"教都涉及渐教,有关渐教"五时"(慧观、道生)的说法,也开始涉及细部,但这个"五时"包含了大小乘果位,其提法基本照搬佛经,创造性不够。同时期的"南三北七"各派分列甚多,不够概括。隋代三论宗依空宗对四派判摄,从大乘"空性"决定与否划类,较南北朝大有推进,惜未能就各家义理细致研析,另外真俗二谛本来属于义理的阐发,不能作为教判根据。只有智颛的天台宗另辟蹊径,从中国二元对境直觉理论对各宗进行判摄,充分整合、肯定其合理价值。针对"南三北七"判教存在的不足,智颛深入剖析了当时流行的佛教派别的"宗义",根据其教义深浅和教法特征给予合理定位,在系统布局的基础上揭示出各宗的特色和局限。智颛判教时对中国二元对境理论的运用,是判教的一种参照视角,一般的参照作为"他者"并不纳入自身运作的系统,就好比疏浚一条河流,以别的河流的水利系统为参照,但因为相对于中国本土文化佛教各宗是借印度佛教之源流入中国,从而对各宗的判涉就在将其作为对象研析时,很自在地将已然在中国流行的各宗视为中国人所知解的来看,因而自觉不自觉地把由易学阴阳和诸子有无玄境培养起来的二元对境理论应用到了判教之中。例如,根机与果位这一对范畴,从二元对境理论切入就内在地闪现出中国美学的智慧。《法华玄义》说:"初教建立融不融,小根并不闻;次教建立不融,大根都不用;次教俱建立以融斥不融,令小根耻不融慕于融;次教俱建立令小根寄融向不融,令大根从不融向于融。"[1]《法华玄义》和

---

[1] 智颛说:《妙法莲华经玄义》卷一,《大正新修大藏经》第三三册,(台北)新文丰出版股份有限公司 1983 年,第 682 页上一中。

《法华文句》都是智𫖮诠释《法华经》宗纲地位、开显法华宗门的重要著作,智𫖮解读《法华经》时充分发挥了自己的独特理解和创造。此处"大小根"概念是智𫖮频繁使用的,但在《法华经》中并没有这般用法。《法华经》虽然佛陀强调是为声闻、众生演说,但妙在"以无数方便,种种因缘、譬喻言辞"演说诸法,重在讲说法华三昧,传菩萨幻化无形之理,然而智𫖮在阐释法华真蕴时,尤其注重"教化"所对与"教理"的融通问题,始终贯穿着对佛理大境界融合的"大宇宙"(融)、"直觉"(通、实相)意识,故在这里,各宗各教,都随名显别,却因佛法实相而通;而在"通"的过程,却受限于心相开放的程度、对实相理解的程度有差异而出现融与不融不同的情况。即便如此,也不过"大小根性熟时不同"①,最终都要"令通别菩萨向圆融之融"②。而"圆融"在这里的意思,就是指直觉,指中国化的美学智慧。湛然笺释智𫖮《法华玄义》说:"始自华严,终至般若,虽名不同,但为次第三谛所摄,今经会实方曰圆融。"③"三谛"指声闻、辟支佛和大乘,他们也是名称各异,各有所别,别中有藏,因藏有通,"会实"就是融其实而为"圆教"一乘,但以理归,不以圆融斥不融,形成教理、教法都能够应化于不同根机而显其妙用,俱合于圆中之融,这就是般若,这就是直觉,这就是天台宗推崇的直觉美学境界! 智𫖮针对《大般涅槃经》用"五味譬"④

①湛然述:《法华文句记》卷五,《大正新修大藏经》第三四册,(台北)新文丰出版股份有限公司1983年,第240页中。
②湛然述:《法华玄义释签》卷一,《大正新修大藏经》第三三册,(台北)新文丰出版股份有限公司1983年,第819页下。
③湛然述:《法华玄义释签》卷一,《大正新修大藏经》第三三册,(台北)新文丰出版股份有限公司1983年,第819页中。
④按:北魏菩提留支与坛林等共译《妙法莲华经忧波提舍》卷下云:"言譬喻者,如依牛故得有乳、酪、生酥、熟酥及以醍醐。"〔《大正新修大藏经》第二六册,(台北)新文丰出版股份有限公司1983年,第7页中〕乳、酪、生酥、熟酥、醍醐是五种牛的奶制品。

侧重描述佛法化教的次第、水准,从众生修度的主体性、主体"间性"的提升与归依实相方面,阐明悟道确实有快慢次第,但能否拥有直觉的"圆融"意识则是更主要的,否则"若小不闻大,大一向是顿;若大不用小,小一向是渐"①,也就是说,没有圆融之通,并不算彻底地抵达了佛法实相。

圆与不圆,通与不通,以及根机与境界的相对分别,都显示了中国美学智慧的二元对境处理方式,因为中国美学的二元对境本来是辩证的,注重相互的渗透与转换,注重二元合为一元的"大化"境界,从而对于天台宗的一乘"圆教"思想的形成非常有帮助。在"五时八教"理论中,天台宗把圆融直觉理论具化到对流入中国的各部类佛经的派行判释当中,认为修道分时、依经有别,包括:华严时,依《华严经》;鹿苑时,依《阿含经》;方等时,依《方等经》;般若时,依《般若经》;法华涅槃时,依《法华经》《涅槃经》。对应于佛陀觉道弘法的华严初诞、鹿苑法轮初转、方等正向、般若智慧流溢、法华涅槃究竟的次第,以"时"况"味",呈显般若直觉契经显别的深邃;又用"八教"提法,先据"化仪"出顿、渐、不定、秘密四教,再从"化法"出藏(小乘教,因经律论齐备而得名)、通(声闻、缘觉、菩萨,因通达利益而得名)、别(指菩萨教中之另类者)、圆(修成圆满果位之教)四教。化仪、化法本来就是二元对分,"四教"之中也内含"二元"意识,但重点在于"会实"和"融通",表现出美学化的"圆智"。从这些方面,我们可以看出,天台宗对《法华经》实际上是贯通了中国的文化美学意识,从而在建构天台宗的思想体系时,实现了佛教中国化和根本美学化的理论创造进程。

(三)天台宗的般若美学命题。天台宗提出一系列中国化佛教的般若直觉美学命题。美学命题大体有三类:一类是以"他者"(other)

①灌顶:《法华私记缘起》,智顗说:《妙法莲华经玄义》卷一,《大正新修大藏经》第三三册,(台北)新文丰出版股份有限公司1983年,第683页下。

的存在为蕴涵的命题,如朗西埃所称"图像的他者"之于图像所具有"清除图像"的意味①,而在巴迪欧看来这个"他者"虽然"来自于外部",却属于"算作如是本体的一,实质就是本体的多"②的以非直接对象为议题的命题;第二类是以"关系"(relation)为美学本质的命题,那些具有学科交叉性的美学命题和从异质事物之间相互关系获得的美学命题,都在此类,如老子关于"道"的认识、狄德罗认定的"美在关系"、佛教的缘起论等等,它们和上一类命题一样地具有"非美学""不纯粹的美学"的印记,但正如美学自身从来也没有打上美学的印迹,以及认定美学为"他者"或"关系"有可能取消"纯粹的美学"一样,划定所谓"纯美学"也意味着割断了美学与"他者"、美学是"关系性在场"的本质,同样也没有美学,因而这一类命题在美学史上同样占比重很大;第三类是以"纯美学性"(pure nature of aesthetics)为美学实质的命题,巴迪欧把这个称为具有浪漫主义气质的美学,虽然人们也相信美学可能绝缘无待,但在逻辑上一直都存在一种理想的美学,或谓期待中的"纯美学",人们所认定的"纯美学",即"美学性",尽管自古而今变化很大,但理论家们的探索总是开掘了所处时代对美学想象的所有可能性与极限。天台宗的美学命题,大约属于导入"他者"视域中的"浪漫主义"美学建构,因为中国本土美学的直觉在与佛教文化遇合之后,以中国化意味将"他者"改造,就直接进入佛教体系内部,将之转化为对般若美学直觉的"纯粹式"想象建构了。概括天台宗的美学命题,主要包括:

1.佛性即圆融直觉之性、之美。智𫖮依《法华经》《大般若经》《大智度论》之佛性、般若观将空性转换为心性,以心性空体之佛性圆融实相,呈现直觉意构之趣,贯通三千法界、本末究竟,实现立体圆

---

①朗西埃著,张新木、陆洵译:《图像的命运》,南京大学出版社2014年,第28页。
②Alain Badiou, *Being and Event*, Continuum, 2007, p. 24.

融、佛性澄明的圆融境界之美。《法华经·方便品》云："所谓诸法如是相,如是性,如是体,如是力,如是作,如是因,如是缘,如是果,如是报,如是本末究竟等"①,智顗解释此"十如是"说:"依义读文凡有三转:一云,是相如是性如,乃至是报如;二云,如是相如是性,乃至如是报;三云,相如是性如是,乃至报如是。"②智顗的解释每一句都关涉两端,相与性。"如是"必须是"本然""如此"的直觉,惟如此,才有十如是。"相如是性如",相即如是佛性,如是佛性即有如是福报;如是相如是性,得如是性如是相,就有如是现报。"如是"是一种元状态,一种本然而在的规律,如是报是目的和境界。在这个直接的描述里,佛性是真谛与果报统一的"如是":既得究竟又转体归空,实相既是果报也是空净澄澈的蕴与界,有与无俱在则成如是之境,本然世界的状态和意义是一种澄明性的自证的复合境遇。智顗对佛性的解释,没有依照抽象的定义,完全按照般若现象学的智慧生成,结合中国的二元类比或对境阐释。他还说:"佛性有五种名,亦名首楞严,亦名般若,般若乃是佛性之异名。"③般若的空、幻、如之性,也是佛性所具的特征,无始无终,来去自如,佛法枢机在无相和不住之中获得,这就是般若之美,也即佛性之美。"一中一切中,非一二三而一二三,不纵不横,名为实相"④,"实性之性即是佛性"⑤,直觉映射的"空、假、中"在

———————————

① 鸠摩罗什译:《妙法莲华经》卷一,《大正新修大藏经》第九册,(台北)新文丰出版股份有限公司 1983 年,第 5 页下。

② 智顗说:《妙法莲华经玄义》卷二,《大正新修大藏经》第三三册,(台北)新文丰出版股份有限公司 1983 年,第 693 页中。

③ 智顗说:《妙法莲华经玄义》卷一〇,《大正新修大藏经》第三三册,(台北)新文丰出版股份有限公司 1983 年,第 801 页下—802 页上。

④ 智顗说:《妙法莲华经玄义》卷二,《大正新修大藏经》第三三册,(台北)新文丰出版股份有限公司 1983 年,第 693 页中。

⑤ 智顗说:《妙法莲华经玄义》卷一〇,《大正新修大藏经》第三三册,(台北)新文丰出版股份有限公司 1983 年,第 802 页上。

"如是圆融"中,具备相、性、体、力、作、因、缘、果、报、本末究竟等因缘,它们皆由般若直觉调动和转化,佛法的世界因此而丰富绚烂,莲花般绽放不已。

佛性圆融直觉于不执着中含摄万事万象。智顗《摩诃止观》以"一心而具三千法界"的命题,表达了般若性空实相之美的张力:

> 夫一心具十法界,一法界又具十法界、百法界。一界具三十种世间,百法界即具三千种世间。此三千在一念心,若无心而已,介尔有心,即具三千。①

"十法界"即地狱、饿鬼、畜生、修罗、人间、天上、声闻、缘觉、菩萨、佛,是依众生业力所消弭的程度排列的,前六种称为"六凡",后四种为"四圣"。凡圣之间,存在迷境、悟境的分别,但也并不一定按照这个次序等列显示法界的绝对分别,故佛性具善亦具恶②,是满因缘之空。因为心体和佛性是圆融的,六凡、四圣不过是尘缘和影子,因此都属于假名,体空必豁然觉悟圆融真境,其实相则是万象无影而在;然而,十法界是心体的法界,为心念所拥有,心体的能量进射,则

---

① 智顗说,灌顶记:《摩诃止观》卷五,《大正新修大藏经》第四六册,(台北)新文丰出版股份有限公司 1983 年,第 54 页上。

② 按:"性具善恶"说出自智顗晚年《观音玄义》,这是一个伦理学命题,善恶同为佛性所具,反映了从众生、从世间看佛性的视点,是智顗"佛性说"中国化美学圆融意识的一种体现。潘桂明、吴忠伟《中国天台宗通史》说:"'性具善恶'说的源头可见之于慧思的《大乘止观法门》。慧恩在该书中曾借'不空如来藏'概念,说到'性具染净'。智顗的'性具善恶'说,是在慧思'性具染净'说基础上建立起来的。虽然染净与善恶有相通之处(尤其从修习角度看),但实际上两者差别很大,即染净是印度佛学概念,而善恶则与中国传统哲学概念相联系。"(《中国天台宗通史》,凤凰出版社 2008 年,第 144 页)亦阐明了此命题的中国化实质。

一而十,十而百,百而千。微尘含大世界,幽渺存大乾坤。所以,心意的荡动,便显示智慧的妙用,法界越是恢宏,智慧的功力越是殊深,一念系三千法界的实相,心性蕴藏人生、世事的根本。汤用彤说:"夫一法界即十界,则是三十种世间,由是而至三千世界。此三千法界,纷然杂陈,仍在一念中。了知一念三千,则悟一切诸法皆由心生之理,而空、假、中三谛圆融之说显。"①汤用彤强调的心生之理,正是佛性之美的根本涵义,这种般若直觉圆融无碍,是中印美学精蕴的结合体。

中唐荆溪湛然进一步拓展了对"佛性"理蕴的本体论阐释,他一方面认为:"涅槃佛性与实际般若不殊"②,"是身无知如草木瓦砾,若论有情何独众生? 一切唯心,是则一尘具足一切众生佛性,亦具十方诸佛佛性"③。以草木无情亦有佛性。有情则唯心,具足佛性。那么,在人性臻于至善的过程中佛性必然绽现出来。佛性秉具三千法界,就是佛性般若与无明的较量中主体智慧的对象化实现。另一方面,湛然又将佛性向净土方向转移,对佛性因空说有、由有而空的超越意义,从佛性本体纯粹角度加以解释:"故无明翳乎法性,尘沙障乎化导,见思阻乎空寂,然兹三惑乃体上之虚妄也,于是大觉慈尊喟然叹曰:'真如界内绝生佛之假名,平等慧中无自他之形相,但以众生妄想不自证得,莫之能返也。'由是立乎三观,破乎三惑,证乎三智,成乎三德。空观者,破见思惑,证一切智,成般若德;假观者,破尘沙惑,证道种智,成解脱德;中观者,破无明惑,证一切种智,成法身德。"④"然

① 汤用彤:《隋唐佛教史稿》,中华书局 1982 年,第 136 页。
② 湛然述:《法华玄义释签》卷一九,《大正新修大藏经》第三三册,(台北)新文丰出版股份有限公司 1983 年,第 952 页上。
③ 湛然述:《止观辅行传弘决》卷一,《大正新修大藏经》第四六册,(台北)新文丰出版股份有限公司 1983 年,第 152 页上。
④ 湛然述:《修习止观坐禅法要·始终心要》,《大正新修大藏经》第四六册,(台北)新文丰出版股份有限公司 1993 年,第 473 页中。

此三谛,性之自尔;迷兹三谛,转成三惑。惑破藉乎三观,观成证乎三智,智成成乎三德,从因至果非渐修也。"①宋僧从义释曰:"一念无相谓之空,无法不备谓之假,不一不异谓之中。知一切法空寂一相名一切智,知十法界诸种差异为道种智,知于二边无非中道名一切种智。照明为般若,解缚名解脱,清净名法身。皆具常乐我净,谓之德。"②意思是佛性在世间是被遮蔽的,佛性的获得由三观(空假中)而证,犹如拂尘见净,披沙出金,难得的是那"自迷之悟辗转相由"③的证法,这个证法将世间佛性存在论、众生佛性现象学转向了绝对、纯粹的佛性存在论,理论意涵有一种向玄学回退之嫌,同时美学意趣也大为减弱。中唐以后天台宗趋于衰弱,与湛然和从义显示的这种走向绝对、对智𫖮般若圆融直觉的曲解趋势不无关系,但作为佛性具足的对象化圆融创境——绝对性的、客体化的佛性世界——也是中国化佛教的一种美学化存在方式,因而法理的根蕴扎牢,必以世间现象学形态反映出来。因此晚唐天台宗虽一度衰落,宋代仍有天台十七祖法智重申智𫖮"性具善恶"的命题,尝试复兴天台旨趣。直到民国时期还有谛闲以性恶为修道法门,发挥佛性具足美丑善恶的理蕴,不仅更现实化,也更现代化了,他说:"性具之旨,乃圆教妙极宗旨。……诸佛断修恶,不断性恶,故能善用性恶法门。"④谛闲对佛性圆融的理解,对般若直觉妙圆世间净与染思想的理解,展现了佛性圆融之美的博大和深远影响。

---

① 湛然述:《修习止观坐禅法要·始终心要》,《大正新修大藏经》第四六册,(台北)新文丰出版股份有限公司1993年,第473页中。
② 湛然述,从义注:《始终心要注》,《新编卍续藏经》第一〇〇册,(台北)新文丰出版股份有限公司1994年,第664页下。
③ 湛然述,从义注:《始终心要注》,《新编卍续藏经》第一〇〇册,(台北)新文丰出版股份有限公司1994年,第665页上。
④ 方祖猷:《天台宗观宗讲寺志:1912—1949》,宗教文化出版社2006年,第35页。

2."六即"即般若直觉践行之美。天台宗继承了中国美学"体用合一"的传统,智𫗬用"六即"命题阐发了般若直觉的教行。《摩诃止观》云:"六即,谓理即、名字即、观行即、相似即、分真即、究竟即。"①"即",中观般若指境、象、事的零距离触遇,主客无隔碍相融相合就是即;观念、心理、行为与所思所念之对象的性质、特征相契合就是即。"六即"命题中的"体""用",整体性地涉及般若直觉的修道方法问题,它是天台圆教教行观的一种理论化表达,其美学性主要体现在:从六个方面展示了"直觉修道"的具体法门,通过以一统多的精妙结构,让般若直觉显总不显分,顿渐同一,突出心性修炼、体验的境遇。"体"在"六即"中为"一心""性";"用"是"多""即"。"六即"是本体与"多"的直觉结合,直觉瞬间含摄次第性呈现的结构,仿佛魔方的刹那变化,既有应对性与变化性,又有定格的深厚与严整。"六即"的美学意蕴:其一,"理即"以"心体"或"性体"为"即","理即者,一念心即如来藏理。如故即空,藏故即假,理故即中。三智一心中,具不可思议"②。一念心含摄空、假、中之理,此理为"如来藏理",不可思议,是说不能用寻常的逻辑推导,也不同于寻常的理性,与《大乘起信论》的"如来藏识"相通但不相续,即像"如来藏识"一样具备所摄、能摄之"体、相、用"之相合的性质,却又能将其所摄、能摄与"空、假、中"相通而不与瑜伽唯识相续,因瑜伽唯识是通向"宇宙""大梵"的,这就从本体论上规定了"如来藏理"属于经验论直觉美学范畴。其二,"名字即"是心与理缔结因缘的法相。"名字即者,理虽即是日用不知,以未闻三谛全不识佛法,如牛羊眼不

①智𫗬说,灌顶记:《摩诃止观》卷一,《大正新修大藏经》第四六册,(台北)新文丰出版股份有限公司1983年,第10页中。
②智𫗬说,灌顶记:《摩诃止观》卷一,《大正新修大藏经》第四六册,(台北)新文丰出版股份有限公司1983年,第10页中。

解方隅,或从知识或从经卷,闻上所说一实菩提,于名字中通达解了,知一切法皆是佛法,是为名字即菩提,亦是名字止观。"①止(samādhi),音译"奢摩他",指从语言法门切入佛法,从名言上通达觉悟,不苛求经验性一得一见,懂得依名止心,从戒从律,是修道的直捷法门,"观"(vipaśyanā),音译"毗钵舍那",指由名字而观法体实相。般若语言美学本体观在此法门中得到贯彻运用。其三,"观行即"是心法、心相的世间践行应化。"心观明了,理慧相应,所行如所言,所言如所行。"②般若直觉向世间应化,约理而即佛,知名而得菩提,固然是修道的要径,但仅仅"观"是不够的,不足以由识通感,还要理慧相应,道明于心,行合于心,"观行即"则转空相应而为性相应。这一法门的般若主体性凸显鲜明,要求约于心而在践行上达到充分的直觉效应。其四,"相似即"是殊胜因缘系于性,超拔志意系于幻象之意。"相似即是菩提者,以其逾观逾明,逾止逾寂。"③"逾"是超过、超胜之意。这是般若幻论的用法,"相似即"已然成为真正的觉悟者。中国美学的修道奥妙,旨在懂得逆迎之法。恍恍惚惚,虽明而不以为明,幽幽昧昧,虽暗而不以为暗,就超越了智的"明""暗"的拘隘,跨越到又一重"柳暗花明"的境界。这里把中国美学的"息心而止观""寂静而归性"的"返朴归真"观点用佛家语言表述出来,显示出意在象中、得意在象外的殊胜之理。其五,"分真即"是一种回向性的直觉,消解诸缘,更生对法、理、性、相的通、别之悟。"分真即者,因相似观力入铜轮位,初破无明见佛性,开宝藏显真如,名发心住,乃至等

①智顗说,灌顶记:《摩诃止观》卷一,《大正新修大藏经》第四六册,(台北)新文丰出版股份有限公司1983年,第10页中。
②智顗说,灌顶记:《摩诃止观》卷一,《大正新修大藏经》第四六册,(台北)新文丰出版股份有限公司1983年,第10页中—下。
③智顗说,灌顶记:《摩诃止观》卷一,《大正新修大藏经》第四六册,(台北)新文丰出版股份有限公司1983年,第10页下。

觉,无明微薄智慧转著。……是名分真菩提,亦名分真止观,分真智断。"①强调般若践行进入精细的觉悟层面,是一种精神上的彻照,这一妙谛的真际标志一种觉悟,落实到众生则是"开显""发心",触及极微之"机"。"机"稍纵即逝,属于大乘菩萨和众生等觉之契机,必须以止观转入,"无明微薄智慧转著",而不可不以真智解惑,即为真如常住,所以称为"法力如弩",有一种通体直觉持续渗力的意思。《法华玄义》云:"机有三义:一者机是微义。故《易》云:'机者动之微,吉之先现。'又《阿含》云:'众生有善法之机,圣人来应也。众生有将生之善,此善微微将动,而得为机。'……二者古注《楞伽经》云:'机是关义。'何者?众生有善有恶,关圣慈悲,故机是关义也。三者机是宜义。如欲拔无明之苦,正宜于悲;欲与法性之乐,正宜于慈。"②其六,"究竟即"为直觉的终极效果。"等觉一转入于妙觉,智光圆满不复可增。名菩提果,大涅槃,断更无可断。名果果,等觉不通,唯佛能通。过荼无道可说,故名究竟菩提。"③般若践行证得圆满果位,"究竟"终了,心性获得彻底觉悟。湛然《止观大意》云:"如是观时名观心性,随缘不变故为性,不变随缘故为心。故《涅槃经》云:'能观心性名为上定。'上定者,名第一义。第一义者,名为佛性。佛性者,名毗卢遮那。此遮那性具三佛性,遮那遍故三佛亦遍。故知三佛唯一刹那,三佛遍故刹那则遍。如是观者,名观烦恼,名观法身。此观法身,是观三身,是观刹那,是观海藏,是观真如,是观实相,是观众生,是观己身,是观虚空,是观中道,故此妙境

---

①智顗说,灌顶记:《摩诃止观》卷一,《大正新修大藏经》第四六册,(台北)新文丰出版股份有限公司1983年,第10页下。

②智顗说:《妙法莲华经玄义》卷六,《大正新修大藏经》第三三册,(台北)新文丰出版股份有限公司1983年,第746页下—747页上。

③智顗说,灌顶记:《摩诃止观》卷一,《大正新修大藏经》第四六册,(台北)新文丰出版股份有限公司1983年,第10页下。

为诸法本。"①至此境,则法与理、名、性、相、如、通、别诸法门合一,等觉随缘,心性止观同一,观行相合,所观所行臻于妙境,犹如般若藏于智海,无照无遮。无照则静,不动也以心意发动超胜;无遮则幻而生,依境所成皆得相融,从而般若直觉达致圆满的智慧觉悟,这是佛教中国化集聚于生生幻美、至德大成的一种创构,是般若美学臻于极致性直觉的理论表述。

3. "止观"即般若性空美学之趣。"六即""一心三观""十如是""性具善恶"等命题都渗透了智𫖮的"止观"学说。"止观"是智𫖮倾其一生探索的教、行之理,因而由止观所引发的不单是某个美学命题,而是一个庞大的思想体系。承载这个思想体系的巨著《摩诃止观》最终并没有完成,根据王雷泉教授和其学生程群的考论,之所以未能最终完成,不能排除的一个原因是"他的止观学说尚未成熟,最后部分终于无法定稿","联系到智𫖮本人所说修证果位只到五品位,尚未入圣流,故他其实是无法讲述更深的果位境界"②。王雷泉教授和程群的看法很有道理,从对治世俗根性角度而言,他的止观说已经完成,然而由于其思想的视域具有超越有限尘世的思想张力性,对中国人而言,一旦脱离开"通融亲证"是不可思议的,因而涉及思辨直觉和冥想直觉的内容,就成为难以"圆融"的方面。但是,毕竟当初大乘的许多佛经从佛法逻辑而来,由名言为方便展开的思想幻想,凝聚了印度人超越三界的思想期待,这对中国人还是有很大的精神刺激力,所以当它在中国接上地气之后,在印度还是虚幻性的思想就被"圆成妙合"的中国式理论所依托,不再"儴侗真如",而是拱起"脊髓",建构起中世纪世界上最系统的一种美学理论丰碑。

---

①湛然述:《止观大意》卷一,《大正新修大藏经》第四六册,(台北)新文丰出版股份有限公司1983年,第460页中。
②程群:《〈摩诃止观〉修道次第解读》,上海古籍出版社2008年,第27页。

"止观"论充分汲取了佛教般若性空的超级想象力,对大乘佛教精细、深邃的精神能量予以最大程度的消化吸收。"止观"与《大品般若经》《大智度论》和中观学三论具有逻辑上的内在贯通,同时与南北朝流行的地论、成实论和其他大乘经部也联系紧密,智𫖮把它们都容纳到般若性空的直觉美学结构之中,使之具备了独特、超胜的美学趣味。这种美学趣味,以空为实相,从四大、六根、六尘到禅境三昧,从十二因缘到菩萨道的"慈悲"观,从无住无得,到所有念想皆归结于禅定的精神"寂灭",勾勒出一种强大内心的建筑图谱。其中直觉为定,直觉为慧,定中有动,动中生慧,是修证无上正等正觉的核心。智𫖮深悟此中适合于中国人美学理想的观念、践行方法,让它们从人心与佛性契合这一方面达到过程和信仰目标上高度的统一,从而完善了般若圆融直觉美学的结构系统。

对于"止观说"的系统性,根据《摩诃止观》,"天台传南岳三种止观:一渐次;二不定;三圆顿"[1]。"传"一字用得很微妙,实际上是发展为"三止三观",内容上更显具体精致:

　　　止有三种:一、体真止;二、方便随缘止;三、息二边分别止。一、体真止者,诸法从缘生,因缘空无主,息心达本源,故号为沙门。知因缘假合,幻化性虚,故名为体。攀缘妄想,得空即息,空即是真,故言体真止。二、方便随缘止者,若三乘同以无言说道断,烦恼入真,真则不异;但言烦恼与习,有尽、不尽。若二乘体真,不须方便止;菩萨入假,正应行用。知空非空,故言"方便"。分别药病,故言"随缘";心安俗谛,故名为"止"。《经》言:"动止心常一",亦得证此意也。三、息二边分别止者,生、死流动,涅槃保证,皆是偏

①智𫖮说,灌顶记:《摩诃止观》卷一,《大正新修大藏经》第四六册,(台北)新文丰出版股份有限公司1983年,第1页下。

行、偏用,不会中道。今知俗非俗,俗边寂然;亦不得非俗,空边寂然,"名"息二边止。此三止,名虽未见经论,映望三观,随义立名①。

空假中"三观"相合与三止为对应法门:"四分烦恼体之即空,名体真止入空观也,观诸烦恼药病等法;名随缘止入假观,观诸烦恼同真际;名息二边止入中道观。善巧安心修此三止三观。成一心三眼三智也。"②"止"为定心定性,"体真止"入"空观",得诸法实相之理,息除妄念;"随缘止"入"假观",是方便止,观众生根机,分别药病,知世俗一切烦恼不真;从慧生定,"药"亦为方便不真,故可随缘施设,"假理不动,是非止止"③;"息二边止",是对治心中的极端性错误认识,譬如认为生死流动如常,涅槃寂静永止,都属于边见。再譬如主张世间非世间,都应该随道寂然,也是边见;还有的主张世间本来就在世间,不应该向道体求得改变,貌似于道体有止,于世间不止,也还是边见,只有"不止止"息"二边止",才进入中道观。

智顗的"止观"论,通过牵引大量的名相概念,似乎进入了繁琐的名理分析,但因为每一概念都从心、境的圆融直觉着眼,视智慧为解决疑难的正理,反而用细腻的理智、体验、直觉化解了抽象繁琐的命理分析,把宗教精神的超越性美学旨趣很透彻地贯彻到了主体对自身及他人乃至世界(世间与非世间)存在状况的直觉认知之中;通过这样一种圆融直觉的美学强调,表象的感觉和快乐、痛苦的感受被淡

---

①智顗说,灌顶记:《摩诃止观》卷三,《大正新修大藏经》第四六册,(台北)新文丰出版股份有限公司 1983 年,第 24 页上。
②智顗说,灌顶记:《摩诃止观》卷八,《大正新修大藏经》第四六册,(台北)新文丰出版股份有限公司 1983 年,第 104 页中。
③李志夫:《摩诃止观之研究》,(台北)法鼓文化事业股份有限公司 2001 年,第 239 页。

化,主体决疑排乱的意识、控制烦恼以求心性所往的意志得到强化和明确,而作为宗教解脱的旨归,又通过对众生世间的关注,以及般若性空的直觉妙悟慧解,传达了一种主动而愉悦的人生美学价值观,对隋唐的美学化人生产生很大的影响,成为一种闪烁着精密、灵动、通脱智慧的美学理论创构。

第三节　般若心理美学体系

一、唯识宗的般若美学特质

唐代美学以佛教美学理论为主导获得整体化推进。佛教美学奠定、完善了中国美学的内在逻辑和价值构成。唯识宗是唐代佛教代表性的宗派,长期以来学界以其中国化不够彻底,在唐末趋于衰落、流传不广而没有给予充分的肯定。其实,般若识性的学理渊源十分深厚,美学特质异常鲜明,特别是唐代唯识宗的般若识性已经十分成熟,它通过与中国本土主体化的"意""情"范畴的凝合,使般若识性面向现实、生活展开,并转化为情识意蕴,直接促进了中国美学深层价值的观念嬗变;有关般若识性的美学机制,则体现为有机整合中道观,通过收摄"他者"意识、突出"境""象"的因缘和合而传达出独特的美学旨趣。唐代般若唯识美学是唐代最重要的美学理论流派之一,对中国美学做出了不可忽略的理论贡献。

唯识宗是唐代建立起来并臻于系统、完善的佛教宗派。唐以前般若主导的佛教理论实现了从美学空性到性空的本体论转换,呈现由般若学到涅槃学的学理重心转移,在这整个过程中般若空观始终没有离开涅槃终极的目的和境界,涅槃佛性也始终是在般若的指导下达成觉悟,只是在论及"如何成佛"的修道路径和建立体系化的学理构架时,般若和涅槃的重心发生转移,意味着对空的理解,不是单纯从"空"本身的智慧形式,还要深入人的存在和心理状况、性质上来理解。如果说,空性是逆向性"约减"人生,以消除烦恼与无明为重点,在心理上追求澄明寂静,并以此视为可与佛法喻指的宇宙恒河沙的静寂禅昧意旨相等同;那么,以涅槃范畴为基础的佛法体系则将这种逆向式的"减约",依其本性,呈顺向式的"迭加"展开人生,而般若智慧的美学设计,从顺向展开过程导入空慧,进而形成性空与空性的"多本体论"交迭效应。这对唐代佛学是不可抗拒要遇到的一个前提,佛法义理和教行实践都不得不转向美学化,以有力轨持教理与法力的现实施行。这一切很现实地发生,不像印度佛学缘于冥思的幻构,也不同于西方美学将理论奉为高端知识形态,一遍遍过滤和巩固其理论体系的形上权威性,而是在活泼泼的教理与教行结合中,就佛法中构成悖论的般若与涅槃的美学化奇妙结合,以中国人能接受的思维、话语再现它的存在论生成过程。于是,从其整体的整合趋向,我们发现与康德合目的性美学想象机制的某种吻合,那种由多种本体论交迭,将善恶等性质摄入、认识、评判、伸张的过程,更清醒地凸显出佛法的美学化新变及其理论特色和优势。康德如是说:"想象力是创造性的,并且把知性诸概念(理性)的机能带进了运动,以致于在一个表象里的思想(这本是属于一个对象的概念里的),大大地多过于在这表象里所能把握和明白理解的。"①"自在之物""理性"这一类概念类似于般若的"识性"概念,因其建立在美的想象域而排斥了"理性"的僵硬与刻板,并使自身最大限度地"祛除覆荫",呈显澄明特性,因此,多本体交迭于正向过程,或复合于逆向性遮诠(也是一种覆盖,却是否定性对过度诠释或谓之戏论的覆盖)过程,都属于以智解境。随着空、性的美学化机制趋深趋细,主体心智和智慧所缘的想象之境、像也趋于深化,便越来越要求空有交迭的多本体穿插,以更

————————

① 康德著,宗白华译:《判断力批判》,商务印书馆 1987 年,第 161 页。

加自觉地明确主体的智慧操作运用,不仅在环节设置和细节推敲方面,也在整体修炼效果方面都能做到自疑自醒,时有回向,莫不直切法性。于是,在致力于精细心理思辨的境况中,有关人生、生存的智化境相,在唯识宗思想的河流里熠熠闪烁,应然而生,使唯识宗成为"有宗"一系的代表性宗派,在唐代佛教系列和美学化理论构造中,也成为逻辑结构最为严整、精密与体系最为宏大、充实的美学思想建筑。

唯识宗的缘起与般若学渊源甚久。在印度佛教史上,大乘佛教的学理本源,由般若类催生其他部类春笋般涌出。在纷纭的造论热潮中,托名为佛、菩萨的论师大多属于婆罗门贵族①,他们一方面有着世袭的贵族身份,对原始般若知识系统非常熟悉;另一方面,常年优裕的生活提供富足的时间让他们从事思辨和想象性质的思想创造,从而建立起自身可以代佛而言的自信,而一旦以佛的名义发表经论,在般若识性的检视与完善中,愈益具备完整的思想体系,而且越来越哲学化,知识构成越来越精致、严密。佛陀去世大约七百年后,婆罗门士人收集、整合和撰造的经论,开始以个人名义发表,采用吠陀与婆罗门教理结合的"长行"形式,其中世亲《唯识三十颂》是典型

---

① 按:印度四种姓之婆罗门、刹帝力、吠舍、首陀罗中,婆罗门因宗教和文化权利而获得世袭地位。据《阿含经》,最早对原始宗教叛逆的阶层反而是婆罗门,他们以现世苦乐为染,遁入森林中寻找清净,号称"沙门",故婆罗门(brāhmāna)意含"清净""远离"意。英国学者渥德尔《印度佛教史》记叙了佛陀叙述婆罗门教士身份的由来:"于彼众中,有人思惟:染法已生,流行众中,不与而取,谴责、谎言、暴行、放逐等等皆见。惟愿远离污染坏劣之法。""他们得到第二个名称'禅师'或'瑜伽行者'。然而有些人不会参禅入定,如是花功夫撰造书籍。因为他们不坐禅,故称'无禅导师'(这是原始语言中一个双关语)。在那个时代,他们是公认次一等,可是现在被认为是最优秀的。(他们撰造的书籍当然是吠陀正典。)"(渥德尔著,王世安译:《印度佛教史》,商务印书馆1987年,第149页)

的作品,世亲的兄长无著撰《摄大乘论》《显扬圣教论》《大乘阿毗达磨集论》等作品。世亲无著兄弟的著作继承了般若识性和婆罗门瑜伽唯识思想,标志着龙树之后的大乘佛教思想体系更趋精致和理性化。而在印度唯识学兴盛期,大唐僧人玄奘正在那里求法,便于贞观十九年(645)将唯识论著带回长安。后来,由玄奘本人翻译,弟子窥基笔授的《成唯识论》成为集成唯识学理论的译著,也成为中国唯识学的开宗之作。在这部论著中,玄奘本人对佛教的思考得以充分融入,可视为一部深入消化了唯识学之后建立的诠释佛教体系的再创造之作①。

玄奘创立的中国唯识宗依然尊奉印度佛学为思想源头,奉弥勒为初祖,无著、世亲为二、三世。玄奘本人被后人推为中国本土初祖。唯识系以世亲的《唯识二十颂》②、《唯识三十颂》(玄奘译)和《摄大乘论释》(真谛译)、《大乘五蕴论》(玄奘译)、《百法明门论》(玄奘译)等为代表,标志着思想体系的成熟。中国佛教思想家玄奘和窥基等撰写的论、序和讲解释文,对唯识做了深入透彻的阐述,通过这些经论和释文,唯识般若美学思想也得到了系统的传达,其特点表现在:

(一)从识性角度给中国美学导入般若思维。唯识宗作为唐代新创的佛教思想体系,给中国美学理论注入崭新的思维元素,提供了一个特殊的角度,"识"与中国美学"意""情"等主体精神范畴的融合,

---

①按:蒋维乔说:"《成唯识论》(十卷),为玄奘所传世亲教之根本典籍;此书来由,《论》之后序述之详矣;录之于下:初,玄奘欲解释世亲《唯识论》,乃荟萃印度十家之说,一一加以翻译,尚觉不易整理;因窥基之请,合糅十释四千五百颂而调和之,成为十卷。"(《中国佛教史》,上海古籍出版社2004年,第142—143页)
②按:共有译本三个,颂文数量略有出入。北魏菩提流支译《唯识论》,含二十二颂;陈真谛译《大乘唯识论》,含二十三颂;唐玄奘译《唯识二十论》含二十一颂。本论梵本正名为《成唯识二十论》。

从总体思维和本体观念构成上,导入了印度的般若思维。这一点非常重要,因为印度的般若思维,并不在于是否表现出佛教的原旨,而是其自始便是般若识结合瑜伽识并向后者转化的产物,唯识般若乃其晚近的、更高级形态的思维成果,故而具有人类学美学的底蕴,具有中国美学可以内在认同的"心识"基础,为进一步理解"藏识"奠定了可能。而中国本土的审美直觉和意构传统,尤其是天台宗在般若直觉美学理论方面的拓展贡献,为唐代唯识宗奠定了前期可综合的般若美学的资源和条件;不过,唯识宗终归属于中国佛教"外学"中的一支,因与印度空宗系"三论"相对,属"有宗"一系,也和魏晋以来玄学化"本无""无所有"以及大乘佛学偏重般若空宗的旨趣路线相对,并不占据美学主导位置。除此而外,唯识宗还具有悖论性的精神"气质""品质",一方面,表现在与中国美学的"物感论""情志论"的重实感、重情感、重感受体验性,同属"有宗"一系,另一方面,却又偏于依识立本,倚重智识和名相,心理分析色彩异常浓,因而,属于比中国美学的"内学"还要往深里研探的、着重精神矿脉探索的佛法体系。

(二)唯识宗对中国美学的影响十分深邃。唯识宗传入中国的时间最为及时,大约 2 世纪,贵霜王朝扶持大乘佛教输入中国,唯识学的出现与输入时间约在 5 至 7 世纪。在大乘输入期间,佛教经历了哲学化时代,然后向心理学和伦理学的系统化方向发展。可以说,唯识学在印度本土,也包括在中国前期都没有很好地培养与积淀,而能够产生后不久就输入中国,并且成为中国大乘佛教的主流,这和中国文化与美学内在地具有对"唯识"的需求和认可,有实质性的联系,当然,这种两相情愿无论对中国美学还是唯识都是非常幸运的。由于唯识宗的介入,中国美学得以汲取到当时世界上最先进的人文思想,得以突破中观般若及其智慧遮照下形成的中国美学空性般若、性空般若主要论说的包抄,从更为切实、凝重、细致的路线找到既合乎佛法又合乎中国、合乎时代的美学思想潮流,这个贡献不可谓不大。尤其是,在印度当下正炽热的唯识学,以其精细学理和思辨功夫,与历史悠久的中国传统人文思想深度结合,有力完善了中国文化、美学的体系构成方式和理论学说。"唯识""法相"意涵的心理美学旨趣,加持了中国美学的核心力量,促进了中国美学圆通无碍、理蕴深广的理论与实践拓展。因此,中古后期的唯识宗美学,在中国美学的庞大"家族"中,足以自成一格,独显深邃的精神姿韵①。

(三)唯识宗汲摄了中国智慧的精华。唯识宗的中国美学智慧运用,也达到了圆熟与透彻的程度。唯识宗与《大乘起信论》的信仰路线一致,其中"识性"的中国化开掘,与二元对境本体论思想和情识、意念观念等形成无缝对接。"空""有"观念是玄学化的二元对境范畴,在中国美学传统中与情感、想象结合起来,已经积累了丰厚的感受、体验和理论概括,但在形成理性的系统化的美学范畴、观念和体系方面尚嫌薄弱。唯识般若弥补了这个不足,唯识智慧使"法性"从"根本法相""心识"的逻辑起点,建立了体现人文性质、众生状态的"情识"和"意念"概念,这是唯识识性般若美学最独特的方面。这样,唯识宗般若美学智慧由于深入中国文化多方面资源的开发,而聚焦于唯识般若的美学探索,从而能达到理论体系与诠释的圆熟与透彻,使"唯识"观念体系乍一看

---

① 按:唯识宗体系庞大,心理构成层次非常细密,价值论意义的底蕴发掘异常深刻,在体系的自足自成及圆融整合性方面非西方古代的形而上学所能比拟,其精细和深刻程度颇具 20 世纪以来西方精神分析学、存在主义和现象学所难达到的高度与水准,更是后现代所谓"碎片化"理论解构所不可同日而语的。不过,中国文化与美学素来重视主体性,无论笼而统之的宇宙论思维,还是士人诸子的学术理性,都没有触及主体心理的内在结构问题,唯识学则将感官与识性有机结合,补足了中国本土文化与美学的"短板",因而在专注于主体心理的文化与美学研究中,佛教唯识学开辟了一个独特而包孕无限的领域,在这个意义上,对唯识学达到的学术水准,给予最高的学术评价,至少就古典美学存在系统而言,是并不过言的。

十分深奥、陌生,实际上已经异常生动地注入中国的文化与美学,注入人们的心理、思维和日常生活的美学应用之中。

为了说明这个问题,我们有必要就"唯识"向"情识"的转化给予侧重论述。首先,在理论上要澄清一个问题,即唯识的中国化与般若的中国化,并不是同一层面的问题。般若中国化指佛教特殊的信仰智慧得到了中国文化精髓的支撑,并以转化、吸收为般若修道的法门,此以《大乘起信论》"一心二门"最为典型。而唯识的中国化,则是作为知识系统被表征为中国的文化精神和心理存在,属于佛教在中国扎下深根、确定了牢固的信仰主体心态之后的表现方式。唯识的中国化不是刻意的,也不是偶然的,而是中印文化和美学思想的交流达到高度成熟的一种反映,因而融合了时代美学诸方面的构成因缘。其次,唯识宗的般若识性与《大乘起信论》的般若智慧相比,在中国化方面既存在前后相续关系①,又存在思想性质与体系构成的内

---

① 按:很有可能《大乘起信论》是菩提流支假托马鸣之名而作,但这只是推测,已不可考,然而菩提流支等对唯识有所传译确为史家所关注。蒋维乔《中国佛教史》指出,从南北朝到唐代传译世亲学说的可分为三期,他们是:"第一期,北魏之勒那摩提、菩提流支、佛陀扇多;第二期,梁之真谛(梵名波罗末陀,或拘那罗他,此译亲依);第三期,唐之玄奘是也。"(上海古籍出版社 2004 年,第 134 页)《大乘起信论》云:"所言法者,谓众生心,是心则摄一切世间法、出世间法,依于此心显示摩诃衍义。何以故? 是心真如相,即示摩诃衍体故;是心生灭因缘相,能示摩诃衍自体相用故。所言义者,则有三种,云何为三? 一者体大,谓一切法真如平等不增减故;二者相大,谓如来藏具足无量性功德故;三者用大,能生一切世间出世间善因果故。一切诸佛本所乘故,一切菩萨皆乘此法到如来地故。"〔马鸣造,真谛译:《大乘起信论》卷一,《大正新修大藏经》第三二册,(台北)新文丰出版股份有限公司 1983 年,第 575 页下—576 页上〕"众生心"作为法体之"阿赖耶识",摄世间、出世间一切法;"众生心"又是法体之"用",以唯识法相具足"体、相、用"诸因缘,成就善巧方便圆满。在这个理论设定中,处处可见"识性",处处可见般若,显示了由般若学到涅槃学基于"唯识"(识性)实现的学术综合。玄奘创唯识宗,自然也沿承了这种学术思想的历史资源,从而与《大乘起信论》形成前后相续关系。

在差异。而且也正是因为存在这种前后相续的"同"与思想性质、体系构成的"异",自20世纪以来围绕着唯识宗与《大乘起信论》的关系问题,形成了两种截然对立的主张,直接影响对唯识宗在唐代思想地位与价值的判断。两种认识中,一种认为,唯识宗属于"法性本空真心"系,太虚和印顺都主此说。太虚提出,法相必宗法性,法性本空,是真如之体,法性的存在是绝对的,不增不减,不生不灭,世间有为法或称有漏之法,都从识所转,变现而来:"法性明万法本空,了无隔碍,常是如此,普遍如此,故曰诸法空相,不生不灭,不增不减,亦无生死苦恼可脱。以万法本空,本无生灭增减故。故曰本空之常如。诸法之本性虽空,然诸法之现象,仍随因缘之合散而变现,然一切法皆依识,故可从识而转之也。凡不圆满之有漏法,既依识所变,即此不善不圆满所依之识,改转之使为觉悟而圆满。"①太虚把现象界与本体界对立,以本体界为现象界的根本,现象界的差异和圆满只不过是识性有漏与无漏的情状,只有法相依识性转依,所以最根本的是识性本空真心。印顺则比太虚更强调"识性"之用,认为唯识本净,一切法相乃"映心所显",阿赖耶识为杂染诸法所依,显现出的固然"不净",生起有虚妄相,但"心性"本净,"在这真相的如来藏与业相的虚妄习气相互交织之下,才成立其为阿赖耶。因此,从一切法依阿赖耶而生的方面看,是杂染诸法的所依。另一方面看,也就是迷悟关键所在。迷、悟、染、净,都依藏心而有,所以也就是唯识。这杂染的习气,反映到清净的如来藏心,因而成为阿赖耶识,现起一切的虚妄相。"②在印顺看来,"阿赖耶识"像一面镜子,有"显现"的功能,既显现自净的真相,也显现"业相"的"虚妄"。虚妄业相的显现与真相的显现之所以不同,就在于"虚妄"业相的显现已经在"如来藏识"中做了剖

①太虚:《法相唯识学》,商务印书馆2004年,第35页。
②印顺:《唯识学探源》,中华书局2011年,第21页。

判,从而成为"心净"转依的情状,仿佛净染交织成"唯识中道"的真相。其实,根本的法相清净,在般若本体论里被"心识"所确定,而"如来藏"并非"心识",是般若道行之识、众生世间修道之识,印顺理解的唯识本蕴综合了中国文化的理蕴。在这里,《大乘起信论》"一心二门"归摄于识性"清净"的一元本体,印顺和太虚就"清净心"的价值旨趣达成一致,都以般若中道为"菩萨所归趣,深心欲得,于三世中求索"①的佛法枢机。另一种意见以欧阳竟无的"妄心论"为代表,强调"唯识"作为藏识,乃一切识种子都藏摄在"阿赖耶"里,阿赖耶识的本性实是由虚妄心来的。欧阳竟无说:

> 二谛诠真,克实唯遮世俗谛;三性诠幻,克实唯诠依他起性。第一义谛周遍有也,依他起性少分有也;第一义谛如实有也,依他起性如幻有也。皆有也。其为无者,二谛中俗谛无,三性中计执无也。
>
> 云何立此乱识有耶? 乱识之谓染,所谓染依他也;乱去之谓净,所谓净依他也。诸佛立教,莫不依于染净,有染然后有净,去染然后得净。若染依他无,则识本无乱,何所为去! 去之云何,又何净至? 唯其有染,则有缠缚,乃有解脱。缚脱对治,染去净存,是之谓教。②

吕澂明确阐述了欧阳竟无的主张,他说:"'唯识'一名词原语为'昆若南补底'(vijnyapti)指的是意识有所表白的状态"③,意识最初

①龙树造,鸠摩罗什译:《大智度论》卷三七,《大正新修大藏经》第二五册,(台北)新文丰出版股份有限公司 1983 年,第 330 页上。
②欧阳竟无:《欧阳竟无佛学文选》,武汉大学出版社 2009 年,第 88—89 页。
③吕澂:《缘起与实相》,《吕澂佛学论著选集》三,齐鲁书社 1991 年,第 1365 页。

是"遍计所执性",因为是遍计,所以是"无",但因执于我法,"这不能表白对象的本质,而积习成性,反在本质上加了一重虚妄的蔽障,因此谓之'遍计性'"①。然后是"依他起性",即依因缘生起分别自性。遍计执名言而为实有,是一层虚妄;"依他起性"依因缘而生自性,是又一层虚妄。这两种构成唯识三性的中心②,最后是"圆成实性",来自对自性虚妄性的觉悟,由分别相而达无分别相,达到法相的真实,是唯识最圆满的境界。根据这个解释,唯识对识性的诠释,初起依于般若空性,此空性由《中论》二谛观而分为真假无有,俱非法界分别,属于名言之相的一种分别;依他而起的识性为幻有,识幻亦即识虚妄,染为乱识,使三性由染而净,可以自觉止于祛染净觉,成就圆成实性。这时候,虚妄性作为识性生起的根由就被明确确定为阿赖耶识的根性,而阿赖耶识的真性实相原来是虚妄性在法界的一种轨持,当其真正存在时,并不能脱离虚妄诸染的托举。这就给佛性住于众生之性提供了依据,对于从俗世论起识性进而有目标地对治缠缚,提供了强有力的逻辑裁判,也为突破名言上的般若真俗二谛和玄学性质的抽象佛性提供了修道实践的可能。更重要的,导致了对般若为"幻法"的认识纠偏,因为唯识宗将幻意的理解用到了众生、菩萨和佛的意识、经验状态,强调了幻性对于净染真假有无,无非是显现与直觉相应的"识性的相状",随识而翻转,执识便误判,法性之真与显现之实,对于识性来说,并无根本的分别。在整个的修道过程中,识性使一切发生惊天动地的变化!由此可知,对于识性与印度佛教、中国文化的内在关系,唯识宗阐释透彻,充分展示了中国美学的独特智慧和气韵。

①吕澂:《缘起与实相》,《吕澂佛学论著选集》三,齐鲁书社1991年,第1365页。
②吕澂:《印度佛学源流略讲》,上海人民出版社2005年,第174—175页。

二、般若识性的"中道"美学机制

唯识宗的般若识性美学,无论以识性为真心,抑或以识性为妄心都不合佛法本意,实性真心论陷入印度形上本体论,识性妄心论溺于俗常观念,正确的态度是把般若作为识性的妙谛,以中道般若为枢机建立识性美学机制,便使中国化的识性美学成为可能。

中道观是唯识般若美学的核心机制。唯识中道以般若中道为基础,般若中道的核心关键是中观空性说。言佛法先分道俗二谛,以道谛为真,俗谛为假,道俗二谛合一,即真谛实相与俗谛假名相合。真假不二也是幻的状态,其性为空,为究竟,是一切存在的根本,收摄所有的存在之物,包括所谓有形色相状的实体,无形无色但可嗅可触的气味、流体,以及思维、意识中的观念、影像,以至无声无息的思绪、情感电波等,都以空性为其根本特性,为其根本的存在形式。唯识中道是般若中道由境、相位的存在向智性化的存在转化而形成的"主体"意识。因为空性的存在倘若从存在的角度观之,则一切亦为性空之存在,于是性空表达识性,便随存在所涉的因缘而形成不同的假名,众假名成为识性的不同存在形式。唯识中道,是在真俗二谛关系中彰显识性潜能的特殊智慧,可以涵容一切心法,又在涵容一切心法后建立起唯识中道的美学智慧。那么,唯识中道的美学原则是什么?它可以让般若中道转化为识性潜能的美学展开吗? 显然,作为基础的唯识中道美学原则,对于真与俗的应对,犹如对其自身,一币两面在旋转状态是无法恒定其中之一的性态的。而"旋转"就如同识性自身的存在,既涵容实相、真谛、佛性的恒常理蕴,又摄受、裹挟、搅动所有的尘俗之象,让真蕴映照其虚妄不实,并且又以自身的虚妄亦在,成为一种"如""像""仿佛"。而这正是唯识中道的美学智慧的呈现,它幻巧、空灵,运动不息,熙熙攘攘,光尘同影,泥沙荡涤,是一条流动的生命之河,是宇宙虚空中不断完善的塑形。但同时,识性的存在通过融摄诸象(因缘)转化性体实现,识性与假名同一,则意味真假同一,无真不虚,无假不动,识性始终是一种能动性的本质,在俗世间展开其存在的真蕴。因而,识性的存在必有其结构、过程和层次,随因缘之变而敷演幻象之妙,识性的智慧主体性因此绽现出来,以般若中道观依识相转的心法运动方式,呈现无上正等正觉之道。所谓菩提一刹那,即指抵达唯识中道的心法觉悟,依于心性,成于心相。性相合一,则体用自如,构成严密、完整的法理系统。唯识宗,又称唯识法相宗,即强调理契心识、道合法相,心识法相原本就是般若实相和般若名言的识性存在方式,故依识性的运动,可分出八种,称为"八识"。

　　"八识"中的第八识,是阿赖耶识,梵文 Ālaya-vijñāna,太虚英语译为 repository consciousness①,为心识的总持,一切法相的归依。唯识宗对阿赖耶识与法相关系的解决具有东方智慧特点:一方面,阿赖耶识是本体,摄受一切心识;另一方面,阿赖耶识与法相不是逻辑预设性的,而是在识性与对境、思维与情感、心理与状态等对立性结构范畴发生融合转化时所呈现的"心相"②。唯识宗将意识、心理、构成、状态等通体转化,不复其初。中国的唯识宗中唐以后逐渐衰落,没有后续宗派传下来。这并不说明因为唯识宗印度特色鲜明

---

①太虚:《法相唯识学》,商务印书馆 2004 年,第 23 页。
②按:此处"心相",指含摄真妄的幻相。"相"不可等同于中国美学的"象",虽然"象"亦为心相——一种心理呈象,但"象"非"相",象是主体对物象的感知或心理意念流动的感性化影像,"象"从实物到心相皆从与主体建立的对象性关系得之,且以"象"为在,或实在,或似在,或观念化存在;而"相"是依托于主体的虚妄识见而显现分别性的呈象,称"心相"而不说法相,是因为法归于真,归于纯粹,而心相则含摄真妄,持执颠倒,转轮为真,皆属自体,非在非不在,也不归于悟,此理在相(象)外之谓也。

而不容易被中国化,反而是其以中国美学的智慧存在方式被巧妙保存下来。这以阿赖耶识的识性体征表现得尤为典型,从总体性质说,阿赖耶识是总指挥部,但又是隐蔽的指挥部,属于藏识。识性隐而不显,所谓有、无、非有非无等体性判断对阿赖耶识不具任何意义,只有当它随因缘的介入裂变出"自我",与阿赖耶识识性"仿佛"相对时,才"仿佛"建立起对象性的"这一个"①。识性兼具潜在能体和智性主体的双重身份,向对象性的心相转化。阿赖耶识向心相的转化,是心识能量的释放,也是因缘的交汇,善恶美丑等皆赖识性而获得假名呈现自身,于是,藏识好像开始不藏,真假善恶美丑等一切对立性构因在识性的挥发中,焕映出识性生发性的性相。

在这整个过程中,般若中道观体现于阿赖耶识,具有能体的性质,非动非静,非一非多,非假非真,非理性也非感性。既是实相,也是虚相。既是能识的主体,因守持般若中道而唤醒了中国文化的主体性,唤醒了重生、重变化的美学趣味,又是受摄的主体。阿赖耶识的"藏识"特性,使生命因缘、能量得以无极限凝聚、衍生、扩张、爆发,使识性得以进一步展开和凸显出复杂的生命样态。

第七识是末那识,klista-mano vijnana(self-consciousness),犹同"自我意识",或称"执幻为我"的"幻识"。末那识是藏识与心识诸能——缘境而起的根识——之间的过渡,其作用一方面以心识所具之能生相,生法、我二执;另一方面,使藏识的含纳一切识之潜质,蓄藏识性的能识之性,由真、假、无记的可能性相(实为无所表达、无性无记的存在),依识而转相,缘合而生为心识之种子。藏识由内而外的过程,即心识能体的缘情而动,执名相而幻生,万法具化,转为可变现之体。末那识类似于弗洛伊德的"前意识"概念,但其并不戴理性

---

① 黑格尔著,贺麟、王玖兴译:《精神现象学》,商务印书馆1979年,第63页。

的面具幻现,而是变异为情识面目呈现,故仍为心内识(innerconsciousness),此心内识依情缘、物缘的名言之相而动,释放藏识的能量,导致情识物相的名言浮动,仿佛是外物自在,空入心所,其实是心体由内而外,以虚妄的情识物相而将真性实相托出,故称之为虚妄相;情识由内向外的过程,在末那识的触端始终没有走出心所,却将心所含摄的无上无限无量之潜能、可能性转化为可以诉诸心识种子的心相,这样末那识既有心识的动意,体现藏识之海,又以虚妄之显相而随时转体换脸,对此一面,亦可称其为"回向性",即随时能幻化、幻归,反转回藏识之无记空性的菩提真性。唐代新罗僧遁伦《瑜伽论记》曰:"以末那共唯种子所引故任运恒生"①;窥基《成唯识论述记》云:"即显末那名通无漏","回向即般若,拔济即大悲"②;《辩中边论述记》云:"回向即转变也。"③当此时,菩提真性豁然凸显,仿佛长夜燃炬,流瀑喷玉,是情在俗谛为陡然而醒的智慧,故其状仍为识种子,仍为虚妄性,却回向为心识本体,觉悟通达涅槃彼岸智境,是为般若智境,在心体内实现的菩萨转情识、化无明障之境,其境相内幻而真蕴饱满,能够施诸善巧,依识而转进,成其心识大慈之功;而幻法在回向中荡涤诸虚妄相,拔离苦患,超越俗谛趣向涅槃欣喜,则是大悲的效力。大慈大悲,菩萨唯识所行,充分发挥般若中道的智慧,将佛法本体论导向精神整体性征的转化,体现出中国唯识般若美学的绝妙心理机制。

　　唯识宗的将潜能、可能性向意识现象学的显在性过渡,以及限

①遁伦集撰:《瑜伽论记》卷一七,《大正新修大藏经》第四二册,(台北)新文丰出版股份有限公司 1983 年,第 705 页中。

②窥基:《成唯识论述记》卷五、卷一〇,《大正新修大藏经》第四三册,(台北)新文丰出版股份有限公司 1983 年,第 389 页中、577 页下。

③窥基:《辩中边论述记》卷上,《大正新修大藏经》第四四册,(台北)新文丰出版股份有限公司 1983 年,第 12 页中。

于心识内在性的界域而独具的幻识美韵,其灵思的细腻独到比西方美学的主体内在"自由"、形上绝相的"存在"本体,以及用逻辑范式框定的本体论"prori"美学前提,都要深刻且周延。康德的"自在之物"和"自由"概念,借助想象力实现了价值本体的美学化,但对表象与概念关系的诠释,对情感与自由本质关系的解释,都离开了真实的生活(俗谛),也离开了人的情感的潜能与能动性,从而尽管理性与想象协和,似乎能产生"天才"一般神奇的效力,却是根本不真实的,脱离现实和人生的情状的,因而是不可知也不可实践的。"末那识"与黑格尔美学的"否定"范畴相比较,在促成心理意识的意向转换方面颇为相似,由无而有与由否定到否定之否定,都体现辩证运动的逻辑环节,但黑格尔的逻辑分割是在不断扬弃(异化)中走向理念的感性化的,扬弃的方式取决于向伦理、宗教的纯粹意识的靠拢,实质是对感性多样性的舍弃,其最终的美学形态只能是观念性的逻辑体认。即便在最终逻辑结果里,设定了包含所有的心理运动及其复杂性,都无法替代现实性的心理自觉和美学转化。相比之下,唯识宗在其心理场域通过名言在场的幻化表演,让现实性信仰实践、审美行为以名言替代性方式获得呈现,既强化了主体心性的精神自觉和实践意志,又把外部现实,包括人的意向将要去的方面以精神主控的方式予以承认,建构起强大而饱满的精神现象学美学系统。因此,末那识在唯识宗整个形式结构中至关重要,它标志着由潜在性心体能量向显在性心理幻象审美转化的确立。这样一种心理学美学机制,在西方也只有布伦塔诺曾明确提出。布伦塔诺是心理现象学的始祖,他强调心理完全可以有自己的认知实践对象,这种对象可以不依赖外物以纯粹精神心理的方式存在。但布伦塔诺提出后,西方人没有很好发挥这个观念,包括号称现象学后继者的胡塞尔、海德格尔等人,也都是把心理现象学的逻辑预设转移到"面向事物""时间与存在"等如何以主观方式处理外部的事物、问题,他们不能做到唯识宗末那识这样在心体范围之内的回向呈现,不能做到由本体到本体的呈现都体现主体的精神自觉与建构意志,不能做到不明确强调与外部现实的关联,却在意识的动态机制中含摄外部现实的所有可能性因缘。唯识宗精妙的心理学美学机制,通过阿赖耶识和末那识奠定了美学化的理论基调,般若智慧在其心理的具体施现过程中,人的价值能量和生命存在意志始终作为唯识宗美学的核心价值过程,起着其应有的塑造心魂的作用。

第一至第六识,分别为:眼识(consciousness dependent upon sight)、耳识(consiousness dependent upon sound)、鼻识(consciousness dependent upon smell)、舌识(consciousness dependent upon taste)、身识(consciousness dependent upon touch)、意识(consciousness dependent upon mentation)。身体诸器官眼耳鼻舌和触觉感、动作感何以成为识? 中国美学"物感说"以感于物而动于心的观念诠释,西方美学嗤之以蒙昧不清,唯识宗则主张诸感觉器官皆具识性功能,其中缘由何在?《成唯识论》云:"辩了境能变识相,此识差别总有六种:随六根境种类异故,谓名眼识乃至意识。随根立名具五义故,五谓依发属助如根,虽六识身皆依意转,然随不共立意识名,如五识身无相滥过,或唯依意故名意识,辩识得名心意非例,或名色识乃至法识。随境立名顺识义故,谓于六境了别名识,色等五识唯了色等,法识通能了一切法,或能了别法,独得法识名。"①意思是此六识均为"能变识",即有情于刹那倾其名相变幻,六识俱得末那识转现(藏)其识种子,得到识根的通称为识,六识中前五识都具缘合外境之能,依外而为色的感性触合力,依次为眼色、耳色、鼻色、舌色、身色。意以法为对象而谓法

①护法等造,玄奘译:《成唯识论》卷五,《大正新修大藏经》第三一册,(台北)新文丰出版股份有限公司 1983 年,第 26 页上。

识,与前五识"不共立意识名",但六识依识根已得其名相,并都随缘色、法之能变性了别所对之六境,其中"意识"可了别一切法成为识性,明显高于前五识。至此,由阿赖耶识、末那识而转至六识,形成唯识由内向外回向而外传的完整的能变系统,在六识随境缘色熏习受染和依识回向善根这一方面,共同轨持识的特性,俱能回向识性本体,其依识转相刹那间变相不定,又是六识寄居过程中识根绽生慧的因缘和条件,所谓陷于染境而出乎其境,正是般若中道美学涵义在六识中的细微体现。

从上可知,唯识宗的识性般若美学系统是非常严密的。将美学价值定位于人的心识、心相,实质上规定了心作为能体可改变世界的根本态度,唯识宗对心体的认识推进比三论宗、天台宗更具主体自信力与实践力,有效改造了印度唯识论对识性空性的确认,使之更符合人的心理现实和经验。这样唯识宗般若识性美学系统的识性本体,成为一而三的本体,既空且幻且有,既动且静且成;藏识,既是自相空,又是异熟果、一切识之藏;末那识,既是自相有,又是异熟流、一切识之种;六识既是净染皆具的自相,又是现行识、随境立名的了别识。于是,意识与法相缘而对的刹那,流瀑无间隙,心念如流光浮影,又宛然虚空;识缘境生,可了别独立,可等无间俱起,心相密实,法法皆从众生心性,随俗谛而成就般若中道依法践行的大道至理。唐大圆说:"世法事事增加我相,佛法处处破除我执,斯即世出世法、漏无漏法之大区别。凡我佛子,不可不知者也。盖世法所行,是依本有之我相,向外层层增大;而佛法所修,则就已增大之我相,向内层层缩小,其缩小之状,喻如剥芭蕉,从最外一层剥起,剥至最内而芭蕉无心,即我相,亦了不可得。此剥若以法喻,则最初持戒,是除最外之粗我;次由戒生定,则能除第二次内较细之我;再次由定生慧,则能除更内愈细之我。如是自粗至细,层层除

我,如剥芭蕉剥至最内中空无有,故除我执至内时,亦了不可。"①我
执、法执的去除都是般若智慧的功劳,而由外至内,般若始终贯通唯
识,也始终不粘连于任何一识一法,透明无碍正是般若中道的美学
品性。

三、般若识性的"他者"幻成

　　般若识性美学纳入了"他者"意识。作为唐代开辟有宗路线的佛
教宗派,唯识宗思想深邃、精密,无出其右者,然而在中唐以后影响渐
弱,直至消失。学界认为唯识宗"虽经弟子窥基弘扬,但基本属于印
度原装,还很难被国人消化接受,于是在经过几代传承后,就很快衰
微,至唐末会昌灭佛后,几乎绝迹"②;也有认为,唯识宗衰落是宗教
流派竞争的结果,"及后禅及华严等诸宗勃兴,此宗之教势顿衰"③。
两种说法各依其理,都忽略、否定了唯识与唐代诸宗的联系。汤用彤
却对此看得分明,认为:"玄奘在印所学,虽以《瑜伽》为本,然绝不拘
于一宗义,而有所偏执也。"④玄奘创宗因所学"不拘于一宗义",而能
于唯识中兼容诸学义,致使后继者不仅在唯识宗内部疏解歧出甚多,
"冶唯识者,有唐一代至数十家,并有著书,咸能自道"⑤,而且宗外如
华严、禅宗、净土诸宗,也都借助唯识弘扬本宗,说明唯识义理通过契
经的关键要诀,已经广为各宗领袖深入体味,转而发为别说之机杼。
而玄奘弟子窥基、圆测及灵泰、慧沼、智周、道证、慧观、义寂等人,后

---

①唐大圆:《唯识的科学方法》,唐大圆:《唯识新裁撷汇》,(台中)青莲出版社
　1994年,第6—7页。
②肖永明:《论近现代唯识学系佛学思想的中国意蕴》,《宗教学研究》,1998年第
　1期,第57页。
③黄忏华:《中国佛教史》,吉林人民出版社2013年,第174页。
④汤用彤:《隋唐佛教史稿》,中华书局1982年,第144页。
⑤王恩洋:《中国佛教与唯识学》,宗教文化出版社2003年,第184页。

世人把他们分为两派,都是继承真谛和玄奘的不同路径所致。实际上,后继者诠解的差异原本在玄奘唯识学说中,就蕴有思想的种子,后继者不过各擅其长而已[1]。大体说来,窥基所长在转境为识,识外无境,俗谛从般若识性得解;圆测所长在以三性三无性,相应于化导众生的教与理,摄有而系于象、境,观象而非象超象,使象愈益显著,观境而依境践行,明俗谛境、无性境,真谛从般若无相得解。两人都达到唯识法相的极致。权衡其差别,窥基之说阐明识性生起转化之理,圆测阐明法相归于一乘教理,二人论说虽异,均以"他者"意识立义,使原本内藏的心识绽现出来,绚烂夺目,有力地深化了中国美学关于心性与境相融合的理论,细化了中国美学关于主体心识化转为情、境、意、象晤对的理论,可以说,唯识宗虽然在唐代就消失了,但其理论内蕴已深深转化到中国美学的学理构成之中。

　　窥基和圆测的"他者"意识,表现出"常理"与"偏致"的不同美学

---

[1] 按:山东大学孙幸连博士论文《圆测与窥基唯识思想比较研究》(2008)认为:"印度的唯识思想传到中国,经历了菩提流支、勒耶摩提的地论派,真谛的摄论派和玄奘的法相宗等,形成中国三个派别的唯识思想"(第33页),指出窥基得玄奘法相宗的真传,圆测则"摄取中国、印度新旧二系之唯识",对菩提流支、真谛的思想有批判有继承,进而提出了"独特见地的思想系统",属于新唯识理论占比大的一系。近年学界不乏为圆测翻案之论,孙幸连的博士论文无疑有独到的发现价值。但玄奘创宗属于后出,以其博学通识对菩提流支和真谛并非全然忽视而另出法相新说,盖因学术机缘达到了充分条件,因而能综合诸义而独创宗。因此,唯识宗后来的分化,思想渊源皆与玄奘有关,但诠解的歧异却并非后继者对玄奘与菩提流支、真谛的不同继承所致,而是后继者对玄奘唯识宗各宗其源分挹为流所致,这方面自然以窥基和圆测为代表,但唯识宗观念的分化和流播情形并不如窥基、圆测门徒所记那么简单,汤用彤就指出,窥基、圆测皆宗玄奘而"充为上首",又"玄奘大师传瑜伽、唯识、俱舍,复盛言因明。窥基作《因明入正理论疏》,世号'大疏'。神泰、靖迈、明觉、元晓、圆测、玄应、玄范、利涉、净眼等均著有因明章疏。"(《隋唐佛教史稿》,中华书局1982年,第153页)

趋向。窥基让般若中道贯通三性,三性都显现"他者"意识,俗谛因此
而转识变为胜义。其一曰"遍计所执性",窥基说:"言唯识性略有二
种。一者虚妄,即遍计所执;二者真实,即圆成实。于前唯识性所遣
清净,于后唯识性所证清净。又有二种,一者世俗,即依他起;二者胜
义,即圆成实。于前所断清净,于后所得清净。"①初识自证缘遍计,
本来空却因有我而遣空,得相与见二分,即有了能识与所识这两种分
别。"识体是依他性,转似相、见二分,非无亦依他起"②,"见"转为我
见,"相"转为法相,都有相应的名言命名。因都与"真实"无关,本无
"真我",故谓虚妄假我,依他而性转。在这里,内证的结果是"第七
识"的虚幻诱导,恍惚间识性似有外境相对,故叫作似外境现。第七
识为前六识之根,眼耳鼻舌身等根识受熏习染,缘外境而变生出我
执、法执等假象,即"遍计所执性"的非"他者"无以立,无以入俗谛的
甚深之义。"遍计所执"确定了"见""相"的虚假合理性后,便由此及
彼进一步展开其分别,是为"三性"的第二阶段,曰"依他起性",《摄
大乘论》说:"有能遍计有所遍计,遍计所执自性乃成,此中何者能遍
计? 何者所遍计? 何者遍计所执自性? 当知意识是能遍计,有分别故。
所以者何? 由此意识用自名言熏习为种子,及用一切识名言熏习为种
子,是故意识无边行相分别而转,普于一切分别计,度故名遍计;又依他
起自性名所遍计,又若由此相令依他起自性成所遍计,此中是名遍计所
执自性,由此相者是如此义;复次云何遍计能遍计度? 缘何境界? 取何
相貌? 由何执著? 由何起语? 由何言说? 何所增益? 谓缘名为境,于
依他起自性中取彼相貌,由见执著,由寻起语,由见闻等四种言说而起

①窥基:《成唯识论述记》卷一,《大正新修大藏经》第四三册,(台北)新文丰出版
　股份有限公司 1983 年,第 232 页中。
②窥基:《成唯识论述记》卷一,《大正新修大藏经》第四三册,(台北)新文丰出版
　股份有限公司 1983 年,第 241 页上。

言说,于无义中增益为有,由此遍计能遍计度。"①"依他起自性"指识性自身的安立,来自两方面,一是意识本身有假名言而幻的本性,二是六识受俗谛熏习,两者在末那识至诸识依他而转之间形成杂染性,"末那识"内证而不外显,六识则"见""相"均呈"无边行相分别而转",不仅以"相貌"和"言语"为能为所,而且对所"见""相"进行分别、想象性的"计度"。"诸心、心所,非实有性,依他起故,如幻事等"②,至此,杂染的对象界在"计度"中开显,识性功能演绎其还归真性,如光照之尘埃,晶莹纷纷披落;清流之水,湿润印色相于大地,杂染性识相在动态依转中被赋予"增益"性价值,此际识性的运动"依他"所建,构成"外境"意义,即唯识创成了主体对象化的"境""相"。其三曰"圆成实性",此阶段既与"遍计所执性"的内证虚妄性相对,也与"依他起性"的外境虚妄性相对,因为假的名言和相状都已经建立,识的自性也通过生命、理性的内我自证和经验性、想象性的对象化建构得以巩固建立,对于识性来说,可谓大功告成,能够随心所欲了。然而这两个状态都是"非实"之识性,其与阿赖耶识的联系,都在一种并不透明也不充分自觉的情状中呈自由任运状态,非常需要由虚转实,"圆成实性"就是心性趋归本质的最后环节。窥基说:"清净法为圆成实性也。涅槃,证得各别说故。《摄论》等说阿赖耶识是染、净依,言依他性亦为遍计。圆成,依他依也,依他性本即此识故。"③《摄大乘论》认为圆成实有两种,一种是自性圆成实,二是清净性圆成识。《成唯识论》以"性显二空非圆成

①无著造,玄奘译:《摄大乘论本》卷中,《大正新修大藏经》第三一册,(台北)新文丰出版股份有限公司1983年,第139页中。
②窥基:《成唯识论述记》卷二,《大正新修大藏经》第四三册,(台北)新文丰出版股份有限公司1983年,第292页下。
③窥基:《成唯识论述记》卷四,《大正新修大藏经》第四三册,(台北)新文丰出版股份有限公司1983年,第350页上。

实,真如离有离无性故"①,意思是"我""法"二执虽以空趣为显,亦非究竟圆成,真如解脱的最高境界是"离有离无"。窥基并没有回到《摄大乘论》"心性清净"原旨,但也没有按照中道般若直解"圆成",而是在依他起性阶段,从各种差别化境相的建立,更进一步地建立起"依他性"的识性的果证。这个"他性"(他者)的识性,看似回到"依他",其实识性的证明并非回到大化空有、不即不离的玄义状态,而是回到识性本身的"证涅槃"状态,即识性自性圆满状态。显然窥基确认的识性为"有",并且此"有"归依于涅槃解脱境界,属于圆满而无挂碍的智慧超绝的美学境界。

与窥基的合乎识性自证和涅槃惯常法理的路线不同,圆测素有"法相宗之'异流'"②的美称,他在运用般若中道智慧方面,似乎背离了护法、玄奘的路线,更像龙树遮诠思维的继承者,着力从否定和虚空意识诠解识性。遗憾的是,唯识之体归于"有",这是一个总体的限定,无论遮诠思维运用得多么灵活,达到怎样的极致,只要宣称唯识,就跳不出"有"的总体格局。而能将遮诠和否定思维巧妙用于唯识般若,也着实不简单。就如同从下向上升腾的气流,弥漫扩散,渐至虚无,般若智慧抵达佛法的所有因缘,空性智慧对识性的诠释,总是奇妙地将个别因缘放大,赋予其识性的结构张力和自我回向的超越品质,从而更具美学的融聚性、消解性,令空净为有与否定,超越因缘迭合于同一名言、幻象。因此,从识性般若的美学开拓而言,圆测达到了很难企及的高度。圆测对唯识般若美学注入了特别的思维方式:

(一)般若妙谛在于遣空有而存"他者","他者"即识转所成之

---

①护法等造,玄奘译:《成唯识论》卷八,《大正新修大藏经》第三一册,(台北)新文丰出版股份有限公司 1983 年,第 46 页中。
②劳思光:《新编中国哲学史》二,生活·读书·新知三联书店 2015 年,第 270 页。

性。窥基认为识性的"依他起性"中之"他者"广涉因缘，依他起性则是主体发散的一种主动能力，具有种根和分别力。这种"识性"的生命智慧运动为逆向性倒转，由返"他者"而归"自体"，因此，总的趋向是识性指向"他者"的精细化美学智慧。圆测不然，将"他者"视为"自体"的变异。《解深密经疏·序品第一》云："慈氏菩萨，说真俗而并存；龙猛大士，谈空有而双遣。然则存不违遣，唯识之义弥彰；遣不违存，无相之旨恒立。亦空亦有，顺成二谛之宗。非有非空，契会中道之理。"①意思是"唯识"之义之所以成立，在于对有无"存不违遣""遣不违存"后彰显的亦空亦有、非空非有之义。此"新义"相对于空、有之执，属于识转所成，即彼在性的"他者"，唯有经此双遣才能顺成唯识宗义，也唯有经此"存""遣"契会中道，识性才能依于内在的否定意识确立，可以说恰是否定意识生成了识性之"有"。识性未生是潜在的"他者"，识性生起转而为自身。

（二）圆测的般若否定非绝对否定，而是在否定中有智慧的摄取，所以，"识转"环节即"依他"而立的过程。《解深密经疏·心意识相品第三》讨论唯识"体性"说：

> 言体性者，且依三义。一约三性；二约三科；三依法数。若依三性，分别八识，一一此通三性，摄妄皈真，皆真如故，托因缘起，皆名依他；随执情有，是所执性。
>
> 三科出体，五蕴门中，八识皆用识蕴为体，十二处中皆意处摄，皆有无间灭依义故。十八界中，前五种识，一一皆用自识界及意界一分为体，第六七八三识，一一皆用意识及意界少分，以为自性。②

---

① 圆测：《解深密经疏》卷一，《新编卍续藏经》第三四册，（台北）新文丰出版股份有限公司 1995 年，第 582 页上。

② 圆测：《解深密经疏》卷三，《新编卍续藏经》第三四册，（台北）新文丰出版股份有限公司 1995 年，第 721 页上—下。

一而三,由三性而及三无性。"三无性"与"遍计所执""依他起"和"圆成实"相对,亦与善、恶、无记三性相对,还与空、假、中三义相对。唯识具三性,这是各家都讨论的话题,唯独由三无自性到三自性,抑或相反,由三自性到三无自性,却是有不同的主张,反映出唯识般若美学趣味的根本差异。就圆测来说,他认为当先明三自性。那么,三自性依何建立?当是在触涉诸因缘时生起名言,名言涉有,遣之而为假有,则摄其有而皈真;同时,以遍计妄执为幻,必遣其妄而摄其空性,折合则为非有非空,亦有亦空,真如之性于是建立,是为所执之遍计性。此性有名而虚妄,故需约以八识融通三性之细微处,才能获得种种见相分别。"相",指意识的对象境,"见",指意识的自性能,两者都从意识自身析出,于是,见为识可转似外境,相不离识依识成其内在身份(具识性)。"依他"环节,识性借境、相之假体呈现和展开;因为有了这种展开,因缘法数广为涉及,法法归真,圆成其实性。到这个环节,原本欲要度脱的正觉反成为自性的反转,即以三无性而为无自性之性,圆成其实性,终究归结为纯粹的实体识性。我们看到,在约以贯通三性、三科和法数的过程中,双遣是一以贯之始终的,也便意味着中道智慧是贯穿始终的,而双遣的否定性与"三性为本"的先明先立,则是对识性本质、功能、效应渐次深化的体认,即而不即,妙合而离执,转见、相分而终至无相之旨。圆测把中国美学的否定性发挥到极致,使般若智慧超常运作,置之死地而不死,行之绝地而感通,又仿佛利刃刺月,巨斧劈山,日月倒悬,自映其镜;犀利通透,彻细无痕,正所谓自为于为他向度,依他起而自转生,唯识般若创境的最高境界原来就在识性本身。

　　(三)"象"与"境"的识性衍出。圆测的唯识学对印度佛学,包括瑜伽唯识学有契合根本法理的体悟,因而始终注重"识"的功能、意义,但他的学说之所以显得偏锋独到,在于能够跳出唯识而谈识,因而对于印度佛学的其他源流,包括原始佛教、部派佛教以及大乘佛教各家的论说,都能有所继承又别有发挥,这种"转益多师"又独出机杼的态度同样也适用于对待中国佛教唯识宗的主要倡导者,主要表现在对待真谛和玄奘,都各有所取又各有所遣。"圆测一方面承玄奘之学,另一方面又尊奉早期佛性如来藏经典以及瑜伽行学中无为依唯识性质的经典。"①在融合真谛和玄奘唯识学方面,圆测做了很多努力,但很多见解是他本人独出机杼的创新成果,因此缘故,才被后世误解为法相宗的"异流"。那么,圆测个人独创的见解主要在哪方面呢? 我们认为,正是圆测打破了"识外无境""识外无象"的唯识通则,对"假有""依他性"等从"境""象"自成和"超象而成于象"的角度给予了崭新的诠释,甚至可以说,圆测是明确提出"象"这一概念,明确主张"识外有境""识外有象"的第一人,"识"外的"境""象"因其更切近真如法身,才真能传达法性的自性,即所谓离自性而得自性。圆测说:

> 真性甚深,超众象而为象;圆音秘密,布群言而不言。斯乃即言而言亡,非象而象著。理虽寂而可谈,即言而言亡。言虽弘而无说,故嘿不二于丈室;可谈,故辨三性于净宫。②

超象而为象,即言而言亡,非象而象著……所表达的都是识与象不离,但象需要在超越现有之识的境遇获得更为超妙的"象"来呈现"真性"之意。这样一说,赋予了象、境以相对于识外可独存的美学意义,即在"识"外,才能超象;言外,即与名言死死捆绑在一起

①周贵华:《圆测对〈解深密经〉有无说之诠释》,《浙江树人大学学报》(人文社会科学版),2011 年第 3 期,第 62 页。
②圆测:《解深密经疏》卷一,《新编卍续藏经》第三四册,(台北)新文丰出版股份有限公司 1995 年,第 582 页上。

的识"亡"了,言才能更好地保存下来,所谓"非象而象著"的逆向式、否定性路线凸显肯定性意义的思路,在这里被表达得非常明确。

这种思想经过唯识所变的观念强化,就愈益凸显了境、象为幻的价值和意义,使唯识理论的美学性愈发显著。因为"理实无有当名实法,但如幻等"①,"理"作为世间、出世间的识性、智性所表,可以形成般若绝顶的智境,那是一种"涅槃"意义的化境,至虚无集,唯取理的玄义而成。更多情况下,唯识要立于世间又出离世间,缘识自变似诸法义,就在世间因缘中构成了境、象生成的根据。对境、象的重视,使圆测的唯识论更像是用中国美学来诠释瑜伽唯识理论,因为,境、象不仅是因缘生成的基础,而且是转化超越的条件,更是契合法相真性的终极。圆测视其为"圆音""甚深""秘密",是充分体验到识外之境、象的美学独立意义的。

总之,唯识宗虽然体现了对印度佛教原旨最好的传承,但这种秉承毕竟是中国化了。唯识宗空前地丰富和细化了中国人的审美心理,深化了中国美学的主体意识,在唯识宗的理论带动之下,中国人对待情感的方式、运用直觉创造艺术的方式,都发生了根本的改变。最典型的表现是将直观性的形象或通过感受直接主体化的意象,转化到了更具美学深度的审美意象与情感论方面,而由意象和情感带动的精神狂飙,又进一步催生了唐代中叶的古典现代性运动,不仅在诗文书画中贯注以饱满的般若美学建构,而且把般若智慧更有效地用于人的主体性的否定性建构,不啻把美学导入又一种精神历险的境地。

---

① 圆测:《解深密经疏》卷二,《新编卍续藏经》第三四册,(台北)新文丰出版股份有限公司 1995 年,第 652 页下。

第四节 般若理想美学体系

一、华严宗的般若美学理想

在唯识宗建立心理学意义主体逻辑的同时，华严宗也赢得了自身理论体系成熟的大好转机。华严宗早在隋代就已经提出基本观念，但在三论宗、天台宗和唯识宗活跃的时期，并没有找到拓展自身理论根蕴的契机。"法界"概念由法顺提出时，关于空的认识还停留在因缘和合无自性体，唯以空性为本含摄真俗二谛的境界。般若识性以空性为体，具有摄受无与有，将之纳入玄学化空性本体之趣，当此际诸法因缘都在"悟"中存活，并无法界对象可论，此可谓华严宗初现端倪，尚不具备生长的土壤和气候。天台宗与空性的般若对接，开启了中国美学的"性空"（直觉智慧）个性化存在方式。由于佛经传输的方便，三论宗和天台宗共同的资源源源译入，从而三论宗得以从外围为天台宗廓清迷雾，使三乘归于一乘，妙法生于二谛弥合之间；天台宗则做足内家功夫，不仅让性空成为本体，而且作为生命智慧为中国其他宗系佛教提供了生力源泉，这中间自然包括华严宗。但华严宗在隋代，包括在唐初，依然不能得到很好的发展，一个根本的限制是法界作为佛法对象化概念，其立法的深意很难通过现象学的玄想观照和对象化的心性自证得到表达——法界既不是一个"断法"的静态概念，也不是一个"常法"的先在概念，它是代表大乘佛教"行自在"的生命概念。这与天台宗的"直觉"思维方式及其依然带有浓重的"悟"式痕迹类似，在生命理想无由寄托，找不到合适表达自身的概念时，就还不能很好融合，因此华严宗在隋、唐初并没有找到让生命主体依托于法界、自在而行促成思想系统的动机和途径。但文化和理论的场域拓展使不同群体、阶层的身心意识发生裂变,借助唐代对儒道释并不明显的厚此薄彼政策和六朝以来重拾信仰的世道人心,人们对理想的期待渐为炽热,不仅寄托在生活和社会实践中,而且渴望以理论方式投射出去,这就给华严宗美学理想的产生提供了契机。当时的时代背景和趋势,对精神昂扬、向外拓举形成有利的氛围,探险精神和美好情怀并行不悖,从而不独华严宗,也有别的佛教宗派也倡扬理想,如净土宗便以佛国净土、以阿弥陀佛自证"法界""不死",表达修道理想。对净土宗,有学者认为阿弥陀佛的语义所表达的就是"不死""甘露"的思想:"就'不死、甘露'的语原看,巴利语的 Amatam amadam 梵语是 Amrita。消除 Amrita 的动词 r,剩下动词 i,便成了另外 Amita 的语句,这是一个俗语的语句。这样的转讹,原是合理的变化。况巴利语的 Amita 又极似;由此两者的混同,而俗化成 Amata 一语,这当是首肯的。因此,'不死''甘露'的意义,乃是意味着佛陀自内证的无量寿,所谓'体现了不死、甘露为之佛陀',这原是表征自内证底内容的,于是,便以 Amrita-Buddha = Amita-Buddha(阿弥陀佛)的名义,而附予尊称之。"[1]"不死"之西方净土世界,用"南无阿弥陀佛"声念修持自证,把神圣的信仰关系——由此岸到彼岸——拉到几乎零距离状态,这样极简而纯粹的理想化设置,阿弥陀佛的象征式寄托与声念修持便捷的自证自悟,都在理念和操演方式上,把生命理想还原到类似巫术祭祀的发愿、许诺和祈拜模式上。对佛教的改造甚至比天台宗的直觉还要直观和简化,其净土信仰的内证虽然很庄重,也很严格,充满慈悲、庄严、华美、寂静、喜乐色彩,但所采用的异化"神性"对象化投射基本上取消了主体的主动努力,以便"按照一个无穷无尽的不断重复的范式,在魔幻—宗教性'力量'

---

[1] 澹思:《阿弥陀佛的起源》,张曼涛主编:《净土思想论集》一,净土宗专集之三,(台北)大乘文化出版社 1978 年,第 122 页。

的范围之内再次找到了誓言的力量与效力"①。净土宗生命理想的感召力量和实现方式,显然存在严重的不足,主要表现在主体思想建构性的不足,因为其理想表达适合数量广大的俗界众生,却很难表达佛教的深度理想,尤其很难把中国知识阶层的生命情怀和复杂意识寄寓在里面,华严宗则在思想理论建构意义上,满足了这方面的时代需要。

汲取异域思想资源完成美学思想的系统化改造,并非简单地由主体主动精神、主动意志的选择就能完成。华严宗发展初期未能实现理论建构的对象化主体选择,上面所述世俗层面的需求过于强烈,导致士人的追求暂时不能抢占主导位置是一层原因;还有一层是士的历史文化积淀,也让他们不愿简单地采取对象化的或以客体对象为精神载体的思想表达方式,这在传统美学轨迹里并没有深厚的记忆,因此,或许净土宗被俗界众生所择,并非净土宗本身的缘故,主要还是文化氛围、趋势尚不具备充分条件,主体意愿尚未能充分自觉的缘故。而事实也表明,净土宗虽然在中国未能被广大的士人知识分子所采信,可还是以自己的对象化法界理想建构方式在中国建立,并在五百多年以后被日本僧人法然从唐代僧人善导那里学得真法,从《观经疏》受到启发,带回日本建立起净土宗。并且,法然依据《观经疏》"二河黑白道"②,将"西方乐土"譬喻衍生为图解方式,形成日本式的净土宗理论范式与美学实践体系。法然对净土宗的开悟和图解性转换,证明了净土宗也并非只能为俗界大众所用,也一样可以形成

①吉奥乔·阿甘本著,蓝江译:《语言的圣礼:誓言考古学》("神圣人"Ⅱ,3),重庆大学出版社2016年,第28页。
②按:比喻阿弥陀佛的接引和释迦佛的发遣,由水火二河和白道的交织,演示人生在善恶面前的生命抉择,通过西方净土的灿烂景观,宣示了自主净土愿力的修证与实现。

深度的理论系统。不过,这种图像性的、显明客体化的净土宗思想系统,终究为中国人所不取,因此,从初盛唐至中唐,中国的净土宗执守的一直是比较原始的信仰方式,般若美学理想在这种智慧方式中只能以"神圣誓言"的方式释放,无从积极主动地建构起净土理想的美学理论体系和话语。

唐中叶时期,华严宗具备了建构主体论美学理想的各种条件,般若意识将潜在的主体性调动为积极的在场的主体性,得以从华严法相着手建立系统的华严宗美学体系。华严宗美学主体意识所体现的般若圆满性,主要包括:其一,般若识性足以强大到能够控御主体对象化的"施设"形态。般若识性拥有般若本体,即佛性、法性、心性等构成美学价值的根底;般若识性同时是能,在更多情况下不是从本心出发,而是借助已有的思想因缘(增上缘)发挥效能,般若识性或能接近般若本体,却不能将般若本体转化为能发射出去。华严宗法藏则具备了强大的般若识性,能有效地将基于心性本体的法性转化为法相(可显性地存在的能),从主体位置向对象化的客体位置投射。其二,般若幻相具备了因体合缘的法性特质。"幻相"是因缘,是空、假、中,这是三论宗认识到的;幻相是心相的衍变,犹如莲花绽放,唯有旋转陀罗尼的总持才能体现其法性真义,这是天台宗强调的"心性"直觉幻化的生蕴;幻相为识缘,依他识而起,其种子在阿赖耶识里属于藏识,还是不能摆脱自身为"飘浮的流云",并不具备法雨的真境真性,这是唯识宗对法性自体设置的"藏"性。但到法藏那里,"幻相"被赋予了"法性"的"相体"涵义,是为真正可以自生其相、自变其状、自足其成的性体和能体。东方美在《华严宗哲学》一书中谈到法藏对华严宗的贡献,用"同体相入"概括"体性"作为"法相"的自摄能体之"一多"现象,而这恰是幻相被赋予了法相的体与能的情况。方东美说:"法藏大师此地所谓的'同体相入'的这个'同体',并不是广泛意义的'同体',譬如像'色体'也是'体',也可以由异化为同;又如'心体'也是'体',也可以由异化为同。此地所谓'体',是指佛性的'体'。""就是要把那个从作用上看起来的'无穷佛性'当做 supreme energy(究极的能力),产生的 infinite function(无限的作用)。那么对其他的一切 material function(身体的作用)、mental function(心灵的作用),一直到对其他的 kinds of functions(有情众生的作用),都是从这个 infinite function 的里面产生出来的。然后再就体质这一方面看起来,以这种佛性为无穷的体质,然后就说 material phenomenon(身体的现象)是这个佛性的 partial manifestation(局部表明)。"①其三,般若的解脱意旨展示为心魂精神的博大气度,根本超越了以往般若信仰意识的大小乘比较与自他度权衡。方立天《华严金师子章评述》指出,法藏"力图缩短佛境与现世、佛与众生的距离",其"论述理事无碍,本体与现象圆融,事事无碍,任何一个东西都包括一切东西",揭示了"世俗生活和宗教生活、尘世污土和涅槃境界、此岸世界和彼岸世界不是截然脱节,而是互融无碍的,从而使人们对于进入涅槃境界有一种渴望似乎又可及的安慰"②。把两个世界一体化,这是华严宗理论的殊胜方面,但方立天以华严佛境理论为进入涅槃而得到的安慰则未免消极,因为从法藏始即转入心体能量的主动喷射,使主体性的在"我"一极的"有",通过这种华严法界的佛土想象性建构,异常华丽庄严地建立起来,树立的是主体心性的对象化世界,是人的本质力量的理想化投射。在华严宗建构的佛土世界中,自在蕴藏着主体心性的精神与气度,客体对象化世界是主体性的彰显,是那个时期中国人文主体精神对象化投射所实现的一种自在自由表达。

---

①方东美:《华严宗哲学》,(台北)黎明文化事业股份有限公司1981年,第495页。
②方立天:《华严金师子章评述》,法藏著,方立天校释:《华严金师子章校释》,中华书局1983年,第31页。

二、般若理想的"客体化"集合

　　华严宗的美学理论建构,是般若对涅槃、中观、唯识佛学和中国易、儒、道诸说给予综合处理的产物,具有很强的智慧集合性。本来中国美学发展至魏晋,已经就宇宙论、情志论、感应论等形成美学的系统整合,并以玄学化为其表征,经过又四百年左右的佛教智慧的浸渗,本土的理论综合方式更得到般若识性的浇灌,能自主从事美学理论的思想、体系、结构和观念的精密化设计。这对中国美学无疑是一个质的飞跃性进步,意味着中国人不仅在社会、文化意识的总体觉醒过程中,更自觉地以哲学、宗教的审美意识催醒过去拘囿于伦理审美的状态,而且在把人性纳入般若识性进行智性反思的同时,对自身的存在及未来的命运也能够运用细密精致的策划,通过推进理论范式来确定人生的整体发展质量。在这个过程中,佛法理蕴通过"法界"范畴实现心性蕴涵的客观化转向,让人们对理想的期冀尽可能以现实化的人性、世情、俗务诸因缘"合以成德"的果报面目出现,实现客观上人文意涵的主体性提升和现实情感与境遇的对象化释放,这样一种"华丽转身"的美学效应在整个中国古典时期是不可多得的典范和极致,华严宗的理想化、客观化的般若"法界"设计,对中国美学的理论发展具有特别重要的价值。

　　"法界",梵语 dharmadhātu,由"法"(dharma)与界(dhātu)合成。法界与般若的因缘,本来在中印美学都是一个短板。中国美学重感受、感应,强调主体视点的流动和对对象轮廓的线性勾描,这种观察认知方式是比较主观的,因而很缺乏一种客观认知对象体的专注和精细雕镂的精神。印度美学重幻想、想象,重视在颠倒的宇宙、自然,亦包括社会与人的关系中人的"色受想行识"的位置和作用,因而很缺乏一种现实地把握人、自然、宇宙和社会的严谨务实的实践态度。因是缘故,印度美学的智慧、智性、识性、意念等的主体观念构想,对对象性概念每每缺乏"面""网络"的客观化编织,即使有时涉及经验性的存在也常常基于主体的"智力间歇"而获得"次生的"客观性空间,终究不能在整体系统占据决定性位置和角色。这个美学"短板"通过六朝判教的知识论整合,特别是隋以来佛教各宗的理论系统化建设,逐渐地得到了很大的改善,一方面,般若与"法性""涅槃"的因缘越来越紧密,另一方面,中国美学自身也在知识论整合大潮中,有力地将宗法、伦理和审美的因袭传承用客观化的佛法理念或其他玄学观念呈现出来,于是,导致华严宗体系内部的"法界"概念的集合性越来越强,终于将这一范畴演化为华严宗美学的核心范畴。

(一)华严宗确立了自身宗脉谱系的中国化统绪。华严宗宗脉谱系有"十祖""七祖""五祖"等不同说法,反映了华严思想对印度宗谱的"回认"存在差异,但在涉及中国方面时则无一例外要提到"杜顺、智俨、法藏、澄观、宗密"等,将他们奉为中国的五祖。而"十祖说"中印度的普贤、文殊、马鸣、龙树、世亲,还有"七祖说"中马鸣、龙树差别甚大,说明在印度法理的追寻上不仅很难统一,也缺少稍微清晰的认识。但思想创始人和宗主的确立对一门宗系的思想理论至关重要,意味着该宗系的理论格局是由这些重要人物奠定的,然而华严系印度方面的重要思想家,有的还被中国人视为不可信的、不真实的人物。例如"十祖说"中马鸣的出身一直是难解之谜,将这样真伪难辨的人物和 2 世纪以后的论主龙树、世亲以及普贤、文殊菩萨拼在一起,本身就是不严肃的,愈发反衬了中国思想家的权威性与作为"立范者"的客观地位。这样,华严宗脉谱系就从杜顺、智俨、法藏、澄观、宗密等依次排定,构成庄重的中国华严宗思想家、理论家统绪。

(二)华严宗《华严经》的"法界"概念,具有跨越时空的高度集合性。一方面,中印思想透过这个概念得到充分的聚焦和释放;另一方面,自佛教传入中国,思想家们不断开拓的修道智慧通过它得到了表达。《六十华严》中般若智慧的主体性向客体一极移位,构成《华严

经》(《八十华严》)的基础。《六十华严》译出时间在晋义熙十四年
(418)三月十日至元熙二年(421)六月十日,译者为佛驮跋陀罗,助
译法业等①。这是鸠摩罗什翻译的般若经大量推出后最重要的佛经
之一,最初没有引起注意,就像在印度曾作为秘籍不外传——思想殊
深一时不能广被理解,在中国也少有人能理解,鸠摩罗什注重推广般
若经,注重方等般若空性而强调"法性""智性",但他理解的"法性"
是"大而空"的,偏向于宇宙客体的,这种客体性当然与《华严经》不
同,他并不能够理解。《六十华严》翻译时,助译法业对华严主体性向
客体迁移的倾向有所意识,著有《止归》二卷,惜不传。日本学者木村
清孝就此说:"他所亲近承仕的《六十华严》翻译者——佛驮跋陀罗,
相当清楚的《华严经》思想的主体化,可被承认之事,也是不可忘记
的。据《高僧传》,他承袭无自性空,提倡了'一微'和'众微'的缘起
关系。此思想可说是,包含了与其后华严教学的法界缘起说,在本质
上是相连续的内涵。"②围绕着"法界"概念,《六十华严》的名相随各
品的敷演而扩大,并逐渐形成"客体化"堆积态势。第一品《世间净
眼品》首开"入法门而得自在",以般若智慧眼观一切佛境界,体悟

①按:其事见于《出三藏记集》(释僧祐撰,苏晋仁、萧炼子点校:《出三藏记集》卷
　九,中华书局1995年,第320页)和《华严经搜玄记》〔智俨述:《大方广佛华严
　经搜玄分齐通智方轨》卷一,《大正新修大藏经》第三五册,(台北)新文丰出版
　股份有限公司1983年,第13页上一中〕。
②木村清孝著,李惠英译:《中国华严思想史》,(台北)东大图书股份有限公司
　1996年,第36页。按:"一微"和"众微"的关系,是《高僧传》卷二《佛驮跋陀
　罗传》鸠摩罗什与群师就"玄微"问题所对答,焦点是:众微成色,色无自性故
　空,以析微破色空,则一微、众微何所置。争议大意:"什问曰:'法云何空?'答
　曰:'众微成色,色无自性故,虽色常空。'又问:'既以极微破色空,复云何破
　微?'答曰:'群师或破析一微,我意谓不尔。'又问:'微是常耶?'答曰:'以一微
　故众微空,以众微故一微空。'时宝云译出此语,不解其意,道俗咸谓贤之所
　计,微尘是常。余日长安学僧复请更释,贤曰:'夫法不自生,缘会(转下页注)

无所依妙法界得诸法实相。这是"法界"概念最初的产生，原义从主体愿行和志力的"无所依而如来身相悉满"立意，导向"法"的客体轨持性存在。继而延递道、行、果位的修道而将其他范畴、概念纳入，令其皆聚合于"法界"相位之中。如"行"衍化出菩萨"承佛神力"的慈悲现行，令"众生转胜清净功德法门而得自救"。"法界"提摄诸般若主体范畴，在菩萨自在行中将之客观化，如"清净""慈悲""幻""化""苦""乐""智""无性""无垢""无量""精气""生气""趣""遍照""境界"等，彼此相互交迭，错综复合，曲折关联，构成逐一相对的意义域，进而又更新生成下一级概念。譬如"卢舍那佛"以"海"喻"法"，形容有"佛地""佛境界""佛持""佛行""佛力""佛无畏""佛三昧""佛自在""佛六根""佛智海""世界海""众生海""方便海""波罗蜜海""法门海""化身海""佛名号海""佛寿量海""菩萨所修行海"等广大无边的"法界"概念，使"佛海"的无性自在消解静寂意义，时时"震动"和"涌起"：

　　莲华藏庄严世界海，六种十八相震动。所谓：动、遍动、等遍动；起、遍起、等遍起；觉、遍觉、等遍觉；震、遍震、等遍震；吼、遍吼、等遍吼；涌、遍涌、等遍涌。①

　　描述"震动"的细微概念烘托出佛法性海的华丽庄严。《菩萨十

（接上页注）故生。缘一微故有众微，微无自性，则为空矣。宁可言不破一微，常而不空乎.'此是问答之大意也。"〔《大正新修大藏经》第五○册，（台北）新文丰出版股份有限公司 1983 年，第 335 页上〕从《高僧传》，对一微与众微关系继承者是佛驮跋陀罗（Buddhabhadra），但据木村清孝说，法业才是华严教学的重要人物，也是华严最早的研究者，那么，法界缘起的理解应从法业开始。法业之后有求那跋陀罗（Guṇabhadra）、玄畅、刘谦之等人。
①佛驮跋陀罗译：《大方广佛华严经》卷二，《大正新修大藏经》第九册，（台北）新文丰出版股份有限公司 1983 年，第 405 页上。

住品》还用建构性的美学话语将菩萨主体的行愿化为众生的"发心",称菩萨"于一切众生发十种心",包括:大慈心、大悲心、乐心、安住心、欢喜心、度众生心、守护众生心、我所心、师心、如来心,心性入住法界,菩萨化为众生,菩萨心、众生心凝合为法界道心,遂产生修道的巨大力量!《六十华严》的"法界"蕴涵的集合并非预先设计的结果,而是在生成中逐渐获得加持。《明法品》便在"清净心行,一切如来力无所畏"基点上加持《十行品》《十地品》《十明品》《十忍品》等智慧妙法,以提升法界的道力境界。实际陈述时,每一品的境界都呈明"法界"的特殊方面,不同的界品承载不同的意蕴,实际上是集合吸收了各部派佛经的意蕴。而有的范畴无论是否新出,都依法界从解别赋新意。如《十地品》本来南北朝时就译出来了,但在《华严经》里"十地",即"欢喜地""离垢地""明地""焰地""难胜地""现前地""远行地""不动地""善慧地""法云地"等呈现的是"华严世界","十地"的渐、顿要义要从华严法界得到解释。通过融摄般若、涅槃、中观、唯识的佛法概念和范畴,《六十华严》体现出繁复而精妙的美学设计,集信力、智慧、情感、意志和不可思议于法界妙境,显示了主体性的客体化生成,具有潜能转化为理想、理想可转化为现实的无限可能性!

在《六十华严》中得到表述的思想,在《八十华严》《四十华严》获得进一步丰富和完善,并且在"法界"理想面向世俗的实践涵义方面更加集中和明确起来。《六十华严》共"七处八会",《八十华严》为"七处九会",最后《入法界品》多达二十卷,由释迦牟尼示现顿法,让普贤、文殊菩萨和百城善知识"为善财童子说明渐证法界"。其中有关善财童子五十三参中摩耶夫人至弥勒菩萨十一位善知识(四十一至五十一)的相关文字是梵本中原来没有的。《四十华严》更是完全补充了新的内容,故《四十华严》又名《普贤行愿品》,最初作为南天竺乌荼国国王师子王遣使向唐王朝的献书,题名《大方广佛华严经百千偈中所说,善财童子亲近承事佛刹极微尘数善知识行中,五十五圣者善知识,入不思议解脱境界普贤行愿品》,此经译出后与《六十华严》《八十华严》相合形成完整系列。这样《八十华严》《四十华严》在善财童子参访普贤与众多善知识,以及普贤行愿的内容方面,就充分体现了以普贤统摄华严、以"法界"摄受诸蕴涵的宗旨,况且两经均在唐代译出,因而深受华严宗后继者重视。法藏对《华严经》及其主体性移位客观化的般若"幻归"特质,也通过《华严经》从六十到八十、四十的集中融摄有了更自觉的认识,促使华严宗在法藏的推动下再度得到更大的改观。

(三)华严宗建立了理想美学的理论网络。法藏的贡献在于把般若的主体性理想和美学价值观念,以客体化的理论网络建立起来。中国美学在隋唐以前缺少严密的客体化理论系统。《周易》是以"卦象"为织点的展开,主观性和推导性成分居主;诸子理性以主体感悟类比事理,客体性不能形成完整系统;汉代经学有主体意志的客观化倾向,惜对象化的客体形态为宇宙论式的思维和结构;玄学的本体"集义"使理论高度辐辏,观念价值的逻辑函值不取决于客体事理和世运,而且理论构成的网络化程度也不够高……所以,就美学的理论化、系统化程度衡量,还是要轮到佛学形态的美学了。在这方面华严宗之前的各宗尽管各成其理论系统,但三论宗、天台宗具有鲜明的玄学主观化特征,唯识宗聚焦主体性的分析。一方面各宗在客体化方面不突出、不典型或者不具备。另一方面就系统性程度而言,三论宗着重于与其他佛乘的比较,依空性展开的逻辑还不够充实;天台宗的直觉系统比较大,形成了独特的思想场域,但"十如是""十法界"呈明的是心体及心体能量的绽出,并没有实现客体化,其"法界""六即"和"止观"等范畴还带有浓重的"易思维"以象为织的痕迹。所以,要论客体化及系统性而言,只有华严宗最具代表性了。但华严宗的系统性也是在法藏手上才获得空前的综合。此前杜顺提出"法界

观门",设定"真空观""理事无碍观""周遍含容观"的三重观门,用
"一乘十玄门"统法理教行,著有《法界观门》《五教心观》两部著作,
体现出理论融摄"理事"的客体化和系统性倾向,到智俨具体化为
"四分""毗昙""成实""地持""十地""般若""涅槃"等理论分支,深
化了华严宗的理论系统,但显得还是有点分散。而法藏综合了之前
的华严宗诸师,还有唯识宗、天台宗、禅宗的般若智慧成果,撰写了大
量关于华严的佛学著述,包括《华严旨归》(一卷)、《华严纲目》(一
卷)、《华严五教章》〔又名《华严教分记》、《华严一乘教义分齐章》
(三卷)又(四卷)〕、《华严经探玄记》(二十卷)、《玄义章等杂义》(一
卷)、《起信论义记》〔二卷(五卷)〕、《华严三昧观》(一卷)、《华藏世
界观》(一篇)、《妄尽还源观》(一篇)、《华严传》(五卷)、《楞伽疏》
(未详卷数)、《密严经疏》(四卷)、《金师子章》(一篇)、《般若心经
疏》(一卷)、《普贤观》(一卷)、《色空观》(一卷)、《法界义海》(二
卷)、《寄海东华严大德书》〔一卷(义天录)〕、《华严问答》(二卷)、
《华严三教对辨悬谈》(一卷)、《华严唯识章》(一卷)、《华严游心法
界记》(一卷)、《华严发菩提心章》(一卷)、《华严经关脉义记》(一
卷)①等约三十余部百余卷。在这些著述中,法藏对华严宗的理论体
系进行了全面的阐述②,以般若美学的智慧视角组织起严密的华严

---

① 按:日本学者木村清孝指出可以确指为法藏所著的约三十余部〔木村清孝著,
　　李惠英译:《中国华严思想史》,(台北)东大图书股份有限公司1996年,第113
　　页〕,无碍《华严宗成立史》一文称法藏"所著《探玄记》《五教章》《问答》《旨
　　归》等三十余部百余卷"〔张曼涛主编:《华严宗之判教及其发展》华严学专集
　　之三,(台北)大乘文化出版社1978年,第233页〕。
② 按:魏道儒《中国华严宗通史》认为智俨"在吸收慧光以来华严学发展成果基
　　础上,融会当时各派学说,基本完成了华严宗学说体系的整体框架"(凤凰出
　　版社2008年,第108页),而法藏"是从注解晋译《华严》到注解唐译《华严》
　　的过渡人物"(凤凰出版社2008年,第124页),著作虽多,却重(转下页注)

宗理论网络。法藏之后澄观和宗密继承法藏的教学和诠释路线，注重梳理法源，标立正宗，兼采诸宗，探赜决疑，发掘幽趣；更有李通玄在智俨、法藏之外，"取象表法"，别创一帜，让华严宗与易学、儒学形成紧密的法理呼应，意味着在客体化这一极向的理论创构上，华严宗对中国文化和中国美学的客体化体系建构，已达到相当成熟、不可替代的理论高度。

三、华严理想美学的重要命题

　　华严宗的主体心性客体化与建立般若理想美学的对象形态，在唐代中叶是真正地实现了。这个所谓般若的理想，即心体及其能量的对象化投射所形成的形态，与纯然客观的外在形态不同，因缘于主体的识性、情志和想象等而产生；其不是为了响应或附和佛教流行的盛况而将佛教关于信仰的誓言、修道体验和各种神奇想象以饱满生动的方式再现出来——显然不是，因为宗教信仰可以夸张，可以超越世俗成为奇迹，奇迹则是"超出人们所能运用于自然力量的手段之外的一种作用"①，而是在陈述其理想性时，缘于主体的现实动机、感受和想象而为，并不热衷于"纯粹的"思想状态。唐君毅对菩萨"上天入地"的精神观照与作为有很好的概括，认为：一方面，菩萨是"观照凌虚"与"感觉互摄"的统一，因为要"拔苦与

（接上页注）复严重，"形成脉络和主要特色的著作有《探玄记》《五教章》《华严问答》《华严旨归》《妄尽还源观》等"（凤凰出版社 2008 年，第 128 页）。魏道儒看智俨高于法藏，主要基于智俨构建华严体系的骨架而言，对此笔者不能苟同，因为华严构架早在法顺（杜顺）便已提出，智俨则是从判五教而归一乘实践教义，展开了"法界缘起"的涵义，他属于法顺到法藏的过渡人物，法藏的"法界"理论系统标志着客体化理论系统的形成，这不单是"一乘教化"的核心，更是中古后期美学主体性对象化建构的理论高峰。
①帕斯卡尔著，何兆武译：《思想录》，商务印书馆 1985 年，第 400 页。

乐""悲悯有情",所以要有主观→客观的观念、作为"自觉其感觉所对之万物散殊之世界,乃为此能自觉其感觉之心之所统摄,而更视一切客观的万物,亦各为一感觉主体,能互相感觉以相摄,而相互呈现者,在观照凌虚境中,则于一切类事物之性相、关系等意义,皆将视为此观照的心灵所统摄"[1];另一方面,"理想美学"的对象形态本来就是情志迸射的产物,而在综合前期佛法空性与中国美学主体论基础上完成的体系建构,必然在吸收不同文化性、相方面显示出空前的融摄力与创造力,而唐代佛教各宗的美学以华严宗的体系构成最为复杂,不仅将印度佛学的小乘、部派和大乘佛教的种种妙说都攒入其中,而且对中国文化的巫术、易学、儒学和其他杂学,也有不同程度的糅合。方东美在研究《华严宗》亦宗教亦哲学的内涵时,对其展现的精神领域的价值有一很好的阐释,对心性主体的能动建构与严密的客体化网络的形成,从人的精神及其实践统一性上作出概括:

　　　　《华严经》的这一种宗教,它就是要提出 Kataka Tapical Buddha(毗卢遮那佛)当做世界主——物质世界主、生命世界主、正觉世间(就是精神世界)主。

　　　　所谓"正觉世间"就是一个精神领域的总体,而在这个精神领域的总体里面,要把世界上面一切人的愿望、一切人理想,都提升成为最高的价值。而这个价值的完全实现,首先要实现于精神主体——即各时代的佛。再由各时代的佛各自引导他们的信徒、菩萨、大菩萨等,面对着世界,先提升器世界里面物质存在的价值,使它变成为生命,再提升各种生命里面的价值变做为精

---

[1]唐君毅:《生命存在与心灵境界》,河北教育出版社1996年,第272页。

神理想。①

方东美的这段话强调了由物质世界主到有情生命世界主，再到正觉世间主的提升过程，意味着华严宗在"精神领域"展开的"精神理想"，涉及不同的层级、形态，都有相应的范畴、概念，相对于天台宗和唯识宗，这些范畴和概念是精神理想的"对象化投射"，是以"法界"作为范畴和概念的载体来伸张其理想的，因而从范畴及与范畴相关的命题来把握其存在，就尤其显得必要。

（一）法界缘起。"法界"是华严宗般若美学的核心范畴，围绕这一概念建立的华严宗理想美学形态，是中国美学吸收印度佛教和文化达到成熟阶段的反映，也是中国美学自性觉醒之后所获得的最大的综合性成果。那么，"法界"概念的意涵为何？法界作为般若美学范畴又有何特殊蕴意？《杂阿含》云："眼界、色界、眼识界，耳界、声界、耳识界，鼻界、香界、鼻识界，舌界、味界、舌识界，身界、触界、身识界，意界、法界、意识界。"②十八界中的"法界"概念标明由身体感觉到意识诸功能乃至无意识所形成的对象界，在这个排序里"法界"的层位是很高的，但这里并无明显的迷悟之分别，至于"意界"与"法界"和"意识界"的区别也不是很清晰，而在中国的佛教则突出般若的慧悟，天台依《法华经》有十界说，分别为"地狱、饿鬼、畜生、阿修罗、人、天、声闻、缘觉、菩萨、佛"，前六后四，六凡四圣，应对于俗界六迷和道界四悟。《华严经》讲"法界缘起"，设定"四法界"，为"事法界、理法界、理事无碍法界、事事无碍法界"。"事"与"理"皆为法所摄，法是心性能体的对象化投射，则"理"可约为"体"，"事"可约为

---

①方东美：《华严宗哲学》，（台北）黎明文化事业公司1981年，第32、33页。
②求那跋陀罗译：《杂阿含经》卷一六，《大正新修大藏经》第二册，（台北）新文丰出版股份有限公司1983年，第116页上。

"能",理事即有能量的本体,亦即华严宗理想化、客体化的法界。华严"法界"与小乘、天台相比有大的不同,更具意识主动性,理智化程度也比较高,牵涉的因缘也比较浓,然这一切因均出自主体化的能动建构,终究是般若智慧客体化的结晶。"法界"的成立及其显现就是"法相"。本来般若实相讲的是法性,这在三论宗、天台宗都如此,故"空性"也好,"性空"也好,都是在说"法性",不过是一个以空为归依,一个以性本为空,无归有出。唯识宗的般若识性亦是法性,此性为"识有",唯识是本,但这个"识性"因为是般若识性,不是静态的,而是动态的;不是抽象的物性,而是依从于人的存在,因而修道践行演绎着识性的存在。识性本身的转化、觉悟过程,都呈现了法的圆满与自足性,因而称唯识为法相也是可以的,叫做依识缘起,依法变相,即所谓"心如工画师,画种种五蕴。一切世间中,无法而不造"①。而华严的"法界"作为"法相",就比前几宗在逻辑上更高一筹,原因是华严宗以法界为缘起。"法界"比一般因缘更具深广的构因意义。一般因缘无自性而杂合净染,因无自性而不能自成,故对有待和合以成。而"界"因缘为心体法相,本身已然是一种和合,作为缘对象化而待之则以缘为缘,成为显示高度法理的境象,因之称为"法界缘起"。华严宗的"法界"既是因缘,也是和合,既是法性,也是法相。因为法界缘起内在于主体驱动的"自动性",其源源不绝的更新力量就非其他本体构因所能比,而令我们从美学上更愿意肯定的是,华严宗的"法界"范畴,不仅超越了般若意识单纯的"无"或"有",超越了玄学化构想的"有无相合"之"独化",而且作为更高基点上展开的理论建构,能充分呈现般若意蕴的完满支撑。法界缘起是中国美学建构意识在中古获得的一次重要的理论突破。

---

① 佛驮跋陀罗译:《大方广佛华严经》卷一〇,《大正新修大藏经》第九册,(台北)新文丰出版股份有限公司 1983 年,第 465 页下。

　　法界缘起的美学形式,体现出客体境象的事理结合,表面上事理与法性、法相似不关联,事缘于俗务,理从乎事体逻辑,但法界之事理为心相能体所投射,从起始端便与俗界不直接挂钩,因此与法性、法相未尝须臾分离,缘缘法界而和合为法相变幻,则更显美学无限旨趣——心性蕴涵更趋幽深、博大、优美、无限,法相自由呈现,便是法相万状,般若识性的感觉、认知、想象与幻相一直迸射的相状。法藏《华严经探玄记》根据法相事理的无限相状,就法界缘起展开了充分的论说,每一种论说的背后都隐含着一种美学的形式。如《入法界品》第三十四云:"第二法界类别亦有五门,谓所入能入存亡无碍。初所入中亦五重:一、法法界;二、人法界;三、人法俱融法界;四、人法俱泯法界;五、无障碍法界。初中有十:一、事法界,谓十重居宅等;二、理法界,谓一味湛然等;三、境法界,谓所知分齐等;四、行法界,谓悲智广深等;五、体法界,谓寂灭无生等;六、用法界,谓胜通自在等;七、顺法界,谓六度正行等;八、违法界,谓五热众鞹等;九、教法界,谓所闻言说等;十、义法界,谓所诠旨趣等。此十法界同一缘起无碍熔融,一具一切,思之可见。"①这段话是说第二法界这个类别中有五种法门,其中最初的法门有五重法界,分别是"法""人""人法俱融""人法俱泯""无障碍"五种法界,而在"法法界"又包含十种法界,分别是"事""理""境""行""体""用""顺""违""教""义"十种法界,对它们一一解释后,概括道:"此十法界同一缘起,无碍熔融,一具一切,思之可见。"所有的名相都是"法"的"名相","法"的法界又含纳十种,这十种皆具事理功能,它们"同一缘起",指和合熔融,一为从心而合,亦为待缘而合,待缘则法中事理熔融"境象",使客体化之法界成就一具一切的伸展机制,华严法界缘起的境界由此愈益崇高伟大,不可限

①法藏述:《华严经探玄记》卷一八,《大正新修大藏经》第三五册,(台北)新文丰出版股份有限公司1983年,第441页上一中。

制。法界缘起让美学的内涵变得既空灵，又充实，既稳定而有方向感，又变化而愈来愈不确定，总之，像"法界"这样涵括客体化事理的美学范畴以及"法界缘起"这样的"美学命题"，大概在根究学理意味、精细构筑思想"世厦"的意义上，达到某种登峰造极的程度了。

（二）六相圆融。六相圆融是无障碍法界的一种描述，这一概念最早出自智俨。"六相"分别指总、别、同、异、成、坏。智俨说："六相有二义：一顺理；二顺事。此二义中，顺理义显，顺事义微。"①"知总别顺理义增者，为辨六相令见心入理。"②理、事皆有法界，"从相入实"。"性者体，起者现在心地耳，此即会其起相入实也。"③"相"非物相，也不是纯然真空玄义，"相"归于法，起于现在心地，说明还是心性所发，只是相要显现法，是法的住所，令法皆因缘于相而被显现，故相的真实义为非相，谓之可入于相而实为非相。《金刚经》阐明般若之相："凡所有相，皆是虚妄。"④相，是非实体性，故虚妄；离相，意味着得实，指相的虚妄一面被抛舍，相显真实的一面却未必抛舍，何故？住于法则相入实。如此这"总别同异成坏"六相，就把真俗相融相即世界的多侧面尽括无遗。"见心入理"，呈明"相"是主体志意的投射之象，其因理而自成、自足，各具法界，彼此交互，一即一切，一切即一，均显示成住败坏的生命性相，也是人生真实底蕴的客观化写照。

"六相圆融"的交互性融摄，隐含着主体顺事顺理的实践，揭示了

①智俨述：《大方广佛华严经搜玄分齐通智方轨》卷三，《大正新修大藏经》第三五册，(台北)新文丰出版股份有限公司 1983 年，第 66 页中。

②智俨述：《大方广佛华严经搜玄分齐通智方轨》卷三，《大正新修大藏经》第三五册，(台北)新文丰出版股份有限公司 1983 年，第 66 页中。

③智俨述：《大方广佛华严经搜玄分齐通智方轨》卷四，《大正新修大藏经》第三五册，(台北)新文丰出版股份有限公司 1983 年，第 79 页中—下。

④鸠摩罗什译：《金刚般若波罗蜜经》卷一，《大正新修大藏经》第八册，(台北)新文丰出版股份有限公司 1983 年，第 749 页上。

宇宙、微尘界生生幻化的奥秘,表达了中国美学智慧吸摄佛法巧妙转捩意旨的不尽妙用。唐人采纳佛教关于宇宙的观念,认为莲花藏世界海,一微尘见一切法界,一即非一,一即一切。"微尘非小,能容十刹;刹海非大,潜入一尘"①,无碍法界以理摄事,以事融理,两相迭合,互证法印。同时,法界之六相圆融,非见无以起相,非相无以显法。般若意识的细微化,反映美学理趣的精微和细腻化。澄观说:"一莲华叶或一微尘,则具教等十对,同时相应具足圆满。"②"有十莲华藏微尘数相。相体广矣,一一用遍;相用广矣,一一难思。互相融入,体用深矣。若此之相,唯属圆教。"③宗密说:四位行有"相行、体行、业行、方便行。方便中,以六相圆融令一行具一切行"④。宗密将"六相圆融"与儒道意涵相合,更显生命主体的能动扩张意志,意味着人所入法界随般若意识的细化而返归为"会通本末"⑤的真性元心。关于华严宗后期与禅合流的趋势,这里暂且不讨论。我们注意到,六相圆融在建构性的精神层面展开了细微精致的侧面,又将这些侧面作为法界蕴含"六相圆融"之理,则微尘圆满。微尘也是碎尘,法界诸相是智慧的灵魂与闪现,因而有为、无为、亦有为亦无为、非有为非无为、无障碍等深义,均能自在绽现。所谓圆融的极致,无非相即理实,微尘无碍,宇宙无碍,内观无碍,外瞻也无碍,达到如此智慧灵魂融通

---

①法藏述:《华严经探玄记》卷一八,《大正新修大藏经》第三五册,(台北)新文丰出版股份有限公司 1983 年,第 441 页上。

②澄观:《大方广佛华严经疏》卷二,《大正新修大藏经》第三五册,(台北)新文丰出版股份有限公司 1983 年,第 515 页上。

③澄观:《大方广佛华严经疏》卷四八,《大正新修大藏经》第三五册,(台北)新文丰出版股份有限公司 1983 年,第 865 页中。

④澄观别行疏,宗密随疏钞:《华严经行愿品疏钞》卷六,《新编卍续藏经》第七册,(台北)新文丰出版股份有限公司 1995 年,第 975 页下。

⑤宗密述:《原人论》卷一,《大正新修大藏经》第四五册,(台北)新文丰出版股份有限公司 1983 年,第 710 页中。

妙致时，则彻底消泯了人为设立的道俗二界，把主观与客观世界彻底打通。有为不再专属俗谛，无为及亦有亦无、非有为非无为，也不貌似道意冥想，似乎解脱是神仙往生来世事，一即一切，刹那是碎尘，虚空是微尘，罪人是碎尘，圣贤也微尘，一尘一世界，一法一法界，六相圆融皆可以数用，用智无以测其广，用心难以取其明，无碍解脱是朗然明亮的精神境界，也是华严理想最庄严美丽的体现！

六相圆融这个命题，把华严般若美学的内在结构充分理想化了，从而在精神境界的精致程度和方法论意义上灵通变化程度方面，都超越了天台宗和唯识宗。天台宗的内在结构无疑不及华严细微，唯识学的相分和见分蕴含的逆向流动，在华严宗成为六相交互的一种可能。在原来的宗教意趣设定中，般若意识愈是远离众生，则愈离虚妄，愈切近真际本元，现在所谓趣、性相乖即相和，虚妄即真际，道俗并无刻意的分别，因而也没有什么纯粹湛然的实法真空。一与多的关系，在华严宗真正表达出中国美学独特的韵味，其不是柏拉图式以"多"分有"一"的美学逻辑范式，也不是赫拉克利特"寓杂多于统一"的运动对象的辩证阐释，更不是亚里士多德的将潜能与现实区分，将质料与实体性视为本原，将形式与目的视为可能，实际上隐含着对现实对象理性分割的形式逻辑判断。华严宗对法界的理解，劈开"六相"的微观结构，仿佛用智慧的显微镜观照精神世界与物质世界微妙的千百种变化，在设定这样的微观结构时，吸纳了佛教《华严经》理蕴的中国华严宗美学，起到了发言主体仿佛不在场一般的效用，让一切成为自在之理，法界即众生界，无为界即有为界，真理世界即世俗世界。而西方美学对这个问题一直到现在依然纠葛不清，这种纠葛不清并不是说西方美学自古而今关于美学本体的逻辑设定都是荒谬而无意义的，而是说其关于逻辑上可确定内容每一新论的提出，都仿佛在中国美学的智慧阐发中，成为被包含的相对性内容，就如同在华严宗"六相圆融"美学命题中不过是"法界"之一微尘、碎尘而已。法界幻化为微尘,微尘即相对的绝对之法界。这便是中国美学的特色和优势,这个创造性的美学结构和涵容无尽缘起的美学场域,内在地传达了中国美学的"生生"主题,当一切妙合到极致,令虚空不可测其广、微观不可度共幻时,我们依然能够静持主体性的优雅与从容,巧妙摄取各种有益的元素,让其在中国美学的理想机制中伫立、扎根和开花,则是西方美学难以设想的绝妙景观!

（三）十玄门。"十玄门"是华严宗理想美学的创生理据。"四法界""六相圆融"的"缘起相由",即"十玄门"范畴,最早是智俨在《华严一乘十玄门》中提出,法藏将其改造和提升为"法界"和"六相"凸显真义妙境的理据。如果说,"法界"是能体(本体)的对象化建构,"六相"是法界建构(显现)的精神现象结构,那么,"十玄门"就是"法界""六相"连接的中介,类似于康德三大批判的审美判断。不过,"四法界"的理法界、事法界、理事法界、事事法界因缘圆满,也是具足"六相"并呈现的根因,同时"六相"的"总、别、同、异、成、坏"顺理、顺事而显,也表明自身并非纯粹的精神表象(理式),而是具摄取、绽出"法界"的、具有自身充分"个别性"的微量"能体",就是说,也是圆融具足的"法界",因而与康德的本体界、现象界性质迥然有别。"十玄门"的提出揭示了"法界"和"六相"生成的缘由,意味着一则法界的圆满与能体扩张性,是作为倒悬之果而存在的,否则法界的法性、义旨何以能够涵摄饱满,并不能单从因缘圆满和通体生成得到呈明;二则"六相"作为法界的侧面和显现的微观结构,亦如同天台宗莲花的绽放,"生成"的过程便隐含着法界之果的品形,但莲花的绽放何以能摄"果",以及类象与个象之个别性何以显现,则不能由观而止究其本真,"十玄门"范畴的设置就揭示了作为"相由"生成的法理,因而具有了极特殊的美学寓意。

智俨生于隋文帝仁寿二年(602),卒于唐高宗总章元年(668),正处中唐开新的前奏时期,其所撰《大方广佛华严经搜玄分齐通智方

轨》确立"明六相,开十玄,立五教"①的基旨,又在《华严一乘十玄门》提出"十玄门"的核心意旨:

> 一者,同时具足相应门(此约相应无先后说);二者,因陀罗网境界门(此约譬说);三者,秘密隐显俱成门(此约缘说);四者,微细相容安立门(此约相说);五者,十世隔法异成门(此约世说);六者,诸藏纯杂具德门(此约行行);七者,一多相容不同门(此约理说);八者,诸法相即自在门(此约用说);九者,唯心回转善成门(此约心说);十者,托事显法生解门(此约智说)。②

后法藏《华严经探玄记》继承了智俨"十玄门"的思想,改"诸藏纯杂具德门"为"广狭自在无碍门","唯心回转善成门"为"主伴圆明具德门",将排列次序也予改变,依照总、空、用、体、缘、相、喻、智、时、境的序次排列。后人称法藏的为"新十玄",以与智俨的"古十玄"相区别。"十玄门"主要解决现象界与本体界的隔障,这无疑也是华严宗般若美学通体建构的关键。所有的执着、偏见、邪见,均来自人对本体界、现象界的生存机械化切割,让本来活生生的生命、生存、生活的有机性变成单面化、狭隘化的所谓"合理的""规矩的"现实。那种执经验(常见)、执理性(区别性)、执幻念(夸张与想象)的精神、观念、思维、习惯,对过去、现在、未来的把握,都因为偏执而变形,令感受变得模糊,思考变成武断,幻象虚浮而不切踪影,动意变成紊乱的臆想,结果导致所有精神的外化,包括人的生存及存在之行为、状况,

---

①续法辑:《法界宗五祖略记》,《新编卍续藏经》第一三四册,(台北)新文丰出版股份有限公司 1994 年,第 544 页下。
②杜顺说,智俨撰:《华严一乘十玄门》卷一,《大正新修大藏经》第四五册,(台北)新文丰出版股份有限公司 1983 年,第 515 页中。

都虚浮而飘散，貌似确定实则经不起推敲，更缺乏充实细致的内容。揭出集蕴的业障，其实就是挖出人生苦厄的病患之根，剖解人生痛苦的渊薮，澄清其虚幻不真而归于真如法门。华严宗的"十玄门"范畴，发挥了深刻、圆融、柔韧、细腻的美学内涵，调动起鲜活、灵动、周致的美学意蕴，注入了美学创生的逻辑结构，为华严法界理想美学的诞生提供了独特的阐释依据。

"十玄门"统一了本体界与现象界，"统一"的方法就是法界生成法门，"随有一门即具一切"，各法门相通又相别，因而"十玄门"既是精密的理论建构，又是美学化的方法论思维，标志着华严宗美学的复合生成理论，在综合与超越其他各宗方面所具备的优势，也体现中国古代美学智慧的复合观念所达到的水平。这种智慧被现代哲学、美学用复杂性概念来指称类似或相应内容，但对于华严宗"十玄门"而言，不仅是促成微观生成向无限延伸、转换的重要概念，而且也是本身就确立了美学的运动皱褶，以及具有曲折幽深之美学品格与采掘不尽之阐释性的重要范畴。

下面主要以法藏"十玄门"的阐释，揭示其美学蕴涵。法藏立意十分精密，在"初门"中就设定了"十玄"之意，其视角、意涵、结构、体式、功用、流程、境界等等，都很具足："就初门中有十义具足：一、教义具足；二、理事；三、境智；四、行位；五、因果；六、依正；七、体用；八、人法；九、逆顺；十、应感具足。"①那么，"初门"就应当是"同时具足相应门"，我们便按照这十个方向进行分析，将"依正""人法"视为涉及美学思维的意向，"教义""理事""境智"视为美学意旨的深度探掘，"体用""行位"视为美学结构、模态的形式化概括，"感应""逆顺"视为美学流程的描述，"因果"视为美学格局的表里互化与时空总体呈现状

---

① 法藏述：《华严经探玄记》卷一，《大正新修大藏经》第三五册，（台北）新文丰出版股份有限公司 1983 年，第 123 页中。

况,这些方面综合起来可以说十分全面了!那么,通过初门所具备的"十义"或"十玄门",其纵横交叠、蕴藉无限的美学奥妙何在呢?下以表示明①:

门义论法	本体论	发生论	过程论	趣致论	境界论
同时具足相应门	法音资充,"如大海一滴,即具百川之味、十种之德,故随一法摄无尽法"②。澄观弘扬法藏的十玄法音具足德相。	生在"相应",相应即随生,一生则百法生。时间性体现于"随时性",即瞬时性、同时性、相应性与俱起性。	刹那瞬间的同向推进效果。	相应而不论矢向,以生趣的殊异为妙趣。华严境界虽法法生,同时具足;也法法皆异,具足自成。	相应为德的境界、变生的境界,在彼法界处无复孤立翘楚者,则平等境象建立。
广狭自在无碍门	转换《大乘起信论》"生灭"二门为"广狭无碍",一乘双开,约事约理,周遍广大;不狭隘坏事,事事无碍,则巨细自在。	转换唯识"依他起性"的主体意识对象化投射,为法界客观化的无碍因缘生法门。	通达所有存在域	"自在"是"自性"的变体,在唯识中视为"有",具虚妄性,因与无碍性相通而具"自由"意味。	精神主体的自由以空间无碍为状词,"超越"的方向呈多极化。

①按:表中引用除加注者外,为笔者语。
②澄观述:《大方广佛华严经随疏演义钞》卷二,《大正新修大藏经》第三六册,(台北)新文丰出版股份有限公司1983年,第10页上。

续表

门义论法	本体论	发生论	过程论	趣致论	境界论
一多兼容不同门	"一乘"非"一元",乃一多兼容并体,居于中,"齐""分"俱立。	因果倒悬,"一"生"多","多"通"一",则无空幻;"一"化"多",则无质碍。	呈能、体进射状态,进向、回向并存,归复自然的本真存在之性。	趣致、韵味虚而不空,实而不滞。无元生之定性,也无终极之拘限,趣味随相门展开。	此法门贯通我、法,主凸显因缘生起,涅槃趣向心性信仰的一乘化和智慧绽现的多元化。
诸法相即自在门	此法门与"广狭无碍自在门"互文,前生空间外伸至通达无碍,此重法法相即之无缝对接,一即多,多即一,自在为其旨。	"相"具二意,一谓自体之"相状""模态";二谓"自体"与"他体"之相触即。法界自体立则安,与他体通则全,皆因"相即"因缘生。	"此一华叶废己同他,举体全是彼一切法,而恒摄他同己全彼一切即是己体"①,"废"通"发",取顺逆之向,举一法体,同举一切法体。	"相即"则"相入"。"即"是观法,也是"止法"。观则由此入彼,止则妙法圆融。诸法相即,则一切因缘如华灿烂,审美趣致洋溢无尽。	"相"本无住,因"即"而入理事法界,因即而入心见理。"即"是法因缘现前行,为教体转下为上的空觉境界。

<hr>

①法藏述:《华严经探玄记》卷一,《大正新修大藏经》第三五册,(台北)新文丰出版股份有限公司1983年,第123页下。

续表

门义论法	本体论	发生论	过程论	趣致论	境界论
隐密显了俱成门	此意甚深,在于有隐有显,一方为成因,显隐俱在方有其成。	"华能摄彼即一显多隐,一切摄华即一隐多显,显显不俱隐隐不并,隐显显隐同时无碍"①,隐与显俱存俱灭,法眼灵动,法性无碍生。	"隐密"与"显了"依常见为对立相,在此法门则为一体,如灯有明暗,有光则暗褪,暗"照"则光隐。全暗全明则光与暗俱泯,故隐显因缘生是一体化过程。	殊深意趣与澄明境象原本互成,因其显现而深意浮动,如大漠生烟;因其隐匿而渊默,静寂湛然,如长河落日。象藏于水而水愈澄澈,千辉进射。	兼取境、意,法界因缘有隐而不昭者,亦有显而为了者,两相互成,貌似相悖,同体俱成则密而无隐,显而了非了,隐显俱在则中道境界成。

---

① 法藏述:《华严经探玄记》卷一,《大正新修大藏经》第三五册,(台北)新文丰出版股份有限公司 1983 年,第 123 页下。

续表

门义论法	本体论	发生论	过程论	趣致论	境界论
微细兼容安立门	此云"微细"，乃从量度上确立法界与"六相圆融"之因缘，微细兼容，则微细即巨大，微尘即世界。	"华叶中微细刹等一切诸法炳然齐现"①，刹那累劫，般若智慧于微细处生，则法界应涉当涉，精致焕然。	大世界如何安住于小世界？妙在"于一尘中微细国土旷然安住"②，汪洋巨流亦捐水所润，微细中含蕴无限，则微细可致大体，亦可自成大体。	有情世界有法而成法界，既是理趣，亦为生趣；无情世界以觉因成境界，不应理，则起而不起，生而不生，为他摄受而成诸有情界。盖微细缘觉而动，有情即无情，无情即有情，妙法界即无碍世界。	三千大千世界转散复合，败坏、成就、安立皆在周匝微细世界中，故微细兼容安立，一切法从中现，庄严佛土大世界从中立。

①法藏述:《华严经探玄记》卷一,《大正新修大藏经》第三五册,(台北)新文丰出版股份有限公司 1983 年,第 123 页下。
②法藏述:《华严经探玄记》卷一,《大正新修大藏经》第三五册,(台北)新文丰出版股份有限公司 1983 年,第 123 页下。

续表

门义论法	本体论	发生论	过程论	趣致论	境界论
因陀罗网法界门	此强调"一""多"并体并现意。法界非单体,亦非混体,性可定,其存在为构体,"一"与"多"交织如网,"一"与"多"复合并现。	微尘并现无边刹海。华叶生处,重重刹海无界,刹海存处微尘中复有微尘,皆累创而生,交迭纵横不可穷尽。	彼此相映,金狮子各有相而各无相,相相而相,法相无边生,非识性思量所能及,本然者,因缘自相勾连。	喻如帝释网,天网自成,"天珠明彻,互相影现,影复现影而无穷尽"①。	"入因陀罗网,法界自在,成就如来无碍解脱为人中雄大师子吼。"②因陀罗尼世界因陀罗尼门是幻网、影像网、可破烦恼魔网,为修道之圆满法界。

①法藏述:《华严经探玄记》卷一,《大正新修大藏经》第三五册,(台北)新文丰出版股份有限公司1983年,第123页下。
②法藏述:《华严经探玄记》卷六,《大正新修大藏经》第三五册,(台北)新文丰出版股份有限公司1983年,第216页下。

续表

门义论法	本体论	发生论	过程论	趣致论	境界论
托事显法生解门	此云"即""触"之意，事法界自有无边法，即事即触法，非离事相而别有法生。	事为法本生，则法不外求，以无生忍法为至上。	不求于事外则无生，无生则法归于寂静，法恒持于事相之际遇过程。	华叶发而显，其韵非因显而见于外，盖华叶自身显法，华叶即法所自成，即华则法成。	此对"依他性"作"圆实成"解，不可以他性为外在，亦不可以他性为自性所转，盖性者自成，法外无生。
十世隔法异成门	"十世"即十方世界，"异"指各安立，"成"指相融之世界，以终极所成为本体，倒果为因，果则为本体法界。	"俱融无碍"，强调和合生，由法界并融而显俱融象，其生为大因缘法界生。	因异而成，成则不异，异则有融，"无碍"与"圆融"，原本一体二观，分别中见无分别，圆融中灭质碍性。	大象起于微尘，微尘集十方世界，十方世界圆融为一世界。法法为大象，法法为异象，法法为和合象，法法为自如无碍象。	"三世各三，摄为一念，故为十世也。"①三世即十世界，过去、现在、未来世皆可摄于一念，"一念即无量劫"②。一念即成法界。

① 法藏述：《华严经探玄记》卷一，《大正新修大藏经》第三五册,（台北）新文丰出版股份有限公司 1983 年，第 123 页下。

② 法藏述：《华严经探玄记》卷一,《大正新修大藏经》第三五册,（台北）新文丰出版股份有限公司 1983 年,第 123 页下。

续表

门义论法	本体论	发生论	过程论	趣致论	境界论
主伴圆明具德门	此为数字衍生至大全至法之意。"主"为一、为全,"伴"指"十方",主伴眷属随生,一而十,十而一,每一事具十义,十义同时,十门有千门。数字即本体论。	此以"主伴"而显主次意,实以"伴"为"多"。"一"生"多"亦生,故"圆明具德";"多"生而归"一",则实德三昧其中,千门妙法,无不妙生于数字之化转中。	此法生灭过程显"世界海尘数莲华以为眷属"①,无尽世界景、像无尽,俱为眷属,俱有德性。觉此则有透明之般若智慧。	以眷属随生为妙趣,否定孤起意。犹如月之生,非孤月独生,月必有月之眷属随生,则星云光体皆为月,璀璨世界华海无尽;又月生非孤独生,月中光辉普照,万相交织,有光即有月,月世界为一世界,亦眷属世界。	尽显圆教法理。圆教无所不包,无所不纳,然圆教之圆非以圆中所含之异为独生,亦为眷属共生相,是为圆明具德法界。

法藏对《华严经》的阐释,揭示了法界与六相相融相即的丰富美学意旨,至少在如下几方面超越了一般的审美旨趣:一是并非单纯对"审美"的义释,而是涉及精微的复杂义理的美学涵义;二是也非静态性质的描述,而是包含了视点和思维重点、活跃点的不断切换;三是揭示了法的纯粹理趣,并用它映射现实,因现实而实然化。这其中涉及任何一面都难度很大,很难辩清辩透,"十玄门"却将其讲得透彻圆

① 法藏述:《华严经探玄记》卷一,《大正新修大藏经》第三五册,(台北)新文丰出版股份有限公司 1983 年,第 124 页上。

满。同时,"缘起相由"的"十玄门"定位,亦明确阐明十法门并非为玄思所设,是为"相"而立,美学化的用意十分显豁。因而,从佛法的本义讲,"缘起相由"所析十义,即诸缘各异、互遍相资、俱存无碍、异门相入、异体相即、体用双融、同体相入、同体相即、俱融无碍、同异圆备,包含了佛法方方面面的义理;从美学意蕴讲,"缘起相由"所析十义,即多极差异、以化遍融、观止并存、意境互转、即事触真、幻象迭构、中道体同、圆融无碍、同异圆明这十种美学的妙境。

(四)五教义。"五教义"是般若美学分析的成熟形态,也是华严宗判教理论的成熟形态。南北朝以来佛教判教理论提法众多,着眼点主要在两个方面,一是"宗义"的实相分析,一是"教理"的践行性质分析,这两个方面的分析均涉及般若美学的智慧应用。"宗义"分析以美学本体论的检思为主,"教理"践行则触及美学的身心实践和美感经验方面的问题。因涅槃理论开始流行,般若理论遭遇改头换面的知识修正,体现到宗义、教行判定方面,则多推崇涅槃圣道说,而于般若智慧观照则不再直接置论臧否。譬如,慧观依"五味喻"提出"二教五时"说。"五味喻"出自《大般涅槃经》,云:"譬如从牛出乳,从乳出酪,从酪出生酥,从生酥出熟酥,从熟酥出醍醐。醍醐最上,若有服者众病皆除。所有诸药悉入其中。善男子!佛亦如是,从佛出生十二部经,从十二部经出修多罗,从修多罗出方等经,从方等经出般若波罗蜜,从般若波罗蜜出大涅槃,犹如醍醐。言醍醐者,喻于佛性,佛性者即是如来。"①慧观根据佛陀说法的时机,分别出五种不同的"教时",将它们总体上分为顿、渐两教,其中"渐教"为佛陀针对根器不同的众生,演说浅深不同的教理:初时为声闻人、辟支佛、大乘菩萨这三种对象分别演说,称为三乘别教;第二时演说为荡滞明空的般若之教,这是为犯了"我执"

①昙无谶译:《大般涅槃经》卷一四,《大正新修大藏经》第一二册,(台北)新文丰出版股份有限公司1983年,第449页上。

"法执"的修道者而说的,因为般若指导修道者获得人空、法空,对声闻人、辟支佛和菩萨乘也是必要的,因此称二时亦三乘通教……①;在最后一时,慧观主张涅槃教为最高阶段,提法与《大般涅槃经》的"醍醐最上"设定一致,譬喻佛性涅槃是最高一级。在这个划分里,般若教作为"三乘通教"别具眼光,主要依时设教,并无明显的高下轩轾之分,对于般若唯识和中观般若性空,以及般若否定之旨、般若幻有之义等,均无明显的倾斜。慧观的"二教五时说"可以说非常具体了,表明在佛教义理的本体认识上,南北朝已经达到了十分清醒并能准确识别不同佛法本体论的认知程度。正是这样一种基础促成隋时吉藏就慧观的渐顿五时教展开了进一步的认真判析,吉藏说:

> "次云《大品》是三乘通教,是亦不然,释论云:'般若不属二乘,但属菩萨。'若《大品》是三乘通教,则应通属,何故不属二乘?"问:"若依释论明般若但属菩萨,在经何故劝三乘同学般若?"答:"般若有二种:一者摩诃般若,此云大慧,盖是菩萨所得,故不属二乘。若以实相之境名为般若,则三乘同观。故劝三乘令并学之。经师不体二种之说,便谓般若是三乘通教。"②

吉藏指出慧观判教说的矛盾,"三乘别教"含声闻、辟支和明六度之菩萨乘,是以般若为三乘共有,但实际上般若只属大乘,《大品般若经》也纯粹是大乘经,并不属于声闻人和辟支佛。这是慧观判教对般若错误理解的一个方面。二是般若分两种,一是摩诃般若,即大智慧,只有菩萨才具的智慧;二是实相般若,指佛教修道的智慧境界,这

---

①蓝日昌:《六朝判教论的发展与演变》,(台北)文津出版社有限公司 2003 年,第 97 页。
②吉藏著,韩廷杰校释:《三论玄义校释》,中华书局 1987 年,第 114—115 页。

是三乘,包括小乘都要抵达的一个目标,故声闻人、辟支佛和菩萨都可以学习般若智慧,以洞见般若实相。吉藏的解释强调了般若在经教判说中的地位,充分肯定了实相般若作为三乘通教的本质,这对于揭示般若的真实意涵是很有意义的。但吉藏也只是就实相来讨论般若的深蕴,并未就缘起般若展开深入探讨,其所指摩诃般若,讲的似乎是大乘般若缘起,然而究竟如何缘起,却并不详明。天台宗将般若空性缘起转换为性空缘起,有效糅合中国心性学说到般若理论系统,通过"圆融""六即"等概念呈显以空御有的妙谛。照理说,天台宗是般若理论中国化、美学化的一个伟大创举,其理论系统化之高、阐发般若直觉之妙也是少有能企及者,但天台宗的般若判教不全面,也没有细腻触及主体思维本身的智慧运程,从而纵然有性空妙法,用莲花喻说开权显实之效,终归是不成熟的、理论体系上有缺憾的主张。到了唯识宗依"三性"而论般若唯识缘起,令般若智、性与名言等幻合,为识转似外境,化空为有,别开洞天,使般若缘起上升到主体论美学的新高度。但唯识论般若美学也存在偏颇,主要体现在识性的把握上,囿于对常识的依赖或悖逆而以此为识性的种因,阿赖耶识确定的"识转"的能量、体性的转化,在美学的逻辑本体上都存在二元玄合之嫌。况且由遍计所执到依他起性,再到圆成实性的教行判别,虽然暗含人生的顺逆走向,以识性的对流及刹那流变的识性递转标明了唯识的智慧品性,但此有为内有,描述得再客观也是一种内省的心理美学化之有,与真实的现实人生还是有区别的。因而有关人的修道境界的理论设定在一定程度上也是一厢情愿的,在大的格局上有玄学化遗风,因而唯识缘起也不是成熟的般若缘起理论,并不能完整、正确地解释大乘般若缘起有关幻空妙有等美学理蕴,也就是说仍属于未了之论。那么,教理和教行的问题,就自然留给了华严宗,而华严宗的般若实相与般若缘起的理论,在解决内外、表里、总分、同异等关系方面是最为成熟的了,因而,华严宗的"五教说"就自然而然成为中古时期最成熟、对般若智慧诠释得最充分的理论学说。

华严"五教义",以杜顺《五教止观》为最初立义,分"法有我无门""生即无生门""事理圆融门""语观双绝门""华严三昧门"五教。智俨《大方广佛华严经搜玄分齐通智方轨》分"渐、顿、圆"三大教,又从《华严经孔目章》《华严一乘教义分齐章》中的渐教出"小、初、熟"三种,与"顿""圆"合为"五教"。法藏《华严经五教章》《华严经探玄记》继承杜顺、智俨五教划法,明确为"小乘教、始教、终教、顿教、圆教"五种,又称"贤首五教义"。

五教义的名目与天台宗"化法四教"大体相同,另加顿教。澄观说:"大同天台,但加顿教",慧苑评曰:"此五大都影响天台,唯加顿教令别尔。"①天台置顿教于"化仪四教",即顿、渐、秘密、不定四种。天台"化法"对应根机,"化仪"四教对应般若实相,宣示类型、分法所据不一,使顿教不能具备与藏、通、别、圆并列的位置,体现了对般若实相"宗义"的认识透彻,但对其教行之义不够彻观。华严五教将顿

---

① 慧苑述:《续华严经略疏刊定记》卷一,《卍日本续藏经》第壹辑第五套第一册,上海涵芬楼 1931 年影印日本大正元年(1912)刊定本,第 9 页上—下。《新编卍续藏经》第五册,(台北)新文丰出版股份有限公司 1995 年,第 18 页上—下。按:慧苑师国师法藏,法藏与人合译《八十华严》后,作《华严经略疏》约四分之一去世,慧苑和同门宗一分别续写,其中慧苑撰写部分《续华严经略疏刊定记》颇受后学诟病,针对集中在:慧苑认为法藏所判"五教"受天台影响,另加"顿教"而成,但顿教乃离言之教,不属于能诠范畴,因而主张排除。慧苑发现了顿教的直觉、妙悟究竟与渐教的修道次第的差别,揭中了"五教"所含的"四教"与"顿教"存在实质性不同,显示出思维和分析的细致性,也揭示了其中内在的矛盾,但他废除"顿教"的主张,则意味着取消了修道的直觉、妙悟之路,这等于堵塞了后学的"教外"实修之路,因而被视为异说。其实,"顿教"结合了中国人的审美直觉特点,汇聚了关于"兴会""应会""灵感""悟解"的知识,将之纳入般若智慧的觉悟,对普通人的教行是十分有益的理论,此在后来的禅宗实践和大众审美回归趋向中也得以验证,如此,慧苑之判就显得用力过度,不过,他对"五教"的批判也有合理的方面。

教列入，彻底解决了这个问题。那么，华严五教义如何贯通和体现出般若美学蕴涵、思维的别致通达呢？《华严经探玄记》说："以义分教，教类有五，此就义分，非约时事"①，"以义分教"就是从义学、义理构成的角度进行分类，既包含"宗义""教行"，也涵摄对"实相"与"缘起"的般若美学智慧分析，是比其他各宗更全面、系统的佛教判教理论。唐君毅就华严与天台判教说进行过比较，从般若"圆义"的发掘、完善角度提出自己的看法：

> 华严宗人，则依此《华严经》既为佛后来所说之一切教义之原始而为乳教，更由《华严》一经所启示之义理，以建立华严之圆顿教。天台宗人，既以佛在第五时所说之《法华》《涅槃》为究竟。然华严宗人，于佛之五时说法，更喻之如日之照世界。其在华严时之说法，如日初出之照高山，为日出先照时。此时乃为圆顿大根众生，转无上根本法轮，名为直显教。并以佛阿含时、方等时、般若时所说者，喻如日升转照时，乃为上中下三类众生转"依本起末法轮"，而成种种方便教。再以佛法华涅槃时所说之会三乘归一乘，摄末归本之教，乃日没还照时所转之"摄末归本法轮"，以令彼偏教之五乘人等，转偏成圆。然此日没之还照，也即还与日初出之先照在高山，自相照映，终始相生，如一圆周。故既有天台宗人弘此佛第五时所说之《法华》，亦理当更有华严宗人之弘此佛在第一时所说之《华严》。然后可见佛之说法之终始皆圆之胜义所存也。②

---

① 法藏述：《华严经探玄记》卷一，《大正新修大藏经》第三五册，（台北）新文丰出版股份有限公司1983年，第115页下。
② 唐君毅：《华严宗之判教论》，张曼涛主编：《华严宗之判教及其发展》华严学专集之三，（台北）大乘文化出版社1978年，第42—43页。

　　唐君毅发现华严宗达到"圆之胜义"的极致,讲的是理圆,体系之圆。这个看法是对的,我们赞同这个看法,认为所谓的"理圆""体系之圆",其实也就是中国"易学""宇宙本体论""玄学"的美学之"圆观"与佛学融合所标举的境界。经过佛教义学的滋润和灌溉,美学的"圆"义不仅是应化于不同对象、由浅入深的方便教理,也成了深度文化的意涵内化与践行外化的阶位和境界,是与感通圆融的理论体系相符相契的最合适的符号、范畴。而般若作为呈显心性、灵机、感应、思维、直觉的特殊美学智慧,在五教义的理论构成中,以其特有的教相表达了特殊的美学蕴涵和价值:

　　一是"小乘教"本非菩萨乘所行之道,但般若为六度的领导,令小乘声闻教由"苦集灭道"悟入因缘,其般若理蕴也以如实知的理性觉悟为主,道断苦阴,建立以八正道为菩提心的正向之果,更以"十二因缘"联结人生的苦厄相状,建立切己的感知因缘,获得独觉智慧。这些对修道众生而言,无论根器高低都有基础意义。故立小乘教为第一,开显由世俗拔出的美学用意,表达《阿含经》《俱舍论》平实的精神解脱旨趣,具有特出的美学价值。

　　二是"始教"所体现的"权教"之意,是大乘进阶之始。所谓立意要高,体现在用何种智慧来夯筑精神觉悟的基础,自然只能是般若。不同于既往的判教,这里的"始教"所用宣法佛典包括《般若经》《智度论》《解深密经》《中论》《唯识论》诸种,对般若"空""有"二宗能够兼收并取,让空性、性空之类实相与心性、识性之类缘起法相并举,因之而被称为"空始教"或"相始教"。般若智慧的开显仿佛清澈之流的浇灌,为菩萨道的心性注入汩汩甘泉,也为真正运用智慧来实现精神解脱奠定下坚实的思想理论根基。

　　三是"终教"与"始教"相对,体现"实教"本义,宣示了佛典《涅槃经》《楞伽经》《大乘起信论》《法界无差别论》《胜鬘经》《密严经》《宝性论》等的殊胜义。法藏《华严经探玄记》说:"定性二乘,无性阐提悉当成佛,方尽大乘至极之说,立为终教。"①实教即实修之教,是般若对象化果位的体现,讲究依次而修,亦称为渐教。开花结果,果味可寻,乃般若智慧达到菩萨乘的至极境界。终教与始教义理上同样有侧重,不过仍为不完全之教,即偏教,故判教宜相对中有绝对,主次中有主导。

四是"顿教"指"不依地位渐次"而修。"顿"在中国语言中具有当下直截、刹那成就之意。此指排除小乘法真谛之悟,亦排除大乘空始教的空性和唯识法相之教,排斥一切人为设计的修道次第,凡属思量性质的、依于法理逻辑的,均为顿教所排斥。顿教所追求的,一念不生即名为佛,明心见性,中无隔碍,既不指涉目的、对象、境界,也不借助语言文字得到意涵诠释,也不熔裁十方佛以方便法门的融合为其旨要,因其本身就是一种空而即的存在,顿教可摄禅法,是一种具特别价值的般若觉悟之道。

五是"圆教"依《华严经》而成本教。澄观《华严经疏》云:"圆教者,明一位即一切位,一切位即一位,是故十信满心,即摄五位,成正觉等,依普贤法界、帝网重重、主伴具足,故名圆教。"②灌顶《贤首五教仪》说:"圆教者,统该前四,圆满具足,一位即一切位,一切位即一位,是故十信满心即摄五位,成正觉等依普贤法界,性相圆融,主伴无尽,身刹尘毛,交遍互入,故名圆教。"③赖永海《中国佛教通史》说:圆教"包括《华严》'别教一乘'和《法华》'同教一乘'。'别教一乘'是指《华严》经义超越其他经教,为诸教之本('本教')。'同教一乘'

①法藏述:《华严经探玄记》卷一,《大正新修大藏经》第三五册,(台北)新文丰出版股份有限公司 1983 年,第 115 页下。

②澄观述,净源录疏注经:《华严经疏注》卷一,《新编卍续藏经》第八八册,(台北)新文丰出版股份有限公司 1995 年,第 61 页上。

③续法集录:《贤首五教仪》卷二,《新编卍续藏经》第一〇四册,(台北)新文丰出版股份有限公司 1994 年,第 37 页上—下。

是指《法华》经义混同于诸教"①。此议有所偏失,当仅就《华严经》
而言。将《法华》视为"圆教"是作者自己的体认,与华严宗般若分析
并不是一回事情。一者,天台宗认为"通教三乘因果俱偏,别教菩萨
因偏果圆,圆教菩萨因果俱圆"②,而将《法华经》《涅槃经》作为能适
应各种根机开悟的圆教经典。虽然《华严》和《法华》都是一乘教法,
《华严》以三乘(菩萨乘)别教归一乘,《法华》以诸经教同归一乘,却
并不意味着华严宗将《法华经》与《华严经》等同奉为圆教之宗。二
者,华严宗的"圆教"概念与天台宗不同。天台宗是"开权"之圆,般
若"性相圆融"之"圆";华严宗是"性海圆融"和"无尽缘起"之"圆"。
天台偏重于体用相合,妙转通变;华严偏重于内外融洽,体构恢宏。
两者均达到美学趣味的某种极致:在般若实相层面上,天台宗创立了
主体性空妙有的美学系统,通过"一念而具三千法界",使般若主体的
生命气息通过意念投射呈积极释放状态;而"十法界"将凡圣界相勾
连,法界为主体心念投射于世间与出世间,让世间与出世间亦为主体
心念之法界。美学构体的高度主体化和以此为基所筑成的系统大
厦,使天台宗在中国古代美学史上具有难以超越的地位!而华严宗
则创立了客体化美学对象的恢宏模态,"法界"在华严宗这里,是理、
事交集的圆融存在体,其缘起相由并不直接基于主体意念的慧悟,而
是透过法界"十玄义"的精密结构和累累无尽的创生功能达成圆融无
碍。华严宗主体生命力的投射貌似不及天台宗直接和强烈,甚至心

---

① 赖永海主编:《中国佛教通史》第七卷,江苏人民出版社 2010 年,第 29 页。按:
牟宗三《佛性与般若》也持此见,其列图两例,明示华严为"六道""小乘""始
教""顿教"体外之教,以大乘真心为真性,成就唯一"宝塔形"之圆教;而天台
为体内之教,含六道及藏、通、别教之圆教,故亦为实教(牟宗三:《佛性与般
若》,吉林出版集团有限责任公司 2010 年,第 438 页)。

② 湛然述:《法华文句记》卷九,《大正新修大藏经》第三四册,(台北)新文丰出版
股份有限公司 1983 年,第 316 页下。

性、识性的分析似乎也没有天台宗集中和深入,但华严宗美学和华严宗美学思想的集合性及其体系结构的完善分析、对思想义理客观性价值的定位把握与阐释却绝对在天台宗、唯识宗之上,甚至可以说,华严宗代表了中国古代客体论美学臻于完善的一个高峰。以后也只有宋代理学达到了可堪媲美的成就,然而理学美学的观念形态和思想体系与华严宗相比,并不及华严宗更富有生命信仰的情怀和丰富完善的智慧机制。那么,单就美学贡献而言,可以说华严宗达到了中国古代客体论美学的某种极致!

第三章　般若美学的理论外化与觉醒

　　般若美学的理论成果是中国美学精神发生历史转型的基础。从逻辑上说，理论先于实践在隋唐美学成为可能；从时间发生契机上讲，般若美学的理论建构是逐步深化和系统化的，美学理论的外化也是伴随着这种建构的进程，逐步扩大其影响的场域，从政治到文化，从现实生活到精神生活，催发着一种新时代美学精神的诞生。

　　隋唐美学的理论外化表现得非常泛化，但总体可以通过对政治层面、文化层面和精神层面的影响把握其流向，就美学对该时代最显著的影响而言，尤其体现在促发般若美学精神的觉醒方面。由于这种觉醒，中国美学开始了基于传统美学背景的逻辑整合，在实践意志上愈来愈倾向于表现出般若美学的否定性思辨特征。

第一节　般若美学的政治、世俗场域

一、般若化及其场域推进

　　进入隋唐时期，般若意涵通过"空性""幻有"两个方向呈现。空、有不是本体与现象、内在与表征、内容与形式的逻辑组合关系，它们同一而在，密不可分。决定般若意涵沿空、有方向展开的逻辑，是其对信仰价值的承载。因此，"空"不能成为理论的智力虚构，"有"也不能是修道行为的具体化，作为人的特殊精神、智慧的表达，"空"

"有"显示人的思维、行为、语言的丰富存在性,并因此而获得美学性。般若美学的本体涵义,即在这种丰富存在性中获得证明!在般若丰富的存在方式中,思想、精神、智慧的抽象性也是般若美学特质之一,因为般若范畴以自身特殊的方式完成这种"抽象性";意象、镜像、形象等的感性存在,属于般若的智慧形式,它能激发葳蕤葱茏的幻想、体验,让般若主体进入非常特殊的状态;还有显示心识的直觉、观想能力,感物缘起的情绪、情感,都焕发一种贯通生命根底的否定意志,产生否定无谓的尘埃杂染的殊深意趣……人的"言"(语言)、"行"(身体)、"意"(意识)无时无刻生成着美学的"意蕴""意趣""过程""形式",感性的丰富存在具有美的诱惑性,但般若信仰深层的价值观念及其现实化呈现,却往往逆向而行,在否定和批判现实束缚中呈现般若空性与幻有的美,从而空与有的呈现状态达成同一性。

　　存在状态或呈现之际诸因缘的密不可分、契合无间,为理论上论证一种貌似透明的、整体制约着诸因缘的对立与协和的逻辑带来难度,因为我们通常努力确证的是那种形而上的、有理性指认的本质上为"名""相"统一之逻辑形态,它隐藏在现象的背后,必须通过"论证""诠释""说明"等方式才能让人理解它的存在。显然,透明的、整体性协和诸因缘的逻辑仿佛具有感性的、外显的特质,这种特质又丝毫不影响逻辑上缜密细致的规定性,但在般若与中国文化结合的过程中却生成了这样的逻辑形态,因而要证明它的存在是非常具有难度的。佛教般若范畴之所以具有鲜明的美学性,就在于其以这种逻辑控御着"空"与"有"的具体存在,使空缘于冥思而不流于玄想,能化诸缘而不溺于俗见,顺势化导不设藩篱,随境成趣勇格高品,当佛教般若与其他部类的佛经翻译、知识整理在判教审视下奠定了深厚的知识论基础时,在中国大地上,佛教便开始了又一轮思想的变革与突进。隋唐时期佛教般若意趣广泛渗透到各个领域,从思想、文化到现实领域的般若化推进,都从与传统路径迥然不同的方向出发,以虚心接受的态度,建立起以般若为主导的新的美学机制和体系。这次的思想变革与美学建构,前后时间跨度比较长。大约始于 6 世纪,到 9 世纪为止,形成上承魏晋南北朝、下启宋代美学的中古后期独特的美学浪潮,其发展的繁盛程度和理论上达到的成就,不仅在中国古代美学史上堪称空前绝后,在世界文化与美学史上也是戛戛独造,足以令人羡叹绝!

般若化与般若场域的形成,是当时思想环境所达到的思想深度与状况的一种反映,般若化的动态推进与般若场域所达到的思想占据既相关联又性质不同。般若化可以理解为宽泛意义的智慧化、逻辑化和美学化,以前期内化积淀为基础,由内而外,向现实生活、政治、文化和艺术场域施加影响,只要佛教的教义、戒律等传播不止,般若化就一直在进行状态。至于般若化的意涵深浅却是并不确定的,在逻辑上可能是前后相续累积递进的,但现实呈现则是应机而变、不确定和变幻莫测的。由此在不同的般若场域因对象、范围不同而区划出具体的般若意涵疆界,仿佛为般若与现实的结合预谋可执行空间,使每一个空间的般若化节奏、内容均不相同,一旦跨界执行,则意味着促成般若新思维的破局,要求打乱已有格局,让更有水准的般若智慧和美学力量流动在场。

政治场域是般若化推进最关键的场域范围,也是般若最早突破权力结构而让政治生活、社会生活进入般若化解构状态的场域。传统社会的政治场域一般是高度稳定的,据以推行政治、政策的思想意识形态一般也是高度稳定的、陈旧保守的,即便是新朝代的权力结构也是如此,要让统治者成全激进、革命的新思想潮流而统治社会一般是不可能的。但隋代的统一面对的情况不一样,一方面,经过了漫长的动乱时期,佛教也是乘此社会动乱而涌入进来,佛教的进入并没有使社会趋向稳定,反而在相当程度上造成了思想混乱,人们对儒学、道家学和易学、民间巫文化都产生空前的怀疑,精神上的迷茫和现实人生的荒诞、不稳定,促使他们对佛教在好奇之外更多了一重探其究竟的生命本体冲动,但从小乘传播的受阻和大乘般若学的一再遭遇儒玄、道玄的声讨与谴责来看,佛教思想,包括般若信仰并没有成为整个国家的权力意识形态,其间梁武帝一度奉佛教为国教,也是局部性的,并不能体现南朝各时期的佛教存在状况。以至隋代统治者要寻求稳定的意识形态,就将佛教能否作为思想旗帜视为十分重要的问题。另一方面,由于魏晋南北朝的社会思想高度不稳定,给隋代统治者带来了变革文化意识形态的压力,不能因循守旧地照搬以往的权力体制和思想文化,而是要用新的思想文化来管理整个社会,于是,权力场域寻求稳定思想意识形态的潜在意图和统治者当下寻求有效的思想文化变革动机形成一种矛盾。这种矛盾的解决,按照传统儒学、道家学等思想文化的进路很难实现,因为儒道代表的士人理性并不过度关心数百年社会战乱带来的祸害,并且从维护宗族道统和人格境界的目的上说,也很难跳出现实境况之外,来思考更重要的人生、社会问题;至于易学更是不能够,在两汉期间已经将自身的理论和应用发挥到某种极致,到隋朝不可能再奉猜玄类比之理为权力厅堂的圭臬;巫文化更不可能,南朝以来已经开始对巫术极尽绞杀扫荡之能事,哪里可能让巫文化再度成为主角登场……于是,只有佛教特别是般若范畴引领的思想系统,对于统治者具有十分新鲜的吸引力,也为权力场域的般若化提供了现实可能。

二、般若身份与角色的转化

政治场域的般若化即般若美学的现实化。一旦般若在权力政治场域获得支配性权力,便意味着思想文化的变革并没有在数百年的动荡之后转入稳定平息,而是更进一步地进入了变革、变动状态。政治场域的般若化,让政治具有了美学和审美意义上的文化时空,在这样一个政治与生命、人生发生美学联结的时代,所有的观念、体验都开始追求一种特殊的、非常规的文化效力,颇似现代性从传统的浪漫理想背景下崛起,只是隋朝的思想文化变革本身就是传统的理想变革的一部分,因此,我们只能有限地思考政治场域的审美性与美学性,思考般若在政治场域的创造当中使"当下"发生的变化。

隋代的政治场域通过谋求政治身份的合法性,建立起思想统治的合法性,而般若思想也是通过政治身份合法化获得自身的存在权力。

581年,北周权臣杨坚逼迫静帝禅位,"改国号曰'随',但厌恶'随'字带'走',遂将'随'去除'走'而作'隋'"①,为隋文帝,国号开皇,定都长安。北周早在577年就统一北方,但杨坚的篡位按照传统政治观念是不合法的。隋统一全国后,结束了少数民族三百余年统治北方的局面,汉族势力重新回归,于是政治上提出诠释政治权力合法性的要求,当时儒学久经践踏,南朝以来虽有所复兴,却仍是弱不当任,道家学体系很难做出合理诠释,遂把诠释使命交给了佛学。

《隋书·帝纪·高祖》载:

> 高祖文皇帝姓杨氏,讳坚,弘农郡华阴人也。
>
> 皇妣吕氏,以大统七年六月癸丑夜,生高祖于冯翊般若寺,紫气充庭。有尼来自河东,谓皇妣曰:"此儿所从来甚异,不可于俗间处之。"尼将高祖舍于别馆,躬自抚养。皇妣尝抱高祖,忽见头上角出,遍体鳞起。皇妣大骇,坠高祖于地。尼自外入见曰:"已惊我儿,致令晚得天下。"为人龙颜,额上有五柱入顶,目光外射,有文在手曰"王"。长上短下,沉深严重。②

---

① 王寿南:《隋唐史》,(台北)三民书局股份有限公司1986年,第5页。
② 魏徵、令狐德棻:《隋书》第一册卷一,中华书局1973年,第1页。

这段正史里记载的谶符之事,以冯翊般若寺为隋文帝出生地,所用神话没有太多异域色彩,无非是生来长相怪异,生母受到惊吓,因厌而弃,遂受僧尼护养,自小在尼寺里长大。故事虚构的重点是生于佛地和托养于僧尼,建构了隋朝与佛教的因缘关系。其中"头上出角"隐喻人兽易形,与大乘初期般若经里的神话风格一致,暗示秉有异相神性。冯翊般若寺的"般若"冠名,是佛教化育地的借用。隋文帝生在般若寺,与般若结有永生因缘。这样,隋代通过佛教神话的拟构,传达了佛门护佑、般若赐生、"紫气充庭"的身份合法信息①。

隋文帝立朝,即从政治上对佛教给予特别支持。开皇三年(583),隋文帝恢复北周所废寺院,凡名山皆建有寺院,一百余州府兴建舍利塔,共"度僧尼二十三万人,立寺三千七百九十二所,写经四十六藏一十三万二千八十六卷,治故经三千八百五十三部,造像十万六千五百八十躯"②。其中最有影响的是在长安城中心朱雀门街,建造了东西对称的大兴寺和玄都观,让佛教与道教并峙相对,"大兴寺的正殿大兴善殿,是城内最高大的殿堂"③,突出佛教地位的特殊。

隋朝统治者都曾受菩萨戒,"受戒"是一种将身体也交付给佛法的深层行为,强化了隋朝政治权力与佛教般若道行的联系。隋

---

① 按:日本学者砺波护采信此说,表述为"他是在般若尼寺长大的,小名为佛教护法的那罗延"(砺波护著,韩昇编,韩昇、刘建英译:《隋唐佛教文化》,上海古籍出版社 2004 年,第 6 页)。笔者以为,杨坚出生的年代社会十分动荡,或曾入寺避祸,也有可能,但此说之出见于正史必与隋朝为自家出身正名有关,因而该史料不可俱信,但造谶动机却无须置疑。

② 道宣:《释迦方志》卷下,《大正新修大藏经》第五一册,(台北)新文丰出版股份有限公司 1983 年,第 974 页下。

③ 砺波护著,韩昇编,韩昇、刘建英译:《隋唐佛教文化》,上海古籍出版社 2004 年,第 6 页。

炀帝在扬州"迎禅师授菩萨戒,上师号曰智者"①。智者即天台宗创始人智顗大师,般若学的集大成者,他帮助隋炀帝继续隋文帝的佛教政策。隋朝后来迅速覆灭,主要是苛政虐民所致,在政治和文化领域并非同样酷虐无情,如史载隋炀帝曾"诏沙门道士致敬王者,沙门明瞻抗诏,谓僧无敬俗之典,遂寝"②。统治者的杀伐予夺对教门也不例外,除非对教义有相当认同,否则隋炀帝不可能"默然而止"③。

　　唐初佛教政策不及隋朝优厚,但从高祖李渊到太宗李世民,处理政治和宗教的关系,越来越表现出对文化智慧的利用,自然佛教般若的作用也潜渗其中,对确保统一政治场域下的宗教生存、发展权至关重要。唐代李氏在《新唐书》记原为陇西成纪人,李渊从母独孤皇后为鲜卑血统,给李氏身世带来少数民族瓜葛。李氏建立唐朝后就想撇清这种关系,对不同文化尽量采取宽容态度。唐高祖李渊采取平和舒缓方式对待儒道释三家,力使三家平衡统一④,但最初三家争斗

---

①志磐:《佛祖统纪》卷五三,《大正新修大藏经》第四九册,(台北)新文丰出版股份有限公司1983年,第466页上。

②志磐:《佛祖统纪》卷五一,《大正新修大藏经》第四九册,(台北)新文丰出版股份有限公司1983年,第454页中。

③志磐:《佛祖统纪》卷三九,《大正新修大藏经》第四九册,(台北)新文丰出版股份有限公司1983年,第361页下。

④按:李渊对三教的态度有前期北周武帝的教训,三家之争已经不可避免,愈演愈炽,如何安顿好三家成为对政治智慧的一次考验。王钦若、杨亿等编撰《册府元龟·崇释氏》(卷五十一)曰:"武帝天和四年(569)二月,帝御大德殿,集百寮、道士、沙门等讨论释老义。"〔《景印文渊阁四库全书》第九〇三册,(台北)台湾商务印书馆股份有限公司1986年,第42页下〕日本学者砺波护援引塚本善隆的观点说:本来北周武帝"是想让三教齐一,而在儒学之士当中,持三教合一观点的稳健派亦占大多数,没料到此时佛教教徒和道教教徒用虚伪不实的资料相互攻击诋毁,最终被禁,充分表现出宗教的党派性和排他性,导致了与武帝原来的三教齐一的目的背道而驰的结果"(砺波护著,韩昇编,韩昇、刘建英译:《隋唐佛教文化》,上海古籍出版社2004年,第12页)。

不断。道士傅奕多次上奏废佛,李渊撰《问出家损益诏》征询沙门意见,高僧法琳上疏回应傅奕,且广为散发。"批驳傅奕的文章相继发表,法琳仔细研读,觉得作为批驳依据的佛教经典,正是傅奕要求废弃的东西,一定难于获得他的认同,所以不能形成有力的批判。于是,他从傅奕所尊崇的外典,亦即儒教和道教的文献中,找出尊佛为师的文章作为论据,执笔写下《破邪论》一卷,上呈高祖。"[1]法琳用心用力如此之深,李渊遂召集道士、沙门与儒学博士于武德七年(624)开会三教论衡,会后发诏明确朝廷政治意图:

> 自古为政,莫不以学,则仁、义、礼、智、信五者俱备,故能为利博深。朕今欲敦本息末,崇尚儒宗,开后生之耳目,行先王之典训,而三教虽异,善归一揆。[2]

这个诏文以儒为先,"崇本息末"原为王弼玄学的纲领性观点,现被用来消解不同教说的差异,"三教虽异,善归一揆",明确肯定儒道释三教的根本宗旨归于一致。李渊的观点并没有平息教说之争,反而是佛教与道教之间展开了更为激烈的、互欲置对方于死地的争斗,迫使李渊在武德九年(626)五月下诏,指斥佛道二教的过度扩张和修行人的"猥贱""浮惰":

> 乃有猥贱之侣,规自尊高;浮惰之人,苟避徭役。妄为剃度,托号出家,嗜欲无厌,营求不息。出入闾里,周旋阛阓,驱策田

---

①砺波护著,韩昇编,韩昇、刘建英译:《隋唐佛教文化》,上海古籍出版社2004年,第21页。
②王钦若、杨亿等:《册府元龟》卷五〇,《景印文渊阁四库全书》第九〇三册,(台北)台湾商务印书馆股份有限公司1986年,第23页下。

产,聚积货物。耕织为生,估贩成业,事同编户,迹等齐人。进违戒律之文,退无礼典之训。至乃亲行劫掠,躬自穿窬,造作妖讹,变通豪猾。每罹宪网,自陷重刑,黩乱真如,倾毁妙法。譬兹稂莠,有秽嘉苗;类彼淤泥,混夫清水。①

并基于这种判断,采取了最大程度限制、淘汰佛道二教的政策:

诸僧、尼、道士、女冠等,有精勤练行、守戒律者,并令大寺观居住,给衣食,勿令乏短。其不能精进、戒行有阙、不堪供养者,并令罢遣,各还桑梓。所司明为条式,务依法教,违制之事,悉宜停断。京城留寺三所,观二所。其余天下诸州,各留一所。余悉罢之。②

李渊内心认同的是儒家,把佛教当作"妙法"来看。三教争宠迫使他采取"灵活的"政治态度处理各教与权力的关系问题,然而这一点并没有被很好做到。一方面,李渊没能做到像隋朝两位皇帝那样对佛教给予较大的偏爱,只是在内心认同儒家基础上从政治需要出发平衡三家关系,处理方式和复杂的对象、内容很不相称;另一方面,李渊把权力政治的至高无上摆得过于显露,以致稍感问题疑难便痛下杀手,这更暴露出政治智慧的不足。所幸李世民发动玄武门兵变,李渊应势在《诛建成元吉大赦诏》中收回刚刚发出的削教诏令,云:"其僧尼道士女冠宜依旧,军国事,皆受秦王处分。"③使得险风恶浪来而未袭,有惊无险,客观上维护了各教自由发言的局面。

---

①刘昫等:《旧唐书》卷一,中华书局1975年,第16页。
②刘昫等:《旧唐书》卷一,中华书局1975年,第17页。
③李渊:《诛建成元吉大赦诏》,周绍良主编:《全唐文新编》第一部第一册卷三,吉林文史出版社2000年,第22页。

　　李世民执政的处理方式十分灵活,很现实地表现出对佛教般若智慧的利用与吸收。首先,他向天下诏告仁慈之心,以空观有。贞观四年,下《大赦诏》说:"方欲至仁化物,宜存宽惠,思与万邦,同享斯福,可大赦天下,自贞观四年二月十八日昧爽已前,罪无轻重,自大辟以下,系囚见徒,皆赦除之。……敢以赦前事相告言者,以其罪罪之。"①其次,采取且扬且抑策略,使儒道释各擅其长,又受所拘限,实现儒道释平衡发展,共同服务于国家政治。唐初儒道释的差异更充分地暴露出来,在这个时候要使三家实现深层融合并非易事。一者儒家强调道统,政治地位历来十分强悍,六朝虽然衰落,唐初又重振旗纲,这个内在的惯性和现实中要其与他家并峙,对儒家来说显然无法接受,而要它统领释道更加无法做到;二者道家对人生、自然、艺术之道擅长玄思感悟,对世事则多所阙,隋代吸纳道家思想于道教体系的建设,使唐代有丰厚的道家、道教思想资源可资借鉴,但若是运用它们来对付儒学和释教,则在量能和理论先进性上都明显气力不足;三者佛教作为外来宗教,本来就比儒道面临着更多的文化障碍。虽然儒道释的平衡问题不容易解决,也不是没有可能做到。李世民通过吸纳般若智慧解决了这个问题,在具体处理时,他采取实相与虚相呼应、左扬右抑不走极端②的办法,让三教各自存活,把凸显李氏朝纲的政治权力意识放在首位,首开多元并存的政治生命美学机制。

———————————

① 李世民:《大赦诏》,周绍良主编:《全唐文新编》第一部第一册卷五,吉林文史出版社 2000 年,第 49 页。

② 按:先是傅奕排佛的主张特别激烈,李世民执政后于贞观三年(629)为七个战场建立佛寺,下《为战阵处立寺诏》(《全唐文新编》第一部第一册卷五)云:"释教兹心,均异同于平等"(吉林文史出版社 2000 年,第 48 页),又请沙门为皇太子及诸王授菩萨戒,扬佛之意明显,使傅奕的排佛一派受到抑制。贞观五年(631),又下令僧尼道士拜父母,是以儒为教,权其重在释道之上。此令虽未行,但抑制释道二教之意也表。又贞观九年(635),弘福寺智首逝世,允依国葬礼仪办丧事,扬佛之心再表,世人皆知;贞观十一年上元日,(转下页注)

在唐太宗所建立的政治场域中,佛教般若发挥逆生而"动"、因缘而"起"、性空幻有的美学特点,与儒学和道家学、道教建立了和谐共生的关系。唐太宗本人虽然对佛教也十分关照,甚至不无偏爱,但他的意图重在平衡三家,所以建置了文馆学士辅助儒学,重用颜师古、房玄龄、孔颖达、陆德明等儒士,对道教、道家学因攀"李"姓也私存护佑,上任伊始撰写《赐真人孙思邈颂》,赞扬道医孙思邈"凿开径路,名魁大医;羽翼三圣,调和四时;降龙伏虎,拯衰救危;巍巍堂堂,百代之师"①。最重要的一点,是在政治场域确立了文化平衡发展的生态后,中国美学的"生生之韵"和佛教的般若意蕴形成融合之势,并得以向文化深层渗化,由此开辟了中古活力四射的美学与艺术繁荣。

在政治场域基础上稳定展开的美学,在此后不同时间段大体与佛教发展同步。佛教发展以般若化为中心,不断拓开中国化佛教的存在之域;美学发展则形成美学化的时代趋势,及时促成文化、宗教等的感性化转换。政治场域中的般若化与美学化,便在相对和缓、宽松的氛围中呈凝合之势,在这种凝合中,政治与宗教、美学都焕发出

(接上页注)又下诏令崇奉皇室,以李氏老聃为其祖,以道家为贵,令"自今以后,斋供行立。至于称谓,其道士、女冠可在僧、尼之前,庶敦本之俗,畅于九有;尊祖之风,遗诸万叶"(《令道士在僧前诏》,《全唐文新编》第一部第一册卷六,吉林文史出版社 2000 年,第 60 页)。又抑佛扬道,并口敕佛门抗议,将佛门最为坚定的护法者法琳逮捕、审判,先拟死罪,后改判流放到四川的佛寺〔关于李世民扬抑道释二教的情况,《隋唐佛教文化》(上海古籍出版社 2004 年)一书记叙甚详,见第 28 页〕从这一系列的政令变化可看出,对于释与道二教的存在,李世民是完全看它们的社会影响来进行崇抑取舍的,但在教义的理解把握上,他其实对于佛教更为偏爱,这不独见于他所下诏书的表述,也见于他努力平衡各方,以平等和谐的相处为所要求,从而从价值深层逻辑上,体现出般若实相超越具体相有,以实存之相为幻、般若实相为逻辑本体的政治生命美学观。

①李世民:《赐真人孙思邈颂》,周绍良主编:《全唐文新编》第一部第一册卷四,吉林文史出版社 2000 年,第 36 页。

饱满的时代气韵和实践精神,按照般若美学的内在秩序、机制有节律地完成转换和生长。

中国美学内蕴与空性观念的对接,是确定般若美学特质首先要面对的问题。中国美学内蕴与般若空性思想结合,主要体现在否定性基质和消解实体性方面。消解实体性,不是消灭和取消事物,取消"感性规定性",相反,是反向性激发存在意识,让意识主动性回归于物,在意识不干预状态下保持物的本然、纯客观性质。唐太宗在政治场域进行的政治般若实践,就体现了向文化客观性回归的美学态度。唐太宗本来同唐高祖一样倾心于儒学,传统文化修养深厚,但他却以开放的胸怀学习佛学,对般若智慧有深入精到的把握,使原来相互倾轧的释、道、儒能够相对和谐共处,各自按照自己的规律自由发展。唐太宗时期,朝廷的政策、政治权力在重大意识形态问题上把关,对一般状况采取宽松政策,般若的"空"在这种氛围中拥有丰富的感性召唤力,"空"成为联结中国美学诸般意趣的基础观念。唐太宗之后武则天、唐玄宗进一步加强佛教般若的幻化、创设观念,使唐代由政治场域驱动的美学想象得以诉诸各个存在场域,开辟了恢宏壮丽、色彩斑斓的大唐般若美学气象。

唐代般若美学特质作为在中国建立的具有鲜明佛教色彩,同时又涵容中国文化、美学精神的主导形态,是极其特殊且具有文化创新性的新形态。对此西方学者注意到了佛教中国化的问题,国内学者也充分着眼于这方面的开掘研究。但这里有个问题不能回避,即如果印度佛教被"中国化"了,变成了"中国式"的佛教,说明这种佛教具有中国文化的性质和特点,但是"中国化"的主体还是佛教,因此,它与印度佛教的联系应当更是基础性的、不容忽略的方面。唐代般若美学史上所显示的内涵,具有印度大乘佛教不同发展期的意蕴基础,般若本体论因为超越实体性获得的多重名相主体,将知性、心性、法性、悟性等内涵都包含在内:唐前般若本体论的"空"观对印度原始宗教美学的主要意趣、大乘佛教之前产生的种种佛教美学观念，都给予了有力的整合。特别是 2 世纪以后，《大般若经》的面世，将"随世间名言理趣"①"一切法不离名言"②"名言皆不可得"③的随"名言"缘而敷法的观念提了出来，为"名言"本身的独立意趣，及名言不可得因而有深般若波罗蜜旨趣的般若美学探索、实践，奠定了良好的思想前提。唐代进一步深化般若美学，在凸显佛教义理及般若美学旨趣方面，恰好吻合了佛教般若内涵的历史发展。

使般若从政治机制中摆脱出来，获得自身"名言"的独立存在权，对整个国家的社会生活、政治、经济和文化产生反作用，是般若美学特质获得展开的关键。唐代政治场域与文化、美学的存在状况，在这一点上比较好地实现了。展开过程分两步：一是让政治意涵获得般若化的普遍性。作为一种智慧操作，般若化与强制性的国家政策、法令迥然不同，可以通过名相、名言的物化，确立与国家意志和政治意识形态统一的立场。唐高祖采取"一州一寺一观"的佛寺建制、唐太宗为阵亡将士建七处佛寺、举行追悼法会等，都是用佛教名相、仪式将国家政治、文化意识给予物化、固化的做法，不依赖过多的阐释，物化"名相"（设施）本身就呈示出般若法相，从而将政治意涵巧妙地纳入般若美学意涵的规制之中。二是通过般若化的阐释强化政治、文化的力量。政治与文化糅入宗教性，是一种神圣性的内在加强。武则天时期，通过"名言"的般若化创设，有力发挥出般若美学的阐释优

---

① 玄奘译：《大般若波罗蜜多经》卷五九七，《大正新修大藏经》第七册，（台北）新文丰出版股份有限公司 1983 年，第 1089 页中。

② 玄奘译：《大般若波罗蜜多经》卷五九三，《大正新修大藏经》第七册，（台北）新文丰出版股份有限公司 1983 年，第 1068 页上。

③ 玄奘译：《大般若波罗蜜多经》卷五五九，《大正新修大藏经》第七册，（台北）新文丰出版股份有限公司 1983 年，第 887 页上。

势。690年，武则天称帝改国号为周①，为了控制政治、文化，她派许敬宗等完善《显庆礼》的修撰和定礼工作，提出"以王肃一天说取代郑玄六天说，将圜丘、祈谷、雩祀和明堂都改为专祀昊天上帝，只是立春等日的四郊迎气还保留太微五帝；并将郊丘之祭合一，不仅简化了祭祀对象与方式，也是以天地的唯一性强调帝王独尊与皇权的至高无上"②。突出皇权的象征性和神圣性，强调政务、文化意识形态与皇权的实质性分离，客观上鼓励了文化、意识形态拥有独立的"操作平台"，对促进政治和文化具有相当进步意义。佛教积极响应关于修撰、阐释的基本精神，一方面在前期般若直觉建构基础上，融摄唯识宗于华严宗的理论整合；另一方面更努力凸显般若范畴的特殊意蕴。时人张说《般若心经赞》这样写道："万行起心，心，人之主；三乘归一，一，法之宗。知心无所得，是真得；见一无不通，是玄通。如来说五蕴皆空，人本空也；如来说诸法空相，法亦空也。知法照空，见空舍法，二者知见，复非空也。是故定与慧俱，空中法立。入此门者为名门，行此路者为超路，非夫行深波若者，其孰能证于此乎？"③他说的"三乘归一"，是指"声闻乘、缘觉乘、菩萨乘"归于佛法真蕴，其政治内涵与"一统多元"是一致的，但作为对般若内涵的阐释，却表达了无得而无不得、玄通而无不通、以法行空、法空意不空的美学旨趣。另据《佛祖统纪》记载："高宗御制《慈恩寺碑》，武后御制《华严经序》，中宗净三藏译经，御制《圣教序》，睿宗菩提流志译《宝积经》，御制

①按：据《资治通鉴》，显庆五年（660）武则天开始接触政务，后太子李弘病死，684年武则天嗣圣称制，次年废中宗李显，690年废睿宗李旦自称圣神皇帝，改国号为周，都洛阳，史称"武周"。

②吴丽娱：《〈显庆礼〉与武则天》，杜文玉主编：《唐史论丛》第十辑，三秦出版社2008年，第5页。

③张说：《般若心经赞》，《四部丛刊》集部之《张说之文集》卷一三，上海涵芬楼藏嘉靖六年刊本。

《圣教序》，玄宗御注《金刚般若经》"①，武则天时期御制《华严经》，统治者的参与关注和高知士人的倾心以赴，标志着般若美学内涵已通过佛教经典获得特殊的政治地位而被更普遍地推广与展开。

这样，佛教般若范畴的空性意识，作为佛教般若美学的核心思想，在唐代就获得了广泛深入的影响，反映在：初唐般若空性思想作为般若美学的基本特质，在政治场域逐步实现可与儒道"平分春色"或进阶到"一统多元"的话语权格局。相对于南北朝及隋代佛教般若美学的每一次推进与转型，唐代更深入地拓进了般若与政治场域、文化场域乃至世俗生活场域的联系，以至对于唐代佛教般若范畴与美学流变的关系，也很难用一般的共时性结构做出统一切面的"模块"概述，因为它既是前期各阶段转化、推移的结果，又是新历史阶段的般若范畴受到中国美学种种新的细微因素、力量影响而产生的改变。因此，到武则天时期，般若范畴与般若美学特质所达到的实绩，已在佛教中国化，或谓之佛教般若的中国化，或谓之中国美学的般若化与般若意蕴的美学化方面，奠定了总体的格局，般若所呈显的佛教系统性特殊意涵和性质，产生了一种异乎寻常的辐射力量，对文化领域产生空前的渗透，导致人们的思想和行为往往依般若超越具体的形制和形式，重塑文化与美学的系统性质和规范。这个历史变化的标志性节点是中唐时期，当般若化总体格局趋于明朗之后，便愈益转向清晰且充实、细腻的方向。

三、般若美学的世俗化扩张

般若美学由政治、文化场域推进到社会生活场域，形成强劲的历史冲力。自魏晋以来，一直主要以精神内化为特色的般若意蕴，现在

①志磐：《佛祖统纪》卷五一，《大正新修大藏经》第四九册，（台北）新文丰出版股份有限公司1983年，第452页上。

作为外化的美学感性内容,在世俗化的社会成为汹涌澎湃的历史潮流。般若美学在世俗场域的扩张,其实也就是世俗美学的本位化实现。我们把这一实现过程,从权力场域向外拉开,会发现它呈立体动态化格局,仿佛一幅漫画,在局部时有夸张或变形,总体偏重于勾描和速写,情感与想象主要聚焦在世俗社会关心的问题上面。这幅画卷的中心,与其说是需要儒道释共同拷问和诠释的心性问题,莫如说主要由佛教般若主导世俗人生向一种新颖、别致的审美经验展开。

因此,我们有必要更进一步从历史的宏观时空,来审视政治、文化的这一次思想转化与革命。除了推进文化与政治权力的分离,促进文化思想、意识的熔融和合格局,"润物细无声"地灌注一种无上超越的普遍情怀之外,般若与政治、文化场域深度结合的另一个重要的改变,是从隋代开始,到唐代加速的般若美学的世俗化,意味着中国美学从此前追慕圣贤的道化传统,转向生活原生态还原或沉降。这个趋向无疑也是一次空前的革命!以往学界充分关注到这次革命在诗歌、艺术方面所产生的成就,这没有错,但对于"背后"佛教及般若范畴所产生的力量却未能给予应有的发现,这不能不说是某种缺憾,至少表明在认识上是不完整的,有失充分客观的。实际上,从本质论着眼,即便汉末的人格美学,再到两晋南北朝的人生美学,而后隋唐时期的心性美学,思想史的心路轨迹是一步步接近人本身的存在本质与内涵的,似乎变得愈来愈抽象和不易琢磨,但从美学上理解整个发展的趋势愈来愈走向了浪漫主义。正是由于佛教般若的积极向导,使得一切走向人、走向生活的文化美学潮流,都绽放出超越、奔放、旷达、逸远的浪漫主义美学气质。当然,对世俗场域的般若美学,不能像理论形态的般若美学那么要求话语系统的严整和深入,但世俗场域的般若美学,对那个时代美学理论生成、发展及其外化为现实实践所发挥的激发、提醒和扩张作用,却是我们不得不要予以高度重视的历史基础和思想现实。

因此,般若美学的世俗化进路,也成为般若化中国美学和中国化般若美学交互运动、完善美学历史深化的重要构成内容。隋至唐初、中期,随着佛教般若的渗化和扩张,中国美学所依托的世俗化社会,也呈现出经济、文化的繁荣气象,这种繁荣的格局恰巧与般若传播的路线,某种意义上形成文化地理学意义的吻合。

其一是般若化沿南北经济、贸易带联通南北,向远扩渗,扩张到中亚、欧洲一带,般若世俗化场景也是当时典型的美学化场域。隋统一全国后,隋文帝恢复了经济,隋炀帝开凿了北自琢郡、中经洛阳、江都、南至余杭的大运河。杜佑《通典》引《坤元录》描述其盛况:"隋炀帝大业元年(605),更令开导,名通济渠。西通河洛,南达江淮。炀帝巡幸,每泛舟而往江都焉。其交、广、荆、益、扬、越等洲,运漕商旅,往来不绝。"①大运河把南方与中原连成一体,刺激沿运河一带城市和乡村的经济走向繁荣,并得到文化方面深入的熏染,云南、两广、两湖、四川以及江浙地区"得益于北方民族阳刚精神的渲染",与北方汉胡文化实现融合,"达到了中国古典文化的全盛佳境"②。唐代扩大大运河路线的经济文化圈,一方面,武则天时期将西洲至长安、洛阳一线的经济、贸易全线打通,与大运河一线形成整体交接。贞观十四年(640)唐灭高昌,建立西域中心城市西洲,令其在沟通多民族文化方面发挥作用③。另一方面,与西域一线的文化巩固相对应,安西经武威到长安这一段的经济、文化流通也空前繁盛起来。严耕望《唐代

①杜佑撰,王文锦、王永兴、刘俊文、徐庭云、谢方点校:《通典》卷一七七《州郡典·洛州》,中华书局 1988 年,第 4657 页上。

②周欣:《江苏地域文化源流探析》,东南大学出版社 2010 年,第 14 页。

③按:陈国灿《唐西州在丝绸之路上的地位和作用》说:"西洲处于丝绸之路上的一个中心环节,东通河西走廊,直抵东、西二京,西通西方各国。同时自己又与民族地区相邻,又有多条通往民族地区的通道。"(《唐史论丛》第九辑,三秦出版社 2007 年,第 142 页)

交通图考》说:"陇右富庶,凉州繁荣,西域商侣往来不绝,宜其与长安
之交通状况,得与幽并荆、益并举也。"①"长安、洛阳为西东两都,交
通至繁,沿途馆驿相次,榆柳荫翳,轩骑翩翩,铃铎应和,固唐代之第
一大驿道也","大抵唐代交通以长安、洛阳大道为枢轴,汴州(今开
封)、岐州(今凤翔)为枢轴两端之延伸点。由此两轴端四都市向四
方辐射发展,而以全国诸大都市为区域发展之核心"②。通过四通八
达的南北交通,和大运河沟通南北方、激活沿河一带经济文化的发
展,乃至由洛阳至长安,转凉州、西州再到西方各国的经济文化传播,
唐代结束了以往限于中原汉民族区域文化发展的局限,以经济繁荣
为底色,刺激文化感性融聚多民族乃至西方世界的美学因素,使中国
美学内在构成更加充实饱满,富有扩张的规模和气势,充分洋溢着般
若美学的机制和活力。

其二是般若美学世俗化展现为佛教艺术的全面汉化与迅猛普
及。本来佛教造像源起于印度,大概在 1 世纪才到达印度东北部,与
中国西域一带相接。但在到达时,造像艺术也达到极盛,由于大乘佛
教方始流行,"《增一阿含经》的末段所记的《作佛形像经》,以及《造
立形像福报经》的内容,两者都是强调造像的功德"③,佛教徒追忆佛
陀,努力通过造像表达观想敬仰。造像作为一种信仰表达的艺术形
态,将宗教、艺术两者交织起来,艺术得到宗教功能性的鼓励,犹如增
添了羽翼。待大乘传入中国,印度本土的造像高潮已过,便借助中国
佛经传译的规模和速度,也流行起佛教造像。北魏时造像之风趋炽,

①严耕望:《唐代交通图考》第二卷,(台北)"中央研究院"历史研究所 1985 年,
　第 343 页。
②严耕望:《唐代交通图考》第一卷,(台北)"中央研究院"历史研究所 1985 年,
　第 4、5 页。
③高田修著,高桥宜治、杨美莉合译:《佛像的起源》,(台北)华宇出版社 1986
　年,第 17 页。

敦煌、云岗、龙门、麦积山等地利用风景优美之地大规模开凿佛像,世俗民众的敬仰、膜拜佛像之风迅猛普及开来。不过,这种造像艺术,因为受印度的犍陀罗风格影响较大,一时中国化程度不高。直到隋唐时期才发生根本改观,从西北敦煌、洛阳龙门,到西部向南的四川广元、乐山,重庆大足,云南剑川一带,中部的河北响堂山一带,佛像气势恢宏无比,中国化的艺术想象和制造方式细密渗透,或因地取景,构筑奇观,或雕塑于殿堂,极尽人工造化之奇功。据专家考,殿堂内雕像"大都用木雕泥塑彩绘而成"[1],在中国各地佛像似乎"遍地皆有",有力地渲染了般若观想的塑像盛景和文化情怀。

其三是与佛教造像世俗化相响应,唐代出现了新的变文话语形式。唐郭湜《高力士传》记述:"每日上皇与高公亲看扫除庭院,芟薙草木,或讲经、论议、转变、说话,虽不近文律,终冀悦圣情。"[2]里面提到的"转变"即讲变文,"变文"指用文字形式敷演的佛教故事,借故事传达佛教的理蕴、义训。"变文"与"变相"不同,两个词语指向相互关联的两种佛教艺术化形式。变文研究学者陆永峰认为,"变文"这一名称来自梵文 citra 或 mandala,"变"具有"改变""神通变化""神变""变怪"的涵义,是佛教向世俗社会扩展时的产物,表达手段采取佛教"神奇、变幻"特征延展到非佛教事物。"变相"指"变"的呈相:

> 变相最初是专限于佛教范围内的,因为它所表现的内容是源于佛经的,见于文献的初期变相(图)都属于佛教。到了唐代,虽有道教仿佛之"明真经变""道经变相图",但变相图的主体仍

---

[1]徐华铛编著:《佛像艺术造型》前言,上海文化出版社 2005 年,第 2—3 页。
[2]郭湜:《高力士传》,陶宗仪编:《说郛》,《景印文渊阁四库全书》第八八二册,(台北)台湾商务印书馆股份有限公司 1986 年,第 446 页下。

属于佛教。随着变相(变)一词的流行,乃可用于指称非佛教的事物,于是有了"胶煤变相"等称名。变文也是如此,遵循着从佛教向世俗扩展的演变轨迹。①

陆永峰强调变文在内容上共同具有"般若"神奇、变幻特点。这里,重要的不是以变文究何定义的理解问题,而是变文的内容实质对中国文化、文学产生美学意义和价值的问题②。它体现在:一是使具有"幻化""变现"意味的佛经文本,以中国化的俗文学形式呈现出来。"变文"的核心,与其说是其佛教内容的"神变""变化"特点,莫如说是佛教内容面向世俗而变文,世俗信仰与佛教教化是变文存在

①陆永峰:《敦煌变文研究》,巴蜀书社2000年,第26—27页。
②按:自19世纪20年代以来,王国维、郑振铎、向达、王庆菽、程毅中、周绍良、白化文、郭在贻、李骞等都对变文的源流和文体特征提出不同看法,有关变文与中国文学的"上古神话、六朝志怪、唐人传奇、宋元话本戏曲之间的传承嬗变关系"(张锡厚:《敦煌变文研究的历史回顾》,《敦煌研究》,2000年第2期)也已经得到学界公认,但问题是变文不只对中国文学产生局部性影响,还牵涉对美学化整体发展趋势、形态的影响。概言之,敦煌变文题材主要以三类为主:一类是佛教人物故事,如《维摩诘经讲经文》《欢喜国王缘》《莲花色尼出家因缘》;二类是中国历史神话人物故事,如《伍子胥变文》《捉季布变文》《王陵变文》《王昭君变文》《董永变文》等;三类是具神奇、变幻情节的故事,如《降魔变文》《唐太宗入冥记》《丑女缘起》等〔王重民原编,黄永武新编:《敦煌古籍叙录新编》第一七、一八册,(台北)新文丰出版股份有限公司1986年〕,从内容上也反映出两种叙事主体糅合的趋势。联系到敦煌古籍集纳经、史、子、集四个大类,及在民间有大量说唱讲经文本出现,可以确定这并非单一出现在文学里的一种形式转变,而是整个民族文化美学叙事风格的一种趋势转变。周绍良、白化文编《敦煌变文论文录》(上海古籍出版社1982年)辑录的变文研究论文,突出"俗文学""俗讲""民间文学"的论题,可谓切中了这一时代脉搏(相关论文如王国维《敦煌发现唐朝之通俗诗及通俗小说》、向达《记伦敦所藏的敦煌俗文学》、孙楷第《唐代俗讲轨范与其文本之体裁》、路工《唐代的说话与变文》和《谈唐代的民间文学——读〈中国文学史〉中"变文"节书后》等)。

的本质与目的,世俗的通俗话语和文学形式,则是变文美学化的体现。二是"变文"并非六朝"唱导""转读"的延续,而是另辟蹊径的美学拓展。永明声律以中国传统韵律的二元(阴阳、动静,抑扬、顿挫)转读佛经,将佛经无间歇的圆音韵律,转为疾缓相错、具有诗韵效果的语句。永明声律从音律本身切入,与内容方面的关联不大。变文却是散韵结合,特别从内容方面的世俗化接受着眼,因而与"唱导""转读"具有美学目的和效果上的根本不同。如果一定强调两者之间的关联,至多是佛经传导的转向,但这种转向的依据不能以韵律之变为据,而是话语构造方式及其接受效果的迥异。三是"变文"的"变",也不能纯粹解读为"神通变化"或"神变""变怪"的涵义。它当然包含"神通变化"或"变神""变怪"方面的意味,这从佛经和变文的交织及变文的"变异",可以找到相关内容,但"神变""变怪"的背后是中国人的生活和经验基础,而且恰因此亦强化了中国美学固有的"神变""变怪"之义。譬如,源于易学与巫术结合的"神变""变怪",在六朝时期就得到民间的充分演绎,这种演绎与佛教的相关内容——具有般若美学"幻"义特征的内容——汇合起来,就使民间文化、民间文学很容易产生具"神变""变化"特征的变文。当然,唐代变文的"变神""变怪",更多是夸大菩萨的幻化之力,这一方面是世俗化传播趋势使然,另一方面,亦与美学旨趣的悄然变化有关,即世俗化的美学旨趣沾溉了般若智慧的幻化色彩后,反而是愈发使中国原有的张扬"神性"的超自然性得到伸张,而转向对菩萨慈悲法力的尽力渲染。因此,唐代变文表现的是一种新的美学旨趣,是大乘初起阶段般若幻化精神的一种重现。变文本质上属于般若美学世俗化的产物,标明般若化与美学化在世俗场域的深入渗化和对流。

　　美学世俗化有效打破了佛学与中国文化的陌生感,打破了官方的经学意识形态垄断,让学术、文化与艺术进入文人个体和世俗民众的创造情境,让佛教信仰作为普遍的文化精神在实际生活和文化、艺术中得到表达,让般若范畴的意趣、意旨获得美学化的外化呈现。在这种状况和趋势之下,中国美学与佛教理论的深度融合也以非凡气度愈发精致、系统地获得展开。对于中国美学而言,意味着其存在方式,即整个体系形态及其内在精神也在以惊人的变革干预、影响着现实生活图景与民族精神的方方面面。

第二节　般若美学的时代觉醒

一、般若美学对审美的促动

如前所述,以般若为内核的佛教各宗理论体系,是唐代学术、文化历史性变革的重要成果。般若范畴所具有的美学特质与机制,对佛教各宗思想体系和理论产生的美学化浸种,决定了美学理论渗透到政治、文化、学术和文学、艺术等场域的惊人影响力。由此,唐代佛教美学的相关思想、理论,通过其对现实的覆盖和当时人们的精神互动得到深刻反映,而某些思想潮流、学术宗派的繁荣,则直接催熟和标志着唐代美学思想的精神境界。大约至唐代中叶,天台宗、唯识宗激发的精神向往,对唐代的知识界、文化界影响深刻而普及,宗教价值底蕴潜在地支撑了各阶层士人的内心期待,令他们十分默契地感应着,并积极浇灌、扶植该时代的文化生态。文人、学子一旦能够收摄心魂,感发志意,积极投入思维方式与思想、学术的开发,则美学在奔涌的学术、思想潮流中就成为灼目耀眼的积极力量,美学外化于现实审美获得的新感性,便促成审美性质、形态与品格的新一轮提升和社会化认可。为此,在特定意义上,可以称佛教般若思想系统及其理论形态是唐代美学的精粹形式,即,该种美学的理论形态(包括理论话语)不同于审美的感知、体验和感性呈现形态。美学理论凝结着美学的总体信息,是审美感知、审美经验的理性化提炼,体现精神结构的价值走向与造型。在整个中古时期,唐代的美学理论以佛教般若为总体逻辑的内核,这在整个中国美学史上都具有不同寻常的发展节奏与变革意义,必须客观地尊重这种历史发展的必然事实。然而,对这个问题,迄今学术界仍然暧昧不明,也有学者看到了唐代美学与佛教的密切联系,但不能从中国化佛教汲取般若思想的精华着眼,忽略佛教给予中国美学理论特质的启发,以及中国美学理论中般若思想内核的充实与辐射,而只是或仅仅把诗、歌、舞及其他审美形态作为唐代美学的表征,将文论、诗话等蕴藏的"美学命题""美学话语"作为美学理论主体进行阐释研究,这显然有失准确,认识上是肤浅的。可以确定,唐代美学的繁荣是真正具有理论与审美实绩的繁荣。理论的繁荣是审美繁荣的基础。设想一下,倘缺乏文化美学、哲学美学等深度蕴涵的支撑,唐代美学的繁荣会是怎样浅表和流于有限、局部的繁荣,而历史上实际呈现的唐代美学繁荣,不独属于唐代,还属于整个中国古代,属于中国美学的历史和未来,在中国美学史上具有巅峰性标志意义,是一种足够自信、自豪的荣耀! 只有从这样的基点认识唐代美学,才能更准确和深入地理解唐代的审美觉醒与艺术创造,进而对唐代美学的独特价值及其历史贡献,做出切合历史与未来本真的思想阐释。

　　那么,美学理论如何介入现实,并促动审美发生变革的呢? 从理论上说,美学体系承载了生存的感知和体验,将精神能量酝酿、发酵为建构性的符号系统,一旦这种符号系统被精神创造者所接受,将其焕然呈现为活泼泼的景象时,便意味着启人心智,促人弃绝曾有的美学革命,在社会现实中开始其实践性的发生。这种发生由不同族群的精神变革,外化为具有美学觉醒意义的精神创造产品。唐代美学就透彻地传达出这样的历史变革特征,其美学的时代觉醒,一方面不再以孤立的、抽象形态的美学思想和理论出现,而是敏感地贴合现实征象,显现出"思想""理论"对现实的回应态度;另一方面,美学理论的外化包括了人的丰富生存、生命实践,以饱满的感性存在衍生了"思想""理论"的蕴涵,促成在现实审美的表征中,也蕴集着一种思想和精神的主动建构,从而使现实审美绽现出既生动绚丽、饱满的美学新感性,又内涵独到、鲜明、别致,具有充分的可阐释性理论化性征。

这个特点,当然在文论、诗话和文学艺术作品里有最为鲜活的呈现,总是能够预先对美学信息与审美过程的融合创新有积极的呈示。例如,韩愈、白居易、释皎然、司空图等,作为唐代有思想的文论家、诗人和理论家,他们的诗文就极具时代性和美学性。历代以来,学人对这些代表性诗人、"思想家"的诗文作品都很关注,也力图解读他们作品所承载的美学思想,以此期望能对所处时代的诗学和美学,做出"窥一斑而知全豹"的理论归结。但遗憾的是,从这些代表性诗人、文论家的作品中抽绎出的"美学命题",也只能形成对该时代美学面貌"有所呈示"的思想阐释,即只能折射出一定方面的时代诗学与美学面貌,却并不能够将不同作者的"代表性"归结为充分的时代"共性",也不能将作者各自的"差异性"风格归结为时代的"标志性"创新。因此,从有限的范围、材料揭橥的错杂纷呈的思想命题,无法实现时代美学的整体性、系统性还原,再加上思想家之间的甚大差别,和客观上存在的对这种审美现象、美学理解的主观解读与主观取舍的不一致、不统一,就很难做出有说服力的对唐代美学整体特征或趋向的概括。而在总体不能提炼和完成阐释与概括之外,还有一个属于美学本身极易发生的问题,即理论的阐释只有在时代整体的思想、理论的场域中,才能走近真理,否则阐释者会因自身思想、立场的不同,"发明"出导致最终判断或结论走向偏颇甚至谬误的解释。仍以上面提到的韩愈、白居易为例,他们的诗学、美学理论,既可以从反映现实角度形成一种概括,亦可从阐释者的主体逻辑范式出发,形成别一种认知归结①,显然单凭阐释者的抉择会造成"本体论"基础的失陷。类似情形非常普遍,经常发生在梳理和评判具体命题时,抓不住主流的命题思想,而将重要的思想命题忽略,将次要的反视为时代性的美学命题大力张扬。譬如,李翱的"性善情恶"观,一般诗学史甚少论及,谈到时也多作为崇儒排佛的代表观念来论,认为其将性善情恶归结到儒家心性理论。其实,李翱这一命题隐含着对传统美学观念,亦包括流行的审美现象的理论解构,并且是用佛教般若识性完成解构的。唐君毅在《中国哲学原论·原性篇》中曾对此予以揭橥:"佛学传入后所言之情识、妄情中之'情'字,乃皆涵劣义。"②唐君毅指明"情恶"系佛学所谓之"情识""妄情",他也从"庄子以降言情为害"阐释,但立论基点却是将"情"视为活泼泼的生命之根,如此,则李翱诗学的情感本体,贵在揭明情识对当时的时代所具的精神觉醒价值和意义。"此其所谓情,皆明非指孟子所谓之恻隐羞恶恭敬是非之性情而言,而当是指一'自然生命之情欲,又与一外驰之心知相结合',

①按:陈伯海、蒋哲伦主编《中国诗学史》(鹭江出版社 2002 年)、蒋寅的《古典诗学的现代诠释》(中华书局 2003 年),试图从语象、意象、意境的发展轨迹揭示中国诗学美学的理路与奥秘,但正像刘若愚《中国诗学》(河南人民出版社 1990 年)、叶维廉《中国诗学》(生活·读书·新知三联书店 1992 年)也重视诗学形式及其诠释语境,重视中国诗学理论范畴形式的独特性那样,都存在一种在内容与形式两极间游移的认知摇摆,而不能将认知深入到内容或形式的美学概括上去,即由于缺乏审美现象学形态的理论概括,造成理论阐释本身与固有的审美形态与现象学美学的脱节。这样纵使整个阐释显示了周延的美学逻辑,却主要归属于作者自身的发现、概括与阐释,是一种阐释的思想赋予,不能够作为时代美学现象学形态与理论形成的完整诠释。只有揭示了美学理论对现象学形态的统摄或统合,方能凸显真正的时代美学本蕴和价值,而这种统摄或统合,饱了精神观念的变革与心理革命的体验。对这种统摄现象学形态的美学,我们亦可视之为文化美学,但"文化"一词显得空泛,未用审美形态的哲学美学、宗教美学或伦理美学等,更为切近美学外化与实践的真实存在。

②唐君毅:《中国哲学原论·原性篇》,中国社会科学出版社 2005 年,第 201 页。

而生之一往不返之情欲。此乃一穷之而不能尽之'情欲',或'性之欲',则亦诚可如乐记淮南之言其乃可灭天理而为性害者,或如习之谓其为能使人溺之而不知其本者,而亦为人所当无而去之者也。"①这样理解就触及美学逻辑的根本,就揭示出命题对诗学、美学的本体论意义,而不是简单的"崇儒排佛"的"泛文化"立场或想象所能阐明的。事实也如此,古代繁多的诗论、文论,还有诗文作品中的议论,容易引发歧义,单纯企望通过个别命题的阐释完成诗学、美学的理论还原,是不太可能也不尽科学的,阐释永远不能替代历史,局部、个别观念的抽绎或综合也不能替代已然存在的系统的理论。这就需要从审美现象学和系统美学理论结合的角度,来求得对时代美学完整、透彻的理解。

般若美学理论与审美现实的关系,主要表现为般若美学理论外化于现实,实质性地促进了审美发展。在现实审美中,主体精神的文化内化,借助审美"语言""形式"获得呈现。唐代审美在文学、舞蹈、音乐、书法等方面,以及生活审美、应用审美方面,均踔厉奋发,以积极开放姿态,展示出全新的气象。这些审美变化与般若对审美的促动直接相关。一方面唐代已然生成的般若美学理论系统,到中唐时期已很成熟;另一方面,中国美学在隋唐之前,就已经出现审美意象、意趣转化的征兆。就般若对审美的促动而言,突出表现在:

(一)般若拓开了审美的表现时空。般若美学深广的文化意蕴,为审美奠立了适宜于变革、创新的思想背景。隋唐前,审美与文化、美学的联系,主要集中在儒道易学和日常生活经验、观念的打通,审美观念的变革以士人情志抒摅为先导,侧重在天人感应和情物相偕方面。隋唐般若的渗透触动审美观念改变,人们对待自然和社会的

①唐君毅:《中国哲学原论·原性篇》,中国社会科学出版社 2005 年,第 201—202 页。

态度,包括生命观、生存观都发生变化,于是文化意识浸入对自然和社会的生命体验,使因袭传统的审美方式逐渐改观。由于般若美学拥有多种观念系统,启发审美的渠道、方式(宗教的或世俗的,政治的或审美的,伦理的或艺术的,等等)颇多,遂空前拓展了审美表现的时空。中唐段成式在《酉阳杂俎》中,记录了涉及信仰、情感、梦想、经验的生活片段,卷六《艺绝》提到一则审美轶事:李叔詹与范姓艺术家认识,平时往来不多,从未到过对方府宅。某日范某来与他告别,邀请他去了自家府宅:

> 忽谓李曰:"某有一艺,将去,欲以为别,所谓水画也。"乃请后庭上掘地为池方丈,深尺余,泥以麻灰,日汲水满之。候水不耗,具丹青墨砚,先援笔叩齿,良久乃纵笔毫水上。就视,但见水色浑浑耳。经二日,拓以稚绢四幅。食顷,举出观之,古松怪石,人物屋木,无不备也。[1]

"水画"是一种超离传统媒介的艺术创作,类似于如今的沙画,但所用媒介为水,水能晕化丹青,以水呈象按说是不可思议之事,但这位范姓艺术家却能"游刃有余"地自由发挥,创作出栩栩如生的水画。这则艺事记叙了超绝传统媒介和经验的审美体验。类似的例子很多,生活中的食器饮具、建筑的重檐轩廊,都十分灵动机巧,极富艺术想象力,而这些在生活中表现出来的灵动和疏放,尤以书法最能传神体现。而书法自古有书画同源之说,谓"书"从龟甲刻划和文字书写而来,发展到唐代,书法的笔墨韵味,已经实现超绝尘寰的审美突破。譬如,以张旭、怀素为代表的狂草,就比南北朝二王(王羲之、王献之)的行书更加狂放恣肆,主体美学情韵异常饱满,凸显了超逸旷达的智

---

[1]段成式撰,许逸民校笺:《酉阳杂俎校笺》二,中华书局 2015 年,第 534 页。

慧品质。有论家指称，怀素"把狂草这一天才的艺术推向更加热情奔放、狂逸宏博的艺术境界，成为我国古典浪漫主义书法艺术的典型"①。其他艺术方面的审美突破也不胜枚举，均显示以主体精神超越传统艺术格调，般若美学的智慧影响十分显豁。譬如，音乐受梵音（梵呗）之影响，将传统"声乐""音乐"之分，细化为佛教音韵学"三十六字母"的"转声"字音系列，令辅音、元音具足、多变，且以"补特伽罗"（我，众生）俗声进行理论化拟构，使语格②、体势、唱颂、声法等均别致细腻、丰富无比③。在舞蹈方面，受佛教飞天形象启导，又汲取少数民族舞蹈语言的营养，令舞蹈的体态语言和动感方向愈来愈轻扬向上。而此之前，从汉代傅毅《舞赋》及曹植《洛神赋》传导的舞蹈讯息看，则侧重在虚实相应，"若俯若仰"，兴而为象，"瑰姿谲起"④；或隐约飘忽，若隐若现，体态优美，引人遐想，"翩若惊鸿，婉若游龙"，"仿佛兮若轻云之蔽月，飘飘兮若流风之回雪。远而望之，皎若太阳升朝霞；迫而察之，灼若芙蕖出绿波"⑤。受印度婆罗门和佛教乐舞影响，沈从文认为，唐玄宗天宝年间流行的霓裳羽衣舞和舞曲"即《婆

---

① 熊飞：《怀素草书与唐代佛教》，香港教育出版社 2005 年，第 38 页。

② 按：八种语法意义的属性：主格、宾格、具格、与格、夺格、物主格、于格、呼物之格。

③ 按：窥基《瑜伽师地论略纂》卷六论列"声明"义云："补特伽罗施设建立，谓立男、女、非男非女等者，依此三类立声差别。先俗所传苏漫多声中，有此三类：一八补卢沙，是男声体义；二悉底履，是女声体义；三如纳蓬（去声）素迦，是非男非女声体义。复有总声，如涅履题势，此之四种各有八啭，一一啭中，皆有一名二名多名，如是合有九十六声。"又云："声论者说：'谓名句文体即是声，声性是常，音响是无常，无常之响显于常声，若知常声名曰声明。"将"声""音"立为道音的幻现，具三类立身、四声八啭、96 声的名相细分。见《大正新修大藏经》第四三册，（台北）新文丰出版股份有限公司 1983 年，第 95 页中。

④ 傅毅：《舞赋》，萧统编，李善注：《文选》第二册卷一七，上海古籍出版社 1986 年，第 799—800 页。

⑤ 曹植：《洛神赋》，《文选》第二册卷一九，上海古籍出版社 1986 年，第 879 页。

罗门引》或《法曲献仙音》,和当时流行宗教音乐有一定联系"①,曼妙轻盈,空灵若举,旋转摇摆,姿态妍丽。"案前舞者颜如玉,不著人间俗衣服。虹裳霞帔步摇冠,钿璎累累佩珊珊。娉婷似不任罗绮,顾听乐悬行复止。磬箫筝笛递相搀,击恢弹吹声逦迤。"②(白居易《霓裳羽衣歌》)"南山截竹为觱篥,此乐本自龟兹出。流传汉地曲转奇,凉州胡人为我吹。"③(李硕《听安万善吹觱篥歌》)"吴娥声绝天,空云闲徘徊。"④(李贺《拂舞歌辞》)这些与印度宗教或佛教舞乐相关的"流转"舞乐清扬明快,表现生动,和旧制舞乐同时并存,形成鲜明的对照,有力丰富、拓展了审美表现的空间。

　　(二)般若促动审美形式趋繁或简化。审美的物质媒介大体包括三种,一是依托物质的应用审美形式,二是艺术化的审美形式,三是抽象化的审美符号、语言。三者皆具审美性,故所有审美形式皆有象可呈现,而抽象审美形式则以符号的结构、形态而呈象。三者创造方式不同:审美应用形式附着于物质的实用,随物质生产的发展而渐趋繁密多样化;艺术形式依主体化法则而创造,对适于表现的物质媒介进行功能转化,使之专门用于艺术本身的创造目的,其艺术形式兼具物质媒介性与形式符号性,存在方式可繁可简;唯符号性的审美形式依托于对审美意图和造型的抽象理解,使其本身的结构或造型可以不受物质性影响,也能摆脱主观性的牵制,充分发掘出物质的符号表现性潜能,让主体的思想、情感寄寓其中。这种审美形式的抽象性,即审美语言的表现性。般若便具有这种审美语言的表现性。从般若

---

① 沈从文编著:《中国古代服饰研究》,商务印书馆 2011 年,第 395 页。
② 白居易著,朱金城笺校:《白居易集笺校》三,卷二一,上海古籍出版社 1988 年,第 1411 页。
③ 顾青编撰:《唐诗三百首》(名家集评本),中华书局 2005 年,第 81 页。
④ 李贺著,王琦等注:《李贺诗歌集注》卷四,上海人民出版社 1977 年,第 257 页。

涵义的原始审美定位看,在吠陀、《奥义书》里就倾向于"般若即语言"①的观念,即般若具备抽象形式性,般若能统摄主体诸感性,般若能射摄诸外境,简言之,即般若能以精神性统御审美形式的物质性和主观感性。大乘佛教更是将般若这一基本思想发挥到极致,中国化的佛教又进一步将般若思想的这一美学特质深入外化于现实,从而使隋唐审美形式的呈现具有立体化的创新特征:其一是凡属应用性质的生活审美形式,在与旧制并存前提下别创新制。如士卒甲制,在中国初以皮甲作战护体,后随战事增多而名目亦多,《唐六典》记有十三种,唐代甲制形式"最显著的一点,如'两当'以形象言,西汉以来即已出现,名称则在魏、晋、南北朝时代才有,本专指一种背心式简易甲制而言,和裤褶服有密切关系。到唐代,则有时兼指甲中两臂覆膊作兽头部分。……在唐代,覆膊部分也是由简而繁逐渐臻于成熟的。本来和捍腰部分先后加在原有两当上,能够在作战中起加强保护作用。到后来使用到神将画塑方面,才变成一种纯粹装饰"②。意思是,"两当"中的"覆膊部分"后来已经脱离实用而成为一种纯粹的"审美形式"。其二是艺术形式的创制,唐代很注重"象"本身的形式化塑造。中国审美传统以象表达情志,传达气韵,注重"言、象、意"融

---

① 按:徐梵澄译《五十奥义书·考史多启奥义书》第三章云:"彼(因陀罗)曰:'我为生命气息,为般若(智慧)自我。'"(中国社会科学出版社 1995 年,第 57 页)"生命气息"为审美的本体,具有自在的本质,是所有美的感性与知性的存在本源,因此具有"美"的"赋予"(表现)性。"语言而语,诸气皆随之而语。眼而见,诸气皆随之而见;耳而闻,诸气皆随之而闻;心而思,诸气皆随之而思;气息而呼吸,诸气皆随之而呼吸!"(第 58 页)"是生气者,即是般若;是般若者,即是生气。"(第 58 页)此"生气"似颇似中国人讲的"生"或"生生",意味着生命力的一种生长性、生产性。但是,气所随之语言、眼、耳、心等官能的运动,皆以获得"形式"而谓之生,故般若即生气,亦实指般若即"语言"(审美形式),是现象性存在的审美表现性,具本体与呈现同一之根本性质。
② 沈从文编著:《中国古代服饰研究》,商务印书馆 2011 年,第 412 页。

一。般若意识浸润后,注重造像给予人的感知的丰腴饱满和立体化,表现在佛寺里的塑像和壁画图饰上面,其创造的方法很明显地体现了传统造像方式与般若的融合,使形象具有艺术审美感染力,而不同于以往偏重于载礼载德的目的,审美形式更具有独立的存在感。注重"象"的审美表现性,在审美接受效果上激发了般若化内蕴与诸感官及其形式的对流相通,刺激了艺术创作的体制和机制更积极主动地汲取艺术化的趣味元素,再落实于审美接受者的审美观想或审美联想,使般若主体心性、志向(生命气息之内质)的根本特征充分凸显出来,驱动所有艺术形式都向思想志意的表达方向聚拢,则繁复迭合,成为最能体现主体自觉收摄、简约志意的审美形式。譬如,唐代女性追戴帷帽、高髻,"穿长裙,上罩半臂或半袖上衣,披帛结绶,脚穿昂头重台履子"①,有露有遮,高挑丰腴,虽有胡服痕迹,但全然是汉人典雅雍容的气象,与般若圆满足相的富丽观念吻合。唐三彩的黄、绿、白主色,用于瓷釉艺术造型,在色彩和造型的绚丽、富足与强刺激感中,又体现了一种内在的简约化处理。作为适配墓葬的冥器,唐三彩展示了彼岸天国的华丽庄严,在观念上与汉代视墓葬为世俗福禄的移地和仙地截然不同②,表明唐代对艺术形式的创制别具本体论意识,既可以繁复以加,不厌其胜,也可以简约而化,自如从容。其三是形式创造体现的"语言"符号性,具有"内审美化"和图像、图饰的"类型化""谱系化"处理特征。被简约的物形式、运用语言完成的艺术形式,还有诉诸感官的抽象化了的审美形式,都以"语言"的表现性呈现其抽象性,我们从北魏至武则天时期佛教洞窟的刻像、塑像及壁

---

① 沈从文编著:《中国古代服饰研究》,商务印书馆 2011 年,第 356 页。
② 按:徐州汉代墓葬群据考是彭城王夫妇或楚王等的墓葬,发掘出银缕玉衣。地下墓室依生前格局,有仆人室和马厩等。汉代画像砖关于人、物的图像和图案,大多与神仙天国有关。

画处理看,发现诸形象的创造越来越具有"脸谱"抽象化、类型化的趋势。在北魏造像中,尚且看到深目高鼻的"北方游牧族"和"犍陀罗"造像的写实、模拟风格,到洛阳龙门石窟的雕像,则发现突出了造像的"法相"意义,眼目、脸庞、手势、站姿无不表达特定的意涵,这正是造像语言"符号化""类型化"的体现,以至唐代艺术形式的创制,体现于语言符号的"形式化"方面,达到了精致绝伦的境界,无论是诗文词语的选择锤炼,还是语言思维对情节、意境的拟投,都秉持诉诸内在的"精神感官"的意愿,幻化变迁,引人神驰心往。般若的观止功夫、识缘境转、念念法界、法身幻现等,在文人创作与百姓的变文俗讲中都得到十分精彩的呈现。

(三)般若促成审美感性形态的典型化。般若美学促动唐代审美空间打开新领域,推动审美形式的创新机制,都站在了时代美学的制高点上,使审美感性形态具有典型化的实质。唐代般若美学是一种先进观念系统,内在于般若思想系统中的精神元素、生命力和助其完形的思维、结构、机制等基质,因赋予审美感性形态以特殊的质蕴和形式基元,从而便表现出鲜明的时代审美特点,而由此特点所射摄的美学原则及其外化现实,就成为典型化和拥有超强创造力的文化存在。表现在:一是对传统审美具有惯性冲力,唐代审美感性形态由与之并行到超越而行,在于般若思想的精神感性和"多元化"(眼耳鼻舌身意)造设方式获得了现实化的存在权力,成为一种新感性形态。这种新感性是高度世俗性的,也是主体化的,以幻化意念与精密识心的设计为创新之枢轴,借助传统审美惯性的冲力搭上中国审美自律的历史化平台,并由此发挥出自身优势,将传统与新质的并行不悖发展为二者的有机熔融,突出、锐化新质的先锋表现意义,使所呈现成为时代审美变革精神与创造思想的典型体现。在这个过程中,般若思想与现实感性的化合,也始终存在与宫廷、民间审美形态一定的对峙或对抗,但总体趋势是走向融合的,趋向以凸显般若审美价值为时代审美新品格的确立。二是般若对士人群体产生了莫大的影响,赋予他们以新颖的、活跃的流动思想,走在时代一般审美观念的前面。从实际情形看,唐代袭隋代官员考试选拔制,对诗文有举荐和应试的制度,极大地鼓励了文艺审美和青年士子的交流游学。唐代审美的新创作品,多因学子的游历而沾溉各地之灵气,对名刹古寺的拜谒、碑铭的篆刻、诗文集的编印,对世间各种审美现象的关注和参与等,均提升了唐代审美的水平,把最新鲜而有活力的般若智慧泉水般注入世间,与世间百姓的喜忧欢乐之情深度交融,并致力于个体才华的迸射,有力地深化、完善了唐代审美感性形态的思想质量。三是般若在深化审美感性质量的同时,也促进其获得社会接受的普遍性。这种普遍性是高度社会化的,覆盖社会各阶层的,同时也极具感性辐射的广度和力度,从生活到艺术,从思想到语言,异常普遍而深入地表达了唐代人的审美理想与期待,是审美形象、形式的创造达到与般若思想相一致的、蕴含有解构意志的外化审美现实。总之,唐代审美感性形态所具的典型性是充分的,标志着古代审美高峰期所凝聚的巨大历史精神能量和审美感性召唤力量。

二、般若化与美学化的迭合互化

唐代审美受般若驱动产生引领时代审美的先锋效果,有赖于般若美学体系对审美的思想支撑。而从美学思想到外化于现实,单纯认识角度看似仅仅是现象与本质、显象与意涵的问题,可是审美过程却属于美的创造发生之域,在这个美的创造过程中,般若化与美学化的互化自始至终伴随着,将唐代美学精神的历史觉醒,通过双向的互化而完成美学现象形态以及主体审美意识的整体转变。般若化与美学化在审美创造的互化,深刻推动了整个社会的文化倾向、心理品质与思维方式、审美结构、审美风格的品质提升。

审美创造的般若化过程,指审美感性对般若思想的能量表现,或谓之审美维度所"凝成"的般若思想能量。般若化以调整思想资源的吸取方式迸射出巨大的精神变革能量。三论宗、天台宗、唯识宗等均以各自的般若美学特质对审美施加影响，审美对它们从不同方向进行吸收，再加以有效的改造。由于佛教各宗般若思想相互渗透，它们一旦统合起来又形成与中国本土美学资源的整体对流。从而在这个逐渐"化"入的过程中，佛教般若美学原旨，在理论上已先期完成中国化改造，审美创造的汲取和改造便体现为顺应性的变革过程。在般若化的整个运动过程中，逻辑轨迹显现出清晰的转换印痕，最初中国美学对般若思想的汲摄，因源头上触及印度般若的原旨，从而其与中国美学的交遇并不完全"顺应"，便将矛盾的观念凸显出来，后来才逐渐转向本土化，再被凝合于中国化的美学内容构成中。譬如剃发出家、沙门不拜王侯等，在印度原本不算法理问题，在中国却成为与"礼教"碰撞、试探统治者精神气度的试金石。在般若化的理论碰撞中，很多被佛教僧侣视为无足轻重的内容，用于俗谛演绎则非佛教的虚幻不真不能诠释，有些佛教观念与中国传统文化深层观念冲突激烈，成为文士对般若思想研究、传播和接受的障碍。由于中国士人对本土文化的自信力素来极强，从而对般若思想能够做出正确的态度选择，以虚怀若谷的心态学习，经过一些积极上进、锐意思想变革与建构的文人士子的积极努力，佛教般若义理逐渐被熔铸为与中国美学本质统一的存在。又由于理论的般若化之实现过程，经历了中古前期跨越六朝漫长的时期，从而般若和般若美学思想的形成，也间接地影响了现实中人们的精神、心理和性格。只是当时中国化的理论系统工程还没有完成，般若思想外化于现实还没有发展到充分自觉的程度。到隋、唐时期，止于唐中叶，三论宗、天台宗、唯识宗的理论不断被审美现实"传移模写"，般若化的美学原理仿佛转换新装，成为中国人所能接受并期待的新思想、新义理，于是般若化对审美外化的促动直接而迅猛，导致在美学理论、美学思想的理论化建构完成之外，又开启了一种新的审美思想的现实创构运动。因此，在普遍意义上，般若化的审美外化，与唐代审美文化的觉醒是重合的，展现出一种崭新的历史趋势，其直接效果是中国的文化与历史的背景自此发生大面积改变。此前尚可称为"本土化"的文化，与现在可称为"中国化"的文化，在思想性质和理论构成、审美表现和现实影响力上有了根本的不同，佛学化、般若化内在地成为中国文化历史和命运的一种选择，改变了局囿于"汉族文化圈"和以儒统道与民间巫文化并炽的格局，变而为空前旷达的思想格局，民族文化自信力得到更深刻的巩固，美学主体意识异常膨胀，极致到甚至将印度般若也视为中国文化原本就有的存在。也正是从这里开始，中国美学史不再是唯宗祖、唯儒唯道的心性道统理念，宇宙意志和心性观念与人对天、人对客观永恒规律的理解协和起来，不再单纯追求道德理想的完善，也能够正视成、住、败、坏，理解生与灭在法理上并无先后高低之别，并且能够从中国人自己的心愿出发，将原来的神鬼观念纳入三世轮回的学说里，加持精神力量薪火相传的崇高感和威严感。这种在现实中绽出的思想，体现了中华民族在吸纳各民族文化基础上对印度文化精华的一种合理"同化"，也只是在这个时候，可以称印度般若"顺应"了中国文化与美学。不过，提出"同化""顺应"理论的皮亚杰，在解释这两个概念时强调的是一种互化关系。皮亚杰认为："一种双向关系，如S⇄R"，"刺激输入的过滤或改变叫作同化（assimilation）；内部图式的改变，以适应现实，叫作顺应（accommodation）。"①意思是，"同化"指双向性的交流，"顺应"侧重指单向性的适应。般若化审美既是同化，也是顺应。般若化审美在同化中完成本土化与印度般若的对流，吸收、改造了印度的般若思想。同时，般若思想"顺应"了中国美学的

---

① J. 皮亚杰、B. 英海尔德著，吴福元译：《儿童心理学》，商务印书馆1980年，第7页。

内在性和发展趋势,也改变了般若审美的内部图式(此从玄学化以"无"解"空",到中国化佛教各宗的般若美学系统建立,一步步获得了强化和完善)。"同化"与"顺应"聚合的理论与审美效应,最终统一于般若美学特质,铸为中国美学的核心构成,并且以这种核心和特质内容影响审美的现实。由于思想结构和理论范式的改变,在逐渐深化的审美创造过程中,传统伦理美学、政治美学在士、卿大夫(承担政治职司)和普通百姓家族式审美行为的力量,遭遇到不同程度的消解;反而是,曾经被传统明确嫌恶、抵制、畏惧的东西(多属于对传统正统伦理和政治观念具有颠覆性的力量存在)现在多被般若所肯定和摄取,纳入新的美学情境。这样便形成美学总体的双向互流态势中互逆互进的状况,有时是局部的,有时则是总体的,"生生之韵"与"生灭俱空"交集,人性、人情与法性、法理互参,情感与理智俱得到重视,无意识、潜意识也得到擅扬,甚至将对思想、情感、意识的解构,也视为美学内在超越的合理价值,以超越生灭和无所思量、静寂于精神的洒脱无碍为审美的至高境界。这样,般若化就走出了一般的双向对流或局部修改,成为一种愈来愈趋向历史重新蕴集与解构并行的复杂精神运动和审美经验革命,在反反复复的锤炼、凝合中,塑造着新时代的美学精神和审美状态。总之,唐代般若化的审美变革进程具有思想革命和现实人文价值重建的重要意义,是唐代美学、审美浪潮中的激流,始终搏击腾跃,又始终潜行前涌,坚实地为中国美学在中古吸摄所能吸摄的一切营养,推进美学范畴、体系与现实审美的历史转化,奠定了坚固的思想依据和存在理由。

般若化是般若与中国本土美学的互化,这种互化包括了般若引导的中古文化与审美的美学化。所谓美学化,核心上讲指美学思想和理论的转化,也因为中古后期美学外化促成审美实践的思想衍出,因而美学化也包括审美实践所呈现的思想提升与转化,这同样是一个历史性的革命过程。在初、盛唐时期,般若理论的构建已占据很高的基点,但当时的审美实践还滞后于美学理论,从而实际表现为一方面依循传统审美惯性发挥六朝审美源流的余波;另一方面,则缘于般若美学对现实已经开始的外化影响,而在审美实践的经验和观念上,表现出了般若化的审美新风。这一方面的趋向,引导着审美思想和理论在颇具力度的变革中,踏上了新的审美征程。从美学化实际的转化看,初唐依然滞留在对佛玄化本体观念的审美超越上,渐渐地,对自然、现实的观照受般若空慧观念启迪,开始追求对"空""性"的形上审美体验,而后唤醒主体美学、审美意识的全面觉醒,转移到对现世存在、人生之客观相状、经验的美学化直观,开始深入剖现多重人生(过去世、现在世、未来世)的智慧感悟和自我发现,使美学新感性贯注于蓬勃的审美语言之中,引致审美实践转向自觉的审美观建构。对这个发展过程的概括描述,显然始终无法摆脱或忽略般若美学理论的内在影响,它仿佛是对该时代美学思想的内置,使唐代美学化的水平表现为般若化水平有多高,美学化水平就有多高。先是三论宗、天台宗的直觉美学击退玄学化本体论玄观,而后是由般若空性转向般若性空,让对般若、法性的感悟也不陷溺于玄学化的"干瘪似道德论"的硬壳,使般若之"空"亦带着新风和血液,变为可以由心识颖悟到的充盈的美学意象或意境,至此,唐代美学化既走出了玄学化的"本无论",也走出了佛教般若原旨的"空空"寂寞之性。在直觉美学深化的进程中,唯识宗、华严宗的般若美学智慧也在审美天地大显身手,审美中的"唯识"应用转变为情愁不捐的"情识""心识",克御了印度般若原旨的冥思对辩,使得心识、情识细腻蜿蜒、韵味饱满,而同时又将般若美学智慧,通过对玄学"崇有"论的提升,纳入"法界"和"菩萨行"的存在论美学境界,让生生之韵在现实和理想之间错层绽放,时相交互性暗投秋波,在精神底蕴上追求一致吻合,极大丰富了主体论美学的思性水平与感性构成,以至中国化佛教的般若实践之成熟宗派——南宗禅宗建立前,有关中国美学最为称道的"悟"的美学内涵,已饱含了般若的思想元素,受到般若的深刻浸种,成为对"悟"审美实践的思想指南。从般若化之"顿悟""渐悟"立意出发,美学化的禅悟体现出中国智慧的高超、渊默、简达与妙美,以可直接切入实践的理论意识和美学化自信,促成中古美学又进展到般若化与美学化交迭的、般若义理充分客体化与生命实践充分主体化的新审美潮流阶段。

般若化的历史推进所绽现的思想资源价值和意义,从美学化的角度审视,仿佛是一种反推力,又似一种总体正向性的趋同,因般若并无思想定式,从而美学化所产生的审美革新意义也不宜做单一性的界定或诠释,不过,从这种美学化所实现的"美学话语"意义,可对其所蕴涵的特殊人文价值分量,做一概括性的归结。

首先,般若主体识性、名言幻性和思辨性(理论)感知,担当了对中国美学的人文性、直觉性和情感性的价值承载。识性、名言及二者运用之思辨,皆为般若应有之义,然般若识性具有内在否定性,以识性回归本体空性之非我,成就般若不取相、不住相、不言相之真义,故凡所涉名言相对于否定性之真义,皆为假相;识性与名相之和合亦为假合,般若蕴藏的识性无涯、名言无止,思辨至细至工,却始终不住于相而臻空如之境。牟宗三说:"般若具足一切法,般若遍满一切,一切尽摄于般若中。以何方式具足、遍满、统摄一切法?曰:以不离不舍不坏亦不受不著不可得一切法而具足一切法。"①钱穆说:"台、贤、禅、净四大宗派,是经过中国化的佛学。其中以禅宗为中心台柱,天台唱于前,华严和于后。及其既衰,则以净土为尾闾,为归宿。大抵佛学之中国化,正相当于隋唐时代,中国统一盛运再临,社会精力弥满,生气蓬勃;佛学界亦在此环境下转变,人人想自创法门,自开宗风。"②般若

① 牟宗三:《佛性与般若》上,吉林出版集团有限责任公司 2010 年,第 57 页。
② 钱穆:《佛教之中国化》,《中国学术思想史论》第二册,《钱宾四先生全集》19,（台北）联经出版事业股份有限公司 1998 年,第 391 页。

具足一切法,以遮诠否定性方式完成肯定性目标,不仅具足佛法义理的一切,也具足中国的"一切法",是以般若智慧呈现的佛法与中国人文精神、美学意蕴的和合。本土美学话语通过"人人想自创法门"的理论建构,为中国化般若美学、审美承载崭新的人文价值找到文化归属。这种文化归属,或可称为对中国美学文化渊源的回归,基于人的主体性而在,广泛吸摄可能触及的一切因缘,共铸文化美学范式。隋唐般若美学及审美建构,因本体切近本土文化渊源而具有超强的感悟——反思性质,因佛教文化基因纳入美学新范式而具有迥别于传统美学本体论的特征。学术界在论及中古思潮及美学、审美变革运动时,多从古典启蒙主义角度诠释,有学者甚至将中古与西方文艺复兴和启蒙主义对中世纪人性的解放进行比较,来充分肯定隋唐美学的启蒙价值和人文解放意义。笔者总体方向上也认同对中古美学发展趋势的这样一种判断,但我们还必须清醒地认识到,发展至唐代中叶的美学觉醒,主要是以佛教般若范畴为主导、以佛教般若美学引领的思想文化建构运动,这一运动有其特别之处,在于既非全套照搬输入印度佛教文化与美学思想,也不是缘于现实生活的感受、经验积累,在佛教文化刺激下突然"另起炉灶"的革新构造,更不是像西方文艺复兴和启蒙主义那样依托于对既往的叛逆和绝对否定而实现的对立性质的文化美学建构。从佛教各宗般若美学建构和审美运动的普及与觉醒来看,其是基于佛教般若美学为核心构成,而唤起的一次中国文化的思维、感觉和思想范式等的根本革命,在思想与实践中推进和完成建构,把曾经被忽略甚至贬抑的思想意识、经验内容重新激活起来,以开阔、开放的胸怀重铸中国美学的人文性和生命感性。

其次,般若主体承载的美学价值和人文情怀,至中唐基本上实现了一个"圆式"的回归,达到了美学本体论糅合般若意涵与中国美学情韵于一体的思想深度。钱穆说的"禅宗为中心台柱",符合盛唐至中晚唐佛学演化的趋势,也符合美学发展的趋势,因为自魏晋般若奠定美学范式,南北朝完成般若美学的知识论梳理,隋唐实现对般若义理、教旨和理论基源、构成的美学整合并进展到般若美学的体系化建构,确然是从中国视点对佛学和般若进行了系统的检视、研习,以源源不绝态势导入中国化佛教及其般若美学知识系统中。说"般若为佛学之母"。"般若具足一切法",都意味着印度佛学的理论内核——即以般若为旗帜的佛法知识体系——以其最本真的、最具深度的面目向中国文化、美学,向中国文士和信众展示并得到热诚而积极的接纳,于是,隋及唐代前期,三论宗、天台宗率先通达印度般若的直觉智慧,将其萃集为中国的话语系统。三论宗、天台宗皆奉龙树为祖,然"三论"侧重发掘原旨,"天台"偏重本土化圆融。从空性到性空,"空"的移位可概括般若化的重点推移,或者可以说,"空性"是纯粹意识现象学,否认世俗的认知和物的命名与存在,否认人为的意识执着,否认终极性的定性结论。"空性"意识将生命、存在的本然性、完整性、和合性,推移到智慧把握的高度,让生生灭灭皆消匿于当下的意识现象,如梦幻泡影。显然,三论宗这种意识现象学对中国已流行三千年的宇宙论玄想、易学玄理和又流行大几百年的老庄美学玄学化倾向起到了扭转和纠偏作用,至少在意识层面转向了对生命存在的直观,且懂得如何化解主体意识和感情状况的复杂性。但对天台宗而言,三论宗仍嫌止于般若原旨的空疏与单纯,故而转向着眼于心念运动的复杂性,对般若美学的细微精妙之处极尽建构性阐释。天台宗对中国美学的贡献是首创性地将般若智慧体系化,为后续中国化般若奠定了基础。仿佛翁郁葱茏的大树拔地而起,中国美学化之性空体系博大精深,建树独到,而且是经验性、体悟性的,从佛教话语形态切入,站在了"俯瞰一切法"的高位上。此后,其他宗系的中国化般若美学及其实践得以顺利展开。

再者,般若意识对中国美学的人文性、情感性、思想性的美学处理,解决了般若理论内质与传统理论内质的统一和延续问题。中国美学的理论本质,张光直用"连续统"试图作出阐释,而自20世纪后半叶以来,西方和东南亚、中国的部分学者又提出后儒学"异质性、不连续性与断裂性"①的主张,那么,唐代佛学中国化的实质,唐代美学理论的实质,究竟是"连续统"的系统质,还是确曾存在过与传统断裂的、对旧的系统质否定的新美学内质? 对这个问题,就中古时期的般若美学建构和审美实践而言,当是般若化的美学与审美在处理人文性、情感性和思想性等方面问题时,做到了旧质与新质内核的统一及其历史性延续。所谓"统一"指原来所无的思维、意识和概念、方法,被统一到般若美学新内容之中,因其所化为原来所无,故亦无所谓"连续统",此为般若化之由彼及我的方面。所谓"延续",指"中国化"的般若与传统美学内质的无缝对接。中国美学的理论和话语实践系统,有一个鲜明的特点是,善于将外延收缩、转化为内质,从而异质性存在在中国化之后,就成了可延续的存在,此亦为创新,是接续文脉的创新,是扩张性质的创新。此具有系统质对"他者"同化的意味,因而,所谓否定、断裂,在中国美学的系统谱系中是一个过渡性、转换性概念。西方美学缺少这样的机制,因而在美学史的上下延递环节,主要以"他性主宰"否定旧的内质为主导,这也是当今西方美学依然存在的问题,因为异质性、断裂性和不连续性成为美学本体论的主脉,从而西方美学的人文性、情感性和思想性,大多从"开新"蹊路,以分化、独立为终结,近现代叔本华、尼采、弗洛伊德、胡塞尔等皆莫能例外。海德格尔、萨特、加缪等仿佛回归本体论的"存在"追问,理论内质仍以对旧的美学内质的否定为先声;本雅明、鲍德里亚、拉康等似乎转换到迥别于传统人文的新思想、精神心理背景上来,也无法从整体的理论系统找到"法印"的统一性;即使是当今"后现代"旗帜下回归自然、生态、科学与生命本体统一的种种主张,如巴迪欧、阿甘本、德勒

①高柏园:《后儒学的面向》,《中国文化研究》,2007年第4期,第14页。

兹、朗西埃等的美学思想发明,也以推出与传统美学相割裂的新理论而张目,产生诸如"数学本体论"(mathematical ontology)(巴迪欧)、"形式生命"(life form)(阿甘本)"生命政治美学本体"(the ontology of life politics aesthetics)(阿甘本)、"政治美学"(the aesthetics of politics)(朗西埃)等侧重创出与传统美学"对立""否定"的内容。因此,如何解决新旧衔接的关键,主要看新旧之间的"断裂"以何种方式存在,有没有系统的转换机制。对这个问题,西方有位美学家似乎注意到了,美学家德勒兹针对 20 世纪后半叶及 21 世纪美学的发展,指出"断裂"从创新角度理解,至少在理论上应该是一个常态,其原因之一是理论发展逻辑提出如此必然要求,之二是现实和历史的发展趋向和规律客观上决定了必然走向与传统决裂。为了证明这一观点,德勒兹特别强调了理论在"一定层面""一定时间段"发生的与传统断裂,直接决定了新时代理论纪元的创生。德勒兹的这个观点放在西方,或有其内在的合理性和揭示理论史本质的客观性,但是,并不能解释中国美学发展的实际,特别是对于唐代美学来说。一方面,"断裂"并非中国美学发展的历史必然性和逻辑要求,相反恰恰是"连续性"中含纳的"断裂"、由转换完成的"断裂",巩固了中国美学连续的历史。那么,说没有"断裂"就没有转新,没有连续便无法解决从何以断、从何新生,本就是自身理论系统将"他者"吸摄于自身机体核心的本质问题。另一方面,"一定层面""一定时间段"的绝对断裂在中国美学也绝不可能发生,中国美学的内质转变经常借助同化系统外的异质,来实现自身系统的扩张,这种情况往往发生在关键的时段。中古时期,包括唐代正是这样的时段,但恰恰是因为系统质以增益面貌呈现,并及时外化和落实于现时实践,从而使所谓"一定层面""一定时间段"发生的"断裂",更以超常的能量、速度完成新旧系统质的转换,这种转换是"旧"变为"新","新"益其所"无",整体上还是中国美学自身历史合规律的发展。般若化承载的中国美学及审美实践的人文价值意义,正在于其在中古特定时段,尤其是唐代,驱动中国美学跨入了古典时代的历史新纪元。

总之,般若意识的美学作用既显豁又隐蔽。般若化凸显般若应有之义和般若的美学特质,以推进般若意识深化和般若理论内化,外化、完善般若美学的理论建构。美学化则以特殊精神认知方式实现生命本质、存在本质的精神价值。般若化与美学化的迭合,意味着美学特殊价值获得了理论和现实双重方式的实现。

三、般若美学化的意识凝合

般若直觉美学凸现了美学化的智慧观照,三论、天台以般若观照聚合了般若与中国美学的直觉深蕴。大乘般若经缩本《金刚经》《心经》流行,将"般若无相"、菩萨①观念、空的观念,以般若观照意识推广,推动了"直觉""意象论"美学的思维和理论发展。这种推进对美学而言是革命性的,尽管三论言中观、言直觉颇为到位,但美学化要切近中国美学的本体论,天台在此一方面做到并发挥到极致,与三论拉开差异,跨度颇大。天台般若直觉,以审美性观悟为先,赋予本体

①按:《大智度论》卷四三专门讨论了"般若波罗蜜当属谁"的问题,答曰:"佛法有二种:一者,世谛;二者,第一义谛。为世谛故,般若波罗蜜属菩萨;凡夫人法种种过罪,不清净故,则不属凡夫人。般若波罗蜜毕竟清净,凡夫所不乐,如蝇乐处不净,不好莲花;凡夫人虽复离欲,有吾我心,著离欲法故,不乐般若波罗蜜。声闻、辟支佛,虽欲乐般若波罗蜜,无深慈悲故,大厌世间,一心向涅槃,是故不能具足得般若波罗蜜,是般若波罗蜜,菩萨成佛时,转名'一切种智',以是故,般若不属佛,不属声闻、辟支佛,不属凡夫,但属菩萨。"〔《大正新修大藏经》第二五册,(台北)新文丰出版股份有限公司1983年,第370页下—371页上〕吉藏《三论玄义》卷一则说:"般若有二种:一者摩诃般若,此云大慧,盖是菩萨所得,故不属二乘。若以实相之境名为般若,则三乘同观,故劝三乘令并学之。"〔《大正新修大藏经》第四五册,(台北)新文丰出版股份有限公司1983年,第6页上〕

论认知意义。譬如,吉藏《三论玄义》回答了《大智度论》"般若但属菩萨"的问题,明确了般若令三乘并学的问题。吉藏是从"实相之境"切入,强调三乘(声闻、缘觉、菩萨)都取"玄而又玄"的"幻境""幻义",在"幻"义上三乘并学就讲通了。可是,这个说法打破了般若"但属菩萨",若使之为三乘通义,则等于实际上把般若提升到超越大乘、小乘的根本义处。那么,"直觉观照""般若无相""实相之境"这样的表述,就没有太大的差别,一是"直觉"限于空性本体,二是"无相"侧重"玄同""超离"二谛的"境智"本义,三是"实相之境"即"究竟空",即终极本体。如此这般,文字般若、观照般若、实相般若等就在偏重空性元本体的旨趣方面形成统一。然而,在吉藏时代,实际发生的情况是,声闻、缘觉就要步入末流,因当时道教斋醮和禅学、律学十分重视小乘"如实知"之道,重视"圆音""律条",以求自悟解脱,因如此实修条律约束太多,不受世间推崇,又有"声闻"转为中国化"异熟"形式——宗承师祖——的实践修为,当般若智慧广布流播,声闻、缘觉与大乘道日渐乖驰,便逐渐衰落沉寂下来。缺乏声闻、缘觉实修的支撑,吉藏令三乘并学般若就失去基础意义,唯大乘般若得到弘扬发展,但就三论理论设置的圆满性讲,未免存在缺憾。天台宗则不存在这个问题,其直接将般若定位为主体性空直觉。性空在于主体"无生""不取","无生"不是王弼、何晏玄学美学的观念性本体"本无",而是主体般若(摩耶,幻)式直觉,由观念性的直觉"空"迁转为实践性的直觉幻空,这个理论的跨越度不可谓不大。天台的般若直觉不是本体玄化上强调文字、观照、实相的般若同一性,而是讲本体生成性的直觉中的实相、观照、文字的幻化与不确定性,而这恰是般若佛法的核心内质,如此则美学性与般若化深度迭合为一。智颢说:"通教无生观,譬如幻人执幻镜以幻六分临幻镜睹幻像,像非镜生非面生,非镜面合生,非离镜面生,……性本无生,非灭生无生,性本无灭,非灭灭无灭,无生无灭故曰无生,受想行识亦复如是。

又观幻色如幻镜像,观受如泡,观想如炎,观行如芭蕉,观识如幻,幻不从幻物生,不从幻师生,非物师合生,非离物师生。"①"幻"赋予主体心性以特殊的美学本体根性,此种根性以中国美学的审美直觉圆融存在,具整合性,在"生生之韵"中注入"无生而生,幻而不幻",空而不寂,慧不逐巧,以虚化实,成就美学化的实相(本然之相)。这个实相与观照、文字相应无碍,是实实在在的美学化的本然性存在。故云:"实心系实境,实缘次第生,实实迭相注,自然入实理。"②宋人处元解释说:"心若系境,境必系心,心境相系名为实缘。复由后心心心相续,心心相系名迭相注,即是心注于境,境注于心,心心境境念念相注,如是次第刹那无间,自然从于观行相似以入分证,故云入实。"③"幻"本从虚,却处处化实,实为空与有的相融,空作为主体心性即转为生成的枢机,美学化直觉仿佛迸射光华,照耀生命之花璀璨,迭相开放,智顗"悟入法华三昧,藉止观妙门,开显圆顿之天台禅"④所形容的殊异效果,对般若直觉给予了最具中国美学特色的创造性建构。

般若美学化的关键,在于聚焦于审美意识、审美心理和审美认知方式补足了中国美学此前不够精细也不够恢宏的方面,而般若美学化之观念、心理和内空间(相对于自然外空间而言)的改造、拓展,均系之于主体而落实为主体的美学化实践,使现实性、经验性般若美学

---

①智顗说:《妙法莲华经文句》卷一,《大正新修大藏经》第三四册,(台北)新文丰出版股份有限公司1983年,第9页上。

②处元述:《摩诃止观义例随释》卷五,《新编卍续藏经》第九九册,(台北)新文丰出版股份有限公司1993年,第926页上。

③处元述:《摩诃止观义例随释》卷五,《新编卍续藏经》第九九册,(台北)新文丰出版股份有限公司1993年,第926页上。

④晓云:《天台般若本迹论》,张曼涛主编:《天台思想论集》天台学专集之三,(台北)大乘文化出版社1979年,第252页。

化印证成为可能。那么,般若美学化对审美意识、心理的推进体现在哪里呢?

从般若美学化的进程来看,天台宗的般若美学化聚焦于直觉美学建构,对初盛唐都产生了很深影响,但盛唐时唯识般若比天台般若影响更大,并且,唯识般若融摄天台直觉,使之心理学化,向更加精细的心理、情识和人性剖解转化。唯识般若自创之风与译事并炽,玄奘"毕生翻经七十余部,一千三百多卷,弘扬法相,高德崇范,但亦抵不住当时佛学界那种自创自辟的风气"①。台湾佛教学者吴汝钧说:"'唯识'是从梵文 Vijñaptimātratā 直接翻译过来的,Vijñapti 是心识,mātra 表示唯有,而字尾 tā 表示这个名词的抽象性格。所以,如果精确地翻译,Vijñaptimātra 表示唯识,Vijñaptimātratā 表示唯识的性格,即唯识性,有一种抽象的意义。"②吴用胡塞尔现象学解读唯识学,认为现象学的学理可以与唯识学多方面打通,而唯识学的现象学内观、内证和解决经验现象采取的主体直观,能够提取纯粹的意识本质,这是唯识般若的本质特点。吴汝钧用"唯识性"专门表示"唯识的性格",认为西方、印度和中国的现象学都凸显有这种"唯识性格"或"现象学性格",只是不尽相同而已。吴汝钧的解读重点是印度唯识学,应该说与中国唐代的唯识学存在不少的距离,但他的阐释能给我们诸多启迪。首先,玄奘及其弟子窥基、圆测等,把般若空慧的幻化有无,包括祛除五阴遮覆的痛苦、愚痴相状,沉溺于文字游戏的名言假相、虚幻空诞的直觉观照,都用般若心识给具体化、精细化和体验化了。从精神实践的意义上说,唯识宗的精神现象学更具有体验势能,更富有美学的感性能量和可实践性。梁启超说:"会通瑜伽、般若

---

① 钱穆:《佛教之中国化》,《中国学术思想史论》第二册,《钱宾四先生全集》19,(台北)联经出版事业股份有限公司 1998 年,第 391 页。
② 吴汝钧:《唯识现象学 1:世亲与护法》,(台北)学生书局 2002 年,第 8 页。

两宗,实奘师毕生大愿,观其归后所译经论,知其尽力于般若,不在罗什下也。"①般若智慧的高明在于论空,方法、路线很多,早期大乘般若学偏重于法性、空智,中期大乘偏重于中观学的空慧。中观学取道二谛②,"二谛"即"真谛""俗谛"。中观学从人生境界、心性存在的"真""假""染""净"切入,认为般若心识立于对二者的不粘不缚。玄奘唯识学也重视"空性",但不像三论宗那样讨论"空"的玄义,也不从心性直觉对"空"进行想象性建构,而是径直从人的心性本相论空,也就是说,唯识宗采取了心性实在的转化路线,来发掘般若空慧的美学价值。唯识宗采取的这条路线与般若直觉路线的意义大为不同,因为心性实在的转化,意味着切入真实的人生,真实的人生即心性现象学美学的呈现。欧阳竟无说:"空宗以二谛为宗,故谈真绝对。相宗以三性为宗,故因缘幻有。因缘幻有者,依他起也。他之言缘,显非自性。缘之为种,法尔新生起有漏种,法尔新生起无漏种,都为其缘。有漏缘生曰染依他,无漏缘生曰净依他,执为实有曰遍计所执,空其所执曰圆成实。"③欧阳竟无看到了唯识"以三性为宗""因缘幻有"的空性本质,这个空性就是人的心性,就是对人生的本真处境、机缘和命运的揭示与理解,就是人性的实践,以"圆成实"所标志的人性理想的圆满境界。其次,般若美学的建构固然是佛教义理与中国美学逻辑的一种结合,但这种结合在般若意识层面的推进,由于经过

①梁启超:《支那内学院精校本〈玄奘传〉书后——关于玄奘年谱之研究》,《梁启超全集》第一三卷,北京出版社 1999 年,第 3914 页。
②按:"真谛"二谛的论法,其实最合乎中国人的认知、心理习惯。无论巫文化的人天感应、《易》学的阴阳偶对,还是士人知识分子的善恶、圣贤、体用等,都习惯于二元相对,以求其合。中观学的"空"在僧肇《肇论》得到"妙合无垠"的讨论,内在地根源于中国直觉智慧与中观学"二谛"论"遮诠"方式的汇通,这种美学上的认知、心理和"感通"的特征,是东方美学不可抗拒的一个显著特点。
③欧阳竟无:《唯识抉择谈》,支那内学院发行本 1928 年,第 5 页。欧阳竟无:《欧阳竟无佛学文选》,武汉大学出版社 2009 年,第 47—48 页。

玄学化、直觉化的淬火,在人的心识深层发挥作用时,等于将般若意识——智慧——的所有内在因缘都唤醒了,当般若与人的心性、生命存在一体化,则涉及生命情感的释放,涉及人生悲欢离合与缘起观、二谛说、三性说的联结,这种联结让唐代人的生命情感在一个更加广阔的纬度得到释放,从而极大地激发了唐代人的生命、情感的自豪感和创造力。吴汝钧剖析唯识现象学,偏重揭示"识"的"变现",也是从般若识性最原朴的本质、特性而言的。但由识的变现推及所涉之"外境""表象",则触及般若唯识美学、审美的感性特征,与"心识"在心理场域内形成对应。"玄奘将 Vijñapti 和 Vijñāna 都译为'识',然而,在梵文中,这两个字的意义有点分别,Vijñāna 是偏向指主观方面的心识,而 Vijñapti 则指心识在变现外境的一方面。亦可以说,Vijñāna 是指心识的主观方面,而 Vijñapti 则是心识的客观方面,亦即表象方面。"[1]在这里,吴汝钧似对唯识宗的基本意涵存在误读,因为从唯识现象学或印度唯识学的本义理解,"唯识"就是指心识的功能及其场域呈现,不仅识能量的发动是主观的,而且识能量发动后在脑、心理呈现的图像、纯净透明感也是主观的。"万法唯识",既然所有缘会皆为识所变现,那么理论上就应当没有所谓主观与客观之分,所谓 vijñapti 和 vijñāna 构词上的区分不过是对心识力量的一种说明或从知识化角度进行的验证,不能将主观衍生之图像、境象视为客观之对象。据唯识学的"识"概念,则无所谓客观与否的对象存在,皆依他缘析彼此识相对。"他缘"之他,乃假名之"他",系众因缘所析出,因与识能相对而成境,非指此境为实然,固唯识变现也即内观、内证,是心理场域内的精神关系。那么,主体识性对识性衍生的情、景之类,有无萨特所说"无穷的后退"的情况,或者说可以把它们理解为布伦塔诺形容的纯粹心理活动之非客观性"对象",就理论上说,唯识的

①吴汝钧:《唯识现象学 1:世亲与护法》,(台北)学生书局 2002 年,第 9 页。

重点是"心识"之能、量的问题。心识之能具主体发射性,发射之后则与众缘和合,从而使发射与所射成就所不同,而所发射之量在其为"他缘"之心识所析时,则成为境对之量。至于是否有"自对"的情况,如作业起恶识,会否恶的心识有其相应之境象对象,这从唯识理论本身讲,不大可能,心识的发射或与他缘合而生起,或与他缘离而灭出,若心识自对意味着承认"自性"绝对,与佛法相违,不能成立①。唐代唯识宗修改了印度唯识学的现象学美学关系,让"唯识"心理场域在确保"万法唯识变现"本体义的基点上,转化为能够涵括人生性相的精神世界场域。这个场域当然更加开阔、解放了,因为它激活了人的现行的生命活动经验,聚合所有当下的心理、观念、情感、体验、认知、行为等,诉诸意识流动的检视。可以看出,中国唯识学具有了吸摄"客观因缘"的理论性质,与印度唯识学纯然凸显精神心理的品质,让心理现象的美学把握趋向于境象因缘的纷纷坠落,如此来落得赤裸纯净的心性,有了很大的不同。中国唯识宗之现行,心理情感也被纳入其中,并且是"因缘幻有"的重要生成物:摄受主体意识可以景观、人事为诸因缘;识性、识力的般若性,对诸因缘可分可合,依生命心性的改造与提升而行动。于是唯识现行既抽象,也具体;既汇成江河(converge streams into rivers),也是分河饮水的具体行为(dividing the river as actual going on drinking water)。"一个现行或经验动作成于其他现行或经验动作之和合。现行所以能和合者赖有'缘'。现行既是具体的,则'缘'当然不能是外在于和合的现行的抽象关系,而是内在于和合的现行的一种势用。"②再者,基于上述,唯识宗展开了现

①按:如若自对,则无变现,只因非自对,才有藏识可析他缘,故唯识之能与所非绝对自我,乃藏识与境、相缘转合,则所对非能对,所对为心性成就诸法空,为识化他缘所成就之法空。

②朱宝昌:《唯识新解》,张曼涛主编:《唯识思想今论》唯识学专集之五,(台北)大乘文化出版社1978年,第15页。

行的、心理现象学的人生美学,从心理经验的纬度拓开现实人生的实践感知与体验。这对中国美学预示着自此开始产生一种新的变化,即般若意识不仅拓宽、深化了美学理论的心理内容和思想深度,而且开掘了更广泛的社会、人生领域,使美学从生存性态的"生生之韵"向人性锤炼的永恒真境上提升,而这一切,又都是唐代美学普遍价值观念、生命存在方式、情感体验方式、个体人文主体性实现变革的根本。通过这样的变革,美学主体的理论建构意识强化了自我生命主体的认知,使主体自信愈益膨胀,越发对未来充满期待,对现实感到不满而怀疑和批判,对自我的道德内化和向外求证冲动愈发强烈,竭力谋求美学理念和生命实践的感受与理解的统一。这标志着中古时期的中国美学走向了一个新的高峰时代,美学主体性的般若意识建构和生命存在实践意识的理论化拓变,开始了狂欢性质的媒合,让古典时代的中国美学隐约闪现出现代人文价值的精神曙光。

　　隋至唐中叶的美学觉醒及其达到的理论深度,是时代美学精神和般若美学理论历史转型的思想、体验的价值成果。以三论宗、天台宗、唯识宗和华严宗为代表,佛学知识论从教内向教外扩散,般若空慧美学内涵从空性到性空发生实质转化,性空依托于心性,更加中国化,般若直觉圆融中国传统审美的直觉观念及相应思维、体系。但天台宗在理论上并未完成成熟转型,天台宗心性践行依托的"止观法门",包括"一心三观""圆融三谛""一念三千"等,将"空""假""中"意涵设置为心性之"法",以意识对象性方式表达,这样的直觉方式或可以圆融三者,却对主体自身缺少真正的正视,使主体在假定的直觉扩张与直觉空性的矛盾中被排挤掉了,最终"无得"貌似强调的是主体无选择,其实是不彻底的。与天台宗相比,唯识宗的般若直觉性表面上似乎没有显出多么高明,然而因为在般若意识的心理学化方面远远超越天台宗,从而高度拉近了般若与人们日常心理及成圣愿趣的距离,也加强了中国美学佛学化的主观化色彩,又在一定程度上消除了天台宗的客体论直觉幻想色彩。

唯识宗对唐代主体论美学的意识推进是一重大贡献，这种贡献充实了般若美学理论转型的内容构成。本来，般若意识渗透于美学，是紧密地与知性、智性、慧根联系在一起的，然而般若的幻化方式，又使这种智性、知性、慧根，变成仿佛有源、有缘、有生、有性、有成、有在，实则幻化而出，幻归而寂，幻本无性、无得、无住，又导向了思辨性的闭环格局。为此，单纯追求般若美学的宗教特质，固然能突出宗教之神性和哲学之智慧意涵，却是使思想内容变得稀薄、淡无和空心化。唐代唯识学避免了这样的可能，以经验性直觉为基础，让经验直觉升华，实现一种效果奇妙的理论化合，从而般若意识向下与经验直觉糅合，向上成为生命理性的一种伸发，致使构体十分玄妙，又异常贴合人生、实际，因而能够如珠映射光彩，如莲花吐放芬芳，凝成为精致、优美而庞大的般若美学理论系统。通过唯识宗般若意识的提炼，中国美学从三国两晋南北朝以来精进渗透的般若美学意识，就很好地对前期优秀的美学思想资源进行了归拢，不仅不会再返回原路探寻般若意识的某些制高点——如魏晋玄学化般若意识，南北朝的般若化意识，而且能在已经拓进成功的基础上，让佛教各宗理论的美学建构进一步经过唯识智慧的淬炼，而越发成熟和具有灵性与力量。

般若美学化的理论超越，通过唯识般若实现了向精神内意识层面的深入聚焦，在般若意识及其运动形式——审美幻化的特殊存在中，中国佛教各宗似同归一系，又各伸其所长，其中唯识与华严在唐代中后期尤其得到长足发展，三论、天台的审美直观、直觉俱渗透于唯识般若和华严般若的理论系统中，其自身的理论建构也保持其相对的独立自足性，只不过在体系的思想容量和扩张幅度上不及后两者。这样，中国传统的直觉美学理论，逐渐克服过多依托精神想象与意念操控的偏颇，让基于假想、幻想的理论思辨和溺陷于宇宙论虚拟中的主体性膨胀，都得到契合人性、常人性情的现实温度。而唯识般若的心理美学认知、伦理精神探索，又坚守了心志修道、人性反思和觉悟自证等美学基本志趣，得以"遍计所执""依他识起""圆成实"的"唯识三性"发展、转换模式，完成具有社会化烙印的美学智力运行。马克思说：

> 自然界没有造出任何机器，没有造出机车、铁路、电报、自动走锭精纺机等等。它们是人的产业劳动的产物，是转换为人的意志驾驭自然界的器官或者说在自然界实现人的意志的器官的自然物质。它们是人的手创造出来的人脑的器官；是对象化的知识力量。固定资本的发展表明，一般社会知识，已经在多么大的程度上变成了直接的生产力，从而社会生活过程的条件本身在多么大的程度上受到一般智力的控制并按照这种智力得到改造。它表明，社会生产力已经在多么大的程度上，不仅以知识的形式，而且作为社会实践的直接器官，作为实际生活过程的直接器官被生产出来。①

"一般智力"表明：契合人心、心理的般若意识运作，受"实际生活过程"的控制而采取既符合"知识形式"也符合自身特殊目的、范式的提出方式，"三无性"符合"唯识"般若美学认知范式，也以主体的人性和情感契入般若理论模型，探触社会深层意识领域，比以往般若意识更直接地接入地气。"人性""识性"等抽象概念通过"八识"的心理学细化，涉及五种感官功能、一种意识的"感性化实践"之（感官）功能，一种类似于"中转站"而将潜意识与显意识进行对流、融汇

---

① 马克思著，中共中央马克思恩格斯列宁斯大林著作编译局编译：《政治经济学批判（1857—1858年草稿）》，《马克思恩格斯全集》第三一卷，人民出版社1998年第2版，第102页。

之环节，一种精神世界与人性之无量"藏识"之库，均参与了当下的美学实践。这种美学实践显然迥异于一般的日常生活实践、行业性的劳动实践、知识化的认知实践和佛学的、儒学的及其他道化人格践行，不仅改造生活的实践态度与认知方式，也创造人的精神观念、日常状态的心理感觉、观念和体验的共存性简约思想模式，解决了一般经验性美学意识很难拔高自身获得理论性提升和抽象意识很难与感性融合的问题，从而具有相当高度的理论原创性与思想建构性，犹如砥柱石截断江流矗立中天，使理论成为当下实践流动的思想智慧。因此，就美学聚焦于般若意识及其中国化主体性超越现实而言，及至中唐，般若美学化的理论意识已经获得了空前的系统拓展，在中印空性智慧的思维与认知和主体直觉的超越与完善方面，实现了主体性、人类心性心理和社会伦理的历史性反思与现实化拓展，为其后将这种细化的意识以理想化范式呈现于华严宗美学的理论与实践对象化建构，奠定了坚实的生命实践基础。那么，在般若美学化的意识凝合完成之后，对于现实的审美感性有无产生触动，或者说，当时的士人主体和广大民众有无将认知反思和审美心理的体验、感悟，落实到生活与艺术的审美感性实践中呢？这是一个涉及历史和社会事实证明的问题。就问题本身而言，它包括的外延非常之广，但正如理论意识聚焦于般若美学意识而形成理论化的凝合，审美意识在唐代也有其鲜明的感性化凝合，便是诗化的、艺术化的审美新感性，鲜明地凸显出了般若意识的引导和参与作用，从而直接以现实的经验、实践印证了审美新感性的觉醒，表明般若主体智慧的解放与般若美学理论建构的思想高度在整体发展趋势上是一致的，并且以审美感性的强大刺激、感染力，对当时社会的文化、美学"智力"发动挑战，来突破和超越中国人更具蓬勃活力的美学化目标和价值极限。

四、诗审美感性的般若觉醒

唐诗是唐代最典型的审美感性形态。唐诗中的般若美学意识觉醒，体现唐代审美新感性觉醒的极致。那么，为什么唐诗比其他艺术形式尤为鲜明和超前地体现出般若美学化的创造意识？究其原因，一是诗审美形态以语言——思维、思想的直接现实——这一最普适又紧系于主体人的艺术形式，能将般若美学的深刻蕴涵、特质更直接地映射、外化于现实，诗语言的生动呈现，更便于多角度、多层面地表现般若化的美学意识；二是唐诗在唐代的规模、影响及其在语言形式方面的探索，都是其他艺术形式所不能比的，从而更优先地被士人所选择，也能更集中、典型地传达其他艺术所不能周致传达之处。唐诗为此得借般若之沐浴，成就辉煌绝妙之绽放，实不为过，可谓尽得其时运！

据《新唐书·艺文志》载，时人热衷于编纂诗文集。因文人与僧人交流普遍，在编纂时对诗歌意象、趣味、韵律、节奏的研讨，直接间接地刺激了对佛教般若意识的体悟和诗化渗透，以致般若美学意识成为诗歌创作的一种思想背景或先锋观念。尽管从中古前期开始，诗歌、诗论中就出现般若思想的渗透，如曹植的"般遮"之响、刘勰的"般若绝境"，甚至到南北朝时，诗歌中的意象、境象和"意境"处理，已隐约透露出自觉的般若认知痕迹，如沈约、谢灵运等以"音读"协合"圆音"声律，成就诗文合韵之举，从中都明显看到般若潜在的运动轨迹，不过这些相对于唐诗，还不到美学化般若意识自觉运用、转变的程度。那么，唐诗中般若美学化新感性的审美风貌，呈现出怎样的特点和趋势呢？

（一）诗审美方式从主客感应到主体对象化。般若使审美"感兴"从"体物浏亮"，感物而兴，到因情摄景，含情而兴，再到因意举象，意动而兴，促使情意相融，情物两超。诗审美一步步从主客感应走向主体对象化,走向主体意绪的自觉表达,开启了诗歌审美意象、诗歌意境和诗歌韵律在唐代相偕相美的崭新气象。譬诸初唐王绩《野望》:"东皋薄暮望,徙倚欲何依。树树皆秋色,山山唯落晖。"①尚属由感物而兴,主体隐而不显。沈佺期《夜宿七盘岭》:"独游千里外,高卧七盘西。晓月临窗近,天河入户低。"②则已是因情而兴,山河景象随情掠入,意绪随之被调动。再到宋之问《灵隐寺》:"鹫岭郁岧峣,龙宫锁寂寥。楼观沧海日,门对浙江潮。桂子月中落,天香云外飘。"③已使传统"流观"式审美豁然改观,其掠"点"缀景,别传意蕴,与谢灵运"池塘生春草,园柳变鸣禽"比,表现重点既不在情,也不在景,而在飘散不拢的主体意绪。初唐至盛唐约五十年光景,般若意识在诗歌中的渗透愈往后愈明显,至盛唐诗,主体意绪的弥漫、渗透十分浓烈。李白径直以意取象,裁剪"自然","明月出天山,苍茫云海间。长风几万里,吹度玉门关"④(《关山月》)。此诗境象雄浑,意绪廓然奔放。杜甫注重写实,似主体"空灵"意识的突出不明显,但吟咏出塞、农事、兵车、游足,浸浸沉郁顿挫的忧怀愁绪,表明不再是简单地摹拟事象,而是以物、象、事、人寄托对时世的悲怀忧念。因此,盛唐诗审美的主体意识,已达到超越前代诗人审美意识的程度,是对传统审美的遵循和发展。在唐诗审美大系统里,主体化意绪寄寓的表达方式或仅是总体的一个侧面,实际构成当然不限于意绪表达,还触及审美逻辑的其他表现方式,如在主体摄取感性材料时,自觉将主体情志的抒发,赋予"历史"和"思想"重器的双重功能。譬如:"头白灯明里,何须花烬繁。"⑤(杜甫《日暮》)"姑苏城外寒山寺,夜半钟声

①彭定求等编:《全唐诗》第二分册卷三七,中华书局1980年,第482页。
②彭定求等编:《全唐诗》第四分册卷九六,中华书局1980年,第1038页。
③彭定求等编:《全唐诗》第二分册卷五三,中华书局1980年,第653页。
④彭定求等编:《全唐诗》第五分册卷一六三,中华书局1980年,第1689页。
⑤彭定求等编:《全唐诗》第七分册卷二三〇,中华书局1980年,第2530页。

到客船。"①(张继《枫桥夜泊》)描摹繁复景致的褪色,透现对时代氛围的清醒观照。"莫笑关西将家子,只将诗思入凉州。"②(李益《边思》)"高峰夜留景,深谷昼未明。"③(孟郊《游终南山》)"竹径通幽处,禅房花木深。"④(常建《题破山寺后禅院》)"万户千门成野草,只缘一曲后庭花。"⑤(刘禹锡《台城》)情意趋浓时不减思考的旷远幽深。"旧时王谢堂前燕,飞入寻常百姓家。"⑥(刘禹锡《乌衣巷》)"孤舟蓑笠翁,独钓寒江雪。"⑦(柳宗元《江雪》)"孤生易为感,失路少所宜。"⑧(柳宗元《南涧中题》)意趣之表不直切胸臆,不再追求慷慨多气、回肠荡气的表达,而是抒写愁怀意绪,总要透露对整体时代的省察,让自我的凝神结想,蒙上一种自我意识觉醒的客观化处理色彩,于是,有时融情于思,有时意境相偕,走出一条与传统审美感应空间不同的超越路径。唐诗审美意识的这种逻辑演变,表明该时代般若美学的内在驱动在涉及对精神意绪的表达时,亦诠亦遮,扩散或凝合,俱合于当下审美形态的感性气质,以凸显般若美学的特殊韵致而将一种新的美学意识传达出来。

(二)诗审美意趣注重风格化演变。般若驱使诗歌意趣的增加给诗歌美学风格带来重大变化。从汉赋注重铺排,六朝偏重妍丽,隋代竞逐繁巧,到有唐一代一改偏重形式之"丽",转向驱动思想意绪的表现,标志着诗歌风格由此产生很大的转化。造成这种转化的原因,究

---

①彭定求等编:《全唐诗》第八分册卷二四二,中华书局 1980 年,第 2721 页。
②彭定求等编:《全唐诗》第九分册卷二八三,中华书局 1980 年,第 3226 页。
③彭定求等编:《全唐诗》第一一分册卷三七五,中华书局 1980 年,第 4210 页。
④彭定求等编:《全唐诗》第四分册卷一四四,中华书局 1980 年,第 1461 页。
⑤彭定求等编:《全唐诗》第一一分册卷三六五,中华书局 1980 年,第 4117 页。
⑥彭定求等编:《全唐诗》第一一分册卷三六五,中华书局 1980 年,第 4117 页。
⑦彭定求等编:《全唐诗》第一一分册卷三五二,中华书局 1980 年,第 3948 页。
⑧彭定求等编:《全唐诗》第一一分册卷三五二,中华书局 1980 年,第 3942 页。

竟是文学自身规律的使然,还是主体意识的觉醒? 从李白提出"绮丽不足珍"的批评,杜甫明确表示欣赏"清新庾开府,俊逸鲍参军"来看,都基于文学主体的意识觉醒;但文学主体的意识觉醒仅指涉某种观念的转化,涉及对文学表现内容的意识、对诗语言形式的美学本质与特征的认识等,只有主体的觉醒具备了整体可以驱动文学形态的改变,才有文学风格上对"丽"的摒弃和对"自然""清新"风格的自主选择,说明主体觉醒虽然包含对诗的内容与形式的理解,但决定诗美风格及其表现的根本并不在诗内,也不在诗外对某一对象的观念意识,而是对文学整体存在的"意"。这个"意"的内涵关联甚广,一旦对文学形成整体性征的"意",便能促成对文学"内容""形式"、"情感""意绪"及其他方面的"意"的聚焦、调整与处理,使之表现特定的美学意趣。因此,唐诗主体之"意"常驱动某方面因素强化,甚或有意淡化"内容"与"形式"的表面关联,让内容从"形式感"中脱节,来突出诗的总体精神风致和思想意趣,"意"成为决定诗歌艺术性、美学性达到一定自由境界的根本驱力和总调度。

　　初唐至中唐诗歌对"意"的控御,非常灵活,处理诗的结构,或追求纯然的"表意",如陈子昂《登幽州台歌》;或重"景"亦"意"(以淡化境、象方式表达),"意"在灵魂中有所偏倚地表现,如王湾《次北固山下》末句涵括"乡思"的遥远意绪,杜牧《叹花》执"意"敷设"境""象",令所呈现依主体"意"而得解;或纯写景,重在表"意",结果让所叙写成为主体精神的一种"再创造"表达,如李贺《南山田中行》:"荒畦九月稻叉牙,蛰萤低飞陇径斜。石脉水流泉滴沙,鬼灯如漆点松花。"[1]这首诗描写暗夜荒野的景象,清冷幽绝,但这并非"感"到如此,或主体"意识"到如此,而是铺展于诗中的"景象"构织出与"意"内在互动的场景,让别致的奇谲、阴冷景象和恐怖、惊悚、抑郁之情传达出

①彭定求等编:《全唐诗》第一二分册卷三九一,中华书局 1980 年,第 4407 页。

来。在创作意图上,作者没有刻意渲染诗中传达的主体情感和氛围、景象,而是诗人主体之"意"从主客相对情境、关系中跳脱出来,用一种主体自我意识展开了具有现象学美学意义的图像与形式建构。所以,似乎纯然客观地写景,却又非常主观化。通过自我意识的组织,"意"与诗的内容、形式实现立体化关联,诗的意蕴、审美表现力因此而变得复杂和丰富,最终所得则远不止诗本身的形式变化或主体思想、意念的选择,而是传达了诗以自身存在更客观、更全面地证明"意趣"的风格与能力,发射出具有文化性的、精神性阐释内质、能量的美学化、外显性力量。中唐以降,诗歌美学突出"意趣"的风格化特征和趋势,显示了由文学自律向美学化自律转换的规律、特征,既是文学史或诗歌美学化趋势的一种显示,也是诗与整个自然、社会结构发生深刻联结,从而自然调动起诗在整体社会、文化中的特别角色的一种呈示。

一旦如此,则诗歌美学风格、意趣促成的审美准则、美学精神的觉醒,就不是某一方面的审美感性因素,如单纯诗歌审美的主、客体或一方面及其关系所能决定,还涉及学术、思想、文化和诗歌美学的价值认知与权衡,涉及对整个时代美学趋势、精神本质及其本体论演化的逻辑认识,而这些归结到背景和驱力上,都最显明地与般若美学的促动深切相关。

(三)唐诗具有浓郁的文化、美学意味。般若驱动唐诗成为显性的文化、美学形态。唐诗是典型的审美感性形态,因其在所处时代特殊的爆发力和影响力,也属于典型的显性文化、美学形态。一是般若驱动唐诗自上而下、自内而外、自义理而表象地表现出美学趋向。初唐至盛唐时期,唐诗表现出一种逐渐昂扬向上的美学情怀,从最初的"昂扬奋发"[1]"骨力强劲"[2]到骆宾王、陈子昂的有所忧患和反思,再

---

[1]任文京:《唐代边塞诗的文化阐释》,人民出版社 2005 年,第 1 页。
[2]余恕诚:《唐诗风貌》,安徽大学出版社 2000 年,第 40 页。

到盛唐安史之乱诗人主体内心的激烈动荡,都不仅是外部现实、氛围和事件的刺激所致,在现实事件、氛围刺激之前,文化和学术思想已先行影响了诗人,其中般若美学的思想促动,以一种异于本土的意趣深刻刺激了士人知识分子。傅璇琮说:"盛唐人所要求的风骨,不是一般意义上的力,而是一种充分表现民族自信心和创造性的精神力量,是一种冲破传统要求创新的激情,这是盛唐的时代精神,是那一时代国力恢张的表现。"①"盛唐时代的艺术样式,渗透盛唐的时代精神的,无不有一种力。"②傅璇琮强调"风骨的力"和"精神的力",体现盛唐恢宏的国力,然而恢宏国力不能直接决定唐诗的艺术表现,诗的本质是精神,当精神能量蓄积到相当程度,就会产生迸发的张力。般若驱动唐诗表现文化和审美的觉醒,使诗的审美形式、机制、体式均发生根本变化,对美学趋向的表达也趋于多样化,既能以传统的形式表达,也能用新的形式表达,并且追随时代的发展,诗的表现方式也愈来愈趋于复杂和精细,极具思想的冲击力、爆发力和感染力。为此,唐初至盛唐昂扬向上的精神不能简单理解成类似"浓郁的汉代情结"③,或"恢张国力"的直接彰显,其实为文化和美学的"潜质"的呈现。在般若直觉意识驱动下,美学趋向汲取佛教"无我""无得"意识,对生命的次第进阶和幻化涅槃有新的体悟,把它们和儒道思想结合起来,揉在一起,出现了"劝君更尽一杯酒,西出阳关无故人"那样"骨力强劲""豪放悲壮"的诗句,既融汇般若的空旷与释然,又蕴有坚定的舍离;出现了李白那样的大诗人,能够用回肠荡气的古体诗表达浪漫的意趣和想象;出现了杜甫那样的以儒家情怀解读时世,却能尽得诗律体式臻其成熟并有"艰难苦恨繁霜鬓"那样体现出识性复

---

① 傅璇琮:《唐诗论学丛稿》,京华出版社 1999 年,第 191 页。
② 傅璇琮:《唐诗论学丛稿》,京华出版社 1999 年,第 192 页。
③ 任文京:《唐代边塞诗的文化阐释》,人民出版社 2005 年,第 31 页。

合、集腠的诗句；王维、柳宗元、白居易等，在他们的诗中都能找到浓重的般若痕迹，诗抒写情感，也证智慧，诗是感性之花，也是道行智果，诗人以诗为生命践行之所，有力地托举了唐代的诗性审美时空。二是唐代诗体的革新、诗风的渐次转换，与般若美学的演进次第存在潜在的吻合。以中唐之前诗创作情形为例，隋至入唐初期，诗体、诗风沿袭六朝宫体绮靡风气。许学夷《诗源辨体》称："武德、贞观间，太宗及虞世南、魏徵诸公五言，声尽入律，语多绮靡，即梁、陈旧习也。""今观世南诗，犹不免绮靡之习，何也？盖世南虽知宫体妖艳之语为非正，而绮靡之弊则沿陈、隋旧习而弗知耳。且世南所慕徐陵而谓之雅正，可乎？至如《出塞》《从军》《饮马》《结客》及魏徵《出关》等篇，声气稍雄，与王褒、薛道衡诸作相上下，此唐音之始也。"①许说以声气雅正雄浑为贵，所持态度大抵依循清代诗评家的立场，沈德潜《古诗源》以"雅正"溯诗风之源，论及齐梁及隋和唐初诗，认为："萧梁之代，风格日卑。""陈之视梁，抑又降也。""隋炀帝艳情篇什，同符后主。"②由此而作出结论："齐梁之绮缛，陈隋之轻艳，风标品格，未必不逊于唐。"③这种评价存在偏颇，齐梁陈浸淫绮靡风气，与当时佛学进入知识论炽盛时代密切相关，诗协音律在这个时期得到根本的扭转，对文学的发展应该功莫大焉，但这个不能归功于大乘般若，大乘般若推动诗歌趋向清旷的精神、气韵，但在齐梁时，佛教南北论师尚不暇致力于诗风之变，故诗风绮丽、音韵轻艳，未尝对文学的审美就属于倒退，当从文学形式的补锅和完形给予应有肯定才是。至于隋唐时的诗风追随六朝，却有另一番缘由，隋代开辟诗文考试任命官

①许学夷著，杜维沫校点：《诗源辨体》卷一二，人民文学出版社 1987 年，第138 页。
②沈德潜选：《古诗源》例言，中华书局 1963 年，第 2—3 页。
③沈德潜选：《古诗源》序，中华书局 1963 年，第 1 页。

员制度,唐沿袭这个制度。而诗文考试,音律是否协韵是重要的衡量尺度。清马星翼《东泉诗话·评诗》云:"自唐以诗赋取士,颁唐韵,宋沿之,更定试韵但为贴括章程耳。"①是说"试韵"迂腐,但已成定制。那么,文学形式的体制自六朝至唐,存在一种自动化的延续,看似"非美学""非精神""非文化"的构成,却得到了文人和正统官方的响应和倡导,不能单纯从精神角度视为"退堕"而予评价。中国儒道对情志表现均文化底蕴深厚,"文质彬彬"、道技统一都是一种境界,在儒道对文学艺术,尤其是诗文的惯性影响下,复有佛教知识体系和观念影响诗坛,使之词韵偕畅,风格在突破汉代铺摛文字之外,别显轻扬艳美品格,至少应当是文学的幸事。因此,初唐诗风从轻靡之风走出,不是由"卑下""低格"而至风雅正义,而是诗道自身之变,是诗之词语、体式、韵律由源至流、羽翼渐趋丰满后的一次振翩高飞。初唐四杰的"才力回绝",高适诗的"气质自高",孟浩然诗的"清雅""浑成",盛唐李白诗的举止"高贵",杜甫诗的"高、大、深俱不可及",王维诗的"无世俗之病",刘长卿诗的"清瞻闲雅,蹈乎大方"②,等等,绝不只是"清标可以范雅俗,正气可以肃群伦"③,而是般若清流激活诗的文化、美学使命,从而超越了"轻靡形式"走向了声气清新的活泼生命。诗至盛唐,王维对般若的领悟超乎时人,且以禅诗垂范世间,诗自此又跃上以般若意构引领诗风的新纪元。总之,唐诗之繁荣,潜在地响应了文化学术的推进,其总体趋向是一致的,并在般若美学理论系统化实现之后,摄取更加饱满的思想滋养,开始了愈为深刻丰富的诗美学革命。

---

①马星翼:《东泉诗话》卷一,北京图书馆出版社影印清刻本2004年,第31页。
②按:此处对初、盛唐诸诗人评语皆系刘熙载《艺概》评述所置(刘熙载:《艺概》卷二,上海古籍出版社1978年,第57—62页)。
③李纯:《授李绛中书侍郎同平章事制》,周绍良主编:《全唐文新编》第一部第二册卷五六,吉林文史出版社2000年,第714页。

（四）唐诗的审美个性十分璀璨，般若驱动唐诗创作审美个性的多样化。戴伟华《对文人入幕与盛唐高岑边塞诗几个问题的考察》一文指出："胡震亨言盛唐文人入节镇幕府'比比皆是'以及后人由此引发的盛唐广大中下层知识分子入边幕蔚为风气的说法大有偏颇之处，其误在于以偏概全。高适、岑参等著名诗人入边幕在当时也还是个别现象，真正是边地幕府中的士人屈指可数。"又说："高、岑的入边以及唐代诗坛上产生如此独特的盛唐边塞诗，乃取决于作者的个性；而个性所造成的总是个别的现象。"①戴文这个见解与认为唐边塞诗表现"奋发有为的进取精神""慷慨激昂的尚武精神""雄豪尚气的任侠精神"，缘于"边塞诗人投笔从戎具有深厚的社会根源和广泛的社会基础，充分体现了那个时代的尚武精神"②的流行看法是相反的，同时也与作者本人曾先提出中唐边塞诗繁荣原因之一是"文人入幕成为带有普遍性的社会风气，幕府的军营生活为文人创作边塞诗提供了丰富的内容"③的见解存在矛盾。学术研究过程中对自我观点的纠正是一种正常现象，值得注意的是戴后来说的"个性"原因。诚然，从诗产生机缘看，兵戎生涯和边塞风光都会刺激创作欲望，奠定特殊的创作背景和内容基础，但诗对思想感情的表达更多是"内在块垒""主体情志"的抒发，并不因为外在景致和特殊生活的刺激就扭转、覆盖了自身的精神个性和心理思考，因此，从主体个性，特别是精神个性上找原因，并看到这种精神个性与佛教般若思想的内在联系，才能揭示更为深层的动机和原因。

从精神、个性方面看般若对唐诗创作的影响，根源在于"文士"的

①戴伟华：《对文人入幕与盛唐高岑边塞诗几个问题的考察》，《文学遗产》，1995年2期，第35页。
②任文京：《唐代边塞诗的文化阐释》，人民出版社2005年，第17页。
③戴伟华：《论中唐边塞诗繁荣的原因》，《扬州师院学报》（社会科学版），1989年第2期，第69页。

精神志趣相对于"投笔从戎"的精神意愿多与少,当是更普及的内在动因。唐代宗李适在《新翻护国仁王般若经序》一文曾解释般若"护国"的涵义:"截有海以般若之舟,剪稠林以智慧之剑。绵络六合,罗罩十方。弘宣也深,志广也大。自权舆天竺,泳沫汉庭。行无缘之慈,纳常乐之域。信其博施,倾芥城而逾远。仰夫湛寂,超言象之又元,五始不究其初,一得罔根其本,以彼取此,何其辽哉! 朕忝嗣鸿休丕承大宝,轸推沟以夕惕,方彻枕而假寐。夫其镇乾坤、遏寇虐、和风雨、著星辰,与物无为,乂人艰止,不有般若,其能已乎! 尝澡身定泉,宅心秘道,缅寻龙宫之藏,稽合鹫峰之旨,懿夫护国,实在兹经。"①般若"护国",对文士也是"化清之本,名假法假,心空色空,推之于无,则境智都寂;引之于有,乃津梁不穷,思与黎兂,共臻实相"②的思想利器! 从隋至唐初、盛期,皇帝下诏言佛必涉儒道,奖掖夹有按捺,申斥复多扶持,似乎对各家不偏不倚。这种态度严重影响了文士对佛教的态度,他们基于精神的自恋和对本土文化的高贵意识,往往不明确赞佛,特别是唐初文人,几乎找不到与僧人交往的踪迹,也难看到他们对佛的持论,但诗没有掩盖佛学对他们的影响,他们的诗作通过个人或"投笔从戎"或"入边幕府"的经历,影响散居在权力外围的一批文人。到盛唐时,方镇权力开始隆起③,文人多依附之,新文人圈围绕方镇发起文化精神活动,用个性鲜明的诗作表达了崭新的精神

①周绍良主编:《全唐文新编》第一部第一册卷四九,吉林文史出版社2000年,第622—623页。

②周绍良主编:《全唐文新编》第一部第一册卷四九,吉林文史出版社2000年,第623页。

③按:吴廷燮云:"唐自天宝,方镇始盛,权任之重,沿袭江左;节度之目,改由总管。观察、处置,本为采访,至德而后,关河诸道,多以节度兼领观察;江湖僻远,则以观察而带团练;邕、容诸管,又名经略。质而言之,皆方镇也。"(《唐方镇年表》序录,中华书局1980年,第1页)

姿韵,这种表达就透露出般若的美学影响。例如,对边塞诗与佛教之联系,学界甚少有人论及,然也有人指出:高适曾亲蒙九思法师面授《金刚经》,且对《金刚经》般若空观甚为意笃;刘开扬《高适诗集编年笺注》记载:天宝十三载(754),五十一岁,适在河西,"是年适皈依佛教"①。据此,高适对般若就不是有否发生联系的问题,而是深入到何种程度的问题。还有岑参,他与佛教的渊源比高适还要更进一步,岑参很早接触《楞伽经》,稔熟《法华经》,其不少诗作传达了《楞伽》与《法华》的般若思想。据统计,《全唐诗》岑参诗共四卷,编号一九九至二〇一卷,其中明确记和僧人交往者约十余首,亦有专门涉及对佛教看法的。张海沙《初盛唐佛教禅学与诗歌研究》一书设专节"王昌龄与岑参的诗歌意象与禅学影响",概括为"《楞伽经》对岑参影响最大的一是与自然的关系,二是对自然的观察方式"②。特别谈到《楞伽经》促成岑参形成"流变的、因缘和合、幻化眼光"③,应就是一种般若思维、般若美学的眼光,"岑参写过芦花、荻花、桃花、松花、槐花、橘花、棠棣花、梅花、菊花、牡丹花、芙蓉花、优钵罗(青莲)花、桂花、荷花、芭蕉花、棕榈树花、桐花、杜若花、蜀葵花、苜蓿花、柏树花、枇杷花,他最喜爱的却是梨花。无论在内地、在边庭,他都写到了梨花"④。他认为"梨花"所具的审美象征意义,是《妙法莲华经》促成的。"梨花"不是"莲花",以擅长写"梨花"直推受法华影响,即便有也嫌单薄。但高适和岑参作为代表性边塞诗人,确曾都与僧界往来。杜甫《酬高使君相赠》云:"古诗僧牢落,空房客寓居"⑤,岑参较之高适与僧

①刘开扬:《高适诗集编年笺注》,中华书局1981年,第20页。
②张海沙:《初盛唐佛教禅学与诗歌研究》,中国社会科学出版社2001年,第143页。
③张海沙:《初盛唐佛教禅学与诗歌研究》,中国社会科学出版社2001年,第144页。
④张海沙:《初盛唐佛教禅学与诗歌研究》,中国社会科学出版社2001年,第150—151页。
⑤钱牧斋笺注:《杜工部诗集》卷一一,世界书局1935年,第257页。

人来往更密,因他对僧人格外敬重,虚心求教为多,诗中表达出法华般若也合乎情理,其意义就超出了莲花所表达的范围,如:"暂诣高僧话,来寻野寺孤。"①(《晚过盘石寺礼郑和尚》)"山阴老僧解《楞伽》,颍阳归客远相过。"②(《偃师东与韩樽同诣景云晖上人即事》)"不见林中僧,微雨潭上来。诸峰皆青翠,秦岭独不开。"③(《终南云际精舍寻法澄上人不遇归高冠东潭石淙望秦岭微雨作贻友人》)等。

般若对唐诗影响的深入和广泛程度,近年学界多有关注。陈允吉探讨唐诗的佛教思想溯源,认为王维与华严宗、韩愈与密宗、李贺与《楞伽经》、柳宗元的寓言与佛经寓言的"设假说空"等联系甚密④。大抵述及唐诗的思维、意象和语言,都不能绕过般若。王维诗对禅宗神会的"神学"思想、维摩诘的"禅悦"观念⑤和马祖道一的心性思想均有十分深入的表达,甚至包括杜甫这样儒家思想在世界观中占主导的诗人,"早年就受到佛教思想的薰染陶冶,而在开元天宝间盛行于中原京洛的北宗禅学,给予的影响尤其显著"⑥。般若对塑造诗人的人格和诗的审美个性起到了重要的作用。白居易、刘禹锡、杜牧等的精神世界与般若的内在联系,在他们或奇异的幻梦想象或恍然有"不退转"的精神气韵或清新通透的觉悟中,都有明确而深入的揭示,

①岑参著,陈铁明、侯忠义校注:《岑参集校注》卷一,上海古籍出版社1981年,第16页。

②岑参著,陈铁明、侯忠义校注:《岑参集校注》卷一,上海古籍出版社1981年,第43页。

③岑参著,陈铁明、侯忠义校注:《岑参集校注》卷一,上海古籍出版社1981年,第49页。

④陈允吉:《古典文学佛教溯缘十论》,复旦大学出版社2002年,第82、166页。

⑤陈允吉:《唐诗中的佛教思想》,(台北)商鼎文化出版社1993年,第35页。

⑥陈允吉:《唐诗中的佛教思想》,(台北)商鼎文化出版社1993年,第109页。

总之,至中唐时期诗人与佛教般若的因缘已经普遍而不可拆解①,非

---

① 按:这种普遍性,隋唐都存在。存在的情况,不仅是在审美个性上有开创的文士,就连承袭传统的守旧文人也不能免。譬如,唐初太宗雅好属文,常命上官仪在宴席上撰写诗文。高宗嗣位,上官仪仍备受重视,兼弘文馆学士如故,"本以词彩自达,工于五言诗,好以绮错婉媚为本。仪既贵显,故当时多有效其体者,时人谓为'上官体'",这段文字出自《旧唐书》卷八〇,同时记载了上官仪的生平和为文的学养准备。上官仪父亲被隋将所杀,"仪时幼,藏匿获免。因私度为沙门,游情释典,尤精《三论》,兼涉猎经史,善属文"(刘昫等:《旧唐书》卷八〇,中华书局1975年,第2743页)。三论宗空观般若是上官仪人文学养的重要组成之一。其他初唐文人亦然,褚遂良"博涉文史,尤工隶书"(第2729页);韩瑗"少有节操,博学有吏才"(第2740页);来济"幼逢家难,流离艰险,而笃志好学,有文词,善谈论,尤晓时务"(第2742页);崔敦礼"颇涉文史"(刘昫等:《旧唐书》卷八一,第2747页);卢承庆"博学有才干"(第2748页上);李敬玄"博览群书,特善五礼"(第2754页);等等。这些记载表明,唐初文士大都博学,博学未必精通佛学,但若说不闻佛学则何以谓之博学,因此,博学必关乎佛学,而关乎佛学,必关乎般若。另例特殊,据《旧唐书》卷七九所记,李淳风"博涉群书"(第2717页),其"博"综涉甚广。一者其父为道士,注《老子》,撰写《方志图》,李淳风本人好算术、天文学,曾受太宗命造"六合仪"。"天文律历,淳风专之。"(马瑞临:《文献通考》卷一九二,《景印文渊阁四库全书》第六一四册,(台北)台湾商务印书馆股份有限公司1986年,第275页上)如此则李淳风天文、历算、阴阳之道皆通。二者,李淳风为唐太宗破解"唐三世之后,则女主武王代有天下"的密谶,针对密谶提出符合儒家的"仁义"主张:"天之所命,必无禳避之理。王者不死,多恐枉及无辜。且据上象,今已成,复在宫内,已是陛下眷属。更三十年又当衰老,老则仁慈,虽受终易姓,其于陛下子孙,或不甚损。今若杀之,即当复生,少壮严毒,杀之立雠。若如此,即杀戮陛下子孙,必无遗类。"(刘昫等:《旧唐书》卷七九,中华书局1975年,第2719页)李淳风这里所表极其复杂、诡异,他糅合儒家礼教、道家和道教阴阳术、释家因缘和合论等思想,最终趋向佛教般若智慧的重实相理路。此外,还有排佛的文士,显然也是缘于研究了佛教才提出反对。譬如武德七年(624)傅奕上书唐高祖排佛,其奏书演释释教入华经过,用词凌厉,非深入研究不能写出。有意思的是,像这样研究深入的论疏,朝堂上众大臣闻之并不惊愕,表明大家对傅奕所论并不觉得新鲜,甚至有人认为他不该这样非议圣人! 综上,佛教般若对初唐至中唐文士思维、认知和创作影响的普及,应是当时现实和思想、文化运行的真实和普遍状况。

常符合诗僧皎然《诗式》所概括的,得般若之神助,则诗成为"众妙之华宝,六经之菁英","其作用也,放意须险,定句须难,虽取由我衷,而得若神授"。对此,李壮鹰解释说,大乘佛教"常以'作用'代指思维活动。《敦煌变文集·金刚般若波罗蜜经讲经》:'现在未来并过去,作用思维事转深。'……皎然所谓的'作用',意指文学的创造性思维"①。"创造性思维"是今天用到的提法,用来解释皎然也不失对其特殊用意的洞明。皎然自己也从"明势""取境""重意"等方面展开论述,将诗的精神运势通过"势""险""深""奇"等形容具体化,充分显示出唐诗的审美觉醒和精神个性化追求。为此,皎然不无通达地评论说:"两重意已上,皆文外之旨……但见情性,不睹文字,盖诣道之极也。"②"道之极"指道的极限,即精神的最高境界,表明诗的审美精神境界,类同"六经"的文化、美学深度探索,可以在般若智慧的不断提升中,与一切束缚诗歌发展的"贴括"彻底决绝,进而证现人生的生命存在价值。

第三节　般若美学的精神律动

一、般若遮诠与范畴衍射

佛教般若以其美学特质和作为母范畴的影响力,推动了隋唐时期的中国美学历史变革运动。基于佛教文化与中国美学的嫁接与融合,隋唐般若具有超越佛教限制的自在美学构成,将恢宏的佛教体系转化为中国化的美学意涵与机制系统。般若渗化于中国美学机体,"客居主位"地影响、规定了中国美学的般若化律动浪潮。隋唐般若

①皎然著,李壮鹰校注:《诗式校注》,人民文学出版社2003年,第42页。
②皎然著,李壮鹰校注:《诗式校注》,人民文学出版社2003年,第42页。

对中国美学律动的实绩,体现在:一是般若遮诠思维与范畴衍射深化了中国美学主体论与客体论的理论整合,使中国美学系统更趋严整和精细;二是般若驱动非连续性美学内容绽出,覆盖了人生美学和艺术美学等广大领域;三是人文精神与逻辑理性的探索与表现,达到了古典时代中国美学的最高水平。

隋唐时期中国美学发生重大历史变革和转型,通过吸纳佛教文化调整自身结构和运动趋势获得成功。隋唐般若美学反映了超越佛教限制而形成的美学历史运动,一方面,将宗教性般若意涵的扩张转化为主体智慧的般若化延伸,使宗教、美学力量得到释放,促成了佛学"外衣"下美学理论的系统化建构,美学的文化机制、韵律因此而在佛学母体内发育成熟;另一方面,佛教理论为中国美学的学术整合提供了突破"一般智力"①限制的思想资源,般若美学在生活、文化和艺术等领域形成广泛响应,客观上促成了美学的历史嬗变,由此般若美学意蕴不仅通过般若范畴得到深入的细化与衍生,而且般若美学的遮诠思维也作为介入中国美学的"非连续性"新思维为美学理论的开掘提供了新的思想动力。

主体性的自觉与美学的般若化,或谓中国美学的般若化迭合,只具实践对象和范围大小的差别,并没有实质上的区别。对象、范围的同时并进,在隋唐美学的推进进程中体现般若美学的显著特质,对此我们在前面已就般若对审美驱动的意义进行了阐述,现在从时代文化与美学流变的价值流向更进一步体会其变革意义。

在整体文化中般若化作为趋势性力量,意味着中国美学时代精神的悄然变化。时代精神,作为普遍性力量,可能是"正在"崛起的力

---

①马克思著,中共中央马克思恩格斯列宁斯大林著作编译局编译:《政治经济学批判(1857—1858 年草稿)》,《马克思恩格斯全集》第三一卷,人民出版社1998 年第 2 版,第 102 页。

量存在,也可能是已崛起力量"处于消失中"的过程性存在,还可能是崛起性力量与否定自身的对立性力量"正在转换为他者"的存在。黑格尔说:"事物正好由于构成它的本质和自为存在的规定性而趋于毁灭。"①韦伯说:"宗教力量对于民族性格的形成有着决定性的影响"②,但宗教力量是有限度的,当它被融入文化系统之后,便以文化精神的普适形式为时代所选择,般若美学的形成与扩展就是如此。楼宇烈指出:"大乘佛教的开展有两个趋向,一是向神文化的方向发展,展开了一个大规模的造神活动,把佛教中的一些重要精神人格化,具体而形象地体现在十方诸佛诸菩萨的身上。四众弟子可通过对十方诸佛的信仰来把握和践行大乘佛教的一些主要的理念和精神。一是对原始佛教人文精神的复归和发展,即进一步强调有情众生自作业自烦恼和觉自性自解脱的精神。"③向神文化发展的精神,在佛教世俗化过程中日益发展为造像与拜佛中的美学化观想活动,这种精神将神的人格化以形式主义美学的简化方式流动于日常生活,随着社会变革的发展,其深度内涵逐渐萎缩和淡泊,不能成为中国佛教文化精神的主体;后一种精神则成为普遍的人文精神,在归复原始佛教有情众生自作业自烦恼与自性觉醒的运动中,逐渐与中国人文精神融合,当其强大到足以影响整个中国文化的机体时,便适时转化为美学化的人文精神。因此,般若,正如在原始佛教里所奠定的"如实知"理念及在大乘佛教中作为六度之首起着精神航标灯的作用那样,到隋唐时期已经能够作为主流文化形态,既与意识形态相合谋求某种"教化导民"的职责,又能深入四方弟子、文人士子和普通民众

①黑格尔著,贺麟、王玖兴译:《精神现象学》,商务印书馆1979年,第84页。
②马克斯·韦伯著,于晓、陈维纲等译:《新教伦理与资本主义精神》,生活·读书·新知三联书店1987年。第121页。
③楼宇烈:《中国佛教与人文精神》,宗教文化出版社2003年,第380页。

的内心,令他们感到非循此不能拔脱苦海、登临幸福人生,般若因此被内化于人们的情志中,筑基为美学核心意蕴,进而以美学化方式凸显为整个时代生机勃勃的人文精神。

而当这种时代精神由宗教形式向美学存在转化时,韦伯所指的"宗教力量"的限度也立刻显现出来。一方面,统治者对佛教固然可以提出种种扶植政策,但一旦与社会变革要求相悖,尤其是与最高统治者的期待相悖时,便立刻受到这样那样的抑制,甚至大规模地遭遇清理淘汰。隋文帝、隋炀帝都曾笃信佛教,却在文化政策上并没有将之推到"独尊"地位;唐太宗能够将祭奠为国牺牲亡灵的仪式设在佛教道场,可谓对佛教非常重视,但他和他的父亲李渊一样,对佛教的发展规模及其教义学说是否能为政治所用仍存有怀疑,正因此故,才有对佛教亦压亦抚的矛盾态度;而武则天对佛教更是完全出于现实功利目的,只允许在巩固自己统治方面发挥有益作用。支持佛教的皇帝尚且如此,那些以"武"字称朝的皇帝无情地推行灭佛运动就更不用说了。说明隋唐佛教尽管作为中国文化的重要一支,在很多时候甚至就是作为文化和意识形态的主导形态发挥作用,但作为宗教形态其所发挥的力量,仍然是有限度的。于是,迫使佛教不得不转换面孔,让上至皇帝贵族、中及文人士卿、下到百姓阶层都能够接受,使自身真正转换成一种可以培植善心与智慧的文化形态,就成为历史的一种必然与可能。

历史进程推动的隋唐美学精神的升华,是中国美学在古典时期的一个连续性与非连续性交织的变革性伟大创举。在这个时期,中华民族固有的美学本体论观念,其体系、结构和知识形态,在般若化整合过程中似乎暂居客位,然而并不意味着退场,只是以博大的包容姿态,通过不断吸收佛教文化与美学的特质、风范,强化了对自身观念、体系和结构的改造。因此,在某种意义上,这也是中国美学内在机制的一次革新,新的变革方式洗涤了某些旧的运动程式,若没有革弊除旧的精神震荡,就没有中国美学新的风格、韵味、境界创生的机制序列,这种新美学创生机制的诞生,依托于般若化深层律动得以完成。

唐代美学的精神律动解决了主体论与客体论的融合问题。客体论美学的客体极向决定其美学生成的不同层面,大体包括三种:其一为物、物象,以物形式及物美特征为对象,在偏重感知觉、想象的精神链中完成理论组建;其二为心理感受、情感和体验,以主观化因素的具象化、客体(对象)化为前提,偏于主体论美感色彩,却终以对象性客体被主体所认知为特征形成理论和观念系统;其三为纯思维层面,以观念、范畴为对象,偏重于价值实体的对象性建构。隋唐以前,客体论美学的发展一直比较薄弱。最初是原始巫术阶段的"审美感兴"对物、物象、物形式的提炼,摄取的方式简易而灵活,将物和物象掠取了使之符合主体的巫性意识,形成悬浮于物之上的卦象系统,再由此而契入审美和艺术的实践。这种客体论"美学"(实为仅仅停留于审美层面)注重本能感受与粗陋直觉的表达,巫性主体的整体意识十分粗糙和朦胧,不能达到对客体对象的完整认知。春秋末年,诸子开启了美学对宇宙、自然、社会等客体的知识论整合。诸子文化的实用理性导致美学客体因素向伦理、政治内容倾斜,尽管主体的审美观察、感悟和人文理想也得到表达,但美学客体属性的发掘受到局限,主体的兴致、能力、情趣没有得到充分激发,因而依然是失衡且不成熟的客体论美学。两汉及魏晋时期,谶纬的复兴与衰落,标志史前物象客体的某种归复,观察感性预兆刺激了客体因素的广泛参与,宇宙论、阴阳五行说还将这些客体因素之间的关系罩上了不乏神秘而复杂的色彩。然而德行论与神学最终成为本体限定,武断且肤浅地限制了美学认知的深度,遂使谶纬美学渐失感性,向迷信、臆测和碎片化知识泛滥、弥漫。当此情形下,佛教般若范畴将其特有的美学特质、气韵通过"图志""史志"和佛经等渗化进来,促发了三国两晋和南北朝的人格论、人生论美学的苏醒。同时,在般若范畴的引导下,玄学美学的本体论也及时与般若学形成交融,将本无、法性、独化、游玄等深度价值范畴作为观念客体给予对象化,丰富和深化了中国美学的知识论与价值论基础;其中中观般若美学的审美经验和相关范畴,令中国美学耳目一新,极大地激活了中国原本丰富的审美感兴和客体论美学知识,限于两种美学的融合还是匹配性的、框架性的,客体论美学依然停留在非常笼统、表面化的层面。

隋及初盛唐、中唐,佛教知识的广泛渗化,令中国人的审美感悟能力空前提高,佛教法性、空性概念作为客体终极,给中国美学注入了辩证的否定性思维。这种思维为美学本体论拓开了多种可能,美不仅可以有,亦可为无,不仅为一、为多,亦可为非一非多、非有非无,与此种美学本体论相应,人的精神观念、心理状态及与自然、宇宙、社会交接的方式,也变得多样起来,俱可在"精神静寂"的相待又无所待的态度下取得谐和,复杂而单纯,极大地激发起中国人的审美兴趣和对自我人生进行理想规划的志趣与期待。因此,唐代客体论美学基于主体论美学作为被选择与评价的客体对象,和主观意念、观想、感受与想象等都被高度关注的前提下,其理论建构和精神内蕴都得到了长足发展。

中唐是唐代美学发展重要的分节点,此前客体论美学的逐步累积,容有不断转换角度的深化和细化,但总体状况不够精细和完备。三论、天台和唯识等均没有发展出对象化的、实践性的客体逻辑和相关内容体系,因此,无论对中唐前客体论美学给予多么高的肯定,还是不能回避其对自然、社会及心理对象性客体把握的空疏。而中唐后,中国美学和般若范畴基于多方面意涵建立起的新的生成机制,唤发起审美、美学诸多因缘的"殊相",促成了主体感知结构的细腻化,在这样的结构中主体论美学与客体论美学达成协合,使中国美学趋向充实致密、自由自觉的实践性生成状态。

这个生成性发展趋势以主体论美学的理论发展为标志。唐中叶以后的美学发展对前期可谓完成根本性的跨越，其中最具标志性意义的，莫过于唯识般若的识性分析，全面而细腻，以及天台般若的性空直觉，意念超拔而富有再生性。前后两期主体论美学的建构依此而不同，前期含三论、天台，后期含唯识、华严，两方面各具特色的体系构成，汇成中国化的佛教美学理论体系和般若化的中国美学理论系统。中国化与般若化，两者生成渊源不同，却在理论系统的建构生成性上使理论本身逐步严整和完善，而般若遮诠思维在融入中国美学后，也成为重要的美学民族特色之一。三论宗般若遮诠否定玄学化思性主体的空泛玄虚，也否定中观般若主体的浅表化空观直觉；天台宗将否定性遮诠变成递进式的直觉开悟过程，让般若幻化美学特质在中国化直觉中获得系统渗透，与中国式意念、意象、心性有机圆融；唯识般若的遮诠识性通过"藏识"向"可转识"迁转，显现凸显"人性"的本真，让主体意识和美学的精神、心理实践穿入潜在层面，使非理性、情感和可涵容妄识的巨大主体心性能体，在细腻而开放的体系中展示出博大和深邃。华严般若的遮诠具有综合上述诸种的效应，主体思想的对象化，亦作为客体因素范畴化地被充分摄入过程，在华严般若中遮诠思维与范畴映射结合起来，形成巨大的理论张力，自此"直觉化""十方佛""法界缘起""六相圆融"等中国特色的美学思想和系统，在理论建构意识愈益自觉的推动下，更趋充实、恢宏、精致和完美。

二、非连续性美学机制的生成

般若驱动大量非连续性观念提出，美学发展节奏与传统有了很大变化，促成大量新质内容成为美学新融入的有机内容。与现代美学的依赖工业、后工业文明物质基础所奠定的多元化思想追求不同，古典美学新思想的涌出相对理想化且比较集中，具有连续性；并且，与现代美学向内、向外打破不同层面、点位的区隔，有效形成思想内涵和功能效力的现实性聚合也不同，传统美学更多情况下依赖垄断性质的绝对体系和单一本体的衍射,使美学体系的存在方式和发展过程变得比较封闭;在理想与现实的关系方面,传统美学将二者视为对立的矛盾,抬高美学理想的乌托邦价值以镉补现实的缺憾,导致总体情势封闭,美学观念与现实严重脱节,不能很好外化为现实实践内容。古典美学的这些若干问题,在古代美学史的发展进程中一直存在着,但在一定特殊阶段,也出现打破常规的情况:一方面理想与现实的对立倾向于消解的态势;另一方面,新产生的美学思潮和思想内容以其焕发的空前活力,对传统美学的连续性造成一定的阻断。中唐以来的般若美学实践即如此。前期各宗美学建构借助大乘佛教和般若意识,推进了美学转向主体论心性实践,般若识性对心性内容亦从客体化角度日益细微处理法性、意念、情感等概念,逻辑肌理愈益充实,愈益接近现实人生实践。在般若化切近现实过程中,儒家人格理想、道家艺术化人生和"天道""自然""君权"这些在传统文化与美学中分量极重的概念,在般若智慧的调兑下俱从主体直觉与识性的绽出出发,被融入大乘慈悲情怀,从而相对于传统美学仿佛新植入一重机体生成的胚胎,居于中国美学的中间位置,被称为"中道"。居此中端,向下俯瞰、化入现实世界,向上仰观天、圣和更高的世界,思悟与之等齐大化。般若菩萨道在世人内心树立起迥异于传统的"非连续性"实践基点、"拔苦与乐"的思想气息,鲜润着人性与生活的肌肤。佛教信仰活泼泼地沐浴着人的现实感觉、愿望和喜怒哀乐,仿佛清流和阳光贮存在大地上,散射着无尽的人性之美与崇高的光辉。同时,大量源源涌出的新的美学观念,在绽出的历史瞬间总是不遗余力地凸显其独特的美学品质,似乎并非刻意却很自在地形成一种归属于禅宗美学系统的非连续性的连续性。这种状况改写了中国美学的历史发展模式,不再是一味认可"原基质"衍生而接续的所谓整体体系预置性存在的"连续统"(张光直语),而是将主体性的绽出以客体化方式进行"掌握分寸,恰到好处"呈现的结构体式。李泽厚说:

"'度'的本体(由人类感性实践活动所产生)之所以大于理性,正在于它有某种不可规定性、不可预见性。因为什么是'恰到好处',不仅在不同时、空、条件、环境中大不相同,而且随着文明进展、人类活动领域的无比扩大,这个'度'更具有难以预测的可能性和偶然性。"①"历史本体便建立在这个动态的永不停顿地前往着的'度'的实现中。"②"度"的本体是新旧思想转换的节点,也是新旧思想融合生成新基质、新机制的熔点。新思想充分呈显"和""中""巧""妙"的美学内蕴,赋予其更大的思想背景和生长空间,客观上也是传统美学"和""中""巧""妙"突破原定极限的发挥。唐中叶以后的美学通过时代推移不断绽现的偶然性,创生美学动态性的实践本体,为中国美学别增一种"化载他者"的创新机制。法国思想家巴迪欧说:"情境的存在即是其不连贯性。它的真理性在于被呈现为不确定的多,一种无明显标记的部分,或是连续性被消解为如所呈现,没有显明的指称,却独特无二,因此,真理将成为情境的普遍质性构成,普遍质性指定了真理可以是情境机体中的任何存在部分。即是说,关于情境没有什么特别可言,除了精确认知如此呈现的存在之多为其基本的连续性,别无可言。真理就是这种极微的连续性(一个组成,一种没有内涵的遍在性),它在情境中证明不连续性恰缘自存在之为本身,但是,由于情境中的任何存在体,自始就可以依连续性而呈现为独特的、可指称的、约定为有序性存在,从而真理就成为被生产出来的遍在性,它构成过去事件迭合的多重层位,即无限之多,我们称之为遍在机制。"③中唐以后美学主体性的展开,载入了纷繁的概念、范畴,

---

①李泽厚:《历史本体论》,生活·读书·新知三联书店 2002 年,第 7 页。
②李泽厚:《历史本体论》,生活·读书·新知三联书店 2002 年,第 7 页。
③Alain Badiou, *Manifesto for Philosophy*, State University of New York Press, 1992, p. 107.

充分释放了当时人类的生存、存在性态。凡载人之概念、范畴皆为禅宗美学的核心概念,通过禅宗心性实践与原有诸宗义理形成融化,客观上又促成这些范畴概念在别的宗系中的存活,等于进一步完善般若本体的扩散性和幻现性,进一步完善了时代美学的理论实践本质。

最后,值得提到的是,在般若美学理论实践与般若化"非连续性"扩散的思潮中,中国美学的基于生活和艺术实践的理论形态,也与般若化的美学在唐中叶以后形成对接,从而在诗歌、音乐、书法、绘画等门类艺术中都出现有深度的艺术美学论著,这些论著以表现艺术理念和艺术实践经验为主,但几乎都与佛教般若思想形成对话和互渗,有的甚至就是般若化的艺术美学。由于艺术理论可以采取理论抽绎和经验总结的方式形成,与禅宗的般若理论实践不属同一性质,特别是艺术的经验性感悟、艺术原理对般若观念的援用,与基于佛法义理的系统认知而展开的般若美学建构具有不同的生成路线。这里我们再次强调这方面美学的实绩,目的在于表明唐代美学的理论建设具有各方面的繁荣,虽然在理论形态的体系化、系统性和实践性方面,其他艺术的、诗化的美学不能达到佛教美学理论和以佛教般若范畴为核心、涉及对儒道意涵融汇的理论创造那般集中和有深度、广度,但它们之间发生的相互影响以及共同促成唐代美学繁荣的大势,却是在整体性地观照唐代美学时不容忽视的。自然,所谓大量非连续性美学观念的新出,也因为这种总体大势的繁荣状况,最终也必将融合转化为中国美学连续性发展的有机内容。

三、人文精神与逻辑理性的统一

唐代美学的人文精神与逻辑理性达到古典时代中国美学的最高水平。就逻辑理性而言,宋代理学比唐代佛教各宗美学逻辑的整体性要强,但美学理论的实践性及其人文韵致,却不及唐代美学;就人文精神而言,宋代美学,自然包括南宋心学及明代的"性灵""神韵"

理论,也都赶不上唐代美学对人本价值的弘扬①。南宋心学极度推崇心本体,此心本体缺乏唐代美学的般若化(直觉、心识和意感知)与中印融合后形成的幻象逻辑肌理,因而人的心性貌似勃发,却美学化的智慧与柔韧性不足,同时美学的美感韵味也不及唐代美学饱满。至于中唐以前,就不能同等论列,因为唐代美学的人文与逻辑的统一,是对既往的高度整合,这种整合毕竟是在般若美学意识引领下形成的。那么,对之前的美学实绩如何评判? 我们可将其概括为两次重要的高峰发展期:第一次为先秦诸子文化美学,人伦美学精神为其核心价值趋向,道家情韵为主导性(形式、韵致)美学逻辑理性,其他诸子如法、墨、兵等人文意识均存在较大偏颇,如:法家的君权观念和愚民态度;墨家民主思想的狭隘性和实用主义,及其对审美的否定态度;农、阴阳、兵诸家等俱从生活、战事、堪舆立场对人文性有一定消解。第二次为魏晋南北朝的人格、人生审美觉醒。这两种觉醒前后连贯,都有相应的美学、艺术学理论出现,但人文精神的表达有失片面,也没有达到应有的深度和力度,是不完善的、尚处于发展幼稚期的人文精神。因此,到隋唐时期,人文精神便借助美学的系统化建

---

① 按:学界对宋韵美学展开的研究,基于宋代美学特有的情味、品位和韵致,在中国古代美学史上也是难以企及的高峰。宋代美学继晚唐美学而起,在表现主体思想、情感和美学形式化方面,无疑堪称风华绝代。但即使是前后相继的时代,也可以进行相对的比较,宋代美学至少在三个方面不及唐代美学:一是理学对生命"气""欲"的压抑在相当长时期是占主导的,并且与诗艺的主情是分裂、不统一的,而唐代由理而及意,重情意之交融,没有宋代那样的"理""气"的系统性对立或分裂;二是宋韵所表现的情怀、趣味和境界,主要是士人精神情致的产物,而唐代的美学气韵则是士人走向"世间"的产物,在激发和调动世俗文化以凸显古典现代性方面,唐代显得更具主动性和建构性;三是宋代的人文精神和逻辑理性,不及唐代恢宏和有庞大、系统的处在积极完善中的儒道释思想的有力支撑,纵然理学和心学更具有历史积淀,从而对宋代美学也更具有思想引导的张力,但理学渐转保守、僵化,心学力求偏胜,并不及唐代美学的人文底蕴和思想逻辑,更显得深厚、富足、圆融和有勃勃不息的生力。

构,成为文化构成中最活跃、最具创造性的力量。特别是中唐以后的美学,在已经拥有坚实、系统理论的基础上,展开了切合于人生感知、体验的理论化自证性实践,异常别致地拓开中国美学人文精神与逻辑理性融合的崭新路线,使中国美学达到了古典美学的巅峰时代。

(一)般若范畴推进了美学的学科性整合。从学科角度看,般若意识对文化、哲学、宗教的学理渗透和对现实人生、艺术的理论导航,都具有观念普及化的意义,而借以达成这一目标的途径、手段主要是美学范畴的密集化与系统化,后者直接标志着作为美学学科存在的客观性。唐代般若范畴对人文精神、生命情怀和美学逻辑理性的激发,最大程度地唤醒美学学科的整合功能。马克思说:"人的感觉、感觉的人类性——都只是由于相应的对象的存在,由于存在着人化了的自然界,才产生出来的。"①"丰富的人同时也是需要人的十分完满的生命表现的人,是他自身的实现在自己身上表现为内在的必然性即需要的人。……对象性的东西在我身上的统治,我的本质活动的感性的爆发,是在这里进而成为我的本质之活动的情欲。"②美学的学科整合,是以文化、宗教、哲学、伦理等理论方式聚合感性生命力,使人类和社会机体能够以最优化的选择与存在方式,来保证整个人

---

① 马克思著,刘丕坤译:《1844年经济学—哲学手稿》,人民出版社1979年,第79页。

② 马克思著,刘丕坤译:《1844年经济学—哲学手稿》,人民出版社1979年,第82页。按:马克思在这里讲的感觉、感性(sinne),说的是人的、人类的(menschliche)的感觉,都存在一种自然性或天然性,其意与中国文化的"本然""自然"相近,似不宜理解为"自然界",因原文用词即为natur,那么,从人的或人类的天然感觉发展到人道的、人性的(menschlichkeit)的感觉,就需要两个方面的过程:一是"人化的"自然(natur),一是感觉的感性爆发与丰满,必须体现和表达人的本质,即与人道、人性化之道相合。这样,美学和审美的感性,实际两种:一是与主体人的感觉相应的感性对象,二是人化的感性。后者由前者的"理论化"和"人化"的改造而来,成为被美学逻辑、范畴所整合的实践感性。

类、社会发展系统的生命有机性与内在活力。佛教在印度本土，作为思想构制十分庞大、精细，可以滚雪球般摄收既往所有对立性思想构成的复杂思维系统，蕴涵着人类思想的无限能量。但偏于观想和幻构的存在方式，使这一思想系统在印度本土并没有充分释放出它的优势与潜力，相反，精神、思想、意念上的偏爱与无视俗世的对立、差异和变化的懒惰、消极与粗疏，反而造成其人生现实状况不得不经历更多文化熵的抑制与消耗。因此，尽管般若美学特质在印度拥有深厚的基础，却无法形成依般若范畴聚合的、能积极回应现实实践的美学机制和系统。这个情况在中国被彻底改观。般若在中国隋唐两朝的推进，所谓般若中国化的核心使命，就是要将印度偏于精神性臆想、调整与幻构的般若特征，迁转为既是"人生的""生命的"也是超越"人生的""生命的"实践性智慧系统。隋唐美学对般若的学科性整合，在诸宗理论的建构中已经体现出来，大量体现般若蕴涵的佛教范畴与中国美学思想的结合，都具有美学学科的整合意义。必须看到，中唐以前各宗般若美学的思想整合，由于其客体论美学的发展限制和主体论美学自觉性的局限，还不能从整合自然、社会和文化资源的角度，来完善美学的范畴系统及其学科性存在。中唐以后，美学客体论的积淀愈来愈充分，主体论的自觉、自律也愈来愈成为调动一切文化意识资源和人的生命感性实践的杠杆，从而使美学学科的整合，得以在充分验证人的生命本质存在的基础上，实现了对美学理论体系的实践性增益和完善。

美学理论的实践性增益与完善，本质上即美学学科逻辑的现实化完善。一者，唐中叶及以后，社会各种因素、力量活跃起来，既有盛唐社会生产力的恢复与兴盛，又有安史之乱激发的社会矛盾和民族矛盾的爆发，还有方镇割据带来的社会生产关系方面的生存、情感问题。这些因素、力量都达到某种限度，他们促使中国化佛教必须成熟起来，以与中国本土主流文化——儒道文化、美学——和民间文化、朝廷和地方的精神意志协合起来,因此在理论上对佛教提出了较高的应对现实、"复合"各种现实需要的理论要求。于是,感性和理性能量在这个时期都趋于"爆发"和"集中"的态势,使得美学理论得以最大限度地获得"复合性"整合条件与可能。二者,美学学科整合的实践基础,即类似于马克思所称"工业化"对象性创造的物质基础与现实,以唐诗繁荣为标志,即唐代美学理论学科性整合的智慧性经验基础。这一支撑相对于社会文化、意识的"一般智力"的支撑,更鲜明地聚焦了时代精神、经验和美学的形式、规律,让般若美学的"非连续性"得以创造性地表达,而且与传统美学的精神、经验和创作意识形成超越美学自身的"外位性"凝合,更有力地把文化逻辑、社会发展逻辑、生命逻辑和美学逻辑,以一种既内在、又外在于美学存在的方式统一起来。那么,"外位性"或外在于美学存在的逻辑整合,对于美学是否并不属于"内在的""必然的",因而也是无谓的存在呢?! 其实,"外位性"或"外在于"恰是学科整合的强大学理依据。美学学科整合的条件、因素是多方面的,其中最要害之处是学理逻辑基础。而基础并不意味着本体,就像种子在土壤上长出,并不意味着土壤就是种子或禾苗属于种子自体生长的一样。美学的逻辑基础也包括"外位性"与"本位性"两个方面。"本位性"是由外位性逻辑转化而来的,属于学科最本质的逻辑规定性。"本位性"意味着学科系统的创生和衍生基点。"外位性"是"本位性"基点形成的土壤、营养、空气和水分。隋唐前,"外位性"与"本位性"的错位以汉代最为严重,汉以前本来形成有"象""律""乐"等美学本位性观念,如:《周语》曰:"瞽师,音官,以省风土",韦昭注曰:"音官,乐官也。省风土,以音律省土风,风气和则土气养也"①,用"音律"滋养农时,即以音律为先,音律

————————

① 按:《国语定本》,日本己巳六年(1809)沧浪居藏版,是秦鼎"检阅数本,旁据诸书,一一昭明之,又取其义有异有阙,班序而标揭之"的定本。

为本;《郑语》"六律"概念包括"黄钟""大吕""太簇""夹钟""姑洗"
"仲吕""蕤宾""林钟""夷则""南吕""无射""应钟"等十二个律
(奇)、吕(偶)音乐本位概念,这些概念作为本位性的逻辑原点,促成
"律""吕"协调的音乐和声律,其体现于音乐美学逻辑,则是"声以和
乐,律以平声。金石以动之,丝竹以行之,诗以道之,歌以咏之,匏以
宣之,瓦以赞之,革木以节之。物得其常曰乐极,极之所集曰声,声应
相保曰和,细大不逾曰平"[1]。体现于诗歌美学则是"诗言志,歌永
言,声依永,律和声。八音克谐,无相夺伦,神人以和"[2](《尚书·尧
典》)。这里的"歌、声、律"形式与情、志本体,是诗歌和音乐本位相
协合的逻辑。到汉代,外位性的伦理、政治逻辑成为严格规定"本位
性"存在的规则,即外在逻辑不是空泛涵义的土壤,而是替代内在逻
辑的依据,从而以"五德"决定"五音"(宫商角徵羽),依"后妃之德"
阐释《关雎》的价值、意义,就成为普遍的阐释状况。魏晋时期对外
位、本位倒置有了觉醒,嵇康《声无哀乐论》提出声乐无关乎情感。
"静躁者,声之功也;哀乐者,情之主也;不可见声有躁静之应,因谓哀
乐皆由声音也。且声音虽有猛静,猛静各有一和,和之所感,莫不自
发。"[3]嵇康认为音乐本体是声音本身的"和谐","在材料和规律两方
面具有深刻而巩固的自然依据的音乐,其本质规律或本体就是和
谐"[4]。美学本位性逻辑的觉醒,是客体性意识和生命存在意识觉醒
的反映,在尊重客体性基础上尊重生命存在,进而激发审美主体的人
格、人生超越,遂推进美学主体论也大大向前跃进;同时,大乘般若玄
学化与中观般若经验化均嫁接于中国文化、美学之土壤,又促发新的

---

[1] 左丘明撰,韦昭注,胡文波校点:《国语》,上海古籍出版社 2015 年,第 84 页。
[2] 慕平译注:《尚书》,中华书局 2009 年,第 30 页。
[3] 嵇康著,戴明扬校注:《嵇康集校注》卷五《声无哀乐论》,中华书局 2014 年,第
354—355 页。
[4] 张节末:《嵇康美学》,浙江人民出版社 1994 年,第 148 页。

美学逻辑的诞生。在一定意义上，南北朝对浮艳绮丽诗风的追求，也反映了美学本位性逻辑对形式客体因素的自觉，只是当时此风与"外位性"基础严重脱位，缺乏文化底蕴和创作经验的支撑，故颇受世人"病态""绮靡""偏至"的诟病。隋唐时期，中国美学对外位性逻辑与本位性逻辑的关系，在错位中又不失纠偏地往前推进，终于到唐代中叶具备了整体改变发展趋势的条件和驱动性力量。而唐中叶以后的实际发展趋势也表明，社会、文化及美学的内、外逻辑，都处于对各种力量积极摄收的建构过程之中，因而其总体趋势在导向人的生命和文化、美学意识主导的美学、审美实践中，都迸射着美学逻辑的精神能量，且成为美学前行中最富有力度的力量。

（二）美学的学科性整合从高逻辑基点推动美学范畴、结构的实践性嬗变。在这个过程中，般若范畴与美学诸范畴的关系，因美学感性、理性特质的结构性交融趋于淡化，甚至消失，逐渐成为"你中有我，我中有你"的混合性质蕴，价值、蕴涵、思维、逻辑这些在理论形态中属于偏重理性色彩的质蕴、构因，在理论（意识、趋向、命题、造型、相位等）的"被实践""被感性化"的演绎中成为"理论化的感性"质蕴，被给予逻辑定格。两种结构特质均以范畴形式渗透，既存在于意念中，也"凭附"于行为言语中；既可以兼容性表达，亦可侧重发挥某一方面的特质。原先在理论系统中须明确界定的范畴，在复合性的学科整合性实践中，不再以独个范畴意涵的厘清为重点，而是趋向重视多个范畴之间的关系及诸范畴特质的综合表达效果，从而使美学理论的逻辑关系逐渐被演绎为实践性的美学关系。即是说，中唐以后，禅宗般若践行对理论的思考与表现，一方面，与前期佛教各宗及同期佛教理论的范畴、命题和体系具有精神实质上的密切回应，致使禅宗思考的人生、生命问题，与前期的直觉与物象、情感，善与恶，人性与人格的完善，均置于般若道行的建模内而产生相应的理论效应；另一方面，禅宗思考的生命、精神问题通过范畴的聚合、联结和嬗变，也学科化地表现出来,成为独特的禅学美学理论,表现出独具中国特色的美学精神。为此,唐中叶后的禅宗美学视界广阔,努力消除实际生活与道化生活的界限,让最初只是在佛经文本中才具有价值生命的概念、范畴,也获得充分中国化的文化营养,具有超越中国人期待的价值意涵和美学智慧。在此基础上,禅学美学的概念、范畴在百姓、文士和各阶层成员中都"活"了起来,表现着他们所希望和能够表达的美学意涵。总之,唐中叶以后的美学理论的实践转向,既凸显人文性的精神、宗教终极思辨,又将经验实证生活化、个体化、行为化和物化为美学多样性态的糅合,自此,僧人高士、文士百官,普通百姓,都不再谋划宏大、完备的佛教体系的建构,而是深化、细化主体的生命实践,深入体验人生、生活、艺术的"法相",让心、身、言、行俱在真实不虚中实现对象化、个体化和情境化,般若美学由此获得遍在精深的价值意蕴。

(三)般若美学价值的实践要求和质量标准更高,更具美学形式化特征。般若美学通过如下现实实践(心性修行、生活美学化)途径获得展开:一是般若实相,包括佛性、空、法界、心等指向客体性的价值意蕴,过渡为主体性本体意涵由以呈现。中唐完成了佛性向法性的过渡,法性客体性通过法界、境、象等范畴与识、情、意、志等主体性范畴接合,圆融于"心性"美学意蕴,在美学趋势上使主体性日趋显著。二是般若观照,包括观、幻、相、触、即等,指向审美经验的当下状况和情境。中唐前"观""相"受限于中观般若,以"即""触"范畴的意涵推进与中国审美直觉相通,中唐后,"幻"与"识"、"相"与"即"、"触"与"类"、"情"与"染"等融成经验观照的超越意义,使审美观照的时空场域在否定性遮诠思维中趋向"零度化"空前扩大。三是般若智或谓般若智慧。"般若智"在印度宗教传统中原指超常智,即不同于一般理性(此非李泽厚"实用理性",也不是西方学统的"认知理性",类似前所述马克思说的"一般智力",具有世俗性、反映整体社会发展状况的普遍认知与判断)的超级理性,其运行目的在于超绝实体,促成直觉、分析、幻化对认知过程与终极根据所需进行分、合各显的认识。中国佛教之般若智与印度不同处在于,众生心、情、意、智、志等均得到充分认可,大乘佛教般若智的渗透提升众生的超常心、超常智慧,跳出了世俗认知圈;同时,又最大限度地维系世间精神与情感的实性与鲜活力。般若智在中国寓意特别,被赋予比印度本土般若智更多真实、湿润的美学化因素。由于般若智超越旨趣为最终表达形式,因而愈是超离具体境象、情感,就愈是形式化,这种形式化体征又反转过来使"法界""境智""事象""禅味"等范畴愈复增益、巩固其现实感性,愈复具有美学形式化的理想境界与品格。

(四)美学意蕴的情韵化和生活化,成为美学价值的新方向。般若美学的本质是变化的,一切都在变,般若诸范畴间的相互关系也在变,变化中对般若蕴涵的吸摄、阻拒与化合又推新中国化方式的改变。中唐以后,由于美学诸范畴与般若的关系高度融合,美学发展的总体趋向逐渐促成否定性思维和方法的聚焦,推动实现主体对极限性目标的超越,达成这一目标的具体方法、路径,循着心性"空"义的不断自我否定,不断向更高的极限性目标冲刺和展开。如前所述,由于禅宗美学化,禅学成为美学实践的理论化建构主体,从而禅学在推进心本体向虚境零度主体实践的同时,格外瞩目现世人生的存在与实践意义,非常真实地提升了现实人格的宗教、伦理文化色彩,让实践主体在消解迷执绝对意趣的觉悟中,能够以简易的生活态度和真性情的淳厚情感、情韵,拓深、细化美学规律的价值内涵。美学意蕴的生活化,表现在:一是般若名相成为现实实践的名相或形式,在中唐以后,特别是晚唐时期得到特别的展开。初盛唐的美学理论,转化、过渡为中唐现实化的美学形式,最初是美学"本位性"的意涵、形式的外化展开。当其向现实展开时,便将这种外化为外在的"本位性"规律、意涵,通过熔铸现实化的外在诸缘,推向外位于美学的存在,以返归美学本位的相状和情境。在这种情势下,生活的名相、相状及其意识定位,诉诸超拔的直观、想象,就具有了般若化、禅学化的美学品格。二是生活化以其自在的美学气韵、气质和品格,丰富和提纯着般若的现实名相呈现。人们的衣食住行,方方面面,皆予入道。受般若美学化、审美化大趋势的驱动和感染,中晚唐人活得滋润而饱满。生活名相形式化,美学化,洋溢着鲜活而充实的生命意蕴。三是生活的意蕴因为具有美形式的标记、体式、造型,而能寓于有而成其空,基于空而拔出其象,错合纠结,琉璃晶莹,使美学的普遍性与差异化有机统一。

美学价值意蕴的情韵化,是美学特有魅力的巩固和提升,以"形式美"为凝结的晶体,焕发光辉,令美学的整体存在性态都发生改变,是美学综涉内容、形式集中凸显其品质的核心标志。唐中叶以后美学的情韵化,突出表现在:一是般若美学智慧纳入和合的美学逻辑。般若美学体系的成熟,儒家和道家美学的淬火重生,民间文化与美学的生气氤氲,这些都促进了最切近生存的美学理论范畴的和合,而般若美学智慧是和合美学逻辑的核心组成,在此际已经不再是简单衍生或映射性生成,而是自在生活情态的血肉,展现出中国人生活的大美和葱郁之美。二是美学智慧的品格,因般若智慧的高度感性化,强化了中国美学固有的"生生之韵",至晚唐时期,中国美学的气质、意味、品格得以定型,在五代和宋代得以古典现代化形式绽现,从逻辑本质上实现了美学特质根本转型的价值意义。三是美学情韵所表达的民族思维、精神和性格,因为现实性与感染力的根本突破,凸现出统一的中华民族的整体美学风貌,具有可无限绵延的文化生命力。

总之,唐代中叶以后美学内蕴的生活化和情韵化,作为美学价值趋向变革、转型的重要理论化、实践化成果,对中国美学史具有特别重大的意义。对这种意义,我们不仅仅通过与前期美学理论的形态和逻辑的比较,可以得到鲜明的体认,而且仅就生活美学和般若现实践行本身看,就具备美学学理的"形上"性,一旦理论和形式内在于生活、生命,就意味着美学体系依托于超越纯理论体系的方式存在,这自然对中华美学的意义不可估量。

但同时我们必须指出,般若美学意蕴作为引领时代美学潮流的核心范畴、意蕴,在价值的主导方面不无宗教信仰弱化的倾向。就是说,生活化和情韵化虽然达到了遍在的丰富与完满性,但并非所有遍在的生活美及其情韵,均能达到与美学意蕴、宗教价值一样的高度,其中愈是呈现于百姓层面的美学化生活,宗教美学意蕴的高度愈是被生活本身的美所消解。因而,我们赞叹般若与生活的协合,感叹美学和合的风致,是对般若启导功效及其理论潜能的由衷认可,但在逻辑上也同时要把般若美学的场域区隔和效力发挥所产生的坡度级差给予客观认可。这个坡度即由僧士、文人到深受传统文化濡染的官员、百姓,在美学意蕴的自在生发性上,呈现出般若宗教意蕴逐渐淡化的趋势,即是说,般若效力发挥、扩张的同时,也促成般若信仰意蕴的美学化解构,这是一种理论和现实的双重悖论。因此,在突出体现生活化、实践化态势的僧人力量和文人力量那里,这种悖论性不仅被他们的自我意识所觉醒,而且用他们自身所擅长的实践方式所证明,其中最具代表性的是禅宗南宗的美学智慧实践。禅宗南宗的主体论美学实践,从心性净染意识切入,由悟法性无分别到觉本心可污染,乃至可污染本心亦具生命本真的存在权力和感性多样性,将生命不再视为由绝对观念预置的存在体。禅宗南宗一灯开五叶,各寻新路,肇启人性潜能和智慧灵性,是唐代中叶以后到晚唐、五代中国美学最大的理论与实践创获;仅次于僧人,是文人或文士官员的美学实践,他们开辟了美学意蕴的诗化、艺术化新路,在主体精神、意象、情境、意境的对象化建构方面硕果累累。诗化、艺术化美学的质量、品格均达到可与般若信仰美学媲美的高度。如果说,初盛唐的诗,以审美与般若美学理论的建构并行标举风范,那么,唐中叶以后到晚唐、五代的诗,则在审美的情韵、风格方面毫不逊色,诗的精致、细腻、优美、婉转、豪迈、绵远风韵,姿仪万千,美学精神启导的困惑、疑问、忧虑、缠绵情致,虽昂扬力度不及盛唐,审美感染力却绵远不衰。许久以来,学界对盛唐诗充分肯定,赞誉有加,对中唐以降的诗学革命和贡献却肯定不足。从般若美学的角度思量,中唐以降的诗歌美学,亦为般若渗透所臻之美学融合,正因为般若的特殊性,唐中叶后的诗学美学精神才呈现出有别于初、盛唐期的诗学特质,那是一种载满了欲望、激情、梦想、忧虑、伤感、期待和幻想的诗美学、形式化宣言,宣告了对特殊人生方式、生命存在的美学期待,换言之,即唐中叶以后的诗,其美学逻辑又显示出之前未曾涵括的精神迹象与形式表现,以至诗学逻辑与美学逻辑在关涉主体与对象时均能达到惊人的合一。对于诗中的般若信仰美学表现,哪怕是不及僧人在南宗禅宗践行中那般能以现实性话语自如呈现,也达到了与文化、意识形态、个体生存、生命体验的高度融合。为此,综括诗美学的发展与贡献,初唐所表现的王之涣、王昌龄等融摄三论宗、天台宗、唯识宗和华严宗的理蕴,在诗学理论上所形成的对审美主体的"澄怀观照"、审美直觉的"葱郁气象",以及理论上有意识做出"物境""情境""意境"(王昌龄《诗格》)的区隔,在唐中叶以后,已不属于诗学的主导视域。因为这些都在主客相对的"诗境""诗形式"的"法度"之内,现在均已被跃升到中国美学的诗学逻辑中,呈显诗学逻辑之本位性与外位性因素的转换和融合,成为一种表现美学新逻辑张力的新诗学、新美学形态,这种诗学逻辑对美学逻辑的深化及其所追求的价值目标和极限,确证了美学意蕴情韵化的质量与高度。

因此,对唐代诗学逻辑的嬗变和美学逻辑的典型显现,在我们津津乐道盛唐诗诗美感染力的深厚与精美时,决不可忽略其后续的美学成就。这种成就与般若有不可拆解之缘,使中晚唐延续、彰显了超越性的时代美学精神,展现了新时代美学话语的绝佳风范。而般若对后续美学成就的意义，则体现于诗人美学的个性化实践，涵容了超越、否定性逻辑，印证了般若菩萨道"面向人间"的慈悲大愿。总括上述，中唐以降唐代美学逻辑和美学情韵，从三个向度完成了必要的思想突破：一是心性逻辑，主体论美学融摄释道儒文化意蕴，使之构成为唐诗新的文化本体驱力。二是幻象逻辑，幻象本是诗存在与呈现的载体，般若幻化以幻象（幻相）的绽出表达心识、情识的超越旨趣，中唐以降的诗中幻象，因体现"非连续性"逻辑生成特性，而使中国象思维、审美直觉和印度般若美学的特质凝合为独特的诗化结构。幻象逻辑体现了唐代诗学、美学的逻辑高度，属于美学逻辑的建构性本质内容。三是韵味逻辑，情韵之于美学直觉、韵味的想象和观照，对于美学意趣的主体化超拔，用一种新的逻辑迭合的"韵味""意趣"绽放出来，使诗美情韵树立了可自律、可自动化延展的逻辑尺度。这三个方面的逻辑规定性，促使唐诗美学话语的智慧创造性质、美学化感性形式更为充分，对美学意蕴的逻辑把握更加自由自觉，基于此，唐诗美学逻辑的变革、变异，也在一定意义上，成为文化、美学价值变革的先导，以其独擅的领域拓进了般若美学的理论深度与广度。

第四节　般若美学与古典现代性

一、对美学古典现代性的解释

中唐崛起的美学新趋势，可以概括为古典时期的美学现代性，或谓之美学的古典现代性，指古典美学智慧发展到一定阶段，就出现一种超越自身思想框架、超越原有的精神矢向和当下历史极限性的情况，这种超越是在当下现实性中孕育并呈现出来的未来美学的趣味和理想，其中基于当下现实所表现出的民主、自由意识，就属于古典现代性的美学思想和精神的表达。当然，美学的古典现代性并不仅仅表现精神的思想意味,也传达古典现代性的美学形式。在传统绵延的语境和形式中,伦理和谐和"天人合一"确定了大的思想框架,也规定了基本的逻辑目标,但现实是按照生活和生命的逻辑发展的,就好像一片洪荒之地在后人不断开垦、种植和养护下,周边的河流、自身的肥沃土壤与地底下的水脉、矿藏,不断成为新发现的资源,被源源不绝地输送来滋养这片土地。中国历史发展到唐代,不仅西北方向的中亚细亚、西域一带,中国西部边陲和西南一带及北部匈奴、东部辽一带,甚至朝鲜、日本等,都与中原往来频密。中国南北方民族融合刺激文化交融,客观上支撑了佛教般若这样具有世界包容性的思想在南北各地得到广泛渗透,在渗透过程中也不断发掘具有崭新意味的境象、意象和与新颖意象直接相关的、归属于新地域的图像、形式。实物图像是艺术、文学形式的前奏,地域性的形式开掘和汇聚则造成整个时代审美表象形式和思想风韵的改观,这无疑也是体现出古典现代性新形式的组成内容。譬如,江南一带自古就与中原文化交集,但江南的美学意象、形式作为体现时代、民族精神的新的呈现形式,却是在唐代才真正实现。美国学者薛爱华考察中国南方的美学意象及其"观念化"的历程,认为唐之前中国人对南方的异国情调自始至终不曾有过敏锐而热切的感觉,"直到九世纪末十世纪初,随着唐帝国的瓦解,一种新的综合体才成为可能,它介于楚辞所开创的乐观浪漫主义和柳宗元、张九龄等人的自然审美之间。当北方人发现与世隔绝的南越也可能有其过人之处时,这种改变就此产生了,而事实上,他们的父执辈和同辈早已领略过这些优点。于是突然间,南方不再是炼狱或魔窟,而成了神圣的避难所。这个省份从此有了一种全新的、不同寻常的浪漫氛围,展现在李珣和欧阳炯那令人久久难忘的诗句之中。直到此时,旧有的意象才得以扭转,并被注入新的生命——朱雀化身为红袖飞扬的南越女子"①。"南越"似乎是空间遥远的概念,但自古及今"南方"是相对于北方而言的,越是扩展向南方的边界也就越在南边。连同"南越"都被唐代诗意象所囊括,其地域、文化及诗与文学"想象力"的"观念化"推进程度可想而知。那么,中唐或中唐前有没有表现出美学的古典"现代性"? 在精微概括的意义上,中唐之前更多是美学思想的酝酿、构筑期,在突破文化和生命本体的驱动方面,中唐之前的美学觉醒已经做了很好的铺垫,特别在调整中国美学走向、转换民族精神状态的本质规定性方面,已经趋近于"爆发"的节点;但中唐之前的美学仍然是属于古典的,而不是现代的,其根本原因在于缺乏对人的存在意识和生命意识的系统而自觉的理性批判。中唐以前的思想建构包含了局部的批判否定,但"否定性"始终作为配置性因素服从于整体体系建构,从而即便是华严宗的理想美学也表现为肯定性的逻辑理性高度和趋向,这种理想回护了现实中人们的虚幻期待,为趋于繁荣却又沉疴淤积的现实覆上自我安慰的精神幻想。"否定性"在中唐前表现不足的又一点是,起初主体受到般若信仰的激励,能够正面对待宇宙、人生和自我问题,从而在现象学直觉观照和心理学的省思中,能够触及宇宙存在和人性本真的核心问题,但般若化并非是一味地照搬原有思想,其也是改造,而这种改造有时也包括了把中国文化、美学中并不是很精致的思维、审美传统亦用于对般若范畴改造方面。实际也恰恰如此,包括华严宗的美学理想、禅宗北宗的心性本净观念、净土宗的西方乐土意识等等,都受到传统宇宙论和玄学复兴的影响,导致美学的精神趋向又向宇宙大化的方向发展,以至虽然华严的范畴网络在客体系统的精致化方面比传统的模糊笼统、粗疏勾勒有了很大进步,但作为美学内在的思想、精魂仍然没有

---

① 薛爱华著,程章灿、叶蕾蕾译:《朱雀:唐代的南方意象》,生活·读书·新知三联书店 2014 年,第 531—532 页。

基于般若主体的心性识性及其判断展开。因此，纵然中唐前形成了不同系统的美学体系建构，也不能从主体否定性落实的现代批判意识角度，确认其具有鲜明或充分的现代性。

二、美学古典现代性的启动

中唐及之后的思想和文化，开始表现出强有力的革命性、否定性思想。这种革命性、否定性在吸纳印度般若于文化、美学、艺术和生活的全方位时空逻辑时体现出来。从美学逻辑本身的特殊性考量，中唐表现出的古典现代性就在于其在吸纳并保存了传统的意义上，凸现出了新的美学精神和力量，而这种力量无论对于印度般若思想还是中国传统美学的惯性逻辑、趋势，都是具有批判和否定的意义的。首先，禅宗南宗美学的主体性的回归，又回到了情志主体，对于般若原旨的法华、唯识、华严的以概念、智慧进行"法对"均有批判，因为其貌似般若不粘不缚，于任何对象、实体不住，实则过于计算，反使主体相位狐疑不定，导致主客均致流失；禅宗南宗美学也批判、反对自然、社会的"宇宙论"和对"伦理""政治"的过度诠释，主张回到"自性"，回到"生命主体""存在主体"的空性自证上来，这样具体的主体性内蕴虽与传统不一样，却具有了很有力的革命性和否定性。现代性的当下也就是从前的历史，从前的历史对当下演化为对刚刚褪去的足迹的除擦。正如英国学者伯纳德·威廉斯在谈到"古代的解放"时，对西方的"现代性"如此理解："去了解古希腊人则是自我理解更直接的一个部分。即使现代世界扩展到全球并将其他传统拽入自身，这一点仍然如此。其他那些传统会给它崭新的不同的轮廓，但它们不能抹杀的事实是：希腊的过去就是现代性的过去。"[1]这句话反过来理解就

---

[1] 伯纳德·威廉斯著，吴天岳译：《羞耻与必然性》，北京大学出版社 2014 年，第 4 页。

是"现代性即过去的过去",即所有现代性的革命与否定的对象,都是当下所面对的矛盾和问题,都是历史上曾经面对过的矛盾和问题。其次,中唐以后表现出了强有力的民主性,并且这种民主性与主体自觉性是统一的。美学的历史存在是生命本质力量由过去到现在向未来的打开,"现代性"的历史存在本质就与这种趋向的形成密切相关,在古典时代凸显为解放生命活力、打破生命桎梏的价值。美学的古典现代性因此而具备了超越一般社会学的、政治学的思想内涵,体现出古代美学所能表现的最大限度的民主性。由是缘故,中国美学古典现代性与现代文明崛起背景下形成的现代性,以及受西方资本主义工业文化影响催生的现代性,就具有内涵、本质、趋向的根本不同。近现代美学的现代性以理性启蒙民主性,总体方向也是激活感性生命力,但其现代性的内在矛盾是主体自觉与民族启蒙对象的矛盾。现实政治的救亡图存和生命存在权先于美学意识的觉醒,使得美学现代性的觉醒更多倾向于类群体的存在意识,这种意识经常要通过美感的普及化来实现,从而愈是贴近现实生活,也愈是抛却犹疑、优雅、雕琢和颓废,因此,近现代的现代性其民主普及性和美学形式、美学规律对生命本质的解放缺乏内在的统一。至于当代西方工业文明及其所生成的现代性则具有另一番风致。在抵抗物质、技术理性的弥漫中,主体的审美倾向和美感追求很自觉地着眼于人性、生命情感和生存状态的真实性。虽然这种对"真实性"的追求,在当代西方美学的境况中,还很难让现代性在抵抗技术、工具理性的同时还能摆脱其牵制,但人的存在本质和生命感性的解放,给当代西方美学、现代性意识弥漫的世界带来了十分充沛的活力。这种活力甚至在他们高扬生命存在感的同时,也高扬了物质和技术力量与人的关系,逼迫客体对象、客观世界逐步以柔化方式向主体审美感性靠拢。后现代的审美理性作为现代性转化的重要方面或形式,就显示了当代西方美学现代性的存在价值和意义。

中西方在近现代历史进程中表现的美学现代性,都通过主体理性与存在的统一,追求一种主动化、直觉化的人生及循此人生而展开的对象化世界。不论中国近现代个体生命的美学诉求表现得如何不足,以及西方近现代美学的主体理性如何潜在受到物质文明和技术因素的全方位牵制,可以肯定的是,现代性对主体感性存在的肯定、对创造主体理性外化的对象世界的狂热,仍是其最具爆发力和影响力的方面。中国隋唐的美学古典现代性,不具备近现代美学的物质、技术条件,也不具有现代民族、国家以"丛林游戏"为类存在生命裁决法则的历史情势,但也同样面对着古代民族国家、力量之间的血腥竞争,面对着人性的普遍愚钝和文明未开化前被僵化埋性囚禁的芸芸众生。从而古典美学现代性对主体自觉性的唤醒,既是对生命本真及其感性生命力的一种彰显,也是以美学意蕴、韵味、形式来驯化心灵的灵敏、智慧、柔雅,拓展对外部力量的感受力和包容心。这样隋唐美学古典现代性的民主化主题,事实上就隐含着主体性成熟的问题。对此,国内美学界也有学者提出重要看法,杨春时指出:"中国美学的主体间性根植于中国文化的天人合一性质和中国哲学的主体间性。""禅宗结合佛教和道家思想,认为佛在天地万物,主张人在与天地自然的情感交流中悟道成佛。儒家和道家、禅宗都属于主体间性哲学,它们都把世界当作主体而不是客体,并以人与世界的和谐为最高境界。它们不主张主体征服客体,也不认同主体屈服客体,而是主张主体与客体相融合,这就是一种古典的主体间性。"①钟丽茜认为:"中国古典审美体验方式讲求个体身心与世界的统一,在时间、空间两类审美体验中偏重前者,其优点是保证了身体与世界、人与自然的诗意融合,其局限

①杨春时:《中华美学的古典主体间性》,《社会科学战线》,2004 年第 1 期,第 77 页。

性是以削弱个体的主动性达到与外界的和谐。"①"削弱个体的主动性"与杨春时说的古典美学"把世界当作主体"的意思是一致的,都强调天人合一关系建构对主体性的模式化控制,这种总体宇宙观支撑的美学理论观,在主体性的开掘方面肯定存在很多缺陷,如果美学方面的意识蒙昧不明,必然带来生命意识、存在意识和政治伦理意识等方面的混沌暧昧。唐中叶以后,美学现代性的主要贡献是一定程度上冲破了"天人合一"模式替代乃至取消具体审美情境的状况,使"天人合一"仅仅作为主体和主体化之对象存在的背景而具其意义,至于生命存在本身则主要根据生命的当下觉悟和智慧把握方式,简言之,即真正归复到"以存在本体论为根基的古典美学复兴的时代"②。这样,"天人合一"模式可以广开其屏,让古典时代各种美学因缘、因素都得到参与和释放,建立起适合于古代人生命解放的美学生态和理论格局,在超越宇宙论天人感应直觉性、玄学心性本体的天人境界契合观念基础上,充分发挥般若范畴的识性、幻化、名言等主体机能、创生机制和符号系统的衍生力量,进一步拓开般若意涵关涉的生命存在场域,最终形成依于主体展开的美学理论系统。这个系统因其主体性建构的自信、充分和完备,达到了主体生命理性和情志的智慧高扬,很少有哪一个朝代可与之媲美。

佛教世俗化推动的全民信仰高潮,为美学古典现代性奠定了思想走向的生活基础。华严宗的"法界缘起""六相圆融""十玄门"等教义将系统的般若心识观念注入普通人的生活之中,促发他们产生积极的人生心愿和福报期待,以寻求美学化的自证体验。禅宗六祖

---

① 钟丽茜:《中国古典审美体验方式及其现代性境遇》,《社会科学家》,2009 年第 9 期,第 23 页。
② 张俊:《美学的现代性困境与古典美学的现代复兴》,《文艺理论研究》,2009 年第 4 期,第 8 页。

慧能是古典现代性的先知、导师和实践者,他教导弟子践行般若智慧"惟传顿教法,出世破邪宗"①。"顿教"即"顿悟"之教,佛教有次第进阶觉悟之说,亦用刹那概念形容瞬间觉悟。《楞伽经》曰:"渐净非顿,如庵罗果,渐熟非顿,如来净除一切众生自心现流,亦复如是。……譬如明镜顿现一切无相色像,如来净除一切众生自心现流亦复如是,顿现无相、无有所有清净境界。"②《圆觉经》:"是经名为顿教大乘,顿机众生从此开悟,亦摄渐修一切群品。"③印度佛教中的顿教说法含有真俗世界相对之意,顿教开悟即显清净世界,渐教则为由浅入深,渐次深化,故"渐"可成为"顿"的累积和前提。菩提道次之前五均可划入"渐教"列,第六"观现前"有如呈现明觉,含"顿悟"意,第七至第十都属顿悟系列,表明佛教的顿渐并没有严格的界限,也无分明的对立之意。但在中国化佛教中,为了强化主体的美学化自觉自证,就突出了渐教与顿教的区别,以顿教的当下开悟方便引领天下民众修事佛法,遂使主体自证得到百姓阶层的广泛拥护,就连慧能本是打柴出身,对心性自证也不懈追求,不仅在广东韶关一带很有影响,而且随着禅宗在江西、湖北、河南、山东和北方各地的渗透,极大鼓舞了民众参与心性印证的浪潮,在全国各地得到广泛散播。像龙门、云岗、麦积山、敦煌、五台山等都属于重要的佛教中心,这些地方逐渐形成很成熟的石窟、寺院建筑群,香客云集于山野之中,与城市里的佛寺遥相呼应,串联一体。都市、

①法海集:《南宗顿教最上大乘摩诃般若波罗蜜经六祖惠能大师于韶州大梵寺施法坛经》卷一,《大正新修大藏经》第四八册,(台北)新文丰出版股份有限公司1983年,第341页下。

②求那跋陀罗译:《楞伽阿跋多罗宝经》卷一,《大正新修大藏经》第一六册,(台北)新文丰出版股份有限公司1983年,第485页下—486页上。

③佛陀多罗译:《大方广圆觉修多罗了义经》卷一,《大正新修大藏经》第一七册,(台北)新文丰出版股份有限公司1983年,第921页下。

山野相互交织,汇成了佛教修证的网络体系,从此僧人与世俗百姓的生活内容也多交杂为一体,代表中国化佛教思想气质与智慧品性的居士阶层也大量产生出来,成为推广应用佛教的重要实践力量。蒋述卓说:"中唐以后,居士佛教日益兴旺,文人士大夫也多寄宿于寺院,与僧人结交,共同吟诗作文。僧人是亦僧亦俗,官僚则是亦官亦僧。僧人吃酒肉不妨他作佛作圣,官僚携妓低吟也不影响他念佛成道。这便推动了整个社会对世俗生活的追求。"①"强调世俗之人心为美之本体"②,反映了中唐以后佛教世俗化和美学转向民主化、大众化的趋势,寺院、塑像、壁画、雕像这些似乎超世俗的所在,现在和普通人的发愿还愿及其日常生活紧紧缠绕一体,仿佛自佛教来华,所有的意识和表现都变得不那么单纯,也不再玄虚,只要是顺应了文化和生活的激流,让自我之心在希望、忧虑、愁思、欲望的沸动中以更深沉的智慧方式放射出来,就产生了佛法的效力与活力。来自生活的思绪、情感和思想,与来自文化选择的佛、道、儒文化和美学,在保持选择的清醒与心性、情感自证的执着时,愈来愈总结出超越观念板结的有效实践方式,以始终保持新鲜的思想感觉和生命对自我的突破意识,让其始终以本然的生活存在方式呈现出来,就成为古典美学现代性最典型地表达出的价值趋向和内在精神。

古典现代性的自证实践,使主体情感也获得般若化的深度蕴涵。普通百姓信仰佛教,必反映其生存状况和目的,其生存情感不像僧人、文人在符号形式的承载中保存下来,更多时候作为一种现发行为、心理表现出来,从而普通百姓的信仰实践,生动记录了他们的生

---

①蒋述卓:《佛教与中国古典文艺美学》,岳麓书社 2008 年,第 138 页。
②皮朝纲:《禅宗美学思想的嬗变轨迹》,电子科技大学出版社 2003 年,第 94 页。

存面貌和形象①,也通过与各地寺院、造像的因缘在佛教思想过滤下被表达出来。在这些人中间,又分多个层面,从身无财产的贫民,到家有田产的地主,乃至经营货贸的富商,都在面对佛教时处于有所诉求的层面,不同的是越是经济力量雄厚的人,越是希望通过自己财力的投入控制"神"的旨意,这使得宗教信仰的世俗层面变得复杂起来。好在富商、地主和贫民相互之间,对待精神资源的态度并不是完全对立的,更多时候甚至是统一的,因此,富商、地主的供养行为也传达普通百姓的心声,当他们与当地的官吏,如节度使等同声以求时,就不仅使社会化的情感表达形成声势,而且对佛教理解的方式,对佛教义理、故事和塑像的态度,也伴随着他们修道事佛的经历与修养的提高,有了很大的改变。最终相随而成的结果是,他们的世俗情感经历了般若化的洗浴,整体的精神状态和生活理想有了根本的改观。例如,世所闻名的敦煌莫高石窟就是由富商、地主等筹集资金修建供养的,其中的壁画相当丰富,投射了他们的生活期冀和理想,其中试图

①按:马德《敦煌莫高窟史研究》一书考,从366年到439年,莫高窟仅建有268、272、275三个洞窟,"三个洞窟的主体壁画和塑像被认定为北凉时代的作品"(第55页),北朝时代所造之洞窟数量十分可观,总体的壁画题材和内容以印度和西域风格为主,个别洞窟如285窟具有全新的中原风格,表现元荣时期的农民起义生活,也反映了元荣家族和所统领百姓的意图和愿望、思想和目的,说明此时的佛教信仰并没有普及到广大百姓层面。隋代建有90窟,洞窟内容和艺术风格有新的变化,塑有菩萨巨身立像和二金刚四天王巨身像等,这个时期佛教智慧以法相外化、人格化和信仰神秘崇拜为主,壁画内容并没有反映出般若智慧对现实生活的丰富影响。唐代640至767年,共建150多个洞窟,洞窟形象从唐前期到盛唐有很大的变化,不仅出现中原唐人形象和生活场景,而且大量刻写碑文记录供养人画像及提名。安史之乱以后,吐蕃统治敦煌时期,敦煌壁画等内容已经十分丰富,般若思想得到了淋漓尽致的表现,显示了唐代佛教由经文汇集到长安、洛阳等中心城市,又在深入的中国化进程中反射于四方八面,并通过佛教与文学的结合而对西域各地也产生深远的影响(马德:《敦煌莫高窟史研究》,甘肃教育出版社1996年,第76—94页)。

表达的情感、理想，也不乏与佛教义理不吻合的，却并不影响最终形成他们觉得尚能够表达思想、愿望的图像、文字，于是，在佛教文化、般若思想与世俗意识、情感的结合过程当中，便一直存在着半推半就、互认凑合的情况。令人称奇的是，当莫高窟的修建发展到唐代中晚期，窟中壁画、塑像等已经能够充分表达世俗社会所理解的佛教思想和般若智慧时，它们竟展现出奇妙的升华迹象，以今人难以置信的美学形式表达了极具古典现代性的思想情感。譬如，敦煌文书P. 2991 的《莫高窟塑画功德赞文》残文：

　　1. 莫高窟塑画功德赞文

　　2. 瓜沙大行军都节度幕府判官释门智照述

　　3. 窃闻诸行无常，众生有著；溺情五欲，流通忘归；染意

　　4. 六尘，执迷长往。是以大雄方便，广开不二之门；作舟楫于爱

　　5. 河，溺沉沦于苦海；建六通于大圣，作三圣为浮囊。塑画

　　6. 真仪，开张化迹；前佛后佛，言教不差。国而净秽不同，

　　7. 住寿长短有异。五眼十力，布于有穷；四摄三明，布于

　　8. 来际。修六波罗蜜，救虏尘之河；行四无量心身，

　　9. 登菩提之岸。则有敦煌官品社△公等△人彩集重建矣。

　　10. 上文赞普①

题文以"瓜沙境大将军都节度衙幕府判官释门智照"署名录存，大约书写于安史之乱平息后不久。从题文看，智慧如舟楫，情感若河海，修心以救沉沦之身，所处有穷的现世与未来的菩提彼岸原本一体不二，这是大乘般若思想的典型表达。题写从"爱欲"直接介入到俗世

---

① 马德：《敦煌莫高窟史研究》，甘肃教育出版社 1996 年，第 93 页。

情感,以此为调伏对象。"修六波罗蜜"是修道、净化过程,即情感般若化过程。通过这种表述,将另一种可以超越世俗情感却并不与世俗相分离的世界托现出来。再如 320 洞窟中南窟的飞天形象,也是唐代思想、情感般若化并绽现出现代性意味的典型形象。原产于印度原始宗教中的"飞天",指自由翱翔于天空,散发出宇宙气息和能量的天神。中国远古神话有类似的"羽人""羽民"形象,《山海经·海外南经》称:"羽民国在其东南,其为人长头,身生羽。一曰在比翼鸟东南,其为人长颊"①,《楚辞·远游》:"仍羽人于丹丘兮,留不死之旧乡"②,强调人在羽化后可以如鸟在天飞翔,或飞抵不死之乡。我们可以看到,中国的"羽人"是生活在地上,因为"羽化"而到天上的。或者说,因为加了羽毛这样的装置而得以飞到空中,这个天空与印度神话里的"天"的概念并不相同。中国的天是自然之天,其宗教信仰的空间布局里,"天"指人世间之上的空间层面,在人世间之下还有地狱层面。而天空中不仅有"天堂",也有人世间。因此,中国的羽人在人世间亦可飞翔,当然其中具神性、神力者可以抵达人间之上的天。而印度原始宗教的飞天本来就在天上,属于宇宙自然神的一种,她有着美丽的身形,发散着体香,能歌善舞,可以说就是文艺女神的原型。当其翱翔时可凌空向下施舍花香,她的衣裙饰带像抖动的彩光,在天上飘,留下无数道美丽的弧线。当印度的飞天通过佛教传入中国后,最初也只是文本中抽象的文字,纵然有关于形象的描述,也很难在中国人的理解中复原,但渐渐地随着大乘佛教在中国形成经变图、变文的传播,这些飞天也逐渐获得了美学化的形式,并在莫高窟几百年建

①郭璞传,郝懿行笺疏:《山海经笺疏》卷六,巴蜀书社据还读楼校刊本影印 1985年,第 1 页。
②洪兴祖撰,白化文、许德楠、李如鸾、方进点校:《楚辞补注》,中华书局 1983 年,第 167 页。

造与修建的过程中,使飞天形象能够表达的意涵反复强化,终于在唐代成为中国化般若的"智慧""精灵"意涵最完美的表现形式。在飞天般若化图像的完美表达中,一种蕴藉于主体的自信、从容、慈悲、灵妙、怡悦的情感潇洒飞舞,是从未有过的一种情感,是佛教空性主体、幻化情性被中国化后呈现的对人世间顾盼有加、又趋而不即的一种情感,自然地,也是一种美学化、人格化和符号化的美学情感。

印度佛教的精神、思想的中国化,即是这种思想浸渗中国精神、思想的般若化,其不单单是一种文化构成或异质的思想、情感在异域的移植,而是在整个思想文化的现实接受运动中经由美学革命促成的转化,也即古典现代性的发生与展开。于是,伴随着佛教般若的现实化深入,佛教的信众也大量增加,他们既聚集于人口密集度高的都市,也散播于风景优美的僻壤,不管在哪里,佛寺建筑的金碧辉煌,佛像示现的庄严法相,都仿佛新打开的一面洋溢着无可抗拒力量的美学旗帜,宣导着世人的精神向往,"润物细无声"般扭转着整个世俗社会的情感状态。而从民众角度说,一旦他们服膺于宗教美学化的恢宏、空灵、神异和美丽,就给自己的精神心理、思想愿望以及平凡而琐碎的情绪找到了安放、倾泻的通道,并且这个通道不是仅属于个人的,也不是如本土巫法那样依托于巫师恣意裁决的,而是完全可以由自我做主的,是一种游弋于公共之舟的可倾诉、宣泄、净化、回护的自我情感。自然地,普通民众会强烈感受到不受政治、伦理牵制的自由,从而能以更饱满的激情来加入这种精神场的扩大,遂有了唐代中叶后大量百姓积极参与的、洋溢着现代性之自我与生命精神解放的"道场之美"。

当然也无可回避,民众愿望搭载公共性精神通道表达的思想情感,在其有力度的表达中必然羼杂有大量原始的、粗糙的缺乏美学化的精神内容和情感内容,甚至在一定时候,这种情感会转化为与政治、伦理情感统一的情感,在现实生活的某个机口不切当地爆发出来。中国历史上农民战争利用民间宗教情感来实现夺朝换代的目的，并不是一件新鲜的事情，即使是唐代也不例外，普通百姓纵使不接受佛教也要对其他的宗教情感产生向力，从而相对于仍然停留在原始天人意识和主体精神、情绪的本能直觉阶段的本土巫术、形形色色的帮会和修养性命召唤神异的道教来说，佛教对普通民众的美学化教化作用是其他宗教形式所不可替代的。这之中，当然还有一个儒家或儒教的影响问题，普通民众对于儒家、儒教，很难树立起基于"治国平天下"的责任感，也很难相信单凭道德人格的力量可以成就王者之道的理想，百姓关注的生存问题系乎于无数粗糙而芜杂的痛苦、忧虑和期待，这些在儒家、儒教的文化训导和精神自制里既找不到安慰，也找不到解决的办法，所以儒家和儒教除非在家境殷实和门第尊贵的家族中形成文化传承的传统，否则很难在百姓层面形成贯通情绪、意念的"道场"。

这个时候，文士对民众情愿的文化、美学引导意义就凸显出来。在古典时期，不是文士用富有鼓动性的主张来激发民众情感，而是在民众情感爆发的滔滔洪流前，文士最为敏感地捕捉到时代的脉搏，进而以自己的文化、美学理想来建造、修改文化与美学的巨厦。这样当文士的美学构造面向民众时，通常采取了文化主体、美学主体的立场，以有别于普通民众的世俗生存立场，最终民众因文人的文化理性而使自身的原始情感得到过滤，但由于民众并不承担文化建构的主体责任，导致他们对文人的创造采取既向往又不无苛责的态度。这前一方面促使民众与文士紧密结合，为释儒道的美学融合奠定了浓厚的现实土壤；后一方面，则决定了民间对文士产生世俗力量的牵引，结果在纯粹的文人美学建构中亦能及时掺入现实生活的感性力量和因素。现在，这些惯性依然爆发出来，但同时，在并不谋求纯粹概念系统的美学形式表达中，那些似乎没有方向的、无规则的生活，充满质朴的感性力量和因素，在寻求、探索更为活跃也更有爆发力的表达,像口头文学、民间仪式、杂耍表演、民俗习惯等都首先作为这类诉求的表达窗口。稍微推进一点的,便是往来于上层和下层社会之间的文士创作的文艺作品,现代性在这些文士的笔下,往往形成空前绝后的"现代性"精品,只要他们的作品真正瞄准了世俗的矛盾和力量,并对他们做出了自己有文化与美学责任心的表述与阐释。

现代性的美学叙述于是在文士路径抉择不同但目的和责任心趋同中形成共谋,其结果是:一方面,有深度的理论系统的美学建构,在未形成理论话语系统前,他们竭力促成这一目标的完成;另一方面,已有建构应对于当下及未来,则不满足于此,竭力通过理论的外化实践来完成印证、修改和完善。对于并不着力从事理论思考和观念创造的文士来说,他们更倾向于对生活状况中原始情感的发掘,但由于整个唐代的理论系统已然形成儒道释融合态势,便不可避免地促动与现实生活密切相关的文化创作,也要从大的文化理念出发对创作进行理性过滤,从而使中唐以降的文艺、文学趋向在美学观念、艺术趣味方面自然而然地带有较浓重的文人化倾向。这样的两头各有所倚重,当其进一步经历社会战乱的洗涤,需要由文人志士来重新洗牌时,便出现一种奇妙的美学流变状况:纯粹理论系统的构建不再专注了,推崇民间歌谣、曲目及其他渲染感性生命的创作——就像六朝对乐府歌辞的推崇——的情况也不再出现了,因为纯然表现生命的热渴、欲望,在已经流行的佛教观念中类同于苦海里游弋,在佛教般若内化为心性智慧时对这些已经能够形成明确的判断,但他们相信菩萨观念的应化之身在各个领域的出现,开始自觉崇信一种能够与理念系统和生活活力紧密关联又不偏执失衡的中道美学路径。

中道逻辑如前所述具有上天入地、四通八达的"交通"便利,也是最受唐君毅先生首肯的一个思想逻辑,但从精神文化,尤其是美学作为精粹、深厚之思想形态来说,在唐代为文士们所践行,当是其最能体现时代意味的价值,能够将平衡与对立性均予中和与充分的表达,并在表达中最能依照人的选择意愿而增缩形式体量的一种逻辑路径，如此能将包容性和展开性兼具的美学逻辑在此前的中国美学中还是欠缺的①。周来祥从美学范畴逻辑理路出发，曾提出"古代朴素的和谐美、近代对立的崇高和现在辩证和谐美三种美的历史形态"②，对于古典和谐美他诠释说："中国古典美学由于以和谐为美，强调把杂多的或对立的元素组成为一个均衡、稳定、有序的和谐整体，因而排除和反对一切不和谐、不均衡、不稳定、无序的组合方式。这样，在和谐与不和谐、均衡与不均衡、稳定与不稳定、有序与无序之间，就有一个度的问题。依据'执两中用'的古代辩证思维，就把'中'看作这种和谐的唯一尺度。强调在矛盾双方中，不走极端，相成相济，以取其中，凡是取其中的就是合度，否则就是过，就是淫。这样，以和为美实质上便是以中和为美，所以我们所说的古典的和谐美，又可称为中和之美。"③周先生对古典和谐美的理解基于一个基本判定，认为以"和谐"消除"对立"，便能取得"中和之美"。但唐中叶以后的美学并非如此，执取"中道"不假，然而此"中道"不是"执两中用"，也非"弃边取中"，此"中道"是佛教般若智慧的践行性概念，它将前期的层累式递进，在主体的自觉回向性实践中演绎为简约化的美学枢轴，亦为围绕着它旋转、打开理想与现实的对立情境，追寻超越具体境象的玄思和俗世风云的骚动，更具般若的洞明、隽永、和谐有序与跌宕不均，就是说，这种中道不回避矛盾，也不人为制造波澜，以智慧的流畅书写美学的自然，以达到让思想的超越——通过否

①按：譬如中国本土原也有"中道"或谓"中庸"原则，但那是一种"允厥执中"的精神，是折中主义，放弃了两边专取中点的一种逻辑。
②周来祥：《在矛盾、冲突、激荡中追求着和谐》，《再论美是和谐》，广西师范大学出版社1996年，第4页。
③周来祥：《古典和谐美与审美诸范畴》，《再论美是和谐》，广西师范大学出版社1996年，第288—289页。

定性所绽现的对存在方式的突破——战胜人的有限性,包括日常俗世自然熏陶的狭隘、局促、慵懒、堕落等;达到让生活、生命的鲜活力量——通过"和谐""有序""均衡"的方式消化无价值、无意义的焦躁、烦忧、困厄,让一切在如其所是中为其所是,所有的对立性因素均在放射其适宜于个体的能量中作为因缘促成整体的和谐与均衡。

这样的中道逻辑就具备了美学的革新精神和意义,当其覆盖于所有的——包括纯然观念体系的建造者,中道美学的践行者和世俗情怀的观察者等——美学化观念与对象性实践时,便实质性地推动着中国美学的转型与变异,因此,可以说,菩萨道行在唐中叶以后获得了最充分的实践性响应,使中国美学从理论形态到实践形态乃至对象化的现实世界,都成为高度主体化的般若化的古典现代性世界。

三、美学古典现代性的心性演变路径

唐中叶以后的美学走向简约化的精神路线,探索主体心性范畴的极限性否定,以般若中道智慧应化于纯粹理论、理论化实践和物质领域的实践,实现般若智慧洞达神、人、鬼诸域,进而以超凡绝伦、殊深奇妙的灵思获得禅意美悦。心性范畴的极限性,或谓心性蕴涵的否定性实现,乃是一种由"他者"方向聚向内心的经验——认知性活动,这种活动只有在具备了相当高的美学理论化素养,并在民族精神上形成统一的价值趋向与风范时才有可能展开并实现。唐中叶以后的心性极限性否定,是美学之古典现代性蕴涵的趋势性表现,其涉及理论范畴内蕴方面的精神实践主要由禅宗的宗承演变显示出来,有关这方面的内容,我们将在下章专门叙述和讨论,这里着重就其与整体美学流向的关系及其作为理论演变的趋势和思想重点进行分析阐述。

(一)极限性否定的美学建构性质。美学心性范畴的极限性否定不论极向何其不同,都在理论的内在逻辑上属于主体性建构的有机内容,自然也是美学主体性精神的有力弘扬。中古后期的美学主体性建构,在佛教般若心性范畴的引领下已经在唐代前中期完成了这个目标。中唐以后,美学心性极限标志着一种精神探索的目标,对心性极限否定即否定之否定,即以般若方式对心性极限完成否定性实践。当然,超越"般若绝境"亦有超越后的极限,但既然是否定精神的体现,便体现有鲜明的批判意志和主体超越精神。中印美学传统的心性极限性否定,在隋唐中印美学资源整合以前原本属于整体性的理论话题,即往往将确定的整体性价值目标视为否定的对象,至于新的价值目标的建立,则在对旧的整体目标的否定中完成。印度外道对婆罗门的心性实体本体论的否定,原始佛教对其他外道"执边"的极限性倾向的否定,部派佛教对原始佛教"法有我空"的无主体性的否定,大乘早期佛教对原始佛教小乘阿罗汉境界、部派三世实有主体的否定,中观佛教对种种"戏论"之执偏为有的否定,唯识佛教对法性为空拘泥于幻相显识的否定,等等,均针对整体的认知极限,进行般若智慧的认识解构,从而最终实现对极限性既是认识论的也是美学般若化的否定。倘若不是般若,印度文化每一步都可能掉入偏执与臆想的泥淖,而般若则赋予了印度文化——从原始神话、宗教到渗透在《奥义书》、婆罗门教和佛教里的哲学、伦理学、宗教学——以浓郁有趣的美学质蕴,才使印度文化能够在整体性文化"雪球"的滚动中,将诸多有益性的质蕴有机融合到佛教体系庞大的构制中来。与印度意蕴整体的极限性否定相类的,是中国美学在魏晋以前形成的宇宙论思维方式,这种思维或将意蕴预设于"象"中,通过解读象来指认意蕴的存在;或者确认象本身就具有相反相成之意,让象的推移反映出意蕴的变化,结果有关终极价值的意的设定,总是无法摆脱象的缠裹,对象的否定也就意味着对意的价值的否定。真正切入具体、微观层面极限性否定的是西方美学,然而这种具体性、微观层面的否定,并非整一系统内部的具体性、微观层面的否定,而是从逻辑本体出发产生的否定。在一定的本体观念被否定的同时,也就意味着由本体衍生的整个单纯性的系统也被否定了,其实际上等于取消了具体层面的价值意味设定,也取消了不同因素、不同系统之间的否定相关性。因此,对于发生在唐中叶以后的美学极限性否定,实际上具有多重的智慧意味:其一,极限性否定展示出主体心性能量臻于无限的现实性与可能性。般若超离现实,主体的理性认知、实践意志、感觉冲动都呈一种趋向沉寂、消极状态,这似乎是生命力的一种自我收缩。但在中国美学中,般若驾驭的感性欲望在否定性意向下的衰减,并非意味个体生命的压抑、回退和藏匿,而是主体自我对绝对的、单一的或僵滞的目标极限的抛弃,因而非但不是主体性的否定,甚或是主体自我意识的膨胀,是主体自我意识以消泯肯定价值的有限性而采取的融入更大语境的生命策略。因此,唐代禅宗南宗为代表的对主体极限性的否定,不仅是主体对自身现实性存在的一种充满自豪感、自信力的体认,而且也是主体对自身未来生命通过此否定方式所实行的一种宣示,说明当下之所否必应以当下之所生,主体的存在因为此种否定性而展开了自我生命的无限可能性。其二,体现当下生命美学意识的精细化和消除生命负性能量的有效性与针对性。“否定”一词,本来就具有双重的含义,“否”乃“不承认”“负向性”“无价值”,“定”则是“确认”“肯定性”“有价值”的意味。在西方美学史上,也颇有重要的美学家琢磨其中蕴含的辩证意味,如黑格尔便以“他者”因素为“肯定性”的“臧否”式构成,认为凡是否定性都在某种程度上意味着与其相对的知识、概念、理论构架等具有更大的增生体量,从而才足以对被否定的存在对象(物质存在亦然)构成压倒性的意义。在黑格尔的哲学观中,“否定性”因素或力量只要是从“无”中生成出来,便具有了在实体世界与肯定性存在物平行的价值意义。根据这种观念,所谓物理世界或精神世界的联系与发展,其实是不同构成、力量的一种消长关系,而重要的是所有似乎在发展中才确定其是否被否定的构成或因素,其实都是衍生的、后生的,就是说都不是原生的,因而绝对性只属于开始和结尾,中间的过程无非是人的主体意识的一种智力游戏而已。黑格尔的"否定性"说到底都没有否定"极限",因而其作为西方古典美学的峰巅之论,其实并不具备切合其时代需求的现代性质蕴。而在唐代中叶以后的美学中,否定的极限不是针对实体世界的感性相状,譬如颜色、形状、声音、广延度、质料的软硬度等具体性,也不是针对已然如树叶一样纷纷拂动的人生万千象状,更不是隋和初、盛唐建构的内在于佛教中的美学范畴和逻辑系统,而是以现实的主体性为对象,针对遮蔽主体性的局限而采取的否定的态度。对遮蔽主体性的局限的消除从当下生成"主体性之否定意识"说,即当下生命主体之肯定意识,从所针对对象之局限说,则是对消极对象的清理。而凡清理的目标都曾经是主体寻求的价值极限,在当初曾经奉为圭臬。禅宗非常可贵之处就在于现实性地把主体性作为一种实践探讨对象,以般若空性的否定方式把一个又一个极限性目标"踏在脚下"。禅宗的极限性否定所达到的精细化程度,是足可与西方美学对特质构成的精细化分析,印度对冥想、幻想的精神世界的超主客能量的分析相比拟的,只是由于我们习惯于主体感知、认识、想象能力与能量与自体一己感的难以拆解,从而忽略了中国美学在唐代禅宗南宗所达到的这种巨大的成就。其三,在美学逻辑的设定与实现方面,通过极限性否定这一特殊的方式确立了中国美学独特的情感——意趣逻辑。关于这一点,本来有道家的美学培植了中国具独特意味的美学意趣,但道家的美学意趣对情感因素基本上采取排斥态度,道家掌握意趣的路径是仿效自然,这个自然由于指的是一种不依赖于任何人为设置而成为最佳效果的状态或机制,因此通常把这个自然理解为是一种"造化之功""完美之化"。在价值意趣上对天地自然原本是完美的陈设进行预设,实际上等于取消了主体性的积极参与。中国美学的意趣逻辑在禅宗的主体性实践中克服了道家囿于宇宙论客体极限的局限,禅的世界是以主体性为轴心的世界,这个轴心的目标与儒家、道家存在的一致之处在于仍然追求绝对价值,并以此绝对价值为主体实践的终极理想。由于是运用般若智慧来限制、修改、完善的绝对价值理想,从而般若智慧又是具体化的、大量可操作的心性知识和概念,内在地映射着蕴有美学意趣的理论体系,让有关绝对价值的主体性之操作与理解,成为涵盖宇宙、社会、个体自我之价值意涵的能动、能量性操作实践。禅的否定性实践就在这种绝对性转化为主体性之能量,进而再汲取宇宙、社会和个体的思想资源以转化为主体性的存续性能量时,充分地体现和爆发出来。

(二)极限性否定对主观虚妄性的排除。极限性否定的般若实践,有一鲜明的特点是最大程度地排除了主观臆想性。主体性的般若实践,因为要唤起并响应对理论的自觉,因而在主体意识上就先在有对理论化概念的价值揣度,这种揣度也是种价值态度,不论是肯定的还是否定的,都多少具有一定程度的臆想成分。同时,自我主体意识、意志、情感等能量的调动,既然从主体而来,则表明不是被动的,而是主动的,但这并不代表缘自主体的主动性能量必吻合主体的存在境遇,必能发射为正确的精神、思想。也就是说,主体的自觉与能动性,也有其虚妄、臆想的成分。而禅宗南宗作为中国化佛教最具智慧实践特征的宗派主脉,其最突出的优点就在于能够直捷彻底地清除主观虚妄与臆想的成分。

消除主体虚妄性,是一次深刻的思想革命。唐中叶以后,美学理论性虽然减弱,但主体性的美学实践毫不逊色地坚持并巩固了理论探索的内在志趣,这一志趣在体现于对主体虚妄性极限的消除方面,做得尤为彻底,可以说为中国美学几千年的发展廓清了道路。所以,从主体虚妄性对于美学是否存在并值得消除方面讲,唐中叶以来的做法着实超越了历史上的印度和西方。对超越印度美学而言,表现在克了主体性与神性的冥想性融合,克服了通过幻想实现的精神完美世界被作为替代物质欲望的崇高能量而加以推崇的幼稚和自恋,因为幻想、意构的理想世界无论多么神奇诱人,一旦依赖于主体冥思的膨胀便无法证实其虚妄臆测。和印度美学相比,西方美学对感知确定性的依赖,似乎带来的虚妄臆测成分要少些,但西方美学理论并不把感觉的、感性的世界看得比理念世界更高,在二者之间设置了互不相通的"巴别塔"。在主观裁定的疆域,西方人相信智慧属于上帝对人的恩赐,因此只能清晰地存在于理性世界里,至于感性世界永远是混浊不堪、愚钝肤浅的,根本不值得投入更多的精神关注。对理念世界的虚妄偏执和对主体单一理性的虚妄迷信,使西方美学自始就奔驰在偏离正确方向的轨道上,那些理性推断的衍生性范畴和命题从巴门尼德的存在,到柏拉图的理式,再到亚里士多德的终极因……以及直到如今西方美学试图用理性对变化莫测的经验现象界所做的模式臆断和不断否定已有命题的新开掘,都被形上演绎的虚妄性和依托于理性的精神想象所裹挟,可谓至今惯性仍炽,未见衰减。那么,中国美学在唐中叶以前有无存在主体性的偏执、虚妄? 应该说,中国美学也一直在同发生于中国人身上的虚妄性成分做斗争,但中国美学逻辑不像西方美学那样从单纯的理性推衍而生,它的逻辑生成于主体的感觉、情感、想象和理性的共同作用当中,因而其虚妄性的表现也显得复杂,大体说来,在佛教般若未进入之前,主要来自四个方面:一是基于巫性认知生成的主体性虚妄。"巫"是通神人之性,源于远古巫师智慧,但限于对自然、社会及人自身的生命感知与知识有限性,巫性总是与对超自然力的虚妄膜拜纠结在一起。二是基于生存经验生成的人生主体性虚妄。由于生存条件的贫瘠使中国人对经验获得的知识、智慧格外看重,从而由此端也生出诸多的虚妄来,这种虚妄属于普遍存在的虚妄,自然亦不仅仅为中国美学所面对。三是基于文化认知的主体性夸大所产生的虚妄。佛教般若入华以前,本土儒道文化对主体性的张扬,亦含有夸大主体性的成分。例如,儒家的"仁德"观念和"礼孝"观念的统一,促成征圣、宗经的文化认知传统。对于祖先功力的迷信,对于经典著述的崇拜,导致自我主体认知对理性的遮蔽和对祖先、圣人、经典等不切实际的虚妄想象。四是基于对自我情绪、情感的过度认同和渲染所导致的存在虚妄感。中国具有悠久的政治生命审美和伦理审美传统,这种传统非常注重调节个体的情感、情绪因素,努力试图将个体的情感、情绪纳入共通的审美规范。由于过度追求基于情感和情绪的适度来展现主体的生命意志,从而不可避免地出现情感认知与表现的虚妄,因此,这方面的虚妄性也是中国美学要面对的重要局限性。而佛教般若范畴与中国美学的结合,很大程度上就是针对上述可能存在和出现的诸种虚妄与愚痴,而逐渐地从理论到实践完善为主体智慧的美学修炼系统。对于主体极限性的否定,体现于禅宗所采取的实践形式比较猛烈,因而对人的生命和存在症结的对治,一定程度上具有某种"猛药"根除的效果或意味。

(三)极限性否定具有中国化美学实践特色。禅宗后来"灯分五家",似乎作为禅宗的"宗义""法统"在各派之间并不完全一致,其实,这正是中国化般若美学的智慧实践特色。劳思光说:"慧能立教,直揭主体自由之义,一扫依傍"[1],宗密《禅源诸诠集都序》列诸禅源为凡夫禅、大乘禅、如来清净禅、达摩禅。其中唐代慧能南宗禅系达摩禅所传。凡夫"正信因果",据信而求,属于百姓、众生通有的智慧,不具有美学智慧提升的意义,严格而论则算不得是禅。大乘禅是强调遵守印度禅道原旨的,这在唐中叶以前自有发展的过程,即便是有此种修道的意向,如三论宗,也无法从语境契合角度与中国化的禅宗同等论列。再便是如来清净禅,此是从义理而言,并非单称如来"定""慧",实际上伴随着佛教中国化的进程,几乎所有的佛教宗派,包括

①劳思光:《新编中国哲学史》二,生活·读书·新知三联书店 2015 年,第 261 页。

禅宗诸源都在发生改变,自然便无所谓清净禅源。加之,"如来禅"在隋时三论宗那里尚有理论场域,及至天台宗、唯识宗,则善恶俱入法海,清净唯举法相,等于实际上已经不存在。但在禅宗主体实践方面,还是有神秀之偈证明"常拭勿染"。神秀其实也是直揭心性法相,即证明心性本净,只是论及修道法义,则是将目的性本体移置为能动性本体,大错特错了。故慧能南宗从心为性,其空不以染触为执,而从主体性之自觉其空为始,使得尘埃诸念,善恶比较,俱息于智慧的光照之下。唐禅学理论家宗密从修道再分禅宗为三:"禅三宗者:一、息妄修心宗,二、泯绝无寄宗,三、直显心性宗。"[1]与此三宗相应又立"三教"说:"教三种者:一、密意依性说相教;二、密意破相显性教;三、显示真心即性教。"[2]其阐述十分具体,其中对"直显心性宗"诠释曰:"显示真心即性教也。《华严》《密严》《圆觉》《佛顶》《胜鬘》《如来藏》《法华》《涅槃》等四十余部经,《宝性》《佛性》《起信》《十地》《法界》《涅槃》等十五部论,虽或顿或渐不同,据所显法体,皆属此教,全同禅门第三直显心性之宗。"[3]宗密试图为禅宗找出"宗源",而将禅宗与诸经部义趣一致者划归一类,这种意图可以理解,其对理论的用力之深也令人钦敬,然禅宗相对于印度般若,还是源归源,流归流,流出于源而异于源。对此劳思光也提出自己的看法,认为宗密的分法过于拘泥印度佛教各支理论,存在大的问题。"宗密原习真常教义(华严宗),兹序之说,则将禅宗再加分判,而配以佛教各支理论;于是禅门之三宗,分列相应于唯识、般若及真常教义;换言之,印度大乘

----

① 宗密述:《禅源诸诠集都序》卷上二,《大正新修大藏经》第四八册,(台北)新文丰出版股份有限公司 1983 年,第 402 页中。

② 宗密述:《禅源诸诠集都序》卷上二,《大正新修大藏经》第四八册,(台北)新文丰出版股份有限公司 1983 年,第 402 页中。

③ 宗密述:《禅源诸诠集都序》卷上二,《大正新修大藏经》第四八册,(台北)新文丰出版股份有限公司 1983 年,第 405 页上。

佛教之三支，皆收入禅宗。此是禅宗理论一大发展。若就理论内部看，则宗密此种分判，自大有问题。"①禅宗的发展，尤其是禅宗南宗的发展岂能是印度原旨所能囊括，故立禅宗为达摩禅之说也仅限于对初始定"心""行"二义、面壁修定具一定意义。至于般若化的中国禅宗美学，则和印度佛教原旨，也包括唐中叶之前诸宗大相径庭，既非中观、唯识、华严般若理论的翻版，也不是诸宗美学意涵的简单化复现，而是在实践意义上印证并拓展了的中国般若美学智慧。将佛学的般若智慧用美学化方式给予否定性改造和整合，经过这样的实践处理，佛教的万般理蕴皆活化于中国禅宗的美学实践，使般若空慧回应于现实人生的空慧，解脱旨趣转化为中国化的重生命现状、生存当下，从主体存在上斩断愚痴、虚妄，让人人成为获得真正智慧觉悟的人，成为能够感受、体验和创造人生、存在大境界的人。

---

① 劳思光：《新编中国哲学史》三上，生活·读书·新知三联书店2015年，第17页。

第四章　般若美学实践的理论化

　　禅宗南宗的美学实践是般若美学外化的典型代表,不仅以实践印证了般若美学的理论系统,而且以实践丰富、完善般若美学的蕴涵,使般若美学与生命美学、人生美学更有深度地联结起来。

　　般若否定性是禅宗南宗美学的思想精华。从慧能至云门、法眼宗,般若否定性显示次第性逻辑推进,将否定性意识注入美学实践的不同层面和形式,极大地丰富和活跃了中国美学的智慧存在形式,有力地影响了中国美学后来的发展走向。禅宗南宗的般若美学实践是美学对生活对象的理论化,从客观社会实践角度印证了中国美学理论的价值高度和思想力量,是中古后期美学理论与实践精致融合的浓缩和侧面。

第一节　禅宗南宗的般若心性美学

一、禅宗南宗的心性修证

　　禅宗是佛教中国化最彻底的宗派,也是中古后期佛教般若范畴以心性实践方式获得古典现代性精神通彻表现的主要流派。对禅宗美学心性实践的讨论,离不开禅宗的发展史,尤其是禅宗南宗的发展史,而这首先要从佛教入华初便有禅经译入说起。在安世高所译佛经中,具禅修意味的有《佛说大安般守意经》《阴持入经》《十二门经》

等,主讲"定法",兼及"观法",安氏还译有少量大乘禅经,之后支娄迦谶等开始陆续译入大乘禅经。无论是小乘,还是大乘类的禅经,都主张依托禅修获得解脱,然而汉末至隋唐,中国人对禅修的方法、教理汲取甚为驳杂,相当长时期内并没有形成独立的学说。直到菩提达摩在嵩山少林寺"藉教悟宗",面壁九年,直指心性,方始形成禅宗独立的修行学统。尽管后人对菩提达摩的相关传说多存质疑,但把中国禅宗建立的时间点放在菩提达摩,从中国化禅宗教理系统而言无疑是正确的。禅宗发展到唐代,逐渐盛大起来,按现今一般的通解,经菩提达摩、慧可、僧粲三位禅师的弘扬,《楞伽经》成为中国禅宗首先奉持的经典。到四祖道信开始在主奉《楞伽经》之外兼参《金刚经》,五祖弘忍偏师《金刚经》,再愈下有弟子神秀和慧能发生悟禅路线的分野,神秀依然遵修传统的《楞伽经》,主渐悟得道,慧能则奉持《金刚经》为至尊经典,主直见心性。后慧能得到弘忍的看重,以"不立文字,教外别传"将衣钵私授,世人因而称慧能为六祖。就创立直见心性的禅修路线来说,慧能确实是中国禅宗史上揭示出主体性之"零度""空无化"修法之第一人,所占地位特别重要,但对于禅宗史而言他还是南宗一系的创始人,是禅宗南宗心性般若美学实践的导师,佛教禅宗美学智慧中国化的开山人。慧能的思想通过其弟子录续的禅师语录《坛经》得到弘传。在中国佛教各宗中,独有《坛经》被尊奉为"经",说明慧能不仅是禅宗理论的集大成者,而且也是奠定中国禅宗理论体系合法性地位的关键人物。但据说慧能得法之初并没有那么大的影响,甚至因收受法脉衣钵一度遭遇禅门的妒忌、追杀,不得已流亡到广东一带,最后才落脚在曹溪宝林寺开法(宋时改名南华寺),弘教达三十七年①。史传载武则天曾召慧能进京,未得成行,

---

① 传正:《浅叙曹溪禅宗的历史沿革与承续意义》,明生主编:《禅和之声:2009 广东禅宗六祖文化节学术研讨会论文集》,宗教文化出版社 2010 年,(转下页注)

而曹溪宝林寺地处岭南偏狭地带,信息闭塞,虽于禅修有益,却在全国不能形成广泛影响。严格而论,正宗意义的南宗"成立",并不是慧能宣言的,而是从其弟子荷泽神会在天宝四年(745)北上,与神秀的弟子普寂展开了论战,在河南滑台大云寺召开的无遮大会上宣布慧能为达摩正宗传人开始,南宗才确立并兴盛起来。据载:

> 神会禅师,襄阳高氏子,年十四为沙弥,谒六祖即得法,寻往西京受戒,中宗景龙二年归曹溪。祖灭后二十年间,曹溪顿宗沉废于荆吴,嵩狱渐门盛行于秦洛,师于天宝四载入京著《显宗记》,以订两宗,南能顿宗,北秀渐宗也。①
>
> 先是,两京之间皆宗神秀,若不淰之鱼鲔附沼龙也。从见会明心六祖之风,荡其渐修之道矣。南北二宗时始判焉,致普寂之门盈而后虚……会之敷演,显发能祖之宗风,使秀之门寂寞矣。②

神会由襄阳往曹溪拜慧能为师,并居留曹溪数载后才北上与名镇京、洛的北宗决战,南宗顿门自此风头盖过北宗,并上溯法源,宗慧能为祖,以青原、南岳两地弟子的进一步"越祖分灯""藉师自悟",而出为五家:沩仰、临济、曹洞、云门和法眼③。印顺从法理上把他们都

（接上页注）第 132 页。按:一般认为慧能在曹溪传法达四十年,赖永海主编《中国佛教通史》考,慧能在曹溪开法之前,曾避难于四会、怀集两县,之前还一度逃到曹溪,这段流亡时间正好是三年(《中国佛教通史》第七卷,江苏人民出版社 2010 年,第 184 页),两者加起来与《曹溪大师别传》、《坛经》诸本及有关碑铭所记正好吻合。

①觉岸编:《释氏稽古略》卷三,《新编卍续藏经》第一三三册,(台北)新文丰出版股份有限公司 1995 年,第 33 页下。

②赞宁撰,范祥雍点校:《宋高僧传》卷八,中华书局 1987 年,第 179—180 页。

③洪修平:《禅宗思想的形成与发展》,江苏人民出版社 2011 年,第 287 页。

"统一于"慧能的曹溪南宗：

> 达摩禅——南天竺一乘宗，不适于南方的虚玄文弱，转入北方，才逐渐孕育成长。在大唐统一时代，移入南方，融摄南方精神。分化、对立，成为多种的宗派，最后又统一于曹溪。①

禅宗法脉的发展看似风云诡谲，头绪纷乱，其实根蔓相连，分叉很多而主脉不断，始终秉持了直截开揭心性的特点。自唐中叶以来，佛教各宗法音陆续沉寂，惟禅宗"一花开五叶"，谱写了中国化佛教最绚烂的画卷。

禅宗在中国化方面也是最彻底的。

（一）禅宗升级了般若证悟的心法。吕澂指出禅学有三个系统，即慧可、僧璨的"楞伽禅"，道信、弘忍的"起信禅"，慧能的"般若禅"，各依所据而产生分化，形成相应的名目。其实就证悟而言，自达摩以下皆取心法，证悟愈趋深入，心法见理愈显不同。从大的方面说，达摩面壁入定，悟"二入四行"，走的是以定入慧、非心无心的悟解路线。达摩禅法有"入口"和"出口"，"入口"是求禅定以通"三昧"。"坐禅"九年的传说，不无夸张，但也传达出达摩禅定的真实情状。"定"，dhyāna，印度禅的本意是"静思虑"，"定"与瑜伽心法贯通，在静定中达到与宇宙等齐、等至。小乘佛教禅定境界用"三昧"形容，称"定意三昧""三昧思维""三昧定""三昧力""三昧意""三昧心""三昧相"等，大乘佛教的禅定观在小乘禅定观基础上发展起来，注重由定入慧，从内观中的声闻禅修"四禅、四无色定、灭尽定（九次第定）、八背舍、狮子奋迅三昧、超越三昧"这些"定法"的目标②。中国禅宗

---

① 印顺：《中国禅宗史》，江西人民出版社 1999 年，第 346 页。
② 洪启嵩：《禅的世界：禅宗的传承与修禅方法》，中国社会出版社 2004 年，第 3 页。

的"心法",吸收印度的这些禅修方法,从安世高、支娄迦谶以来,到鸠摩罗什、佛驮跋陀罗,伴随着禅定心法的深入,修行逐渐向智慧领悟方向推进,最终走向般若波罗蜜禅的胜解目标。禅定法趋向智慧解脱,即心性开悟的究竟。达摩的禅修观试图解决的就是这个问题,"非心""无心"和"二入四行"都是慧修,都是心法的禅教之理,共同构成达摩禅的"出口"。达摩确定的禅宗心法基调,其弟子却各有所悟,大多没有抓住"要领"。《佛祖统纪》载:

> 师面壁九年将示灭,命其徒曰:"时将至矣,盍各言所得乎!"道副曰:"不执文字,不离文字而为道用。"师曰:"汝得吾皮。"尼总持曰:"我今所解,如庆喜见阿閦佛国,一见更不再见。"师曰:"汝得吾肉。"道育曰:"四大本空,五阴非有,无一法可得。"师曰:"汝得吾骨。"慧可礼三拜,依位立。师曰:"汝得吾髓。"①

道副悟不执文字,即不从经书悟法,斥为得皮;尼总悟佛土彼岸,解出世旨趣,视为得肉;道育悟空性意趣,赞为得骨;独慧可默而不语,体己引为得心法之髓。这段对话明显模仿了孔子问弟子"盍不各言尔志"的场景,但却真实透露了达摩心法的旨要,只是这种禅修方法仍然比较"理念化",不大切合中国人的修证愿望。到了慧可、僧璨,奉持《楞伽经》,继续秉承达摩的"含生同一真性"②,以"空、无相、无愿、如、实际、法性、法身、涅槃、离自性、不生不灭、本来寂静、自性涅槃"③为

①志磐:《佛祖统纪》卷二九,《大正新修大藏经》第四九册,(台北)新文丰出版股份有限公司1983年,第291页上一中。
②达摩:《四行观》,李淼编著:《中国禅宗大全》第一册,(高雄)丽文文化事业股份有限公司1994年,第4页。
③求那跋陀罗译:《楞伽阿跋多罗宝经》卷二,《大正新修大藏经》第一六册,(台北)新文丰出版股份有限公司1983年,第489页中。

"如来藏自性清净"。不同的是,慧可和僧璨开始在禅慧的"般若"修证上下功夫。慧可以"是心是佛,是心是法,法、佛无二"①救度众生,将"心"的修炼视为佛法本身。僧璨得到唐玄宗的高度评价,被谥为"鉴智禅师、塔曰觉寂"②,其所著《信心铭》云:"不识玄旨,徒劳念静。圆同太虚,无欠无余。良由取舍,所以不如。莫逐有缘,勿住空忍。""一心不生,万法无咎。无咎无法,不生不心。能由境灭,境逐能沉。境由能境,能由境能。"③显然,"无念无住"的心法,在僧璨已有自觉的启悟,为道信的心法打开了道路。道信兼修楞伽和三论,将慧可、僧璨的"以心传心"旨要明确到般若空慧的禅法旗下。《续高僧传·道信传》用充分肯定的叙述称其"但念般若"④,倡虚寂空法,使般若空宗与慧修心法体用一合。洪修平评价说:"(道信)可说是中国禅宗的实际创始人,奠定了禅宗的思想理论基础。"⑤这个"理论基础",就是心性般若的安立之法,与如来藏真心常住心法都相通于心性本体。道信变"般若无相"为心相可行方便,说他是禅宗心法般若化之第一人,应是有依据的。然而,如果论禅宗心法的教理建树,则弘忍的贡献最大。弘忍,在蕲州双峰山幽居寺行教,《楞伽师资记》曰:"承信禅师后,忍传法,妙法人尊,时号为东山净门"⑥,

---

①静、筠二禅师编撰,孙昌武、衣川贤次、西口芳男点校:《祖堂集》卷二,中华书局 2007 年,第 107 页。

②觉岸编:《释氏稽古略》卷二,《大正新修大藏经》第四九册,(台北)新文丰出版股份有限公司 1983 年,第 804 页中。

③僧灿:《信心铭》,李淼编著:《中国禅宗大全》第一册,(高雄)丽文文化事业股份有限公司 1994 年,第 7 页。

④道宣:《续高僧传》卷二一,《大正新修大藏经》第五○册,(台北)新文丰出版股份有限公司 1983 年,第 606 页中。

⑤洪修平:《禅宗思想的形成与发展》,江苏人民出版社 2011 年,第 83 页。

⑥净觉集:《楞伽师资记》卷一,《大正新修大藏经》第八五册,(台北)新文丰出版股份有限公司 1983 年,第 1289 页中。

弘忍的业绩主要在于在开辟东山宗的同时奉《金刚经》为宗。弘忍根据《金刚经》的宗旨，"一念生净信"，心印相传，私授法衣于慧能，开辟了大众禅教的新风。也从弘忍开始，禅宗分南宗、北宗二支修行。北宗仍然奉持《楞伽经》，神秀弟子净觉《楞伽师资记》记述，北宗历八代十三人的师传谱系，上接禅宗前五祖，新出《楞伽经》传人依次为：求那跋陀罗、菩提达摩、慧可、僧璨、道信、弘忍、神秀、玄赜、慧安、普寂、义福、景贤、惠福。求那跋陀罗被奉为初祖，主要因为他是《楞伽经》的译者，而北宗又奉此经为"宗"。实际上，《楞伽经》也属于禅教中般若的系列，重视讲"心性""慧修"性相圆融。但《楞伽经》的"心性"类似于《起信论》，属于如来藏的真如心性，常空常寂，体含空有。《楞伽经》主张心性的清净、圆满，修持方法强调不使心受妄相污染：

> 法身清净，犹若虚空。空亦无空，有何得有；有本不有，人自著有。空本不空，人自著空。离有离空，清净解脱；无为无事，无住无著。寂灭之中，一物不作，斯乃菩提之道。然涅槃之道，果不在于有无之内，亦不出于有无之外。若如此者，即入道之人，不坏于有，亦不损于无，像法住持，但假施设耳。是故体空无相，不可为有；用之不废，不可为无，则空而常用之，而常空。空用虽殊，而无心可异，即真如性净，常住不灭也。①

　　如来藏清净心性的般若灵性具有清盈而透明的品性，仿佛万顷碧波，即使无风也在涌动，但又很空寂，仿佛平镜一样无波无痕，般若的涌与无涌都是般若性体的表现，其中澄澈涵泳的本性，不会因任何

---

①净觉集：《楞伽师资记》卷首，《大正新修大藏经》第八五册，（台北）新文丰出版股份有限公司1983年，第1283页中—下。

外因(心相受外因的触染)而发生改变,这就是清净如来藏本心。
《楞伽经》宣传这样的禅法宗旨,主要目的是封堵一切外在干扰,在自
我坚实而封闭的格局中完成禅修。具体说,"定"可以息止心的攀缘,
由此获得清净智慧,最高境界就是抵达涅槃果位。"慧"本是精神的
灵性,但在这里主要发挥为护持心性,守其一尘不染,故须常勤拂
拭①,以渐修臻至最高悟解。北宗般若禅修体现出明显的贵族化色
彩,固然其心性修炼的目的很明确,思想方法也有自称其圆的理据,
但北宗禅修令般若意趣脱离众生实修,导致般若美学化实践与现实
生活隔绝。

　　相比之下,南宗禅修却具有另一番不同于北宗的靓丽风景。据
法海敦煌写本《坛经》记②,慧能因感悟"佛性即无南北,猲獠身与和
尚不同",而知佛性并无任何差别,当从众生心性觉悟处立法。若众

①按:神秀之偈:"身是菩提树,心如明镜台;时时勤拂拭,莫遣有尘埃。"〔志磐:
　《佛祖统纪》卷二九,《大正新修大藏经》第四九册,(台北)新文丰出版股份有
　限公司 1983 年,第 292 页上〕所要阐明的正是这个意旨。
②关于《坛经》的版本问题,国内学者杨曾文、郭朋、洪修平等都有详实的考证。
　一般以为,敦煌本,即《大正新修大藏经》所收之《南宗顿教最上大乘摩诃般若
　波罗蜜经六祖惠能大师于韶州大梵寺施法坛经》写本,应是最早的版本,其他
　的版本均后出或出现较晚。惠昕本约成于 967 年,现有日本兴对寺、真福寺
　1012、1031、1153 年等不同写本,为异抄本,多揣测,流传较广,惠昕本改编不及
　法海本的"亲闻而集记"时间上更早更信实。又有同期之契嵩本(1056),据称
　为契嵩改编本,经本的内容、体例较符合明代风格,学界多不予权威采信。再
　往后是德异本,系高丽传本,一卷十品,刊行于元朝至元二十七年(1290),该
　本与契嵩本体例略同,洪修平疑其就是契嵩本,属于对"古本文繁"的一种简
　写本。以体例略同推测之,可作为一种说法,但德异本在明清多有重刻,表明
　即使属改编的略本,也得到禅林较大面上的认同,甚或是官方的认同。最后是
　宗宝本,由元代风幡报恩光孝禅寺主持宗宝于元朝至元二十八年(1291)改编
　而成,体例上也是不分卷,开十门,内容与契嵩本大致相同,洪修平说"通过比
　较可以推知,宗宝本所校雠的三个本子中也可能包括惠昕本"(洪修平、白光
　评注:《坛经》,凤凰出版社 2010 年,第 9 页)这意思是说,宗宝本与(转下页注)

生觉悟心为净心,此净心念念摩诃般若波罗蜜法,即大乘般若智慧的解脱法。此心与神秀所悟之心不同处,在于"佛性"为净,净者在心,非在修功。而此心是否开悟,关键是净心是否为己觉。故开悟至为重要,何以开悟? 一是"遇悟成智"①。定慧不二凸显的是"定是慧体,慧是定用,即慧之时定在慧,即定之时慧在定"②,这个说法打破了"以定求慧"的渐修格局,把心法拓展到动态性的心性觉道体系之中。二是"真心"而悟。强调此心虽亦为净心,但并非先在预置、独断的常住完满之心,而是始终有生命活动相伴随的动态的、自由自在的"真心"。慧能说:"一行三昧者,于一切时中行、住、座、卧常真,真心是。"③真心是能体,发射于人的生活的一切方面,本体净心作为一种展开性的、达到禅慧三昧境界的概念,与神秀北宗执守的如来藏真心的本质区别,就在于北宗的净心是不须向外发射的,只须回向性地对实相心性加以护持,凡心相妄起——动属部分——皆有赖于因缘和合,故具有染性。如来藏认为真性所向,在于离染;而本性又是清净的,按慧能说法是不需要禅修的,从而渐修的理论先天具有内在的矛

（接上页注）惠昕本、契嵩本、德异本,都是同源而出的改编本。但问题是,宗宝本改编时间与德异本刊行时间非常接近,不在一地,又如何认定一定参酌了对德异本或契嵩本的改编呢? 各种推论难以改变的一个事实是,《坛经》在宋代以后已经不复原貌,改窜很大,讨论唐代慧能的禅宗思想,最可靠的依据还是法海集敦煌写本《坛经》。

①法海集:《南宗顿教最上大乘摩诃般若波罗蜜经六祖惠能大师于韶州大梵寺施法坛经》卷一,《大正新修大藏经》第四八册,(台北)新文丰出版股份有限公司1983年,第338页中。

②宗宝编:《六祖大师法宝坛经》卷一,《大正新修大藏经》第四八册,(台北)新文丰出版股份有限公司1983年,第352页下。

③法海集:《南宗顿教最上大乘摩诃般若波罗蜜经六祖惠能大师于韶州大梵寺施法坛经》卷一,《大正新修大藏经》第四八册,(台北)新文丰出版股份有限公司1983年,第338页中。

盾和困窘,导致连所修为净还是为染这样的问题都不易辩清,故净觉说:"真德心者,自识分明,久后法眼自开,善别虚之与伪。"①意思是渐修只是回到本净,其般若识性具自见性能,从凡至圣依识性高低而分等差,达到纯粹本心者,则能自观其净,使染净自行分离。因而渐修之智慧践行者,皆非严格意义上之涅槃者,该说法等于把普通众生与菩萨的觉悟、菩提涅槃划界分割开来,在佛性唯佛、唯菩萨意义上排斥了众生觉悟的可能,从而在教化意义上,也把宗教智慧的解脱权力仅仅交付给了贵族及一切拥有知识资本来资证其自我意识的人,清晰表明在实践观上与现实世界的根本脱节。真心而修者则不存在这个问题。三是慧能的心法走向了彻底的直觉论美学。《祖堂集》记慧能对弟子言:"汝等诸人自心是佛,更莫狐疑。外无一物而能建立,皆是本心生万种法。"②慧能还用"一相三昧"与"一行三昧"等与渐修的重视自视、内观、照心相比,更强调、重视心行、法行,"一相三昧者,于一切处而不住相,于彼相中不生憎爱,不取不舍,不念利益,不念散坏,自然安乐,故因此名为一相三昧;一行三昧者,于一切处行住坐卧,皆一直心,即是道场,即是净土,此之名为一行三昧"③。"于一切相"而不住相,其实就是以直觉性的顿悟智慧,进入"心行"的境遇,令所思所昧超出其境况。"直心",僧肇注:"直心者,谓质直无谄,此心乃是万行之本。"④直心即真心、本心,以直觉顿悟本心。洪

①净觉集:《楞伽师资记》卷一,《大正新修大藏经》第八五册,(台北)新文丰出版股份有限公司 1983 年,第 1288 页上。

②静、筠二禅师编撰,孙昌武、衣川贤次、西口芳男点校:《祖堂集》卷二,中华书局 2007 年,第 128 页。

③静、筠二禅师编撰,孙昌武、衣川贤次、西口芳男点校:《祖堂集》卷二,中华书局 2007 年,第 128 页。

④僧肇:《注维摩诘经》卷一,《大正新修大藏经》第三八册,(台北)新文丰出版股份有限公司 1981 年,第 335 页中。

修平说：

> 惠能南宗以非有非无的中道般若空观来破除人们的一切执
> 著，又以般若学的无相之实相来会通涅槃学的本净之心性，把真
> 如佛性与现实人心融而为一，使自心佛性不再是一个可以观或
> 可以修的"真心"，而是就体现在念念不断又无所执著之中，从而
> 把解脱之源指向了人们当下的无念无著之自心。基于这种无念
> 无著之自心而起的修行，便是融禅行于日常行住坐卧之中的不
> 修为修，便是反对拂尘看净的顿悟成佛。①

与日常生活融而为一的"不修为修"，正是佛教中国化的直觉论
禅悟美学，在中国文化中源远流长，从巫术文化的渊源开始，历经易
学、儒道美学等的灌溉、提升，完善为直觉形态的智慧美学。慧能运
用自性的"顿悟""即心即佛"直截了当地把这种观念的精髓表达出
来，标志着佛教般若与中国美学在本体论、价值论和功能实践论方面
达到了高度的协合与推进，也标志着禅宗心法进入了众生自主自觉
"顿悟"的新时代。

（二）般若心性是空义的美学化归位。禅宗南宗总体偏重于般若
空义的诠析，将般若实相与自心自性、涅槃佛性相会通，将天台、唯
识、华严和三论空义无碍融摄，这是禅宗美学主导的价值实践。禅宗
美学的空义融摄在唐代成为中国美学的主导方向，对这样一种结果
如何评价，学界有不同声音。我们认为，这是美学智慧向心性美学实
践发展的体现。并且也是佛教入渐以来中国人富有成效地吸收佛教
文化，用来改造和提升中国文化最有效果的一次实现。美学对空义
的偏重，不是简单的是非判断，是将一种新的文化元素、基质注到中

---

① 洪修平：《中国禅学思想史》，中国人民大学出版社 2007 年，第 170 页。

国美学机体里面,因而如果不是从美学角度理解和阐释很难把握其玄妙之处,就如同以手托月,看似月在手上,既朦胧又清晰,若有光若无光,实则已经是一体性的存在,在圆融中呈现出绝妙,呈现出剔透晶莹。其中那些属于美学的、似乎模糊的、暗含着悖论的理蕴,也基于美学的缘故成立,因为美学可以包容一切对立的和模糊的存在,使那些个别因素在整体机制中各逞其极,不会偏颇为整个体系的解构力量。这种情况又如同投石于河,击入漩涡,石头被一再拨起,却终归要沉入水里,漩涡翻上卷下的情况,也终究不是石头在水里经常性的状况。

　　因此,禅宗美学对空义的理解,必须排除简单的正误判分,让空义回归到美学来理解。目前学界对这一问题存在比较大的分歧。台湾学者张国一在《唐代禅宗心性思想》一书中做过总结,概括出五种般若空义类型的"心性",分别为"主体说""唯心说""万物一体说""实体说""任意虚构说"等 ①。诸解中"主体说"以"无"呈现超越旨趣,可采取向外扩张和向内反证之路,其诠释思维方法与原始般若意旨吻合,与古代儒道人格理论相契;"唯心说"以心空或性空归诸"主观唯心""客观唯心"二分,在理论上对唐代禅空涵义特别揭示;"万物一体说"引般若性质的和神秘性质的两种,其中前种以铃木大拙"非 A 在 A 之中"的命题,说明"自性""般若"对"主客双泯"的控御,恰是破除心物二分之二元逻辑意识的禅慧本质,但如此一般性的推论仅是整体逻辑的一种假定,采取的 A[-A]或-A[A]模式并不科学,原因是禅空并非是无限之圆的外圈或圆心,它存在于无量之圆的动动之中,其玄义不可统约;"实体说"则将"空"义归诸精神的实性或物质的幻性,两种说法都与禅的本义有所差池;至于最后一说"任

---

①张国一:《唐代禅宗心性思想》,(台北)法鼓文化事业股份有限公司 2004 年,第 14 页。

意虚构说"以"非规定性""非程序性"解释禅慧的本质,只是从禅慧的运行特征方面涉及"空义"的特点,却并没有抓住禅宗空慧的本质特征。因此,如何正确地理解禅宗空慧的本义,对于真实揭示唐代禅宗的美学本质是一个极为关键的问题。

笔者以为,禅宗对空的般若解释非常特别,"般若心性"超越了一般的本体论诠释,需从禅宗的特定视点完成这种特殊本体论的诠释。作为禅宗特定的理论视域,一方面,般若心性是般若化内蕴的转换和本质反映。言其为"转换",是因为它从印度般若的体、用、相等蕴涵转换为适于表现中国人智慧的内蕴,转换为心性内蕴的般若智慧直捷、明确、显豁,因果俱证,内外、隐显、言意等辩证对立俱纳入主体心性意识的深层。在生命美学意义上,它是主体以零度距离对生命本质和存在形式的切近,更是禅宗以特出智慧对其美学性的一种明证,因而具有超越隋唐其他佛教宗系般若美学的殊深意趣和价值。另一方面,禅宗般若的美学视域,使中国美学具备了更充分的理论营养(包括对其他诸系佛教理论与般若美学特质、内蕴的汲取),得以在具备这种理论营养之后展开对文化与美学的"逆袭"。进行这次"逆袭"不仅检验了既往对般若理论与美学智慧的消化如何,而且也用最体己的心性实践方式存续了中国文化与美学的传统根性,适时而为,做出了最正确的价值选择。传统根性主要指"根义"的传承、延伸与扩充,历史选择指趋向当下的理论建构与美学实践,两方面合起来就完善了体现时代特征的美学形态。禅宗美学的"般若心性",作为当下绽出的、超越言诠的实践性智慧,能够上承"道""本无""易"等内涵展示其新的连续性,又横向衔接印度般若的"识""幻"涵义,让中国美学开启了活泼泼的禅美学的生命演绎。某种意义上,禅宗美学的心性实践构筑了全新的理论基点和系统,对于隋唐和中古美学而言,它是使众生自信自觉的文化利器,对当时的世界范围而言,西方美学还停留在神学笼罩之下,远未及如此深度地对人的生命存在与精神智慧展开主体性实践开掘！

（三）禅宗美学的般若心性意涵具有系统独特的表达。其一，奠定了般若空义的美学本体论地位。般若心性是一种超越性的美学智慧，在印度佛教中居于本体论的地位，属于般若实相。"性空""空性""无相"等，在佛经中阐释般若实相时常用到，其"空义"原旨更偏重于对般若终极涵义的一个意向性指涉。当然，空义还有其他的涵义层面，与终极性的涵义指涉在理论上能够协和，共同构筑了印度般若范畴的本体论涵义。在中国化禅宗般若美学中，般若的"空""无"等涵义偏重于心性涵义的诠释与表达，不只是元始性的或终极性的一种整体规定性或价值目的设定，将印度的精神性智慧转变为存在性的心性意识和能量，切入了对人当下生命的体验，让主体意识与生命的精神状态，俱在自觉的刹那间获得精神觉悟与转境、超验的感觉。禅宗般若心性寄寓于人的生命之树，沐浴自我与实践因缘而绽放，心性之花缤纷夺目，仿佛灵境妙转，身心自如于一种或非常温馨、甜蜜或决绝淋漓、畅达无碍的境界。对这种禅宗心性的涵义，我们或可用"能体"概念来形容其生命能量的促动与激发涵义。

慧能说：

> 我此法门，从上已来，顿渐皆立无念为宗，无相为体，无住为本。何名无相？无相者，于相而离相；无念者，于念而不念；无住者，为人本性，念念不住。前念、今念、后念，念念相续，无有断绝；若一念断绝，法身即离色身。念念时中，于一切法上无住，一念若住，念念即住，名系缚；于一切法上，念念不住，即无缚也，此是以无住为本。[1]

---

[1] 慧能：《坛经》法海本，李淼编著：《中国禅宗大全》第一册，（高雄）丽文文化事业股份有限公司1994年，第21页。

　　此处释"无念""无住",讲授解为"宗",就是本体。"无相为体"就是把般若空义作为本体。般若"无"的涵义在这里成为心性本体的涵义,"无住为本","于念而不念",表明心性与物境相即相遇的实践情形。心性以"无"的玄义获得"形而上"品质,以"无"的涵义实践"行",让生命突入存在境遇,"无缚"即"无住"。而"无"亦依于中道无相而立其"自性清净",令染着自行坠落,主体心性的"佛性"在超越世俗和超离染着中回归其本性。可以看到,"空无""无"等概念的本体义仍然对般若原始涵义抵触很大,无意间造成了中国化般若涵义的"稀薄化",但因为回归于生命,在灵动、旷达、玄妙、圆融等奥义灌注于生命的过程中,获得了印度原始般若所没有的价值深度。慧能确定的般若心性本体涵义,后来被其弟子所发扬光大,呈多极向展开,积极涵容了他宗般若意趣,使般若心性践行成为独特的美学价值实践系统。

　　而说到般若多极向的展开,则是古代美学多元化探索的一种展开。南宗禅宗在美学意趣的激发方面无与伦比,使般若心性量能爆发,心象纷呈。慧能后继者的阐发都非常有个性,他们基于般若空义玄旨的高度融合,让生命气息与般若智慧俱入活泼泼的佳境,发挥到极致!

　　其二,禅宗对生命主体"圆智"的探索也进入新的境界。"圆"这个概念在中国美学中具有客观、理性又不拘泥于此的意味,同时还是主体内省、自照和审察的体现。禅宗的圆智,继承传统的"圆""流观"思维,将其内在化,使内外、时空因素融化于主体的圆智,既融解变化带来的差异和僵硬感,使身心柔软;又在主体意识的"总控导"下,始终保持一种"醒位"的存在感,即,即使是万籁萌动,亦独有慧寂、慧空。主体"醒位"切近美学化圆融的不可言诠,切近般若空的极致圆境!达此圆境,则"圆智"令所有数、法、象、言等俱臻化境,各个因素皆能将其自性能量予以最大限度发挥,由此南宗禅宗美学推动了个性化的绽出与价值提升。

二、慧能后继者的探索

慧能后继者深化了慧能创建的般若心性涵义,这在著名的禅僧神会、怀让、行思等人身上,都有极具代表性的认识。神会坚持《金刚经》"不住于相"理念,将慧能的"无念为宗"之"无念"明确为"不作意"心法。"意"的表达方式与中国文化习惯接近。神会进一步明确空义为"寂静体",强调定慧合一,突出"慧"的客观性(不可见之神秘性),认为只有"自然智"能与之冥合。神会加持了主体性的智性能量,增强了般若客观义的神秘性,深化了般若心性的价值考量和慧悟特性。但神会对般若心性的"空义"没有形成个性化的理解,导致对般若心性的价值底蕴虽有明确的方向性确定,却并没有就其"妙处"多加开掘,宗密有感于此,说:"荷泽宗者,全是曹溪之法,无别教旨。"①

南岳怀让和青原行思是慧能之后禅宗的两位重要传人。《景德传灯录·南岳怀让禅师传》,载怀让到曹溪参拜六祖慧能:

> 祖问:"什么处来?"曰:"嵩山来。"祖曰:"什么物恁么来?"曰:"说似一物即不中。"祖曰:"还可修证否?"曰:"修证即不无,污染即不得。"祖曰:"只此不污染,诸佛之所护念,汝既如是,吾亦如是,西天般若多罗谶,汝足下出一马驹,蹋杀天下人! 并在汝心,不须速说。"师豁然契会。②

---

① 裴休问,宗密答:《中华传心地禅门师资承袭图》卷一,《新编卍续藏经》第一一〇册,(台北)新文丰出版股份有限公司 1994 年,第 867 页上。

② 道原纂:《景德传灯录》卷五,《大正新修大藏经》第五一册,(台北)新文丰出版股份有限公司 1983 年,第 240 页下。

　　这段文字显示禅教"心法"的秘籍与转机。怀让参拜六祖意在求法,慧能之问是广涉因缘,反探其本心:从何处来? 为何而来? 向何处去? 怀让以疑慧能之问恍惚不定,而将慧能之问自然化解。显然二人都在"心性"思量上相契合。然后,慧能又更进一步探其定力,亦心性的肯定性:既如此,还用得着修证吗? 怀让的回答依然是般若空法,模糊其所问,化为本体义的知解:修证与否无所谓,妙在不无不得,若依此修证,则心性不受污染。怀让的回答跳开了慧能的所问,等于在思维上又退了回去,但其守住般若心性根义却是与慧能一致的。所以慧能对怀让也就没有多加诘难,只是淡淡说:汝既如是,吾亦如是! "不污染"确实是般若心性的核心,但慧能在这时从"顿悟"及心性能量的爆发方面给予点化,说明修证不受污染很难验证,因为平时的修行即以往痕迹,不是心性不受污染的证明,心性不受污染要落实到心性有自己的能量,这种能量的爆发是"顿悟"才强烈感觉和证明到的。就像某一天忽然顿悟,立刻感觉超越了"平时",感觉智慧非凡,就像兀地从足下跃出一匹马驹,腾飞矫健,能踏杀天下人! "西天般若多罗谶",能校验般若心性的,是对禅义客观性的领悟,与中国的巫谶相类,具有神秘性。从慧能与怀让的对话,可知怀让将成为"顿教"的实践者,而怀让也确实由此豁然开悟。而我们从这个公案细究心性涵义,感到非常有意思的是,怀让的重点是从"否定性"(后文将专节论述)切入,用否定性来悟到心性本体。这与慧能注重心性本体义的筑基,要求学生打牢基础,"顿悟"即从本体论涵义上开悟,是一致的。从般若心性本体涵义的否定切入,实现禅心的觉悟,已然与玄学化的"空""本无"的智解性领悟不同,也与日常生活事务的灵感式修证不同,即不是"铁杵磨成针"之类渐修之力的终成效果,而只是心性的"顿悟",当下刹那释放的精神能量,所以秒杀千军万马,能刹那间生成凭临高峰俯瞰天下之感。因此,般若心性作为"能体",有自己的特殊智慧方法,可以自由任用,无碍无缚,相比于汉末、魏、西晋般若学那样简单空泛的理解,和东晋般若学对般若玄学化的理解,显现出实质性的推进。之后,沩仰、临济二宗皆从怀让门下出,均注重顿悟的契会与当下见心见性,使般若心性涵义作为精神深层的本质与能量,在中国文化和美学中获得了合法呈现的方式与途径。

我们来进一步考察青原行思对般若心性的实践探索。青原行思为石头系之第一人,关于他的史传资料甚少,《景德传灯录》记他在慧能学徒里排位居首,"师居首焉"①,《祖堂集》记载他曾经向神会请教禅法。大概慧能死后,青原山行思是南宗资历最老的禅师②,最能体现师承关系,因而他的禅法贡献就格外引人注目。概括言之,主要在两个方面:一是确立了般若心性本质的实践,在于从平凡处得到自家心性。《祖堂集》载:

> 僧问:"如何是佛法大意?"师曰:"庐陵米作摩价?"
>
> 师问神会:"汝从何方而来?"对曰:"从曹溪来。"师曰:"将得何物来?"会遂震身而示。师曰:"犹持瓦砾在。"会曰:"和尚此间莫有真金与人不?"师曰:"设使有,与汝向什摩处著?"③

行思禅师的诗性智慧赋予般若心性以饱满的禅机意味:佛法深意犹如米价,"祖师"所授犹同瓦砾。"米价""瓦砾"都不昂贵,但在这里就是真金,而这个真金是不能给别人的。言外之意,般若智慧属于自心,是自家心性最宝贵的东西。这种价值性的思量,与一般的心性之

①道原纂:《景德传灯录》卷五,《大正新修大藏经》第五一册,(台北)新文丰出版股份有限公司 1983 年,第 240 页上。

②按:慧能曾嘱石头希迁在其死后可投于行思门下,慧能以自己弟子可以为弟子之弟子,说明行思的年龄、资历都被慧能所看重,因以称其为最老的禅师之一。

③静、筠二禅师编撰,孙昌武、衣川贤次、西口芳男点校:《祖堂集》卷三,中华书局 2007 年,第 156—157 页。

"有"不同,亦与玄学化的"有"不同。一般的心性多从权威、名家、圣地、先贤寻找心性的依据,玄学化之"有"则将其"自性"化。行思不然,当心性之有为一种自家最珍贵又最平凡而在之品性的修炼,这等于进一步明确了心性实践的美学价值,在于不刻意的生活作为之"无目的的合目的性"。二是行思建立的坚实逻辑落点,对后继者影响很大。其中,石头宗希迁最著名。《佛祖统纪》记载,希迁"其后派为三家,五世而为洞山,七世而为云门,九世而为法眼"①,就是说由希迁分出的"三家"都属于青原行思的脉系。洪修平考,弘忍门下十大弟子中神秀和慧能为北南二宗先驱,然后南宗又分为南岳和青原两支,青原一支所出之曹洞、云门、法眼和南岳系的沩仰、临济二家,刚好应和了达摩传法之偈:"吾本来兹土,传法救迷情;一花开五叶,结果自然成。"②将南宗五家视为禅宗后续的主脉,是有道理的,这个考论与印顺法师的《中国禅宗史》的结论也是一致的,笔者同意后续以五家为主脉的观点,但对于"分灯五家"的提法,觉得大半出于后人的附会,从《佛祖统纪》及其他禅学资料可知,当时中国南北方禅寺分布甚广,禅师相互游走甚为频繁,所谓师门关系有一些也不大好确定,譬如希迁之于慧能和行思。各地禅师均有相互交集,表明禅宗在唐中叶以后随方镇势力的权力独立化趋势,也在各地形成扩张,因此南宗诸家并不具很明确的宗派性师承关系。在这样的背景下,"灯分五家"就反映了后人对禅宗般若心性涵义的提炼,认为围绕着这一范畴,南宗的心性实践走向了深入,从最初不免笼统的"自心""自性"的"顿悟",向心性具体化的般若法门推进,鉴于此,

---

① 志磐:《佛祖统纪》卷四一,《大正新修大藏经》第四九册,(台北)新文丰出版股份有限公司 1983 年,第 379 页下。
② 志磐:《佛祖统纪》卷二九,《大正新修大藏经》第四九册,(台北)新文丰出版股份有限公司 1983 年,第 291 页中。

笔者对"五灯会元"之心性般若涵义的探索进程,进一步给予理论上的考析。

三、"五灯"心性般若义

南宗般若否定性与其所自的传统,在美学实践意义上建立的是一种对立、交叉性的关系。根据南宗空义的基本观念,所有衍生的思想应当都是慧能"心性""自性"观念的一部分,实则不然,后续提出的基本观念和修证方法,似乎都是针对慧能的观念而来。这当中的矛盾关系和美学问题,既不能按照肯定性宗旨,一律从心性空义之确定性得解,也不能完全从心性空义的否定性着眼,认为连同禅宗心性观念的内在连续性也给否定了。在南宗后续五家的空义诠解中,关于心性涵义的肯定性与内在否定性思想,在逻辑上是一体的。但从禅宗的思想传统及其对各家具标识性意义的心性思想角度来看,对心性涵义的智慧性、觉悟性等正面性的强调,依然是般若否定性意涵的基础,在谈肯定性蕴涵时固然亦涉及否定性意蕴,但角度不同,所理解的侧重自然也不同,下面先就五家心性般若之肯定性蕴涵逐一讨论。

(一)沩仰宗。沩仰宗的般若玄义平和而幽邃,"沩仰"一名的由来原为两位禅师所居之山名。《人天眼目》曰:"师讳灵佑,福州长溪赵氏子,得法于百丈海和尚。初至大沩,木食涧饮,十余年始得仰山慧寂禅师,相与振兴其道,故诸方共称曰沩仰宗。"[1]沩山师谓"仰山"曰:"吾以镜智为宗要,出三种生,所谓想生、相生、流注生。《楞严经》云:'想相为尘,识情为垢。'二俱远离,则汝法眼应时清明,云何不成无上知觉? 想生即能思之心杂乱,相生即所思之境历然,微细流

---

①智昭集:《人天眼目》卷四,《大正新修大藏经》第四八册,(台北)新文丰出版股份有限公司 1983 年,第 321 页中。

注,俱为尘垢。若能净尽,方得自在。"①"镜智"形容智慧很透明,能映现出超拔的思维情境,为"想生""相生""流注生"。这三种生,也都是"心生",之所以表征为思维流,是因为"想生"是自然的心理流动,一般受本能欲望的牵制;"相生"为主体意识介入的思维呈现,涉及诸外境与意识的融贯问题;"流注生"为意识、情感对主体、心理的遮覆,有如挹流而注,讲究思蕴的超然与绵绵不绝,仿佛云光游弋于沧海碧波上面,境象廓大归乎本然,染净莫能辨,其势、其理、其味自在。沩山师谈论"镜智",认为是超象绝伦的,不仅要超越自我的血气冲动,而且要超越淡泊宁静的精神索求,除此以外,还要超越绝象非情的纯观念和抽象逻辑,以及对思想、观念的迷执!据载,沩仰宗禅教的宗风十分特别,仰山曾授耽源九十七种"圆相",后来又从沩山处顿悟"圆相"之理。那么,何为"圆相"?《人天眼目·圆相因起》曰:

圆相之作,始于南阳忠国师,以授侍者耽源。源承谶记传于仰山,遂目为沩仰宗风。明州五峰良和尚,尝制四十则,明教嵩禅师,为之序,称道其美。良曰:"总有六名:曰圆相、曰暗机、曰义海、曰字海、曰意语、曰默论。"耽源谓仰山曰:"国师传六代祖师圆相九十七个,授与老僧。国师示寂时,复谓予曰:'吾灭后三十年,南方有一沙弥,到来大兴此道。次第传授,无令断绝。'吾详此谶事在汝躬。我今付汝,汝当奉持。"仰山既得,遂焚之。源一日又谓仰山曰:"向所传圆相,宜深秘之。"仰曰:"烧却了也。"源云:"此诸祖相传至此,何乃烧却?"仰曰:"某一览已知其意,能用始得,不可执本也。"源曰:"于子即得,来者如何?"仰曰:"和尚若要重录一本。仰乃重录呈似,一无差失。"耽源一日上堂,仰山出众作〇相,

---

① 智昭集:《人天眼目》卷四,《大正新修大藏经》第四八册,(台北)新文丰出版股份有限公司1983年,第321页中。

以手托起作呈势,却又手立。源以两手交拳示之,仰进前三步,作女人拜。源点头,仰便礼拜。此乃圆相所自起也。[1]

这是关于禅法心印密传的又一段佳话,相比于弘忍传钵于慧能具有同样开宗立风的意义。"圆相"源起于南阳慧忠。慧忠主张"无情有性",即为"般若实相",印顺说:"从传说的慧忠语句而论,慧忠有独立的禅风,出入于东山及牛头,南宗与北宗之间"[2],慧忠传授给耽源的九十七种圆相,后来由明州五峰普良禅师记录下四十余条。其中涉"圆相"计六种:"圆相""暗机""义海""字海""意语""默论"。每一种都显示禅教顿悟空义的法门。我们从"圆相"这个概念源自耽源与仰山的授受,可揣摩到其中特有的韵味,借助非常规的肢体语言、手势,以及画图、画符,达到了对"般若实相"幽秘深邃的领悟。画"○"或"☯",或者画"水""卍""⊞""佛"等字符,其意都在显示"圆相",然要在由此圆相悟及非相、无相之理。"圆相"的弄势作姿,画符的示意性密授,是中唐以后禅宗空义立于心性根底且美学化的新趋向,禅师修炼禅空以建立超拔世俗的独特法门的同时,也强化了这种修持的神秘性和崇高性,试图通过这种手段来提升禅修的精神等级,表达非上等根机不能领悟的智慧。然而,神秘意旨借助非常姿势、动作和画符来悟对传达,则推进了禅悟形式的美学化。此风发展的利弊,就沩仰宗而言实是两者兼有,"圆相"概念居统领六种名目之首,犹如般若居六度之首,具有显总体实相意味,但并不能替代其他法门,可谓圆而不圆,随缘处蕴涵妙机,像"机锋""字意""秘语""默论"等法门,貌似偏狭独到,实则均为僧人精神得到契会与领悟之处,无疑对于开掘禅

[1] 智昭集:《人天眼目》卷四,《大正新修大藏经》第四八册,(台北)新文丰出版股份有限公司1983年,第321页下—322页上。
[2] 印顺:《中国禅宗史》,江西人民出版社1999年,第210页。

宗别致深邃的美学意趣,具有不同凡响的价值和意义。

（二）临济宗。临济宗的般若空义凌厉而峻切。创始人为义玄禅师。《祖堂集》云:"临济和尚嗣黄檗,在镇州。师讳义玄,姓邢,曹南人也。自契黄檗锋机,乃阐化于河北,提纲峻速,示教幽深。其于枢秘,难陈示诲,略申少分。"[1]按禅门师承义玄属怀让门下的第七代传人。怀让一系的禅师个个卓绝异常,对义玄禅道影响大的禅师有马祖道一、百丈怀海和黄檗（一作蘗）希运等,他们各自以独特超绝的悟禅法门,指点义玄借鉴、开悟禅法,从而得以在继承诸前辈禅教的基础上,更以"凌厉粗暴"的禅学趣味,开创了临济宗的禅美学新风。

临济宗以凌厉粗暴的禅风、教趣特点在当时流行,名气很大。当然,这种禅风的流行和名气的传播主要是通过禅师个人的行事作风得到宣扬的,后人在对个人行事作风"叹为观止""百般寻味而不得解"的同时,亦心存何以如此的疑惑。但临济宗传给后世的语录和公案,也宣扬了临济宗独特的禅理与禅教方法,在很大程度上甚至成为禅宗法脉流传的法理依据。而义玄作为临济宗的创始人,尤其在继承和发挥了怀让、马祖、百丈、黄檗等先师禅宗观念、禅美学思想方面做出贡献。义玄的禅理禅法融各家禅师之所长,系统地建立了临济宗的禅教、禅理及其般若美学空义观念。

具体言之,临济宗凌厉峻切的般若禅义表现在:

1. 以平常心为修道的本体。怀让对众僧云:"一切万法,皆从心生,心无所生,法无能住。若达心地,所作无碍。"[2]所谓"即心即佛"命题,当是从此开始。此命题继承了慧能的"常行直心""自心是佛"命题,将之

---

[1] 静、筠二禅师编撰,孙昌武、衣川贤次、西口芳男点校:《祖堂集》卷一九,中华书局2007年,第854—855页。

[2] 赜藏主编集,萧萐父、吕有祥、蔡兆华点校:《古尊宿语录》卷一,中华书局1994年,第2页。

明确引到"凡心所生,即法所在"的归乎心性的境界。马祖道一从心与法、心与色的联系发掘佛性、道心乃日常生活之平常心的观念。

> 一日谓众曰:"汝等诸人各信自心是佛,此心即是佛心。达磨大师从南天竺国来,躬至中华,传上乘一心之法,令汝等开悟。又引《楞伽经》文,以印众生心地,恐汝颠倒不自信。此心之法各各有之,故《楞伽经》云:'佛语心为宗,无门为法门。'"又云:"夫求法者应无所求,心外无别佛,佛外无别心。不取善,不舍恶,净秽两边俱不依怙。达罪性空念念不可得,无自性故。故三界唯心,森罗万象一法之所印。凡所见色皆是见心,心不自心因色故有。汝但随时言说,即事即理,都无所碍。菩提道果亦复如是,于心所生,即名为色,知色空故,生即不生。若了此心,乃可随时着衣吃饭,长养圣胎任运过时。"①

"凡所见色皆是见心",是一种很有突破力的说法,"色"作为外在的质碍,是当下人在世界中所遇到的一切,也是人所从事的一切物质活动,是般若空义往往要加以排除和贬抑的对象,如《金刚经》"凡所有相,皆是虚妄"②,现在却成了"见心明性"的修证,将人的日常生活和一切作为都纳入了禅道,最终成为禅道修证的重要资证。"着衣吃饭"最为寻常,现在也属于"心"的活动,从中可以"见心见性"。那么,日常行事作为中的禅道,就在心无挂碍中契合于事、理,琐屑事体由于飘动在证悟菩提、心性的过程而成为非缘之缘,变得看似无足轻

---

① 道原纂:《景德传灯录》卷六,《大正新修大藏经》第五一册,(台北)新文丰出版股份有限公司 1983 年,第 246 页上。

② 鸠摩罗什译:《金刚般若波罗蜜经》卷一,《大正新修大藏经》第八册,(台北)新文丰出版股份有限公司 1983 年,第 749 页上。

重,实则依然是平常运事,归乎平常心之道。禅道在平常作为中表现出来,带来一个新的问题:众生的日常生活与在其中展开的平凡的生活和生命,何以有人就沉沦、溺陷于六道轮回,有人却能觉悟成佛呢?马祖对这个问题翻转心念,最后使之成为悟入禅道的一个契机,那便是必须视平常心为至要紧事,方能得其缘而悟,必须抓住这个契机,从日常生活反观于自心自性,才能真正有所开悟。反言之,既然众生可以在日常生活中见心成佛,是否意味着并没有什么特别的修佛证悟之事,原来所谓修道成佛并不只是圣人独有的权力,就连天下的百姓也都可以在日常生活和生命过程的琐屑事节中,做出一些自然契合道体的事情。于是,"道"就反转为经验化的、寻常性的"智慧""心"等一类可以运用自己的精神把控的事体。而对于习惯从坐禅、念佛、行法(包括大乘之"六度")来体证佛道者,就不啻是一种有力的打击! 因为惯常以为的"平常心"命题看似平淡,实则蕴有大智慧。一切修为,倘若所有的执着都是为了截断和终止,截断生命前行过程与旧事物曾有的关联,那么,类似心性在日常生活无所着落,又从何处来顿悟禅机,更不用提对禅宗心性进行般若化、美学化的改造了。

2."棒喝齐施"直揭禅心深蕴。《镇州临济慧照禅师语录》记义玄喝语:

> 上堂云:"赤肉团上有一无位真人,常从汝等诸人面门出入。未证据者看看!"时有僧出问:"如何是无位真人?"师下禅床把住云:"道! 道!"其僧拟议。师托开云:"无位真人是什么干屎橛!"便归方丈。①
> 一日,普化在僧堂前吃生菜,师见云:"大似一头驴。"普化便

---

① 赜藏主编集,萧萐夫、吕有祥、蔡兆华点校:《古尊宿语录》卷四,中华书局1994年,第56页。

作驴鸣。师云:"这贼。"普化云:"贼! 贼!"便出去。①

义玄悟理直截透彻,赤裸裸毫无遮饰,将南岳怀让足下"跃出一匹马驹,杀天下人"之意发挥得淋漓尽致!《临济语录》记义玄说:

　　道流,真佛无形,真法无相。你只么幻化上头作模作样,设求得者,皆是野狐精魅,并不是真佛,是外道见解。夫如真学道人,并不取佛,不取菩萨罗汉,不取三界殊胜。迥然独脱,不与物拘。乾坤倒覆,我更不疑。十方诸佛现前,无一念心喜。三涂地狱顿现,无一念心怖。缘何如此? 我见诸法空相,变即有,不变即无,三界唯心,万法唯识。②

　　道流! 你欲得如法见解,但莫受人惑。向里向外逢著便杀,逢佛杀佛,逢祖杀祖,逢罗汉杀罗汉,逢父母杀父母,逢亲眷杀亲眷,始得解脱,不与物拘,透脱自在。如诸方学道流,未有不依物出来底,山僧向此间从头打,手上出来手上打,口里出来口里打,眼里出来眼里打,未有一个独脱出来底,皆是上他古人闲机境。山僧无一法与人,只是治病解缚。③

临济禅教学中的棒打、脚踏、拳击、斥喝现象,颇有理性沉陷、乱象飘举的味道。从中唐到晚唐,这种禅风起到警醒世人的作用,同时也让人们对佛教非理性的"思量"产生膜拜,"以子之矛,攻子之盾",

①赜藏主编集,萧萐夫、吕有祥、蔡兆华点校:《古尊宿语录》卷四,中华书局1994年,第73页。
②赜藏主编集,萧萐夫、吕有祥、蔡兆华点校:《古尊宿语录》卷四,中华书局1994年,第64页。
③赜藏主编集,萧萐夫、吕有祥、蔡兆华点校:《古尊宿语录》卷四,中华书局1994年,第65页。

常常是言语、行为出乎常情，所悟的理反而直截了当，率真简达！愈是凌厉峻切，愈似有托山举海的磅礴气势！对此禅风，后人或许能感受到杀伐决断、刚健勇猛的风格，因此就有论家不吝词语给予极高的评价。《五家宗旨纂要》卷上载评曰："临济家风，全机大用。棒喝齐施，虎骤龙奔，星驰电掣。负冲天意气，用格外提持。卷舒纵擒，杀活自在。扫除情见，迥脱廉纤。以无位真人为宗，或喝或棒，或竖拂明之。"①《人天眼目》赞扬道："临济宗者，大机大用，脱罗笼，出窠臼，虎骤龙奔，星驰电激，转天关，斡地轴，负冲天意气，用格外提持，卷舒擒纵，杀活自在。"②不过，也有对临济禅"粗暴"禅风给予批评指摘的。《密庵和尚语录》辑入葛邲所制"塔铭"，评骘说："临济之宗，直截根源，不涉阶级，全机大用，棒喝齐施，或者喜其路之捷而得之速也！然未免承虚接响，错认话头，拨无因果，生大我慢，却堕邪见，了不觉知。自非有明眼宗师，见处分明，行处稳实，则何以倒用横拈，得大总持炉鞴后学，皆成法器耶！"③意思是，像临济这种"棒喝齐施"的教风，别致倒也别致，迅捷得没二话说，但倘若不是道行高深的明师恐怕不能很好驾驭，凡夫俗子用此法很容易错认话头，作秀弄架子，自造狂慢，反生积弊。这话不无道理，本来"棒喝齐施"就是一种般若方便，用意全在径直领悟般若玄义，但若一味卖弄手法，手段变成目的，反倒弄巧成拙。后来也证明，五代禅宗走向衰微，大多是陷入了这种流弊。从美学上讲，义玄应与怀让、马祖等结合起来，唯有基于"即心即佛"的心性根底，才能用"打骂喝斥"消泯理性的强制僵硬，让身心契合，

①性统编：《五家宗旨纂要》卷上，《新编卍续藏经》第一一四册，（台北）新文丰出版股份有限公司 1995 年，第 508 页上。
②智昭集：《人天眼目》卷二，《大正新修大藏经》第四八册，（台北）新文丰出版股份有限公司 1983 年，第 311 页中。
③崇岳、了悟等编：《密庵和尚语录》卷一，《大正新修大藏经》第四七册，（台北）新文丰出版股份有限公司 1983 年，第 982 页下。

非思量的思量响应内在的理性,从根本上把非理之心打回原形,一旦如此则平常心归复于本有、应有状态。而归复于平常心,则自性、心性解脱,获得快乐与自由!那么,临济宗的所谓暴烈粗放的禅风,若是从契合心性禅慧的美学化趣味立意,就当是一种最简洁、经济的智慧美学,所追求的也是最高妙的禅慧效果。当心性臻至无起无作的元审美状态,无思无欲,能够随缘唤起质朴的情致、洒脱的性情,则对于生命是一种透脱、潇洒状态中实现的境界超越,而具有猛烈提引生命的作用。"棒杀喝斥"只有从这个意义上,才能成为临济禅教美学化的创造性语言和手段,而由此衍生的美学化符号、形式,也就能够进一步绽放其独到的形式蕴涵和行为美学价值。

(三)曹洞宗。曹洞宗是儒、道美学与佛教美学般若智慧深度融合的禅宗宗系。曹洞宗的禅教法门别致、深邃,在义理上稳健而全面,创始人是洞山良价与曹山本寂。《祖堂集》卷六《洞山和尚》载:"洞山"姓俞,越州诸暨人(即今浙江诸暨),出家初学般若《心经》,善于思考,因不懂"无眼耳鼻舌身意"这句向院主请教,院主不予具答,觉得他不同寻常,就把他推荐给五泄和尚。三年后,洞山向五泄自请游学,五泄又把他推荐给南泉普愿。到南泉普愿处就学时,某日,"南泉因归宗斋,垂语云:'今日为归宗设斋,归宗还来也无?'众无对。师出来,礼拜云:'请师征起。'南泉便问。师对曰:'待有伴则来。'南泉趯跳下来,抚背云:'虽是后生,敢有雕啄之分。'师曰:'莫压良为贱。'因此名播天下,呼为作家也。后参云喦,尽领玄旨。"①归宗和尚与南泉为同学,都是马祖道一的学生。马祖已开洪州宗"打踏喝"的"粗暴作风"②,南泉和归宗对此也很擅长,重视意识的截断和般若的

---

① 静、筠二禅师编撰,孙昌武、衣川贤次、西口芳男点校:《祖堂集》卷六,中华书局 2007 年,第 296 页。
② 印顺:《中国禅宗史》,江西人民出版社 1999 年,第 333 页。

直觉契会。现在在同学设的宴席上,南泉发现了良价的禀赋不凡,认为堪可造就,但有意思的是,良价竟然对乃师"当仁不让"起来,用"莫压良为贱"的激烈语言回应导师,显示出满满的自信,表达了希望老师不枉曲良才的意思。在拥有超越平庸的胆识和灵通变化的智慧这一方面,良价确实迥异于常人,因而虽然这一次的应对不免突兀和有失礼分,但禅宗注重心性的开发,注重在师承谨严、宗规苛责传统下依然恪守自我心性,敢于面对事理径直陈言真知灼见,因而其言行赢得了僧界的赞许,也获得了虚名。后来,良价注意了虚心向前辈求教,先到云岩昙晟处参学,领悟到禅教奥旨后,又往新丰山弘法,以后一直住在那里。洞山良价的心性成长,本身显示了对儒道禅法的融会贯通。

至于曹山本寂,福建泉州人,《祖堂集》卷八《曹山和尚》传云:

> 初造洞山法筵,洞山问:"阇梨名什摩?"对曰:"专甲。"洞山云:"向上更道。"师云:"不道。"洞山曰:"为什摩不道?"师云:"不名专甲。"洞山深器之。盘泊数年,密室承旨。[1]

作为良价忠实的学生,本寂与良价的对话显示出思理严谨与逻辑关系上的密织纤巧,而世人把曹洞并提,大概与他俩涉缘颇多、思理均致精深有关。

曹洞宗的般若美学旨趣,在融合佛教唯识宗义理和儒学、道学价值观方面有很好的突破。唯识般若以世俗缘起心性为对治对象,以心识法为超越法门,思维细腻缜密,心性理路充实而完满。但由于般若识性主要借助于分析和推断,修证过程要掺入大量概念,容易形成抽象力对主体直觉、想象的阻隔,并且分析性认识及其相随之分别性

---

[1] 静、筠二禅师编撰,孙昌武、衣川贤次、西口芳男点校:《祖堂集》卷八,中华书局 2007 年,第 378 页。

语言也容易形成堆栈,这是中国人很难适应的。故曹洞宗采取了唯识般若与中国文化巧妙糅合的办法,努力在贴近事理中达到主体智慧的凸显,尽量消除语言的造作痕迹,这样来做到向外紧扣事理,向内又直切心性,繁而不密、直而不拙、简而不浮、圆而不滞的美学化效果。《瑞州洞山良价禅师语录》云:

> 师因曹山辞,遂嘱云:"吾在云岩先师处,亲印'宝镜三昧',事穷的要,今付于汝。"词云:"如是之法,佛祖密付,汝今得之,宜善保护。银碗盛雪,明月藏鹭;类之弗齐,混则知处;意不在言,来机亦赴;动成窠臼,差落顾伫;背触俱非,如大火聚;但形文彩,即属染污;夜半正明,天晓不露;为物作则,用拔诸苦;虽非有为,不是无语;如临宝镜,形影相睹;汝不是渠,渠正是汝;如世婴儿,五相完具;不去不来,不起不住;婆婆和和,有句无句;终不得物,语未正故;重离六爻,偏正回互;迭而为三,变尽成五;如荎草味,如金刚杵;正中妙挟,敲唱双举;通宗通涂,挟带挟路;错然则吉,不可犯忤;天真而妙,不属迷悟;因缘时节,寂然昭著;细入无间,大绝方所;毫忽之差,不应律吕;今有顿渐,缘立宗趣;宗趣分矣,即是规矩;宗通趣极,真常流注;外寂中摇,系驹伏鼠;先圣悲之,为法檀度;随其颠倒,以缁为素;颠倒想灭,肯心自许;要合古辙,请观前古;佛道垂成,十劫观树;如虎之缺,如马之馵;以有下劣,宝几珍御;以有惊异,狸奴白牯;羿以巧力,射中百步;箭锋相直,巧力何预?木人方歌,石女起舞;非情识到,宁容思虑;臣奉于君,子顺于父;不顺非孝,不奉非辅;潜行密用,如愚若鲁;但能相续,名主中主。"①

---

① 圆信、郭凝之编:《瑞州洞山良价禅师语录》卷一,《大正新修大藏经》第四七册,(台北)新文丰出版股份有限公司1983年,第525页下—526页上。

这段话秘传心语,禅心被偈言精准提炼,配以美学化的智慧感悟和话语形容,纳天地和儒道释的道蕴于字字珠玑之中,颇耐寻味琢磨。

师又云:"末法时代,人多乾慧,若要辨验真伪,有三种渗漏:一见渗漏,谓机不离位,堕在毒海;二情渗漏,谓滞在向背,见处偏枯;三语渗漏,谓究妙失宗,机昧终始。学者浊智流转,不出此三种,子宜知之!"又纲要偈三首:一、《敲唱俱行偈》云:"金针双锁备,挟路隐全该;宝印当风妙,重重锦缝开。"二、《金锁玄路偈》云:"交互明中暗,功齐转觉难,力穷忘进退,金锁网鞔鞔。"三、《不堕凡圣(亦名理事不涉)偈》云:"事理俱不涉,回照绝幽微,背风无巧拙,电火烁难追。"①

易道与儒家的征圣、宗古观念,用般若智慧诠解,使其玄义从偏重于政治化、伦理化美学的方向向唯识人生观、情识观念转化,突出了人生命运的智性色彩,强化了主体性的超越意识和主动色彩,并且显得不过于贴合现实,有体察人生微旨之感。上所引良价语录,从唯识与儒道结合角度,表达了深邃的禅机意旨:

1. 妙机处于混沌,不可以见位。所谓蛇吞虾蟆,"救则双目不睹,不救则形影不彰"②,意思是如果以见为识,把所观看成是智识思量的东西,就落一个执于所见的弊病,所以应当"潜行密用",努力维护主体和事理的原有状态及关系,不对其相位做任何强行的意识切割,以真正还原本真之美。

---

① 圆信、郭凝之编:《瑞州洞山良价禅师语录》卷一,《大正新修大藏经》第四七册,(台北)新文丰出版股份有限公司 1983 年,第 526 页上。
② 圆信、郭凝之编:《瑞州洞山良价禅师语录》卷一,《大正新修大藏经》第四七册,(台北)新文丰出版股份有限公司 1983 年,第 523 页下。

2. 主体对对象、境遇的智识进入，既是一种巧力，也有其特别目的，两者均体现智慧的细入，惟如此般若才能渗透无间，不造成情识的染着弊漏。所谓主体智慧的细入，微妙处在于抓住因缘时节，通"宗"极"趣"，用巧妙抵达的智识发挥出剑锋般的力量，就像后羿射日，虽百步直中也终究不显出用了巧力，智慧识力的妙用就在于不刻意于妙用又能尽施其妙。

3. 般若智慧的极致在于能行"回照"，即在智慧、识力呈显绵密功夫时，剑锋所向已然着着击中要害，但又能击而不痴，出而知抽，全为回护，宛如缂象素趣，寂然昭著。所以用绵绵无尽的发力，主要目的为使理事无所遗漏，可使对事理的智识充分而留有回护的余地，是主体智慧超越品质的一种体现，使主体对自身的境遇、对对象的认知把握更加通灵透脱，从而能随时从所即所遇中切中根本的义旨。

为了更完全、更充分地表达圆融成熟的美学态度，曹洞宗用"君臣五位""四宾主"和"偏正"等创说来完善自己的理论系统，使禅观在偏重智识的同时，兼具美学阐释的特征。关于"君臣五位"说，《祖堂集》《景德传灯录》《禅林僧宝传》《人天眼目》等均有记载，张国一《唐代禅宗心性思想》考稽"君臣五位图颂"的发展，认为"'五位'只是表现学人悟入法性所历的五个阶段而已"①，这五位次第体现于曹山和洞山各自的局部有所不同，曹山分三位，洞山分五位，然而称"曹洞五位"的"真正实质义涵所在，在最末'般若起用'法性一位，前面几位，只是方便显示悟入历程，或三位，或五位，可有开合。"②张国一

①张国一：《唐代禅宗心性思想》，（台北）法鼓文化事业股份有限公司2004年，第268页，

②张国一：《唐代禅宗心性思想》，（台北）法鼓文化事业股份有限公司2004年，第268页。

的论析不无道理:五位次第,有正有偏,偏正结构组合,用君臣关系相喻,这是将社会事理和人伦引入禅悟的核心,体现出儒家美学的主体内容,但其解决办法吸收了易道的爻变观念,让五位为主,而不上达六位,因为卦象上体的第六爻,一般为极限返归初元之爻,并不属于真正的主爻。下面的五爻二五相对,一三取进,正中有偏,偏中取正,相互错综呈现出复杂的结构关系。用五爻解释"君臣五位",配置上禅法的时空妙对,颇能发挥般若智慧的识性效力,可谓多元点位的绽出,"机关"、手段落实在事理,样样巧出,把所有僵死的因素都激活了,也就真正成为中国化的心性慧解图了。到这个时候,智识涉入世间的事理,便使色碍性的存在都不显痕迹地进入般若智慧结构,客观上也强化了禅美学的客观现实性,让禅宗慧悟的"剑锋"更能集中于心性妙悟,抵达事理而纷然得解。

(四)云门宗。云门宗是将道家、禅宗美学旨趣巧妙混合于语言名相的一个宗系,晚唐、五代是其发展的全盛时期。云门宗与曹洞、法眼宗相类,同是末法时代的禅宗门派,但更加注重"语言逻辑"本体,重视超怀绝象,排除一切法执,这种排除甚至包括心性解脱观念,主张对此不能刻意追求。正确的禅法应该任运于人生、自然的际遇,犹如磨砺刀石,般若智慧在语言名相的磨砺中变得锋利无比,进而斩断束缚,因此,努力抓住当下机缘实现全力的交接、比拼,是禅修最好的效果和出路。云门宗的思维显得格外特别,其意识诡异跳脱,讲究观念、行为的演绎,追求酷烈、险峻的美学趣味!

南汉雷岳《云门山光泰禅院匡真大师行录》载云门创始人文偃生平言行,《祖堂集》卷一一《云门和尚》详数其迹,今人杨曾文《唐五代禅宗史》叙述文偃甚详。文偃姓张,苏州中吴府嘉兴人,嗣法踪迹大略为三个地方:江浙、福建和广东。十七岁时投于空王寺志澄门下受业,修习《四分律》,后来追随道纵参禅数年,然后到闽中象骨山师从雪峰义存禅师。雪峰义存是青原系在闽地最有影响的禅师,有弟子一千多人,其禅门活动范围遍布福建、江西、湖南一带。文偃在义存门下受教时接触、参谒到各个法系的禅师,得以冶铸心法,发明心要,最后又投师于广东韶州曲江灵树寺的如敏禅师门下。《云门和尚》记录此段经历说:"后出瓯闽,止于韶州灵树知圣大师,密怀通鉴,益固留连。去世后,付嘱主持。南朝钦崇玄化,赐紫,号匡真大师。"①

《云门匡真禅师广录》详载文偃"对机"320 则、"室中语要"185 则、"垂示代语"290 则、"勘辨"165 则、"游方语录"31 则,及"遗表""遗诫",再加上雷岳所撰《匡真大师行录》、"请疏"等。由文偃所传关于云门的思想资料可谓十分丰富,其中"云门语录"约成于五代,校勘已是宋代,糅入了较多后世弟子的见解,但由于采用的概念及口语化表达的风格,有明显的模仿文偃的痕迹,因而从中也能窥察到文偃的思想特点:

　　　　问:"如何是禅?"师云:"是。"进云:"如何是道?"师云:"得。"问:"如何是一切法皆是佛法?"师云:"三家村里老婆盈衢溢路,会么?"学云:"不会。"师云:"非但汝不会,大有人不会在。"问:"学人簇簇地,商量个什么?"师云。"大众久立。"②
　　　　"直须自看,无人替代,时不待人。一日眼光落地,前头将何抵拟?!莫一似落汤螃蟹,手脚忙乱,无尔掠虚说大话处。莫将等闲,空过时光,一失人身,万劫不复。不是小事,莫据目前。"③
　　　　"有什么见闻觉知隔碍着尔?有甚声色法与汝可了,了个什

①静、筠二禅师编撰,孙昌武、衣川贤次、西口芳男点校:《祖堂集》卷一一,中华书局 2007 年,第 512—513 页。
②守坚集:《云门匡真禅师广录》卷上,《大正新修大藏经》第四七册,(台北)新文丰出版股份有限公司 1983 年,第 546 页下—547 页上。
③守坚集:《云门匡真禅师广录》卷上,《大正新修大藏经》第四七册,(台北)新文丰出版股份有限公司 1983 年,第 547 页中。

么碗？以那个为差殊之见,他古圣勿奈尔何？横身为物,道个举体全真物物觌体不可得,我向汝道,直下有什么事早是相埋没了也。尔若实未得个入头处,且中私独自参详,除却着衣吃饭,屙屎送尿,更有什么事,无端起得如许多般妄想作什么!”①

上堂云:“诸和尚子莫妄想,天是天地是地,山是山水是水,僧是僧俗是俗。”良久云:“与我拈案山来看。”便有僧问:“学人见山是山见水是水时如何?”师云:“三门为什么从这里过?”进云:“与么则不妄想去也。”师云:“还我话头来。”②

云众云:“直得触目无滞,达得名身句身一切法空。山河大地是名,名亦不可得。唤作三昧性海俱备,犹是无风匝匝之波。直得忘知于觉,觉即佛性矣。唤作无事人,更须知有向上一窍在。”③

云门宗追求禅趣的生活原味和自然旨趣,从文偃接引学生及与学生的悟对可以明显看出这种意图。文偃确信禅道就是般若空慧,但他认为般若空慧不是学究式的高论,也不能流于无端的妄想,而应当是禅者灵魂对生命的回护:大凡情形下退回到自己的生活,不在意也不刻意体会所对的俗境——这种俗境类似于“三家村”里老婆婆们围炉闲聊,就会让禅趣在心中应然而生。在文偃看来,生活的原汁原味,原本是人身处其中,又很容易忽略的细微隽永的韵致,就好像天地之间的云翻雾卷,它们就飘动在眼睫之前,平时并不曾特别地在意到它们的存在,然而这天地风云的姿韵,其实无时无刻不体现于风云动荡之中。如此,云

①守坚集:《云门匡真禅师广录》卷上,《大正新修大藏经》第四七册,(台北)新文丰出版股份有限公司1983年,第548页中。
②守坚集:《云门匡真禅师广录》卷上,《大正新修大藏经》第四七册,(台北)新文丰出版股份有限公司1983年,第547页下。
③守坚集:《云门匡真禅师广录》卷中,《大正新修大藏经》第四七册,(台北)新文丰出版股份有限公司1983年,第559页上—中。

门宗对生活原貌的还原，就不是蜻蜓点水般的"掠空汉"，而是着着都与"着衣吃饭，屙屎送尿"这样一些繁杂琐事相关联着，说明精微的禅理就存在于平素为人不屑的事务之中，只有让禅理更深入地和生活发生联系，才能透过琐屑和平凡得到卓越非凡的般若美学智慧！

云门宗的禅趣表达了普通人的心性价值立场，提倡尊重现实生活的真价值，重视由生活暗示给人的美学理蕴。与南岳怀让一系如马祖道一的禅生活美学观比较，文偃的更加平实，更具有美学性，因为它不是让这种平实变成回归到生活功用，而是从价值视角来看生活的理蕴，从中发现具有特殊意趣的生活事理；另一方面，直截了当地切入生活的智慧是禅宗的长项，相对于其他美学流派则是弱项，禅宗在吸取其他美学流派义理的同时，也存在对生活美学的贬抑问题，云门宗的禅美学观较好地解决了这个问题。云门宗的禅美学观发挥了般若玄义，同时也兼顾了对生活的观察、体验，可谓虚实兼顾，指导修禅者既要重视发现生活中的理蕴，又不能轻视劳作和打理，这样的观念适于不同阶层的人接受。为了警醒人们能更真切地从生活视角把握住"俗境"的利害因素，克服狭隘执着的毛病，文偃一再就"俗境"中弊害对根机不同的人的影响，从"人性""智慧"的提升和"生命"价值的实现角度给予告诫和嘱托，反复叮嘱"时不待人""莫等闲"一类的语言，指导他们虔敬、严肃地对待生活，注意保持生活的健康"味道"。他特别反对那些脱离劳作与日常琐务来追求所谓"清奇"之风的高士，认为那样做的结果必定导致南辕北辙，越走离禅道越远！

云门宗在倡导生活原旨的心性立场上，确立了"云门三句"的禅美学命题。首句为"函盖乾坤"。文偃弟子德山缘密作偈颂曰："乾坤并万象，地狱及天堂；物物皆真现，头头总不伤。"[1]乾坤含纳万象，

①守坚集：《云门匡真禅师广录》，李森编著：《中国禅宗大全》第一册，(高雄)丽文文化事业股份有限公司1994年，第413页。

万象如真显现,是触目即道、菩提无滞的一种诗化表达。"示众云:
'大众。函盖乾坤目机铢两,不涉春缘作么生承当?'代云:'一镞破
三关'。"①函盖乾坤皆从目机,指生活中的因缘成法,智慧的得来不
是生硬造作,而是以简为深,以素为道,玄默自寂,就像镞矢的发射可
直破三关。第二句叫作"截断众流",德山缘密颂曰:"堆山积岳来,
一一尽尘埃。更拟论玄妙,冰消互解摧。"禅慧来临的气势排山倒海,
斩断了"我相""我见",让一切妄识虚论都如同冰消雪化,顷刻间都
被摧毁融解。这里强调了禅主体内意识的"跳脱"与"超越",正所谓
"终日说事,未曾挂着唇齿,未曾道着一字;终日着衣吃饭,未曾触着
一粒米,挂着一缕丝"②。第三句"随波逐浪",德山颂:"辩口利舌问,
高低总不亏;还如应病药,诊候在临时。"云门禅机智灵活,方便应机。
所讲的虽然强调自悟,重点也在于接引、点悟他人,因而能够针对不
同根性施以相应"药物"对治,谓之随波逐浪。这末一句关涉禅教理
蕴,体现了中国美学心性主体的对机与开悟并重的思想。

　　(五)法眼宗。法眼宗的理论具有高度的综合性,是青原系三家
中最有理论性的一家,其宗风吸收洞山和云门的禅教特点,内外任
运,重视般若对思想、行为的接引,重视观念的理想表达,将华严思想
有机铸入禅法,成为集后期禅宗诸家于一体的重要流派。《传法正宗
记》记叙说:"金陵清凉文益禅师,余杭人也,姓鲁氏,素有远志,戒后
习毗尼于律师希觉,榜探儒术,而文艺可观。觉尝目之曰:'此吾门之
游夏'也。"③文益与文偃一样,初入法门时先研习律学,后通悉儒学,

①守坚集:《云门匡真禅师广录》,李淼编著:《中国禅宗大全》第一册,(高雄)丽
　　文文化事业股份有限公司1994年,第387页。
②守坚集:《云门匡真禅师广录》,李淼编著:《中国禅宗大全》第一册,(高雄)丽
　　文文化事业股份有限公司1994年,第345页。
③契嵩编:《传法正宗记》卷八,《大正新修大藏经》第五一册,(台北)新文丰出版
　　股份有限公司1983年,第762页上。

此为文益改造禅法打下了很好的基础。另，文益也热衷行脚游方，
《宋高僧传》卷一三《文益传》载："寻则玄机一发，杂务俱捐。振锡南
游，止长庆禅师法会。已决疑滞，更约伴西出湖湘，尔日暴雨不进，暂
望西院寄度信宿，避溪涨之患耳。遂参宣法大师，曾住漳浦罗汉，闽
人止呼罗汉。罗汉素知益在长庆颖脱，锐意接之，唱导之。由玄沙与
雪峰血脉殊异，益疑山顿摧，正路斯得，欣欣然挂囊栖止，变途回轨，
确乎不拔。寻游方却抵临川，邦伯命居崇寿。四远之僧求益者，不减
千计。"①罗汉即桂琛禅师，属雪峰义存的法嗣玄沙师备法系。在桂
琛门下文益意外得法，有了名声，后在临川越发出名，各地来投奔者
多达千人，南唐后主赐其法名净慧，邀请入主清凉道场直到去世，享
年七十四岁。文益的弟子当中有两位特别著名，一位是天台德韶，另
一位是永明延寿。后者将华严宗教理与禅宗法义完美融合，使文益
法脉在五代末年仍很炽行。

　　禅宗发展至法眼宗，可谓发展到了顶峰状态。宋契嵩所编《传法
正宗记》做过一个统计，慧能亲传弟子约四十三人，以怀让和行思法
脉最长，大概自唐中期延至晚唐、五代，"学者遂各务其师之说，天下
于是异焉，竞自为家。故有沩仰云者，有曹洞云者，有临济云者，有云
门云者，有法眼云者，若此不可悉数。而云门、临济、法眼三家之徒，
于今尤盛。沩仰已熄，而曹洞者仅存，绵绵然犹大旱之引孤泉，然其
盛衰者岂法有强弱也，盖后世相承得人与不得人耳"②。从此传所记
可知法眼宗虽属禅宗的最后一个脉系，但理论的实践探索也很完备、
细致，所产生的影响也很大，在禅宗史上具有独特地位。法眼宗形成

①赞宁撰，范祥雍点校：《宋高僧传》上，卷一三，中华书局 1987 年，第 313—
　　314 页。
②契嵩编：《传法正宗记》卷八，《大正新修大藏经》第五一册，(台北)新文丰出版
　　股份有限公司 1983 年，第 763 页下。

这样的地位和影响,与其受般若影响建立了独特的心性主体法理具有内在的联系。

据《大法眼文益禅师语录》和文益自己撰写的《宗门十规论》,文益与弟子的对话语录多对当时的禅风有所针砭,在吸取般若思想到心性本体方面,文益会通了曹洞、云门的精髓,别出机杼地主张于圆通、适切处表现心性智慧的灵活和险峻,从而形成既平实又曲折,既精警而质锐的禅宗心性美学本体论思想。对般若空义的阐释,法眼宗强调:

1.“法眼”的辨正。法眼宗活跃于五代时期,佛教各种流派兴起,竞相逐胜,遂致舍本逐末,贪欲炽盛,法纲无序。文益《宗门十规论》起首针对“自己心地未明妄为人师”以“念颠倒”“失人身”而予以痛斥。但是,“破”与“立”在文益看来是内在相关的。如果要重整法序,归复禅宗正义,就必须从禅宗心法的关键进入。而这个关键用词语概括,即是“法眼”,后南唐主李璟谥文益为“大法眼禅师”,也是肯定了其在这方面的锐意突破。所谓“法眼”,就是开启心性智慧的中枢,提摄一切因缘境遇的根源,好比灯亮暗室,乾坤因照而为之逆转。文益与学生对话:

> 问:“古人传衣,当记何人?”
>
> 师云:“汝甚么处见古人传衣?”
>
> 问:“十方贤圣皆入此宗,如何是此宗?”
>
> 师云:“十方贤圣皆入。”
>
> 问:“如何是沙门所重处?”
>
> 师云:“若有纤毫所重,即不名沙门。”
>
> 问:“百年暗室,一灯能破,如何是一灯?”
>
> 师云:“论甚么百年。”
>
> 问:“如何是一真之地?”

师云:"地则无一真。"

云:"如何卓立?"

师云:"转无交涉。"

问:"承教有言,从无住本立一切法,如何是无住本?"

师云:"形兴未质,名起未名。"

因僧来参次,师以手指帘,寻有二僧,齐去卷帘。

师云:"一得一失。"①

　　接引学人开悟,谓之"话头"或"对接",文益不似马祖或临济宗那般棒喝斥骂,而是发挥行思、希迁那种直观心源、融摄万物的方法,但求当下顿悟,教学上追求平易中见神奇,无波澜中思峰突转。所引第一则以否定肯定式回答,揭明不依古人、十方圣贤皆入即十方法界缘起的宗义真旨;第二则用"拦话头"方式,截断沙门有所"着重"的意识,引入"无丝毫所重"的"心空"蕴本质;第三则依实而解,寓理与事,以事融理,事理无碍地凸显本意。问"一真之地",答"地无一真",问"卓立"为何,答"转无交涉",是解字,也是依禅慧行解,准确机智,无一丝罅隙可乘。第四则解"无住本",问及抽象内容,实乃"般若无得""无住""无相"之本体心性义的质询,文益巧妙回答为"形兴未质""名起未名",意思是无住非无,有形有名,无住亦非有,故形而未质,名起而未名,盖无住本于中道,般若智慧亦依于施设立名,方便行教。第五则是一则"行为"示教,僧人来参访,一手指门帘,二僧同去卷帘。其结果可想而知,必然是一人卷得门帘,一人不能卷得,文益谓之"一得一失",意思是分落两边,着"有"着"无"。依般若智而解,则以手指帘,并无确定的意思,卷或不卷,皆是依物参行,心下省

①圆信、郭凝之编:《金陵清凉院文益禅师语录》卷一,《大正新修大藏经》第四七册,(台北)新文丰出版股份有限公司1983年,第589页。

悟,当是正着。以上例举,皆无故作高深、摆弄虚玄之嫌,而是依照实实在在的生活事理,开示佛法心悟本源、般若玄空妙有的实相般若之理。

2."交摄性"圆解。法界因缘不孤起。般若智慧的自性发现,言之"自性",是有"他性";言自性为空,是法性不以自性孤起,因而识转成境,万象森罗,森罗万象,一切他性从自相言亦空而不独,必依法界众因缘而起。文益解法唯识与华严并渗,注重从无分别解释般若智慧的心物交涉性、平等圆成之法性。

> 僧问:"指即不问,如何是月?"师云:"阿那个,是汝不问底指?"又僧问:"月即不问,如何是指?"师云:"月。"云:"学人问指,和尚为甚么对月?"师云:"为汝问指。"[1]

这是一个"圆解"之对。以"指月"为参悟的话头,僧问"指即不问,如何是月?"是说以指而指,默而"不问",如何成了指"月"? 师答"那这个指就是不问的指?"学僧进一步追问,暗设陷阱:"月即不问,如何是指?"意思是"指而没有问月,如何又成了指了?"师傅回答:"月",是说虽不问月,所问亦为"月",学僧很得意猛下杀手,说:"学人问指,怎么答是月了?"师回答说:"因为你问指了!"把话头兜回初问,使其"指而不问"自破,由此形成分别与圆解的对垒,倘若孤立分别,则指是指,月是月;倘若不是孤立寻解,则指月交摄,月为所指,指为月所,两相不碍,交互圆成。又,"僧问:'如何是第二月?'师云:'森罗万象。'云:'如何是第一月?'师云:'万象森罗。'"[2]学僧问文

①圆信、郭凝之编:《金陵清凉院文益禅师语录》卷一,《大正新修大藏经》第四七册,(台北)新文丰出版股份有限公司1983年,第588页下。
②圆信、郭凝之编:《金陵清凉院文益禅师语录》卷一,《大正新修大藏经》第四七册,(台北)新文丰出版股份有限公司1983年,第590页上。

益禅师,如何是"第二月"和"第一月",文益禅师以"森罗万象"和"万象森罗"答之,这个回答只是前后词序换了一下,并无根本的不同,却大有意味。它包涉了"第二月"与"第一月"皆为"万象"之法性缘起本意,又从词序的变化巧妙将"第二"与"第一"的分别也收纳进来,却是法性无二,"第一月""第二月"无非是名目上的一种施设而已。般若智慧的妙处,不是名相方便的圆滑转换,而是解脱心性的束缚,文益从禅智的交摄性开显圆义,使法性无住无碍,呈象庄严绵密,平等法性依于般若才得觉悟的深意得到了深刻展现。

　　3. "华严网"覆盖。"华严网"即"因陀罗网",文益所言"万象森罗"即是华严网之意。《文益禅师语录》特别诠释了华严宗的"六相"概念:

　　　　颂《华严》"六相"义云:《华严》"六相"义,同中还有异。异若异于同,全非诸佛意。诸佛意总别,何会有同异。男子身中入定时,女子身中不留意。不留意,绝名字,万象明明无理事。[1]

　　　　永明道潜禅师,河中府人。初参师,师问云:"子于参请外,看甚么经?"道潜云:"《华严经》。"师云:"总别同异成坏六相,是何门摄属?"潜云:"文在《十地品》中。据理,则世出世间一切法,皆具六相也。"师云:"空,还具六相也无?"潜懵然无对。师云:"汝问我,我向汝道。"潜乃问:"空,还具六相也无?"师云:"空。"潜于是开悟,踊跃礼谢。[2]

　　"六相"即总别同异成坏,文益以之合禅,定慧无二,理事化如

---

①圆信、郭凝之编:《金陵清凉院文益禅师语录》卷一,《大正新修大藏经》第四七册,(台北)新文丰出版股份有限公司 1983 年,第 591 页上。
②圆信、郭凝之编:《金陵清凉院文益禅师语录》卷一,《大正新修大藏经》第四七册,(台北)新文丰出版股份有限公司 1983 年,第 591 页中。

万象。在与道潜对话中,"空还具六相也无?"文益回答为"空","六相圆融"即"空",与前所言"万象明明无理事"内涵一致。在华严宗智俨的"六相圆融"命题中,"相"用"显现""幻"义,以六相相摄而顺理顺事,道俗二界合一,但"相"本无实,推动"相"演化的是般若空义,文益所解扣住禅宗血脉,解之以般若实相,而非相似般若。

文益的圆融,偏重于智慧的取正,这种"正"透过"贵在圆融"的内省、思辨,得以剔透玲珑的展现,这个"正"就是法要,就是法眼。至于涉事涉理方面,并没有丢弃,而是在涉诸事理时,很精细绵密地给予周全的体现。如文益所言:"法界观具谈理事,断自色空。海性无边,摄在一毫之上;须弥至大,藏归一芥之中。故非圣量使然,真猷合尔;又非神通变现,诞生推称,不著它求,尽由心造。佛及众生,具平等故。"①这段话将华严宗"法界缘起"的主体心性美学观和禅宗的以心开悟、兼涉物界事理巧妙圆融。自心之性海,小之如芥,大之如海藏,尽归于"心造"的本质,呈现得非常透彻! 禅宗美学的主体心性意涵,在般若智慧的引领下,随着不同时期文化场域和实践指向的变化,在不断调整中获得了系统深入的建构。到法眼宗时期,中国禅宗美学的心性本体和般若主体化趋向,在理论上趋于高度集合,充分铸合了中国本土文化与美学的精蕴,使禅理论的拓展达到了某种饱和,因而,迄五代之中国禅宗美学可谓已发展得很成熟,与中国文化、美学的原有理论、传统十分融洽,几乎看不出明显的罅隙。也缘于此,禅宗美学佛法意蕴的开掘,就意味着走向了某种终结,当然,这只是从禅宗美学的侧重角度而言的,至于中国美学的心性理论及其整个系统,以及相关的命题、范畴网络,并没有终止自己的历史发展,还将

①文益:《宗门十规论》五,《新编卍续藏经》第一一〇册,(台北)新文丰出版股份有限公司 1995 年,第 879 页下。

随着时代的发展,掀开其更新的一页。

第二节　般若心性的否定性实践

一、心性的内意识之否定

　　禅宗南宗的般若美学心性实践,经过由"定"转"慧",定慧合一,由"空"之玄义、法性到心性、自性,自性自见,不断烛照生命与宇宙的法网因缘,以生命实践方式规定般若心性的美学化存在。在这个过程中,心性实践无论听闻师承,忽然感悟,抑或自我灵性激发,或与他人讨论偶得,或浸透日常体验、使生活诗化表现,这些实践方式,都对否定性异常清醒地意识贯注,从而,关于"否定性"的认知推进,也以实践的理论化方式完成,成为禅宗特有的标识和思想境界。

　　譬如,马祖提倡在生活中"自识本心",这个"识"当由"即心即佛"转化到"非心非佛",实质上进一步由否定性推移到"日常生活心"位置,已经开始了专门在"生活境遇"如何立心的问题上,实现由外转内的摆渡,使遮诠式表述向表诠式肯定转化。但马祖本人并没有在这方面过多用心,只是约略触及"道化平常心"的问题,如他说:"一衣一钵,坐起相随,戒行增熏,积于净业。"①这是说生活中的证悟相对于从"心""佛"的修证而言,是一种"非修非证";但若就生活本身的"道心"修炼而言,则"禅非坐卧",坐卧非禅。"若欲直会其道,平常心是道。谓平常心无造作、无是非、无取舍、无断常、无凡、无圣。《经》云:'非凡夫行、非贤圣行是菩萨行。'只如今行、住、坐、卧,应机

---

①道原纂:《景德传灯录》卷二八,《大正新修大藏经》第五一册,(台北)新文丰出版股份有限公司 1983 年,第 440 页中。

接物,尽是道。道即是法界。"①即生活中的一切皆应化为道行,因而对外在于生活的"道心"的极限性否定,势必就成为内在于"道心"的生活作为的现证。马祖通过肯定生活的点点滴滴,将主体心性的证悟,在自觉建立道心方面沿承了表诠的路线。

　　然而,从生活机缘自识本心,反映了禅宗实践面向外部世界对精神世界的重新布局与调整。因而,自马祖始,禅宗心性建构虽然树立主体终极目标更为自觉,但如何树立却与之前诸祖,包括达摩、慧可、僧璨、道信、弘忍、慧能等有大的不同,从马祖以下更自觉地从否定性着眼,采取遮诠思维的践行路线来建构心性。为此,我们需要考察禅宗遮诠论证的形成过程,特别是马祖以来所表现出的特点。总体说,遮诠要否定的是一种极限性意识。所谓极限性意识,即主体预设的成佛目标,因为对目标的设定在不同的阶段是不同的,从而来自后发者的否定也不同。由于遮诠论证"否定"和"建立"的方向,完全是依照修道者对禅的理解和体悟而发的,并非自始便将所有细节都预设性安排好,从而不同的极限性被否定之序列,便仿佛一个又一个的峰顶被不同的禅宗代表人物所登临。对主体极限性目标的否定,在后期禅宗成为一个主导的价值趋向,也是禅宗美学的主要思维重点和理论重心,还是禅与禅外的文化、哲学、艺术以及生活形成广泛的交涉,并由以影响晚唐时期美学价值导向的一个基础。

　　南宗般若心性美学建构蕴藉了否定性遮诠思维。从根本存在性质上说,禅宗南宗心性的建立和发展,不仅是佛教般若与中国文化、美学紧密融合的过程,也是佛教般若的心性内蕴不断拓开思想新格局的过程;那么,慧能之前的中国美学本来就有心性传统,而且中古佛教诸派别,包括未曾广布的小乘教派亦存心性之说,何以独独推举

①道原纂:《景德传灯录》卷二八,《大正新修大藏经》第五一册,(台北)新文丰出版股份有限公司 1983 年,第 440 页上。

禅宗般若之心性学说呢？难道禅宗心性学说与其他心性说没有瓜葛吗?! 问题在于:首先,中古美学的心性学说在南宗接受之前,主要是以本土心性传统与佛教宗教性质的心性传统碰撞,在隋唐之前将宗教性质的心性信仰吸摄到中国美学机制之中,在此基础上大乘诸宗依般若母体展开心性体系建构。这个心性体系具有鲜明的学术性和美学特质不假,却在偏重于心性建构之时未能对佛教般若心性学说的精髓,给予透彻的把握。如同盲人摸象,象是摸到了,但没有摸到象的真身。因此作为一个涵义异常复杂的范畴,般若在禅宗南宗前不同佛教理论系统中就存在,就发挥出不同系统的心性侧面的美学特质。可是,这些特质同时也遮掩了般若原生性的美学特质,譬如,般若本体义的转换与呈现问题,就在"中国化"改造中大大消解了印度宗教及佛教原始性的"幻"的涵义。这种消解主要是天台宗、唯识宗和华严宗等局限于各自的宗教理论话语形态,而未能将"幻"抵达"小宇宙""自我"的生命感性存在的极限形式充分表达出来。结果般若在各系统中抵达宗教性终极本体,其实践过程中总体上还是偏重于理性的超拔与自觉。不论是心性的直觉圆融,还是切入人心本真的意识反思,乃至理想化的心性美学建构,都没有将般若以否定方式抵达感性化生命形式的一面充分呈现出来。这样,其美学化的生命存在形式就不能完整地被转换为中国人所接受的感性化亦理论化的生命存在形式。其次,禅宗南宗形成之前对般若涵义偏重于哲学、伦理、政治等意识形态化和审美艺术化的读解与建构,在吸摄佛教理论的同时中国人也直捷地进行了相应指向的学科理论建构,如哲学方面对"宇宙论"的解构,政治方面与儒道等本土之学的对垒与调和,伦理方面展开的"僧人的方外自治"与儒道对悖反中华基本道义之间的斗争等。当时般若理论的涵义聚焦在各学科有关心性的核心价值方面,以至顾及学说观念的道统渊源有余,反于般若心性涵义和中国美学心性精髓的理论融摄多有所忽略,从而造成不同学科般若心性涵义的学理建构,并未能基于确实的般若本义与中国美学形成会通。结果是在禅宗南宗之前,心性涵义没有能够作为一个历史范畴,进入历史性的中国人的生命实践之中,自然地其理论学说的价值要逊色于禅宗南宗的般若心性实践性建构了。

禅宗南宗历史性地,从人的存在、生命感性实践出发进行般若化的理论建构,其般若心性理论展开为五个分支系统,每一个都是心性生命实践的极限性呈现。其中灵性与智识的精进,在跳脱与锐化方面较之印度原有学说有过之而无不及,较之中国传统美学心性也别致刁钻、精灵古怪无不有之;在生命自性的观察与辨识方面,经验直觉和沉咏的思味兼而有之,间以生命肉体的血气、活力的散发、呐喊与行动;在生命意义的揭示方面,时时处处,貌似较真,又无碍无滞地洒脱,无不凸显出客观的真实意蕴;对于印度般若原来浓郁的虚无化倾向,则在"以子之矛攻子之盾"的实践策略中有效消解了生命存在的空心化与虚无化倾向……总之,禅宗南宗的心性般若美学实践,是前期佛教各宗般若美学牵引的中国美学理论的一次现实性生命实践验证运动,一方面将般若心性各侧面涵义以美学化方式更充分地呈现出来;另一方面,般若心性的生命实践通过般若化的极限性表达,树立了独立的禅宗心性极限之否定论美学,而关于这一方面,恰是我们在前面论述基础上要特别给予论证和阐发的方面。

南宗般若美学对心性极限的否定,源于慧能对般若意识结构中的心性否定意识的认定。据法海本《坛经》,慧能最初授讲般若波罗蜜法时,潜在地面临着与儒道争夺"慧心"的问题。当时慧能"座下僧尼、道俗一万余人,韶州刺史等据及诸官寮三十余人、儒士余人"[1],一万余听

---

[1]法海集:《南宗顿教最上大乘摩诃般若波罗蜜经六祖惠能大师于韶州大梵寺施法坛经》卷一,《大正新修大藏经》第四八册,(台北)新文丰出版股份有限公司1983年,第337页上。

众中三十余名官员和儒士,慧能不能不考虑到接受面的理解程度,而儒学则是需要倾斜的重要方面。儒学心性之论与禅学的定慧之论不尽相同,慧能面临的问题是,如何能让中国的官员、儒士和一般听众,能够掌握佛教化的"心性"义理,即从般若的高度明心见性,此即"不识本心,学法无益;识心见性,即吾大意"①。慧能采取的办法主要是将般若空义安立于心的本性,让它成为一种"否定性"的实践。针对神秀"身是菩提树,心如明镜台;时时勤佛(拂)拭,莫使有尘埃"之偈,慧能作"菩提本无树,明镜亦无台;佛性常清净,何处有尘埃"这一偈语,及又一偈:"心是菩提树,身为明镜台;明镜本清净,何处染尘埃。"②偈中"菩提",梵语云 bodhi,汉旧译为"道",新译为"觉",英译为 awakening,讲心性的终极、极限是觉悟生命的存在及其趣向。龙树《大智度论》解释说:"菩萨初发心,缘无上道,我当作佛,是名菩提心。"③《翻译名义集》加以详细注明:"菩提树,《西域记》云:'即毕钵罗树也',昔佛在世,高数百尺,屡经残伐,犹高四五丈。佛坐其下,成等正觉,因而谓之菩提树焉。茎干黄白,枝叶青翠;冬夏不凋,光鲜无变,每至涅槃之日,叶皆凋落,顷之复故。"④从菩提的觉悟佛道,表明心性即觉悟所得之"清净"心,乃"佛"义的终极所表,但其始于众生本心,固本心之性,实归于凡心。这里存在的对终极目标的否定性实践涵义,

①法海集:《南宗顿教最上大乘摩诃般若波罗蜜经六祖惠能大师于韶州大梵寺施法坛经》卷一,《大正新修大藏经》第四八册,(台北)新文丰出版股份有限公司 1983 年,第 338 页上。

②法海集:《南宗顿教最上大乘摩诃般若波罗蜜经六祖惠能大师于韶州大梵寺施法坛经》卷一,《大正新修大藏经》第四八册,(台北)新文丰出版股份有限公司 1983 年,第 338 页上。

③龙树造,鸠摩罗什译:《大智度论》卷四一,《大正新修大藏经》第二五册,(台北)新文丰出版股份有限公司 1983 年,第 362 页下。

④法云编:《翻译名义集》卷三,《大正新修大藏经》第五四册,(台北)新文丰出版股份有限公司 1983 年,第 1100 页中。

从义理本身讲似乎是绕的,但禅的处理方式又是直捷明了的。因此,如何明"众生"心,见众生性,便成为禅宗般若的本务,而不是把佛的心性强硬安立于众生心性。如此"清净"与"本空",一遮一表,就成为众生心性意识结构最重要的两个侧面,在总体的理论意旨上,既不违佛法,又与中国的二元互成和心本善(清净)存有迭合。而"见性"有赖于"明心",明心强调禅慧的空义,空义施用的过程,即凸显了否定性对意识结构中"心性"为空为无的宗旨。一旦主体空性达到极致,进至"无念为宗,无相为体,无住为本",则主体内在意识对心性的体认,便透明化地达到一种"零度"状态,这便是慧能确定的般若化、美学化心性主体的意义所在,用禅的否定性方式肯定了众生心性为一种"自性"。

1. 如此自性"自净自定"。慧能说:"善知识,见自性自净,自修自作,自性法身自行,佛行自作自成佛道。"①"自性自净"与"自性不净"相对,自净是善,自不净为恶,善与恶皆有自性。《大方等大集经》云:"一切众生心性本净。性本净者,烦恼诸结不能染著,犹若虚空,不可沾污。心性、空性等无有二,众生不知心性净故,为欲、烦恼之所系缚。"②众生不能见自性,故为"不净",也即自性不净。心性的否定性,仁意于"不染"则"净","不乱"则"定"。然而,"一切尘劳妄念虽在自性,自性不染著"③,意思是此"净"并非隔绝污染之净,也非

————————

① 法海集:《南宗顿教最上大乘摩诃般若波罗蜜经六祖惠能大师于韶州大梵寺施法坛经》卷一,《大正新修大藏经》第四八册,(台北)新文丰出版股份有限公司1983年,第339页上。

② 昙无谶译:《大方等大集经》卷二,《大正新修大藏经》第一三册,(台北)新文丰出版股份有限公司1983年,第11页下。

③ 法海集:《南宗顿教最上大乘摩诃般若波罗蜜经六祖惠能大师于韶州大梵寺施法坛经》卷一,《大正新修大藏经》第四八册,(台北)新文丰出版股份有限公司1983年,第339页下。

不容有任何妄念的虚空之净的"明镜",恰相反,此"自净"的心性,在否定染着的同时,也否定空心化、虚无化的所谓为净而净,因而其心回归众生本心,是大摩诃般若波罗蜜的慧心绽发,"摩诃者是大,心量广大犹如虚空。莫定心座即落无既空,能含日月星辰、大地山河、一切草木,恶人善人、恶法善法、天堂地狱,尽在空中"①。这段话阐明大乘般若的菩提心,能够涵容所有存在之物,这样慧就从"一切法尽在自性,自性常清静"的意义上确立了般若法的主体心性。

2. 如此心性重在向内用功。般若心性不以应对外染为务,着重在自性对"无念""无相""无住"的把控。"无念"是不执着自生的妄念;"无相"是不执着自生的幻相;"无住"是不执着于生灭因缘,如此才心净澄明,自主本心真心。慧能从心性主体性向自主自净进行的般若化改造,汲取了道家的归元意识,融汇了儒家的自为意志,但仍以般若形式呈现,使之归元而不隐匿,自为而不强求充实,树立大智慧轨持的空性主体,增强了中国美学的主体心性范畴的本体意涵。

3. 如此心性是大般若智慧心性。大般若智慧轨持本真之心,呈显出美学意义上的建构作用,在于面对外在境、象的心性立场有了根本改变,摆脱了本土美学"以体驭用""体用合一"的习惯认识,在价值实现上超越了魏晋以来般若空性的"内空外有""以玄化实""本真幻有"等玄学化二元格局。具体说,由慧能奠定的般若主体心性,属于现象学美学意义的主体心性,依于"心"而呈现"般若"的特殊智慧。"心"的基本功用在于可超越三世,薪尽火传,永葆价值的维系、延续和挥发;心的特殊作用在于"般若"的殊胜功能,在于识性、直觉和幻的妙用,俱指向美学特质鲜明的深度理性。这两者结合起来,就

---

① 法海集:《南宗顿教最上大乘摩诃般若波罗蜜经六祖惠能大师于韶州大梵寺施法坛经》卷一,《大正新修大藏经》第四八册,(台北)新文丰出版股份有限公司 1983 年,第 339 页下。

完整表达了"零度主体"的否定意识,使否定性贯彻整个心性的逻辑关系,解脱束缚中亦推动主体心性达到自我批判与升华的极限,人的生命存在因此获得整体提升。

为此,"自性"的确立与佛性的获得关键是般若的运用,而这方面相比于南宗之前乃至隋唐前的般若化实践,重要的还是般若智性的发挥。南宗之前,般若智性在萌发阶段,得以借助智性吸摄诸种思想筑成天台、唯识、华严等系统思想,至于隋唐前的般若则主要通过玄学化体现"形上"意趣,对于般若的诸般功用则概从审美观照方式上予以理解,使得更多情况下般若智慧变成了经验性的观照和心理内观性质的自省。而慧能的般若之用则不同,他说:"何名般若? 般若是智惠。一时中念念不愚,常行智惠即名般若。""本性自有般若之智。"①宗宝本《坛经·般若品》云:"善知识,我此法门,从一般若生八万四千智慧。何以故? 为世人有八万四千尘劳,若无尘劳,智慧常现,不离自性。悟此法者,即是无念,无忆无著,不起诳妄,用自真如性,以智慧观照。于一切法,不取不舍,即是见性成佛道。"②般若与中国的心性感悟,最根本的区别在于智的运用。中国心性的智慧偏重于心理情感的能量激发与整体涵摄,理性在情感化的智慧氛围中充分凸显直觉作用,因而对于自然的直觉感悟,往往成为不同美学系统原发性的构成,如儒家美学关于"天""性""仁"的自然缘起的规定,道家美学关于自然为存在之"摹本"和纯朴真性的辩证认识,以及由此衍出对于社会人伦的心性权衡,或赋予政治、伦理以如天地恒久般人格品性(儒家社会化"智性"),或从自然恒存的品质、机制引发

①法海集:《南宗顿教最上大乘摩诃般若波罗蜜经六祖惠能大师于韶州大梵寺施法坛经》卷一,《大正新修大藏经》第四八册,(台北)新文丰出版股份有限公司1983年,第340页上一中。
②慧能:《坛经》(宗宝本),李淼编著:《中国禅宗大全》第一册,(高雄)丽文文化事业股份有限公司1994年,第45页。

人的心性灵慧、感悟,衍出艺术化、审美化的人生妙境(道家的自然主义"智性")。两者都具有很强的美学性,但严格地说,儒家的主体智性并非认识论意义的智性(理性),其以自然存在为类比对象,继而以此为基础展开对自然、社会存在的类性差异的悟解,主要反映农业文明时代的智慧思维水平,能够调动自主自为的美学精神,亦注重格物化人的现实效应,但主体的智性分析,对存在物本身的分析、考量还不够细腻;至于道家美学,相比于儒家美学确实智性的运用要高明一些,在辩证法的朴素运用方面也达到登峰造极的程度,但道家的智性让认知力服从于对宇宙自然的整体判断,所有形成的智性认识都来自这种判断,以至主体智性对对象性质、机制的当下直面性认识,反而被冲淡甚至消解了,也因此缘故,道家智性灵活、柔韧性有余,却在应对复杂现实境况时以退避替代思辨,进而导致智性辩证效力无从透彻发挥。而佛教般若的智性源于吠陀、《奥义书》,其原义与语言(名相)、感官(机能性的,既非西方视听觉为主,也非中国的意象性通感内照,而是包含了眼耳鼻舌身意等机能的智性全面化应用)具内在的逻辑一体性。佛教的般若智性融摄外道否定意识,强化般若与佛法的本体论契合,从而成为具有更全面的智性认识功能,形成能够凝合感性、理性要素与成分的认识心理机制。慧能确立禅宗主体的心性自性,对印度般若智识的吸摄占了很大成分,特别是唯识宗"识性"观念的吸收,贯彻了因智成性、以心完智的"智化人性"的认识,使唯识智在禅宗系统被大力推广,渐成门派分别。其中指向自性与他性分别的、专注于禅慧生成过程的"念念",配以中国本土式的"大同"观念与佛教"大圆镜智"相合,最终提炼为顿悟的妙智开显,使得般若心性由此获得超越时空的"三报"(即化身,含法身、报身和应身)。《坛经》云:"一灯能除千年暗,一智能灭万年愚。莫思向前,常思于后。常后念善,名为报身。一念恶,报却千年善心;一念善,报却千年恶灭。无常已来,后念善,名为报身。从法身思量,即是化身;念念善,即是报身。自悟自修,即名归衣(依)也。皮肉是色身,是舍宅,不在归依也。但悟三身,即识大亿。"①这里讲的一智具万法,一身具三身等心性顿悟,即般若智识臻达本真之心,"一念""一智"俱为美学化的大智,一而具万,既是一含万有,又是一变万有,既是以无化有,也是以有体无,"一切万法,俱是色身,俱是心性","自心顿现,即真如本性"。

　　般若智性的终极归趣是个体生命的"圆觉"境界,这一境界将智性的分别意识消解,又回到美学化"零度主体"的心性自由状态。敦煌新本《坛经》记慧能言:

　　　　大师言:汝等十弟子近前,汝等不同余人,吾灭度后,汝(等)各为一方师,吾教汝(等)说法,不失本宗。

　　　　说一切法,莫离于性相。

　　　　法性起六识:眼识、耳识、鼻识、舌识、身识、意识;六门、六尘。自性含万法,名为含藏识。思量即转识。生六识,出六门,见六尘,是三六十八。由自性邪,起十八邪;若自性正,起十八正。若恶用即众生,善用即佛。用由何等? 由自性。②

"六识""六门""六尘",这十八种都是自性的存在与显现,"正""邪"的价值意义都从这十八种法相生起,善是佛的"圆觉"妙慧完成的心性,反之十八种法相俱陷于"自性"的迷执,没有般若智慧的点亮,始终处于黑暗的笼罩,则心性无智自然不能化解自性之邪,也不能觉悟,人生处于不完满的缺憾状态。《人天眼目》辑曰:

---

① 法海集:《南宗顿教最上大乘摩诃般若波罗蜜经六祖惠能大师于韶州大梵寺施法坛经》卷一,《大正新修大藏经》第四八册,(台北)新文丰出版股份有限公司 1983 年,第 339 页中。
② 杨曾文校写:《敦煌新本六祖坛经》,上海古籍出版社 1993 年,第 56 页。

《妙藏诠》注云:"佛转八识而成四智者,用八为大圆镜智,七
为平等性智,六为妙观察智,前五为成所作智。识惟分别,智能决
断。"《大乘庄严论》云:"转八识成四智,束四智具三身。"古德云:
"眼等五识为成所作智。意为妙观察智,化身摄;末那为平等性
智,报身摄;阿赖耶为大圆镜智,法身摄。"智通禅师:"读《楞伽经》
至千余遍,而不会三身四智,诣曹溪问六祖。祖曰:'三身者,清净法
身,汝之性也;圆满报身,汝之智也;千百亿化身,汝之行也。'若离本
性说三身,即名有身无智;若悟三身无有自性,即名四智菩提。"①

这段解释中,慧能禅法将"大圆镜智"作为顿悟菩提心,其余三种智即
平等性智、妙观察智、成所作智都是禅智所出,因为系所分别,亦在圆
智超越之列,自然也属于执着的心性极限性体现,是顿悟圆智否定性
对象。在美学化的圆智中,感觉、知觉、情感、想象、意志、理性等心性
机能的融摄,汇集为禅智慧对当下的一种很直捷的、心性力量很饱
满、意识很透明的主体智慧澄明的觉悟状态。对这种状态,日本铃木
大拙就称为"般若的直觉",也是强调了般若识性作为前提可融解、否
定诸分化性的、人为性的有限智性,以在触遇万事万物时,让法性的
客观性豁然敞开、显现。铃木大拙描述说:"般若直觉不是衍生的,而
是本原的;不是推论的,不是唯理的,亦非间在的,而是当下的,直接
的;不是解析的,而是统合的;不是知解的,亦非象征的;不是有心表
现的,而是自然流露的;不是抽象的,而是具体的;不是序列的,不是
有意的,而是法尔如然的,究竟终极的,不可化诚的;不是永远退缩
的,而是无限含容的;如此等等。"②铃木大拙无疑综合了禅宗后来的

①智昭集:《人天眼目》卷五,《大正新修大藏经》第四八册,(台北)新文丰出版股
　份有限公司1983年,第325页下。
②铃木大拙:《禅:敬答胡适博士》,李淼编著:《中国禅宗大全》第六册,(高雄)丽
　文文化事业股份有限公司1994年,第2217页。

发展做出这般解释,但基本的道理没有错,说明般若智性既是具体化的途径、手段,又是终极实现性的目的和境界,而这两者间存在着自身对自身的否定性逻辑处理,包括对智性分化的消解,都显示了般若美学化的特性。虽然这种特性用语言逻辑不好很明确地指示出来,但体明般若大圆镜智的"直觉"性质,在修道中贯彻否定性的品质、机能和效果,还是可以对定位主体意识的"自修自作",有着类似于美学智慧式的"模糊"理解的。

　　如此,禅宗美学作为人生美学的深度表现形式,其践行目的主要是实现人的精神状态的转换。当内在感性、理性完成蜕变,由此改变了人与整个世界的关系,也改变了整个世界的存在方式时,由禅宗主体美学化设置的意义就充分体现出来。慧能设定的"零度主体",显示了崇高神性的世俗和人生化,所谓自性清净、心性本觉、顿悟开解等,都是以禅的方式对人性与神性的归趣进行的美学性的化解。而关于"佛是自性作,莫向身外求。自性迷,佛即是众生;自性悟,众生即是佛"①,"自取本性般若知之"②,"獦獠身与和尚不同,佛性有何差别"③,"佛者,觉也"等所表达的,既是自我本真心性,也是自我非众生性质的法性、佛性,因而"明心见性"就成为一个"走向顿悟"的实践性、过渡性、存在性概论,将人从宗教极限性——神的信仰终极意义——转化为美学化的、人生论的、现世性的众生之觉悟心性。在禅宗美学发展史上,这样的主体心性标举出生命大我的"零度"状态,在逻辑上解决了中国美学的本体论难题——并非宇宙论的类比性模拟美学本体,也非玄学化的观念美学本体,更不是经验性的直觉本体,让禅

①杨曾文校写:《敦煌新本六祖坛经》,上海古籍出版社 1993 年,第 41 页。
②法海集:《南宗顿教最上大乘摩诃般若波罗蜜经六祖惠能大师于韶州大梵寺施法坛经》卷一,《大正新修大藏经》第四八册,(台北)新文丰出版股份有限公司 1983 年,第 337 页中。
③杨曾文校写:《敦煌新本六祖坛经》,上海古籍出版社 1993 年,第 6 页。

美学本体成为生命与实践、伦理与政治、神圣与世俗等对立性意涵化解合一的法器,至此心性仿佛泯然无寄,又能智慧导航人生。这种心性观念及其逻辑的立意之高,为禅宗充分吸摄佛教般若的智慧品性,更灵活、圆智地浸透于现实开辟了自觉拓展的可能。

二、般若顿悟之否定

禅宗对直觉智慧的继承因有深厚的文化渊源,而在对顿悟直觉之执着的否定方面反而需要花费更大的力气,慧能之诸后继者承担起这个漫长任务的,首推神会。宗密《圆觉经大疏释义钞》云:"然能大师灭后二十年中,曹溪顿旨沉废于荆吴,嵩岳渐门炽盛于嵩岳。普寂禅师,秀弟子也,谬称七祖,二京法主,三帝门师,朝臣归崇。敕使监卫雄雄若是,谁敢当冲。岭南宗途甘从毁灭,法信衣服,数被潜谋,事如祖章,传授碑文两遇磨换。据碑文中所叙,荷泽亲承付属,(讵)敢因循直入东都,面抗北祖,诘普寂也。龙鳞虎尾,殉命忘躯,侠客沙滩,五台之事县官白马,卫南卢郑二令文事,三度几死,商旅缞服,曾易服执秤负归,百种艰难,具如祖传。达磨悬丝之记,验于此矣。因淮上祈瑞,感炭生芝草,士庶咸睹,遂(尽今)建立。无退屈心。又因南阳答(王赵)公三车义,名渐闻于名贤。天宝四载,兵部侍郎宋鼎,请入东都。然正道易申,谬理难固。于是,曹溪了义,大播于洛阳;荷泽顿门,派流于天下。"①神会生前受朝廷尊崇,入灭后"敕赐祖堂额,号'真宗般若传法之堂',七年敕赐塔额号'般若大师之塔'。贞元十二年(796),敕皇太子集诸禅师,楷定禅门宗旨,遂立神会禅师为第七祖"②。对于神会的贡献学界

---

① 宗密:《圆觉经大疏释义钞》卷三,《新编卍续藏经》第一四册,(台北)新文丰出版股份有限公司 1995 年,第 553 页下。

② 宗密:《圆觉经大疏释义钞》卷三,《新编卍续藏经》第一四册,(台北)新文丰出版股份有限公司 1995 年,第 554 页上。

评价轩轾不一,有学者总结出三种历史功过①。一方面认可其"担当了恢复法嗣的历史重任",另一方面指斥其犯了罪过,"如果说神会真有罪过,就是他亲手建立的荷泽宗,重蹈了北宗的老路,依靠朝廷势力,脱离百姓乡民,同遭'灭佛'的命运,自取灭亡"②。杨曾文也认为:"他过于重视所谓'知见',又强调读诵《金刚经》的种种功德的部分,是相对于慧能禅法的一种倒退。"③禅宗作为社会政治、文化、哲学等聚合于宗教的反映,有其不同于一般社会运动的发展轨迹,对于神会之于禅宗不能如评价生产力和一般社会力量那样依照直线标准进行裁判。那么,神会之于禅宗南宗的思想、实践的发展,是否应给予宗教意义的"向后退"的裁定? 或认为纵然他是"向后退"了也属于螺旋式发展的必须? 还是从禅宗美学发展的实际来看,否认对神会形成"重蹈北宗路线"的裁判,反而能够从禅宗修证走的既不是有余涅槃的"以身证命"(用肉体断灭证明正果)或无余涅槃的"以命证性"(用精神或肉体证明与佛性同一),而从心性修证的途径,通过心性刹那间的迷误,昭示主体生命的状况和意义? 若是得到肯定,那么,神会的禅学理论及其实践,得到朝廷势力的扶持,并不影响其美学意义上的特殊价值和境界:注重人的存在和注重属于人的感性、理性、意志力等所有因素,对人的存在性的尊重,构成神会对禅宗历史贡献最重要的内容,标志着神会对慧能禅宗美学的一种承续,也是禅宗美学在主体心性否定性诠释方面实现的又一次重要的历史性拓进。

_____

① 胡京国:《论神会在禅宗史上的历史功过》,《文史哲》,1998 年第 5 期,第 78 页。按:该文说,评价神会的历史功过历来有三种意见:其一是"吹捧论",如胡适视神会为"北宗的毁灭者";其二是"挑拨论",认为禅宗的分裂是由神会挑拨弄出来的;其三是"参半论",即认为神会传续南宗法统是功,与其他门徒窜改《坛经》是过。

② 胡京国:《论神会在禅宗史上的历史功过》,《文史哲》,1998 年第 5 期,第 78 页。

③ 杨曾文:《唐五代禅宗史》,中国社会科学出版社 1999 年,第 214—215 页。

　　神会从般若直觉对顿悟的效果角度推进了禅宗南宗的美学,推进了般若与中国美学心性思想的深度结合。中国美学的心性理论,注重主体内在的修炼,以修炼达到的程度标志心性境界。这种修炼讲的是心性,但因为巫文化及其自然观念对中国美学的影响,心性修炼也先天地含有道化蜕变和以时间节度显示境界高度的特点。佛教般若范畴渗透以后,通过佛教诸宗理论建构心性涵义具备了圆融通透的观念机制,这种观念机制保证了心性理论框架的廓大和超越性立意,使肯定与否定、生与灭、空与有、进与退等对立性涵义俱纳入理论机体中,形成结构性审美效力。在形成心性理论框架时,般若观照与心性的清净、透明、圆融,都一步步切近恒定的心性观念、意志力和禅定心态,一步步切近美学化主体的自觉自为,一步步切近对生命的有意识的掌控。

　　神会下南阳、洛阳与北宗神秀一系的普寂、义福、崇远展开辩论,还有他与道学界、州府界的士人、官僚的对答交往①,表明神会所代表的禅宗南宗对佛教各路学说都在接触和思考,辩论时争议集中的方面,往往是不同观念形成差异的焦点。由于神会对涅槃学也进行了般若学的修正和改造,而他所掌握的般若学又是已经中国化程度很深的般若学,从而客观上加固了禅宗的宗(义理)、教(实践)相合的智慧性质与宗教践行的美学性质。在本体论的建构方面,神会有自身立宗创义的突出贡献,他将禅宗美学的般若空性、般若识性从理性主体的建立角度结合了起来,从而选择了偏重般若空义但不盲目崇仰顿悟直觉,以至对顿悟直觉持以鲜明的美学

①按:杨曾文《唐五代禅宗史》说:"当时与神会有过直接交往的朝廷官员有:户部尚书王赵公(王琚)、崔齐公(崔日用或其子崔宗之)、吏部侍郎苏晋、润州刺史李峻、张燕公(张说)、侍郎苗晋卿、嗣道王(李炼)、常州司户元思直、润州司马王幼琳、侍御史王维、苏州长史唐法通、扬州长史王怡、相州别驾马择、给事中房琯、峻仪县尉李冤、内乡县令张万顷、洛阳县令徐锷、南阳太守王弼等。其中有的人可能是神会进入洛阳以后才发生交往的。"(中国社会科学出版社1999年,第189页)

批判立场。对此,胡适曾在相关论文中表达了自己不无偏袒的"批判赞赏"态度:

> 中国佛教史上最成功的革命者,印度禅的毁灭者,中国禅的建立者,袈裟传法的伪史的制造者,西天二十八祖伪史的最早制造者,《六祖坛经》的最早原料的作者,用假造历史来做革命武器而有最大成功者——这是我们的神会。①

又说:

> 在禅宗的历史上,神会和尚(荷泽大师)是一个极重要的人物。六祖(慧能)死后,神会出来明目张胆地和旧派挑战,一面攻击旧派,一面建立他的新宗教——"南宗"。那时旧派的势焰熏天,仇恨神会,把他谪贬三次。御史庐奕说他,"聚徒,疑萌不利",初贬到弋阳,移到武当,又移到荆州。然而他奋斗的结果居然得到最后的胜利。②

胡适赞扬是非常热烈的,他对神会的推崇实际上"放大"了对整个中国佛教的积极认肯方面。然而,国内也颇有学者持反对态度,吴立民的观点就很有代表性:

> 中国佛教的幸存,是存在这个神会手里,但中国佛教的衰

① 胡适:《神会和尚语录的第三个敦煌写本:〈南阳和尚问答杂征议〉(刘澄集)》,欧阳哲生主编:《胡适文集》一〇,北京大学出版社1998年,第545页。
② 胡适:《神会的"显宗记"及语录》,张曼涛主编:《禅宗思想与历史》禅学专集之六,(台北)大众文化出版社1978年,第139页。

亡,也就亡在这位神会和尚手里。北宗是渐修,南宗是顿悟;北宗重在行,南宗重在知;北宗主由定生慧,南宗主以慧摄定,这是两宗最大的差异。现在推翻北宗而专弘南宗,便是不尚渐修,而惟尚顿悟,不重行而惟重知,不主由定生慧,而主以慧摄定,这是神会和尚所造成的一种风气。由此主张导向,致使当时的僧人,以不立文字而轻弃一切经卷,以无念为宗而指斥修习有为,以定慧齐等而反对坐禅入定,以立地成佛而破除三劫五乘,以机锋肆应而驰骛空谈玄辩,莫不舍难趋易,弃实崇虚,积习相承,每况愈下,甚至不知圣教究何所说,不知修行应何所依,正信还未生根,便说已经"开悟",菩提尚未发心,侈谈已经"见性",于是满街圣人,遍地野狐。这主要的根源之一,便是专弘南宗的流弊,而这位神会和尚,不能不负这个责任。①

这一段慷慨陈词,与胡适的评语一样振聋发聩。吴立民批判神会"以慧摄定",偏于"空宗",似乎禅宗的衰亡全怪神会制定了新的框架,这个批判用语不轻,然而神会之后禅宗确实是循着神会的理路方向发展的。那么,如何理解这个评价呢? 如果像吴先生那样把问题的焦点聚集在顿、渐谁更胜出,实质关注的还是禅慧的理念和知识问题。慧即般若,般若给心性一个定性,般若直觉更容易产生。强调佛性的觉悟是心性的对象,是因为慧的识性由心性自觉而出,于是心性觉悟的价值就自然而然体现出来。禅宗的心性智慧不是自身凭空可以产生,在社会经济、政治和文化的情势、氛围下,才能形成相应的"定"与"慧"。南宗亦如此。随着佛教世俗化的深入,禅宗得到广泛的传播,就在南北方佛教拥有普遍的信仰基础时,会昌法难打乱了正

①吴立民主编,何云等著:《禅宗宗派源流》,中国社会科学出版社1998年,第125页。

常的节奏①,导致禅宗也不得不调整策略,遂使晚唐与盛、中唐形成
迥异的气质和面貌。这就说明禅宗后来的发展及其偏空的倾向,有
很大的原因是历史现实发展使然,不能简单地归咎于神会的重设理
路,因而恰当理解神会,对于正确评价并理解中国佛教,则是非常重
要的。

　　神会振兴了南宗,他的顿悟禅观使南宗由支系扩为教坛占主导
的宗派。神秀对慧能学说、体系的积极改造,体现于将般若心性预置
的"零度主体"这一本体论极限,从"现时性主体"的角度给予否定,
将之转换为当下觉悟之主体,不依心性善恶、空有来断,而是依觉悟
状况来决定。根据神会的观念,慧能讲的"本来无一物,何处惹尘
埃",心性的确明净了,抛物绝尘成为空净主体,似乎达到了主体空净
的极限,但这种主体注重先验性,人无须修炼智慧就顿悟成佛。神会
认为,修佛讲心性明净,说的是觉悟了的主体。至于修道过程的主
体,根据具体的情势判定,一般的禅悟实践不能达到顿悟,特殊的智
慧修炼又是不可修习模仿的。这似乎是个矛盾,然而神会把这个从
般若主体的角度来理解,说明智慧修炼不只是形式上的,也是内容上
的,唯其后者才成其为顿悟。这种说法比慧能的进步,超越了慧能的
空净佛性主体,或谓涅槃主体,只强调依傍于自性、本性空净的主体,
而将之提高到顿悟属特殊智慧修炼的效果。神会这样做等于把顿悟
从"神性""佛性"形式剥离出来,让心性坐实于烦恼、平常心,使禅心
在对慧能否定空性建立的自性之"零度主体"又加以否定之后,回归
到现行的、空性的智慧主体上来,自然更显得鲜活充实,富有生命力。

――――――――――

① 按:胡京国将会昌法归咎于神会,持论更是就近。会昌法难也是安史之乱后,
　方镇势力猖獗,朝廷对人心涣散找不到根本症结,国库空虚,而找佛教开刀的。
　显然,会昌法难有更深刻的现实原因,将灭佛动机归罪于神会是不能令人信服
　的一种简单化认识。

胡适校写的《神会和尚遗集》(系敦煌卷子)记录神会与其弟子的答辩,讨论的焦点就是心性涅槃与心性般若的问题:

问:"本有今无偈,其义云何?"

答曰:"据《涅槃经》义,本有者,本有佛性。今无(者,今无)佛性。"

问:"既言本有佛性,何故复言今无佛性?"

答:"今言无佛性者,为被烦恼盖覆不见,所以言无。本无今有者,本无者,本无烦恼;今有者,今日具有烦恼。纵使恒沙大劫烦恼,亦是今有。故言三世有法,无有是处者,所谓佛性不继于三世。"

问:"何故佛性不继三世?"

答:"佛性体常,故非是生灭法。"

问:"是勿是生灭法?"

答:"三世是生灭法。"

问:"佛性与烦恼俱不俱?"

答:"俱,虽然俱,生灭有来去,佛性无来去。以佛性常故,由如虚空。明暗有来去,虚空无来去。以是无来去故,三世无有不生灭法。"

⋯⋯⋯⋯⋯

第二十五(卷)云:"一切众生,未来之世,定得阿耨菩提,是名佛性。一切众生,现在具有烦恼诸结,是故不见,谓言本无。"

又第十九(卷)云:"有佛无佛,性相常住,以诸众生烦恼覆故,不见涅槃,便谓为无。常知涅槃,是常住法,非本无今有。佛性者,非荫界入,非本无今有,非已有还无。从善因缘,众生得见佛性,以得见佛性故,当知本自有之。"

问:"既言本自有之,何不自见,要藉因缘?"

答："犹如地下有水，若不施功掘凿，终不能得。亦如摩尼之宝，若不磨治，终不明净，以不明净故，谓言非宝。《涅槃经》云：一切众生，不因诸佛、菩萨、善知识方便指授，终不能得。若自见者，无有是处。以不见故，谓言本无佛性。佛性者，非本无今有也。"[1]

佛性"本有"，不继三世，不是生灭法，即涅槃常住法；从蕴界（蕴，积聚，滋生烦恼处）入，在世间来去生灭，体现于众生烦恼诸结者，属"今无"之众生心性。"今无"到"今有"，指诸佛菩萨指导下众生得到开悟。在这个地方，神会与慧能的心性本体论出现分歧，神会主张心性非本净，若神性、佛性本净，而众生的心性为烦恼覆盖，则一者本来不是"本有今无"的神性，二者也无以达到"现行佛性"，而这显然与慧能的"佛性本净"说是相对立的。不过，二人的观点在看待佛性澄明就是般若这一点上却是一致的。

神会否定脱离现行修炼的所谓佛性，否定顿悟的无时不在，突出心性范畴从涅槃"彼岸"的理想化境界，回到现世的修道境界，使禅宗般若主体由神回到了人，彻底否定了"零度主体"的极限性空净状态。新的心性本体不纠结佛性的"本有"或"本无"，也不僵滞于一种刻板状态，因为现时性的主体心性，是动态的、呈现生命意志的主动力量，可以"出污泥而不染"，与世间烦恼同在并从中挣脱出来，显示般若智慧完满的感性生命质量、能量。神会强调般若智慧的"真解脱"："妙中之妙，即妙法身。天中之天，乃金刚慧。湛然常寂，应用无方。用而常空，空而常用。用而不有，即是真空。空而不无，玄知妙有。（妙有）即摩诃般若，真空即清净涅槃。般若通秘微之光，实相达真如之

---

①按：《神会语录》的写本，敦煌卷子中已发现三种其一为胡适校写本；其二为铃木大拙、公田连太郎校订本（此处所采用，原编者选辑本）；其三为入矢义高所发现的《南阳和尚东征义》（刘澄集）的残卷。见杨曾文编校：《神会和尚禅话录》，中华书局1996年，第60—63页。

境。般若无照,能照涅槃。涅槃无生,能生般若。涅槃般若,我异体同,随义立名,法无定相。涅槃能见般若,具佛法僧。般若圆照涅槃,故号如来知见。知即知常空寂,见即直见无生。知见分明,不一不异。动寂俱妙,理事皆如。理净处事能通,达事理通无碍。"①在《菩提达摩南宗定是非论》中,神会用《金刚经》"能摄一切法""一切行之根本"的"最尊最上最第一"提法对"顿旨"给予根本地位的重申和确认,认为般若心性的"寂知""无念",即般若通则一切通,般若觉则一切觉,人生的"现时性""未来性"都通过般若智慧实现其本质心性。

　　强调心性本体的空净,《金刚经》的阐述比较彻底,可谓是极限论的代表。对此,神会没有直接讨论,但他关于如来藏心性应从清净转为自主自觉,却是实质性地树立了新的禅宗心性主体,而禅宗主体一旦摆脱神性,从蕴界、俗界进入,使烦恼与菩提俱在,就成为更切合人性,也更具有现世佛心的一种中国化主体论美学了。主体本心的明净,在世俗因缘中生发的智慧能量,融摄一切因素,使生灭、来去之性俱化入人的命运,深刻地推动了人的本心证悟涅槃,获得生命自觉的自由与超越。这或许就是神会真正革命的一面,他做到了把印度心性说的神性尾巴彻底剪断,使之在中国化的心性论基础上进一步生长与变革。

三、道心极限之否定

　　主体心性从神性的本觉、空净到现行性与"污染"同在的注重智慧修炼的心性本体,喻示着中国美学的重大转变。一方面,现世心性的般若直觉、慧悟点亮了人性之光;另一方面,主体心性有意识地避绝空泛,促发美学产生更多崭新的生命体验。但是,神会的般若实践

----

① 神会:《顿悟无生般若》,即《显宗记》,李淼编著:《中国禅宗大全》第一册,(高雄)丽文文化事业股份有限公司1994年,第119—120页。

观念也存在一个疑惑，就是现世的心性觉悟应该从哪一方面与"污染性"的现实"握手"，现行的哪一个阶段或时间点可能促成觉悟，神会对此并不是很清楚。这个问题后来在青原、怀让那里遭遇到挑战，再后来又传续到马祖道一和石头希迁手上，才被明确、彻底地解决。

马祖道一提出"平常心是道"。平常心主体超越、否定了神会的不确定的、现时性主体。马祖说："道不用修，但莫污染。何为污染？但有生死心造作趣向，皆是污染。若欲直会其道，平常心是道。谓平常心无造作、无是非、无取舍、无断常、无凡无圣。《经》云：'非凡夫行，非贤圣行，是菩萨行。'只如今行住坐卧，应机接物尽是道。道即是法界，乃至河沙妙用不出法界。若不然者，云何言心地法门！云何言无尽灯！一切法皆是心法，一切名皆是心名，万法皆从心生，心为万法之根本。"①这个"平常心"是什么，学界看法不一，郭齐勇说："'平常心是道'，即中国传统'极高明而道中庸'思想的蜕变。不刻意追求外在超越的理念，而是将其纳入日用常行之中。这是在自心做工夫的'即心是佛'之论的发展与补充。"②洪修平则认为马祖禅"更强调从当下的一举一动、一言一行中去证悟自己本来是佛，佛就是自然自在的自身之全体，任运为任身心自运"，"马祖的'平常心是道'就充分体现了心道无二、无断无修的'直显心性'之特点"③。也有学者认为把"平常心"与"道"相合，理解为达到高深修养后的任心而运的"无意识的心"的状态，或理解为人在当下的现实心灵活动，都不太切合马祖道一的"平常心"内涵，问题的关键是，"平常心"和日常生活要联结起来：

①道原纂：《景德传灯录》卷二八，《大正新修大藏经》第五一册，(台北)新文丰出版股份有限公司1983年，第440页上。
②郭齐勇：《马祖禅的哲学意蕴》，赖永海主编：《禅学研究》(第四辑)，江苏古籍出版社2000年，第34页。
③洪修平：《禅宗思想的形成与发展》，江苏人民出版社2011年，第278、279页。

平常心是无滞无碍的现实人心,是无所执著的日常生活。它以无心为体,以现实人心为用,是两者的内在整合。一方面,它不等同于日常心,不是众生的包容着种种执著、分别计较的日常经验活动;另一方面,它不仅仅是无心,不是牛头禅那样趋向彻底虚无、空寂化的无心,而是落实于现实人心的无心。①

强调"平常心就是在行住坐卧的日常生活中,自然任用,直下无心的思想"②,看似与郭、洪二位学者的认识差别不大,其实是有内在区别的。因为一种"道心"和在日常生活中合乎"道心"的现实心性,两者是不同的,后者更具现实性,是一种无修而修的自然之道的践行主体。我们赞同后一种说法,马祖表现了中国式的心性智慧,这种智慧用以改造禅宗主体,就把发展至神会所云"现行性主体"向具体化的、经验性的心性主体转化,将执着于善恶分离还是善恶一体,心性的所指和能指必须是体用相一,还是可以分离性的存在这种判断性的、认知性的现行主体,向经验性的至简至纯的实践性主体转化,于行住坐卧不受污染,既打破慧能式刻意的"自作""自净",也超越神会的事理互摄的玄学性质的现象学美学,真正切入了生活本身,属于真正把人的存在本相显现的生活美学。

张节末在《禅宗美学》中讨论禅慧与"自然"的结合,认为:"禅宗思想从美学上看,表现为一个一方面从传统佛教七宝楼台式繁复的想象模式及其方法的渐次谈出,而另一方面禅的智慧与中国式单纯平和的自然观的渐次融合的过程。如所周知,中国式的想象方法是

①陈利权:《"平常心是道"与"触类是道"异同析论》,赖永海、薛正兴主编:《禅学研究》(第三辑),江苏古籍出版社1998年,第115页。
②陈利权:《"平常心是道"与"触类是道"异同析论》,赖永海、薛正兴主编:《禅学研究》(第三辑),江苏古籍出版社1998年,第116页。

类比,建基于人与自然的同源、亲和关系。中国人的想象绝没有如古代西域印度人的想象那么夸张、离奇,习惯于叠床架屋,它是较为单纯、简捷、平和的。"①佛教七宝楼台式的繁复的想象模式的渐次淡出,就是禅宗般若思想美学特质的渐次绽出,在中国被接受的过程,其实也就是般若中国化的过程。而关于禅慧与"自然观"的结合,体现于禅宗则是在"自家心性主体"豁显的同时,也褪去印度原有的一些特点,强化其思维和价值内涵中国化表现要求,总的趋向是愈来愈贴近现实。由马祖明确定位的"平常心",就显示了这样一种趋向,它逐渐向直白的生活靠拢,至简至淡,不夸大想象、观想的机制,对道心修证的内化机制也不刻意,惟以生命和生活的活泼泼的演绎,表达主体禅心的理智和智慧。

马祖道一的生活化主体心性,赋予般若以中国化的感性生活基础,进一步推动中国美学的宗教、政治和伦理混糅的道化美学,向生活、哲理与艺术凝合的方向前进。这种新型的美学趋向改变了魏晋以来玄学和宗教的"道化"趋向,将之扭转到生活化、艺术化与"道化"的合流方向,充分体现了中国人追求平易生活所凸显的美学韵味和境界,暗示了人格的提升并不来自纯粹观念的造作,而是要在生活的点点滴滴作为中印证、提升,在平凡中创造不平凡,在貌似琐碎和平庸中实现智慧与精神的超越,正是中国美学常住常新的主流。马祖道一的禅法把心性主体奠立于日常生活,巩固了人的生命实践经验的细微美感化,让禅宗的生活"证悟"成为修道的重要环节,从此禅宗的公案,就透过僧人在日常生活中的开悟,以别开洞天的方式展现出禅宗生活美学的演化特点。

大体禅宗心性主体的生活美学轨迹,最鲜明的一点是贯穿了般若的否定意识和否定精神。在马祖道一之前,对于"零度主体""现

①张节末:《禅宗美学》,北京大学出版社 2006 年,第 112 页。

行性主体"的否定,沿着打破道化的绝对空净意识,由道心设定的生命、生活存在意识向修证者真实的存在转化,在"平常心"这个修证途径上,自马祖开始,却是逐渐由否定"即心即佛"向否定"非心非佛"这些曾经开悟的命题认识转化。具体言之,马祖着意于否定道信、弘忍、慧能、神会等的"即心即佛",马祖之后继者则着意于否定马祖本人的"以心契道",并继续攻打"极限",包括对"非心非佛"也给予否定。在这整个过程中,道心的证悟毕竟是以心中所悟、所证为中心的,因此不同于一般的生活实践,更注重自身生命经历中的所遇所对给予道的体验与开悟的意义。因此,马祖虽提出"平常心",反对"即心即佛",却是反对将当下心契合于意念中之道,若是以心契合于生活中所证之佛道,却是抵达了证悟的本来,因而心法首先要无念无住,忘却心里曾经有过的佛或道,只从当下的生活处来开悟,有关《灯录》记载了从生活中捕捉证悟"禅机"的公案:

> 师为马祖侍者,一日,随侍马祖路行次,闻野鸭声。祖云:"什么声?"师云:"野鸭声。"
>
> 良久,祖云:"适来声向什么处去?"师云:"飞过去。"祖回头,将师鼻使扭,师作痛声。祖云:"又道飞过去?"师于言下有省。①

此处"师"指百丈怀海,记述百丈与乃师散步中忽然听到了野鸭声,马祖明知其声,却故意问百丈:"这是什么声音?"百丈的回答可以多种多样,或依闻而答,或答非所问,无论怎么答,都能看出他的心理路向,这正是马祖想得到的。结果百丈据实答曰:"野鸭声。"又过了

---

① 李遵勖编:《天圣广灯录》卷八,《新编卍续藏经》第一三五册,(台北)新文丰出版股份有限公司 1993 年,第 655 页上。

一会儿，马祖又问百丈："刚才的野鸭声去哪了？"百丈回答："飞过去了！"于是马祖转回头对百丈一番教训，拧着他的鼻子说："你还说飞过去了！"此公案的玄机在于，马祖第一问，得到百丈的心在日常处，便觉得甚好，第二问意在问此心是否合道，然百丈依然心随声走，故令马祖不满意。马祖要证悟的以"平常心契道"，在百丈这里实际上处于被否定、超越的角色，然其为老师，并不自知，仍以此教训学生。后一句"师于言下有省"，说的是百丈所悟未必是马祖教其所悟，但从此例确有所得却是真的。后叙百丈以师傅"扭鼻"为题材进一步发挥，在宿舍里大哭，同僚问便说："被师傅拧得太痛，现在这痛也不去。"别人问："师傅为什么拧你鼻子？"他便岔开："去问师傅好了。"马祖把话头挡回让同僚再问百丈本人，百丈这时大笑起来。第二天，"马祖升堂，众才集，师（百丈）出，卷却席，祖便下座。师随至方丈。祖曰：'我适来未曾说话，汝为甚便卷却席。'师曰：'昨日被和尚搊得鼻头痛。'祖曰：'汝昨日向甚处留心？'师曰：'鼻头今日又不痛也。'祖曰：'汝深明昨日事。'师作礼而退。师再参侍立次"[1]。马祖要百丈"即此用离此用"，即"平常心"又合"平常道"，要由此及彼；百丈偏偏反对这个，他采取"让我离此偏不离"，因而事情过去了，还三番不去。百丈所悟，平常心未必处处契合于道，"非心非佛"也是一种道。

又一例：

> 僧问："和尚为什么说即心即佛？"师云："为止小儿啼。"僧云："啼止时如何？"师云："非心非佛。"僧云："除此二种人来如何指示？"师云："向伊道不是物。"僧云："忽遇其中人来时如何？"师云："且教伊体会大道。"僧问："如何是西来意？"师云：

---

[1]《百丈怀海禅师语录》卷一，《新编卍续藏经》第一一九册，（台北）新文丰出版股份有限公司1993年，第817页下—818页上。

　　"即今是什么意!"庞居士问:"如水无筋骨能胜万斛舟,此理如何?"师云:"遮里无水亦无舟,说什么筋骨!"①

　　"禅机"是悟的关键、智慧的锋刃。这则公案记录马祖对门人建立平常心的导引,与初所云"心与道契"不同的是,马祖对"平常心"也有了新的理解,在他看来,"即心即佛"可算作平常心的初阶,像小孩子心性迷失时的啼哭,对他们唤回其心是最重要的。进一步是"非心非佛",即不一定执着于"自心""自性"一定为"某心某佛",这一步做到了,再不执着于物,就达到"平常心"的某种极限了。至于是否还要继续将这"平常心"走下去,譬如用佛法来否定"执着的执着",似乎到这个时候就一定能体会真正的"西来意"了,马祖说没有这些,禅意的证悟本来就是假名幻象的一种施设性开悟,好比水无筋骨能渡千钧重的船,道心的证悟也是如此,平常心的世界,只是平常心而已,若论悟道的心性,凡是设喻性的悟解,终归是"无水也无舟"的感悟!在这多重的否定中,马祖对主体心性归属于生活平常状态、道心之悟属于一种否定的意趣,把握得非常好,因为把握住这两点,就能把离开心性的任何极端性迷执都否定了。

　　这里对道心证悟与日常生活关系的讨论,有必要与西方美学接近的思想比较一下,以见出禅宗南宗的否定美学在这方面所达到的思想深度。西方美学的"平常心"属于强调审美现代性的一个概念,在存在主义现象学美学家海德格尔的本真(authenticity)概念中,就包含了对于被遮蔽了"此在"的美学的推崇。海德格尔用"本真性"否定形而上学的存在论,类似于慧能、神会对脱离心性的"神性""法性"的否定,但同时,海德格尔也反对把"本真性"与对世界的道义和

———————————
①道原纂:《景德传灯录》卷六,《大正新修大藏经》第五一册,(台北)新文丰出版股份有限公司1983年,第246页上。

责任脱离开来。他规定"此在"有三方面的含义：

　　（1）此在（dasein）为存在中被自身所关心之在（bing）。或，简言之，此在为自身在之缘故而在。因此，此在从存在的内在可能性得到自由，因而也从本真与非本真（authenticity and unauthenticity）的可能性得到自由。存在论意义上此在之在的可能性，即，此在为存在之在，一直都超越自身而在。

　　（2）但是"超越自身而在"不能被看作主体疏离世界的独立倾向，因为它具有"在世界中之在"这一方面的特征。此在被"抛置"（thrown）到世界便只剩下"装置"和"责任"留在世界。此在一直都以世界为自身在之前提而在。

　　（3）然而，此在的实际存在（existence），一般并不只有这样一种可能性：被"抛置"而"在世界中存在"却没有更进一步努力的资格。此在一直都对所在之世界竭尽关怀之力。此在为在的"先机"（zuhanden）而活跃，也就是说，此在之在属于世界文明范畴。此在以"陷入"（verfallen）世界来显现自身之存在。因此此在的存在是结构性的：一直都在世界中而在；超越自身而在，如在则与世界所关联之一切存在者相与而在。①

　　海德格尔的"此在"，强调一种归属于自身的本真，这种本真表现于世界中，既与其他存在相关联，也拥有自身的潜能、真性和对世界的责任。"此在"的显现是从被抛入的状态挣脱出来的，在走向对世界文明的责任过程中不可因为"解蔽"——消解被抛状态——而疏离与世界的关联性，而导致孤立地进入一种"为我论"（solipsism）的主体性。为了解决这一二律背反问题，海德格尔也强调通过"否定性"

---

①Martin Heidegger, *Existence and Being*, Henry Regnery Company, 1949, pp. 64-65.

（negativity）途径获得自由：一是否定先验的形上决断，让"此在"融入世界；二是否定主体的被动性，让主体对世界的责任和义务显豁，此即自在本真性的凸显；三是拆卸"沉沦"于世界中被强加在自身身上的那些"装置"，这种外在的装置恰恰是人在被动状态被其推着走的"装置"。这三个方面与禅宗要否定的方面，恰形成逻辑上的某种对应，而主体心性从否定"即心即佛"，再到否定"非心非佛"，也与海德格尔强调回到世界，解除外在的"装置"相合。禅宗心性蕴含了西方存在论的逻辑意蕴，其中国式"心性智慧"的主体渠道，即便涉及外物，以及虚幻的道心、日常生活名相所喻之我的否定，也从主体这一角度给出诠解。禅宗的主体心性的本体意趣，要求凡与存在相关的因缘，若能成为智慧的增上缘，哪怕属于生活表象的代表非本真与污染性的存在，暴露出"公共语言的平庸与肤浅"①，亦可以通过被视为"幻相"的否定，而从拔出的意义得到肯定性的价值评价。《五灯会元》记曰：

　　　百丈问："如何是佛法旨趣？"师曰："正是汝放身命处？"师问百丈："汝以何法示人？"丈竖起拂子，师曰："只这个，为当别有？"丈抛下拂子。僧问："如何得合道？"师曰："我早不合道。"问："如何是西来意？"师便打曰："我若不打汝，诸方笑我也。"②

　　"佛法旨趣""如何得道"及"何为西来意"这些问题，不是为师者答不出来，而是若老缠绕在这些问题上面，就会出现两种情况：一是

---

①Hubert Dreyfus and Mark Wrathall, *Heidegger Reexamined* (*Volume 1*): *Dasein*, *Authenticity*, *and Death*, Routledge, 2002, "Volume Introduction," p. 14.
②普济著，苏渊雷点校：《五灯会元》卷三，中华书局 1984 年，第 129 页。

被名相所拘,离开了生活本相,因此而失去本真禅心;二是如果刻意用生活化的语言表达,就会陷入公共语言的琐碎与平庸里面,那样"佛法旨趣"就肯定是达不到了。

四、律仪修为之否定

百丈怀海对"日常心"的理解平实而具体。这个"日常心",原本是马祖"但莫污染""日常心是道"的提法,现在成了"一切无拘,去留无碍"①的"自然主体",无丝毫刻意,一切按照生活来行事。百丈所修清规已佚,根据后人的整理,增减不一而在元代"校正归一的清规体例"②,大体包括"祝厘、报恩、报本、尊祖、住持、两序、大众、节腊、法器"九章,各章非常细致地列出僧人的饮食起居、参禅法事的律仪。禅与律结合,也属于心性的修为。禅寺的律仪一般是"综合佛教大小乘律的精华,结合时代和地域的实际"而制定③,但百丈修定律仪,不单单用来规约僧侣的生活,更是用它来进行证悟。根据百丈清规,僧人不论高下,都要参加日常劳作,自力更生,自食自作。寮舍交割,迎来送往,都要怀着儒家的仁心平等相待。参禅法事更是从简,"不立佛殿,唯树法堂"④,僧人对僧务、劳动和生活的感受,通过制度化的律仪纳入了"类化"的设置。在遵守仪规时,仪规准则和自心的自觉是吻合的,僧人不会觉得独异于世俗,只不过比世俗中人多了一份"法性寂然"的体验,由是而明了"自然"的责任和道义。《古清规序》说:

---

① 谢重光:《百丈怀海禅师》,厦门大学出版社 2011 年,第 72 页。
② 德煇重编,大䜣校正:《敕修百丈清规》重刊序,《大正新修大藏经》第四八册,(台北)新文丰出版股份有限公司 1983 年,第 1110 页下。
③ 谢重光:《百丈怀海禅师》,厦门大学出版社 2011 年,第 54 页。
④ 杨亿述:《古清规序》,德煇重编,大䜣校正:《敕修百丈清规》附著,《大正新修大藏经》第四八册,(台北)新文丰出版股份有限公司 1983 年,第 1157 页上。

　　　　所肃学众,无多少,无高下,尽入僧堂,依夏次安排。设长
　　连床,施椸架,挂搭道具。卧必斜枕床唇,右胁吉祥睡者,以其
　　坐禅既久,略偃息而已,具四威仪也。除入室请益,任学者勤
　　息,或上或下,不拘常准。其阖院大众朝参夕聚,长老上堂升
　　座主事,徒众雁立侧聆。宾主问酬激扬宗要者,示依法而住
　　也。斋粥随宜二时均遍者,务于节俭,表法食双运也。行普请
　　法,上下均力也。置十务谓之寮舍,每用首领一人,管多人营
　　事,令各司其局也。①

　　修行律仪为出家人制定,与老百姓自然潇洒的生活状态形成鲜
明对照,而中国美学意蕴在禅宗中的渗透以及般若智慧的韵致,也恰
恰是达到某种极致,那么,禅僧要遵循的律仪岂不失去其积极的意
义? 须知百丈修清规并不是刻意堆迭修为的功夫,而是以极简的制
度规约生活方式,把生活方式与修行方式统一起来,使日常起居、劳
作、参禅等无不显现出禅意。百丈强调般若在律仪中的导引作用,认
为"于比丘法中,增长正业,菩提心而不退,般若智以长明,普度众生,
期成正觉"②,在禅林中树立"自然主体心性",意味着佛法与儒家心
性论的结合,还要糅合道家的自然生态思想,这才是定慧双修,既定
且慧,般若居其核心:"得其要则自然,四大轻安,精神爽利,法味资
神,寂而常照,寤寐一致,生死一如。"③《祖堂集》就百丈关于身心
"自然"与般若顿悟旨趣,有详实的记述,更具法理性。一次,门人

①杨亿述:《古清规序》,德辉重编,大䜣校正:《敕修百丈清规》附,蓝吉富主编:《禅宗
　全书》第八一册,(台北)文殊文化有限公司1990年,第106页下—107页上。
②《入众须知》,撰者不详,蓝吉富主编:《禅宗全书》第八一册,(台北)文殊文化
　有限公司1990年,第204页下。
③德辉重编,大䜣校正:《敕修百丈清规》卷五,蓝吉富主编:《禅宗全书》第八一
　册,(台北)文殊文化有限公司1990年,第75页上。

问百丈"如何是大乘入道顿悟法",百丈答言说:"汝先歇诸缘,休息万事,善与不善、世间一切诸法并皆放却,莫记忆,莫缘念,放舍身心,令其自在","一切诸法,本不自言空,不自言色,亦不言是非、垢净,亦无心系缚人。但人自虚妄计著,作若干种解,起若干种知见。若垢净心尽,不住系缚,不住解脱,无一切有为、无为解,平等心量,处于生死,其心自在。毕竟不与虚幻尘劳、蕴界、生死诸入和合,迥然无寄,一切不拘,去留无寻,往来生死,如门开合相似。若遇种种苦乐、不称意事,心无退屈,不念名闻、衣食,不贪一切功德利益,不与世法之所滞"①。综百丈所言,即佛家所言"法性"。就百丈对"法性"理解而言,是非常虚灵的,似乎与律仪是矛盾的,但出家人的律令毕竟与世俗的法律不同,它依托于内在的取净祛垢之求,通过心性的塑造来规范日常作为,从而所谓的任运"自在",关键不是寄心于世而出其世,而是让人生境况之门在所处所遇时能够无所拘碍地打开,不因功名衣食等牵制。当禅修通过律仪渗透到所想所为,实质上主体心性的证悟已经内在地趋向于道家适性自然的美学旨趣了。

五、般若名相的否定性实践

后期禅宗的主体心性十分强大,敢于打破一切常规,表达自己对法性的证悟,使得这个时期的禅意、禅话头、禅公案、禅风都表现出浓郁的美学色彩。禅人的修习与其他的实践不同,他们在修炼过程中会不断地提升自我的扩张感,当修炼达到一定境界时,会产生洞察天地本性、奥秘的感觉。而一旦抵达这种状态,便在面对任何人、事、理、情感、意念的蕴积时,都能够超然跳脱出来,以自家自

---

①静、筠二禅师编撰,孙昌武、衣川贤次、西口芳男点校:《祖堂集》卷一四,中华书局 2007 年,第 641—642 页。

在的意志对对象、场域行以无须直白指出的"虚化"性积极投射。禅仿佛冬雪夏雨,时时带有主体的意识、情识和意志力的温润,在表达这些主体因素时又内含决绝的立场,使冬不归夏,夏不入冬,雨雪不复相融,从而禅的自在而悟,意味着禅美学境界在定慧方式上的呈现。它仿佛又是修道开花结果的写照,前期的植根、主干延伸中的旁逸斜出、劲头很猛的成长趋势,都充分吸摄了印度和中国的思想、文化资源,最终使"禅"这一棵大树长得格外粗壮,到晚唐后期,甚至旁逸的枝杈也成其格局、风范,正应了达摩的相关谶语:"吾本来兹土,传法救迷情;一花开五叶,结果自然成。"①

　　晚唐禅宗般若美学的否定性被发挥到极致。如果说慧能否定非主体性的神性,将主体内在的"神性"壁垒推倒,致力于主体无念无住的"零度状态";神会否定以直觉遮蔽的自恋,通过净染俱含,让主体成为现行的生命实践主体;马祖开辟禅道修证的日常生活路线,拆解来自现实的种种束缚;百丈禅师把日常修为和律仪统一起来,规范了僧侣特殊的空性智慧修证;那么,在上述禅宗否定旨趣的演进中,都能看到一种对人的生命本质的认识不断转化、推进,愈来愈切近生命本身、愈来愈具有现实性的轨迹。到晚唐时期,禅宗沿承了这个思想探索的轨迹,一方面继续注重日常言语、行为的修炼,试图否定已有之念和瞬间心执,使心性转向生活中的无所系缚、无所挂碍;另一个方面,晚唐禅宗的心性实践,虽以定慧之学为目标,但对心性打开的智慧印证,主要通过审美和艺术化的实绩获得体现。晚唐的审美和艺术化与前期相比,在人生美学的内蕴与呈现方面形成新的表现特点和趋势,热衷于飘逸、虚淡的美学倾向,这种趋向具有普遍性,甚至对禅门之外都产生广泛的影响。

---

①《续传灯录》卷二〇,《大正新修大藏经》第五一册,(台北)新文丰出版股份有限公司 1983 年,第 603 页中。

　　晚唐形成这样的美学趋向和特点,大概有如下三个原因:

　　第一,随着方镇力量的崛起,宗教逐渐退化为地方势力的守护对象,在这种情势下,修道者日渐被边缘化,遂滋生并助长了淡泊逸远的审美情趣追求。隋和唐之初、盛期,佛教在朝廷掌控之下。皇帝利用宗教为制定国策服务,朝廷的政策直接决定佛教的兴衰。唐高祖力主佛道儒平衡,唐太宗在"政治上利用"①玄奘,武则天利用佛教造谶②,都是从朝廷的需要出发推广佛教。这种趋势一直由盛唐延续到中唐,神秀被中宗谥为"大通禅师",其弟子普寂、义福有"两京法王,三帝门师"之称,也受益于此,表明国家对宗教的控制力量依然存在,但实际上方镇势力已经实际控制宗教的地方势力,各地佛教徒往往要依赖地方官员的支持才能兴旺教业。百丈禅师及之后的分灯,一方面是禅师探索发展空间,在各地找到地方政府支持的反映;另一方面,也是禅宗经历了学理研磨和各宗独特的探索之后,亦对理论不无某种厌倦,由此而倾向于通过边缘化的实践,来找回"绝地逢生"的感觉,结果反而是禅宗美学的情趣追求,在远离中央权力与地方权力既依赖又独立之后,主体自我愈加膨胀、自信,同时也充满怅望与烦恼的焦灼,因而更加追求淡泊高远的志向和蕴藉深远的意境、思想。因此,从生命本体的张力迸射上讲,似乎总体松懈下来,但无疑预示着进入了一番新的美学天地,开辟了中国美学史下半部高逸缥缈、意趣无限的发展进路。

　　第二,晚唐禅宗美学映射到其他各个方面,使禅般若之"悟"充分

① 镰田茂雄著,郑彭年译:《简明中国佛教史》,上海译文出版社1986年,第189页。
② 按:武则天命奸僧薛怀义、法朗等造《大云经疏》以附会《大云经》,自称则天,乃弥勒下生,作阎浮提主可为天子,汤用彤说:"武则天与奸僧结纳,以白马寺僧薛怀义为新平道行军总管,封沙门法朗等九人为县公,赐紫袈裟银龟袋,于是沙门封爵赐紫始于此矣。"(汤用彤:《隋唐佛教史稿》,中华书局1982年,第26页)

主体化,自觉与纯粹程度进一步提升。禅悟从隋唐转至下来,延至晚唐,经历了"直觉""象""情""意"等的能悟、所悟的递进转换过程。从理论上讲,直觉之"悟"发展得最系统;对"象"之"悟"掺杂了对般若幻相的阐述,多有妙解,对诗歌、绘画和音乐创作产生有效影响,积极促动盛唐艺术的繁荣;对"情"的般若之"悟",唐太宗时便奠定理论基础,安史之乱后深入渗化到美学化和艺术化的创作实践;对"意"之"悟"大体中唐以后获得展开,因能充分汲取佛教般若美学的理论意蕴,因而能自觉转向中国本土化美学理论与实践统一的全面建构。

　　第三,会昌法难与北周武宗的毁佛运动形成时空上的响应,中间虽跨越了相对平静的发展时期,但来自权力和整个社会对佛教限制、惩罚的毁灭性冲动,都给禅僧留下了心理阴影,导致禅宗对"空"的追求、对否定性的心识选择,在很大程度上带有自我保护的动机。这个特点对晚唐美学的影响,表现为一方面不寻求激发对抗与冲突的意识和情境;另一方面,注重自我表现的显豁、峻切、圆融、通达,十分普遍地达到各各灿烂、样样奇绝的地步,而这一切又大都与敏感的政治不发生交涉,只触及个人的生命体验更加精致和深入。会昌法难发生在842—845年间,唐武宗的毁佛政策十分彻底,对佛教造成毁灭性的打击。在武宗毁佛这件事上,道教的诽谤和佛门扩张给朝廷的经济、政治造成压力都属主要原因,然而,最重要的是,禅宗的勃兴,特别是南宗空宗的弥漫,让唐武宗感到了极大的不安①,因而直接给

---

① 按:宋志磐《佛祖统纪》卷四二载:"五年正月,赵归真请与释氏辨论,诏僧道会麟德殿。上手付老子,论治大国若烹小鲜义。知玄法师登论座,大陈帝王理道、教化根本。辩说精壮,道流不能屈。因为上言:'神仙羽化,山林匹夫独善之事,非帝王所宜留神。'帝色不平欲还桑梓。帝作望仙台于南郊,归真乘宠排毁佛道,非中国所当奉,宜从除削。臣僚皆言,归真奸邪不宜亲信。归真自以已涉物论,乃荐引罗浮、邓元超等,同力胶固谋毁佛法。四月,诏检校天下寺院僧、尼数。五月,敕两都左右街留寺四所,僧各三十人。天下州(转下页注)

禅宗以致命的一击。据载,唐高宗时佛教屈居于道教之下,太宗时法琳护法令佛教岌岌可危,武则天时僧人佞佛让意识形态与宗教实现相对意识分离,禅宗南宗势力遂得以覆盖全国。从会昌法难至唐灭亡六十年间,禅宗空宗美学本质发生变异,使原本具有的人生美学化、艺术化趋向,愈加登峰造极,对人生苦难本相究诘的冲动造成削弱,对否定性与意识、环境和对象的关联则展现了开赴"新去处"的勇气和智慧。伊格尔顿说:"审美从一开始就是个矛盾而且意义双关的概念。"①禅宗美学的灵与肉的矛盾,正是其主体心性对极限性目标实现美学式否定与超越的体现,无论对神性极限、知识极限、物化极限以及工具化语言概念极限,还是对自身观念、驰念、幻想、臆想极限等等的否定,都属于禅宗主体心灵获得提升与超越的价值体现。因而,毁佛事件造成的心理阴影,尽管在调动修道者被动性的生命智慧方面,似乎不如积极的心灵更有创造性,更多地表现了"跳脱、规避、转移"权力的逼迫,化解莫名力量的伤害,但美学化的生命和心灵不是为极端的政治权力和偏执、愚昧的人生状态服务的,因而晚唐禅宗美学所表现的"适者生存"(survival of the fittest)、"生存竞争"(the struggle for existence)智慧②,对于修复主体的平常心和自信心,将趋

————————————

(接上页注)郡各留一寺,上寺二十人,中寺十人,下寺五人。八月,敕诸寺立期毁拆。括天下寺四千六百所,兰若四万所,寺材以葺廨驿,金银像以付度支,铁像以铸农器,铜像、钟磬以铸钱,收良田数千万顷,奴婢十五万人,僧尼归俗者二十六万五百人,穆护火祆并勒还俗凡二千余人。宰相李德裕率百官上表称贺。"〔《大正新修大藏经》第四九册,(台北)新文丰出版股份有限公司1983年,第386页上〕法师斥神仙羽化之道,乃明君所不为,此言深深激怒了唐武宗,让他感觉到佛教对朝廷意识形态的干预,进而形成毁佛严酷的社会现实。

①伊格尔顿著,王杰、付德根、麦永雄译:《美学意识形态》,中央编译出版社1997年,第16页。

②Alan Woods and Ted Grant, *Reason in Revolt Vol. II: Dialectical Philosophy and Modern Science*, Algora Publishing, 2003, p. 121.

向膨胀的或自我贬抑、怀疑的主体重新拉回直面生活,无疑具有积极、健康的人文美学价值。

　　晚唐淡泊、飘逸的美学趋向孵化出斑斓多姿的语言名相,般若智慧止于名相极限的阈限之内。对名相的美学否定,隐含在般若化的"名相"设定之中,可谓为不彻底的美学革命,然而,否定名相的趋向表达了主体心性的智慧态度,使"名相否定"具有了真实的价值意义:

　　(一)直心之相:黄檗希运体悟到名相对悟道的限制,主张直心见性。《景德传灯录》卷九载:"有大禅师号希运,住洪州高安县黄檗山鹫峰下,乃曹溪六祖之嫡孙,百丈之子西堂之侄。独佩最上乘,离文字之印,唯传一心更无别法。心体亦空,万缘俱寂,如大日轮升于虚空中照耀,静无纤埃,证之者无新旧无浅深,说之者不立义解,不立宗主,不开户牖,直下便是,动念则乖,然后为本佛。"①会昌五年,黄檗希运率弟子栖隐于山林,观照自然万象,摈弃杂念,直见心性,思锋指向语言名相的藩篱。"离文字之印,唯传一心更无别法。""一心"即直心,直抵本心,此本心非"空心",而是有性得法之心。《杂阿含经》:"如是直心者,得深法利,得深义利,得彼诸天饶益随喜"②,《大般若经》以"质直心"对"谄诈心"③,强调众生归于质朴本心。《大乘起信论》发三种心:"一者,直心,正念真如法故;二者,深心,乐集一切诸善行故;三者,大悲心,欲拔一切众生苦故"④,三心皆契合真如,心

①裴休集:《黄檗希运禅师传法心要》,道原纂:《景德传灯录》卷九,《大正新修大藏经》第五一册,(台北)新文丰出版股份有限公司1983年,第270页中。

②求那跋陀罗译:《杂阿含经》卷三三,《大正新修大藏经》第二册,(台北)新文丰出版股份有限公司1983年,第238页上。

③玄奘译:《大般若波罗蜜多经》卷三二四,《大正新修大藏经》第六册,(台北)新文丰出版股份有限公司1983年,第657页中。

④马鸣造,真谛译:《大乘起信论》卷一,《大正新修大藏经》第三二册,(台北)新文丰出版股份有限公司1983年,第580页下。

法所作无不直显本源,似与道家真元相类。会昌法难后禅宗如此重视"直心",已然不同于南宗之祖慧能曾倡导之直心(真心)。慧能绍州悟道后对弟子说:"汝等诸人自心是佛,更莫狐疑。外无一物而能建立,皆是本心生万种法。故《经》云:'心生种种法生,心灭种种法灭。'若欲成就种智,须达一相三昧、一行三昧。若于一切处而不住相,彼相中不生憎爱亦无取舍,不念利益成坏等事。安闲、恬静、虚融、澹泊,此名一相三昧。若于一切处行住坐卧,纯一直心,不动道场,真成净土,名一行三昧。"①在慧能那里,"直心"指的是纯一的内心之相,在本体论上包含净与不净意,明暗兼备,具备如此心相,则不生而具其元始,不灭可体心味万象,一相三昧,简单说,就是心里的东西是纯粹的,心外面产生什么,最后都能在这个心相里有它的归摄。慧能的这个意思在马祖、百丈等那里,被发挥为"无相而有相""无相而为实相",或谓之"即心即佛""非心非佛",貌似两不相干的命题,实则说的是一回事。"即"与"非"都是心的法相,因其为法相,所以具有法力的功能,当其纯一为心相时,为含藏三昧之相,当其呈现为法的妙化、妙用时,在纯粹中映射着世界,与心体之外的一切形成关联,这便是心相的审美情怀和能量。慧能的心相基本是肯定性的,与希运及沩仰宗等的"心相"不同,在后者这里,特别指的是"道场心"这一种心相存在。希运说:"但直下无心,本体自现","不即不离,不住不著,纵横自在,无非道场"②。"凡夫取境,道人取心,心境双忘,乃是真法。忘境尤易,忘心至难。人不敢忘心,恐落空无捞摸处。不知空本无空,唯心真法界耳。此灵觉性,无始以来,与虚空同寿,未曾

①道原纂:《景德传灯录》卷五,《大正新修大藏经》第五一册,(台北)新文丰出版股份有限公司1983年,第236页上一中。
②裴休集:《黄檗山断际禅师传心法要》卷一,《大正新修大藏经》第四八册,(台北)新文丰出版股份有限公司1983年,第380页下。

生未曾减,未曾有未曾无,未曾秽未曾净,未曾喧未曾寂,未曾少未曾老;无方所无内外,无数量无行相,无色象无音声;不可觅不可求,不可以智慧识,不可以言语取,不可以境物会,不可以功用到。"①原来希运所说的"直心",恰恰是体现否定性本质的"无心",就是不让心有意识地发挥"法相",这样心才能作为"道场"而存在。义玄说:"佛法无用功处,只是平常无事,屙屎送尿,着衣吃饭,困来即卧,愚人笑我,智乃知焉。古人云:'向外作工夫,总是痴顽汉!'尔且随处作主,立处皆真。"②直心之相巧妙地移置了心本体的相位,使禅宗从原来住于内、泯于外的内修特征,转化为一种生存、生命的显相,这无疑是一次深刻的人生、生命美学的革命,意味着审美发生时,要把心及心所属的整个人的存在状态,都定位到道的状态,遣散一切非心之因素,径直让心性主体入主生命、生活之场,主客无对象,主体的意识、情感、无意识和想象等,都在道场中成为自为自证自现的因素,连同天地自然和人、事因缘,也都在道场中围绕着心相而动,直心之相裸现了人的真实生命与存在。

直心之相对名相的否定体现为直心成为道场的刹那,遣散非心之相,即遣散语言的名相,不让心受任何已有之念的干扰。语言名相,在概念的作用下往往携带着经验性的因素,以心已具此思妄居为主体,现在遭遇到驱遣。妄相被驱遣时,"道场"占据了心,那正是活泼泼的生命、生存意志的主动呈现,因而,直心无非是更便捷地走近生活而又不被经验性的、名相性的观念干扰罢了。所以在"直心"之后有一个"见性"的问题,不是人人都能够找到直心的道场,也不是人人都能够否定了僵化的、干扰性的意念和经验性的世俗因素,就一定

①李森编著:《中国禅宗大全》第一册,(高雄)丽文文化事业股份有限公司1994年,第201页。

②慧然集:《镇州临济慧照禅师语录》卷一,《大正新修大藏经》第四七册,(台北)新文丰出版股份有限公司1983年,第498页上。

能够找回生命的本心,还要看"直心之性"。若是与法性同一,具备本心应有之性,那么,道场中的一切就都是自如的;反之,纵然卸掉了一切包袱,最终有一个赤裸裸的"我"在,这我还是与生命、生存、生活的真正价值远远悖离,无从见性。自黄檗希运始,临济义玄、赵州和尚、沩山灵佑、仰山慧寂等,都遵从"直心见性"禅法,走向本真生命、生活的禅修境界。禅师传记载:

> 石霜抵沩山为米头,一日筛米次。师云:"施主物,莫抛散。"石霜云:"不抛散。"师于地上拾得一粒云:"汝道不抛散,这个是甚么?"石霜无对。师又云:"莫轻这一粒。百千粒,尽从这一粒生。"石霜云:"百千粒,从这一粒生,未审这一粒,从甚么处生?"师呵呵大笑,归方丈。[1]

> 师问道吾:"甚么处去来?"道吾云:"看病来。"师云:"有几人病?"道吾云:"有病底,有不病底。"师云:"不病底,莫是智头陀么?"道吾云:"病与不病,总不干他事,速道速道。"师云:"道得也与他没交涉。"[2]

> 一日,师谓众云:"如许多人,只得大机,不得大用。"仰山举此语,问山下庵主云:"和尚怎么道,意旨如何?"庵主云:"更举看。"仰山拟再举,被庵主踏倒。仰山归举似师,师呵呵大笑。[3]

心性道场凸显主体的禅意识,多在否定机械和僵化的生活、生

---

[1]圆信、郭凝之编:《潭州沩山灵佑禅师语录》卷一,《大正新修大藏经》第四七册,(台北)新文丰出版股份有限公司1983年,第578页上。

[2]圆信、郭凝之编:《潭州沩山灵佑禅师语录》卷一,《大正新修大藏经》第四七册,(台北)新文丰出版股份有限公司1983年,第578页上。

[3]圆信、郭凝之编:《潭州沩山灵佑禅师语录》卷一,《大正新修大藏经》第四七册,(台北)新文丰出版股份有限公司1983年,第578页中。

命，这种禅意识的表达是愉悦的，极其审美化的，让心性意向获得一种貌似无心的、心相暂时性缺位的幻象效应，这便是直心道场要追求的禅修境界。

妨碍直心成为道场的名相设置，本来也属于相关的因缘，但因为名相的执主为主体，它若是成为主体，则必然造成禅修的困惑或困境。所以，灭绝言相，是直心道场作为生活、生命实践之直接而主要的内容。

如何灭绝言相，言相介入主体，既可以是连续性的，如不断受到观念、信息干扰，也可能是暂时性的，一种是被强化了的、对主体感知实行了强制性干预的名相，譬如知识分子的功名利禄意识等，对它们采取怎样的否定性手段来消解，对此沩仰宗用了相对温和、迂回的办法，而临济宗选择了粗暴激烈的方式。

沩仰宗对"名相"犹如放飞风筝，不管其作何起舞，始终让有形无形的心性之线牵着。最奇妙的是禅师接引时每每把"线"拽断了，凭空让修者的心绪飘荡，自寻归处。至于那拽断的线如何重新牵住，则是全赖心智对禅的"机锋"的体悟。因为"机锋"就是思想的燃点，也是遮蔽了的"密码"之乍现敞开，因而禅师和弟子都不敢轻忽过去。在上例石霜与沩山对话中，"筛米"话头用为参禅开悟。从"莫抛散"到"莫轻一粒"，"一粒"是禅理的底依，也是禅锋的契机，由"一粒"悟无生，心念续续不断，"一粒""从甚么处生"将"生"的执念斩断。沩山接引成功，其念已断，事理亦泯，缘缘非缘，直心呈现。第二例，沩山与道吾从寻常生活现象参禅，道吾举"几个病"，先将"线头"抛出来，若与"直心"无关则千头万绪无意义，故"速道速道"，暗含着"速断速断"之意。因为悟禅不可在此处粘连，"速道"既是对剪断心性与诸缘粘连的决绝，也是对语言名相这一黏手的粑粑糖的甩动，自然名相是很难甩掉的，但在否定过程中心性活脱脱地飘逸而出。第三例，"只得大机，不得大用"，说禅虽悟自生活，却不能按照事理有用无用那样来悟得。而仰山被庵主踏倒，寻常理解或认为庵主不通禅理之用,却通禅之大机,进而肯定禅门人之心性的自信与崇高,感叹其敢于将禅门中重量级人物踏倒。其实庵主踏倒他,如同骂他"说这些个做甚!"因不能从语言名相悟对,才用脚踏。然后仰山讲与沩山听,沩山大笑,就将"大机""大用"的微妙之意通过禅悦的审美烘托出来。原来"踏"正是大用,"大机"之妙就在于不可由大用悟得。此例表明,直心所破,不仅包括事理之相、语言名相,也破心性偏执之相,包括"必问所以然"——怀疑,"必求个明白爽利"——探询,"向身外求解"——自惭,……作为直心的"机锋",只有在禅悦的美感中,才能轻松将其藏摄的密码开解,否则别无他途。

相形之下,临济宗的直心之相没有这样纡缓从容,而是表现得峻猛迅烈,像"喝""筑""打""棒"这类粗暴行为每每成为截相、断相、灭相的"速否"之法。那么,必得用如此暴烈方式来完成开解吗? 就禅理的美学境况而言,有依心造境者,有依境附意者,有依事出理者,都因为"境""意""理"等可以投射心性,如此心才能住其上而不飘走;然而如今却要顿觉"空"性,立悟为胜,撇开论理讲道的口舌功夫,径直来个痛痛快快的截杀,棍棒交喝,以实现立行立止之效,其否定内外诸缘名相纷扰的意愿,可见是多么强烈。《临济语录》载:

　　　　师普请锄地次,见黄蘗来,拄镢而立,黄蘗云:"这汉困那!"师云:"镢也未举,困个什么?"黄蘗便打,师接住棒,一送送倒,黄蘗唤:"维那,维那,扶起我!"维那近前扶,云:"和尚争容得这风颠汉无礼?"黄蘗才起便打维那,师镢地云:"诸方火葬,我这里一时活埋。"[①]
　　　　师一日辞黄蘗,黄蘗曰:"什么处去?"曰:"不是河南,即河

---

① 慧然集:《镇州临济慧照禅师语录》卷一,《大正新修大藏经》第四七册,(台北)新文丰出版股份有限公司 1983 年,第 505 页上。

北去。"黄檗拈起拄杖便打，师捉住拄杖曰："这老汉莫盲枷瞎棒，已后错打人在。"①

　　"喝"成为悟法的契机，在"喝"的刹那，脑海里也许是空白的，当所有的执着被"喝"走时，师徒默然会意。"打"比"喝"更直捷激烈。当初临济在黄檗处渺无所得，不得已黄檗让他求大愚开示，大愚只骂骂咧咧，不教什么，却让临济恍然悟到某种玄机，立时向大愚胁下捣了三拳。这个和前面叙述的仰山被庵主踏倒一样，拳击大愚不能视为"打倒权威，张显主体性"，而是一种"不相干"的表达。如同黄檗问其锄地累否，他说："镢头也没有抬，累个什么？"这个回答让师傅照面就打，不想临济接住打他的棒子，反顺势把黄檗摔倒在地上。然后师傅狼狈地让跟班弟子维那扶他，维那扶起他来，一边斥临济太过疯癫无礼。却不想话不落功夫，黄檗从地上起棒招呼维那，独有临济在旁边说风凉话："闹什么，在别人那里是火葬，到我这儿立马活埋！"这个公案，从世俗情理讲有四不通：一是黄檗问临济，临济回答后不示以理，用棍棒打徒弟不通；二是师傅打徒弟，徒弟接棒摔打师傅，有失敬师之道不通；三是维那扶师，斥责同门无礼，反遭师傅一顿揍，乖情悖理不通；四是同门受打，临济不去帮衬，以消师傅之火，反而用过激语言冷面相向，摆出一副杀手面相，有失出家人慈悲情怀不通。但关键在"打"的背后，蕴含着击石迸裂、连连爆破的深意，意在将心中的执念一个个驱遣了，故而"打"是相次"破"，"以寻常理悟禅"，逐个地斥破了世理、边论、儒道之礼及繁琐程序、有情禅道等溺陷于"名相"的极限性错误认识，用生活"道场"的直心显现，揭示禅悟的本意和禅心若此的美学旨趣。

　　不过，棒喝交加也是有局限的，否定名相极限性的偏执，"棒""喝"

①道原纂：《景德传灯录》卷一三，《大正新修大藏经》第五一册，（台北）新文丰出版股份有限公司 1983 年，第 300 页上。

痛击虽有截流断缘之效,却毕竟在"悟"的上面仍有隔碍。一来"棒""喝"也是名相,以名相破名相,终不免名相能、所的局限,即使是"棒""喝"之后对象消泯,那留着的"棒""喝"又从何起舞？难免陷入另一种僵局:如果根性很优秀的,所有的"棒""喝"都是为悟而如此为,那么,对于中、下等根性者,"棍棒交加"未免懵懂装已知,把悟禅变成了杂耍,如此上行下效,就会坏了禅丛法度。所以,临济宗用顿悟的直心,来对"鄙俗名相"与"雅趣诗文",自成其禅机禅理的存在依据:

《古尊宿语录》卷四:

> 上堂云:"赤肉团上有一无位真人,常从汝等诸人面门出入。未证据者看看!"时有僧出问:"如何是无位真人?"师下禅床把住云:"道! 道!"其僧拟议。师托开云:"无位真人是什么干屎橛?"便归方丈。①

《五灯会元·三圣慧然禅师》云:

> 僧问:"如何是祖师西来意?"师曰:"臭肉来蝇。"②

《指月录·义玄禅师语录》云:

> 到三峰平和尚处,平问:"甚处来?"师曰:"黄檗来。"平曰:"黄檗有何言句?"师曰:"金牛昨夜遭涂炭,直至如今不见踪。"平曰:"金风吹玉管,那个是知音?"师曰:"直透万重关,不住青

① 赜藏主编集,萧萐父、吕有祥、蔡兆华点校:《古尊宿语录》卷四,中华书局1994年,第56页。
② 普济著,苏渊雷点校:《五灯会元》卷一一,中华书局1984年,第654页。

霄内。"平曰:"子这一问太高生。"师曰:"龙生金凤子,冲破碧琉璃。"平曰:"且坐吃茶。"又问:"近离甚处?"师曰:"龙光。"平曰:"龙光近日何如?"师便出去。①

《续传灯录·大愚芝禅师法嗣》云:

上堂,教中道:"种种取舍皆是轮回,未出轮回而辨圆觉,彼圆觉性即同流转,若免轮回无有是处,尔等诸人到这里,且作么生辨圆觉?"良久曰:"荷叶团团团似镜,菱角尖尖尖似锥。"以拂击禅床。②

"干屎橛""臭肉来蝇"用语甚为粗鄙,作为对"佛法西来意"和具行相的"道悟"的否定,虽然也用了名相,却具有了阐释的意味。而"金风吹玉管""直透万重关,不住青霄内""龙生金凤子,冲破碧琉璃"诸句则甚为优雅,像"荷叶团团团似镜,菱角尖尖尖似锥"等句则暗含着雾里看花的禅意,展示了禅名相否定与取用的多路向展开。

(二)回显之相:由名相所指的否定到名相本身的否定,显示了禅宗名相否定不断推进的过程,表明禅宗体悟方式一步步由哲学化的、宗教性的藉教悟宗向平常心转变,而在体认平常心即道之后,又向名相转换的审美情境对生活的反制作用转进。这后边的环节似乎脱离开禅的生活美学,又回向美学主体性建构。只是建构的基础、所采取的手段都与禅宗前期,尤其是慧能时代的心性主体建构不同。一方面已经有了主体性存在的"道场",这种道场即

①瞿汝稷集:《指月录》卷一四,《新编卍续藏经》第一四三册,(台北)新文丰出版股份有限公司 1993 年,第 309 页上。
②《续传灯录》卷九,《大正新修大藏经》第五一册,(台北)新文丰出版股份有限公司 1983 年,第 518 页下—519 页上。

便用到了否定的方式,整体存在的本质依然是主体性的、建构性的,因此遮诠式的推进,始终能够作为及物动词找到其否定的对象,得以全面打开主体执着的极限——对物、我、法、名、相等——而将它们统统纳入否定之列。另一方面,主体意识、意志的否定性投射,终究有个没有退路的时候,当所有偏离主体性的心性妄念都被否定时,主体向何处去? 果真有不可名状的禅心存在吗? 也就在这里,禅宗后期灯分五家,才显现出向主体性"回归""回显"的胜用。前述沩仰宗、临济宗的"直心显现",开启了心理、行为和阐释兼取的路线,之后曹洞宗用中国儒道文化"装备"禅心,辟出一条用中国传统意识建构主体心的衍生系统,可称之为禅主体论美学,与基于主体性的禅美学建构是不同的。

曹洞宗采取了对主体心性视角的否定路线,以主体心性通达根本禅境的呈显表达自身的价值取向。曹洞宗的主体性回显,也是一种对主体僵化的极限性执着的否定,但没有探索主体心与禅意之间的零距离直截表达,而是在跨越主体对空性的极限性体悟之后,通过向其对立方向的转移,来确立一种别致的、能够标明主体觉悟的心性。良价《宝镜三昧歌》用含蓄、周密的表达说明这种回显的法相存在:"银碗盛雪,明月藏鹭。""但形文彩,即属染污。""汝不是渠,渠正是汝。"①这些表达以佛法为对象,"汝"和"渠"等用词不一,本体归一。不一为"显",归一为"法"。禅机妙开万有,映射宇宙、万物诸般事体,事中理随事而在,形意相随,不拘一格。寻禅境不牵强一格,如只谋定心性空明或言语一端,就会导致错落难返,乖以毫厘,谬失千里,犹如银碗非雪,雪非银碗,明月非鹭,鹭非明月,实则雪光银色,恰成齐一景致。白鹭熠熠,月下如银而泻,追影不及,月白风清,正是

①慧印校:《筠州洞山悟本禅师语录》卷一,《大正新修大藏经》第四七册,(台北)新文丰出版股份有限公司 1983 年,第 515 页上。

"汝不是渠,渠正是汝"。禅宗的诗化表达向美学幻象本体回归,回显于境、物中的法相,仍然呈显心性,但因依托于客观境、象,反而致佛法获得客观独立性,并因为境、相本身的属性,而具有了逾越主体化心性理路的客观性,与宇宙、自然、人生形成更深入的交互性展开。因此,"回显"与"交互"是曹洞宗特有的观察方法,它将《易经》的阴阳推衍和儒家的对立运动中突出"正变"的思想,用到了禅法的事理、隐显、偏正结合方面,极尽显象的变化,凸显禅宗理蕴的回归。《宝镜三昧歌》有如此"回互"性表述:"如世婴儿,五相完具。不去不来,不起不住。婆婆和和,有句无句。终不得物,语未正故。重离六爻,偏正回互。叠而为三,变尽成五。"[1]"五相"指回位于本体(正位)的显象,只有获得正位,才能赋予并掌控整体的君臣相偕的统一相位,让内心的感悟重新回到现实,让法的模式光照人世间,正与偏、君与臣等人事间关系的隐喻,最终于禅理内在地契合一致。曹洞宗的回互"禅法"在绵密错综的结构中,衍生和放大了禅主体在社会性道场中的美学地位和作用,依其理,五位与偏正的回互关系,以重离卦"☲☲"为例,其组合如下:

第一位:初爻、二爻合,显正、偏回互,为正中偏。

第二位:二爻、三爻呈偏、正阴阳回互,为偏中正。

第三位:三爻、四爻有阳无阴,四爻阳居阴位,为正中阴阳偏正回互。

第四位:四爻、五爻为阴阳回互,四爻阳居阴位,五爻阴承阳位,为偏中至。

第五位:五爻、六爻各居其位,五爻阴居阳位,六爻阳承阳位,是

---

[1] 圆信、郭凝之编:《瑞州洞山良价禅师语录》卷一,《大正新修大藏经》第四七册,(台北)新文丰出版股份有限公司 1983 年,第 526 页上。

兼中到①。

《人天眼目》将此"五位"演绎为一个庞大的性、相集合的功用系统：

　　◐：正中偏，诞生内绍，君　位，向　，黑白未变时
　　◑：偏中正，朝生外绍，臣　位，奉　，露
　　◉：正中来，未生栖隐，君视臣，功　，有句无句
　　○：兼中至，化生神用，臣向君，共功，各不相触
　　●：兼中到，内生不出，君臣合，功功，不当头②

这个图解中的主次、偏正、阴阳关系隐含了时时可置换的、潜在变化的结构和整体扩展态势。个别单位(卦中之重卦，卦中诸爻位)复杂的对立统一性，与多种单位间的能量变换，使整个有机体在纠结与确定、缠绕与析分的共融性状况中存在，因而具有立体的、极具张力性的美学意味。转换到客体相位的主体性，如前面谈的"荷叶团团团似镜，菱角尖尖尖似锥"，就可依回互性呈现进行诠释：荷叶团团与菱角尖尖，两相衬映；团团荷叶浮现于水面时，尖尖菱角隐在下面水中；荷叶团团有如镜子，照得见水，也好像照见了菱角，因为菱角就在那水中漾着，看不见却无处不在；若是把荷叶翻转来，扒开荷叶的根茎，则菱角尖尖地冒了出来，此时团团荷叶又被浸在水里，似乎只有菱角是荷叶的生命所在，所以说，尖尖菱角尖似锥。在这种主次、偏正的回

————————

① 毛忠贤：《中国曹洞宗通史》，江西人民出版社 2006 年，第 169 页。按：阳爻为正，阴爻为偏，重离卦"自下而上"形成王位组合关系。引用时对原文有所缩减。

② 张国一：《唐代禅宗心性思想》，(台北)法鼓文化事业股份有限公司 2004 年，第 266 页。

互中,五位的变易表明变与不变的统一,易理与佛法的统一,儒学与玄言的统一。禅宗借助性、相的回显,使美学的本土价值观念和独特思维在印度般若培植的逻辑、幻象里,得以从理念到经验层给予了最大程度的融合,是为禅宗由主体性向客体化之幻象意蕴回显,所显示的一次颇有质量的革新。

(三)以相显相:云门和法眼非常注重名相的功用,通过名相与心性、事理的关联凸显文字、手段的独特存在意义。但禅法对物、事、理等的认识,原本依托于名相间接地予以承认,禅的名相一旦到了要特别提出之时,便意味着新禅法或作为禅法之独特的开悟方式被强调,这样物、事、理等皆从于名相而不再执于两者间的对立与冲突。打个比方,中国人特别重视人格的独立和提升,但人格须在事、物、理当中凸显出来。在佛教名相否定意识面前,人格之相纷纷跌落,这是一种趋势,然当禅悟中凸显人格的相被相互称道、人人叹奇时,这种相便具有了新的意味:代表着在禅理深入背景下,禅悟又在重新争取表现之名相。因此,对于相,禅宗既始终在否定途中,又始终不曾抛却它,因为有相才能标记禅意识的深度和具体性。只是在这种情况下,禅门外的人,感到禅意分灯,掠象成宗,不免东鳞西爪,有失集中和系统,可禅中人能解得这一切,禅学公案中禅法名相的演化,就是在禅门人的默许中完善其客观性与系统性的。

以相显相是一种禅语言意识。中国文化中“相”的概念外延原本大于印度,融摄的现实感性内容更多,更具美学表现力。印度佛法里的“相”,原意相对于“识”,如果说“识”是生命力的一种对象性凝固,所对则为语言;“相”就是识力所到之处对象体的呈现,相为识所对,然以对象体之体性呈静寂不生,故有两种基本的“相”形式,一是归乎本体的法相,一是法相不生,身心随烦恼而动之色相。这两种相,以中国“立象以尽意”的“象”都不能简单认同,至少从中国的“象”很难分别出“法相”“色相”或“总相”“别相”等,更不能析出断续相、烦恼相等其他涵义的相。佛法初入中国时,小乘以生死流转为人生本相,中国人却将此种相与巫术中纷乱的人生相状看成一样,导致小乘禅法在中国没有得到很好的发扬。大乘禅法随般若经一并译入弘传,"相"的概念因对应于心理意识的对象而成为"意中之象"(观想),后来小、大品般若经译入,"意象"中的"相"就更充分地体现了佛教所注重的精神性"法相""心相"的意涵。但总体上,南北朝至唐中、晚期,"相"在中国主要作为伴随佛法意蕴而广为渗化的一个概念,其本身并没有从佛教般若化及佛法系统中独立出来,存在于中国诗学中的"象"还是依从中国美学的象思维与传统,主要从心理意识对象或指称事物外观、相状、面貌的角度表达相应的意义。但唐中叶以后,这个情况开始发生根本的变化,首先突破的是沩仰宗采用"圆相"概念比喻禅法,让"相"的显现具有了独立的佛教美学意味:

> 师坐次,有僧来作礼,师不顾,其僧乃问:"师识字否?"师云:"随分。"师乃右旋一匝,云:"是甚么字?"师于地上书十字酬之。僧又左旋一匝,云:"是甚字?"师改十字作卍字。僧画此○相,以两手拓,如修罗掌日月势,云:"是甚么字?"师乃画此㊐相对之,僧乃作娄至德势。……
> 师因一梵僧来参,师于地上,画半月相。僧近前,添作圆相,似脚抹却。师展两手,僧拂袖便出。[1]

㊐相,或"圆相",指禅悟的明证之相。何以不用他相,而独以划圈的字或符号来作为"圆相"? 这是辐辏思维令意向归寂于符号本相。符号本相以圆字之,意在超越"殊相",也超越冥思所对的"空

---

[1] 圆信、郭凝之编:《袁州仰山慧寂禅师语录》卷一,《大正新修大藏经》第四七册,(台北)新文丰出版股份有限公司1983年,第586页中—下。

相"、"无相"、抽象的非表诠之"实相","圆相"示意了一种透明通悟的禅意,是以圆相显示圆理,此理亦为法相的妙用极致。

本来,曹洞宗"五位"相已开启独特的语言符号作为"相"悟道的途径,但"五位"受回互易理牵制,"相"本身的作用不能充分发挥出来。而且偏正转换,回互相推,内中层层递进,有一种绵密渗透的至深儒家用意,这使得曹洞宗不能算是纯粹的发挥"相"理、"相"用的禅悟之道,到云门和法眼宗方始懂得了"相"为证悟的绝妙手段和道理。

以相显相是心性主体论美学向语言论美学的一种转化。在心性主体主宰美学时,伦理的、宗教的及其他不无说教或功用性质的意义,借助主体的心性设置置于美学的中心,致使所有美学显象的背后,都深藏着主体所代表的公共意志,或者即使在公共意志退场后,也表达着个体生命意志的内容,换言之,主体性对"相"的显现起着核心制约作用。在心性与显象相互牵制的阶段,主体受外在力量的制约大为削弱,给表达自身的美学智慧留出很多机动,但主体并不能摆脱强大的社会意志的制约,因而还是不能不顾及而依赖环境,不能不顾及生命公共体的意愿和要求来诉诸显象。当"相"的因素越来越重要,表现越来越成功,显相逐步开始脱离主体的控制,形成所谓关于"本相"的思考和使用,使诗化的美学不仅在处理感性对象的显现时,具足法理的气韵和特质,而且在处理道体的感悟时,也能从道体的法相与人、事、境的本真显象考虑,让圆融无碍、充实饱满、无碍通达、至高无上的实相之圆,成为一种能被人理解并运用的"显象"呈现。因此,后期禅宗中出现的手势、符号或其他示意性图像,都有用特殊的"相"显示本相之趋向,而圆象则代表"显相"的根本存在地位。不论最后圆相的存在是否真的完满地解释了存在的一切,至少在禅宗的教育中,圆相作为一种抵达终极的感性冲击力,体现了不同于一般人格美学、生命美学和道德美学的高妙,还潜在地借助对符号形式的关注,成为中国古代形式主义美学的重要代表派别之一。

　　云门和法眼的"以相显相"也是有区别的。云门宗颇注重"相"本身的禅意。禅师提引学人开悟的语境,每每截然暴露禅家的美学智慧。譬如:洪洲马祖道一必从安置自家心性入手;临济一门则从排除心性障碍开始;曹洞宗却是左顾右盼,且行且思,必得将内心的思、悟都涉猎了,方获得理智上解脱的快感;至于这云门宗的求索,却是要求先懂得语言为"相"的禅旨,解得此,则窥见堂奥,解不得,则说明修养不到位,语言理解不了,语言所借以形成的"相"就不能被智慧地观照,自然这心性所处的等位就有了疑问,从而也无从要求心性灵动、跳脱地观、想,只留下一个粗鄙汉的眼识与心量,还如何能讨论禅悟的玄机呢! 文偃透露玄机说:

　　　　我事不获已,向尔诸人道,直下无事,早是相埋没也。更欲踏步向前,寻言逐句求觅解会,千差万别,广设问难,赢得一场,口滑,去道转远,有什么歇时? 只此个事,若在言语上,三乘十二分教岂是无言语? 因什么道教外别传? 若从学解机智,只如十地圣人说法,如云如雨,犹被诃责,见性如隔罗縠。以此故知,一切有心,天地悬殊。虽然如此,若是得底人,道火不能烧口,终日说事,未尝挂着唇齿,未曾道着一字;终日着衣吃饭,未曾触着一粒米,挂一缕丝。虽然如此,犹是门庭之说,须是实得与么始得,若约衲僧门下句里呈机,徒劳伫思,直饶一句下承当得,犹是瞌睡汉。①

　　文偃对"明心见性"持批判态度,"见性如隔罗縠。以此故知,一切有心,天地悬殊",是说人的心性各自有差别,如果明心而见其性,或从见性而知其心,是做不到的,因为千千万万个有差别的心如何能

①守坚集:《云门匡真禅师广录》卷上,《大正新修大藏经》第四七册,(台北)新文丰出版股份有限公司1983年,第545页下—546页上。

——见得真性？那么，教外别传主张的"以心传心"可否？与"明心见性"有问题一样，"以心传心"也有很大的问题，因为人与人的心，不同得每每如天地悬殊，差异甚大，又怎样能够做得到以此心传彼心？那么，这些都不可能情况下，从何处得道呢？文偃强调，虽然"道"不等于文字，"道"也不着落于文字，犹如火不能烧口，吃饭不能吃米，言语的妙用，恰在"不能"中间接地触着了"道"，终日说事不说一字，所说处处有道，吃饭一口一口吃的都不是米，却每口饭都是米饭。所以，悟道不能弃绝语言，日常生活有道，说日常的柴米油盐有道，不等于说讲"道"必须说柴米油盐，语言文字的"相"是悟道的凭借，要悟到禅法的意旨，想获得真正的开悟，就不能忽略语言设置的名相。文偃声称到他门下学禅的人，要注意"句里呈机，徒劳伫思，直饶一句下承当得，犹是瞌睡汉"，达到既不费心琢磨，能直接抓住语句的禅机，又能从一句话里的禅意火候中跳出，仿佛自己昏然不晓得如此，云里雾里的，其实早已经在禅机、禅意里飘着了！

《云门匡真禅师广录》记有显示出峻烈、蕴藉和迂曲的语言名相：

> 问："如何是云门山？"师云："庚峰定穴。"问："牙齿敲磕皆落名言，如何得不落古人踪？"师云："通机自辨。"问："如何是和尚家风？"师云："皮枯骨瘦。"问："如何是道？"师云："七颠八倒。"进云："为什么如此？"师云："一不得向，二不得开。"问："暗室得明时如何？"师云："朗州此去多少？"①

文偃的智慧，很有点像西方的维特根斯坦，在语言游戏中显示精辟利落的认识，深切要害，还让人无从对答。维特根斯坦对世界拥有

---

① 守坚集：《云门匡真禅师广录》卷上，《大正新修大藏经》第四七册，(台北)新文丰出版股份有限公司 1983 年，第 548 页上—中。

一种坚定的理性,这种理性随着世界的脚步,用他所能理解的逻辑重新组织和概括,这种博大、机敏和睿智的品格,在文偃的语言之相的理解与运用中,同样有高超的表现。他同样没有像传统那样把主体很分明地与这种语言的图像、形式勾连起来,而是让主体在懵懂中随心捡拾,在全然无所回应中黯然肯定自身的追寻。此处之问便很笃定和机巧,推崇的是"言语之相的推移"与"智慧对禅机的把握"两者的相通。先问:"如何是云门山?"回答:"庚峰定穴。"貌似不说云门山,说的恰是云门山的峰峦与岩穴穿织的结构,暗喻云门禅的钩深穴远、峰起峦迭。又问:"如何不落古人言诠?"答:"通机自辨。"此句直捷,"通机"是"楔入"对立性词语的"缝隙""要窍","自辨"是说名相由自家道来。自辨出机杼,不踩古人脚后跟。又问:"什么是道?"答:"七颠八倒。"用语十分通俗,却非常智慧,一语道破云门语相在交涉、相关、回互中的呈相奥秘。然学僧仍不明所以,追问不已,回答便懵懂透精明,似答非所答。"一不得向,二不得开",既指学僧不悟,又指语相的错落。最后问话人似有所悟,说从这些比喻性的、错杂的语相来理解,像暗室里开灯也看得见光明一样,是一种得吧。岂料文偃回答他,知道这相并非简单明了是对的,但此相非彼相,笑言道:"这离开朗州(常德)有多远?"等于说,暗室虽妙,但离禅道太远了!

云门宗探索语言名相的美学效果,在禅宗几近衰落的五代时期,是美学与自然、社会、宗教、伦理和艺术等的关系都有了深度关联之后自然发展的结果,在语言中表现出的禅意理念,在表现人的情志方面显然不及初盛唐乃至中唐时期深致,但在智慧的灵通与妙用方面,却并不等于美学的衰落。也就是说,禅宗虽然存在事实上的衰落,却对美学向语言学的转向作出了重要的贡献,也许正是在这一方面,云门宗足能代表晚唐形式美学、语言美学的成熟趋向。

与云门宗形成密切配合的是法眼宗,将名相纳入华严思想的繁密网络,意味着语相的个别单位与所属本体、系统合为一体。单从名相回归本体说,名相与心性从合到分,从分到合,都是语言学美学的不同表现:名相之合从乎所指,名相之分侧重能指的表现。名相的繁富是美学形式意识的成熟体现,如今与内在心性的呈现相合,表面上似乎是一种退步,其实这种意涵的表现已经与南宗前期的心性主体表现有本质的不同。因为心性本体变化了,在经过一次次的否定蜕变之后,心性主体已经成为颇重视语言名相的主体,其重视程度几乎达到与法相相等同的程度。因而,当名相成为本体也肯定的要素,认为本体论结构也当是名相的构成或组织时,华严思想关于心性的理想化组织那种精密的网络体系就被认为是语言名相同样可以精密构织的,以精密的名相网络也能达到华严宗证悟理事圆融那样完美的境界。

为此,在穷形极相方面,法眼宗走得更远,也似乎更为具体、真切。"法眼文益接引学人,啐啄同时,十分亲切。如鸡孵蛋,小鸡要出壳时,用嘴吮壳,叫啐;母鸡为了使小鸡出来,用嘴啄壳,叫啄。啐啄同时,即比喻禅林师徒之间机缘相契,毫无间隙。"[1]"鸡孵蛋"的比喻似乎主要是形容接引气氛的,然若将老母鸡比之禅师,蛋比之弟子,那么老师何尝不像孵蛋之鸡那样,用心到极,把名相的使用发挥到极致,结果是小鸡出壳了,原有的一切均消失了,仿佛刹那间一切都陷入庞大的体系,被更深到完美的体系给涵容、吞噬了。

法眼宗的名相与整体网络的关系,实际呈现落实为名相与名相的关系。因名相在行教中必被化予,便自在转换为师徒关系,结果不同的名相拥戴者——主体——与其他主体、客体(境、相)、事体间的关系,也在网络中呈现为主体之名相与客体之名相的交互融摄关系,如此,则

---

[1] 吴立民主编,何云等著:《禅宗宗派源流》,中国社会科学出版社 1998 年,第407 页。

名相与其所表,就直接成为主体对语言的体系性抉择关系。

主体之间的交流,促成语言名相的二重性剥落。一方面,意涵的虚化更趋绵远、淡泊。繁密、机巧、精致的名相在纳入网络体系后,被剥落了多方面的象征性涵义,甚至连体系赋予的逻辑涵义也在辩证对立关系中被淡化;另一方面,名相的呈现及其功能要求更实,更能抓住当下。文益认为,空与不空,没有此岸彼岸的分别,也没有一虚一实的问题。"何须待零落,然后始知空",真空即有,无所感即有所得之悟,空与有,虚与实,两相无待,互不可分。

事体之间的事理交摄,是主体间交互性认识的重要内容。自曹洞宗转向客观事理,主体对象化成为禅门的趋势,渐渐地愈来愈重视事物法则、道理,成为显现修道人法力、功力的一个试金石。"法眼"在某种意义上,就是强调语言名相与事理的相切相洽。文益与山门诸禅师,就名相与事理相切、展示事理之间的微妙形成不少著名的公案。

> 子方上座,自长庆来。师举长庆棱和尚偈问云:"作么生是万象之中独露身?"子方举拂子,师云:"恁么会又争得?"云:"和尚尊意如何?"师云:"唤什么作万象?"云:"古人不拨万象。"师云:"万象之中独露身,说甚么拨不拨?"子方豁然悟解,述偈投诚。自是诸方会下,有存知解者,翕然而至,始则行行如也。师微以激发,皆渐而服膺,海参之众,常不减千计。①

①圆信、郭凝之编:《金陵清凉院文益禅师语录》卷一,《大正新修大藏经》第四七册,(台北)新文丰出版股份有限公司 1983 年,第 588 页中—下。按:《景德传灯录》卷一八《青原行思禅师法嗣》之五《福州长庆慧棱禅师》载此公案背景:"师入方丈参。雪峰曰:'是什么?'师曰:'今日天晴,好普请。'自此酬问,未尝爽于玄旨。乃述悟解,曰:'万象之中独露身,唯人自肯乃方亲。昔时谬向途中觅,今日看如火里冰。'"(道原纂:《景德传灯录》卷一八,《大正新修大藏经》第五一册,(台北)新文丰出版股份有限公司 1983 年,第 347 页中—下)

师令僧取土添莲盆,僧取土到。师云:"桥东取,桥西取?"云:"桥东取。"师云:"是真实?是虚妄?"

问僧:"甚处来?"云:"报恩来。"师云:"众僧还安否?"云:"安。"师云:"吃茶去。"

师问僧:"甚处来?"云:"泗州,礼拜大圣来。"师云:"今年大圣出塔否?"僧云:"出。"师却问傍僧云:"汝道,伊到泗州不到?"

师问宝资长老:"古人道,山河无隔碍,光明处处透,且作么生是处处透底光明?"宝资云:"东畔打罗声。"

师指竹问僧:"还见么?"僧云:"见。"师云:"竹来眼里,眼到竹边。"僧云:"总不恁么。"师笑云:"死急作么?"①

前一则对话里,文益引用长庆慧棱禅师的偈设问,重在"万象之中独露身",子方把拂子举起来,是用身相来表"独露身"。从思维上讲,从万象中分别出来,也是一种遮诠的方法,但文益毫不留情,说他并没有可解的"万象",也不曾设意将万象分拨出去,子方才恍然而悟个体与整体共存的禅理。

下几则,参的是来去行为以及与事理相关的话头。其一问,取土于桥东桥西,哪一头真实,哪一头是虚妄?言下意思,禅理和事理是一回事,真实与虚妄不能人为地硬性截分。其二为平淡的生活实录,问僧从何而来,答从报恩来。平淡的问候,平淡的回答,然后嘱其吃茶去吧,生活中的禅理便在其中了。而有些寻禅者,却常常硬行鸡蛋里挑骨头,定要从平淡处寻出不平淡来。其三是双关性问答,描述了凭高观照禅僧慧根的场景。先问禅僧:"你从哪里来?"所问为"何地"。回答是"从泗州礼拜大和尚"。这个回答是错的,因为答的是

---

① 圆信、郭凝之编:《金陵清凉院文益禅师语录》卷一,《大正新修大藏经》第四七册,(台北)新文丰出版股份有限公司 1983 年,第 589 页下—590 页上。

何事,而"从泗州礼拜大和尚",既可以是过去时,也可以是现在时。这两种时态中隐含着"跟从泗州的大和尚学习"和"从泗州那个地方来此礼拜大和尚您",地点、主体都不一样。再问:"大和尚有没有出塔啊?"僧人回答说:"出了。"这里又错开了,僧人说的是在泗州那里,看见那里的师傅出塔了。而文益的问题是双关的、双重主体的,不想竟让眼前这僧人中了机关。然后文益转身对身边人说:"你说说,他到过泗州没有?"这句话不问了,因为两问已经让僧人有两次悖反事理的回答,不能证明自己在何处、为何事,所以才有讥讽他没有到过泗州这语,看似平平淡淡地道出,却暗含着法眼宗法门悟禅的禅眼。语言名言,是从语言本身的相位来解的,名相所在即显现其法相,若名相错乱,则本体、主体及其意蕴,都无从寻得了。其四是举古人的语言名相来悟禅理。文益问如何理解古人说的"山河无隔碍,光明处处透"。宝资回答"东畔打罗声"。意思是东面传来打锣声,为何不从西面传来? 说明由东向西,声音穿透"隔碍"过来,并非无隔碍。宝资的回答切合所问,事理与禅意也很吻合,但思维是逆向的、否定性的。其五为现象学的以相解相。文益指"竹子"问僧人看见什么,僧人答"看见了竹子"。文益说:"竹来眼里,眼到竹边。"这个"相"是流动性的、交互性的,隐含着人与竹的交互相待性关系,即表面上人看竹,竹子似乎静候那里等人的"看"。其实人与竹之"理",早已在看的行为发生时就呈现了,它们是一种对流境况的生成。僧人不解,又疑:"不能总是这样吧?"文益答:"你着急了! 你看见的,自来眼中;眼睛要见的,也自会寻它的所见。"表达的依然是一种生命气息的交互运动和机理。

　　基于主体与主体间、事体与事体间展开的禅意对答,显示法眼宗对语言名相的运用,善于以小搏大,动静交互,隐显互衬,见微知著。名相不仅是具体道场的用具,也是智慧禅境的幻象,因而法理如网,编织得越为精细,则洋溢的意趣、境界越能凸现人生命气息的品质和精神。这种让主体生命志意寄意于宇宙、自然和人生，自然而然通过存在本相显示美学精神的趋向，也只有在经过了隋至唐漫长的般若浸渗，才能自然地在主体控御的美学情境中实现。因此，对语言名相的否定，作为向语言学美学转化的重要环节，本身体现出一种解构的建构的意志，有力地推动了中古后期美学基础及其衍出形态的完善。

第五章　般若与幻象美学、幻象逻辑

中古后期,隋唐佛教美学之于中国美学的逻辑关系,一方面因佛教般若美学的理论地位决定其对中国美学理论的历史贡献;另一方面,也因佛教般若美学与幻象的逻辑契合而广延到美学理论之外的美学演变问题,而般若与幻象美学、幻象逻辑的关系,就属于抓住中国美学的历史连续性来考量非佛教性质的美学演变问题,从般若与中国美学的非佛系特殊演变来观照其内在本质。

源于审美实践的美学综合与基于理论的外化实践是性质截然不同的两种美学存在,般若与幻象的美学联结,源于中国美学独特的幻象逻辑。当重视幻化意涵的般若全面渗化于中国美学后,必然引发中国美学幻象逻辑的整体性变革,其结果是直接促成有关意象、意境理论的美学蜕变,并由此规定和影响了中国古典美学的思想与形式的极致表现。

第一节　幻象逻辑的美学诠释

一、幻象逻辑的内涵及初始转化

“幻象”一词由“幻”与“象”组合而成,“象”作为宾词指具象性的一切,表象、形象、意象、图像、形状、形式等。中国美学源于巫术文化,中国巫术的一大特点就是对“象”的操作,从很早的模拟性象思维到商末周初的卦象理论,逐步建立起幻象逻辑。幻象与中国美学本体观具有内在的逻辑关系,首先,《周易》阴阳摩荡的二元本体论维度,包含着"幻"与"象"的互化关系。"卦象"的"天象"(天文)、地象(地文)幻化成为人象(人文),无幻则不化,"幻"原始含义即变易。《易传·系辞上》:"立象以尽意",其说约成于汉代,此说直道象与意的联系;《尚书》"诗言志"强调"言"由"志"的驱动而出,"言"所呈现的即所谓"立象"。由此,"立象尽意"的文化原生性,原本在于由内而外的"化"(幻)之意。然而,由内而外之"化"与天地和合之"化"并非同一种化成。天地和合之人文化成,强调天地造化所产生的人文之美;"立象尽意"或"以诗言志"则是由人文教化所成之"人"或"物",即由内而外所化之美,"幻象"主要是后一种情况的产物,至于天地和合的幻化,是人文化成的本源,是美学幻象的生成依据。

西方也有"幻象"说,与中国美学的性质有鲜明的区别。幻象在英语中写为 illusion,另有同义、近义词:image(影像、镜像)、imagery(意象)、eidolon(梦中幻象)、apparition(异象)、phantom(幻影、错觉)、vision(幻影、想象)、phantasm(幻觉、幻象)等。这些近义词都与影像、印象、假象、意象等有一定联系。阿多诺说,西方"幻象之见可溯至柏拉图和亚里士多德的古老学说,它将幻象与经验世界归为一方,把实质或作为真实存在的纯粹精神划为另一方"[1]。柏拉图《理想国》提出"洞穴幻象"之喻,颇具美学本体论意味。他设想在黑暗的洞穴,火光投影造成了木偶影像(figures),认为木偶和影像都不真实,但人们误把幻影(images)当作真的。柏拉图设置了"幻象"从真实的"理念世界"而来的逻辑,与中国美学认为幻象是"人为性"的,从本真的天地自然幻化而来,有着本体论意义上本质的区别。

中国美学幻象逻辑的初始模型,依托于商周时期"卦象"模型得

---

[1]阿多诺著,王柯平译:《美学理论》,四川人民出版社 1998 年,第 191 页。

以建立。易学家潘雨廷说:"易学的基本文献,必须以《易经十二篇》为主。其间分三部分,(一)十翼,(二)二篇,(三)卦象。然此是汉代的情况。总结近人考证,十翼的形成可能在春秋末至东汉初,二篇的形成可能在西周至春秋末或及战国中期。二篇的内容尚多记录商代的史迹,然最早存在的《易》是卦象。"①《周易》的卦象符号系统,超离了自然界,通过卦爻符号推衍宇宙万物的创生变化,显示人作为美学的创造主体,自觉地以文化符号系统把握人生、宇宙的运数,使卦象成为具有理论意味的美学模型。

美学意义的本体论模型一旦确立,便由幻象逻辑的系统质规定中国美学的历史发展特性。自商周至隋唐,幻象逻辑推动中国美学把巫性思维与士人理性思维糅合于一体,逐渐地,大乘般若思想汇入,幻象思维和要素得到强化,幻象逻辑的美学化精神构成、趋势被凸显出来,推动中国美学产生了诸多新的特质。概括隋唐前幻象逻辑的演绎推进,主要在以下三个方面:

(一)中道观念的审美性融摄。卦象系统的"观变于阴阳"的表述,亦包含类似阴阳各含其德、各有赋类和意义的品格,与印度哲学之"实""德""业"(《瑜伽经》)之表述相类。阴阳爻变,正在以象会通,卦象示意中多择其中道而取,故易理中包含中道哲学。如卦象以"二""五"为中位,可示卦象之盛德。《系辞上》云:"圣人设卦,观象系辞焉,而明吉凶,刚柔相推,而生变化。"②"夫象,圣人有以见天下之赜,而拟诸其形容,象其物宜,是故谓之象。"③《说卦传》解释说:"昔者圣人之作《易》也,幽赞于神明而生蓍,参天两地而倚数,观变于阴阳而立卦,发挥于刚柔而生爻,和顺于道德而理于义,穷理尽性

---

①潘雨廷:《读易提要》,上海古籍出版社2003年,第3页。
②李道平撰,潘雨廷点校:《周易集解纂疏》卷八,中华书局1994年,第547页。
③李道平撰,潘雨廷点校:《周易集解纂疏》卷八,中华书局1994年,第612—613页。

以至于命。"①把这种中道的原则向德行道义层面推送,"不言而信,存乎德行"②,即易理中道之义的旨归。儒家美学、道家美学亦重视中道原则,但孕象于意,汲汲不漏,在开掘中道意义方面更加细化了,同时,也把易理卦象系统的"理""象"互含模式改造转换为先理后象、以理孕象的模式。其中道涵义的具体开显,儒家美学侧重在"不偏不移""允执厥中"理念上,道家美学侧重在返朴复初的循环性中道节点的筛选上。儒道形成了知识化的中道美学理念,在这种知识系统中,价值问题因中道本体论而规定了审美经验的实践方向,奠定了中国美学中道原则和中道实践的传统。佛教进入以后,般若思想在东晋佛玄美学形式中实现了对中国本土中道美学理念的精神性虚化,使原来过于注重伦理人格的中道抉择,向人生美学的空性本体转化,对审美实践的中道践行也顺势形成消解;但僧肇为代表的中国化般若中观,及时将这种返归"本体"玄思的美学倾向转入到了经验美学的中观本体轨道。南北朝时期,中观般若经验美学充分汲取了佛教般若中道和其他各部派的美学观念,让它们与中国本土的美学"中道"观念进一步糅合,遂开启了在审美经验、审美实践中强化中道般若的美学新风范。

于是,从两晋南北朝关于审美观照的认识,可以窥见中道经验美学的内在演变,无论是顾恺之关于绘画的"似"与"不似"的细微分辨,宗炳"澄怀观照"所投注的审美期待,还是刘勰的"情""文"交互深入到意象、声律的辩证讨论,再到谢赫关于"气韵"的想象性设计和美学思考,都能找到般若中道深刻影响的痕迹。但这一切作为"观念"或审美实践的般若体现,所显示的中道般若对本土美学的影响都还是很有限的,都无一例外地把审美的思想方向从宇宙论本体、伦理

①李道平撰,潘雨廷点校:《周易集解纂疏》卷九,中华书局1994年,第687—690页。
②李道平撰,潘雨廷点校:《周易集解纂疏》卷八,中华书局1994年,第614页。

人格本体和玄学化理念本体发出,转向不无消解性的"空性"经验,都缺乏对幻象美学自足生成的逻辑要求。因而,般若中道与本土美学的理论结合,也只是在隋唐时期才真正步入系统化建构时期。

（二）人文性凝合的发展态势。张光直在谈到中国文化的总体特征时,提到"连续性文明"概念①。这个"连续性文明"如果不是指一成不变的系统质,而是历史阶段不断增加的新质,使各历史阶段呈现系统绵延与扩展的特殊质,那么,隋唐以前幻象逻辑在不同历史阶段就都有其人文性凝合的侧重面。概括言之,原始时期以巫文化素朴直觉与巫术模拟结合模式进行推演为特征;先秦以士人人文理想的知识化为所侧重;两汉以政治体制对士人人文知识系统的统一化、规范化和巫文化重新被激活为特征;魏晋南北朝又回到士人对人文系统的整体反思,着手建立玄学美学系统,在与佛教且迎且拒到放下身段,主动学习和改造佛教文化,其间中印文化与美学渐渐形成交流、融合态势。可以说,隋唐之前对佛教文化的人文凝合,基本在延续本土美学精神与传统的基础上进行,通过人与自然、人与社会的价值论推进,美学的政治、伦理内涵深化,并以此为底蕴、规范影响到道德人文的情志表现和审美实践。这期间,在美学范式重构方面,也从东晋开始有了根本的改观,逐步地由聚焦于人格精神的美学完善,转换到儒道释价值统一的范式,对中古中国人的审美觉醒起到很大的促动作用。但是,所有这一切都无法遮掩美学理论方面的不足,就是说,在美学理论构成及其系统化方面并没有实质性推动。文化学术上的玄学化倾向,在提升美学思维、认知力和价值范式的抽象程度方面的确有很大提高,但在其他方面,并没有新的系统理论创获,甚至包括与审美关联的理论建设方面,也仅仅是如曹丕的《典论·论文》、陆机的《文赋》、挚虞的《文章流别志》和刘勰《文心雕龙》等有限的若干成

①张光直:《中国青铜时代》二集,生活·读书·新知三联书店1990年,第128页。

果,这些成果依然因循着"情因物感,文以情生"的范式传统,并没有展开突破传统美学资源的新理论的系统化建构。当然,在南北朝期间,也曾有过直接间接吸收佛学思想突破旧观念的美学理论创见,如:苏绰的"性善情恶"说,从"'清心''洗心''理心''修心'及其'清净''清和''端净'等思想中也可窥见其与佛教关系的信息"①,对"情志说""缘情说"具有归结于人性的内在超越。刘昼《刘子》在继承戴逵、何承天、范缜、郭祖深排佛立场,主张人性在于"性静""性贞"的同时,亦借用佛学资源提出整合性的理论创见。他说:"远而光华者,饰;近而逾明者,学也。吴竿质劲,非刮羽而不美;越剑性利,非淬砺不铦;人性謰惠,非积学不成。"②"而欲理业,必先正其心,然后理义入焉。"③学以入理为要,入理以明性正心为本。"人性謰惠"之"謰惠"二字,意思就是"智慧"。《说文》:"謰,慧也。""慧,仁也。"《尔雅·释古下》:"惠,爱也。"中国本土以本心得之于天地为善,乃先于理智的大慧,是儒家通释之义。但在这里,"謰惠"为"积学"所得,"淬砺"所成,"刮羽"后美,属养性化通、高于理性研判的一种大智慧,不只具"仁""爱"善义,也是超越人兽之别趋向更高精神性境界的大智慧,与佛教及原始般若超越俗界的非常智慧也有本质区别,即是熔铸了佛家般若思想与旨趣、显现了儒家价值本质的大智慧。在这种人文凝合中,儒学、道学、佛学的理论知识都是"淬砺"的对象,"心""性"被凸显出来作为不同于情与理的"原象"发挥本体涵义,以

①李中华:《中国儒学史·魏晋南北朝卷》,北京大学出版社2011年,第290页。
②刘勰著,林其锬、陈凤金辑校:《敦煌遗书刘子残卷集录》,上海书店1988年,第36页。本书据《中国儒学史·魏晋南北朝卷》"《刘子》艺术的时代及其作者"(第291—300页)一节的考订,此系学界最新考证结论,以《刘子》为刘昼所作,本书所引认同所考。
③刘勰著,林其锬、陈凤金辑校:《敦煌遗书刘子残卷集录》,上海书店1988年,第37—38页。

心、性的"原象"原本为动态的存在，很自然地成为融摄诸多知识、义理的基础或支点，于是又进一步推动这种智慧与般若智慧在新的思想、旨趣层面形成衔接，对于道家的玄论亦然，也在人文性凝合中被提升了价值的"象孕""立意"功能，从而可以在更为细化的层面、更加崇高的精神境界展开其理论操作。

（三）智慧审美的精神性认识转向。中国美学智慧涵义的拓展，在汲取佛教般若涵义后更有包容性，呈现方式也更灵活。本来，儒道美学的主体心性智慧，聚合了人的感受、情感、意志和理性因素，凸显出一种观→感→悟→化的智慧审美路线，然而，吸收佛教般若智慧后，审美路线发生向学→理→明→格→化（幻）的方向转化。"学"的基始是灵与肉分离，确立将感知、语言、非理性直觉与理性精神化糅合于一体的"修道"状态与意识。《杂譬喻经》说：

> 人之所重者，身也，命也，财也，此三事皆不足惜、不可轻也。不足惜者，以其非常败坏无有坚固，愚惑惜之以为我物，贪爱恪惜起不善因缘，后堕恶道，故不足惜也。不可轻者，以有身故遇值贤圣，擎跪曲拳承迎礼拜，后得金刚宝身不可毁坏，故曰不可轻也。命不足惜者，人为命故杀生、强盗、淫妷，口犯四过，心生贪恚、邪见，后堕地狱，故曰不足惜也。而亦不可轻者，以有命故值遇圣贤，得闻法言精义，入神尽寿修行，后得宝命无量无穷，故曰亦不可轻也。财不足惜者，以财是五家之分，盗贼、水、火、县官、恶子，五家忽至一旦便尽，故曰不足惜也。不可轻者，遇良福田持用布施，种种供养无所遗惜，后得宝财四大藏，周穷济乏求得无尽，故曰不可轻也。夫修福德皆当拟心求成佛道，不应但索人天果报也。①

————————

① 道略集：《杂譬喻经》卷一，《大正新修大藏经》第四册，（台北）新文丰出版股份有限公司1983年，第528页中—下。

身体、生命、财富,按照世俗的尺度是营营以求的,依般若智慧则不足惜,其惟不止于不足惜,还不可轻视对待,因为身体是修道的支撑,不可毁坏;生命安住于至高境界,方展现无量福德;财产是修道"周空济乏"的保证。因而,从闻法言精义而精心修习,到"入神尽寿",都是般若意识注入新生命展开学习过程的体现。由修习到悟理,标志般若生命进展到美学化自觉状态。因为"理"是佛教体系中的高级、精细形态,需要般若智慧通达,既能感性化地洞观,又能识察根本的价值底蕴,所以,惟明理悟法,才能心性空寂、清凉,抵达智慧的本然。"明"是佛法空性本体的澄明,也是审美意识内观的实现,由空性存在论出发,克御烦恼,度化他人,对物、事、人等境遇作出理性而非理性、思量又非思量的判断,便进入"格"的阶段。此阶段与一般审美的情理融一相分野的是,"格"把主体推向了生命存在论的美学转化,即不仅要完善美学理论形态的进一步建构,而且也要主体在意向性实践中,贯彻美学的理论、观念、范式和范畴细节,使所知所遇的一切均成为般若化、理论化的映射对象,至此蔚然大观的就是般若美学智慧的空性澄明与主体对象化存在,绽放出高度精神化的、极具美感愉悦和精神自由的美。这个思维流程的变化,在隋唐以前通过佛教与中国美学进一步的范式细化和经验耦合,为幻象逻辑注入了新的发展生机。

二、般若弥漫的幻象味道

般若与中国美学的经验构成存在高度的一致。由于同属于东方美学的范围,般若在大的方向、路径上与中国美学是一致的。然而,同属于东方的中国美学,却与西方逻各斯传统不同,其由象孕育思绪,催生情感、意志的发生和表现。以象蕴理涉趣,具有超强的审美感性,在美学意识、经验呈现和形式美三个层面都显示出鲜明的特征,其中最典型的、具标志性的特性就是幻象逻辑,它是一种通过缀合、联想与意识扩散功能来完成"象"思维之经验与对象化投射的价值衍生、传达的思想表征系统。中国象思维的"幻象",因此也具有很强的包孕性、选择性和错综性,幻象逻辑也因为其机制的特别在价值澄明上超越了一般逻辑方式的存在特性,显得内涵更为丰富,不仅能够表征超出美学范畴的意义表达,而且能够触及并传达文明发展的历史本质与状况。而说到"文明",在中国文化的诠释系统中,古词语"文""明"的含义也恰恰指向了具有"象"意味的整体复杂性意义。《说文解字》释曰:"𠔃,错画也,象交文。凡文之属皆从文。"[1]又:"𤇾,古文从日。""𤎯,照也。"[2]段玉裁注:"黄帝之史仓颉,见鸟兽蹄迒之迹,知分理之可相别异也,初造书契。依类象形,故谓之文。"[3]根据这种解释,"文明"是一种错综的、复合"依类"成"文"的独立的价值阐释系统,同时又是彰显"迹象"(其可为实然,亦可为符号)的系统。而幻象逻辑的理蕴、经验和符号化对象体(包括认知的实物对象和被象思维过滤、虚化为准符号性质的意识性对象)等,与文明的体性、特征在根本的存在方式上是一致的,就是说,中国文明的价值系统,可以通过具化的美学存在,通过象所包孕的美的观念、程序和思想系统地传达出来。象思维具有文明价值内涵的性质与形式,使中国美学的思维、形式从一开始便以思维认知系统与审美经验、形式一体化,其中形式操作可以依托实然对象,亦可独立为符号性质的表达系统确立其逻辑可能性。所以,自古而然,幻象逻辑与深度价值理蕴和感性具化存在都是不分离的,中国人在幻象逻辑熏染下也自觉养成能于混沌中辨识理蕴的超强审美能力,使他们不论辨文识句、阐述见识,还是观察事物、表达情感,都不专注于一见一识的精研细磨,

---

[1]许慎撰,段玉裁注:《说文解字注》九篇上,上海古籍出版社1981年,第425页上。
[2]许慎撰,段玉裁注:《说文解字注》七篇上,上海古籍出版社1981年,第314页上。
[3]许慎撰,段玉裁注:《说文解字注》九篇上,上海古籍出版社1981年,第425页上。

更多时候注重从混沌莫辨的整体"象"形态提取精粹,然后再表达出超出实然和具体观念与对象存在的非凡智慧。在这个过程中,文字符号系统有序推进价值蕴涵的知识化作用。幻象逻辑给予中国美学的这个特点,在与佛教般若交遇之后,恰恰与般若原有的美学特质、旨趣形成某种一致,般若的价值本体、生成机制和运用识性的对法、对境处理形式,内在地凸显了由内而外的美学化映射特征。其与中国美学幻象都是主体内在的思维居控摄性地位,借助符号呈现美感氛围与智慧旨趣,因而具有很多内在相通性,但相比之下,佛教般若还具有其独特的"幻象"优势:其一,般若与(语言)言语的内在一致,体现于思维流程是分析性的,这与中国美学幻象逻辑从整体提炼典型化范畴结点存在根本区别。佛教般若从吠陀、《奥义书》哲学而来,吠陀、《奥义书》哲学的语言系统受雅利安人西方语系影响,加上制造般若系统时有意将贵族认知与大众常识、经验隔离开来,愈发强化了语言分析功能对美学价值体系的作用。其二,般若的美学化感性触知、体验、糅合、变异是全方位的,内在空间十分饱满,而中国的幻象逻辑的感性化是分主次的、有限制的。中国美学的幻象审美经验并没有与美学认知划出明晰的界限,导致有关自然的审美感性经验和相关美学化思维提炼,都侧重以视听味觉为主导的感性化处理方式。这种感性化的处理方式在上升范畴提炼与缀合形式时,也基于美学化感知的感性存在方式,采取拟比于物象的类比性推断为基础,然后才寻求符号性的象思维运演。就是说,审美感性对思维的形成与质量乃至最终的结论方式都起着很关键的影响,其运作的方向是先由下而上,然后再由上及下,由范式推及经验和形式。般若智慧则不同,一方面,般若是审美内感性的全部调动,这种调动本身就含有令其知性化的指令,于是内省经验,即眼、耳、鼻、舌、身、意都进入到"通觉"状态。不仅前五种感觉都知性化(具有识性),而且因为知性化的方向与感性触染的方向是相反的,是脱离开对象与境遇的,便意味着感性潜能在受知性激发后得以释放。同时,"意"本来就是知性的、识性的自体,在般若里代表着思维之境,"意"对于感性审美经验并不是分离开独立运作的,而是与诸感性在关联性关系中表征出来,这无疑又强化了诸感性的知性化倾向。另一方面,般若经验中的美学感性,也不同于中国象思维之依托于典型化的感性对象或形式来建立自身,而是借助诸缘和合生起,以空性意识覆盖诸感性令因缘寂灭,构成既显现又内识、体验的审美经验,这种审美、美学化经验充满精神的细腻与升腾感,是中国幻象逻辑"统而略之""优而化之"的经验集萃形式不具备的。其三,中国幻象逻辑选精集萃的典型化形式,无论对于实然存在的自然景象、社会风情,还是符号化的主体情意,乃至因情所设之"文",都有级次化的形式化排序。这种形式化排序从原始混沌的自然母体开始,经由阴阳五行的偶对化组合获得动态演化的生命扩展机制,然后通过强化这种机制形成极具流动性不断固化原始的形式意味与级次,可以说是一种拥有相对界限又面向无限呈开放性姿态的人文美学网络。佛教般若则不然,其美学化形式以主体识性(特殊智慧)的扩张完成层累化映射。体现于般若范畴,般若美学则以空为其实相,然而空究竟指对法体真相的智慧洞明,还是对终极法性的一种逻辑预设,在般若本身的存在与呈显中是并不明朗的。即是说般若并非是一种强制性的意识,因而对于意识所涉诸缘也并不给予空空非实的绝对化否定,而是通过般若识性对因缘、识境状况的进入,将真实的本然或本然的形式自在地释放、呈现出来,由此发挥般若意识由上而下的控御职能。所以般若意识仿佛瀑布的倾泻,其形式化美学效力的释放与发挥,是具有绝对的主体强势的。而且在其释放力量时,般若对所涉诸缘的摄取,也如同从高山到平原的浇灌,历经无数的陡壁与斜坡,不断地在冲刷中实现其扩张性的结构累积与程序精致化。般若思想理论化形态,即其美学化形式的创造性表达,几乎接近于纯粹的精神性运作,但目的、意图始终涵盖了万事诸缘,因而体现出了美学的充分感性与自由自在的内在要求。中国美学与佛教般若交遇后,对于般若幻象逻辑的美学化形式,在接收其暗示的主体控御性与充分美感特性方面,显示出了超强的文化领悟与再生机能。

中国美学幻象逻辑的"错画""象交""推衍""映射",决定了其美学内核是"多元构成的集合"。隋至盛唐年间幻象逻辑的多元构成,以幻象为媒点氤氲美学的智慧火花,激发的气息构成般若氛围弥漫的态势。从僧人、文人的精研思想、建构体系到把般若导向更大的文化场域,从政治到世俗生活场景的般若化,无不在般若意识气氛的包围之中。谈到中古,以往人们常惊叹何以魏晋士人风度那么倜傥风流,但时代对士人的精神却那般压抑? 何以两晋南北朝的佛教能够获得那般空前的传播? 难道中国文化的历史不够悠久? 中国文化的积淀还不够深厚到抵挡异域思想的冲击? 与此相关,何以隋唐时代的中国人就把精神转向了看淡生死,以至疏旷奔放的诗意情怀境界? 这些难道不是内在矛盾的吗?! 其实,从幻象逻辑的视角来看,传统文化的惯性推动,已经无法应对经年不休的战乱和朝政的衰败,无法解决民族混杂现实的精神情怀问题。所以旧的美学观念板结于原有的美学幻象,政治化、伦理化的美学意识脱离了人们的生命感受和现实经验。对于探索人生终极问题这样的美学意识,传统美学也没有合适的解决思路,实质上已经造成某种传统文化延续与现实需求之间的裂痕。而这种裂痕在佛教文化进来以后,更进一步加剧了传统美学幻象与现实人心的分离,因为那种以自然为依托的基础,进而从对自然物象的比拟来猜测、拟况人心的美学方式,根本无法满足当时人们的生命感受和精神需求了。所以,面对着传统审美、美学的逻辑延伸,人们的回避自在地使本来合法的存在真正成为一种非美学性的幻象,对其很自然地产生了越来越远离传统的抗力,并且通过这种姿态表明中国美学的幻象逻辑不再可能从原有的审美、美学机制内部产生,哪怕是做到了对原有幻象逻辑的充分修改和完善也不可能。譬如魏晋风度,其实是一种非正常的审美、美学生长,魏晋士人群体通过矫治时俗的、不无荒诞的举止对传统表达美学反叛!譬如,玄学美学,以对佛教般若适当汲取方式,在中国《易》《老》《庄》的思想格局基础上建立新的美学格局,极大地完善了中国美学的思想系统性与价值高度。但是魏晋士人人格美学仍然是人伦鉴赏思想的延续,其思想底蕴并不具备包孕复杂现实的幅度。玄学美学纵然强化了美学理论的思性深度与系统性,但对于生命和人生的认识,对于价值的思想倡导,仍然在中国美学传统基调的控制之内。所谓"本无""有""独化"等命题所展现的思维进阶,依然是一种宇宙化思维的内置,即在似乎主体化的美学本体论中倡导的仍然是非主体的天人相合美学观,并且其美学化感性又因玄学思性受到有意抑制,因而玄学美学并不能完成中国美学幻象逻辑全新变革的任务。而这个任务却因融合佛教般若思想获得了及时的衔接。德国美学家韦尔施说:"伦理/美学没有给艺术划出边界,但它能够辐射到生活世界的背景中。它前面的目标指向的是我在别处所说的'盲点文化'。作为一种原则,这种文化是一种敏感于排斥、拒绝、疏远的文化。它不崇拜清晰可见、明白无误、辉煌灿烂、光彩熠熠,而是推崇压抑、空阔的空间、裂隙和另类。"[1]般若思想之于中国美学传统是一种反向性的思想潮流,不会循着传统审美、美学的原有轨道、格局表现自身,而是尝试突破传统审美、美学的包围来显示自身的独特意蕴。般若在这个意义上意味着一种新的美学原则,通过其渗透到思想与现实之中产生了扩散,般若圆融的感性和识性冲力使之逐渐由下而上形成趋势,在中国人的观念、思想中逐渐占据上风。对此,我们可通过南北朝时

---

[1]沃尔夫冈·韦尔施著,陆扬、张岩冰译:《重构美学》,世纪出版集团、上海译文出版社2006年,第84页。

期人们面对儒道佛如何重新进行知识选择得到深入的认知。南北朝时，民间文化也呈回归之势，因果报应、轮回观念和佛教故事形成某种混杂。干宝的《搜神记》及唐人所撰《西阳杂俎》采集的大量轶事，反映出佛教般若在民间文化中的普遍渗透状况。在《西阳杂俎·支诺皋》中，作者自谓"因览历代怪书，偶疏所记"，《西溪丛语》评论谓之"意义难解"，对其幻象摄受的记述表示不解，实际上其透露的是佛教般若对巫术神话的影响：对鬼神的召唤呈显了般若的超伦理意味，以美学化的"超自然力"面目呈现出来，全然没有了本土巫术鬼魅故事的诮神"味道"。其文不长，此引而释之：

新罗国有第一贵族金哥，其远祖名旁𧜀，有弟一人，甚有家财。其兄旁𧜀因分居，乞衣食。国人有与其隙地一亩，乃求蚕谷种于弟，弟蒸而与之，𧜀不知也。至蚕时，有一蚕生焉，日长寸余，居旬，大如牛，食数树叶不足。其弟知之，伺间，杀其蚕。经日，四方百里内蚕，飞集其家。国人谓之巨蚕，意其蚕之王也。四邻共缲之，不供。谷唯一茎植焉，穗长尺余，旁𧜀常守之。忽为鸟所折，衔去。旁𧜀逐之，上山五六里，鸟入一石罅。日没径黑，旁𧜀因止石侧。至夜半月明，见群小儿，赤衣共戏。一小儿云："尔要何物？"一曰："要酒。"小儿露一金锥子，击石，酒及樽悉具。一曰："要食。"又击之，饼饵羹炙，罗于石上。良久，饮食而散，以金锥子插于石罅。旁𧜀大喜，取其锥而还。所欲随击而办，因是富侔国力。常以珠玑赡其弟。弟方始悔其前所欺蚕谷事，仍谓旁𧜀："试以蚕谷欺我，我或如兄得金锥也。"旁𧜀知其愚，谕之不及，乃如其言。弟蚕之，止得一蚕，如常蚕。谷种之，复一茎植焉。将熟，亦为鸟所唧。其弟大悦，随之入山。至鸟入处，遇群鬼，怒曰："是窃予金锥者！"乃执之，谓曰："尔欲为我筑糠三版乎？欲尔鼻长一丈乎?"其弟请筑糠三版。三日饥困不成,求哀于鬼,乃拔其鼻。鼻如象而归,国人怪而聚观之,惭恚而卒。其后,子孙戏击锥求狼粪,因雷震,锥失所在。[1]

　　旁氃与其弟代表两种道德形象,旁氃无知也无意,重要的是没有恶的意识。其弟则不仅有恶的意识,还付诸行为。蚕与谷(桑树)是异于寻常桑蚕的"德""业",在与正道不违的因缘里产生魔力效果,在不净的业力推动下反向生长。鬼神皆可造其幻化,视修德之心性而呈现相应的魔力。在这里,决定魔力奇伟与鄙俗的不是巫术本身,是人心性的善恶。与以往鬼神故事不同的是,这则故事夸张的不在鬼神如何神奇方面,而是人的德性与作为、结局的差异方面,正是精神上的差异造就幻化的张力,最后对幻力的消解也以儿童的无得无作为结。正如小乘《寂志果经》所云:"其心清彻,道眼洞视,过于人本。见人没生,善恶好丑,归善道恶道。是人身行善口言善心念善,正观无邪见,缘是之本,寿终得生天上;是人身行恶口言恶心念恶,缘是之本,身死之后,堕恶道中。"[2]《大明度经》云:"佛言:'心向如空,是为观视。不视不可计,一切智如不可计,是为非五阴。不入、不得、不知,不有知、不无知,无所生、无所败、无作者,无来原、无去迹,无所见、无所在,如是不可限虚空,不可计一切智亦然。无作佛、无得佛者,无从五阴中得佛者,亦不从六度得佛。'"[3]《小品般若经》曰:"须菩提! 随萨婆若心观,即非观。何以故? 无量是萨婆若,无量即无色,无受、想、行、识,无智,无慧,无道,无得,无果,无生,无灭,无作,

---

①段成式撰,许逸民校笺:《酉阳杂俎校笺》三,中华书局2015年,第1469—1470页。
②竺昙无兰译:《寂志果经》卷一,《大正新修大藏经》第一册,(台北)新文丰出版股份有限公司1983年,第275页下。
③支谦译:《大明度经》卷四,《大正新修大藏经》第八册,(台北)新文丰出版股份有限公司1983年,第493页下。

无作者,无方,无趣,无住,无量,即堕无量数。须菩提！如虚空无量,萨婆若亦无量。无法可得,亦无得者。不可以色得,不可以受、想、行、识得,不可以檀(dāna,布施)波罗蜜得,不可以尸(śila,戒)波罗蜜得、羼提(kṣānti 忍辱)波罗蜜、毗梨耶(virya,精进)波罗蜜、禅那(dhyāna,禅定)波罗蜜、般若波罗蜜得。"[1]隋唐之前,在佛教各宗完成中国化之前,般若思想的核心宗旨就是这种善恶意业的消解,因为般若的渗透而改变了思想的结构成分,进而转换并扭转了关于人生未来与福报的美学理念。般若对儒道美学的修正,在其作为关切生命与人生的时代主旨纳入时代的精神洪流时,就唤起了审美、美学的深度意识,反过来又促进了般若化倾向更进一步的拓展。于是般若美学的时代氛围无处不在,从最初与本土原有思想、基因似甚抵触,到后来逐渐地相融相洽,甚至主动地寻求般若的特殊意味,以使日常生活和言行都体现出新的价值旨趣,和光同尘,人们在思想活跃的氛围中,精神意识的美学空间因此而被空前拓展了开来。

般若氛围的弥漫,使幻象构成、机制以特殊的微粒和水分子形式渗透到中国美学的细微空间,这其中对艺术的影响或许如韦尔施所言是独立自足的,即艺术更大程度上要接受来自艺术传统本身的暗示和影响,但对于精神层面来说,般若思维方式和生命意识的注入却是直接而强烈的。也许很多时候,人们对般若的接受并不自觉,甚至是无意识的,但普通人不像士人阶层对异域文化有自觉的"排斥、拒绝或疏远",他们遇到与解放自己生命境遇相适合的观念、信仰,便身心以赴有意无意地予以接受和消化。有了普通人的接受基础,士人的接受便很快会跟上来,所以从南北朝佛教知识化到隋唐僧士自觉

---

[1]鸠摩罗什译:《小品般若波罗蜜经》卷六,《大正新修大藏经》第八册,(台北)新文丰出版股份有限公司 1983 年,第 562 页上—中。

进行般若美学理论建构这个区间，般若氛围促成了美学幻象新的生长背景；结果，至少在如下三个方面，本土美学幻象逻辑的惯性受般若趋势影响，发生了根本性质上的变化，到盛唐成为占绝对主导优势的逻辑力量。

（一）幻象逻辑奠定美学学理的"外在基础"。中国美学幻象逻辑的"外在基础"，由对自然、社会的审美感悟，改变为以生命意识为核心。审美中的天人感应思想因此发生改变，发展为兼容佛教无生意识，让本土各种思想观念，包括儒道意识在般若"无生"意识主导下形成了新的美学逻辑基础。中国美学基于对自然、社会的审美感悟所建立的幻象逻辑，本质上具有"非人为性"，是一种外在于人的"自为性"所生成的思想基础。包括原始巫术模拟自然的推演模式，道家预设的先于道而在的所谓"自然"，儒家的"天性""天地之仁""仁心之不忍与爱"，以及兵、法、农诸家的"狡智""刑法""农时"等观念，都是在人为性的道德实践与生产、生活实践之先，先设立了一种客观永恒的价值基准。这种价值基准被用于裁度人为性的实践内容时，便赋予幻象逻辑以一种超自然的也超社会的，但归属于人感悟所得的永恒法则。佛教般若化改变、调整了幻象逻辑的这种外在价值基准，变为可以转化为知识形式的、具有主体思维之内在逻辑的价值理性，即是说，通过这种改变，所谓"外在基础"真正转化为理论性的形上思想系统。在新的逻辑基础上，释道儒的核心价值理念均居于系统中心。般若幻象起到吸摄各种思想资源和统摄不同思想资源的作用，即对儒道思想也起到核心的主控作用。在幻象逻辑的核心之外，不同的思想、价值资源在幻象逻辑的思想场域产生汇聚，其中有佛学之外的资源，如艺术的资源便典型地反映着本土最活跃的生命美学力量。艺术和其他性质的美学资源，被般若吸摄之后都参与并推动了幻象逻辑的价值构成与美学机制的转换。转换，英语写作 conversion，不是位移或外形上的改变，而是构成、性质和功能上的改变，是将"他山之石"转为"可攻之玉",或者将"他山之石"改造为"可观之玉"。"石"
与"玉"的错位,表面上天壤之别,但各自的"地位""功能"大不相同。
一旦确立了以佛教般若为核心旨趣的逻辑基础,中国美学的幻象生
成便会发生整体性的变革。当然,这种变革过程是缓慢的,是在历史
过程中逐渐实现的,就南北朝到隋唐前而言,在东晋鸠摩罗什译经达
到鼎盛之后,佛教般若的普遍渗透启导中国人对佛教展开全面的智
慧读解,也唯有在这个时期,可以启动美学根本逻辑"转换"的闸门,
从而使幻象逻辑的转换成为可能。假设佛教般若不能形成特殊气氛
的弥漫,不能与中国其他思想形成价值成分的知识形式转换,那么,
中国美学的幻象逻辑也就不能从另外的思想空间找到生长的变化种
因,只能在自身的思想土壤里循环增厚①。所以,"转换"本质上是
"由外而内"、由外在基础到内在结构、内在形式的转化。这个转化彻
底扭转了中国幻象逻辑原有的"由模糊的客观永恒性到疏落的范畴
网络"的生成序列,确立为思想的范畴节点基于主体的识性、智慧而
发生彼此关联,美学由此开始其真正关注人的存在与生命的历程,重
视因人而绽放出观→想→思→味的价值趣味,尤为注意将般若幻象

---

① 按:陈寅恪《大乘义章书后》说:"天竺佛教当震旦之唐代,已非复盛时。而中
国六朝之世则不然,其时神州政治,虽为纷争局面,而思想自由,才智之士亦
众,佛教输入,各方面皆备,不同后来之拘守一宗一家之说者。尝论支那佛教
史,要以鸠摩罗什之时为最盛时代。中国自创之佛家,如天台宗等,追稽其原
始,莫不导源于罗什,盖非偶然也。"(《中央研究院历史语言研究所集刊》第一
本第二分,商务印书馆 1930 年,第 121 页)陈以鸠摩罗什之时为中国佛教最盛
时代是就"翻译"及"立说"之导源而言的。然翻译终以原经为依托,最初之立
说纵然新创自由,毕竟未能蔚为大观,且限于理论之隅而不能广披诸域,故鸠
摩罗什之时为佛教翻译最盛期。翻译可以促进佛教般若思想的传播,但思想
只有获得知识化的形式才能拥有更巩固的身份,就此而言,南北朝时佛教判教
对于佛理的深入渗化,对于佛教般若思想进入中国文化、美学的背景里面展开
中国化系统建构,当是一必要而有力的前提和基础。

的特殊韵味涵容于美学理论或思想构成。

（二）幻象逻辑推进了主体的美学化创造。幻象生产方式发生的根本改变，强化了主体的美学化创造意识。隋唐以前，幻象逻辑遵循的客观永恒性，通过人的感悟这一中介，虽经"人文化成"的冶铸功夫，毕竟有一个客观永恒性在制约。融合佛教般若智慧之后，幻象不是对客观永恒性之"志意感发""情志抒滤"的产物，而是主体生命、精神获得"解放"所表现的自我意识，因而，般若智慧催生的幻象反映的不是天人因缘的感悟生起，而是人作为宇宙存在主体对自身生命与宇宙之关系反省、思味与推理的美学化产出。当幻象把般若置于逻辑框架的中心，主体的智慧觉悟成为一种诸缘皆与其相触的底蕴，从而被激发起巨大的美学创造性，幻象具有了更充分的主体意志及其生命自主的主动性。循此而下，隋至初盛唐、中唐，中国美学的幻象逻辑范式、趋势和般若呈象，基于幻象逻辑的主体自觉性愈发取得多方面主动创造的实绩，除了理论的系统化建构，在艺术和世俗的行业行为、风范，在生活风情以及社会实体景观如集市、贸易、酒肆、行脚与皇家建筑、私家园林、庆典仪式、时令娱乐、饮食宴飨等方面都绽放出浓郁的新美学色彩。据《唐会要》卷四一《断屠钓》载，唐初"断屠杀"诏令屡下，朝官有提出反议者，认为春生秋杀，天之常道，自然之理。然遵从众生本然，以无生之心待万物，更体现清净无为道心，故随着佛教传播的强劲势头，"断屠杀"诏令愈下愈严，并且将之与本土"生生"之理相合，从"变人心为上"的角度给予理解，如：武德二年（619），断屠钓。如意元年（692），禁天下屠杀。圣历三年（700），断屠杀。景龙二年（708），禁擒捕鸟雀昆虫之属。先天元年（712）禁人屠杀鸡犬。"至德二年（757）十二月二十九日敕。三长斋月，并十斋日，并宜断屠钓。永为常式。"[1]"开成二年（837）八月敕，庆成节，宜

---

[1] 王溥：《唐会要》卷四一，中华书局1955年，第733页。

令内外司及天下州府,但以素食,不用屠杀。永为常式。"①《唐会要》卷四七《议释教上》载武德七年(624)傅奕上疏斥佛教曰:"佛是胡中桀黠,欺诳夷俗,遵尚其道,皆是邪僻小人,模写《庄》《老》元言,文饰妖幻之教耳。"②"显庆二年(657)诏曰:释典冲虚,有无兼谢,正觉凝寂,彼我俱忘,岂自遵崇,然后为法。圣人之心,主于慈孝。父子君臣之际,长幼仁义之序与夫周孔之教,异辙同归。"③大历十三年(778)四月,剑南东川观察使李叔明奏请整顿佛、道二教,下尚书省集议,都官员外郎彭偃献议:"王者之政,变人心为上,因人心次之,不变不因,循常守故者为下。故非有独见之明,不能行非常之事,今陛下以维新之政,为万代法,若不革旧风,令归正道者,非也。当今道士,有名无实,时俗鲜重,乱政犹轻,惟有僧尼,颇为秽杂。自西方之教被于中国,去圣日远,空门不行五浊,比丘但行粗法,爰自后汉,至于陈隋,僧之教灭,其亦数四:或至坑杀,殆无遗余。前代帝王,岂恶僧道之善如此之深耶?盖其乱人亦已甚矣!且佛之立教,清净无为,若以色见,即是邪法,开示悟入,惟有一门,所以三乘之人,比之外道!况今出家者,皆是无识下劣之流。纵其戒行高洁,在于王者,已无用矣。今叔明之心甚善,然臣恐其奸吏诋欺,而去者未必非,留者不必是,无益于国,不能息奸。既不变人心,亦不因人心,强制力持,难致远耳!"④唐代排斥佛教者也认可佛教为清净无为之学,认可"佛之立教,清净无为,若以色见,即是邪法"。"色"指物质生活领域,意思是佛教如果只是发挥精神方面作用,不干扰到朝政经济、政治等,那么可以接纳,若冲击和影响了社会经济和现实生活,则应予以抑制和清除。能够承

---

① 王溥:《唐会要》卷四一,中华书局 1955 年,第 733 页。
② 王溥:《唐会要》卷四七,中华书局 1955 年,第 835—836 页。
③ 王溥:《唐会要》卷四七,中华书局 1955 年,第 836 页。
④ 王溥:《唐会要》卷四七,中华书局 1955 年,第 837 页。

认佛教为改变人心的"清净无为"之教,不仅本身折射了般若精神的思想渗透,而且也间接把主体心的存在作为一种安身立命的根本,可以独立自在地发展这样的认识表达出来。而从中国美学幻象逻辑的发展来说,肯定"心"对生命、人生的主宰作用,正是佛教理蕴中国化,或说般若与心学糅合转换为美学逻辑本体的反映。

(三)幻象形式趋于丰富多样。中国美学幻象逻辑原来所依托之人力臻于"造化之功",当其发展至隋唐变为融入"诸法幻化"创造意识之后,就因为"法"所具有的观念本体和主体虚化作用,而对自我、世界的主观执见给予了强有力的扫除,这是一个向主体客观性迁移的过程;反过来说,又间接地推动了主体心理的外化与创造表现,从而有关般若幻象的外化中介、手段等因素和功能,就借助主体蓬勃而发的创造冲动而异常鲜活地喷涌而出,使中国美学的幻象形式更趋丰富多样了。之前幻象逻辑亦重视"形""工具""语言"等,但认为它们是依附性的,即一方面认为要依附于实体,要具备器物的实用功能;另一方面,又认为要依附于"意"而成为内在神意、精神的外显或表现。所以,隋唐前中国美学幻象逻辑中的"形""色""工具""语言"等,只是"实物""意""理"的辅助性传达工具,本身不属于"意""理"。所以,《周易·系辞上》"形乃谓之器"[1],"形而下者谓之器"[2],都强调了形的实体性;《礼记·乐记》"形于动静,人之道也"[3],《礼记·中庸》"形则著"[4],也都看到了"形"的表现性,认为"形"具有形象、外观特征显豁的呈现性;《礼记·郊特牲》"魂气归于

---

[1]李道平撰,潘雨廷点校:《周易集解纂疏》卷八,中华书局1994年,第600页。
[2]李道平撰,潘雨廷点校:《周易集解纂疏》卷八,中华书局1994年,第611页。
[3]孙希旦撰,沈啸寰、王星贤点校:《礼记集解》下册卷三八,中华书局1989年,第1032页。
[4]郑玄注,孔颖达疏:《礼记正义》卷五三,阮元校刻:《十三经注疏》下册,中华书局1980年,第1632页中。

天,形魄归于地"①,《礼记·祭义》"结诸心,形诸色"②,《孟子·尽心上》"形色,天性也"③,则看到了"形"与物、外观的关联性。一方面肯定形、色的客观实在性,把形的表现性与物质的客观实在性区别开来;另一方面,看到了"形"的再现功能可以与其他实物和媒介结合,"形"可以展示实物存在的整体,"形"具有传达事物整体"体性"的特殊功能。正是这后一方面的意味使"形"与"意""理"勾连起来,但由于"意"从属人的主观悟想,《礼记·大学》所谓"意诚而后心正"④,强调主体心由格物、知至、意诚而后得其正。意的感悟性,带有浓郁的感受、想象甚或情感色彩,"理"表面上排除了主体感受与情感色彩,似乎是主体的纯粹认知,其实也是主体对事物的态度、看法,只不过不像"意"那么模糊和不确定罢了。"形"与"意""理"的勾连,推进了幻象形式表征意蕴的内在深度。而当"意"和"理"又反转到对人的处身立世及人格的规定时,便意味着幻象形式对主体创造性的本然回归——即从寄居主体,到返归于主体,以自身呈现自身,这便是美学形式本体的价值归趣轨迹,故曰:"理者,义也。"⑤"理发乎外,而众莫不承顺"⑥,"理"表现于形式的外化呈现,进一步具备了社会存在的"法则""理则"的客观性,值此,主体创造性隐匿于客观目的

---

① 郑玄注,孔颖达疏:《礼记正义》卷二六,阮元校刻:《十三经注疏》下册,中华书局 1980 年,第 1457 页上。

② 郑玄注,孔颖达疏:《礼记正义》卷四八,阮元校刻:《十三经注疏》下册,中华书局 1980 年,第 1601 页上。

③ 焦循撰,沈文倬点校:《孟子正义》下册卷二七,中华书局 1987 年,第 937 页。

④ 郑玄注,孔颖达疏:《礼记正义》卷六〇,阮元校刻:《十三经注疏》下册,中华书局 1980 年,第 1673 页上。

⑤ 郑玄注,孔颖达疏:《礼记正义》卷六三,阮元校刻:《十三经注疏》下册,中华书局 1980 年,第 1694 页下。

⑥ 郑玄注,孔颖达疏:《礼记正义》卷四八,阮元校刻:《十三经注疏》下册,中华书局 1980 年,第 1598 页中。

性的对象化投射，"人为创造"被社会客观性固化为"规则""法则"，形式创造的"人为"主动性收到了流动中广而覆之载之的成效。

中国美学幻象逻辑为"幻象"的形式传达，包括作为物理媒介、工具、符号及其呈现，以及获得社会存在的"法则""理则"奠定了深厚的基础。但由于思想认知格局的限定，这种形式创造摇摆于"形""意"之间、"意""理"之间、"实""虚"之间，亦不乏从容而廓大的可辗转空间，甚或说，只要在这个空间限度内，主体智慧就可从强化美学性某一端创造涵义出发，突出其或一方面之美学功效。并且，某一端功效的发挥，也不止于所发挥的意图与表现效果，因为"以意赋形"，反言之即"立象以尽意"；"以形写神"，反言之，即"寄意于形"；"意丰理贯"，反言之，即"理明意浓"，这使得中国美学的幻象所具之形式审美表现力本就有很强的自足性。然而，二元相对、主客感应中的主体化"情""意""理"，纵然通过形式化仿佛获得客观"理则"的凝固，毕竟是人在创作时以现下相对为主体，未免情绪、情感的表达过于直接甚或狭促。至于想象力则托实必依凭类化，飘举则有碍于玄测，以庄子鲲鹏九万里之扶摇蓬勃，尚不能遨游于云天之外，况魂魄鬼魅、牛精树怪之阴阳易体、变形幻化，又如何能跳出"中区"（宇宙之中位）的识断。而般若熔铸于中国美学的幻象逻辑后，则从根本上解决了这个问题：一者"幻化"使物的"形"与"象"更趋显著，因假名不以繁富为累，观相则必出五官蕴积之美，况观相离相，相之成为相，亦转换为心性之所投对，使相之复合诸层面尽呈，象在其中矣！二者般若之"意"，强化了识性成分，却并不舍主体志意的感触、寄寓，从而简约率达，与般若识性的通透自相融贯，可一而二，亦可一而三，一念三千，造法界地，明无量藏，使形式所载之"意"更趋蕴藉，涉"理"超达三界，更趋睿智、精细、流畅、清新。三者般若之为般若，贵在以殊深智慧统御万千，又以无得为贵，形式与"空""假""中"俱从幻化，理性思辨依托于逆向性否定和回向性加持，可以不显痕迹地维护、强化主体的建构意志,让每一细微之思、之想、之感、之念都得到形式的响应。如此变易空灵,又随情意抉择,自定其实,使幻象形式的美学表现性圆融无碍,彻底提升了中国美学形式意识的自由感和操作的境界感。在这种情形下,物性的感性介质(色、声等)俱可以幻象自由实现主体化(感受、情感与意志的自主支配)生成,幻象逻辑在主体性的统照下更趋客观和稳定(因涉识性、涉理而转为外倾式形式表征)。

(四)幻象的超越性即历史性价值之转换。幻象还归于反省性的"理",使美学幻象逻辑的归趣超越了原有的体性,而在突显般若美学的精神意志品质方面,体现出历史性的根本价值转换。幻象连系于实物、主体获得(可观、可闻及感受、想象、情感),为主体情志、"意"与"理"的整体性传达奠定了诸缘聚合可能,"理"的获得随着幻象的运演、延宕、滞留,成为相对稳定、清晰的"寓理之象",由此而及反省性的"理"。

《周易·系辞下》曰:"象也者,象也","象也者,象此者也"①,是说相肖于实物者为"形",相肖亦谓"像"(象),暗含"不是"和"相似"之意,本就具有非实体性的美学意味。而以何为"像",又称"形诸色""形则著",表明"象"从影像虚拟着眼,重在"像此者""象而后有兹"②,"相肖"存其所肖,"象在其中矣"③,象中有"意"立之,此"意"即"象"之"遗骸"(若象有齿以焚其身),将动物的"骨骼"作为"意"的情志化类比,潜在将情志抒摅与反省积淀统一,聚合伦理、哲学与人生反省、物理认识于一体,这是中国美学幻象逻辑突破物性、归属

---

① 李道平撰,潘雨廷点校:《周易集解纂疏》卷九,中华书局 1994 年,第 634、618 页。

② 左丘明撰,蒋冀骋点校:《左传》,岳麓书社 2006 年,第 57 页。

③ 李道平撰,潘雨廷点校:《周易集解纂疏》,中华书局 1994 年,第 634、615 页。

于精神体性的表现逻辑。

从史前至商周，再至隋唐，幻象逻辑的精神表现，在"物"和"意"的关系方面一直比较模糊，界限不清晰，原因是"理"可反省，但不够自主，受性情掣动，"摇荡性情，形诸舞咏"①是对这种主体性奔突不已的一种形容。然而也正是基于这种"摇荡"的状况，主体反省所得不断上升，愈是性情摇荡，便愈表现出主体性情的能量奔突和生命提升上升。历史地看，包括：1. 从巫术到卦象模型实现一次上升飞跃，卦象提炼了物的类、属的"轮廓"，并将阴阳作为"意"对"力"的感受认知提炼出来，形成关于外部世界的"理"卦象模型。2. 从卦象模型到士人知识理性是又一次飞跃，士人理性超越了对自然物象的朴素直觉，将之系统化为社会化的认知，形成具强烈个人主观色彩的理性判断。诸子百家的"理"实为各家所倡之"意"，都与现实感性紧密粘连，然而因为具有了浓郁的反省、反思色彩，而成为表征不同价值观念的"理"的知识结构系统。3. 从士人知识理性到汉代谶纬经学系统获得又一次飞跃，这次也是民族文化整体性的回归、反省，将各种知识形态重置于直觉感知物象的巫文化基础之上。但因为士人理性对"象"的"相肖""遗存"的"表意"特性有更清醒的认识，因而谶纬风潮中所有归属于事物本身属性的迹象、判断等，均能从主体意解与理判上得到诠解。对"象"的独立特性的创造解释，促进了语言文字与感兴、娱乐符号的兴盛。值此，所谓"摇荡性情，形诸舞咏"不再只限于对诗歌舞的概括，也包含对整个时代文化的审美性与主体性的概括。到此阶段，客观永恒性的"理"通过《周易》《太玄》及魏晋玄学得到了充分的发挥。也正是到此阶段，经学统领下的谶纬之象，带着新的历史性特征，成为审美化意味极浓的"形象""意象"和名言之"象"，有了多方面的呈现，并且在"理"的思想累积上，拥有了历史深

---

① 钟嵘著，曹旭集注：《诗品集注》，上海古籍出版社 1994 年，第 1 页。

厚的积淀可供抉择，以至强调玄义和理性价值的玄学应然而生，般若幻象应机参入其中，为笼统的、模糊的宇宙论意义和情志性主体的"意"，上升到自觉的集思性与诗性于一体之"理"，提供了历史机遇，使中国幻象美学更进一步上升至4.般若化、美学化之幻象阶段，使幻象包孕之"理"的反省认知力空前增强，概括性也更具有历史、价值深度。在般若化与中国美学幻象融渗相合之阶段，幻象所涉之"理"，已成为美学化符号经过审美经验的不断淬火而能承载深广价值意蕴的形式表现系统。这个系统从归属于人对自然、宇宙的直观、感受、体验中超拔出来，运用般若超级智慧理解万事万象，解构、建构事、象及其所关联、隐喻、象征、譬喻、指代之一切，让幻象成为存在和存在之存在。幻象之理蕴因缘连绵相随，幻象的美学化形式，也在不断出新的幻象逻辑之价值基础与突破意义上，有力转圜对外部世界的拟范、阐释和对人文主体性之历史精神与生命情怀的自由表现，以至到隋唐时期，佛教般若与幻象逻辑的历史凝合发生，标志着般若化的幻象逻辑上升为中国美学占主导、优势地位的审美创造原则和美学思想内在价值逻辑。

三、美学化新现实的塑造

理论之外是现实的物质与精神世界。日常生活介于抽象的理论世界和具体的现象世界之间，属于马克思所称实践——对象的世界，即行为世界。隋唐职业化分工不明确，物质与精神世界并无明确的分割，但从宫廷贵族到平民生活也形成阶梯状的场域区隔，这是从物质与精神成分的占有比重来说的。一般以士人、贵族阶层占据精神资源为多，其精神生活的比重也比较多，普通百姓以生存为目标展开其相应的精神生活，在精神成分的容量、多样化程度上都无法和贵族、士人相比。隋唐以前大体符合如此情形，不同社会地位的人们过着符合其社会地位、身份和知识装备的精神生活。在各阶层生活中，审美生活为一切阶层所需,基于强烈的生命需要,相形之下,理论式的、美学化的生活却更为贵族、士人所追慕,这与普通百姓不能拥有高端知识进行美学省思有直接关联。然而到隋唐时期这一切发生了根本的改变,人们不再根据对生活的熟悉程度来规划生活和实践生活,而是根据他们对生活的精神理念和美学想象来规范生活,于是便开辟了新的美学生活方式与道路,塑造了一种新的美学化的生活现实。

美学化的新现实是一种以美学眼光调整、改变人生的智慧策略。在之前的审美化人生中,主体相对于所审的对象——自然与社会中的景、事、人等——是被动的、感应性的存在,只是在审美化的过程中激发了主体的情志抒发冲动,才使主体从背景中超越出来。从而审美化相对于诗化的情志抒摅,既是一种前审美准备,又是可以忽略的、在主体新的意志冲动与表达中不一定要传达的幻象内容。当发展到理论化的、美学化的新现实时,审美因此而成为后置性存在,即主体在拥有了明确的美学主张之后,一定是再遇到一定的审美场景、机缘,才适时表达其切合于美学理念的思想、情感。因此,理论化就像沐浴过的植物,其鲜艳夺目来自理论的沐浴。对于这个问题,学界也有关注到并从这方面展开立论的,叶朗主编、汤凌云主撰的《中国美学通史》之《隋唐五代卷》提出:哲学美学与艺术美学齐头并进,理论建设兼顾传统与现实的创新与传承并重,促成哲学、思想、文化领域呈融合趋势,美学亦呈融合趋势①。这种哲学、思想和文化的融合态势,与美学的"多元文化融合"②属于一致性认识,这种看法提出对"多元文化融合"的注重与对艺术家理论意识的强调,无疑是一种推进。但称艺术家为"美学家"或"理论家"并不确切,诗人、艺术家属

①汤凌云:《中国美学通史:隋唐五代卷》,江苏人民出版社 2011 年,第 8—9 页。
②汤凌云:《中国美学通史:隋唐五代卷》,江苏人民出版社 2011 年,第 9 页。

于创作主体,他们通过艺术作品证明其身份,而艺术品是审美经验的形式化表达,理论虽然可以体现于艺术作品当中却不等于这种理论就是艺术,它是艺术中内涵性质的存在,与纯然的理论存在即以观念、范畴、命题等形成的理论系统是迥然不同的。此外,把哲学与艺术理解为齐头并进也不合适,因为任何时候都有理论和创作在推进,但理论和创作的高峰不可能同时达到,就隋唐而言,实际是先达到理论的高峰之后,才进入诗歌、绘画、音乐的高峰状态。也许的确存在某个时期两者都发展的情况,但即便如此,从创作相关的理论或创作系统所达到的理论蕴涵的高度而言,也很难说能与思想、文化的相关认知比肩而立。就是说,隋唐的理论与创作实践在逻辑上并不存在"并立性",均依照幻象逻辑的思维、模式在创造性地生成,思想与理论、实践与审美在生成过程中可以糅合,然而不能将两种不同类型的成果互相替代。隋唐时期的理论作为经验、实践的基础与指导,显然先于创作方面的发展,并且是理论的外化引领了整个时代主体的精神实践与美学客体化运动!再者,该著对隋唐时期的理论与美学发展形态,概括为"道教与美学""禅宗与美学""华严宗与美学"也不太全面,值得商榷①。其一,道教之形成体系及产生美学影响,主要源于葛洪将道教道玄化(这种玄化夹杂了深厚的原始巫文化成分)和陶弘景对佛理的吸纳,在南北朝时期通过模仿佛教形成教制和义理体系,在唐代道教虽然与佛教时复争宠,但因其教化实践含有巫术、咒语成分而颇易招致巫法复来之嫌,一直也不是很得势,只偶尔占得上风,并不足以作为该时代担纲之美学。其二,禅宗在中唐以前,基本是旧的思想方式起作用,北宗禅对中国美学的影响体现在禅法合法化的维护方面,若论对时代精神的启迪,则是在中唐,尤其是南宗禅

①按:因为这是关于隋唐美学发展很重要的汇入通史性质的一部著作,因此有必要把问题提出来,通过讨论深化对问题的认识。

形成并发展之后才见到根本成效。而中唐以后禅宗的美学趋向也与初盛唐不完全一样,是基于佛教般若美学与实践达到鼎盛状况下的产物,对其显然不能统而论之。其三,关于华严宗,华严宗是唐代最重要的中国化佛教宗派之一,也确实具有显著的美学特质,但佛教其他各宗也具有美学特质,何以独提华严宗而不涉及他宗?作者说:"华严宗是隋唐时期形成的佛教流派。这个流派与魏晋南北朝以来的华严学联系密切。华严学是指以参究研修印度大乘佛教《大方广佛华严经》等经典为主要目的佛教学派。"[①]"学界的相关研究主要集中在禅宗领域,由于华严宗教理繁杂,加之它与中国美学的关系更为潜稳,系统的研究并不多见,深入而全面的探讨更是缺乏。"[②]其实,隋唐佛教各宗与南北朝佛教具有学理渊源的并非只华严一家,三论宗、天台宗、唯识宗、禅宗、律宗、净土宗等都有,就教理繁杂而言,华严宗恰恰是融取了其他佛教宗系的义理之后如此的,教理繁杂并非华严宗原生特点,因而单独列举华严宗委实不够全面。综上,对于唐代美学理论与实践的关系,就应当慎重根据佛教思想与美学融会及美学与佛教实践发展的实际做出陈述,不能选择性地对某一种理论形态或实践形态展开立论。而且愈是针对唐代中叶以后的美学,愈是要揭示其义理融合的一面,以对中国美学受佛教思想影响的机理、机制的演变做出切合历史发展脉络的揭示。就此而言,我们从幻象逻辑的视点出发,正是基于美学幻象的基点,就佛教般若智慧与中国美学在历史发展进程中的融合,以及融合进程中的理论先导性、般若主导性和转化中形成的美学背景与构成之演革,给予符合历史发展的揭示。通过这种揭示,我们可以更深入细致地理解唐代美学发展的整体趋势及其外化实践所能取得蓬勃成就的历史成因。

---

① 汤凌云:《中国美学通史:隋唐五代卷》,江苏人民出版社2011年,第143页。
② 汤凌云:《中国美学通史:隋唐五代卷》,江苏人民出版社2011年,第145页。

　　佛教般若与美学融合所呈现的新的机理、机制,表现在:

　　(一)般若对中国美学机制的反拨作用。般若作为"佛教之母",作为凸显佛学超拔意趣且具有充分主体性与精神实践性的特殊智慧,熔铸为幻象逻辑之内核后,对于中国美学原有的重实用、重入世、重"生生"之韵的美学旨趣产生了反拨作用。陈炎著《中国审美文化史·唐宋卷》以器物、艺术和生活风尚为纽带,勾勒时代审美文化精神,认为初唐是"万象更新",盛唐是"恢宏壮阔",中唐是"五光十色",晚唐是"夕阳西下",这几个诗意化的概括揭示了唐代审美精神的主要流向,也是时代美学旨趣的主要体现。然而,统揽各时期审美文化的特征,由器物、艺术品和生活风尚展示的斑斓色彩,表面上似乎归结于器物、艺术品与生活行为的存在,其实都在表达一种时代美学的旨趣,唯如此才能显现空前绝后的时代美学风采! 以雕塑之"唐三彩"为例,"彩"其实指"釉",是低温烧制陶瓷所出的釉色。在盛唐以前,基本以烧制"单一色釉"为主。"南北朝至隋代低温釉陶固然已取得了很好的烧造成效,但那些作品与通常意义上的唐三彩陶器相比依然有较大的距离,他们多为单一色釉的作品,在唐代初期,大量制作的也是这种单一色釉而不是色彩斑斓的唐三彩陶器。"[1]盛唐"三彩"同一器物上以黄、绿、白或黄、绿、褐为主色,杂以蓝、赭、紫、黑诸色,呈现出精神感觉的"多彩"色调,恰恰与般若智慧的调御有着内在的联系。《法华文句》:"《大论》六十六云:险道是世间,一百由旬是欲界,二百色界,三百无色界,四百是二乘。又倒出数一百是二乘道,二百是无色,三百是色界,四百是欲界,此经明五百由旬即菩萨道,若过五百即入佛道。"[2]"略有五种悉地:一者信,二者入地,三者

①陆明华:《陶瓷唐三彩》,上海人民美术出版社1998年,第7页。
②智顗说:《妙法莲华经文句》卷七,《大正新修大藏经》第三四册,(台北)新文丰出版股份有限公司1983年,第101页中。

五通,四者二乘,五者成佛,此是五种悉地也。初信者,谓随分能分净诸根,深信如来秘藏决定不疑,信佛有如是如是方便,若依行者必成菩提,此是地前信行也;次入地者,谓入初欢喜地也,准望声闻法中犹如见谛人也;第三五通者,谓了知世间五通之境,犹如幻梦水月镜像不可取著,尔时度五通仙人之地,名第三也;第四二乘者,谓观察二乘境界,心得无著心不堕实际,尔时得度二乘境界,尔时到第八地也;五从第九地修菩提行道,转转胜进成如来位也。"①般若修道必以智慧通达五界,经历欲界、色界、无色界、二乘界而达佛界,大乘可以由小乘道渐次修菩提道,亦可径直从上而下修起,即顿悟佛理,然即便是佛道顿悟,亦须通观二乘,也知五境(眼耳鼻舌身),体味到欲界执着之爱渴与世间之苦。凡此种种般若得以贯通的是精神性的时间空间概念,无边无界,由此才确立完成"百心成佛"的境界与目标。而唐三彩主要见于墓葬品,是来世观念聚焦于精神理想的反映,与汉代墓葬品多以实物和比例收缩性替代品陪葬有很大区别,"唐三彩"所进入的是更具精神之瑰丽色彩与胸怀之博大开阔的世界,因而才能出现诸多体态丰腴的唐三彩造型。事实也如此,精神上的自由、富足与饱满感让盛唐人对色彩丰富、工艺精致、形态典雅的创造物更感兴趣,因为他们相信精致的物品投射了精神,是般若智慧超拔向上的反映。在实际生活中,佛教引导人们追求智慧的生活,体悟生活的价值意义,"佛与信徒、佛国与现实、佛性与人性等渐趋合一"②。菩萨道在中国化佛教的意旨中,通过美学幻象逻辑对般若意趣的化新改造,在欲界转苦为乐,由儒家谨慎精进转向了思想积极开放、主动,主体的

---

① 一行记:《大毗卢遮那成佛经疏》卷一五,《大正新修大藏经》第三九册,(台北)新文丰出版股份有限公司 1983 年,第 738 页中。
② 朱立元主编,王振复副主编:《天人合———中华审美文化之魂》,上海文艺出版社 1998 年,第 23 页。

对象化实践则追求思理精致,结果完美。这其中,佛教般若智慧作为一种对整个社会的精神面貌和社会实践都产生影响的背景,是在中国化般若美学理论、意识的成熟、汇合中发生的,是社会对理论的一种选择,并非佛教般若自己借助皇权或其他力量推行的结果。相反,有些器物、时尚虽然很精致,甚至能借助军事、权力影响社会某一阶层,但要让社会各阶层接受还是不容易的事情。譬如戴戒指和耳环,尽管在唐代有所流行,但戒指的"神秘性、胡族性","归根结底属于外国文化范畴,不能进入中国传统文化的主流"①。关于耳环,黄正建认为"毗沙门天王像在印度佛教艺术中是否戴耳环,不是很清楚,但在经由中亚传入我国的途中,就戴有耳环了"。"唐人确乎将'耳环'视为外国器物,将戴耳环者视为'胡人'"②,所以,戴耳环也不在唐代一般人中流行。而在日常生活的饮食实践方面,较之汉代和魏晋南北朝更注重精神交流,一方面,食宴的档次有高有低,依次排列,各种食宴与音乐、舞蹈相结合,成为宴饮的新时尚;另一方面,各种类型的"宴会所具有的社会职能"得到强化,成为"以饮食为媒介,以数人聚会为形式,为达到某种目的而采取的社会交往手段"③。那么,何以儒家的社会交往与精神提升在这个时期会体现到饮食宴会方面,形成朝野同欢、酒肆楼观繁荣的局面? 这与般若智慧启动了社会化生产实践机制,刺激了人们以开放的精神、心态对待现实,以此打造出一种欢乐世间的精神氛围具有直接密切的关联。

(二)般若幻象的逻辑机制对中国美学有传承也有创新。般若幻象的逻辑机制既沿承了中国美学涵义的动态生成机制,也沿承了中国美学"焦点"移动、消除边界的外延扩张机制。但由于铸入的般若

①黄正建:《走进日常:唐代社会生活考论》,中西书局 2016 年,第 10 页。
②黄正建:《走进日常:唐代社会生活考论》,中西书局 2016 年,第 18、19 页。
③黄正建:《走进日常:唐代社会生活考论》,中西书局 2016 年,第 105 页。

蕴涵本来属于"他者"范畴,从而对隋唐美学的幻象逻辑也产生机制、细节上的改变,主要表现为:幻象由情志外化转为侧重于思想的外化;幻象逻辑范畴网络中的范畴节点,更有效地发挥"藏种"的作用,使印度佛法大系统的"智藏""识藏",在中国美学的幻象逻辑中成为散在于各个领域的"种藏",起到了美学本体论在场化的现实功效;"幻法"与"幻象"的糅合,在打破传统意识桎梏、拓展美学时空方面达到登峰造极的程度。

　　"情志外化"是中国美学的一个传统。闻一多称"诗言志"为"开山的纲领","志"与"诗"为同一字,"志从㞢从心,本义是停止在心上。停在心上亦可说是藏在心里"①,把内心藏着的东西用语言、歌声等呈现出来,即"诗言志"。"诗言志"其实并非单纯对文学、音乐、舞蹈等艺术"外化"的命题,它本来就是上古自隋唐以前美学的一个传统命题,在《尚书·尧典》中其本来意旨也是用在性情、性格"教化"方面的。"情志外化"不是思想的外化,是由自然"感发志意"引起心理留存而将之"外化"为语言现实的过程。即使是《周易》提炼出"卦象模型"系统,也是把从自然、社会生活激发的原初感受,在反省咀嚼、体味过滤形成象征性情思之理之后,以抽象的卦爻符号保存下来,并不是形成了对自然的抽象认识,并且保存为抽象认知。事实上,隋唐以前偏重于理、以情相辅的文化表达和偏重于情、以理寓中的诗艺表达,都非常珍重情感、思想与自然的感应、呼应及至超越性联系。美国学者夏含夷曾就《周易》和《诗经》中"兴"手法的贯通谈到类似的道理,他说:《周南·鹊巢》"这首诗一共三章,每一章都是典型的兴,皆以四个四字句组成。这表面上与三句话的繇辞和爻辞稍微不同,但是头两个句子与繇辞和爻辞头一个句子起着同样的作

―――――――――

①闻一多:《神话与诗》,上海人民出版社2005年,第151页。

用,是形容大自然的现象,也即征兆"①,"说明《诗经》的'兴'和《周易》的'象'(也就是繇辞)在西周宇宙论中如何起着同样的知识作用"②。宇宙论规定了幻象逻辑的审美感应方式在人与自然、社会的主客对流关系中展开,"情志外化"作为主体对象化的美学生成方式,积淀有思想理性成分,但"兴"与"象"的同构和意义的譬喻、象征使用,也限制了主体思想的自在表达,更多受到外在的自然或社会因素的牵制。魏晋时幻象逻辑的宇宙论本体向玄学本体迁转,对审美转型有所触动,在超越功利化、政治化和人格化的审美时空建设方面有了很大的飞跃,当其情势延至隋唐,佛教各宗般若美学系统形成之后,美学化的转型才真正实现。因此,般若的外化,是思想、智慧的外化,精神向外的烁化,不是与外在实境交互对流的应化。而当般若思想以美学智慧方式在幻象逻辑的框架、机制之内外化时,其思想聚焦的每一个节点都有"种藏"在起作用,即思想体系的范畴属于思想形态的网络节点,在幻象逻辑中这些节点散在地起到"本根"的驱动、发射作用。在般若思想的映射下,幻象逻辑的范畴节点与般若的渗透力融合无间,有机弥散,促成各个幻象"节点"犹如思想体系中的范畴一样产生出强化的爆发力。譬如生死观上中国人崇奉儒道,儒者以生死皆实,宗祠赓续祖脉,美学幻象尽在对命运变数的测定上,故重视社会交往形式的繁复变幻,强调心志力量的超凡入圣。道家崇慕素朴,以自然本身循环往复,变幻无终,故素朴与变幻的极致,皆归于自然本身的"生态有机性"与"造化无为性",对于生死等齐看,所谓庄生梦蝶,不知自身为蝶,抑或蝶化自身。佛家主空性缘合,生死俱空,缘缘无尽。体现于人生实践,儒家持谨利贞,道家逍遥拙朴,佛家通观慧净。这些不同观念必相应于人生存在得到体现,则儒家贵生

①夏含夷:《兴与象:中国古代文化史论集》,上海古籍出版社 2012 年,第 11 页。
②夏含夷:《兴与象:中国古代文化史论集》,上海古籍出版社 2012 年,第 17 页。

亦尊殁,道家生死皆顺其变,释家御生而藐死。更进一步,落实到丧葬之事的处理,自先秦至隋唐盖重厚葬,其中汉代儒学鼎盛尤重厚葬。然而,般若智慧的清流荡入之后,薄葬观念开始植入生命"幻象"意识。《释氏稽古略》载陈思王曹植颇信释教,"游鱼山闻有声特异,清飐哀婉,因效其声为梵赞"[①]。"梵赞"即梵呗,是佛经诵读的音乐形式,也是般若智慧对声音器官、声音物理形式的一种精神化处理。曹植并非因鱼山神灵启悟而通梵乐,乃崇奉佛教诵读吟咏而至生活化境。其生如此,其死也变得淡然超拔,据《佛祖历代通载》:"初植登鱼山临东阿,喟然有终焉志,遂营墓,遗诫其子令薄葬。"[②]"薄葬"是死后不受后有,亦不具身有的"空"观的反映。这种观念后来在中国开始有人信奉起来,隋时释慧海"初病极,命诸徒曰:'吾闻上栋下宇,生民之龌龊;外椁棺内,世界之紫羁。既累形骸于桎梏,亦碍生世于大患,岂揖礼义于嚣尘,卜宅葬于烦饰者也? 宜宗薄葬,用嗣先尘,贻诸有类矣!'"[③]唐时佛家观念深入宫室,甚至帝王观念都发生变化。《旧唐书·太宗本纪》曰:"末代已来,明辟盖寡,靡不矜黄屋之尊,虑白驹之过,并多拘忌,有慕遐年。谓云车易乘,义轮可驻,异轨同趣,其蔽甚矣。有隋之季,海内横流,豺狼肆暴,吞噬黔首。朕投袂发愤,情深拯溺,扶翼义师,济斯涂炭。赖苍昊降鉴,股肱宣力,提剑指麾,天下大定。此朕之宿志,于斯已毕。犹恐身后之日,子子孙孙,习于流俗,犹循常礼,加四重之榇,伐百祀之木,劳扰百姓,崇厚园陵。今预为此制,务从俭约,于九嵏之山,足容棺而已。积以岁月,渐而备

<hr />

① 觉岸编:《释氏稽古略》卷一,《大正新修大藏经》第四九册,(台北)新文丰出版股份有限公司 1983 年,第 770 页下。

② 念常集:《佛祖历代通载》卷五,《大正新修大藏经》第四九册,(台北)新文丰出版股份有限公司 1983 年,第 515 页下。

③ 道宣:《续高僧传》卷一一,《大正新修大藏经》第五〇册,(台北)新文丰出版股份有限公司 1983 年,第 510 页上。

之。木马途车,土桴苇籥,事合古典,不为时用。又佐命功臣,或义深舟楫,或谋定帷幄,或身摧行阵,同济艰危,克成鸿业,追念在昔,何日忘之! 使逝者无知,或归寂寞;若营魂有识,还如畴曩,居止相望,不亦善乎!"①因般若空慧而生的薄葬意识,催生"因山起陵"的帝陵建筑观念,"长孙皇后临终前立遗嘱表节俭求薄葬,《旧唐书》称其'诸因山而葬,勿需起坟'。实际是葬制虽不起坟丘,在观念上却以整座山峰为陵,反而凭山体、山势的博巨、崇高,象征帝王的伟大"②。这样"空"的思想就由帝王的生死观念落实到帝陵建筑这样的实事上来,再推广到行事、作风的率简、政务的畅达,刘知幾《韦弦赋》用其规范世人性情:"故不暴以为师,命韦带之闲缓,体君子之舒迟,惟器可象,惟贤则之。佩兰则殊于楚客,象环有慕于宣尼,信建物之表意,实善人之所资。故知欲不可纵,俭以足用,德或可移,中以成规,识君子之容止,见淑人之表仪。周旋之中,宁假于宫征;内外相制,亦合乎埙篪。大哉景行,刚柔异性,缓之于韦用和,急之于弦表正,既守道而恒佩,因履端而不竞。"③韦是熟牛皮,弦是弓弦,典出《韩非子·观行》:"西门豹之性急,故佩韦以自缓;董安于之心缓,故佩弦以自急。"④这里通过"幻象"的推移,让空性智慧变成了精神的"种子",与传统美学的中道思想契合一致,有力地释放出用"器""象"调整生命、使生命精致化的自在自由的美学态度。

　　(三)幻象逻辑对艺术机制的特殊优势。幻象逻辑对般若美学系统的外化实践,在不同的对象、场域发挥的作用也有很大差别,

①刘昫等:《旧唐书》第一册卷三,中华书局1975年,第47页。
②王振复:《中国建筑的文化历程》,上海人民出版社2000年,第138页。
③周绍良主编:《全唐文新编》第二部第一册卷二七四,吉林文史出版社2000年,第3107—3108页。
④韩非著,陈奇猷校注:《韩非子新校注》卷八,上海古籍出版社2000年,第520页。

上述着重在时代一般精神和生存的现实场域,对于艺术场域来说,幻象逻辑仿佛回到了自身机体的细胞组织,拥有了最典型也最特殊的价值呈现机制。中国传统艺术由视知觉带动艺术类型的全面推进,从诗歌、舞蹈、音乐、围棋、书法的艺术符号化表现到建筑、园林、服饰、工艺产品的艺术符号化再现,构成两个侧重方向不同的艺术掘进路线。后一种路线,因为艺术媒介与物质存在体的功能要达到审美与实用的统一,在凸显主体智慧与精神意象时往往不那么直接,更多依托于处理物质材料的工艺手段和技术能力,因而即便在特定时期显示出非凡的艺术内涵与艺术品质,也不能将艺术的推进完全归功于该特定时期艺术力量的爆发,而是要通过发掘历史的积淀及附着在这些艺术对象身上的时代精神与文化价值观念得到解释。般若美学对象化在这一类艺术创造物上,也因为这个缘故倾向于纳入审美文化系统来得到说明,至于较为纯粹、典型的艺术形式,则鲜明地蕴积着般若美学智慧的精华,通过不断翻新的艺术变革,展现了般若美学的内在精神与作为时代艺术主体的角色、姿态。

对于艺术幻象的美学运行机制与历史演化,我们在后面将以文学为专节重点阐述,这里仅讨论艺术幻象受般若美学影响形成的规定性特质。归根结底,艺术幻象是主体意识的一种内在逻辑。隋唐以前,中国美学倾向于审美意识驱动下以情志收摄感知,进而转化为符号化表达冲动。佛教般若铸入后,主体意识受般若导引偏重于分析性的、感通性的把握。般若识性使审美由传统的感受性、意念统摄性,向主体超拔意志占绝对主导地位转化,这样主体与外在环境的交互性感应呈递减态势,外部因素在交互性的感应递减中,似乎审美意象的呈现减弱了,其实主体智慧在理论意识的调节下,使艺术幻象通过自我调适产生了艺术形式的自我变异。美国哲学家丹尼尔·邓尼特曾讨论意识与环境之间发生系统性机制调适与自变的情形,他说:

"任何意为系统必须能够区分其环境的复杂特征并作出反应(如外部物理对象,而不只是改变条件——温度、接触、压力——作用于其外部表面),对于任何系统来说,它必须能够解释其周围的刺激。就是说,它必须在自身的状态之内,也在系统感知场中对象所具有的普遍条件和相随发生的事件中能从事生产。我认为这并非对任何意为系统的正式要求,而是为了满足我们的直觉。任何一个系统都不缺乏这种能力,它使环境变得有趣而不受影响,足够使人们相信它有信仰、欲望、意图;即使最后我们发现没有那种逻辑上的必要特质,说信仰是那个系统所缺乏的。然而,对于建立一个有意而为的系统来说,因为这样的分析所产生的信息,从其来源和外围刺激抽象得到的信息,依然是非智慧性的持有信息,除非别的东西被增添。"①这里"something else is added",颇类般若智慧作为"增上缘"。《大般若波罗蜜多经》云:"于无因缘乃至增上缘,见有因缘乃至增上缘"②《瑜伽师地论》释曰:"云何增上缘?谓眼等处为眼识等俱生增上缘,若作意于所缘境,为诸识引发增上缘;若诸心心所,展转互为俱生增上缘;若净不净业,与后爱、非爱果及异熟果为先所作增上缘;若田、粪、水等,与诸苗稼为成办增上缘;若彼彼工巧智,与彼彼世间工巧业处为工业增上缘。"③作为心、心所所生之般若智慧,与六根因缘、心理等无间缘、心、心所缘缘和无障碍心法之增上缘皆有牵涉,如此才空有俱罩,动静皆摄,六合内外无所拘碍,精神获得真正的自由。般若幻象与"四缘"均发生交涉,则幻象不惟精神感觉、想象性之幻相、假相及零度无意识之无相实体等,都参与审美的创造,而且尤以"增上缘"表现

①Daniel C. Dennett, *Content and Consciousness*, Routledge, 1986, pp. 80-81.

②玄奘译:《大般若波罗蜜多经》卷五三〇,《大正新修大藏经》第七册,(台北)新文丰出版股份有限公司1983年,第720页下。

③弥勒说,玄奘译:《瑜伽师地论》卷五二,《大正新修大藏经》第三〇册,(台北)新文丰出版股份有限公司1983年,第584页下。

主体意识的建构性和幻化"造型"。邓尼特对有意系统的认识，强调精神性、意动性同时也是分析性的，并且都是从主体精神这一本源生发的意识行为，但纵然是主体精神的主动建构，亦须有外在对象的刺激，这样才是一个完整的思维系统。邓尼特特别说明，强调系统的完整性、主动性并不等于把思维、思想的性质等同于它所能处理对象的信息性质，因为对象信息的性质表明了所能涵盖的外延，属于可以向无界处延伸与扩张的。譬如现象领域的对象、事实都可以成为主动性精神所覆盖的内容，但主体意识进行和完成这种覆盖时，主体的思想、精神和意识始终在占据主导地位时，积极地对被牵涉的对象性质进行智慧（增上缘）化的处理，使之改变和转换，才使主体的精神系统真正变得具体化和丰富起来。

艺术幻象机制的般若"增上缘"特质，迸射了理论系统的缘缘合成功效，为唐代艺术创造提供了十分灵活、高超的理论基础。由于这种理论居于幻象逻辑的核心，是般若美学纯理论植入创作领域的理论，超越了一般理论纯概念系统的局限，不用繁富的实践对之进行诠释，它本身就是呈现。这是中国美学由传统绵延而来，在唐代受般若熏染获得变异的美学特质，迄今为止，人们对此还没有展开深入系统的研究。或许我们借助西方现象学理论能更透彻地理解它。现象学理论的精髓不是完全在于对"现象"的意向性指向，而是"现象"本身标志着一种精神心理的感性化。这个特质在现象学始祖布伦塔诺那里确定得十分明确，原初指的就是纯粹的心理现象，其极限性形式即"没有物的对象"。在1874年《来自经验观点的心理学》中，布伦塔诺提出："每一种精神现象都以中世纪哲学家称之为一个对象的意向性（精神性）存在为特征的，以及我们可以称之为指向一个内容，这虽然并不是完全明确的，却是直接朝向一个对象（它在这里并不被理解为一件物的意思），或内在的客观性。每一精神现象都包括作为其对象自身的某物，虽然并不以同样的方式存在。在呈现中某物被呈现，在判断中某物被肯定或否定,在爱中被爱,在恨中被恨,在渴望中被渴望,等等。"①后来,他又在《知识之对与错的来源》的演讲中,进一步强调意向性关系"是一种对某物来说可以不存在但能够呈现为对象的关系。除非某物被听,否则没有听;除非某事被相信,否则没有相信;除非某事被希望,否则没有希望;除非某事被渴求,否则没有渴求;除非有某种让人愉快之事,否则人不能愉快,等等,所有其他的心理现象也是如此"②。我们可以注意"意向性"措辞强调的是客观性,但本质指的是可以不实际存在的精神内容,"意向性"是确立精神自身性质和内容的一种手段,或称之为"方法"。由于公然提出精神对象可以不存在,布伦塔诺的观点在西方遭遇了普遍的反对,包括其学生胡塞尔以及存在主义创始人海德格尔等,胡塞尔和海德格尔修正了布伦塔诺的心理对象内在于心理现象的观念,将"意向性"概念指向了"面向事物"。即便如此,胡塞尔仍然以现象学直观和还原,来寻求突破心理、事实两个极端的所谓纯粹精神性本质直观,海德格尔也通过提出"存在者的存在"来强化被事实"遮蔽"又非纯观念性的或纯心理性的此在本真,试图揭示出动态历史发展中绽现的精神本真状况与面貌。现在看来,胡塞尔、海德格尔对布伦塔诺的修正既有历史性的贡献,也存在不少的偏颇。其贡献在于使现象学的精神性、主观性在外延拓展上与广阔的现实场域联结起来,有力地校正了纯精神性的"自话自说"偏颇③;但也要看到,"意向性"通过他们的解读,

---

①Franz Brentano,*Psychology from an Empirical Standpoint*,Routledge,1995,p. 68.

②Franz Brentano, *The Origin of Our Knowledge of Right and Wrong*, Routledge & Kegan Paul,1969,pp. 8-9.

③在理论创新中,独特性往往使理论的"自话自说"成为不能被人理解的一个障碍。但从理论的发展来说,这种现象是暂时的,当理论发展到能够被理解时,人们关于当初不被普遍理解所展开的对话,往往是独创性理论的展开或应用。在这个意义上,理论的独创性如何避免始终无人能解或在最短的时间内能被人们理解当是应该努力追求的。至于不同文化背景带来的理论上的不能通约,属于另一种情况,主要依赖于接受客体整体性的认知提高。

此后转变为"面向事物的意识",变成了从直观事物、悬置已有理论来得到当下的主观直觉和认识,这与把主体认识、发现映射、覆盖到事物完全是两回事情。因此,西方本来有一次开发精神主体性的契机,却在理论家的貌似现象学,其实属于事实主义或欲辩不辩之事实心理学的阐释论证中给冲荡得无影无踪了。然而,中国唐代美学的幻象逻辑对般若美学的借鉴与映射创作实践领域的情形,则表明幻象逻辑至少在盛唐到中唐时期保持了充分的现象学精神主体性,其典型的美学化表现,就是艺术的叙事、形象和形式、手段等,鲜明地凸显出中国人的主体精神意志。无论映射的对象、内容牵涉到多么广泛、生动的现象,都表现了主观力量和精神力量的绝对主导地位,有力地展示出唐代艺术以美学化、主体化为塑造主导方式与途径的崭新现实。

第二节　艺术幻象的生命气韵

一、般若幻相的客体化

　　般若以主体精神的外溢和存在意识的回归天地,形成类似中国美学天人合一感通性的、不无循环意味的特殊语境。只是这种精神力量的外射和意识对这种力量的驾驭,在般若是以高度自制、自觉的方式体现出来的,从而追求一种清凉、寂静的美学氛围和气质,并把这种气质灌注到精神、意识所衍射的一切方面。由此缘故,般若非常注意精神感性的呈现,认为所有的思想、精神既然是一种可以超越有限世俗的力量,那么,思想、精神能达到的地方,也应当是精神守持的所在,更是思想、精神像光体发挥能量的地方。思想和意志,崇高的精神与情感信仰,思想溢射而导致的一切为之幻化的奇特景观,都在法理上是可能的,美与真、美与善、美与语言、美与存在和呈现,都是同一性的关系。而人得以般若识性自觉自知的对象化存在，就是般若之相，它仿佛是本体的副本，在识性抵达其对象的同时，也意味着主体自身创造了那对象，此即所谓本体归零与主体力依缘而生，响应了本体的意识与期待。对此般若之相倾向于对象化及与识性相对的部分，我们采用现代术语"客体化"来给予形容。

胡塞尔《纯粹现象学通论》讨论主体意识客体化时，反映出现象学的基本意识，即"相"的显现出之于主体却因客体化而与主体相关，在被客体化时主体意识成为"相当于"，对对象的意识更多情况下基于由对象唤起的主体意识：

> 被否定项、被肯定项等等应当这样来获得，即'判断'对象当关系到对否定行为的反思时，就具有"被否定的"特性，当关系到对肯定行为的反思时，就具有"被肯定的"特性，同样，在关系到对推测行为的反思时，就具有"或然的"特性，其它情况也是这样。这是已被如下事实证明为谬误的解释，即如果这些谓词现实上只是相关于反思的谓词，它们只能在对行为侧的实显反思行为中和相对于它被给与。然而显然它们不是由这种反思给与的。当目光直接指向相关物时，我们就把握住这个相关物本身。在呈现的对象本身上我们把握住被否定项、被肯定项、可能项、可疑项等等。因此我们绝未使目光指向该行为。反过来说，通过这类反思而出现的意向作用谓词绝不具有与所谈的意向对象谓词相同的意义。因而与此相联系的是如下事实，同样从真理观点来看，"不是"（Nichtsein）显然只相当于，而非等同于"是被正当否定的"；"是可能的"只相当于而非等同于"是以正当方式被当作可能的"，如此等等。①

---

① 胡塞尔著，李幼蒸译：《纯粹现象学通论》，商务印书馆1996年，第265页。

这段话在转换布伦塔诺的主体性思想，表明"对象化"是连系于客体所得到的"意识"，这一意识尽管由主体所给予，也在连系于客体——即对象化——时发生了变化，它不再是纯粹归属于主体的意识，而是关于对象的意识，是在呈现的对象身上"把握住的主体意识"，从而"相"的呈现就具有了两方面新的特质规定，一是它呈现主体意识，二是它是对象，具有物化性，后一方面由对象的呈现所给予，即由"他缘"所给予。胡塞尔的阐释打破了主体意识的单一性，巧妙地在主体精神的驱动或发射与这种驱动或发射所形成的能量、事实之间，介入了一个"客体化"的却不等于其所自出而只是"相当于"的境况。虽然对于"对象"的客观性不免语焉不详，却实际上等于肯定了客体化对象也具有客观性，重要的是主体的意识在客体化对象身上发生，那么，美学主体意识的呈现就可以依托于"客体化"的对象获得其应有的价值内容，在这里，"客体化"在主体意识的阈限里获得了精神拓展与美学新感性的诞生。

从判教主体对佛教知识进行询问、推测、怀疑，乃至斟酌析疑形成"理性的裁判"①，到天台宗、华严宗、唯识宗等循着坚定的意识方向建构切合于表达中国人对直觉、理想或情性之识的思想系统，中间已经不自觉地把佛教般若名相扩大为精神的感觉和境界，以一种美学化的态度放大了般若的思想与美学世界。现在当成熟的思想发生交汇，人们更注重思想在世俗和自我修炼生活中的应用时，又进一步将那种主体意识的系统对象化投射，转变为所依因缘的意识。每一种因缘一旦纳入主体意识及其客体化、对象化的氛围，就起到促生一种新的整体性关系的作用，使得主体意识因拥有新的因缘结构而产

---

① 胡塞尔著，李幼蒸译：《纯粹现象学通论》，商务印书馆 1996 年，第 327 页。

生"独立自持和相对自足的变动"①。美国学者任博克把这种因缘触
遇造成的整体论转向,称为预期意义上的"中"的实现,他以维特根斯
坦著名的鸭子—兔子为例,说明"所有内在关联和相互决定的点和线
的整体性集合能作为一整体被'读'作为一个鸭子或一个兔子。然
而,如果我在被读作兔子嘴的那部分再添画上一根胡萝卜的话,我就
已经澄清了这个图形。现在我不能将其读作'鸭子',除非我不顾及
胡萝卜。胡萝卜在此处预期意义上是'中'"②。胡萝卜之于鸭子或
兔子,是在"画"的时候添加上去的,通过因缘条件的变化说明整体结
构关系的变化。在般若精神的主体客体化过程中,客体因缘的"增
加"或"减少"是在主体识性的意向投射中呈现的,意味着主体精神
的客体化,或成为对象性的因素即使是作为对象性的因缘,亦终须主
体意识的摄入。即无论是主体意识的创造,抑或对已然存在的境、
相、形、貌的收摄,都不能纯然客观地移入主体识性的视野当中,唯有
主体意识将其选择化、精优化、符号化,才能够成为对象化的存在。
而一旦如此,便意味着主体的客体化,即意识与客观对象触遇而实现
的思想、观念的典型化,让平板而缺乏主体性的客观事物和纯粹观念
性存在,糅合为有生命的感性化的美学幻相性存在。

般若之"相"在中国客体化的深入过程,是印度佛教般若中国化
程度不断深化的过程。在佛教学者、士人乃至一般信众、民众的视野
里,他们都看到了自己希望看到的对象,从外面输入来的庞大佛教里
他们摘拣到自己所需要的东西。但正如中国的文化里蕴藏着天地人
统一的思想,印度佛教里也积淀着符合印度传统的当时最现代化的

---

① 任博克著,吴忠伟译:《善与恶:天台佛教思想中的遍中整体论、交互主体论与
　价值吊诡》,上海古籍出版社 2006 年,第 30 页。
② 任博克著,吴忠伟译:《善与恶:天台佛教思想中的遍中整体论、交互主体论与
　价值吊诡》,上海古籍出版社 2006 年,第 31 页。

般若变革思想，这些思想进入中国并不是对应于中国人的所需才分项分类地进入，而是连同经书、法器和僧宝等整体性地输入。当般若的精神意旨和趋向面对中国不同时期不同层面、类别的对象时，就必然在精神外化的指向方面发生相应的调整，而美学的客体化正是在中国化逐步深入的过程中，先以人文性的、思想性的和哲学性的方式进行改造，而后才进一步拓展外延，将主体意识的现象学美学的对象化呈现，向基于对象的主体意识映射性的、艺术化的、语言呈现性的客体化形态转化。达到这后一阶段的般若客体化，就标明已经很自如地实现了客观存在的一切都被纳入"缘起"构成，主体意识可以自在抽空所有的物质实性，使其仅仅以标记性的智慧特性或形式充实到主体意识的机制、结构之中，于是客体化与主体浑然整合，美学意识通过主体意识对象化的寂然客体，表征着般若美学的妙旨。

二、生命气韵的般若流动

中国美学的"生生之韵"，即内在于中国美学生成机制中的一种存在韵律，是生命精神的美学化呈现，也是中国美学的根本价值所在。中国美学的生命精神，包含的内容很多，从文化生成的渊源上说，包括了巫性的想象与模拟、情志感应的人格化与超人格化和主体伦理固化为象征性客体力量等特征。但在所有标志生命美学存在与特征的表现方面，生命气韵最为灵动有力，影响长远，可以说生命气韵是中国美学思想精华中的精华，凝聚着中国美学多方面资源的积淀，是中国美学价值实践的典范，千百年来，一直为中国各个阶层的人士所孜孜以求。

生命气韵的般若流动，是否在佛教般若体现为对蓬勃生命力的抑制，抑或让生命主动性由感应自然转向智慧驱动，是隋唐美学整体机制的一个问题。般若对生命美学的导引，并非始于隋唐，在般若美学理论形成系统构建以前，就影响了中国美学，诸如《道行般若经》

《光赞般若经》《放光般若经》和《小般若》及各经部中的般若思想,都对中国人的生命观念和生命美学态度产生实质性的影响,如《四十二章经》《道行般若经》里讲的"道行",就从"苦行""去情欲"的角度说"有",犹如水里行舟、暗室持烛、锻铁去垢等,反映了对自然生命惯性的智慧抑制和抵达"本无""空性"的主体意识。有的甚至将这种意识作为生命极限来表达,如《光赞般若经》视世间生命与佛法本旨逆反,强调"般若深法"就是性相本无,"无相无作,无生无灭,了达一切诸法。从本已来,离言说相,离心缘相,离能所相,究竟平等,不可破坏,无业无报,无因无果,性相如如,住于实际,然后于毕竟空中不妨,炽然建立一切诸法,此名正知见人也。心不住相者,此离凡夫烦恼境界也,不著声闻缘觉境界者,此离二乘,滞寂境界也"①。这个说法是直切本根的,虽然不无"空空"之嫌,但关于生命的本体论讲得很彻底。因为般若思想在各种经典里的宣扬,形成一种总体的趋向觉悟、智慧的流向,从而即使在某一佛经里的某些主张,似乎推崇某个观点到极限,也在这种总体的趋势中有一种彼此相融互为消解又互相促成的作用,类似于因缘和合,因而任何貌似偏颇的般若主张,都在般若之流里仿佛腾跃的浪花,有力地推动着般若智慧的前行。到隋唐之际,本土生命美学经过般若美学理论的系统浇灌,已在生命直觉、生命意识和心理认知、生命理想诸方面有了系统的提升,这种提升也是本土生命美学汲取般若智慧对生命底蕴、厚度的一种增加。需要辨别的是,理念上的、知识上的鉴别、处理与渗透到实践层面的智慧操作还存在不小的距离,从隋及初盛唐般若美学理论初成系统,到中唐般若美学在社会各阶层产生实践性深入影响,这一整个历史发展过程中,生命气韵的流动必然因般若美学

①周琪述:《圆觉经夹颂集解讲义》卷九,《新编卍续藏经》第八七册,(台北)新文丰出版股份有限公司1994年,第945页下。

理蕴的影响而发生某些变化,这些变化自然会显著地反映到艺术创作实践方面。

(一)般若智慧选择实体性的境、相形式时,洋溢着般若精神的恢宏富丽气象。人言盛唐审美喜欢丰腴,以"环肥燕瘦"为对,将这种丰腴圆润、肥满富足的美学趣味视为经济复苏、万象峥嵘导致的审美时尚。诚然,审美趣味和美学态度都需要物质基础,就此而从经济物质的繁荣做解释也没有错,但毕竟是间接的,何况审美及美学态度绝不能如此简单地依物质的繁荣或衰退为尺度进行轮番追逐,否则今人比古人富足,自当更喜肥美,或战争年代生灵凋敝,自当逐瘦为美了;其实不然,纵然是经济繁荣时代,一样不乏追求苗条瘦美的,在社会经济停滞民生困苦的年代,也依然有追求宽袍大袖的保守时尚,因而依经济情势判断审美不宜采取直接的、近距离的审定。盛唐至中唐及中唐以后的情势,都不能简单地从社会经济的繁荣与贫瘠来进行裁度,而应当从该时期审美与美学态度的时代呈现方式、特征来作出判断。大体自贞观至贞元约百八十年间,唐代历盛世及安史之乱,值李适有复崇道统的趋向,这期间崇尚恢宏富丽的风尚一直没有衰减,与般若美学"相而无相"的观念相合,而"至相"作为一种极限又与儒道"大者为极"的观念相通,故一直被朝野所追慕。具体说,从武德、贞观之颜师古、褚遂良的奏疏文风,就已表现出用词博赡、立意浑沦的大象之美,学界评价多认为这种风气是齐梁淫靡侈丽之旧习的接续。然而齐梁好宫体骈文,不尽是文人赏玩雅好所致,亦与佛教音韵流布、梵呗启发诗文协律合韵有关,只不过六朝更迭迅速,人心情志发生转移而已,但凡稍具条件便会起辇复来。而唐代复起的壮硕靡丽之风,与六朝侈奢于文词的堆砌富丽是根本不同的,譬如褚遂良(596—659)写的《梁文昭公碑》云:"辰精降说,华灵诞震。台岳资神,齐光含峻。……始发如纶,俄成壮观。□总务玉弦调□仪形济济□门当鲁馆,邸照姬车,卜居昭俭,□防奢礼崇身约,□迩情遐,□易

□□道难明德晖不昧,环景齐明。"①从其雍容陈腐的颂体文字可以看出作者的道光才辉,这是知识分子主体自信力的表现,也是对社会礼乐情状的感慨所寄。其中不无由衷之叹的折射:"台岳资神,齐光含峻""始发如纶,俄成壮观",其心迹情怀延至安史之乱后贞元年间(785—805)仍然丰沛饱满,全然不似汉代经党锢之祸后便隐匿于人伦才情的褒贬,更没有盛唐人所谓理当以"当家主人"思创丰功伟业的自豪感。所以,贞元王仲舒《祭权少监文》称道:"贤哲极致,天下荣观,丰禄足以肥家,雄文可以润屋"②,韩愈《贺雨表》则赞称"嘉谷奋兴,根叶肥润"③,充满了欣赏富贵肥硕、丰润美畅的愉悦感。

　　(二)般若智慧的注入使生命能量更具冲力。在生命气韵流淌的过程中,佛教思想与中国美学固有之"生生之韵"都从外注入,唤醒人存在的元气,使得生命气韵能够获得来自肉体和精神方面的能量输送,使生命志意的激发、生命能量的发挥因此获得了更强的冲力。中国美学具有"生生之韵"的历史惯性,这种历史惯性比佛教般若智慧更早"栖居"于本土美学,更早规定、驱动人的生命存在,从而中国美学的情志激荡和具备机制协合的有机性,都具有循环往复自我推进的特征,且以此作为中国美学发展的一个主要特征,通常很难被外力因素干扰和改变。这个特征也是中国美学发展的历史基础和存在前提。佛教般若智慧也是在此前提下融入中国美学的,般若"无生"旨趣虽与"生生"之韵不无相悖,但般若自进入中国并不曾否定生命气韵流动的历史基础和存在前提,而是把"无生"理蕴注入中国美学的

①周绍良主编:《全唐文新编》第一部第三册卷一四九,吉林文史出版社2000年,第1704页。

②周绍良主编:《全唐文新编》第三部第二册卷五四五,吉林文史出版社2000年,第6309页。

③周绍良主编:《全唐文新编》第三部第二册卷五四八,吉林文史出版社2000年,第6343页。

机体,使之在另外的方面,譬如美学过程和美学境界方面,发挥其特别的活力。于是,容纳万有(缘合)和消解缘执(情执和智执),都顺势注入成为美学的精神体势,凡内涵、气质、韵味、气息等皆随般若的流注而焕发新的恣韵,这便是中唐以后中国美学仍然能够成为时代精神的主导性、主动性力量的根本原因。之前中国美学受传统美学的习惯性驱动,生命气韵的流动是情绪、情感浑融的,动势比较直线的,般若思想注入后,美学的生命气息变得细微、婉曲、厚足,并在终极指向上显示出般若特有的否定性特质,这是我们整体审视中古美学所始料不及的一个重要变化。

中唐以后的美学趋势,对前期丰腴、富丽、豪放的浪漫主义风尚从美学趣味与生命意识的独立与强化方面有所修改,理性审视的意味更重,但由于般若与美学在实践上的深度合流,反而使后期的改变更显精致细微。究其原因,大体从安史之乱开始,中国美学的生命气韵与般若否定性凝合为一,实践批判意识和生命否定意识表达鲜明,与此阶段唐代政治、军事和文化开始分化、消解趋势正相呼应。史学家王寿南指出,安史之乱后,"方镇之地位愈来愈形重要,国运之隆替,社会之安扰,莫不系于方镇,中央之威势渐衰,外以御寇,内以平乱,均须仰赖方镇出力,所谓'国命之重,寄在方镇'"①。"肃宗以后,藩镇多为节度兼观察使,或观察带都团练(或都防御)使,其职权统括军民大政"②,不仅仅分化、消解中央权力,而且时常对抗,任性跋扈,至晚唐愈演愈烈。方镇虽然受其他藩镇牵制不敢轻易造次叛逆,但拥兵自重、骄横无主对社会文化和僧人、士人的影响却十分厉害,迫

①王寿南著,王云五、严耕望指导:《唐代藩镇与中央关系之研究》,(台北)嘉新水泥公司文化基金会 1969 年,第 1 页。
②王寿南著,王云五、严耕望指导:《唐代藩镇与中央关系之研究》,(台北)嘉新水泥公司文化基金会 1969 年,第 116 页。

使他们一方面寻求文化的独立自持；另一方面，对于以往流行的观念，包括盛世美学意识也自觉进行理性省思和批判。例如，柳宗元便在这方面是特出的一位思想家，他在超出儒道美学既有观念方面，显示了很高的智慧。他不从实有着眼，对"无"的本体性及幻化存在均提出迥乎常人的见解，譬如《设渔者对智伯》一文，他讲智伯在联合韩魏欲灭赵国的途中，遇到一个渔夫，渔夫不断地搏求，以捕获更大的鱼类，从河里捕捞小鱼，到大海里捕食大鲸，鱼是愈捕愈大了，欲望却不能得到满足，因为"闻古之渔有太公者，其得愈大，钓而得文王"①。文章借渔夫之口告诫智伯，贪肥而能自肥，贪犹以为不足，如同力愈大而求食愈无厌，其结果必导致自害，最终像智伯被韩魏合赵所灭一样，"大""肥"的追慕"自益其肥"是不会有好结局的。又如，在《宋清传》中，柳宗元写西安一个卖药的小店主，他的药得到很好的名声，四邻八方都到他这里求药，"清皆乐然响应，虽不持钱者，皆与善药。积券如山，未尝诣取直，或不识遥与券，清不为辞。岁终，度不能报，辄焚券，终不复言"②。宋清异乎常人的做法，给他的药行带来极好的声誉，自然也带来了丰厚的回报。柳宗元通过宋清与常理相悖的"德行"，宣扬了与世俗寻常之理相悖的作为往往把真实本相带到人生的福报里面。在这里，柳宗元对世界的美学认识和判断，与他个人被贬谪和孤寂、清冷的处境并无思想、表述上的直接关联，其所思者，主要是从"理"上开掘出一个美的世界，由此而对"俗念"给予特别的批判。世俗流行的"肥""大""现报""善""恶"等，在柳宗元的解释里，异常清醒地持有睿智和理性的清寂处

---

① 柳宗元：《设渔者对智伯》，周绍良主编：《全唐文新编》第三部第二册卷五八五，吉林文史出版社 2000 年，第 6661 页。
② 柳宗元：《宋清传》，周绍良主编：《全唐文新编》第三部第二册卷五九二，吉林文史出版社 2000 年，第 6736 页。

理,与盛唐炽热的情识和安史之乱后错乱的心识相比,更体现出中唐以降生命与美学意识的深厚蕴藉和超拔韵味。

（三）般若智慧的有机调适性更为自在自如,增加了艺术幻化的美学效果。般若智慧的美学化流动,不仅与中国儒家主张的现世间人伦孝悌观不同,也与道家倡导的秉持一己纯朴感悟自然的运作规律和玄奥意蕴不同,它是从生命有机性的意识化迸射出来的一种能量,在迸射之前,已然经过"般若"的意识淬化,具有了智慧能量的意向性,可以依意聚合或发散,控御能量的迸射和转换。生命本身则是自由的,并不因意识作用而受拘限,如此非有非无,非实非虚,思量非思量,或否定迭进式表述——非"一"非"异"非"中"之能量本体与智慧化的迸射,唯有用"他境"一词形容才能体味其别致的效果。因为"他境"标志别样的创造,"他境"与已有境有别,与已有诸概念有别,然而"他境"也是生命的存在与境遇,也具有生命的有机性,唯如此才能承载特殊能量的非常迸射。在般若智慧的美学运行中,"他境"仿佛独异乎已在的"他者",必须用崭新的视野打量才能窥其真实的面目,而这"他者"又仿佛从没有离开过此在、当下、现世,因为"缘起"俱含一切生与灭的现象和意蕴,故生时即生也即灭,灭时即生时也即缘尽时,无论生与灭,皆不依缘而论法,即否定自然感应的观、见、知、行,而是缘缘即识,识缘缘即法,以缘归识归法,不拘于一缘一念而论法。如此则般若智慧与生命本相都归于自然本境——"他者""他境"的美学化拟设——的幻象性譬喻、隐喻、拟喻,审美愉悦得以真正绽开于生命本真的如如之境。

至于般若美学化流程中生命气韵受般若浸润变得精细和温厚,这是美学思绪空寂、游悠,达到了高度自我调适的从容感。这种状态作为般若主体的意识、情感和情绪,在僧人、士人身上会普遍表现出来,不管僧人、士人对于其他的思想沾溉有多么浓厚,都会表现出般若独有的思维、气质和精神肌理。譬如,杜佑是贞元十九年的宰相,

曾著《通典》，博通古今，笃奉儒学。其孙杜牧，亦恪遵儒学道统，谨持
礼教，其父死后奉旨"丁忧"，是一个十分信守礼法之人，然而他对佛
教般若智慧的感悟却非常通透，留下很多闪现般若诗心的幻化之作。
《独酌》云："窗外正风雪，拥炉开酒缸。何如钓船雨，篷底睡秋江。"①
《清明》："清明时节雨纷纷，路上行人欲断魂。借问酒家何处有？牧
童遥指杏花村。"②钓船篷底，熏酒睡江，追求胸怀开放的意识伴随着
消泯的意虑之美；清明哀伤感经作者一写一扫而空，柳暗花明、幽巷
酒香，全然呈现一番明丽快意不觉其至的效果。又据《唐才子传》：
"大和末，往湖州，目成一女子，方十余岁，约以十年后吾来典郡当纳
之，结以金币。洎周墀入相，上笺乞守湖州，比至，已十四年，前女子
从人，两抱雏矣。赋诗曰：'自恨寻芳去较迟，不须惆怅怨芳时。如今
风摆花狼藉，绿叶成阴子满枝。'此其大概一二。凡所牵系，情见于
辞。"③此诗与《清明》一诗均遭后人质疑，认为非杜牧所作，但杜牧生
时已至晚唐，对于般若的接受已然在中国本土语境达到熏染十分深
切的程度，那么，有些作品出现与之前文学时尚、风格不一样的特征，
亦在情理之中。此诗和《怅诗》《叹花》，不信出于其手者，主要是认

---

①彭定求等编：《全唐诗》第一六分册卷五二一，中华书局1980年，第5960页。
②刘克庄编集，胡问侬、王皓叟校注：《后村千家诗校注》，贵州人民出版社1986
　年，第98页。按：《全唐诗》未收入此诗，出处多有争议，有疑为许浑或宋祁所
　作者。此处依杜牧性情及文笔风格，认同杜牧为《清明》作者说法。
③傅璇琮主编：《唐才子传校笺》第三册卷六，中华书局1990年，第205页。按：
　与此处所记相关，《全唐诗》收杜牧两首，一为《叹花》："自恨寻芳到已迟，往年
　曾见未开时。如今风摆花狼藉，绿叶成阴子满枝。"（彭定求等编：《全唐诗》第
　一六分册卷五二四，第5999页）；二为《怅诗》，序云："牧佐宣城幕，游湖州。
　刺史崔君张水戏，使州人毕观。令牧闲行阅奇丽，得垂髫者十余岁。后十四
　年，牧刺湖州，其人已嫁，生子矣，乃怅而为诗：'自是寻春去校迟，不须惆怅怨
　芳时。狂风落尽深红色，绿叶成阴子满枝。'"（彭定求等编：《全唐诗》第一六
　分册卷五二七，中华书局1980年，第6033页）

为诗中所描写的，与杜牧本人及其作品似乎大有乖舛，尤其是与儒学道统、礼教甚为悖离。于是，亦有试图从杜牧生平证明者，《唐摭言》记众人应一考试之后，杜牧《阿房宫赋》引起考官关注，然而"众中有以牧不拘细行间之者"，考官崔郾力排非议，收录了杜牧①。这种情况，究竟是依照考取进士后的言行认定其品行不一，有违儒家道德规范，还是从其"不拘细行"说明其性情本真，于文难免真性吐露，导致文风乖舛。其实，就如同对《清明》疑与不疑，主要表现为后世人的一种纠结，对《怅诗》《叹花》的疑虑，也多来自后人的评论，而后人又不是杜牧同时代人，怎能了解杜牧那么多？甚至即使杜牧同时代人，又怎能保证对杜牧的了解不是皮相的，而是洞穿骨髓的呢？古代的名人轶事，很多都是今天无法证实的，唯有从杜牧诗作本身透露的情怀和思想出发，结合当时的历史状况和趋势进行解答，才能理解像《怅诗》《叹花》所描写的，不仅在当时的杜牧十分可能，而且甚至是主动介入和积极参与的，毕竟诗中叙写的情感、意绪，就是作者心理调节的一个产物。而调适到何种程度，依晚唐期间诗人和诗作的表现来看，像杜牧这样细腻的抒写与表达是完全可能的，一方面主体意识在般若美学化的同时，使意绪、情感和想象都变得具有般若一样的识性、识心，能够悠游、从容、散淡、快乐；另一方面，也使诗心智慧变得更符合般若意蕴的内在要求，从而变得更加细腻、婉转、柔韧，成为标志晚唐时期艺术、美学发展的重要尺度之一。

中晚唐、五代的文人、僧士，都在其作品或人生经历中留下般若智慧的印迹。这种印迹带给人们的总体感觉是，人和自然的交互对话不再是主要图景，主体的体验和感受空前集中和受到关注；审美幻

---

①按：《唐摭言》云："既即席，白诸公曰：'适吴太学以第五人见惠。'或曰：'为谁？'曰：'杜牧。'众人有以牧不拘细行间之者，郾曰：'已许吴君矣。牧虽屠沽，不能易也。'"（王定保：《唐摭言》，古典文学出版社1957年，第63页）

象不再采用粗线条方式,即异常疏落的意象结点抒摅情志,而是寓思于象(相),尽兴于象,情志外化为呈相,使诗、画、书等艺术显象主观情思绵密饱满,有力地表达了主体的志意理想,显示了文学主体自主性已经在对象化手段落实方面也十分自如和自信。因此,从中唐至晚唐,一方面,诗和艺术,包括其他所有可以操演的空间、时间化手段,如器物、技艺、杂耍、说唱、表演等,均属于生命可寄居的"壳"。生命在栖居于它们之时,亦用生命融化它们,使它们成为生命有机存在的象征。另一方面,被表现的主体情志,作为主体精神气韵浇注意象、幻象或意象、幻象的复合体,它们也转换了"身份"和"意志",从传统审美、艺术之作为主体情志投射之凭借,从主客体双向对流、晤对之境与象、情与景、意与境,转向了情志、思绪本身的幻化。如此,主体情志如何存在就并非以主体自身的境况、性情、情趣和艺术修养、语言功力之个体差异就能决定的,而是决定于主体情志如何完成对自身的客体化观照,即主体彻底地把自身也作为一种对象世界进行观照,让整个世界都参与这种主体化的运作。当主体情思臻至空寂无依,或依缘缘交织之象获得隐晦与婉曲的精神意绪或精神畅游于"天外天",借梦幻般想象寄托言辞,曲致心意,或主体奇妙熔裁自家情思所涉诸缘——令所涉之现实的、非现实的素材、题材,一切的一切冶铸为神奇的艺术景观……当这一切发生时,主体的自主性是绝对的,主体的意志是自主的,主体化的审美、艺术世界也是充分建构性的、表现性的和理想性的。于是,从诗僧往来酬唱的即兴感触,到士人骚客秉志而发的意境创造;从佛界到俗界,宫廷到民间,上下鼎力支持的佛寺建造,到艺工在石窟、崖壁上精心雕镂绘制的栩栩如生的佛像和彩卷,一种"佛即众生,众生即佛"的主旨,在社会之"世俗众生"主体"即心即佛"的志意中倾泻出般若智慧的大美愉悦!其欣悦之程度,至大至强,坚定、沉着、无畏、持久,伴随着石窟佛像群、佛寺造像的传布,占据了人迹罕至的山野和人口密集的都市,使般若智慧与生活中的琐细之事都发生交集。那些在佛经里仿佛高深莫测、令人敬畏和遍知遍在的如来、菩萨,日渐褪去所谓超常的神性,变得平易起来,直至人们咀嚼生活的万般千种,使般若幻象的魅力在最切近的距离出现,无所不在……这种从思想到艺术的幻象倾泻,是生命巨流遵循般若智慧涌动所焕发的活力,是审美、艺术在生活中找到自身存在之所的印证,万象交织的主体情思驱动现实中具体的人、事、景、象,以更富生气的姿态、内蕴蓬蓬勃勃地创造着一种新的时代和生活! 以至愈迫近晚唐、五代,生命美学的实践愈绽现出般若思想、理论的炉火纯青,愈加促动超越极限的主体智慧诞生。而对于禅宗末流来说,尽管后世不乏诟病、责其狂悖荒诞者,但那种超越极限的否定性趋势,已经成为美学的绵延性力量,荡起的排空海啸,能让般若美学智慧找到最迅捷、最自信、最有生命活力的主体化现实印证。而另一方面,般若智慧因其否定性意趣并非观念单向性绝对否定,所有否定中都意味着宏大的新生,意味着一切物、象、词语等产生更进一步的粘连,使般若美学的别致韵味愈加散淡、宏阔,似有若无地抵达情志逍遥的美学化、艺术化化境。

第三节　般若与文学意象、意境的融合

一、般若"意为"与意象的复合

中国美学幻象逻辑汲取佛教般若智慧,对美学幻象生成机制的改变,使中国美学的整体思维和具体的社会实践与存在,都极大地提升了思想建构与表现的水平。文学艺术是精神形态中积极的建构性力量,唐代的文学艺术水平很高,成就也非常大,那么,佛教般若思维及其美学智慧与文学艺术的结合,尤其是般若与文学的关系,二者在具体的生成环节上体现出的实质性融合,是幻象逻辑落实到美学高

端领域的典型体现,也是美学幻象促动唐代文学放射出奇伟光辉的根本原因。为此,在我们曾就般若美学理论对唐诗创作的时代性影响有所讨论的基础上,对于佛教般若如何实现与中国文学的深度融合,也十分有必要从美学演化的视角,给予集中的梳理和探讨。

就总体而言,唐代般若与文学的深度融合,是佛教与中国文化深度融合的结果。中国化的佛教各宗般若美学,为这种深度融合奠定了理论前提,然而般若映射、渗化到现实,扩散至文学领域所表现的接力性质,是通过唐代文学观念与创作方法的变革表征出来的,其中般若思想如何渗透、蕴藏在里面,就属于般若化与美学化凝结于诗思维、诗形式如何创新与生成的核心问题。

对佛教般若与文学的关系,多年来国内学界多有论及。陈允吉《古典文学佛教溯缘十论》一书讨论盛唐诗人王维的《雪中芭蕉图》,认为此图与其《净觉师碑铭》"雪山童子,不顾芭蕉之身"的叙述意涵相通:"芭蕉"指"空虚之身","雪山""形容坚定地修行佛道"[1]。聚焦于"雪中芭蕉"的幻化色彩和非实体用意,显示了王维作品浓郁的般若意识和鲜明的审美个性。除此之外,陈允吉先生在所主编的《佛经文学研究论集》及续编中,收入探讨《法华经》《八十华严》和唐诗人韩愈、李贺、柳宗元等的文章,这些文章研究诗人作品的文学意趣、叙事结构、文学世界等,涉及般若直觉、幻化思维、中道智慧等般若美学特质,展示出般若与文学的多层面关联。吴言生《禅宗诗歌境界》一书中有"李商隐诗歌中的佛学意趣"专章内容,专门就李商隐的诗歌表现问题讨论,认为李商隐"感悟到了有求皆苦、无常幻灭的佛教真谛"[2],并强调这个感悟在审美观照、情感内省和把握现境方面,达

---

[1]陈允吉:《古典文学佛教溯缘十论》,复旦大学出版社 2002 年,第 74 页。
[2]吴言生:《禅宗诗歌境界》,中华书局 2001 年,第 316 页。

到了"禅宗超越一切差别境界的不二法门,作为处世态度和禅悟的极则"①。这个评价试图从文学意象、情境与心识、省悟的关系,凸显特殊的禅宗诗歌境界。吴言生在揭示佛教心识与文学表现关系的同时,有意识运用般若否定意识评价李商隐,指出其对情爱的幻灭体验,"只是局部的"宗教体验,总体上"仍然跳不出情爱牢关,仍然对理想、青春、感性热情讴歌、无比眷恋,走向了与佛学离境去欲、心不住境的相反的途径"②。此外,孙昌武、普慧、孙尚勇等都讨论到与般若相关的佛教文学理论问题。但考察目前关于佛教与文学的研究,对于般若尚缺乏集中的专题研究,对于般若美学特质对唐代文学生成机制的影响,尚无深入系统的研究成果;而般若范畴的美学内涵与特质,般若所具的幻化思维、智慧结构,都是研究唐代文学变革不能避开的重要方面,深入研究般若范畴所扩散的般若思想及其结构肌理,对于揭示唐代文学发展的真实面貌具有重要意义。

为了深入阐释这一点,我们需要对般若与文学发生深度交融的可能性,从般若美学性上做概括性回顾。通常,很难用学科概念诠释般若。古印度吠陀、《奥义书》中,般若概念的含义基本上被确定下来,这在姚卫群、巫白慧等学者的相关著作中也有明确揭示。概而言之,般若指一种趋向梵天的智慧本体,拥有多种功能、品质,这些功能和特质作为美学特质、特性,与文学机制关联最为密切的方面,表现在:1. 般若代表一种元始性"生命血气",驱动生命存在与大梵神性本体等至同一;2. 般若具有识性或智性,与语言名相是始终相与的;3. 般若的感性生命力表现为出离世间的品质,通过幻化智慧的形式得以完成和实现。从这些蕴涵了价值本体、生命过程、感性存在方式的美学特性,可知般若是一个美学浓度非常高并辐射到"生命""语

---

① 吴言生:《禅宗诗歌境界》,中华书局 2001 年,第 316 页。
② 吴言生:《禅宗诗歌境界》,中华书局 2001 年,第 330 页。

言"创造领域的范畴。自然,也是一个能深入渗透到文学领域,并以般若美学特质深刻影响文学对象、领域的重要范畴。

在中国,东汉末年输入中国的佛教,几百年流播中大乘般若思想渐成主导。般若与文学的碰撞和交汇,是这种思想运动的有机组成内容,通过文学作品生动的感性内容,展示了般若外化的精神力量和趋势。因而,无论般若范畴是否直接干预文学思想,抑或般若是否间接内化于中国文人的精神、心理,对于佛教思想和中国文学的发展而言,都存在美学上二者如何接合进而交互渗透、融合的问题。而通观般若与文学的风云际会,作为般若的"相"与中国文学的"象"的因缘媾和,率先涉及虚实表里的变革领域。"相"以其因缘和合的原始性质,激活"象"思维阴阳质力的摩荡,使得唐代文学变革借力于般若获得美学性能的空前拓展,可以说,般若之相与文学之象的融摄是唐代文学繁荣的重要基始之一。

文学中般若之"相"与"象"的融合以理论上在这方面形成某种认识为先导,但理论上的认识,最初是冲着美学价值本体境界的提升而来的,并非针对文学。刘勰《文心雕龙·论说》:"动极神源,其般若之绝境乎!"范文澜注:"梵言般若,此云智慧也。动极神源,谓用思至极深之地;即下云般若之绝境也。神源,犹言理源。"[1]刘勰在这里说的是玄学可以达到般若的理趣,并不是指文学的境界。但他用般若比喻思致的崇高与特别,在美学的价值意趣上与《神思》篇所谈文学运思可以超越时空,却存在着根本的一致。这是一个重要的讯号,表明虽然在理论意识上,还没有明确把般若与文学联系起来,然而,般若思想已经在《文心雕龙》这样的重要文本中,现实地产生了思想的渗透。到盛唐,王昌龄《诗格》提出"诗有三境"说,不仅把般若思想与文学创作深入结合起来,而且展开了文学理论的自主性建构,他

---

[1]范文澜:《文心雕龙注》上册卷四,人民文学出版社1958年,第346页。

这样解释"诗有三境"：

> 一曰物境。二曰情境。三曰意境。
>
> 物境一。欲为山水诗，则张泉石云峰之境，极丽绝秀者，神之于心。处身于境，视境于心，莹然掌中，然后用思，了然境象，故得形似。
>
> 情境二。娱乐愁怨，皆张于意而处于身，然后驰思，深得其情。
>
> 意境三。亦张之于意，而思之于心，则得其真矣。①

王昌龄受佛教濡染甚深，曾贬谪岭南，与怀仁、法慎等交游甚密，常相作诗酬唱。《诗格》"诗有三境"说反映了王昌龄的释家背景，因而，其所议"物、情、意"，均与佛学观念的熔裁相关。王振复曾在与古风讨论"意境"的由来是否与佛家意识有关时，提出自己肯定性的看法，认为："其'诗有三境'说，主要由熔裁佛学'三识性'而来。所谓'诗有三境'，指诗有三种审美心灵品格与境界。从佛学美学角度分析，所谓'物境''情境'，仅'物累''情累'而已。惟有'意境'作为'真'境，才是无悲无喜、无善无恶、无染无净、无死无生之空灵的一种'元美'境界，在本体上，'意境'趋转于空与无之际。"②"三识性"即唯识学之"遍计所执、依他起和圆成实"三性，王先生根据三识性诠解诸境，以"情境""物境"受累，惟"意境"圆成实，故可作为美学之元本体，通"空"与"无"，这样解释颇为独到、精透。但笔者别有理解，认为就王昌龄所处的佛教传播与文学创作的背景看，似乎"三境"说并

---

① 王昌龄：《诗格》卷中，张伯伟编撰：《唐诗研究集成·全唐五代诗格校考》，陕西人民教育出版社 1996 年，第 149 页。
② 王振复：《唐王昌龄"意境"说的佛学解》，《复旦学报》（社会科学版）2006 年第 2 期，第 94 页。

没有跳出传统主客感应的审美格局,因而用"三性说"解释"意境"说似高估了王昌龄的文学认识。就王昌龄本人对"三境"的解释看,他侧重强调的"境象",其实是一种高度发展的意象形态,即意象的复合性存在。王昌龄能够提出"物境""情境""意境"三个境界有差别的概念,每个概念都依托于"境",显示了般若智慧的识境相对和中观般若的观照意识对其创作认识的影响,其依托于"境"的背后,其实隐含着主客相对,以及处于感应状态对"象"的体味,并非纯然超离眼目所对之境的"境象";即便是明确提出了"意境",也是"张之于意,得之于心",即将审美感应所得之感悟有所渲染后再回归于内心,其终点并非归结于"意之境"。因而,与其说"三境"的提出指向了境界更高的"意境",莫如说不成熟的般若识性融化在审美主客互动的境遇,更偏向于审美客体化的美学意趣的投射。这可以通过其本人的诗得到证实,如《听弹风入松阕赠杨补阙》:"商风入我弦,夜竹深有露。弦悲与林寂,清景不可度。寥落幽居心,飕飕青松树。"[1]寂寥的"物境"因为人的存在流淌出别致的情韵,诗的景致、氛围和悲寂之情随着视点的推移,逐渐呈显出来,诗的"象"并非由境而出,乃因主体"幽居心"所化,诗韵也因意而合。《静法师东斋》:"筑室在人境,遂得真隐情。春尽草木变,雨来池馆清。琴书全雅道,视听已无生。闭户脱三界,白云自虚盈。"[2]末一句物象自足,中间四句,表达了十分投注的审美情怀,写的其实是意象。《太湖秋夕》:"水宿烟雨寒,洞庭霜落微。月明移舟去,夜静魂梦归。暗觉海风度,萧萧闻雁飞。"[3]这首诗没有直露的主观情思,晦暗的影像掩饰着意识随观照而滑动,比较高超的在于此诗意象烘托出相对整一的"客体化"场景,这在以后诗人诗作

①彭定求等编:《全唐诗》第四分册卷一四〇,中华书局1980年,第1423页。
②彭定求等编:《全唐诗》第四分册卷一四二,中华书局1980年,第1439页。
③彭定求等编:《全唐诗》第四分册卷一四一,中华书局1980年,第1433页。

中并不多见，因为这个缘故，措辞的工与否变得不那么重要了，因为物象先转化为意象再复合为整一的境象。另外，从诗可知，王昌龄对"无生"之理已有深解，这使他在写边塞、交游、景物、情怀等不同题材、内容时，能自然沁发一种"悲"的气息，这对于表现旷达、散漫的心识、情志颇为重要。与王昌龄相比，同期高适、岑参、孟浩然等人亦擅长诗歌意象，高适雄阔遒劲，岑参奇绝瑰丽，孟浩然清新淡雅，都有般若波及时代诗风的影子，是诗歌意象采用般若幻化思维实践的反映。但就像王昌龄即使与僧人酬唱，亦悲而不衰，洋溢着向上的进取精神，这些诗人的作品也都昂扬踔厉，迸射着积极的主旋律，表明一方面佛教思想以及般若的映射对文人影响很大，另一方面这种影响在当时还没有达到改变思想的主导倾向和主客感应的情志寄托方式。这样般若对于盛唐诗人的影响虽不是主导性的，却也是非常有力度的。仍以这一时期诗人来说明，高适诗中的军旅题材本来厚实雄壮，意象飘举，构成一种主基调，但若没有般若意识的浸润，气干云霄的气势会减弱很多。岑参诗中夸张的意象，与般若意识以幻为真的思维影响也有直接的联系，只是他没有把这种思维整体地贯彻于诗歌创作，从而意象创造上"新格旧体"，别出意趣，导致"境象""意境"的表现反倒飘散湮没了。还有孟浩然，按说他是最有般若直觉的诗人，能化活般若智慧的妙用，以清新流畅的意象传达出单纯、清净的意味，可以说是感觉与意味之结合方面表现得最好的，但后世评家每以此讥其才学或缺，不免有点误解了孟浩然。如果一定讨论其不足，孟浩然的问题主要在于"心识"不及王昌龄旷达、广博，这种不及导致其诗作给人以意象蕴涵单薄之感。照理，旷达、广博的心识也是般若的应有之义，只是世人从传统眼光评诗，将般若意涵的表现归诸才学、经历，用史、典入诗作评骘标准，才给予不高的评价，其实不免是一种只见凫水未观其何以能渡的文化视差性误判。在当时，佛教思想和般若意识已经构成文人、诗人世界观和创作方法论的一种背景，在佛教没有退潮甚或愈益猛烈展开的情势下,诗必然不能孤居其外自话自说,因而发展到盛唐时期,诗歌意象的运用就不再是个别现象,而是一种普遍状况,这可以从著名诗人李白、杜甫的诗歌得到典型反映。李白和杜甫,过去研究者多注意到他们本身的文化、思想背景,认为李白偏重于受道家影响,杜甫偏重于受儒家影响,至于释家影响似乎并不明显。然而,他们的诗之所以卓然超群,固然与他们用诗歌意象的创造一反陈腐的铺陈靡丽,从容地创造智慧意象密切相关,但能够让诗的意象达到标志时代高度的表现力与概括性,若无般若对诗人心灵智慧的特别"扰动",是根本不可能达到的。也即是说,佛教思想和般若思维已经成为当时的一种时代背景,即便他们没有系统阅读佛典,也不会妨碍他们自觉汲取到佛教般若的思想、思维方式,还能够有效激发出他们的创作才华,使他们创作出非同寻常的精品。譬如李白的《蜀道难》《梦游天姥吟留别》《将进酒》等诗作,意象的飘动,仿佛般若呼吸的"魂灵出壳",瞬间便渲染出意象,创造出物性湮没、心性绽出的效果,直接而富有节律地叩击着读者的心灵。杜甫也同样,他在安史之乱前写的《望岳》《房兵曹胡马》《画鹰》《登兖州城楼》《夜饮左氏庄》等诗作,都是盛唐气象的表现之作,清新、峻拔、展阔,显示出浓郁的主体气质和般若意趣。更重要的是,李白、杜甫诗的意象创造在"复合"运用方面各呈极致,达到了当时所能登峰造极的程度。李白的意象复合流动,节奏愈驰愈紧,犹如马蹄鼓点,气息似密促,意脉流畅而悠扬;杜甫则诗从"转益多师",意象横向繁密拼合,字字涉意触景,犹如织锦绣花,非云霞蒸蔚无以状其妙,非排浪啸空无以味其怀。李杜诗歌意象的创造,从诗歌创作这一个侧面展示了对般若思维、般若思想接受、化用的完善程度,表明在诗歌意象创造方面,盛唐诗无论在表现角度、结构方式和意蕴的传达方面都达到鼎盛。但是,如前所述,这种鼎盛仅仅是意象创造方面的实绩,在意境创造方面并没有达到充分的自觉自为,后人解读他们的诗作似乎有的浑然化出某种特别的意境,如杜甫《丽人行》及"三吏""三别"等,然而这些作品其实只是创造出具有史识的叙事体意境,与般若偏重于精神、心灵的超拔解脱式意境截然有别。所以,说到般若对文学意象的影响,基本上到盛唐李杜可以画一个句号。而大约同期出名,尤其在安史之乱后诗名不朽的王维,却在诗的意境创造上成就非凡,达到了般若智慧的绝佳表现。王维的诗歌创作,通过融般若思维于意境创造,推动唐诗的思想和艺术表现迈到更高的台阶。

二、般若与文学意境的融合

王维是盛唐迄安史之乱前后诗歌意境创造方面的代表性诗人。作为盛唐时就有影响的诗人,王维同其他诗人一样,也不自觉致力于般若与文学意象的融合,注意凸显精神意趣,与别的诗人相比他在与佛门交涉方面更为胜出,但即便不涉及他这一方面的诗作,也达到了般若化意象创造的极致。

作为在意境方面首臻其善的诗人,王维对意象创造达到能够完美化用般若,且以此为基础。他在创造般若化意象时,一方面与当时其他文人一样,熟读佛典,从"佛教教义的广博精微,行文的繁衍恣肆"使文笔受到熏染[1];另一方面,他最早致力于克服传统审美带给意象创造的思想、表达局限。这种局限主要表现在,传统审美把意象作为主体与天地相互感应中的情志传达载体,不能像般若思维及其意象创造那样注重于思想、情趣和理想的宣示。传统审美的意象传达局限,既限制了个别诗人的文化、思想形成,也限制了中国文化与美学的构成与发展,具体说,这种局限非常坚固地限定了中国诗歌美学的特征:一是意象必先联系于视觉行为才获得表现方面的展开(包括内、外视觉行为。内视觉行为有相应的视点背景供择取,意象审美

---

[1]张中行:《佛教与中国文学》,安徽教育出版社1984年,第27页。

特质则基于视象与"情""意"方面的粘连)。相形之下,般若的精神性及其幻化百成却并非首先发自视觉的触遇感应,因而传统诗歌审美意象首先受到视觉行为的制约。二是传统中国诗歌审美的"情志""缘情"诸说,虽也强调主体思想情感的表现,但这种主体先天地属于天地人三材格局中的中位性存在,从而主体情志的意象表现必须遵循"三才"格局,以得益于天地的馈予而仰察俯观。貌似十分自由,其实伫中区所玄览,概先天地而后悟,先悟天地而后情志,意象的主体化始终徘徊于对天地阴阳二元质力摩荡的感悟,这显然限制了诗歌意象的从容自适和对主体思想、精神的绝对表现。中国诗歌的"意象"结构,也因为这种主体化的文化积淀,始终以充沛的生命精神为诗学结构中的主导内容。然而般若意象则是精神力量对物质力量的一种逆反性消解,即物质、肉体生命虽亦可贯注于般若过程,却愈往前行,这种生命力愈显松弛,最终的表现是,般若意象将物质性的、肉体性的力量转化为精神性的、智慧性的能量,不再以世俗对肉体、物质力量的裁判为准绳,施行无碍,纯粹、绝对而无压抑与制约,这是传统诗歌审美所不能达到和表现出来的。王维在盛唐时期,特别是安史之乱以后能够自觉地克服这种局限,可能与他较一般诗人更能深入地融化般若思想有关;同时,般若思想的吸收、融化,在僧人圈佛教中国化理论建构中,也拥有丰厚的积累,这些积累表面上没有像王昌龄那样能够提出明确的诗歌般若化美学意象、意境的概念,却表达了在这方面的审美化、美学化的独特思考,如吉藏的"以观为智"①、慧远的"般若观照""观照即是般若"②、智顗的"般若通观"③、澄观的

①吉藏:《三论玄义》卷一,《大正新修大藏经》第四五册,(台北)新文丰出版股份有限公司 1983 年,第 13 页下。

②慧远:《大乘义章》卷一〇,《大正新修大藏经》第四四册,(台北)新文丰出版股份有限公司 1983 年,第 670 页上。

③智顗说,灌顶记:《摩诃止观》卷三,《大正新修大藏经》第四六册,(台北)新文丰出版股份有限公司 1983 年,第 23 页上。

"念念圆融"①、玄奘《大般若波罗蜜多经》的"无心相""离心相""一切心自相空"等等,都对王维产生了很大的影响。佛学理论的价值深度有效激发般若渗化的媒点,越来越切近般若由识性到幻化的主旨,导致王维诗歌的意象创造一步步自觉地由观照般若推进到实相般若,从"相"与"象"的媾和转化到纯然意构的诗境创造,这便是诗歌美学意境依循般若主旨获得其生成的境况。

关于王维的佛门因缘及佛教信仰,学界考证论述颇多,这里不再赘述,兹就其诗歌意境的实际成果予以阐释和论证。王维的诗歌意境所托现的诗意景观,是主体化在世俗之上飘举的景观,得之于般若意旨的启发却并非般若概念化的移植,更不是传统感物而生的审美录写,而是伴随年轮心迹的变化呈现的思想与精神的图像,是般若中国化对生命意识的过滤与升华。譬如,王维对寂灭幻化理趣的传达,好友苑咸曾给予称赞,认为他是"当代诗匠,又精禅理","三点成伊犹有想,一观如幻自忘筌"②。王维成熟的诗作皆依从意境黏合意象,仿佛佛手拈花,沁着香韵,不待收笔,诗韵已然淋漓,意味杳然难追。《饭覆釜山僧》:"藉草饭松屑,焚香看道书。燃灯昼欲尽,鸣磬夜方初。"③生命状态以寂为乐,身世空虚不思何归。《谒璿上人》自序云:"上人外人内天,不定不乱。舍法而渊泊,无心而云动。色空无碍,不物物也。默语无际,不言言也。故吾徒得神交焉,玄关大启,德海群泳。时雨既降,春物俱美。"④此处"人外人内"具双重意涵,"人外"乃佛道智慧,"人内"乃诗所涉之雅俗世界。故言:"浮名寄缨佩,

---

①澄观述:《大方广佛华严经随疏演义钞》卷二,《大正新修大藏经》第三六册,（台北)新文丰出版股份有限公司1983年,第10页下。
②彭定求等编:《全唐诗》第四分册卷一二九,中华书局1980年,第1317页。
③彭定求等编:《全唐诗》第四分册卷一二五,中华书局1980年,第1249页。
④彭定求等编:《全唐诗》第四分册卷一二五,中华书局1980年,第1249页。

空性无羁靽。"(《谒璿上人》)王维写"空性",缀合意象于意境中而成异趣。《送元二使安西》:"渭城朝雨浥轻尘,客舍青青杨柳春。劝君更尽一杯酒,西出阳关无故人。"[1]四句由生转灭,不是渭城的"雨"和"客舍"作为"主景"占领了人的当下情思,而是人生缘起缘灭,俱不当恋,故饮酒告别,寂灭心念。这完全是意之象、意之景、意之情、意之趣,浑然无结,全为"意境"所罩。若以为后二句为激励之语,则不是从意境得解,而是从摘句来附会所谓"时代精神"了。故王维诗的意境,不只出于所观所思,送迎酬唱,戏言叮嘱,更是独居闲吟,偶然际会,吁凉叹热,所言俱入佛法,做到了般若之思,如云如风如雷如电,覆象为趣,渺无俗格。《谒璿上人》还写到心居法要:"颓然居一室,覆载纷万象。高柳早莺啼,长廊春雨响。床下阮家屐,窗前筇竹杖。方将见身云,陋彼示天壤。一心在法要,愿以无生奖。"此诗末二句归趣"寂乐",似落咏史咏物点题的窠臼,但前面诸句意象挦得分明,意思是在这简陋的房子里,可以听得到高柳莺啼、长廊雨响,腾挪有木屐竹杖,下床可目接窗外,然而独身以对青云,寒谓示予天壤,是为法要居心,心所无生之趣也。由法出趣,由禅而悦,因寂而乐,俱缘般若化思为诗为美,意境超乎"人外"! 由于般若的思致、心识通过意境的幻化溢泻出别致的美学意趣,从而对于王维来说,以"寂"为运思的"反向"驱力,写入诗中不论是直揭心府,抑或掠目摄景,疑问吁嗟,都依于意而成其境,依于寂而直扫俗念,使诗的词、句、篇都激发起阅读者的意外感触,并由是而生莫大的禅悦美感体验。《寄崇梵僧》:"峡里谁知有人事,郡中遥望空云山。"[2]疑而无疑。《留别山中温古上人兄并示舍弟缙》:"好依盘石饭,屡对瀑泉渴。"[3]精神定力可以面

---

①彭定求等编:《全唐诗》第四分册卷一二八,中华书局1980年,第1307页。

②彭定求等编:《全唐诗》第四分册卷一二五,中华书局1980年,第1260—1261页。

③彭定求等编:《全唐诗》第四分册卷一二五,中华书局1980年,第1244页。

对所向一切。《偶然作》:"爱染日已薄,禅寂日已固。"①寂然体味精神的走动。《苦热》:"轻纨觉衣重,密树苦阴薄。"②衣纨虽轻无念则重,草木溺生无生薄阴。《终南别业》:"行到水穷处,坐看云起时。"③般若无碍,意连绵无绝。《过福禅师兰若》:"竹外峰偏曙,藤阴水更凉。"④思深意自瘦。《过香积寺》:"泉声咽危石,日色冷青松。"⑤心寂处,处处危冷。《登辨觉寺》:"软草承跌坐,长松响梵声。"⑥意随神走,修行便自在。《投道一师兰若宿》:"梵流诸壑遍,花雨一峰偏。……洞房隐深竹,清夜闻遥泉。"⑦《过卢员外宅看饭僧共题》:"身逐因缘法,心过次第禅。不须愁日暮,自有一灯燃。"⑧《青龙寺昙壁上人兄院集》:"渺渺孤烟起,芊芊远树齐。"⑨《归辋川作》:"谷口疏钟动,渔樵稍欲稀。悠然远山暮,独向白云归。"⑩《辋川闲居》:"青菰临水拔,白鸟向山翻。"⑪《山居秋暝》:"明月松间照,清泉石上流。"⑫……这些诗都写出独特而意味深长的意境,闪耀着很高的智慧,标志着唐代般若与文学意境的绝佳融合。

王维开启了般若与文学意境融合的新时代,般若智慧的意境呈现赋予诗歌文本以超越性存在的自足性。境从意出,意象及其组合

①彭定求等编:《全唐诗》第四分册卷一二五,中华书局1980年,第1253—1254页。
②彭定求等编:《全唐诗》第四分册卷一二五,中华书局1980年,第1251页。
③彭定求等编:《全唐诗》第四分册卷一二六,中华书局1980年,第1276页。
④彭定求等编:《全唐诗》第四分册卷一二六,中华书局1980年,第1274页。
⑤彭定求等编:《全唐诗》第四分册卷一二六,中华书局1980年,第1274页。
⑥彭定求等编:《全唐诗》第四分册卷一二六,中华书局1980年,第1275页。
⑦彭定求等编:《全唐诗》第四分册卷一二七,中华书局1980年,第1291页。
⑧彭定求等编:《全唐诗》第四分册卷一二七,中华书局1980年,第1291页。
⑨彭定求等编:《全唐诗》第四分册卷一二七,中华书局1980年,第1290页。
⑩彭定求等编:《全唐诗》第四分册卷一二六,中华书局1980年,第1277页。
⑪彭定求等编:《全唐诗》第四分册卷一二六,中华书局1980年,第1277页。
⑫彭定求等编:《全唐诗》第四分册卷一二六,中华书局1980年,第1276页。

与新的语言形式有机熔融。蒋寅说:"意境是一个完整自足的呼唤性的本文","本文的自足性构成了赫施说的'含义'(区别于意味),意境的自足性则构成了人们通常说的'诗意'"①。蒋寅强调的自足性,指的就是诗的文学性、美学性,意境的自足性则指诗的实体性、般若的智慧运行,以及自体存在与本性反向,渗融于诗歌中成为诗的气息、意味和形象、语言形式的美学个性,意味着复杂构成的存在与表现的统一,熔融了矛盾要素的统一。渗透在意境中的所有形象、意象细节,都拥有思想的张力,从而诗歌的沉吟涵味,不仅超越于作者所处的时代境况,而且也超越诗语言的定格化描述,因为意境中的意象经历如此的沉吟涵味,被打磨得愈益精细了!但是,王维作为意境创造的首善者,并不能改变其自身的局限,由于意的存在渊源依从于般若因缘,般若因缘的由来是生命智慧的直接现实,在大乘菩萨道行的展开中,这种因缘又随其道行向众生界的打开,而产生慈悲普度的无上普遍性。如此一来,意境若只是拘限于对寂灭无生之理的感悟,则不免狭隘,因而大约在盛唐至中唐这期间,亦包括中唐以后的时间,唐诗摄取般若智慧的努力,具体通过般若幻象黏合现实的意境创造,才获得美学意涵的深度拓展。意境通过诗人的创造,形成有所侧重的、切合现实境遇的隐喻展开,意味着般若与文学意境的互融互摄,由纯粹的寂灭无生意识向多元化的寓生于寂的意境转化,这或许是般若浸渗于文学更彻底的一种中国化,但不管怎样,"无生"之趣逐渐成为某种象征性、目的性存在,诗的本务却通过般若幻化的创造绽现出鲜活有力的生命本质。

三、般若意境的美学化拓展

盛唐至中唐,般若意境进一步获得美学化的深度展开,其表现是

---

①蒋寅:《原始与会通:"意境"概念的古与今——兼论王国维对"意境"的曲解》,《北京大学学报》(哲学社会科学版),2007年第3期,第12页。

意境的佛理表达和意象、意境本身的创造，俱向主体化更集中明确的方面迁移，这当中不仅有诗僧的诗歌创作汇入，而且普通文人、诗人的创作也能将意境创造作为其文学创造的主要手段和方法。诗僧的创作，从佛法及般若理解的方面讲，应当比一般文人拥有更好的接受语境，因而能更自如地领悟并符合佛法的意境创造。事实上，有关意境的理论，也主要是由诗僧推进并深化的，在意境理论方面做出成绩的僧人，也主要出于这个时期，其代表人物是皎然。皎然的《诗式》，运用新的美学观念这样评价谢灵运："曩者尝与诸公论康乐为文，直于情性，尚于作用，不顾词彩，而风流自然。……其气正，其体贞，其貌古，其词深，其才婉，其德宏，其调逸，其声谐哉？"又说："但见情性，不睹文字，盖诣道之极也。""情性"从佛教意旨基础理解具有崭新意义。有论者提出，"皎然'但见情性，不睹文字'说是佛学'言语道断'说在诗学上的运用。所谓'言语道断'指言语思想所不能及，就是说超出语言所能表达的深奥境界"[1]。也有认为是注重"诗人真情真性的自然流露"[2]，笔者以为"言语道断"理解并不合适，它是主体化深入到精神个性程度的一种表现，其实就是指不可逆之"意境"。《诗式》用"诗有四深"形容其不可逆之深度，"气象氤氲，由深于体势；意度盘礴，由深于作用；用律不滞，由深于声对；用事不直，由深于义类"[3]。因为极力主张主体对意境的探索，皎然力斥鄙俗与平庸。他说：

　　　　诗有六至：至险而不僻；至奇而不差；至丽而自然；至苦而无迹；至近而意远；至放而不迂。

---

[1]吴定炫：《诗僧皎然》，复旦大学2003年博士论文，第100页。
[2]许连军：《皎然〈诗式〉研究》，上海师范大学2004年博士论文，第96页。
[3]皎然著，李壮鹰校注：《诗式校注》，人民文学出版社2003年，第18页。

　　诗有七德：一识理；二高古；三典丽；四风流；五精神；六质干；七体裁。①

　　"险、奇、丽、苦、近、放"都是对意境之主体个性的一种厘定。像王维那样的诗人，深通寂灭之理，能够将佛理以般若思维转化为意境，自是一种高格，但对于皎然来说，这种寂灭之理并没有表达出主体的智慧个性，没有独特的智慧个性便不能将精神之"德"赋予意境。皎然所说"德"在这里指品格，是说人的品德可以成为诗的品德。而人的品德，是一种内化的精神。佛经里言"德"多从这个角度而论，像汲取瑜伽"实、德、业"概念，把德作为一种修力，或从大乘菩萨道把它作为一种超凡的品格，总之，"德"能够具化为显象。当诗自足存在时，"七德"便成为对诗歌意境的内质、风骨、气韵、风格的精致规范。不管诗的自足性如何独立，都是主体智慧幻化的产物。因而，主体情性在意境自足这个意义上，便成为意境因缘的主要驱力。诗僧皎然一方面不把主体情性夸大，主张诗要深入作用、用事、用律，力求典丽；另一方面又主张不要惟作用而作诗，导致对主体情性的抑制和言辞上的刻意求工。总之，皎然深深体味到般若智慧对诗的统辖作用，从而把般若智慧作为最高的标准，用来规范诗的意境创造，既做到主体情性的自然表达，让意境表现达到贯通、流畅，又能做到事、典充实，文辞古雅，这样对于诗的意境要求，实际上就深入到了实相般若与名相般若统一的程度。皎然的诗论，对于意境可以说关注到了诗表现的所有因素、征象方面，显示了般若智慧渗融的广博与精微，因而，他的诗论具有非常高的美学文献价值。但作为有影响的诗僧，皎然也写了不少诗，我们从其诗作亦可窥见在意境创造方面所达到的不可超越的诗德风范。

---

①皎然著，李壮鹰校注：《诗式校注》，人民文学出版社 2003 年，第 26—28 页。

《全唐诗》收皎然诗卷八一五至卷八二一占七卷,数量远超王维。浏览其作,发现诗歌元素的熔裁和主体意识的表达均达到很深的造诣,在意境创造方面独出机杼,甚至在某些方面超越了王维,如:"纤云溪上断,疏柳影中秋"(《南楼望月》)[1],显示意象交织的精细观照;"一坐西林寺,从来未下山;不因寻长者,无事到人间。"(《怀旧山》)[2]心识的表达别致、深邃。在王维所擅长的题材方面,皎然诗作舍弃了王维的笼统寂意,更加畅怀抒写,尽传情性,如《答孟秀才》:"羸疾依小院,空闲趣自深。蹋苔怜静色,扫树共芳荫。物外好风至,意中佳客寻。虚名谁欲累,世事我无心。投赠荷君芷,馨香满幽襟。"[3]皎然才学丰厚,运思从容自得,入理即宣菩萨中道,这首诗起句便涵二谛幻韵,过渡及结局饱满从容,似天外人语,又非天外人。作为盛唐到中唐时期的代表性诗僧,皎然以其诗作和诗论真切传达了佛理禅韵、世道人情和诗歌意境之美,聚焦了般若智慧的种种微妙体悟和用心,是唐诗意境获得新变的重要开启者与智慧引领者。

皎然的诗歌理论和诗歌创作标志唐代诗歌意境的深化与成熟。这种成熟也显示了般若意涵对诗歌意象、意境整体结构深度拓展的实绩。具体说,从意象到意境,已经涵容着诗歌之"言""意""象""境"等构成因素的迁变、换位,在这个发展过程中,"意象"更侧重审美性质的"言""意""象""境"的呈现,其中几种因素的组合可形成"意象""意境""言意""言境""境象"等。而诸如"池塘生春草,园柳变鸣禽",重在"言象",对象进行直叙性铺陈,然后由象绽出境象,此境象并非意境,只是一种"象"之境,"象"是诗的主体和中心。"采菊东篱下,悠然见南山",重在传达"意","南山""东篱"是"意"中之

①彭定求等编:《全唐诗》第二三分册卷八一五,中华书局1980年,第9177页。
②彭定求等编:《全唐诗》第二三分册卷八一五,中华书局1980年,第9178页。
③彭定求等编:《全唐诗》第二三分册卷八一五,中华书局1980年,第9182页。

象,也不足以称为饱满的意境。至于"大漠孤烟直,长河落日圆",重在"意象",乃由意象而出境象。孤烟之直与落日之圆与审美客观景致相涉,却非客观之景致,因其寥阔、苍劲、枯寂的无生、有生之趣,是从主体之意而来的,可谓之"意"的境象,或谓之"意境"。这中间有一种不同元素组合结构的变化,而诗歌之"象"与"意"组合和变化的程度,都有赖于言语,言语是否存在于般若空性之中,最终决定言语与意、象及境象、意境的智慧契合、融摄程度。正是从这方面,盛唐至中唐的诗歌逐渐拓展了"意""象"的单义性,将其融摄为主体倾向性之"意境",其美学化特征主要表现为:

（一）早先审美感应性主体情志的进射,演变为佛道禅理导引的旷达的精神境象。意境表现主体睿智和别创诗化的、足可慰藉内心骚动与困惑的境象、氛围、思绪、感悟,体现意境美学功能的多侧面拓展。般若作为智慧、智性,在印度佛教原旨中主要表征为超离生命,趋于涅槃寂静;在中国化之美学改造中,特别是诗歌意境的融摄性创造中,逐渐演化为寓"无生"于"有生"的美感意趣,故而虽传达超越旷达之旨,却别赋生生化通的机制与潜能。另外,天台宗熔融善、恶、秽、净的观念,也引导了诗歌美学观念趋向结合世间的道化意境表现,并把这种美学思想深化到文学世界的其他细节方面。于是,透过意境为中心的美学化创造,我们能够感受到真切的般若与文学融渗的奇妙景观,无论意中境、境中象、象中意,还是境中意、象中象、境中象与境等,俱能循环熔融,自趋妙趣;般若与文学的融渗不依从玄理,也不从为形式而形式的骈丽词句和搜奇猎异的事象出发来建立诗的意境,而是把意境作为主体情志建构的生成之境、幻化之境,让一切实体俱入幻象,让幻象成为般若化意境的创造性标识。幻象中融解对立成分,树立超越单一思性本体、审美性二元比拟性本体的缘合意象,自觉将依境造意、依象造境、依象造意纳入依意造象、造境的新美学格局。在新美学格局中一切狭隘的、困惑的、纠结的、矛盾性的心理都进入松弛休歇的审美状态,于是一种新时代人生观的大立之美得以创生。我们可从盛唐以降重要诗人的作品,窥察到这种由张而驰的美学化轨迹,杜甫安史之乱前的诗作显示了盛唐的气象,诗云:"江喧长少睡,楼迥独移时。"(《垂白》)①"风涛暮不稳,舍棹宿谁门。"(《冬深》)②"竟日雨冥冥,双崖洗更清。水花寒落岸,山鸟暮过庭。"(《独坐》)③"十月山寒重,孤城月水昏。"(《愁坐》)④这些诗句沉雄遒劲,透过眼前实景荡开想象迭生的悲绪情怀,既有精神旷达的悲壮征象,又有独寄心志的智慧感悟,与当时般若美学的趋向是吻合的。杜甫这类作品虽然不多,但因缘聚合中的春花酒客、喜讯情怀、悲凉之叹与通达之悟,作为其诗作的主调,为后来所写的伤国忧民的"诗史"作品,奠定了人生观与美学智慧通观达悟的基础。再如钱起,他与大历中"韩翃、李端辈号十才子",就精致地触及佛理禅境的表达。《全唐诗》序其"诗格清新,理致清瞻"⑤,如《紫参歌》:"贝叶经前无住色,莲花会里暂留香"⑥;《病鹤篇》:"独鹤声哀羽摧折,沙头一点留残雪"⑦;《沐阳古渡作》:"日落问津处,云霞残碧空。牧牛避田烧,退鹢随潮风。回首故乡远,临流此路穷。翩翩青冥去,羡彼高飞鸿"⑧;《田园雨后赠邻人》:"尧年尚恬泊,邻里成太古";《归义寺题震上人壁》:"溪鸟投慧灯,山蝉饱甘露"⑨;等等,几乎触染皆归空,涉世惟禅境。

---

①彭定求等编:《全唐诗》第七分册卷二三〇,中华书局1980年,第2522页。
②彭定求等编:《全唐诗》第七分册卷二三〇,中华书局1980年,第2524页。
③彭定求等编:《全唐诗》第七分册卷二三〇,中华书局1980年,第2526页。
④彭定求等编:《全唐诗》第七分册卷二三四,中华书局1980年,第2587页。
⑤彭定求等编:《全唐诗》第七分册卷二三六,中华书局1980年,第2600页。
⑥彭定求等编:《全唐诗》第七分册卷二三六,中华书局1980年,第2600页。
⑦彭定求等编:《全唐诗》第七分册卷二三六,中华书局1980年,第2601页。
⑧彭定求等编:《全唐诗》第七分册卷二三六,中华书局1980年,第2607页。
⑨彭定求等编:《全唐诗》第七分册卷二三六,中华书局1980年,第2621页。

　　(二)般若化意境更注重主体心性的独特创造与感悟,此种情致推动般若幻象在诗歌创造中的普遍渗透,成为诗歌意境逐渐向孤清简淡意趣转化的重要推力。《大智度论》卷七二《释大如品》提出一种观点:"说"随佛生。"说"包含"心""语",皆依于毕竟空之慧悟。"说"随佛生,即般若大智慧,得此大智慧则知般若即"如","如"即"心""语"互融互摄的"相""境",而不是原智。"智者能知一切世间所不能信。""佛初成道时,心乐嘿然,不乐说法,何以故?是诸佛阿耨多罗三藐三菩提法甚深,难见、难解,不可思惟知,微妙寂灭。"①故诉诸"说","说"则入般若幻化之"意象"思维与智慧。按照佛法的理解,佛智毕竟之空、空性都是"在"与"离"的一种"如"况的"理""趣",只有在"如"中众生才能超越悲苦,般若智慧才能呈显其妙用。盛唐以降,诗人经过了"三论""天台""唯识"和"大品般若""禅宗"的般若开启,普遍对毕竟空有某种体己的感悟,他们懂得从己心悟得的,才是可以安立世间的心性,故在探索诗歌表现时亦从"语"的体己角度出发,力求独异于他人。而体己之悟涉及两个层面,一是般若意指,二是般若境指。意指即"实相",为毕竟空,有相而非实体性。《金刚经》"应无所住而生其心"②,形容的就是这种具因缘生灭的无得心和非实体心;境指即"幻相",幻相即因缘中之空,空性非实,空性之相因无明而颠倒,然幻相可睹,可寄诸语为语如之意象与意境,让人们从语如之意象、意境体悟到空性终极,独存其真!盛唐至中唐大历年间,诗人们就在这样的文化背景下开辟诗歌语境的独特性,使其成为对不可逆生命证悟过程的书写与记录,体现出意境美学熔铸生命有机性与智慧超越性于一体的崭新意趣与趋势。

---

① 龙树造,鸠摩罗什译:《大智度论》卷七二,上海古籍出版社 1991 年,第 473 页中。
② 菩提流支译:《金刚般若波罗蜜经》卷一,《大正新修大藏经》第八册,(台北)新文丰出版股份有限公司 1983 年,第 754 页上。

这种意趣、趋势预兆出主体情志寻求淡泊绵远意韵的先声,我们阅读大历诗人的作品可以发现普遍存在这方面美学表现的轨迹。陈尚君《全唐诗补编》载韦应物"其诗闲淡简远,人比之陶潜,称陶韦云",陈辑韦应物补诗《易言》云:"长风如刀剪枯叶,大河似箭浮轻舟。投石入水岂有碍,走丸下坡安得留。"①词劲理畅,意场廓然。我们拿此诗与韦氏《县内闲居赠温公》比较,发现后者在禅理通悟之外,别藏一颗简淡坚冷之心。"满郭春风岚已昏,鸦栖散吏掩重门。虽居世网常清净,夜对高僧无一言。"②表明韦应物的诗境已从形而上的性空之意陡然走出,进入另一种世间空性,仿佛喻示着般若空性的轮回,其实是空性入心,淡对如云世事,才简淡冷硬如此,真可谓自信满满的兴会了。般若之于中唐诗人,仿佛诗的引子,必切入当下人生体验方能引爆,故隋唐以来佛教各宗对般若转化的思想要义,都能从诗中寻到某些相应的境象。譬如张继的诗,妙发意境,"高仲武谓其累代词伯,秀发当时,诗体清迥,有道者风"③,其诗作《枫桥夜泊》云:"月落乌啼霜满天,江枫渔火对愁眠。姑苏城外寒山寺,夜半钟声到客船。"④《宿白马寺》:"白马驮经事已空,断碑残刹见遗踪。萧萧茅屋秋风起,一夜雨声羁思浓。"⑤这些诗的意境将天籁之音和古意梵音缠绕一体,有一种幻构别一重天的浑厚感觉。虽然张继并非佛门中人,但其诗歌倾力铸造意境的"智慧功夫",表明那个时代诗人对般若的智慧化用,已然不是一种时尚,而是诗家必具的资粮了。

---

①陈尚君辑校:《全唐诗补编》第二编卷四,中华书局1992年,第143页。
②彭定求等编:《全唐诗》第六分册卷一八七,中华书局1980年,第1908页。
③彭定求等编:《全唐诗》第八分册卷二四二,中华书局1980年,第2718页。
④彭定求等编:《全唐诗》第八分册卷二四二,中华书局1980年,第2721页。
⑤彭定求等编:《全唐诗》第八分册卷二四二,中华书局1980年,第2725页。

四、般若化意境对叙事文体的映射

　　般若化意境不仅成为盛唐以降诗歌创作的主要表现手段甚至目的,而且对其他文体产生积极影响,尤其对叙事文体产生映射,使中国叙事文学基于高起点开篇,为此后中国叙事文学的发展奠定了坚实的基础。

　　杨义在《中国叙事学》中指出:"中国叙事文学是一种高文化浓度的文学,这种文化浓度不仅存在于它的结构、时间意识和视角形态之中,而且更具体而真切地容纳于它的意象之中。"①中国文学在隋唐以前,主要以抒情性诗歌文体形式为主要创造类型,意境在这种抒情程式里成为最适合的表达手段和功能,相比之下,叙事文学在相当长时期并没有般若思维介入。南北朝志怪文学的兴起,主要是汉代以来谶纬复兴的产物,谶纬的文化资源以民间巫术为主,虽然佛经故事之于说唱变文是一种刺激、诱导性资源,但流布于民间的宗教故事主要服务于传播伦理、风俗的教化,佛经故事的借用、移植也因此在相当长时期内构不成中国叙事文学的主体。也缘于此,唐代叙事文学也经过了漫长的时间依然停留在很有限的发展水平上,直到盛唐至中唐期间才有了根本的变化,而这种变化是与佛教般若与诗歌意象、意境的融摄所取得的实绩分不开的。般若思维特有的意涵、重智重幻的智慧特质,体现于诗歌意境的意象超时空化、宽幅化,以及意境构成中意象的复合,再到意境由般若观念到般若实相的渗化,以及中国化佛教各宗之深度意涵在文学意境中获得的相应呈现,都对叙事文体的意境化叙事创作,给予了很大的启发。对这方面,国内学者已有发现和考论,陈引驰《隋唐佛学与中国文学》考证唐代志怪传奇的佛教渊源,认为唐段成式《酉阳杂俎》续集卷四《贬误》及《太平广

①杨义:《中国叙事学》,人民出版社1997年,第267页。

记》卷三五六引李复言《续玄怪录·杜子春》，系源自玄奘《大唐西域记》卷七《婆罗疙斯国》之《烈士池》故事；《枕中记》《南柯太守传》等系渊自佛教梦幻观念，原因是"当时文士在铺陈渲染一个故事时有意无意地渗入这么多佛教的因素"①，与他们受佛教文化熏染密切相关。陈先生的考证很有价值，说明：一方面像唐人段成式《酉阳杂俎》这样广博而无所不有的"奇书"，如果没有佛教的影响是不可能产生的；另一方面，该书本来就收录了佛教的传奇故事，本身就对《搜神记》之类的本土志怪表达方式进行了内容和观念上的提升或改造。除此而外，波及般若美学特质的影响，陈引驰也注意到：

　　　　在佛教教理中，所谓诸法"如梦"，原就是大乘"十喻"之一（《摩诃般若波罗蜜经》卷一），在士人熟悉的经典中也一再出现这样的比喻，如鸠摩罗什所译《维摩诘所说经》中《观众生品》就将菩萨观众生比喻为魔幻师见所幻人一般，知其虚幻不实，并且在一系列的比拟如"空中云""水中月""空中鸟迹"等等之中有"如梦中所见已寤"一说；《金刚般若波罗蜜经》的最后也有著名的诗偈云："一切有为法，如梦、幻、泡、影，如露亦如电，应作如是观。"比较中国固有的观点，佛教人生如梦观念更为透彻，着重在人生空幻不实而不在《齐物论》"蝴蝶梦"式的迁变不定的理解上。②

　　这里谈的"如梦幻法"就是般若，传说中释迦牟尼的母亲名字叫作"摩耶"，本义是"幻"的意思。般若智慧的幻化，带有神性超越的性质。"幻"浓缩了人生体验的精华，具有超越直观事物的感受性与

①陈引驰：《隋唐佛学与中国文学》，百花洲文艺出版社2001年，第399页。
②陈引驰：《隋唐佛学与中国文学》，百花洲文艺出版社2002年，第370—371页。

知觉性;"幻"超越由此及彼的类比、联想;"幻"涵容叩问虚无的想象
与幻想;而且不止于此,"幻"也超越理性,最清醒最睿智地体现出智
慧的存在。"幻"对生命价值以现象学本体方式做出最适切的解答。
在般若渗化的不同阶段,般若化诗歌意境对叙事文体的映射,有力地
表现出了般若的美学特质与影响力。

"幻境"是般若映射到叙事文体最明显的创造成果。鲁迅说:
"小说亦如诗,至唐代而一变,虽尚不离于搜奇记逸,然叙述宛转,文
辞华艳,与六朝之粗陈梗概者较,演进之迹甚明,而尤显者乃在是时
则始有意为小说。"①胡应麟《笔丛》称唐人"作意""幻设"者,"则即
意识之创造矣"②。"幻意"呈现为传奇的手段,大抵为由寻常转入异
常,情节迷离恍惚,令人匪夷所思,不可究诘。中国自古注重"形幻",
《山海经》夸父化为桃林,鼓化为怪鸟,均以形象的夸张、变幻为特点。
六朝志怪遵循这种路线形幻出精灵鬼怪。鲁迅分析"形幻"与"幻
设"的区别,认为阮籍《大人先生传》、陶渊明《桃花源记》《五柳先生
传》等都不算"传奇",因为传奇的"形幻"渊源与志怪有关,"然施之
藻绘,扩其波澜,故所成就乃特异,其间虽亦或托讽喻以纾牢愁,谈祸
福以寓惩劝,而大归则究在文采与意想,与昔之传鬼神明因果而外无
他意者,甚异其趣矣"③。隋末王度《古镜记》虽然也属传奇情节,采
取的却是志怪幻法,记叙侯生得一宝镜,可照狐精现形,可发光护身,
佑人吉福。文中还提到《周髀算经》《九章算术》和明堂六甲、《周易》
等,无非是使传奇列入本土道统而已。然而,大历年间所出之传奇,

①鲁迅:《中国小说史略》,鲁迅:《鲁迅全集》第九卷,人民文学出版社 2005 年,第
　73 页。
②鲁迅:《中国小说史略》,鲁迅:《鲁迅全集》第九卷,人民文学出版社 2005 年,第
　73 页。
③鲁迅:《中国小说史略》,鲁迅:《鲁迅全集》第九卷,人民文学出版社 2005 年,
　第 73—74 页。

"幻意"的撰作方法便大为不同。《离魂记》写一官员张镒有两个女儿，长女早逝，次女倩娘美貌绝伦，私恋从小在舅家寄居的王宙，张镒许诺王宙将来把女儿嫁给他。可是当有官员求其嫁女时，便答应了官员，气得王宙愤怒出走，次女倩娘追随上来。当两人在外地生活五年，生有两个儿子之后，因非常思恋父母，倩娘与丈夫便一起回家探望音讯断绝的父母。不料想家中还有一个病了五年的倩娘，听说他们回家竟然一下痊愈了，欢喜着走出迎接他们回家，两个倩娘一见面便合体，衣裳也只穿在一人身上。这个传奇的情节，采取虚实二重、幻相转实的"幻术"，整个爱情故事迷离恍惚，真者不真，假者不假，尤其是"合体"的意构，凸显了"形象"的多重因缘聚合。从这个传奇，可以解读到幻象之"意象复合"以情节方式的移置。在般若幻意构筑传奇情节的创作中，诡谲、离奇、虚幻的幻化效果赋予叙事主人公以特殊的性格、命运，《柳毅传》《南柯太守传》《谢小娥传》《李娃传》《长恨歌传》《冯燕传》等都属于这一类创作，表明般若幻意对叙事文体的情节构成和形象塑造方式都产生了深度影响。例如，以仙境道化类型表现的叙事性意境，据段莉芬《唐五代仙道传奇》可分为"仙真""修仙""仙凡对照""游历仙境""法术历险""人仙情缘"诸类，其中历史人物的仙化，有孙思邈、罗公远、马自然等；女仙、男仙和谪仙类的仙化，多渗透佛教幻化福报观念；修仙类属于陈引驰概括之"披上道袍"的类别，"具有庶民遂愿色彩的仙道传奇"和"对比型和抉择型的仙道传奇类"，"后者比较具有知识分子的色彩，两者合而观之，或者可以反映出唐朝普遍的一种人生观"①。简言之，各种仙化类型都充分展示了唐人叙事意识的幻化"意为"，也具有不同程度的"梦幻"表现效果。李剑国《唐五代志怪传奇叙录》一书的序中，总结唐传奇小说"已经成熟"和繁荣的原因时，认为"佛教的流行促进了作者想象力

①段莉芬：《唐五代仙道传奇研究》，（台北）花木兰文化出版社2007年，第130页。

的提高"①,此言不虚,正是佛教般若智慧的超现实写幻形式,赋予传奇既可"写幻"也可"写实"的美学效果②。李剑国先生的概括可谓十分允当,他从传奇小说在唐代繁荣这一侧面,揭示了般若幻意对唐代叙事文体的映射,表明般若对叙事文学的影响也是题中应有当有之意。

　　总之,中国美学在隋唐时期呈现全新的开局,主要与佛教理论的中国化、体系化有本质关联。而受益于佛教般若美学意涵高浓度的扩展,浸淫其中的诗人、文学家不断尝试运用般若化的思维、方法来改变文学,铸合文学意象、文学意境凸显文学世界的美学革命,则是唐代文学美学的历史主潮。唐代般若与文学意象、意境的融摄,不仅是唐代佛教和文学互渗互融的典型实绩,更是中国文学在中古崛起并繁荣的有力佐证。

第四节　意境理论与幻象美学

一、意境理论的般若转化

　　唐代意境理论是中国古典美学在中古时代的标志性巅峰成果。对于意境理论在唐代如何生成及对唐代美学的影响,学界迄今主要从唐代诗歌创作和文论、诗论的诠释角度进行阐发,这虽然不失为一种厚实的研究路径,但更重要的是,意境理论乃属于沿承中华美学传统并基于此有效汲取佛教般若美学资源的产物,在理论视界上有着更高的内涵发掘和整体性要求,单纯切实于对象蕴涵及阐释的研究显然是不够的。而着眼于意境理论的美学生成逻辑,对其与佛教般若范畴的美学融合,以及通过这种融合有力拓开的意境之幻象逻辑,乃

①李剑国:《唐五代志怪传奇叙录》,南开大学出版社1993年,第10页。
②李剑国:《唐五代志怪传奇叙录》,南开大学出版社1993年,第30页。

至实现幻象美学的意境理论特殊生成机理进行探讨,则属于不可回避且触及理论奥秘的关键。通过研究我们会清醒发现:自中唐以后,中国幻象美学的理论建构,以意境为内核,在整体走向和内在机制上推进、完善了中国美学。但由于意境理论受到佛教般若思想的发展牵制,当晚唐佛教般若否定思想成为主潮,驱动主体自我意识转向,竟然使意境理论也随之逐渐式微并告终结。不过,以般若为内核的意境理论形态,虽然在唐以后退场,但其对中国美学幻象逻辑的更新与增益,却对以后的中国美学发展作出了不可替代的重要历史贡献。

作为中国美学智慧在唐代的高端结晶,意境理论在当代被引为美学范畴,产生了深入广泛的影响,这与李泽厚从美是"客观社会性"本体观出发讨论意境有很大关联。李泽厚从社会实践主体化建构视角认识意境理论问题,把意境视为体现"乐感文化"本质的重要审美心理结构环节和内容。当代美学对意境理论高度重视的理论家还有宗白华,他在1949年10月前后都谈到过意境问题,所尝试的诠释视角是中国式思维与时间、空间凝合的"艺境"问题。这些见解都有独特的发现,但目标最明确也最有影响的意境理论讨论,一般都要上推到王国维的《人间词话》,认为在那篇著名的诗词评点性质的著作里,王国维提出了"境界说"和"有我之境""无我之境"等概念,解决了意境理论的核心问题。以至在我们现在研究这个话题时,还不时看到学界相关论著仍然普遍持信意境是中国美学和艺术理论核心范畴,认为意境最能体现中国文化和美学的特色,因而,基于对中国文化要具体通过艺术体类或创作表现出来这一历史的和现实的要求①,不乏学者

①按:艺术学被设置为一级学科,加强了对意境作为古典艺术和当代艺术思想精华,拥有历史积淀和当下必然性的理论呼吁。对意境之于中国美学和中国艺术的内在特征、思想智慧,不论从审美性与宗教性抑此扬彼或主两者和合的观念立场出发,抑或汲摄西方美学最新思想成果,发掘中国古典意境理论的现代性与当代性,或者对意境理论给予更为系统的思想史、美学史梳(转下页注)

提出"美是意象"的主张①，或认为意境乃专属于艺术、文学的高级范畴，意境在艺术和文学里表现了中国传统美学的文化精神和美学意味，达到了对中国艺术境界、肌理、韵味等淋漓尽致的呈现。

学界亦有人提出对立的观点，罗纲在 2011 年《南京大学学报》第 5 期发表题为《意境说是德国美学的变体》，提出："由王国维奠基，经由朱光潜、宗白华、李泽厚等 20 世纪中国美学家深化和完善的'意境说'，被认为是'中国古代诗学的核心范畴'，甚至被标举为'中华民族最高艺术审美理想'。然而，这种'意境说'并不是中国传统美学和诗学所固有的，而是上述学者依据德国美学传统所提供的思想资源建构起来的。'意境说'的发展也基本上是沿着德国美学传统的轨辙运动的，德国美学的若干主题，如感性与理性的统一，主观与客观的统一，有限与无限的统一，一般与特殊的统一，为'意境说'提供了统一的理论基础。从思想实质上说，'意境说'是德国美学的一种中国变体。"②这篇文章引起了很大的争议。这里我们不拟过多介绍有关争议的情况，限于篇幅，我们便从近现代代表性观点反映的问题实质介入其历史性美学分析，看看其与唐代的佛教，尤其是般若美学有没有内在的本质联系。

近现代代表性观点有：

（一）意境是艺术的境界或表现类型：1. 意境是人的情感或情绪或见识的境界，或意境是主体情感、情绪的境界，也是艺术化认知与

（接上页注）理，力图发见所未曾深刻洞悉的本质和肌理，都客观上已经无可置疑地认可了意境属于美学和艺术学重要范畴的认识，与此相关，对于意境理论自然也作为中国美学和艺术学重要的理论构成来看。

① 按：如叶朗和朱志荣都强调"美是意象"命题，对此进行系统阐释。持同一命题主张者学界颇多，具体的阐释存在些微的分化，主导性趋向是一致的。

② 罗纲：《意境说是德国美学的变体》，《南京大学学报》（哲学、人文科学、社会科学版），2011 年第 5 期，第 38 页。

表现的境界。王国维说："词以境界为最上。有境界则自成高格，自有名句。"①"词人者，不失其赤子之心者也。"②"客观之诗人，不可不多阅世。阅世愈深，则材料愈丰富，愈变化，《水浒传》《红楼梦》之作者是也。主观之诗人，不必多阅世。阅世愈浅，则性情愈真，李后主是也。"③"诗人对宇宙人生，须入乎其内，又须出乎其外。入乎其内，故能写之。出乎其外，故能观之。入乎其内，故有生气。出乎其外，故有高致。"④宗白华说："什么是意境？唐代大画家张璪论画有两句话：'外师造化，中得心源。'造化与心源的凝合，成了一个有生命的结晶体，鸢飞鱼跃，剔透玲珑，这就是'意境'，一切艺术的中心之中心。"⑤"以宇宙人生的具体为对象，赏玩它的色相、秩序、节奏、和谐，借以窥见自我的最深心灵的反映；化实景而为虚境，创形象以为象征，使人类最高的心灵具体化、肉身化，这就是'艺术境界'。"⑥2. 意境是主客交融的艺术境界。朱光潜说："诗的境界是情趣与意象的契合。"⑦袁行霈说："意境是指作者的主观情意与客观物境互相交融而形成的艺术境界。"⑧"在中国古典诗歌里，意与境的交融有三种不同的方式"：一是情随境生；二是移情入境；三是体贴物情，物我交融⑨。

　　（二）意境是一种社会思想和文化的典型化创造形式，具有思想、

①王国维：《人间词话》，世纪出版集团、上海古籍出版社2008年，第1页。

②王国维：《人间词话》，世纪出版集团、上海古籍出版社2008年，第4页。

③王国维：《人间词话》，世纪出版集团、上海古籍出版社2008年，第4页。

④王国维：《人间词话》，世纪出版集团、上海古籍出版社2008年，第14页。

⑤宗白华：《中国艺术意境之诞生》，《宗白华全集》第二卷，安徽教育出版社1994年，第326页。

⑥宗白华：《中国艺术意境之诞生》增订稿，《宗白华全集》第二卷，安徽教育出版社1994年，第358页。

⑦朱光潜撰，朱立元导读：《诗论》，上海古籍出版社2001年，第48页。

⑧袁行霈：《中国诗歌艺术研究》，北京大学出版社1996年，第23页。

⑨袁行霈：《中国诗歌艺术研究》，北京大学出版社1996年，第26—30页。

话语存在的时代特征。李泽厚说:"有限的偶然的具体形象里充满了
那生活本质的无限、必然的内容,'微尘中有大海,刹那间见终古'。
艺术正是这样把美的深广的客观社会性和它的生动的具体形象性两
方面,集中提炼到了最高度的和谐和统一。而用'意境''典型环境
中的典型性格'这样一些美学范畴把它呈现出来。"①"'意境'和'典
型环境中的典型性格'一样,是比'形象'('象')、'情感'('情')更
高一级的美学范畴。"②艺术是以艺术方式所表现的社会思想或社会
客观性。这种社会性的文化性或艺术性体现,构成了共时和历时性
意义的"意境"理论发展。古风认为"意境"是成熟的概念,但在历史
上有不同的表述,很多时候不成熟的概念只反映了"意境"的局部或
侧面,他说:"我们可以把'意境'看成是成熟的术语和范畴形态,而
将其它的术语看成是'意境'在不同历史时期的别称,或者正处在生
长期和演变期的进行时态的术语,诸如汉魏的'境''境界',魏晋的
'意象''象外',唐代的'物境''情境''意境',明清的'情景''意
境''境界'等。从历时性看,这些术语处在不同的历史层面上,各有
不同的内涵,属于异位概念;从共时性看,有些术语如明清时的'情
景''意境''境界',却处在同一个历史层面上,而且有大致相同的内
涵,属于同位概念。"③因此他主张对意境的具体性、特殊性进行"淘
汰",以保留和抽取"意境"的一般精髓,"不再将这些术语当作'意
境'的同位概念来使用,具体的净化措施是:将'境界''境象'不再作
为'意境'术语使用;'意象''情景''象外'是构成'意境'的基本要
素,可以作为'意境'的下位概念(即属概念)使用;'物境''情境'是
'物意境'和'情意境'的简称,是'意境'在咏物作品和抒情作品中的

①李泽厚:《美学论集》,上海文艺出版社 1980 年,第 324 页。
②李泽厚:《美学论集》,上海文艺出版社 1980 年,第 325—326 页。
③古风:《意境探微》,百花洲文艺出版社 2001 年,第 153 页,

不同表现形态,在对相应的作品进行批评和鉴赏活动中,可以作为'意'的特定术语使用。至于'境'则可以看作是'意境'的简称,而且它的构词性强,可以在它之前嵌入一个字,构成'事境''情境''物境'等,十分活跃,形成了'X境'模式'①。根据这个对概念进行"净化"的思路,他主张对意境范畴进行"现代化"和"世界化"操作。

(三)意境是一种受佛教"意境"说濡染和影响形成的审美理论,意境的根蕴并非本土原生的,在接受佛教"意境"理论中形成了中国化的意境含蕴。王振复说:

> 艺术审美意义上的"意境",指由一定文本符号系统所传达、召唤的艺术创造与接受的心灵境界。其审美品格在于,其一,一定的文字语言符号系统(如文字的字形、字音语言系统与音乐的音符、音响、节奏与旋律等),是构成审美之象的必要条件。……其二,艺术审美之象虽对应于"物"(形),却无"妄执"之性,或者一旦"妄执",断非审美之象,无"妄执"便是既非执于"物"(形),又不执于"情",这用佛学"三识性"来说,便是无"遍计所执",不为"物""情"所累,已是开启了审美"意境"的智慧之门。其三,艺术审美"意境"与非艺术审美"意境"如审美意象的根本区别之一,在关于"情"的执与不执。……诗中所描述的一切景物,在象、意与境之意义上,都无执于悲喜、善恶之"神色",显现为"太上无情"的"本然"。其文字语言符号的审美功能,都在引导读者趋转于情感的无执,仿佛根本没有任何审美判断似的。其四,呈现于诗中的,是一个审美"理想"。其品格内核,无法执,无我执,无空执,无遍计所执,无悲无喜,无善无恶,无染无净,无

---

①古风:《意境探微》,百花洲文艺出版社 2001 年,第 154 页。

死无生,它是消解"物境"更是消解"情境"的一种"空"。①

这种观点从美学"意境"与佛学"意境"的文脉勾连来阐释意境,认为佛学意境赋予了诗化美学意境以超越一切执着、用佛教术语谓之即"空"的境界。美学意境是具有精神和审美特殊蕴涵,并达到审美自由极限的一种价值理念。王振复先生认为王昌龄《诗格》提出"三境"中的"意境"之说,是在消解"物境""情境"之后,作为"不是存在的存在""并非审美的审美"的一种"元审美"境界的存在。诗的"物境"执着于"物",诗的"情境"执着于"情",都不是彻底的"元审美",都是有所系累、滞碍的。唯有在实相般若、观照般若与文字般若三者共同参与下所酝酿而提升的"意境",才是真正彻底、无所执着的审美之境。以佛教的说法即:"物境"的审美,有"遍计所执性";"情境"的审美,为"依他起性";"意境"的审美,乃最高妙且彻底的"圆成实性"的审美。

(四)意境是独立自足的艺术意味或文本美感类型。蒋寅:"意境是一个完整自足的呼唤性的文本。"②独立自足的文本产生独特的意境表现效果,文本构成为意境存在的前提和必要条件。叶朗说:"意境说是中国古典美学中的一个重要的理论。它反映了中国古典美学家、艺术家的独特的审美观。意境说的精髓,如果要用一句话来概括,那就是'境生于象外'。艺术家的审美对象不是'象',而是'境'。'境'是'虚'与'实'的统一。"③把"意境"的重点、核心归于"境"而不是象,甚至认为王国维所言的"境界"也是属于"象"的范

①王振复:《中国美学史教程》,复旦大学出版社 2004 年,第 197 页。
②蒋寅:《原始与会通:"意境"概念的古与今——兼论王国维对"意境"的曲解》,《北京大学学报》(哲学社会科学版),2007 年第 3 期,第 1 页。
③叶朗:《中国美学史大纲》,上海人民出版社 1985 年,第 621 页。

畴,不是"境"的范畴,无疑对于"意境"的存在及其价值内涵另有一番理解,强调了对构成"象外之境"的对象化存在应有特殊美学效果的肯定。

上述四种看法是有代表性的,总体体现了近现代对意境解释的不同方向、思路,把它们和罗纲关于意境是德国古典美学变体的说法放在一起考量,其实不外乎两个问题:一是意境是本土原生的,还是异域文化影响下生成的。王振复持古代佛教影响下意境生成说,罗纲持西方德国古典美学在中国学者阐释中形成变体说,前者认定古代存在意境,后者认为并无什么特别的中国美学的意境传统,即便有也只是唐代语境中的特殊话语,但不能提升到涵盖中国美学传统特质的高度。二是意境说是文化的、美学的意境,还是艺术的、文学的乃至文本的"意境"。科学与人文联姻的背景及学术专业化要求的提升,使意境范畴作为文本性的、类型性的韵味形态,愈来愈受到人们的关注,但这种专业化的理解在理论上并非迎合现代化的趋势而趋向于世界性学术潮流和话语走向的解读,它应该从意境的历史实际出发,对中国美学的历史存在本色给出客观的陈述。就此而言,这两种意见都试图做出积极的努力,但迄今为止,并没有哪一种说法能够排除开其他理解形成独特而系统的解说,从而意境阐释的"泛化"或"窄化",都不是一个阐释意图的设定问题,更多涉及对中国美学史上出现的意境理论如何理解和阐释,以至如何发掘和巩固美学资源的问题。

罗纲认为意境是德国美学变体之说,表面上针对现代意境理论,实质上针对的是中国有没有意境理论的基础与传统。如果对于"20世纪经由几代中国学者建构起来的'意境说',就思想实质而言,乃是德国美学的一种中国变体"只是存有某种惊讶,但细加思量却觉得至少20世纪以来这一百多年对意境说的阐释背景,无法摆脱开西方美学,特别是德国古典美学的影子,因而能够在感情上有几分接受的话,那么,如果由此种否定转身指向传统,认为正是 20 世纪要"建构整个中国的美学体系"这一梦想促成了"意境说"的误会,使得包括王国维、朱光潜、宗白华、李泽厚和上述其他学者,都进入了"美学家们有意识编造的一个学术骗局"①,则潜在地有一种推翻"意境说"与传统美学基础内在联系的意图。虽然回应这一说法并非我们的主要意图,但本课题与般若相涉的中古美学理论建构及其历史性转型,都可以从意境理论的历史存在回应罗纲的说法,同时对之前所述几种观点,也可以从唐代意境的美学生成境况给予某种澄清。

"意境"一词首见于唐代王昌龄,但他所理解的"意境"仅仅停留在"象"或"境象"的范畴意义上。意境在王昌龄也包括初盛唐很多诗人那里,都不具备意境范畴成熟的本义。关于般若与唐诗创作中意境的美学融合问题,笔者在本书第五章第三节已就"般若与文学意象、意境的融合"②问题做过集中讨论,不再赘述,现在进一步就理论上"意境"内涵的生成继续加以讨论和阐释。

从隋至唐中叶,是般若美学系统借助佛教思想的理解、阐释而建构生成的时期。从理论形态的美学观念到形成自觉认知且应用于政治、文化、生活和艺术、文学创作各个场域,演化为自觉的般若美学实践,两者并不是一回事;同时,从最初政治、文化以至民众信仰、文人意识被动接受佛教思想及其具有美学意趣的概念、命题,到自觉将之内化为自身的精神观念和美学情怀,再到世风披染无所不至,佛教理论对素有审美无意识驱动的中国人心性产生普遍影响,这有力促成在他们内心深处形成自在的、中国化的般若美学观念,而对政治、文

①罗纲:《意境说是德国美学的变体》,《南京大学学报》(哲学、人文科学、社会科学版),2011 年第 5 期,第 58 页。

②赵建军:《唐代般若与文学意象、意境之美学融摄》,《河北学刊》,2018 年第 1 期,第 72—80 页;《中国古代、近代文学研究》,2018 年第 5 期,第 73—82 页。

化、生活及艺术和文学产生美学化的反向性覆盖，致使中国各层面的人都有意识地、主动地接受和应用般若，将之付诸言行实践和所熟悉的对象化实践领域，至此，意味着般若已然经历了一种历史性的从理论到实践的美学转化运动。而意境正处在这个美学的历史性转化潮流之中，得以以中国美学固有的"合成式"理论生成方式，形成了自身独特而鲜明的理论意涵与系统。

所谓"合成式"的理论生成，指从概念元始到内涵充实及外延的黏合和拓展，再到形成最终聚合性的核心概念——"意识"（意念）、"命题"（思想）、"精神"（场），都不是从单一抽象本体而来，也不是从抽象分析过程而来，更不是从逻辑综合的体系和网络而来，而是自始至终通过主体认知力对涉入因素——从实有物象到虚化的形象、意象，再到依于理而具化的"幻象"（可逆的、不可逆的，皆依于理而显现）心象（模拟的、隐形的，皆依于心的所感所知而以象类之）、情象（动态的、静态的，皆依于心理情状而以象表征之）——给予统合，使之成为明确的意识趋向与思想构成，即合成性质的范畴或思想。中国美学从不简单地抛弃感性因素在思维场的进入，从而合成性对于中国文化和美学理论的生成，能够积极、有效吸纳各种因素（感性的、理性的、非理性的等），进而有意识地从认知力、统合力的高度加以优化、完善，使之最终体现思想与现实的互动性改善与交流。

意境理论在其生成过程中所涉入的因素、因缘，与主体意识对它们的操控，经过了佛学理论化和中国美学两个空间主场的转换。在前一个场景中，般若美学仿佛盖在中国土地上的佛教建筑，其布局、用料、工艺等看似是中国式的，但实际上采纳了印度的思维和智慧处理方式，使得最终盖出的是中国原来没有的，此即"佛学化"的中国式美学建筑。中国式的思维、风格，相对于佛学的思维和风格，或许在一开始中国自己的成分比较多，也容易坚持，但在思想、理论的背景、氛围中，渐渐地，建筑物的"外观""景致""韵味"等都因"佛学化"

"般若化"而带给人们特别的享受，促使人们自觉地采用时，便形成了中国美学建筑的佛学化与般若化。在后一种场景中，情况发生另一种根本的变化，般若当其被吸纳到中国美学的机体和场景应用中时，不论其多么特别，多么有影响力，其总体的体量、态势和动能都不可能完全超越和覆盖中国美学的传统，不可能把中国美学幻象逻辑的"象思维"及其"合成性"理论构筑方式也给掩盖了。从而作为一种主体性因素很强的理论，它就必须发生转化，而一旦转化便是将其自身转化为中国美学的有机构成，于是意味着般若在闯入中国美学空间的刹那，这一切便必然发生了。仿佛一股清流的涌入，在其潓潓漫漫貌似要湮没河床时，才发现中国美学的"象思维"框体也在无限生长，于是般若也转而迸发其幻象构成及其潜能、特质，一起作为中国美学的构体与成分，推动中国美学生成新的话语形式和思想逻辑。

二、意境与幻象美学和幻象逻辑

无论从历时性的美学传统还是共时性的美学呈现而言，意境理论都是在唐代才从已有背景、条件、氛围中生成出来的。意境理论与文学、艺术作品中的般若意境相牵扯，并非是以现象印证理论，或理论具化于经验，似乎完成"一对一"的理论—实践对应，表明理论决定了意境的体验、语言呈现，从而形成意境的美学合成性意蕴。事实不然，意境理论的美学合成性，也把创作经验作为理论可汲取因素的一个方面，只不过比重比较小，不然很难解释隋至盛唐、中唐好几百年，何以佛教般若美学的建构如此完善，却对意境理论的干涉并不明显。说明意境理论并没有同步进入般若美学的建构，意境的理论合成是后生的，这样包括理论和创作方面的因缘，才都可以作为合成性的因素，而不是独立的驱动力量，就可以理解了。从盛唐至中唐，意境理论的背景——幻象美学的思维、思想构成发生了严重变化，原来以感应、感悟为主导的理论化建构方式，如诗论、综合性的文论等，汲纳了佛教的思想、文化观念和思维方式以后，在中国化进程中将这些可聚合为般若美学特质的思维与智慧，与中国美学固有的直觉象思维、天人智慧、情志表现等观念、传统深度凝合之后，诗歌创作主体的思想认识基于新的思想、理论背景的熏陶、濡染，就从历史的惯性冲动和创作方式下挣脱出来，开始自觉地对意境理论进行不断深化的探讨。

　　这个探讨一旦发生，便意味着般若美学的诗性智慧，从诗的理论和创作两个轨道上展开。在理论方面，皎然、王维、白居易、柳宗元、司空图等都有所省思和总结，提炼出超越《文心雕龙》《文赋》的意境理论认知与内涵趋向。这些理论家、思想家与般若的因缘，犹如春草与风的流动，触则必及根茎，远观则一切似并未发生。譬如，皎然《诗式》提出的"诗势"概念，就显示"文意"全新的考量；再如白居易，他仿佛儒雅的官绅，与佛学纵有交接也无非场面应付而已，实则不然，《旧唐书》《五灯会元》等古籍记载："杭州刺史白居易，字乐天，久参佛光得心法，兼禀大乘金刚宝戒"[1]，曾"出俸钱三万，绘西方极乐世界一部，依正庄严，悉按《无量寿经》，靡不曲尽顶礼发愿，以偈赞曰：'极乐世界清净土，无诸恶道及众苦，愿如我身老病者，同生无量寿佛所'"[2]；至于众所周知的王维与佛的深厚结缘，他关于"诗中画""画中诗"所体现的对艺术的般若美学总结，在"诗性""思性"智慧上均堪称上乘；还有柳宗元，他对天台宗的感悟不仅在寂静生慧方面独出机杼，而且对般若智慧对法从否定性旨趣上别有开悟；晚唐的司空图在这方面是一大家，他将般若美学旨趣与诗的风格、境界巧妙勾连，完成了系列性的诗化概括。总之，尽管这些对意境理论探索者而言，或许是他们平素并不在意的作为，但无疑都很重要，因为他们的努力都构成了唐代

①普济著，苏渊雷点校：《五灯会元》卷四，中华书局 1984 年，第 221 页。
②祩宏辑：《往生集》卷二，《大正新修大藏经》第五一册，（台北）新文丰出版股份有限公司 1983 年，第 141 页上。

意境理论"合成性"构体的局部或部件。不论是点点滴滴的智慧性感悟，抑或已然形成的理论上的命题、思想提炼，在其个别的"局部""部件"而言，不一定能够代表意境"合成性"的理论境界与水平，但因为它们都介入了整个时代的美学理论化运动，就必然使自身的思想贡献成为意境理论积极而活跃的思想内容。而在理论的智慧感悟和认知提炼之外，面向生活和艺术实践的，在整个社会中形成推广性效益的感性化存在，也是意境理论"合成性"生成的有机组成内容。理论以生活与实践的感性存在为基础，同时，生活与实践也在整体趋势、背景的理论化氛围中提高自身的存在质量与水平。在中国美学的发展进程中，由理论召唤的审美、艺术现实自觉向美学的整体发展趋势靠拢，促动形成了幻象美学的独特存在方式，让幻象在实践形式中摄取中国美学应有的内容，以构筑关于诗的属于中国幻象美学的意境感悟与理论内容。

对于意境所归属之幻象美学，需要从幻象逻辑的背景检思和认定。从理论性质讲，幻象美学是象思维与生命美学及其话语存在合成的主体性美学构成。在隋唐甚至更早之魏晋以前，从东汉的谶纬巫术，发展到玄学美学，都在宇宙论格局下发生主体论转化，但谶纬和玄学美学采取的都是"择取特征""揽胜集合"的幻象逻辑，其幻象美学的逻辑底蕴都没有跳出中国美学的感应性传统。始于东晋年间，止于南北朝佛教判教，以佛教般若为主旨的幻象美学开始渐渐占据上风，但从这个时候到后来隋唐般若美学理论建构时期，甚至可延后到盛至中唐般若美学践行、应用期，幻象美学这一侧面主要注重审美幻象之观照般若的应用与实践，直到中唐以后，才发展进入到实相般若、文字般若的美学幻象阶段。

幻象的"幻"，本意即不实、空、无等。般若之"幻"，在大乘佛教入渐以来便广为渗透，沿着佛教美学幻象逻辑的次第实现相续之推进，从中观般若否定佛玄般若方等空（空空本体），到完成中观般若之观照般若（非空非不空非空不空之中道空），再到般若美学系统之实相般若的幻象美学，"实相"在各宗理论系统中即为"义理"之空，其"空义"之内在的节律，依次为"直觉性"实相圆融之空、"识性"实相之圆成之空、"法界"理想性实相圆满之空。关于"圆融""圆成"，我们在论及般若直觉美学系统、般若识性美学系统时已特别做过论述，"圆满"一词未暇多论，实际上"圆满"是佛教最高的美学概念，与"觉悟"的"自由""智慧"比之，与"超越性体验""如实"的"本然""本真"比之，佛学意味更深。在华严系佛经中"美满"一词限定道行具足、超胜完满的境界，如："圆满因缘"①"圆满清净胜光境界"②"圆满教法""圆满因缘修多罗"③"圆满一切种智门"④"圆满金刚三昧"⑤"圆满殊胜功德"⑥"圆满清净"⑦"圆满成就"⑧"圆满庄严"⑨等，以理想性

①佛驮跋陀罗译：《大方广佛华严经》卷五五，《大正新修大藏经》第九册，（台北）新文丰出版股份有限公司1983年，第749页上。

②圣坚译：《佛说罗摩伽经》卷下，《大正新修大藏经》第一〇册，（台北）新文丰出版股份有限公司1983年，第875页中。

③法藏述：《华严经旨归》卷一，《大正新修大藏经》第四五册，（台北）新文丰出版股份有限公司1983年，第593页下、594页上。

④般若译：《大方广佛华严经》卷二，《大正新修大藏经》第一〇册，（台北）新文丰出版股份有限公司1983年，第667页上。

⑤佛驮跋陀罗译：《大方广佛华严经》卷四三，《大正新修大藏经》第九册，（台北）新文丰出版股份有限公司1983年，第668页中。智周：《法华经玄赞摄释》，《新编卍续藏经》第五三册，（台北）新文丰出版股份有限公司1993年，第193页下。

⑥实叉难陀译：《大方广佛华严经》卷四七，《大正新修大藏经》第一〇册，（台北）新文丰出版股份有限公司1983年，第250页下。

⑦佛驮跋陀罗译：《大方广佛华严经》卷一，《大正新修大藏经》第九册，（台北）新文丰出版股份有限公司1983年，第395页上。

⑧般若译：《大方广佛华严经》卷三四，《大正新修大藏经》第一〇册，（台北）新文丰出版股份有限公司1983年，第815页中。

⑨般若译：《大方广佛华严经》卷二〇，《大正新修大藏经》第一〇册，（台北）新文丰出版股份有限公司1983年，第750页下。

之绝对"空性"体现般若实相的妙义。这三个次第般若实相的幻象推进,都是理论意涵的深层证现。盛唐再至中唐以降,幻象美学推进到"文字般若"的践行阶段。"文字"在这里是一个动词化名词,本意指假名、工具、手段,类同话语、言语、呈象等,指般若实相的现象学转化,也是美学幻象的呈现本身。凡所有"相",皆实相之所假,所假非假,因为它是可造设的"语言"、修道的"阶梯"、觉悟(顿、渐皆可赖)之"舟筏",以象如如,即真如之如,美学幻象的"文字般若"是一种大境界的般若创造。在这个阶段,中国美学的语境又回归为主体背景,传统美学的幻象逻辑又主导各种因缘并对般若美学的转化起到背景性的制约与修改作用,于是,意境理论便在幻象美学理论与实践交叠的丛林中,迭生出中国式美学话语与风格样态的理论系统。

般若美学是幻象美学的一种特殊构成,般若美学的幻象逻辑在中国美学话语背景下,因为因缘不同,也必然有不同的转化(倾向于文字般若的中国化),使中国美学的幻象逻辑,在与般若交迭、互渗的合成中,愈来愈多地摄取了理论性的成分。中国美学原有的"生生之韵"与般若美学的"无生之韵",在交迭遇合中转化为更注重基于主体化逻辑的衍生性生成之物,作为中国美学幻象逻辑的新原则,为中古后期中国美学的历史转变奠定本质性的根因。

中唐时期般若驱动中国美学幻象逻辑发生的崭新变革,促成般若美学幻象逻辑与本土原有幻象逻辑产生理论性耦合,意境理论就是这种耦合的显著成果。研究意境理论的生成,离开幻象美学的背景,离开般若美学理论幻象逻辑与中国美学固有幻象逻辑的交遇,是很难揭示出意境的历史本真意蕴的。从幻象美学和幻象逻辑的视角审视意境理论,则意境理论应成熟于中唐时期,通过理论和实践的双重推动,到晚唐基本走向终结。意境理论在唐代的产生、发展与终结,本质上与对般若幻象美学的依赖分不开来,但因其同时也吸收了般若对中国美学幻象逻辑的改造,从而反使幻象逻辑在中唐以后的变化又有其特殊性,这种特殊性并不太适合于涵盖其后历史阶段的美学原则或规定性,因此,对于中唐以后意境理论的成熟与幻象逻辑的关系,需要就其内在根本变化,给予专门的阐释和说明:

(一)幻象逻辑的本体论意蕴,在中唐以后由契合于天人感应、感怀的情性主体,转向了对人生、万物俱系于因缘之空的般若主体。以般若智慧中国化对空性的理解,将般若空慧确定为中国美学的本体意蕴构成之一。法海所记慧能在大梵寺宣讲的摩诃般若波罗蜜法,先从自己求法立见心性论起,强调所谓佛性就是般若真智。般若真智世人本自有之,即缘心迷,不能自悟。因此,"遇悟即成智"①。这里的"悟"与"物感说"之感物心动之悟、"情志说"之"情动于中"而"心之所之"之悟、"兴会说"之感应天机之悟均不同,它是拨开迷尘敞亮心智之悟,类似于胡塞尔的"自显"、海德格尔的"澄明",是精神智慧回归本源、洞见万事万物本然真相之谓。依照此种根蕴,则心性是自动运转的、空灵妙脱的,能够对人生的百般相状以俯瞰之势睥睨。故皎然《诗式》起篇就讲"明势",形容般若智赋予诗作以奇妙体势:"高手述作,如登荆、巫,觌三湘、鄢、郢山川之盛,萦回盘礴,千变万态。(文体开阖作用之势。)或极天高峙,崒焉不群,气腾势飞,合沓相属;(奇势在工。)或修江耿耿,万里无波,欻出高深重复之状。(奇势互发。)古今逸格,皆造其极妙矣。"②诗之"势"其实是般若智所赋之势。意境是般若智慧转化为觉悟之智的投射,形诸诗的语言文字,文字是一种凭借或"相",诗的幻象是一种智慧之象。幻象逻辑从心性智慧立势,诉诸读者的功用主要在于启其觉悟,而非撩动情怀,这是中唐以后诗歌及其他体类的一个趋势。宋人张戒《岁寒堂诗话》评

①慧能著,郭鹏校释:《坛经校释》,中华书局1983年,第24页。
②皎然著,李壮鹰校注:《诗式校注》,人民文学出版社2003年,第11页。

唐人诗,虽然从"以诗载道"观出发对杜甫极为推崇,但他对孟浩然、王维、李白、李商隐、刘禹锡、杜牧的欣赏,显示了特别注重"体势""气韵"的眼光,正是发现并看重"智心"使然。"义山多奇趣,梦得有高韵,牧之专事华藻,此其优劣耳。"①其中对李商隐,一再列举诗句证明"为世鉴戒""至深至切"之意,表明"智心"为先,才得"其言近而旨远,其称名也小,其取类也大"②。般若智慧为意境理论奠定了一种"首发于智"的禅心道义,故中唐至晚唐,追求意境的高格,或以奇妙为胜,或以高古为胜,或以绵远为胜,都是心性幻象的别致呈现。

(二)中唐以后的"意境"对"意"与"境"都十分注重,并着力于般若智前提下的妙合无垠。叶朗认为意境的核心是"境",这个观点很有眼光,在某种程度上抓住了意境的关键。其比"情景相合"为意境的观点更精确,突出了创设"客体化"之对象为意境的根本特征,但此境为"意"的境,是般若智的境,非主体对物境的投射,也非借语言依循物境来描摹,它出自心象的投照,体现般若智幻象的美学效果。中唐以降,李商隐、刘孟锡、柳宗元、韦应物、孟郊、杜牧等均以个性化主体意境的创设,表现了对人生世界的不同思考,这些思考浸濡着意象和意境的体验,标示了主体的精神"意境"。而反转过来说,"意境"作为主体造设的客体化对象,又契合了中国传统美学的主客感应情境,与审美初衷并不违和,不显痕迹地以般若美学的意境转化,榫合了本土幻象美学的存在方式,但根本内容已经发生了实质性的改变。

(三)幻象美学体现于印度的极致,是超越主体智而进入超自然

①张戒:《岁寒堂诗话》卷上,丁福保辑:《历代诗话续编》,中华书局1983年,第460—461页。

②张戒:《岁寒堂诗话》卷上,丁福保辑:《历代诗话续编》,中华书局1983年,第461页。

也超人的神性（佛）智，中国幻象美学的极致，则是向未来推衍中提取精粹，拓开活力和包容性，愈来愈具有主体性的美学大格局。在印度佛教文化及般若美学未进入前，易象美学的幻象系之于巫术操作，把所有可能性交付于蓍卜的变数；易变的数术消解了世界存在的复杂性和主体见知的独到性，于是诸子美学应运而生。诸子美学的主体理性专注于个体化的文化理性创设，但世界并不完全按照诸子所拟想推衍的几种观念模式发展，于是又拓展到经学美学格局，以官方宏大意志和对已有诸学的汇集、传承为主体，试图体现居中而统天下的美学理想化格局。但至大不细，大象恍惚，气蕴蒸腾，却对于理性以及注重存在与变化之理的义学均没有给予应有的重视，反使审美格局重新回到依本能、玄想猜测天地存在的地步。于是，玄学理性苏醒，在魏晋时期再度回归，但已是从主体的观念本体——不是诸子更多依赖主体对宇宙的直观感悟所出之观念本体——来形成系统的学说……这一切的变化、转换，都体现一种幻象美学的重推衍、重在有无之间寻找阴阳质力摩荡协合的可能，它的"幻"是一种人为之幻，其所不幻则是宇宙或人心之"无"与"有"，即认为幻象美学的本体，并非从虚无而来，乃是从宇宙或人生已然之"本然无"或"本然有"的结合、变化中来，由此所发展的幻象美学的变化，也便在宇宙和人生的已然境况中推衍其可能性变数。中唐以后，般若美学完成中国化改造，本土美学与般若意涵深度融合，使幻象美学倾向于般若幻象本体，本土原有的幻象观念成为一种辅助性的因素，其突出标志是幻象不是由"无"化为"有"，或由"有"化归"无"，也不是转换过程的变易性、变幻性，而是"有"或"无"抑或"有"与"无"之关系，俱属于"空"。此空不是"无"，也非"有"，更不是"有"与"无"之间关系的变化闪烁，它指向主体智慧的一种解脱觉悟之智，即从执着缠缚中超离出来的般若（智慧）。依照此种本体观建构的幻象美学，就在现实人生的悲苦与沉重色彩之上，仿佛琉璃映彻遮罩，又仿佛水势湍峻激发蒸腾,又像本然地矗立起一座旷达、睿智的巨峰,自信但不自恋,生力充沛又淡然无执,精神凭临无所他依无所自御的境界,这便是幻象美学在中古后期所达到的一处创设境况。将意境的艺术化意蕴放大为士人阶层的精神理想,又将士人阶层的精神理想铺展为一种社会化的精神文化氛围,为中古后期及以后的中国美学奠定了浓郁、清新的新人文美学色彩。

三、意境美学的殊胜"别趣"

诗学意境范畴的逻辑肌理依从幻象美学的幻象逻辑,展开其属于文化的、美学的,也是审美的、艺术的运势。中国诗学意境在晚唐五代时期发展成熟,这是中国幻象美学之幻象逻辑的发展必然,也是佛教般若美学融入其中而有机一体化的典型表达。幻象美学的形象、意象等的生成,主要循着三个基本路线:一由巫术、巫文化之"观象",进而至易道之卦象、象数的"立象以尽意",应化于万事万物而来。对自然的直接感知与基于此升华的卦象模型,使幻象具有演绎操演性质,但又真实存在于人们的感知选择中。通过对轮廓、局部特征的把握与对宇宙、人生、生命的感悟形成对接,以象喻意,以意御象,幻象仿佛在感悟中成为参化天地自然、万事万物变奏的变因,将稳定的、不可测的、遥感无限的俱带入主体的感知、感悟运作。二由日常生活和生存的感觉、情感所培养,对事物产生亲和性而使物向人展示出体己的本性、功能和存在规律。人因这种天地亲和的持久影响而深知对象的特殊美学韵味,因此而对环绕对象生命体的环境、物件、氛围、构因等特别敏感,由此生成与生活息息相关的,浸染了生活韵味但仿佛在生活之外,唯特殊审美感觉才能感知的审美幻象。三由生活和未来之期待,激发起超越日常和传统,从另外时空寻找的超越性力量,并找到与世间相似、相通却相异的幻象存在。三种幻象的共同点在于都拥有一种

"好像""似""如"的生成机制。"好像""似""如"是主观介入对自然、世界和事物的感知,以主观认知的"修改"将感知对象移入精神空间的创造方式。任何一种幻象都在创造时将某种看到的,听到的或想到的东西,通过主观的感知视差或人为的移置被放大或缩小、变形或转换,在确定心理所认定的那一个东西时,已使它获得漂浮的影像价值,此即幻象。胡塞尔说:"它属于每一种生成的'修改',被修改的即'好像'。在纯粹的幻象机制中,被修改并不保留简单的存在体特征(用一种存在模式),而是让它存在于'仿佛'里,成为意义完全不同的'某些东西'"①,"它只不过是意为(修改的)经验的内在概念,这里,它并非理想化的与纯观念同一的东西,而是一次又一次修改生成的一些新东西,只能是'完美地相似'(perfectly alike)"②。胡塞尔认为,幻象的本质是主体建构性意图对经验修改的体现,因为这种修改使幻象与原来的经验只具有相似的同一性,而不是纯粹的主观建构性观念,也不是对经验图像的复制。胡塞尔对指向经验、事物的现象学立场,在西方是很特别的,与中国文化、美学的幻象创新机制存在某种程度内在的相通,只不过其对主观直觉的偏好还是侧重于主观观念而已。而中国的幻象美学也是在"as if"(好像)的主体情意关联中,让客观物和主观观念俱脱离开原有的场所,成为生存中的、仿佛漂浮的影像,进而实现对自然世界和人的主观情志都予以表达或再现的功能。而事实上,年轻的胡塞尔曾经有一度也颇倾向于中国式的理论创新,认为可以实现建立某种"构成性幻象,同时也是生命形式的呈现"(constitutive illusion that is at the

---

①Edmund Husserl, *Phantasy*, *Image Consciousness*, *and Memory*(*1898 - 1925*), Springer,2005,p. 673.

②Edmund Husserl, *Phantasy*, *Image Consciousness*, *and Memory*(*1898 - 1925*), Springer,2005,pp. 673,687.

same time the appearance of a form of life)①。但后来他并没有坚持这一认识，还是在主观纯粹观念、直觉模式下来认可"as if"的修改作用，这样，作为西方幻象美学的逻辑，即便从"逻各斯"传统转到了现象学逻辑，也始终不能正确地对待"幻象"本体的客观性、模糊性和现实性，更不可能具有中国幻象美学之幻象逻辑的"虚化""互化""外化""应化"等生成机制和美学内蕴了。

　　般若美学的幻象机制与中国幻象美学融为一体，弥补了中国美学幻象逻辑注重经验性、变易性和专注于"象"而对其传达功能不无夸大的局限，使其有力地从主体"思性"方面强化"诗性"的思想承载，同时，又有力地维护了中国幻象美学以象孕意、言、象、意统一的美学传统，提升了中国美学的精神气质和思想视界。之前，从《诗经》《离骚》到初盛唐前之创作，中国美学幻象以情志相对、情事相对，以诗人之情和民众之情两种情韵、格调为明显特征。文人多"离忧"抒泄之作，民众多率真直露之表达，然诗官采风，以雅为正，以礼约情，致使民间创作多被视为粗野卑陋、郑卫淫声，文士创作流于民间僻壤，遂使诗乐率多格局狭促，牢骚回旋，悲情沉郁，诗歌幻象基本上以咏为主，抒情则不免嗟悲叹忧，总之，美学幻象的精神气质不够阔大雄浑。初盛唐诗受到作为背景性思想力量——般若的影响，在张扬激越向上精神气质方面大为改观。但审美感应的幻象生成传统，依然使幻象的思想包孕理弱于气，理很少能被人们接受，曾一度有玄言诗流行，因为尚不习惯使思浸于情，反至诗的幻象"干瘪似道德论"，不能唤起审美愉悦。因此，在改变诗歌幻象精神气质的同时，如何改造抒情的视界，提升情感的思想内蕴，也成为提升中国诗歌美学幻象的一大问题。到中唐这

————————

①Marie Fleming, *Emancipation and Illusion: Rationality and Gender in Habermas's Theory of Modernity*, The Pennsylvania State University Press, 1997, p. 73, note 42.

个问题基本解决，以王维、钱起等为代表，将诗歌主体的思想表达巧妙地与诗歌的意象审美内容融为一体，并且是从主体的"意"上着眼于诗歌美学幻象的建构，可谓真正地使中国美学的幻象逻辑踏上意蕴坚实、意象结构充实完整的美学道路。

　　而在中唐建立起般若化主体"意为"性质的诗歌美学逻辑之后，便遇到了生命机制的进一步提升与充实问题。在王维之前，李白、杜甫、白居易等成就很高，都表现了般若美学新的思想和形象、形式的充沛表达。但是仍然存在诸多的不足：一是幻象生成在应感而动、情志抒发的传统模式里，思想深度不够，情胜于思，应感而制。二是诗歌意象不够圆融、博大，大多为单一意象的句组整合，少有浑融一体。如李白诗意象多从对某种特征、气势、情感和气氛的夸张想象出发，在线状的流动中让意象充满生机，但思想与情感彼此却很难相融渗合，因而跳跃感强，诗美的意绪缺乏沉咏回味。其他诗人也不同程度存在这种情况，可谓拥有展现出新气象的意象，但并不能达到意境应有的厚度、深度和广度，也没有达到蕴藉无限、回味无穷的力度。三是由于主体性还没有达到充分的自主自觉，在诗的文体形式上也创新不够，好诗的意象多出自民歌、赋体的转换式长歌体，如李白的"古体诗"长歌体、杜甫的咏史长歌体、白居易的"通俗"长歌体，这样的诗作叙事、抒情和写景皆具，但重心不是写意，因而依然属于汉代及六朝民歌、楚辞汉赋或田园山水诗的重写复活，对新时代的精神气韵展现不足；四是幻象本身的机制结构，还没有很好地融合般若美学理论的成果，从而多从生活的事象剥离印象和感受，对审美直觉、心理和想象的幻象开掘也远远没有展开，没有创造出典型的时代文体，如以凝练的格律体表现出时代的审美、美学化语言。因此，中唐以后，诗歌的幻象美学不得不加速推进般若化进程，将般若幻象与中国美学幻象深度凝合，聚焦于意境的创造来完成主体思想、智慧的表达，终于使中唐到晚唐的诗歌幻象美学凭借意境的成熟创造,达到了唐代诗歌美学化创造的最高水平。

那么,何以中唐至晚唐的诗歌,在意境创造方面达到幻象美学的胜境,达到了幻象逻辑的最高水平呢?

(一)中唐至晚唐的意境式幻象,标志着一种民族化的美学思维和语言达到了时代美学智慧的巅峰。美国学者爱德华·萨丕尔说:"每一种语言本身都是一种集体的表达艺术。其中隐藏着一些审美因素——语音的、节奏的、象征的、形态的——是不能和任何别的语言全部共有的。"①般若美学理论推动意境美学智慧的形成和发展,在思想性、审美性和创造性方面达到极致。首先,儒道释内蕴皆纳入道蕴范畴,"诗言志""文以载道"有了更为深刻广博的思想包孕。其次,民族美学的幻象注重生命力"生生之韵"的表现,般若美学的"无生"原旨与"生生"本来是对立矛盾的,但在中道观念中取意于"空慧"的不执一边,使两者有机熔融,极大地丰富了中国幻象美学的表现张力,肯定了中国幻象美学的价值衍生与自我否定同一的内在潜能与向未来不断拓进的可能性。这种民族性的幻象美学特征,因集中体现于意境而使中国美学的感染力空前增强,在内在本质与特征上不仅区别于印度的美学智慧和语言表现,也区别于西方幻象美学理解与语言表现(在西方,幻象始终被弃置为理性的对立面而被否定,纵然是现象学美学也未能扭转这种定势,而且,逾近现代以来,西方将幻象范围的外延扩大,视虚幻的政治、伦理、宗教等价值说教均为与现实真实相悖的幻象,在"批判"性立场上将幻象理论变为对是非对错截然定论的一个尺度,完全否决了幻象本身的深厚美学蕴意),成为最尊重人与自然的亲和性、原性语言表

①爱德华·萨丕尔著,陆卓元译,陆志伟校订:《语言论:言语研究导论》,商务印书馆 1985 年,第 201 页。

现性、生命有机性的美学智慧;再就是这种民族美学幻象的意境创造,极富有汲摄各种资源、因素。综合权衡、优化内涵与形式表现的机制,其创造性胜于单一性理性思维或直接的观感描绘,是唐代美学留给我们的宝贵财富。

(二)意境美学是般若美学理论外化的成熟形态,其本质内容由般若意趣所决定,即般若意趣作为一种"别趣""异趣"与中国美学原有意趣相圆融,君主臣使,决定了时代美学发展的趋向性特征。"别趣"与宗教旨趣分不开,或者说佛教的宗教旨趣是般若意趣的本源,但在中国化,尤其是诗化美学的改造中,这种"异趣"的宗教色彩在渐渐褪色,在融入中国化意趣时呈现为一种对生命意蕴超诣、旷达的理解,融入诗中则别添异彩。大凡中唐至晚唐之诗文,凡佳作者这种"别趣"或隐或显必不可少,是文人修养的一种深度体现,也是时代审美趋向的内在表达,还是寄寓于美学幻象典型化形式的必要内容。对于个人修养偏重儒道之学的士人来说,这种"别趣"的表现尽管可以是委婉的、清奇的,甚或"藏头露尾",不那么鲜明直接,但同样是不可缺少且带给诗文作品以特殊美感的驱力因素。

唐诗意境代表般若幻象的典型结构。中晚唐的诗歌意境,洗练而精致,圆熟而灵动,充分传达出幻象美学的"别趣"。首先是美学直觉在这种主体化的"意为"性质的建构中,呈现出直达心性的效果。王维的诗雪里芭蕉,空性通明。皎然据文意、诗意而"明势",主张辞章、句法问题应在审美立意的"直觉"里给予先期解决,即所谓:"夫不入虎穴,焉得虎子? 取境之时,须至难至险,始见奇句。成篇之后,观其气貌,有似等闲,不思而得,此高手也。"①"不思而得"即"直觉"。"取境"之境,即"意境"。《俱舍论疏》:"心、心所法虽先业引,

----

①皎然著,李壮鹰校注:《诗式校注》,人民文学出版社 2003 年,第 39 页。

而非不待等无间缘,托诸根,境而得生故。既托根,境和合故生。"①
意思是,境虽然涉及世间的情事景诸缘,且以诸业缘为因,然增上缘
之智慧为无间缘,因缘"互相摄"中"托诸根"而生境,此根即指六根,
住于心、心所,为智慧所统摄,故意境是智慧摄取诸缘所立的创境。
只有般若智慧的"无间"通明,才能使诸缘依心法而立对,成其体势,
章法、句法皆立于其中。《俱舍论》是小乘经典,但般若意涵依因缘缘
起论而解,得大乘空慧深意。自大历而下,唐诗涉诸世情颇深,但直
觉智慧的应用无碍无滞,在晚唐诗人愈发透现出淡泊空明的"别趣",
是其他纯然以纪事、写景、抒情为目的诗作所难臻至的幻象境界。其
次,在审美心理的"别趣"开掘方面,中唐以后达到了幻象葱郁而毫无
俗尘局促、狭隘的高拔格局。柳宗元为儒家意识浓厚之人,他的诗沁
着清寂、孤冷的心理,超然于个人命运的流宕落魄之外,清风浩荡,洋
溢着不屈不挠的志气;李商隐的诗中隐喻似暗夜灯火缀成一片,心迹
幽婉,细腻入微,如梦如幻,又真真切切。不仅诗歌幻象如此,在叙事
文体和民间传说中,也洋溢着一种"造幻"的气氛,人们心神充溢潜在
的期待,对美表达出穿越时空的智慧感悟,使意境也成为一种广设的
(背景性)喻体或象征,有力地传输着社会化的颖悟和主观真挚冲动。
《太平广记》卷一六八引《卢氏杂说》:"郑还古,东都闲居,与柳当将
军者甚熟。柳宅在履信东街,有楼台水木之盛,家甚富,妓乐极多。
郑往来宴饮,与诸妓笑语既熟,因调谑之。妓以告柳,怜郑文学,又
贫,亦不之怪。郑将入京求官,柳开筵钱之。酒酣,与妓一章曰:'冶
艳出神仙,歌声胜管弦。眼看《白苎曲》,欲上碧云天。未拟生裴秀,
如何乞郑玄。莫教金谷水,横过坠楼前。'柳见诗甚喜,曰:'某不惜此
妓,然吾子方求官,事力空困,将去固不易支持。专待见荣命,便发遣

---

① 法宝:《俱舍论疏》卷七,《大正新修大藏经》第四一册,(台北)新文丰出版股份
　有限公司 1983 年,第 576 页中。

入京,充贺礼。'及郑入京,不半年,除国子博士。柳见除目,乃津置入京。妓行及嘉祥驿,郑已亡殁。旅榇寻到府界,柳闻之悲叹不已,遂放妓他适。"①郑还古是元和年间进士,其人性情行事,浪漫多情,不免轻浮逐艳,但却因善属诗文而得到礼敬,此中所写两个主人公的心理、情感违背了一般的世俗常理,表现出超越世俗的生命冲动。如果不是主体自觉的审美追求给整个情节带来别致的意境,这个故事就没什么可取,表明中晚唐的诗美幻象在生活里弥漫着,仿佛披上一层朦胧的纱罩,给人们精神上带来一种疏离当下的"异趣"之美。

般若美学幻象的审美别趣、异趣,是主体精神禁忌获得解放意义的一种开放、优美、含蓄、隽永的意趣。因为迥然于旧的审美观念、时尚、意趣和情趣,幻象给予诗、文及生活的"意境"所得,也自然地与寻常的状态和理解形成区隔,同时也与搞玄搞怪的幻术区别开来。《太平广记》卷二八四至卷二八七列《幻术》四卷,所出之"幻"大抵都归于巫道方术,撰者还将"幻术"列于"梦""巫厌"之后,"妖妄""神"

---

① 李昉等编:《太平广记》第四册卷一六八,中华书局 1961 年,第 1224 页。按:又,《太平广记》卷一五九引《逸史》所出:"太学博士郑还古,婚刑部尚书刘公之女,纳吉礼后,与道士寇璋宿昭应县,夜梦乘车过小三桥,至一寺后人家,就与婚姻。主人姓房,惊觉,与寇君细言,以纸笔记其事。寇君曰:'新婚偶为此梦,不足怪也。'刘氏寻卒。后数年,向东洛,再娶李氏,于昭城寺后假宅拜席日,正三桥,宅主姓韩,时房直温为东洛少尹,是妻家旧,筵馔之类,皆房公所主。还公乃悟昔年之梦。"(第 1147 页)此事所记还古二娶,旧梦为再娶所验,恍惚梦中事与真实经历,充满了般若的"幻"感:并非因梦不真而否定"初娶",也非因再娶恰验所梦,便将梦中虚诞移置为实景,概强调今之所起,系"旧梦之前定"(计有功撰,王仲镛校笺:《唐诗纪事校笺》第六册卷四八,中华书局 2007 年,第 1625—1626 页)。而旧梦何由而来,则缘于幻空非无非有之体验,体现了一种无执又趋新异的复杂感受,是主体意识浓度很高的一种美学体验。而后人据此疑唐传奇《博异记》亦为郑还古所作,则反映了一种对美学趣味的敏感和认同。

"鬼"之前,依传统理解均视"幻"为神异虚诞、不可置信者。这是从
生活信实角度所理解之幻,与精神上审美体验之幻、美学化主体创造
的幻象截然有别。后者不以奇异怪诞招徕信众,更非用神或其他超
意志、超能力否定人本质生命的虚妄之论,而是从人的内在生命由衷
而出的、洋溢着生命积极能量的非凡造象。只因它突破了平庸,因而
也与俗常有别,故在这方面,幻象与幻术没有任何联系。在《太平广
记》卷四八四至卷四九二之《杂传记》,记述了汉至宋初大量的民间
传奇故事,其中述及中晚唐传奇,少以妖妄称奇,而是着重刻画人的
精神、情操和品质。贞元末年(805)进士白行简记《李娃传》写一书
生赴长安赶考,耽溺于妓馆,遇李娃两情甚笃,如胶似漆。后书生用
度花光,流落街头卖艺为生。书生之命运败落符合世事逻辑,但对常
人而言已经十分奇幻。妙在李娃也离开妓馆,又与"被布裘,裘有百
结,褴褛如悬鹑,持一破瓯巡于闾里,以乞食为事""枯瘠疥疬,殆非人
状"①的书生巧遇于自家门前,遂收留调养其身体,帮助他重新赶考,
终于功成名就。这个故事里李娃的牺牲精神和大爱,颇具菩萨情怀。
其他如《柳氏传》《无双传》《霍小玉传》《非烟传》《莺莺传》等均有感
人的奇幻情节,都在某些方面打破了世俗观念,显示出新颖的美学趣
味。而卷四九三至卷五〇〇之《杂录》所收录的名人轶事,也多有惊
世骇俗之举,其情其事,若非基于对倜傥无羁情韵的欣赏,对尘世功
名富贵的鄙视,绝不可能如此率性凌厉地做出种种悖逆常情常理之
事。卷四九三《李晦》写武则天时雍州长史李晦因酒肆主人上门,自
称作邻居有扰,出入不便,便当日应诉拆毁自家楼房②。卷四九九
《衲衣道人》写道:"唐有士人退朝诣友生,见衲衣道人在坐,不怿而
去。他日,谓友生曰:'公好毳褐夫何也? 吾不知其言,适且觉其臭。'

---

①李昉等编:《太平广记》第一〇册卷四八四,中华书局1961年,第3989页。
②李昉等编:《太平广记》第一〇册卷四九三,中华书局1961年,第4051页。

友生答曰:'毳褐之外也,岂甚铜乳。铜乳之臭,并肩而立,接迹而趋,公处其间,曾不嫌耻,乃讥予与山野有道之士游乎! 南朝高人,以蛙鸣及蒿菜胜鼓吹,吾视毳褐,愈于今之朱紫远矣。'"①像这类例子举不胜举,或见高伟性情,或表斥世之言,或柔情之细腻盈盈,或情意之款款绵长,所托举的是一种不亚于魏晋风度的审美时尚和情趣,与中晚唐以降的禅风披靡形成一种十分默契、蠹然高耸的响应。而这种熏染世间的精神"意境",更在文人的语言概括里得到精粹的提炼,司空图列举了二十四种情状的"意境"趣味,将它们奉为时人诗文和言行的楷模,这二十四种包括:雄浑、冲淡、纤秾、沉着、高古、典雅、洗炼、劲健、绮丽、自然、含蓄、豪放、精神、缜密、疏野、清奇、委曲、实境、悲慨、形容、超诣、飘逸、旷达、流动②,后人解为"以诗论诗",称对诗的风格做出理论总结。如此理解固无不可,但从二十四种"风格"所浸漫的玄旨与般若疏旷意趣的凝合,则不应限于对诗文的高格表率,也是意境外溢的时代美学旨趣的呈现,通过标举超诣高雅和隽永悠远的意趣,唱响了一曲回荡不已的美学声韵。

四、意境美学的终结与贡献

意境是中古时期幻象美学和诗学的典型形态,从不具典型的泛意象、典型意象及其组合结构发展而来,先以散落的形式、中国本有幻象美学的形式出现,在六朝时期及隋唐初期的主观派诗人那里,以意化境,主客呼应,成为一种与意象的个别性迥然有别的独立形式。但般若美学理论深度影响诗创作之前形成的意境并不具备典型的形

---

①李昉等编:《太平广记》第一〇册卷四九九,中华书局 1961 年,第 4093 页。
②司空图:《诗品二十四则》,彭定求等编:《全唐诗》第一九分册卷六三四,中华书局 1980 年,第 7283—7288 页。

式,更无以称之为独立的形态。唯般若美学驱策下,意境豁然涌现,并很快在诗创作界流行,因拥有自觉的理论装备,出现之时即犹如明镜高悬,很快发展为成熟的诗学、美学表现形态。经过大约二百余年的时间,到晚唐、五代时期,意境作为诗学和美学的典型形态,无论在理论的开掘方面,还是创作的探索方面,均趋于式微并终结。这是一个非常有意思的现象,也是打破了中国诗学、美学一般发展规律,而以自身向历史和文化的主动告别,宣布唐代幻象美学及其幻象逻辑完成阶段性目标,而将引领诗坛,甚至整个文坛的主控权自动让递给了其他的艺术形式或形态。

意境在晚唐、五代的退场是一种客观的历史必然,后世人们从宋词及更晚近时期的诗词创作出发,发扬阐释其中的意境构成特点和对文学文体的影响,这从意境理论与创作对后来文学的影响而言,并没有错,但从美学上理解和阐释意境,主要指作为典型的理论和创作形态的退场,并非个别的文体类别、形式不再在文学史上出现。美学上的意境,即意境的美学,或可称为遵循幻象逻辑、幻象美学之本质、规律而演绎发展的意境美学,它的历史终结由宗教世俗化、审美主体或美学主体身份变异、古典美学现代性由僧人和士人阶层向民间大众迁转等多方面的原因所决定,不以人的意志为转移,也非意境的美学惯性所能扭转,下面试逐一论析之。

(一)幻象美学宗教色彩的急剧消退。中晚唐的诗、文艺术创作,佛教意蕴的凸显在各种文体、艺术形式上都很充分。美学幻象是感性的图像,可以在人的脑海中浮动,或物化为造像、器物和诗、文等客体形态。幻象相对于意蕴的虚幻性、隐喻性和可感性,得益于人的才能、情感和对当时物质条件、物质生产手段的综合利用水平,可以是积极自为的,即由艺术家本身的才情胆识择其所需,量体裁衣,创造出心目中的理想艺术图像。但这种形之于表现的才能、手段,都无法掩盖或替代隐伏于主体身心内的无意识。这种"无意识",即幻象之根,即般若空性,即阿赖耶识,即真心法界,是一种"出离"烦恼、愚笨和顽痴的智慧之心,与入世的缠裹着情感的痛苦和被仁德礼义等后天修养的"质朴之心""道心"迥然不同。因此,识别中唐以降审美现象和创造体中美学幻象的一个重要标志,就是看有没有这种"无意识"存在,一旦通过图像符号呈现出来,就是审美幻象,而未呈现出来,但却潜在于身心内,或潜在于呈现的过程、物化或符号化的客体形态内,则为美学幻象的表现形式。呈现与未呈现的根本区别,在于有"心"与无"心",而不在于有"幻"与无"幻"。这种"无意识"之"心"即中国的无意识,具有充分的经验直觉性、超验灵悟性、思悟控导性和心象表现性。不是弗洛伊德躲避在幽暗房间里,门口还有警卫时时把守,只在人睡眠或遗忘正常理性与意识状态下才溜出来"表演"的所谓无意识;也不是所谓荣格的民族集体心理原型,竟然能借助某种刹那的机缘独得某个人的审美宣泄;更不是胡塞尔的先验直觉、康德的理性图式、叔本华的身体意志驱动的心理因果原力。它就是中国人在几千年审美文化中熏陶起来的,又经过佛教般若浸润而自觉生长起来的一种新的美学化的感知力与才情、想象等糅合无间的能力,既拥有明确的价值趋向、趣味,也携带着历史和生活的精神记忆,是自我生命经验以全新感知刷新后而试图用新的表现方式呈现的生命存在本身。具备了这样的无意识特性,其审美幻象的图像、话语就具有了在思想语境上与般若思想大背景联结的现实性与表现性,从而其作品便与之前时代或他人的作品形成美学意蕴与美学趣味上鲜明的差别。朗西埃说:"图像预设了艺术的思想机制,此中艺术被定义为意识程序与无意识生产的同一性存在,即意志行为和非自为过程的统一。简言之,知性与悲情的同一从此成为艺术存在的明证,但要认识这种同一性却有两种相反的路径:作为非思想的思想的悲情中原本就有的理性,或者,相反,作为思想中的非思想成分,即

理性原本就有的悲情。"①此处"理性"指 logos(逻各斯),"悲情"指
pathos(感染力)。希腊语"逻辑"lego 是动词性质,含"话语""言语"
衍生出理性、规则、逻辑之意,而 pathos 由 path 和 os 组成,path 指路
径,含对呼号受难怜悯之意。朗西埃表达了一个特别的美学设计,意
识程序与无意识程序的"同一性",是图像生成的一种思想机制。一
般讲艺术的审美、美学设计,往往将内在意义、理性与所呈现分为两
个世界,其实它们原本是同一的、共存的并拥有同一种存在身份,除
非无意识在其身心内"本无",否则但有必熔融合一。西方人苛求理
性优先,不惜以理性与感性的割裂来否定这种美学化的同一性,在中
国这个工作是无须担忧的,中国美学既重视文化理性培植于"道心"
"德心",也注重经验观察、生命感悟和体验,因而能够将两者在不同
场域任其分合,从而对审美和美学境遇能自在统一,毫无缧绁生硬之
感。故幻象美学的图像呈现可从两种途径得到,一是从径直进入"悲
情"得到,二是从文化理性省思得到。不管是哪一种路径,都表现出
般若超凡的佛心体悟之 pathos,而萌发出因俯瞰众生苦难油然而生
的慈悲怜悯情感,具有了中国世俗化般若美学图像的特征。故所谓
般若"悲情",在唐诗中可以为"哀情""壮情""幽情""伤情""苦情"
种种,凡所呈现,皆为幻情,均能在诸情表现的同时展现出一种般若
的大智,一种给生命感性图像罩上清寂、空旷或思悟的智慧,裁定其
为具有般若美学特性的幻象、图像。王维、钱起、柳宗元、韦应物、李
贺、李商隐等,都具有这样的幻象美学"图像"特征,因此,可以说,中
晚唐诗歌对佛教意蕴的表现,是诗学表现的重要趋势性特征,也是中
古后期幻象美学与幻象逻辑发生新变的重要特征。它在生命激情的
昂扬蹈厉方面,或不及初盛唐的爆发力度,但在生命能量的整体表
达,即将生命无意识与生命意识、生命感性有机地予以整体表现方

①Jacques Ranciere,*The Aesthetic Unconscious*,Poliry Press,2009,p. 28.

面,则超越了初盛唐。至于对佛教意蕴深入而精致的生命表现,则是中晚唐诗学的重要实绩,也是中国美学走向更高理论水平、实现精神智慧自觉解放的突出成就,整体的质量、水平更是显著超越了初盛唐,因此,在诗学美学终极旨趣上,意境理论和意境创造的绝胜,是通过传达具有佛教意蕴之意境的典型形态和典型形式得到确立的。

然而.实际情况所反映的本质,又恰恰是宗教意识的被逐渐消解乃至否定。由于中国幻象美学的积淀过于悠久雄厚,使其对现世生存的所有可能性意识路向都极尽探索。虽然对于般若空慧及佛教清凉寂冷的意趣以往少有体察,但一旦注意到这个方面,并把它主动引入中国美学的历史与现实境遇之中,便会以自身的潜在本能、优势和新促发的智慧,对宗教意识形成解构。而意境的美学宗旨就体现出将文人出世性意识趋向,通过艺术浓度的加强将其从现实中剥离、集中起来,进而以形式、图像的高度提炼,也将图像的象征寓意予以剥离,如此则使诗的图像呈现、形式存在,也趋于世俗合法化认可的功能和作用。于是,佛教宗教意识及至诗美幻象的宗教意蕴,就在这种世俗化的趋势中被一层一层消解,直到走进零度诗性空间。这就是所谓意境的幻象美学之"无意识"之"心"的削弱或潜藏。它不被呈现时,并非不存在,只是诗中的图像、形式,逐渐地在稀释融化这种存在。这或许是般若的一种大化之化,或者是般若中国化的大幻之幻。不过,就诗的存在及意境发展趋势而论,这显然是一个事实性悖论,反映了文人般若化美学意识在菩萨救度心愿引导下,自觉选择下沉世间,让世俗中情、事、景、理诸能量聚合,仿佛与般若空性旨归不期而遇,又似乎不完全等同宗教本愿。在这种状态中,诗人、文人所感悟的般若意趣越自主,他对生活中的景、事、情诸象就愈为投注;意境的主体化建构愈是趋向精神意志、兴趣、情感和思悟的自主自觉,他就愈是放弃刻意的、僵硬的观念预设,而愿意接受现实的生活和经验,从所谓即触中得到禅家的"万象之中"见禅意的真功夫。所以,从中唐开始,意境美学呈现的宗教色彩逐渐衰退,至晚唐、五代时期基本上消隐。具体说,中唐前,李白、杜甫均授受有般若思想,诗作意象或清新流畅或峻拔凝重,但这种般若化的意象并非自己思想自觉的产物,因而仍表现的是以道家或儒家为主导思想的旨、趣的意象;到王维时情况立转,他自觉接受般若空性思想,注重从"境"缘缘生象,写其不实非真,不真非无,突出幻生幻灭的智性感悟;从王维至皎然、钱起、戴叔伦、柳宗元、刘禹锡等,意境的精神意蕴愈显饱满,般若氛围驱动佛性意蕴融入世间经验和体验,使宗教色彩明显变得淡化,不过于玄虚,也不人为拔高自我意念,对苦难的抚慰之心却随处可见。戴叔伦《春江独钓》:"独钓春江上,春江引趣长。断烟栖草碧,流水带花香。心事同沙鸟,浮生寄野航。荷衣尘不染,何用濯沧浪。"①意境中意象随意而动,意有中心题旨,成为映照心慧的镜子。此诗"浮生"如寄,摄景入意,构成主体化的可洗濯污垢的绝佳之所。佛意充分但未曾从诗中纷迭而出的意象,有半丝直接的透露。再如大历十才子崔峒《武康郭外望许纬先生山居》:"湖上千峰带落晖,白云开处见柴扉。松门一径仍生草,应是仙人向郭稀。"②山居幽僻,但崔峒写出"生"意,足以与仙境媲美。此是对世间烟火气味的讴歌,但写得如摒绝烟香火色一般。刘禹锡《和思黯见示小饮四韵》对人间情事写得更为坦露:"抛却人间第一官,俗情惊怪我方安。兵符相印无心恋,洛水嵩云恣意看。三足鼎中知味久,百寻竿上掷身难。追呼故旧连宵饮,直到天明兴未阑。"③不慕为官不恋相印,俗情惊怪正是超俗的志趣,与故旧饮食尽兴,恣意山水,是人世间"平常心"的

①彭定求等编:《全唐诗》第九分册卷二七三,中华书局 1980 年,第 3076 页。
②彭定求等编:《全唐诗》第九分册卷二九四,中华书局 1980 年,第 3349—3350 页。
③彭定求等编:《全唐诗》第一一分册卷三六一,中华书局 1980 年,第 4074 页。

回归。在这种高拔峻耸的意趣抒写中，世间的快乐具有无限的感染力，因而其宗教色彩已基本褪尽，但宗教的美学意趣通过般若意识的幻化敷演，分明沁出鲜明果决、无畏无惧、舍离尊贵、毫不退转的觉悟和智慧。

（二）意境美学主体还归文化传统身份。中晚唐中国美学的创作主体发生文化身份的转移，一是般若幻象呈现于对意境的创制，原来由僧人为主导，士人在与僧界往还或平素浸淫于大乘般若的思想熏陶时，不自觉或自觉地转向对般若意趣的表现。但毕竟是僧人开此先风，僧人起到意境美学的旗手作用，但渐渐地，随着皇权集中度的减弱，方镇势力的扩大，僧人在武宗限佛毁佛运动下愈发受制朝令和地方政策的管辖，朝廷和地方需精选僧尼职任，而所选也逐渐重视年轻人的培养，他们大多为有抱负的士人、学生，遂使社会上的僧士构成普遍发生变化，致使佛教意旨诗化传达的重任也相随移交给被精选了的、受官方教化的僧人和对佛禅意旨倾心的士人。大中元年（847），周穆宗对武宗灭佛政策纠偏，将会昌五年（845）所废寺宇恢复，大中五年（851），一方面令"京畿及郡县士庶，要建寺宇村邑，勿禁"，另一方面，"其所请度僧尼，亦须选有道行，为州县所称信者"委任，称"奉之精严，则人用加敬"①。朝廷放权给州府，允许州府新添寺宇，并许"州府远处大县，即许量事修建一所"②，似乎崇奉释门的气氛又回来了，其实是僧人愈加深入地世俗化，僧人意愿愈发真切地士族化，从而般若美学意趣及其意境形态的创造者，就主要转移到了新的"士人化"的僧人或士人群体身上了。二是中晚唐诗学、美学的禅意蕴主脉也趋向回归传统，使意境之根重植于传统文化之上，也现实性地造成宗教色彩的褪色。中古美学的发展趋势，以隋及初盛唐

①王溥：《唐会要》卷四八，中华书局1955年，第854—855页。
②王溥：《唐会要》卷四八，中华书局1955年，第855页。

之美学理论建构为一上升期,中唐以后,纯粹的美学理论建构开始减弱,般若化实践美学转为上升态势,这种般若美学的诗化践行与初盛唐的诗歌鼎盛,在传统文化流脉的主渠道上属于前后相继的两个高峰;但很明显,就文化的深厚、思想蕴藉的饱满、情感表现的复杂细腻程度和诗意境界的高低等而言,中晚唐诗歌的水平明显更高更为成熟,因此,其意境美学的内涵也更为深刻圆满。但因为是前后相继,并且都属于中国文化与美学大趋势中的局部,因此,对它们的思想意蕴与美学特质的权衡,还要从文化与美学的总体趋势、格局来审视,以图示之:

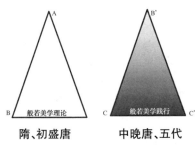

隋、初盛唐　　　　　　中晚唐、五代

隋、初盛唐的般若美学理论体系,在儒道释并峙的思想背景下形成,但由于儒道思想体系在秦汉已经形成,且糅入易学、巫文化的理论营养,加之在魏晋又以玄学化理论形态达到巅峰,在隋及初盛唐时期,儒道理论及其美学体系没有系统的新创,即便有也是在融合佛教意旨情况下获得某些方面的突破,但这种突破与佛学及般若美学思想未曾有过的划时代系统化的整合与建构相比,是明显地处于次要和被动位置的。到中晚唐般若美学理论体系已经成型并完成巅峰性创建,在中国佛教内部便将思想、意趣的目标转向般若践行方面,由是禅宗呈上升崛起态势,并且禅宗的美学践行以佛教意蕴融合儒道思想和向儒道思想靠拢为归趣。除了否定性思想依然保持其思维惯性之外,其他方面,包括思想构成、存在方式、呈现方式和外化形态,均与前期的美学理论迥然分别,也与初盛唐并不以般若为思想主干的审美形态相区别。于是以禅宗思想为引领，审美形态和诗化的创造，及至诗歌美学的实践就都空前地向传统回归，促成了中国美学实践形态一方面使佛道儒意蕴又呈高度融合的上升态势，在这种审美感性化鲜明的浪潮中，儒道思想重领风骚，禅蕴经中国化改造换头换脸，外化呈现渐趋中国智慧特色；另一方面，禅学纳入"生活流"，又激活了生活底层的巫文化意识和情感，于是中晚唐的审美实践呈现出中国美学兼容并蓄、勇开大格局的发展态势，其发展的水平、规模和深入细化程度，就达到了又一种巅峰状态，与前期的理论高峰相比，更为生动鲜活，思想内涵的丰富性与深刻性也毫不逊色。这种状况反映到诗歌创作领域，就突出地表现为诗人创作主体文化角色、身份，自觉向传统文化与美学回归，使般若美学幻象也立足于中国式的否定思维，而对诗歌的创新突破起到先锋引领作用。一旦诗人主体的思想、意识导向发生转换，自然地，传统人文思想的表达就占据上风，并以此对宗教色彩的思想和说教成分产生抑制，从而现实地使宗教意蕴在意境美学的开掘上急剧衰退。这是当时士人的一种普遍心态，《唐才子传》卷四载大历进士章八元游慈恩寺题诗，获得同道赞赏和认同，足见文化自信已然转换于传统审美志趣，其述曰：

> 初长安慈恩寺浮图，前后名流诗版甚多，八元亦题，有云："却怪鸟飞平地上，自惊人语半天中。"后元微之、白乐天至塔下遍览，因悉除去，惟存八元版在，吟咏久之，曰："名下无虚士也。"其警策称是。①

---

① 傅璇琮主编：《唐才子传校笺》第二册卷四，中华书局1990年，第113页。按：储仲君为此笺注云："八元《题慈恩寺塔》诗现存，全诗云：'十层突兀在虚空，四十门开面面风。却怪鸟飞平地上，自惊人语半天中。回梯暗踏如穿洞，绝顶初攀似出笼。落日凤城佳气合，满城春树雨濛濛。'《唐诗纪事》卷二六《章八元》条亦载此诗，下云：'或云：元、白见其诗云："不谓严维出此弟（转下页注）

慈恩寺题诗唯存章八元之作,不是因为章作附和"浮图",而是恰因章作中对当时竞相追逐佛门,仿佛虚空中突兀而起的高塔,面面迎风,好不风光,其实是颠倒世情,笼囚一般让人心深受禁锢。所以,元稹、白居易等视此诗为"警策",叹赏其面向真实自然、得江山之状貌的胸襟和气度,这是因诗的"共鸣"而唤醒的精神共振,有力反映了当时士人已经对佛教宗教意蕴的玄虚高耸持有自觉的警惕,并很自然地回归到传统文化的审美立场来审视自然和社会。如果说中唐时便出现这样的情况,那么,到晚唐和五代时就更是清醒自觉,声色俱厉,不仅用于自我反思,而且用于声讨僵化的修禅主张,让诗歌美学的思想背景更为充裕地建立在儒化道化之禅蕴与儒道之学相融的基础之上。这种向传统回归的思想倾向和趋势,到晚唐尤为明朗,一方面士人对朝政腐败越来越有清醒的认识,因而自觉转向民生,转向传统文化立场;另一方面,也愈发无所顾忌,敢于大胆申发己意,遂使诗的"意境"出现传统式的审美触遇、典故穿插、奇巧变幻和细腻感受的融合,而这种"意之境"显然不可能是传统的简单归复,而是对般若意蕴、禅意蕴改造后的一种效果。罗宗强《隋唐五代文学思想史》论及晚唐时段的文学思想,指出了皮日休、陆龟蒙、杜荀鹤、聂夷中、罗隐、吴融、黄滔、杜牧、李商隐、司空图等人注重"以意为主"、追求"绮艳清丽"诗风、轻视名利而使诗境淡泊的倾向,无疑,上述作家和评论家所表现出的"以意为主""写生民疾苦"和"追求淡泊情思与淡泊境界"[1]等创作和思想倾向,是客观存在的。但在诠释这些倾向出现的原因时,作者主要从晚唐现实和政治的腐败进行解释,尽管列举的指斥时弊、

(接上页注)子!'"又按《竹庄诗话》卷一三谓元稹、白居易游慈恩寺,见八元此诗,'吟咏尽日不厌,悉令除去诸家牌,唯留章诗'。《中兴间气集》评其警策云:'如"雪晴山脊见,沙浅浪痕交",此得江山之状貌矣。'按此二句摘八元诗《新安江行》。"(《唐才子传校笺》,第113页)

[1] 罗宗强:《隋唐五代文学思想史》,中华书局2011年,第261页。

抒写真情、淡泊境界等显示了传统文化的审美特征,却并没有深入发掘出这种联系,而是表达了对晚唐文人思想消极、因对现实失望而颓唐的境况的批评,这显然不免有些夸大。从实际发展的情况看,应该说,正是因为诗人、作家和文化评论家拥有越来越自觉的清醒,从而也恢复了文化自信,才使得他们的诗在能够直面现实的同时,也直面自我的真心。至于诗歌意境的呈现,则正是这种真实心境的写照,因此无论是中唐李贺之飙风迅雷,还是晚唐李商隐之曲折绮丽,无论是中唐白居易之平实典雅,还是晚唐杜牧之风情潇洒,都有一种渐演渐浓的士人心魂,在饱蘸了般若智慧的轻盈透明、旷达悠远、精细心识和灵动想象之后,越发增益了中国式诗心诗情的婉转幽思和心体能量,总体是一种正向的能量增殖,并非向轻薄、隐逸的逃遁。因此,对中晚唐回归传统应给予正面的积极的肯定,至于诗歌意境何以趋向衰弱甚至终结,这是另外一个问题,其基础性的原因,便与我们这里所指出的传统文化对宗教意蕴的消解,而使意境的"意构"愈来愈被情志联结于现实,而不得不淡化主体"观想""意想"直接相关,因而当意境的"意构"趋繁趋密,达到繁艳鼎盛之际,也应了绚烂之极归于平淡之语,从而变易转向,很快趋向终结。

(三)古典美学现代性拓开了新文学场域。文化场域和文学思想驱力的变革,构成中晚唐诗歌意境陷入繁盛与终结二重命运并至而不得不选择离场的客观原因。除此而外,还有文学本身的发展规律,决定了意境是诗歌类型的主体化有限形式,并不能替代文学的其他方式。因此,文学自身会选择向前发展,这是不可逆的,虽然这并不意味着意境形式的彻底消失,但作为时代文学的典型文化形态就此终结,乃必然存在的现实。

文学发展规律对意境离场的必然性趋势,主要来自两个方面:一是诗歌格律体对意境的承载,越来越暴露出自身的形式局限性;二是词作为"诗余"性质的文体形式,在晚唐、五代时期显示出形式上的活泼、自由,以其拓开并占据文学主场域,替代了承载意境的主要文体诗格律体形式。这两个方面都与幻象美学之古典现代性的崛起直接关联,古典现代性使士人对"格律体"的意境美学表现力越来越感到力不从心,从而自主选择放弃;同时,古典现代性激活了大众美学以表情、抒情为主要目的、功能,对"意为"的意境体式则从率性抒情予以吸收和改造,而使词成为诗的"变体",使词文学逐渐成为新时代文学的典型形式或形态。

关于"格律体"的局限性,从唐人对格律体的跟踪、突破轨迹就能看清楚这个问题的不可回避及其必然性。罗根泽在20世纪40年代出版的《晚唐五代文学批评史》中对晚唐"格律体"的文学史"定位"与"功过",做过精辟的阐述。他将"格律体"定位为"诗格"的表现形态之一种,其发展情势不仅与初盛唐之"诗格"追求迥异,而且也与中唐之"诗格"探索区别甚大。然在初盛唐至晚唐之"过渡期",诗人已对诗的美学表现力极尽种种探索,致使晚唐对"格律体"的收获,既成为文学审美表现力的一种极致发挥,也暴露出自陷于"消遣玩味"的无力窘境。罗根泽所概括的中唐至晚唐时期的种种文学理论主张,认为主要有李商隐的反道缘情文学说,杜牧的事功文学说,皮日休、陆龟蒙的隐逸文学说,刘蜕、罗隐的文章丧亡论,韩偓、欧阳炯的香艳说,韦庄、韦谷的清丽说,黄滔、吴融等的反艳丽说,刘昫、徐铉的折中说等,认为其中涉及"艳丽文学"都与"诗格"的强调相关①。反映到诗歌意境的理论和实践探索上,其实就是对"格律体"在提供言说支撑。为什么会出现这种情况,罗根泽从时代审美对诗格的不同效果进行界说,总体上肯定了晚唐"诗格"(含格律体)的独特艺术价值和贡献:

---

①罗根泽:《晚唐五代文学批评史》,商务印书馆1945年,第2页。

诗格有两个盛兴的时代,一在初盛唐,一在晚唐五代以至宋代的初年。此两时代虽都讲诗格,但第一,前者所言,偏于粗浅的对偶,后者则进于精细的格律与微妙的比兴。第二,前者只讲"诗格",偶尔及于"赋",很少及于"文",后者虽亦以"诗格"为主,但也涉及"赋格""文格"。此其原因,以前者的兴起,其历史的领导者是六朝的声病说,社会的助力则由于初盛唐的以文治天下,以诗饰太平。声病说只是消极的避忌,所以仅能领导到进一步的粗浅的对偶。诗文的用途既异,所以对偶的巨手,不易伸展到文的园地。后者的兴起,其历史的领导者是初盛唐的对偶说,社会的助力则是由于时代丧乱,逼着朝野上下的文人走到消遣玩味的逃避现实的文艺路上。对偶说虽只是一种粗浅的方法,但较声病说已有长足的进步,其领导出来的方法,当然要青胜于蓝,益臻细密。整个的文艺既都走到消遣的玩味的路上,当然不惟诗要格律,赋与文也需要格律。①

罗根泽试图说明:一是"诗格"在晚唐臻于细密,是"消遣玩味"的精致文学;二是晚唐的"诗格"在中唐诗格基础上完善的,并且将这种"格律"的要求方法也用到了"赋与文"上。"格律"在晚唐达到精熟,是文学内部规律——形式美——成熟的体现。意境用于诗体格律,主要是五言诗和七言诗。五言诗传为西汉班婕妤首创,是在东汉末及南北朝时期由文人感于时乱而成形制,故五言的民间文化基础雄厚,这个特点影响到唐代五言诗的创作,五言诗一直是文人选择的主要诗体形式。从初盛唐到中唐,五言诗成就颇大,在格律化方面也获得百般锤炼,适合各类题材,纪事、抒情等各能速表情致,审美意境的创造或着意于五言中"奇"数位的词语选择,达到惊人的立体化、动态

———————

① 罗根泽:《晚唐五代文学批评史》,商务印书馆1945年,第17页。

化效果。但五言诗因字数局限,不适合表达浓郁的情志意蕴,因而及至中唐,大量诗人所擅五言格律之用,在于悯农伤时、纪事写景等,在题赠友人时多选择七言格律,然而毕竟限于送别场景和感伤情怀,忆述或可增加曲折复合,却未能广泛用于其他题材的创作。因此,初盛唐及中唐,七律不及五律,杜甫七律属审美意境的格律模写,没有达到主体化"意境"的建构境界。李白少有律体,用古体自由句式反在主体情感和思想的抒写上超胜杜甫。中唐诗人开始尝试将七律拓展到其他题材内容,各种文学倡导反映了这种内心趋向,其中李贺、刘禹锡的"七律"成就颇高,其他人仍未入火候。终于到晚唐时由李商隐在创制主观"意境"方面登峰造极,达到意境美学发展的最高水平。但至此诗歌"格律体"的探索也达到极致,否则何不出"九言"律体?抑或七律能够在民间广泛流行,并持续成为诗人钟情的文体形式?实际则不然,至晚唐、五代,诗人抒写主观之"意",已逐渐抛弃创制繁复境象的写法,只着意于主观意蕴本身的直写,这用于诗体反而是四言诗的简达直率更适于表达,于是四言诗在晚唐、五代又有回潮。四言诗崇尚极简,不注重辞采的"奇怪艳丽",直指心绪,与般若偈言有合体之风,故而转向淡泊意绪和宣陈,意境的典型化美学形态宣告终结。

代替意境"格律体"美学极致发挥的,是词体形式的崛起。词被称为"诗余",继意境和格律体极盛之后崛起,初为燕乐配辞。沈括《梦溪笔谈》卷五《乐律一》曰:"自唐天宝十三载,始诏法曲与胡部合奏。自此乐奏全失古法,以先王之乐为雅乐,前世新声为清乐,合胡部者为宴乐。"①唐人崔令钦《教坊记》记培训乐女之事,记曲调多达324种,袁行霈《中国文学史》指出:"胡乐以音域宽广的琵琶为主要

---

① 沈括:《梦溪笔谈》卷五,《四部丛刊续编》子部,上海涵芬楼景印明刊本,第9页。

伴奏乐器,能形成繁复曲折、变化多端的曲调。它同时配有鼓类与板类节奏乐器,予听众以鲜明的节拍感受。由于西域音乐悦耳新鲜,富有刺激性,给华夏音乐发展带来强大的推动力。一方面,中原音乐吸收了胡乐成分;另一方面,胡乐在接受华夏的选择过程中,也吸收了汉乐成分,融合渗透,形成了包含中原乐、江南乐、边疆民族乐、外族乐等多种因素,有歌有舞、有新有旧、兼收并蓄、包罗万象的隋唐燕乐。"[1]盛唐配乐词限于祭祀、庆典等公共场所,没有发展为文学的独立类别。晚唐、五代时文人参与民间音乐配词,词形式独立为文体类别,逐渐取代诗体成为文学的主导形式。文学词体形态的崛起,由于其广泛的群众性和表达情感的灵活性,拓开了古典现代性的新文学场域,进一步加速了意境之于诗体格律表现的终结。

从整体发展走向,到内在的运作机制,达到完善的意象美学构成之细节,这一切都在般若渗融之后,体现为中国美学幻象逻辑的崭新品质。康德说:"我们要探讨的乃是行为自由的生命,他们应该做什么确实是可以事先加以命令的,但是他们将要做什么却是无法事先加以预言的。"[2]"将要做什么"属于历史现象学范畴,"应该做什么"则属于美学范畴,标明中唐至晚唐、五代时期的美学按照人们的自觉理性选择去"做",而不是按照经验趋势被动地完成。主体的理性自觉即般若智慧,处在整个时代精神阵地的制高点。禅宗美学的理论化实践,以对极限性的不断否定印证了这种思想趋势,而诗学领域的意境探索则以诗性意涵向人生内容的转进和对宗教意蕴的消解,现实地印证了这一历史发展趋势。为了更深入理解这种"完善"及对中古美学的逻辑优化和意境美学的历史终结的意义,我们且参照黑格尔对法国哲学发展逻辑的讨论,来总结中古美学的阶段性逻辑终结

---

[1]袁行霈:《中国文学史》第二卷,高等教育出版社,第477页。
[2]康德著,何兆武译:《历史理性批判文集》,商务印书馆1996年,第150页。

问题。黑格尔这样评论启蒙主义时期的法国哲学：

> 　　法国哲学比较生动，比较活泼，比较富于机智，简直就是聪明机智本身。它是绝对的概念，反对一切现存观念和固定思想，摧毁一切固定的东西，自命为纯粹自由的意识。这种理想主义活动的基础是一种确信，认为凡是存在的东西，凡是被当成自在的东西，全都是属于自我意识的东西，那些关于善和恶、关于权力和财富的概念（支配现实自我意识的个别概念），以及那些关于对神的信仰、关于神与世界的关系、关于神的统治、关于自我意识对神的义务等等的固定观念，全都不是什么在自我意识以外的真理（不是自在的）。这样，这一切形式，以及现实世界的实在本体，超感性世界的本体，就在这种自觉的精神里面被扬弃了。①

　　黑格尔所谈到的法国哲学的状况，与中晚唐中国美学的发展状况十分相似。般若美学的主体性其实就是自我意识确立的体现，主动地与现有存在的一切采取反对或摧毁的态度，在禅学上是慧能、神会、马祖道一、百丈怀海、黄檗希运等的鲜明文化立场和姿态，在诗学上则是柳宗元、刘禹锡、司空图等的鲜明自我意识和狷介不屈的美学精神。自我意识在中晚唐美学语境里，几乎成为一个贯穿性的核心概念。由于"自我意识"聚焦了对佛性、善、恶、烦恼、觉悟等的系统反思，让它们通过般若意识的浸润而成为主体自觉意识驱动下可以自信、平静处理的对象，便使自我意识所体现的佛性之"空"在美学的本体论意义上，更突出地成为时代趋势地为当代僧人、士人甚至普通百姓所效仿。譬如，

---

① 黑格尔著，贺麟、王太庆译：《哲学史讲演录》第四卷，商务印书馆 1978 年，第215—216 页。

放飞纸鸢是一种表达个体心志的活动，"唐代以前，不见有风筝当作一项游戏放飞的事例"。"唐人非常喜欢放风筝，他们经常在闲暇之际，去郊外和空旷之处放风筝娱乐。"①中唐诗人刘得仁《访曲江湖处士》："落日明沙岸，微风上纸鸢。"②晚唐诗人路德延《小儿诗》："情态任天然，桃红两颊鲜……折竹装泥燕，添丝放纸鸢。"③表明放飞"纸鸢"是时代自我性情的一种开放表达行为。另如，张旭与怀素均善狂草，然张旭多"乘兴之后方肆笔，或施于壁，或札于屏，则群象自形，有若飞动"④。说明书法也追求情感自由的投射，尽管张旭也颇善楷书，修为恭谨严整，然而狂草才能释放其本性疏放的一面。至于怀素，则有意识对整个时代的文化、美学有一种反动的态度，时人号其"狂僧"，任华《怀素上人草书歌》将他与张旭比较时，赞赏道："吾尝好奇，古来草圣无不知。岂不知右军与献之，虽有壮丽之骨，恨无狂逸之姿。中间张长史，独放荡而不羁，以颠为名倾荡于当时。张老颠，殊不颠于怀素。怀素颠，乃是颠，人谓尔从江南来，我谓尔从天上来，负颠狂之墨妙，有墨狂之逸才。狂僧前日动京华，朝骑王公大人马，暮宿王公大人家。……欻若长蛇戌律透深草，回环缭绕相拘连，千变万化在眼前，飘风骤雨相击射，速禄飒拉动檐隙。掷华山巨石以为点，掣衡山阵云以为画。"⑤书法家怀素草书的气势、力量，从另一个侧面补证了诗学意境"臧否先贤，其轻视汉魏以来乃至有唐先圣如是

---

①王永平、刘冬梅：《唐代风筝与纸鸢辨识》，杜文玉主编：《唐史论丛》第十三辑，三秦出版社 2011 年，第 295 页。

②彭定求等编：《全唐诗》第一六分册卷五四四，中华书局 1980 年，第 6296 页。

③彭定求等编：《全唐诗》第二一分册卷七一九，中华书局 1980 年，第 8255—8256 页。

④倪涛：《六艺之一录》卷二九三引《唐蔡希综法书论》，《景印文渊阁四库全书》第八三六册，(台北)台湾商务印书馆股份有限公司 1986 年，第 312 页上。

⑤彭定求等编：《全唐诗》第八分册卷二六一，中华书局 1980 年，第 2904 页。

者"①的美学态度,与司空图用超逸、淡泊表达出的"自我意识",都具有般若美学的时代精神趋向。

从上所述,可知般若美学之于意境理论和实践,以及和中国幻象逻辑、幻象美学的发展具有深度的内在联结。从纵向发展看,隋、初盛唐所经历的,中唐以后仿佛又在重新经历,然而这是螺旋式节律性的上升,并非原样的重复,在更高水准上将般若美学的幻象逻辑推向极致和完善。而拿般若美学的中古发展,尤其是唐代的发展,与西方和印度美学比,则会发现般若美学所表现的幻象逻辑的阶段性、节律性,乃至跳跃性,却体现为整个中国美学发展进程中的一个特殊周期,有自己具体的分支阶段,其中每一分支阶段都对美学精神和形式体现出对延续性周期节律的突破。相形之下,西方美学则不具备如此鲜明的循环往复的周期节律和阶段性突破与跳跃,习惯于整体析分后将分支组合,使后面的综合相对于分析,显得笼统和缺乏独立自足的支撑性。印度美学则是另一种情况,一方面在般若智慧引领下,注重真假幻化、和合的无限可能性之化解,其美学观念、机制不惟独立自持为优势,也展现出以整体格局对不同因缘的吸摄与调整为殊胜,体态越来越大,但内部的构制、细节也越来越充分、精致②。然而,另一方面,印度美学从远古雅利安人、闪米特人结合的吠陀文化,到佛教沉寂后印度教的复兴,一直都是以宗教救赎为生活中心主题形成相应表达的美学、艺术形态③。这种美学和艺术的形态(理论的

---

①朱关田:《中国书法史·隋唐五代卷》,江苏教育出版社 2007 年,第 302 页。
②按:季羡林在接受记者访谈时说:"印度教的建筑在总体上,从远处看是一塌糊涂,很乱,可观察细部则非常细致。"(季羡林:《印度文化特征——答〈电影艺术〉杂志记者问》,《季羡林文集第五卷:印度历史与文化》,江西教育出版社1996 年,第 354 页)
③按:韦伯说:"印度教所有重要的派别,就其心理学上的特性而言,毫无例外的是通过婆罗门或非婆罗门的秘法传授者之手,将此种普遍传播的(转下页注)

抑或实践的)都缺乏中国美学的时间阶段性和不断更新的跳跃性,也缺乏深入世俗生活的情趣和情味。因为"印度文艺普遍地不重视情节"①,在外在表现上给人的印象是"深刻而糊涂"②,在理性认知上,给人的印象是"古代高贵的主知主义救世论不仅拒斥而且漠视所有迷狂——忘我的、感情性的要素,以及与此相关联的、粗野的民间信仰里的巫术成分"③。一旦"世俗的"活力被抑制了,其整体性的逻辑和幻象机制必然沉溺于冥想和夸大的想象里,不时回旋于信仰情感的自足自恋,在发展节奏和周期性升腾的质量、力度和丰富美感的释放方面,都无法和中国化之般若美学及其幻象逻辑,以及特殊阶段所臻之意境殊绝所堪媲美。

中国美学注重历史的整体延续性与阶段个别性,十分在意在主观感受(感应)与理解前提下完成整体悟解与生命个别性的协合。在史前时期,卦象系统整合了巫性与巫术操作。诸子文化时期,整体性虽受到理性分解,但士人个体经验和感知充实了认知过程,使科学性与人文性都纳入幻象思维机制之中,并基于此形成幻象美学认知系统。在这个系统中,幻象逻辑提出了主体意象的生成与观念阐释的逻辑问题,其本质表现是把意象从对象的物理实体性剥离出来,只关注物体表面的感性特征及其动态特性。意象产生于物象与实体的分离,意象的驱动力为主体意志,在意象的主观性和非实体性得到强化之后,就进一步把意象的功能扩大,将之诉诸不同观念的认知系统,

（接上页注)迷狂的救赎追求加以彻底地升华而形成的。"(韦伯著,康乐、简慧美译:《印度的宗教》,广西师范大学出版社 2005 年,第 415 页)

①季羡林:《印度文化特征——答〈电影艺术〉杂志记者问》,《季羡林文集第五卷:印度历史与文化》,江西教育出版社 1996 年,第 355 页。

②季羡林:《印度文化特征——答〈电影艺术〉杂志记者问》,《季羡林文集第五卷:印度历史与文化》,江西教育出版社 1996 年,第 358 页。

③韦伯著,康乐、简慧美译:《印度的宗教》,广西师范大学出版社 2005 年,第 414 页。

如儒道系统、民间文化系统和仙化说系统等。这种泛意象运用使所得愈发主观和不确定，最终还用经学道统与个体人格加以印证诠释，以至逻辑认知本身一度似乎被忽略，导致汉代谶纬神学的意象附会，使得意象表征主体意念高度膨胀，呈象也限于固有格局，局促且偏于主观臆解。

然中国美学正是通过不断克服自身局限拥有了优势。幻象美学也如此，愈是靠近中古和近代，其思想命题愈是能够调动文化、思想的积极力量，体现出自身整体的美学特质，主要表现为：其一，幻象美学与自然、社会生命的基础性接壤。原始到秦汉时期，对自然性的充分表达，在幻象逻辑中占有很大比重。到六朝时期，对社会性的表现愈来愈成为美学的主要内容，并形成相应的美学意象系列，有力凸显了人文美学的生命力量。其二，幻象逻辑系统的非静态性克服了僵化的弊病，即它不是被动性地、模拟性地促发非美学表现，而是以主体意志、思维的积极流动实现意象的生成与运作，自在自为地完成典型化提炼，将优化筛选机制以系统控制方式落实于美学意象、幻象的呈现，总是生动、深刻地彰显自然、社会与人的审美互动逻辑内蕴。其三，幻象逻辑对于美学未来矢向的抉择和诠解，拥有无限展开的潜能与可能性。这种展开聚焦于象思维的历史推进，在不同历史阶段，关于"象"的每一种思想设计和实践操作，都蕴含了趋向未来潜能、本质的无限可能性。

从而，中古时期的般若美学促动中国美学幻象逻辑发生了深刻的特质变化，但在我们指出其与西方、印度美学相比所具明显优势的同时，也要看到所存在的明显不足，主要是"象"的存在与呈现，以及"以象摄质"的逻辑共性，作为贯穿各个历史阶段的审美、美学内在特质，往往在实际运作中，呈现出偏重"超越性"旨趣且以其为先在目标的倾向，愈入后愈是如此。这似乎与印度般若智慧自始从道契合而得以传播有关，同时也与般若蕴涵渐渐转向偏重"涅槃"超越性意涵有关。但因为般若已经作为核心构成被纳入中国美学的逻辑内核，就必然给中国美学的整体形态与存在体系带上某些文化性"先天的"机制特征，由此所产生的影响为：一是发展的周期性与整体绵延性呈现为历史断续性，即既断又续，并非印度式的后续构成包含前期逻辑，而是以更大的逻辑体量规范体系的进一步发展。二是幻化的方向、节奏以主体的感受、期待和主动性要求为支点，呈现"现在"对"过去"的否定式跃进，其"现在"往往含有浓度很高的主体对未来的预期成分，其"过去"反倒是更具现实性的存在，因被作为否定的对象而成为逻辑意义上的过去。于是，从"现在"到"未来"或从"过去"到"现在"的发展，均依从主体意志反转为客体化的内容，在美学意象上先天地与物象的实体内容、形式脱离，导致发展的节奏更多时候表现为跳跃式的、跨越式的，而非渐进式的、缓慢累积式的。三是无论是美学的内在精神还是美学的话语呈现方式、机制，都依照幻象逻辑的客观规律，在一定时期有其所侧重的方向。当该种侧重的方向或方面达到成熟之后，便成为必然被否定的对象而转到另一个新的目标方向上去。这样的周期性断续与阶段性侧重、优化的统一，就使中国美学幻象逻辑对不同时期美学发展的内在节奏和内容、形式特色，都起到核心的、根本的规定性作用。

根据上述概括，对中晚唐意境理论及其所体现的幻象美学机制和原则，我们可以做出总体的认知归结：中晚唐意境美学、理论及其幻象运作机制，有效扬弃旧的美学观念和范式，在将其纳入新的节律性发展和将自身也作为历史节律性的重要构成方面，做出了特殊的历史贡献，可具体概括为如下四点：

第一，意境美学是般若美学作为中国美学有机构成的典型化呈现，体现了对佛教宗教性的合理扬弃，这种扬弃否定了"佛性"的玄虚化、抽象化，阻滞了宗教教化的刻板化、教条化，张扬了人的生命情性和本质力量。在意境创造中，佛教般若意蕴被表达为一种充满生命气息的"中道"精神,佛教的菩萨观念被转化为世俗化的生存意志。从隋至唐,般若美学深入社会现实,深刻促发民众对神秘性、虚幻性的批判意识,激发民众的生命理想和现实追求,体现了佛教般若中国化的积极健康力量,而般若化诗歌意境作为般若内化、传播、提升和推广的典范,其美学内蕴、精神是最为鲜活的力量。

第二,意境以中国化美学趣味的深化,推动了般若美学向不同领域、不同层面的渗透和影响,彻底扭转了中国传统美学过于倚重政治,以文载道、以诗载道的局限性,使诗歌成为(众生)人民的美学之声,开辟了中国美学向平民社会倾斜的新风。所谓中国美学的古典现代性,是在意境理论与实践趋于完善,意境创造被词文体形态替代的背景、趋势下所逐渐显豁的历史特征,标志着一种新时代美学感性的力量崛起,由美学古典现代性的意境传导表达的民主性和趣味性,预兆了主体论美学具有充分的未来性。尽管意境美学的典型化思维以"格律体"的形式化极限追求在晚唐走向终结,但意境美学对中国美学的未来发展,仍具有转换为别种美学表现形态的可能,仍具有不可低估的普遍性价值和超越性意义。

第三,意境美学对历史和现实实践的智慧融解作用,缓解了中国美学对于历史性与诗性矛盾的纠结,勾连了诗学与其他文化、艺术形态之间的联结。意境体现般若智慧的深度"意构",是人的情感、思想的沉咏、提炼和升华,是审美感性的集合,对中国美学所依托的历史基础起到化繁为简、点燃智慧和情感的作用。同时,意境作为"意幻"与"象簇"的组合,通过"象"装载了学术、历史、时代、现实最紧要的讯息,从而能通过审美传达直接拨动个体和国家民众意志,起到或"润物细无声"或"浪涛震夜城"般推涌民族整体发展记忆的作用,以非凡想象和运思消解现实的沉疴痼疾,放飞生命的旷远理想。此外,意境作为诗化的美学形态,其所具"文化意蕴"的集合性,体现哲学、伦理、政治、宗教等对自然、人生和社会的深刻认知,通过"意境"之高质量的装载，使意境表现从容、变幻、迭合、变异、延伸，有效将文学思绪、情感、思味的潜能与文化、艺术的潜能爆发、力量绽现勾连起来。譬如唐诗意境之意象"缀合"，往往纵横时空，点拨万象，披染佛寺、农家、江河、人事、心情等多元素。像诗人贾岛有咏："关西又落木，心事复何如？"本来写原上秋景，却道尽历史沧桑，又自呈心理之运思，即所谓"岁月辞山久，秋霜入夜多"（《原上秋居》）[①]，当下触景，端的也隐喻现实风云，当下的冷瑟"形势"、恍惚触染的实景均成为浸含时代深思的主观意象。仿佛映照山体的一道流光，闪现出诗与诸艺术门类的相通艺境，至于石窟造像之姿态，服饰、体育、杂技之时尚，绘画、书法、音乐、建筑、工艺、器皿之精妙结构、体式，无不昭显中晚唐意境创造的风华绝代、典范超胜，不仅以艺术文本的话语、形式魅力，震烁古今，而且以思想内蕴的悠长、曲致，标志着中国美学在该时代获得飞跃提升的整体质量、境界与水平。

　　第四，意境美学促动了中国文学、艺术发展规律的自我调节。中国美学以抒情文学为主体，抒情文学以诗歌、散文为主导形式。意境美学在唐代诗歌的巅峰呈现不是偶然的，在晚唐、五代走向终结也不是偶然的。一是意境美学发展成熟之前，中国抒情文学尚未形成自我调节的发展规律。春秋战国时期《诗经》《楚辞》标志的文学繁荣，反映了诗歌自在而发的功能，"情动于中而形于言"，诗歌发展的驱力主要源于人内心情感的骚动，文学自律性不强，也就谈不上诗人群体对诗的自觉操控力。屈原确属第一个伟大的诗人，但他的骚体诗并非着意于文学本身的创造而悲愤泣诉，更大的本愿在于要表达对"王道使命"的忠诚和坐视国运衰微的哀伤，同样不是自律调适的。汉代文学受制于政治伦理文化，"发乎情，止乎礼义"，诗略具调节、干预帝王认识、心情的自觉意识，并且初具以文学伸发情志、张显才情的认

---

①彭定求等编：《全唐诗》第一七分册卷五七二，中华书局 1980 年，第 6642 页。

知,但总体上文学的变化主要来自社会政治关系的调节,还一直蜷缩
在政治的高压下不能自主,因而抒情本质不能充分发挥。六朝时期,
对文学功能有了崭新认识,开始自觉意识到文学自有体式和发展的
要求,然而诗歌发展仍随思想文化的潮流上下起伏,或随玄学之波而
发玄旨,或随自适、娱乐之心而调弄情韵雅调。此时尽管已出现意境
萌芽,且与受般若思想的激发不无深切关联,但因无前创可承,止于
随意发散,未能成体制规模。隋至初盛唐,意境获得传统审美主客体
感应的能量爆发,因般若只影响了审美感性构成,尚未转到主体自觉
意为的建构方向,因而意境的创制水平十分有限,在当时的文学总体
中并不具引导性的权威地位。中唐以降,意境美学在诗歌文体上开
始呈凝体功效,逐渐地驱动文学摆脱政治、伦理等其他文化意识形态
的辖制,而能以文学自身为绝对的创造主体发挥自我调节的美学机
制、规律,故能充分创意境之高格、体势表达主体的思想意构,形成意
境对意象的复合,使唐诗的美学内涵和形式体制矗立高耸,成为表达
那个时代思想、精神的有力文化形态。这种意境美学的发展水平之
所以被称为"美学",就在于它不仅以诗歌自身为主导类别,而且也渗
透影响到了叙事文体,促成叙事文学也内含准意境的模式、构成和话
语特征,因此在逻辑上也可以说,中唐之前中国并无真正的叙事文
学。即使有《世说新语》(南朝宋刘义庆)、《志怪》(作者不详,疑成于
魏晋)、《搜神记》(东晋干宝)、《西京杂记》(西汉刘歆或东晋葛洪)、
《异苑》(南朝宋刘敬叔)、《博物志》(晋张华)、《述异记》(南朝齐祖
冲之)、《酉阳杂俎》(唐段成式)、《卓异记》(唐李翔或陈翔)、《灵怪
集》(唐张荐)等颇多的喜忧参半的志怪述异之作,然而它们或为史
实传闻片段,或为幻梦臆想,或为荒诞编纂,文笔大多据实闻实想而
录,不具备叙事文体的独立体制。到中晚唐时"小说"的面貌则不同,
有了故事性,还拥有市民接受客体,体现了文学意境向叙事性的延
伸,展现了意境美学对叙事体类的深入浸润,因其与后来的词都是美

学古典现代性的最新成果,体现了文学发展规律的自适性选择,从此纵然意境美学呈间断性终结,文学本身的发展却走上了自主自觉的自我调适之路。

意境美学促成文学、艺术发展自我调适规律的形成,意味着意境美学在作为文学构成的主体、内核时,能够使美学本体立足于幻象逻辑,很好地处理文学艺术与政治、伦理和社会现实的实质关系,突出文学、艺术的审美功能和精神本质。不过,促成这种规律和趋势形成,并不等于意境始终属于文学美学的中心,因为意境美学终究是偏重于主体化意为的一种建构美学,需要有修养的创造队伍完成高质量的、典型化的作品成果,一旦这个队伍外延扩大,由专业化的变为大众化的,甚或改变了文学作品的趣味及其接受对象的认识、心理,那么,意境美学作为时代美学的标志性形态自然趋于终结。五代和宋代词、叙事话本的热起就反映了代表新的情境美学和俗娱乐叙事的文学的崛起,这同样也是文学自我调适规律的必然反应。二是意境美学促成的文学自我调适,巩固确立了纯粹的文学自我意识。曹丕的《典论·论文》提出文学(文章)乃经国之大业,不朽之盛事,使文学提高到人生至要功名的地位,可谓树立起很强的文学自我意识。但重视文学功名,依然是把文学作为"立言""立名"的一种途径和手段,将文学与其他功名事业比较,甚或是把文学放在其他重要事项中以突出彰显文学的地位、作用,其文学观念本身并不纯粹,自我意识未揭橥文学根本。及至李白、杜甫,醉心于诗歌创作,杜甫擅长各种诗体,锤炼诗句"语不惊人死不休",李白爱诗与酒,以清新自然之诗为最,"自从建安来,绮丽不足珍"[1]。但是,就像杜甫没有清醒认识到文学与风俗、历史的距离,致使处理文学与风俗、历史的关系时,毋

---

[1]李白著,瞿蜕园、朱金城校注:《古风·大雅久不作》,《李白集校注》卷二,上海古籍出版社 1980 年,第 91 页。

宁视文学是淳和风俗、社会德行的从属一样，李白在不同于杜甫视文学为历史、风俗"镜子"的方向，视文学为天才的造物、天地赐予的嘉好礼物，因而他用诗宣泄性情，写诗饮酒，狂歌呼号，能超越寻常诗人出非凡浪漫之作。但即便如此，一旦性情别有可寄，就把诗放在次一等位置，这从他幸得唐玄宗之召，即忘形而歌"我辈岂是蓬蒿人"①，以及在安史之乱时附永王而以世俗王道功名为贵可佐证。相比之下，中唐以来诸如柳宗元、刘禹锡、贾岛、李贺、李商隐等诗人，就不再视诗为人生的手段或炫耀的资本，他们倾尽心力侍弄文学，精研诗歌意境，不管在顺境、逆境，哪怕在饱经磨难后对人生别有所悟，大可另有可为，也毫不旁骛以求，始终不放弃营造独特完美的诗歌意境。只有这样把文学作为一种独立的存在，并且"移情"于它，移情于意境，才可真正谓之"自我"与"文学"同一。因此，当文学自我意识得到充分确立和巩固，这些诗人们就能自主地决定文学向哪个方向发展，使文学获得自我调适的良性发展，当进则进，当止则止。当其转进时则意志果决，坚韧精进，使文学立转境而成其化运。晚唐文学趋向大众化，及时将意境创造转向词体的情境创造，便是诗人、作家对文学发展做"调适性"积极处理的成就体现。三是意境美学呈现了诗歌形式的极致与完善。从"物极必反"的文化广义上理解，由正向趋向反向是一种必然，即由极致而转向对完满、极致的否定，意境美学因已致形式极致而趋向、移转到更具表现张力的方向。所谓诗歌形式美学的"极致"，最切近文学话语本体，当文学发展到能够对诗的话语形式产生颠覆性转换，则诗的自我意识也发展到了极限。因此，意境的完美呈现也宣告意境文学达到其最大限度的美学承载，从幻象美学及幻象逻辑的更深远的目标考虑，意境的形式美学探索也适时地完成

---

① 李白著，瞿蜕园、朱金城校注：《南陵别儿童入京》，《李白集校注》卷一五，上海古籍出版社1980年，第947页。

了自身的历史使命,代之而起的,便是意境美学汇入更具现代性特征的文学体类,使文学精神更具美学个性和审美自由感,预示着中国美学更自主自决地走向更高更广的"意境"境界!

主要参考文献

一般工具书、《四库全书》等从略，佛经未注明出版地者，皆出自（台北）新文丰出版股份有限公司 1983 年版《大正新修大藏经》或 1993 年—1995 年版《新编卍续藏经》。

一、佛经、佛学文献

《中阿含经》，瞿昙僧伽提婆译，《大正新修大藏经》第一册。

《杂阿含经》，求那跋陀罗译，《大正新修大藏经》第二册。

《六度集经》，康僧会译，《大正新修大藏经》第三册。

《杂譬喻经》，道略集，《大正新修大藏经》第四册。

《大般若波罗蜜多经》，玄奘译，《大正新修大藏经》第七册。

《道行般若经》，支娄迦谶译，《大正新修大藏经》第八册。

《大明度经》，支谦译，《大正新修大藏经》第八册。

《金刚般若波罗蜜经》，鸠摩罗什译，《大正新修大藏经》第八册。

《金刚般若波罗蜜经》，菩提流支译，《大正新修大藏经》第八册。

《妙法莲华经》，鸠摩罗什译，《大正新修大藏经》第九册。

《大方广佛华严经》，佛驮跋陀罗译，《大正新修大藏经》第九册。

《大方广佛华严经》，实叉难陀译，《大正新修大藏经》第一〇册。

《阿閦佛国经》，支娄迦谶译，《大正新修大藏经》第一一册。

《大般涅槃经》，昙无谶译，《大正新修大藏经》第一二册。

《大方等大集经》，昙无谶译，《大正新修大藏经》第一三册。

《维摩诘所说经》,鸠摩罗什译,《大正新修大藏经》第一四册。

《佛说大安般守意经》,安世高译,《大正新修大藏经》第一五册。

《修行道地经》,竺法护译,《大正新修大藏经》第一五册。

《楞伽阿跋多罗宝经》,求那跋陀罗译,《大正新修大藏经》第一六册。

《入楞伽经》,菩提留支译,《大正新修大藏经》第一六册。

《四十二章经》,迦叶摩腾、竺法兰译,《大正新修大藏经》第一七册。

《大方广圆觉修多罗了义经》,佛陀多罗译,《大正新修大藏经》第一
　　七册。

《善见律毗婆沙》,僧伽跋陀罗译,《大正新修大藏经》第二四册。

《大智度论》,龙树造,鸠摩罗什译,《大正新修大藏经》第二五册。

《金刚般若波罗蜜经破取著不坏假名论》,功德施造,地婆诃罗等译,
　　《大正新修大藏经》第二五册。

《妙法莲华经忧波提舍》,婆薮槃豆释,菩提留支、昙林译,《大正新修
　　大藏经》第二六册。

《妙法莲华经论优波提舍》,婆薮般豆造,勒那摩提共僧朗等译,《大
　　正新修大藏经》第二六册。

《十住毗婆沙论》,龙树造,鸠摩罗什译,《大正新修大藏经》第二
　　六册。

《阿毗达磨大毗婆沙论》,五百大阿罗汉等造,玄奘译,《大正新修大
　　藏经》第二七册。

《阿毗达磨俱舍论》,世亲造,玄奘译,《大正新修大藏经》第二九册。

《中论》,龙树造,青目释,鸠摩罗什译,《大正新修大藏经》第三〇册。

《十二门论》,龙树造,鸠摩罗什译,《大正新修大藏经》第三〇册。

《百论》,提婆造,婆薮释,鸠摩罗什译,《大正新修大藏经》第三〇册。

《瑜伽师地论》,弥勒说,玄奘译,《大正新修大藏经》第三〇册

《成唯识论》,护法等造,玄奘译,《大正新修大藏经》第三一册。

《唯识三十论颂》,世亲造,玄奘译,《大正新修大藏经》第三一册。

《唯识二十论》，世亲造，玄奘译，《大正新修大藏经》第三一册。

《摄大乘论本》，无著造，玄奘译，《大正新修大藏经》第三一册。

《辩中边论》，世亲造，玄奘译，《大正新修大藏经》第三一册。

《提婆菩萨释楞伽经中外道小乘涅槃论》，提波造，菩提流支译，《大正新修大藏经》第三十二册。

《大乘起信论》，马鸣造，真谛译，《大正新修大藏经》第三二册。

《金刚般若疏》，吉藏撰，《大正新修大藏经》第三三册。

《妙法莲华经玄义》，智顗说，《大正新修大藏经》第三三册。

《法华玄义释签》，湛然述，《大正新修大藏经》第三三册。

《妙法莲华经文句》，智顗说，《大正新修大藏经》第三四册。

《法华文句记》，湛然述，《大正新修大藏经》第三四册。

《法华游意》，吉藏造，《大正新修大藏经》第三四册。

《大方广佛华严经搜玄分齐通智方轨》，智俨述，《大正新修大藏经》第三五册。

《华严经探玄记》，法藏述，《大正新修大藏经》第三五册。

《大方广佛华严经疏》，澄观撰，《大正新修大藏经》第三五册。

《大方广佛华严经随疏演义钞》，澄观述，《大正新修大藏经》第三六册。

《大般涅槃经义记》，慧远述，《大正新修大藏经》第三七册。

《注维摩诘经》，僧肇撰，《大正新修大藏经》第三八册。

《大毗卢遮那成佛经疏》，一行记，《大正新修大藏经》第三九册。

《中观论疏》，吉藏撰，《大正新修大藏经》第四二册。

《瑜伽论记》，遁伦集撰，《大正新修大藏经》第四二册。

《瑜伽师地论略纂》，窥基撰，《大正新修大藏经》第四三册。

《成唯识论述记》，窥基撰，《大正新修大藏经》第四三册。

《辩中边论述记》，窥基撰，《大正新修大藏经》第四四册。

《大乘义章》，慧远撰，《大正新修大藏经》第四四册。

《三论玄义》,吉藏撰,《大正新修大藏经》第四五册。

《肇论疏》,元康撰,《大正新修大藏经》第四五册。

《华严一乘十玄门》,杜顺说,智俨撰,《大正新修大藏经》第四五册。

《华严经旨归》,法藏述,《大正新修大藏经》第四五册。

《原人论》,宗密述,《大正新修大藏经》第四五册。

《摩诃止观》,智顗说,灌顶记,《大正新修大藏经》第四六册。

《止观大意》,湛然述,《大正新修大藏经》第四六册。

《修习止观坐禅法要·始终心要》,湛然述,《大正新修大藏经》第四
六册。

《六妙法门》,智顗说,《大正新修大藏经》第四六册。

《镇州临济慧照禅师语录》,慧然集,《大正新修大藏经》第四七册。

《瑞州洞山良价禅师语录》,圆信、郭凝之编集,《大正新修大藏经》第
四七册。

《云门匡真禅师广录》,守坚集,《大正新修大藏经》第四七册。

《金陵清凉院文益禅师语录》,圆信、郭凝之编,《大正新修大藏经》第
四七册。

《密庵和尚语录》,崇岳、了悟等编,《大正新修大藏经》第四七册。

《人天眼目》,智昭集,《大正新修大藏经》第四八册。

《南宗顿教最上大乘摩诃般若波罗蜜经六祖惠能大师于韶州大梵寺
施法坛经》,法海集,《大正新修大藏经》第四八册。

《六祖大师法宝坛经》,宗宝编,《大正新修大藏经》第四八册。

《禅源诸诠集都序》,宗密述,《大正新修大藏经》第四八册。

《佛祖统纪》,志磐撰,《大正新修大藏经》第四九册。

《释氏稽古略》,觉岸编,《大正新修大藏经》第四九册。

《龙树菩萨传》,鸠摩罗什译,《大正新修大藏经》第五〇册。

《高僧传》,慧皎撰,《大正新修大藏经》第五〇册。

《续高僧传》,道宣撰,《大正新修大藏经》,第五〇册。

《宋高僧传》,赞宁等撰,《大正新修大藏经》第五〇册。

《景德传灯录》,道原纂,《大正新修大藏经》第五一册。

《传法正宗记》,契嵩编,《大正新修大藏经》第五一册。

《释迦方志》,道宣撰,《大正新修大藏经》第五一册。

《翻译名义集》,法云编,《大正新修大藏经》第五四册。

《出三藏记集》,僧祐撰,《大正新修大藏经》第五五册。

《开元释教录》,智昇撰,《大正新修大藏经》第五五册。

《楞伽师资记》,净觉集,《大正新修大藏经》第八五册。

《华严经行愿品疏钞》,澄观别行疏,宗密随疏钞,《新编卍续藏经》第
　　七册。

《圆觉经大疏释义钞》,宗密撰,《新编卍续藏经》第一四册。

《中华传心地禅门师资承袭图》,裴休问,宗密答,《新编卍续藏经》第
　　一一〇册。

《五家宗旨纂要》,性统编,《新编卍续藏经》第一一四册。

《古尊宿语录》,赜藏主集,《新编卍续藏经》第一一八册。

《释氏稽古略》,觉岸编集、再治,《新编卍续藏经》第一三三册。

《法界宗五祖略记》,续法辑,《新编卍续藏经》第一三四册。

《五灯会元》,普济集,《新编卍续藏经》第一三八册。

《华严金师子章校释》,法藏著,方立天校释,中华书局1983年版。

《五灯会元》,普济著,苏渊雷点校,中华书局1984年版。

《三论玄义校释》,吉藏著,韩廷杰校释,中华书局1987年版。

《敦煌遗书刘子残卷集录》,刘勰著,林其锬、陈凤金辑校,上海书店
　　1988年版。

《禅宗全书》,蓝吉富主编,(台北)文殊文化有限公司1990年版。

《大智度论》,龙树造,鸠摩罗什译,上海古籍出版社1991年版。

《高僧传》,释慧皎撰,汤用彤校注,中华书局1992年版。

《敦煌新本六祖坛经》,杨曾文校写,上海古籍出版社1993年版。

《出三藏记集》,释僧祐撰,苏晋仁、萧炼子点校,中华书局 1995 年版。

《五十奥义书》,徐梵澄译,中国社会科学出版社 1995 年版。

《神会和尚禅话录》,杨曾文编校,中华书局 1996 年版。

《祖堂集》,静、筠二禅师编撰,孙昌武、衣川贤次、西口芳男点校,中华
　书局 2007 年版。

《祖堂集校注》,张美兰校注,商务印书馆 2009 年版。

《坛经》,洪修平、白光评注,凤凰出版社 2010 年版。

《弘明集校笺》,释僧祐撰,李小荣校笺,上海古籍出版社 2013 年版。

二、中国佛学研究

《佛教宗派详注》,杨仁山撰,万叔豪注,(台北)新文丰出版股份有限
　公司 1975 年版。

《净土思想论集》(一),张曼涛主编,(台北)大乘文化出版社 1978
　年版。

《净土思想论集》(二),张曼涛主编,(台北)大乘文化出版社 1979
　年版。

《律宗思想论集》(禅宗专集二),张曼涛主编,(台北)大乘文化出版
　社 1979 年版。

《天台宗之判教与发展》,张曼涛主编,(台北)大乘文化出版社 1979
　年版。

《华严宗哲学》,方东美著,(台北)黎明文化事业公司 1981 年版。

《中国佛教史》,任继愈主编,中国社会科学出版社 1981 年版。

《中国佛教发展史》,中村元主编,余万居译,(台北)天华出版事业股
　份有限公司 1984 年版。

《中国佛教通史》,镰田茂雄著,关世谦译,(高雄)佛学出版社 1985
　年版。

《佛像的起源》,高田修著,高桥宜治、杨美莉合译,(台北)华宇出版

社 1986 年版。

《简明中国佛教史》,镰田茂雄著,郑彭年译,上海译文出版社 1986 年版。

《玄奘哲学研究》,田光烈著,学林出版社 1986 年版。

《天台思想》,田中芳朗、梅原猛等著,释慧岳译,(台北)华宇出版社 1987 年版。

《印度佛教史》,渥德尔著,王世安译,商务印书馆 1987 年版。

《印度佛教史》,多罗那它著,张建木译,四川民族出版社 1988 年版。

《吕澂佛学论著选集》,吕澂著,齐鲁书社 1991 年版。

《大乘起信论校释》,真谛译,高振农校释,中华书局 1992 年版。

《三论宗纲要　三论玄义记》,刘常净著,上海佛学书局 1992 年版。

《梵学集》,饶宗颐著,上海古籍出版社 1993 年版。

《唯识新裁撷汇》,唐大圆居士著,(台中)青莲出版社 1994 年。

《吉藏评传》,华方田著,京华出版社 1995 年版。

《敦煌莫高窟史研究》,马德著,甘肃教育出版社 1996 年版。

《佛教般若思想发展源流》,姚卫群著,北京大学出版社 1996 年版。

《中国华严思想史》,木村清孝著,李惠英译,(台北)东大图书股份有限公司 1996 年版

《汉魏两晋南北朝佛教史》,汤用彤著,北京大学出版社 1997 年版。

《禅宗宗派源流》,吴立民主编,何云等著,中国社会科学出版社 1998 年版。

《禅学研究》(第三辑),赖永海、薛正兴主编,江苏古籍出版社 1998 年版。

《禅学研究》(第四辑),赖永海主编,江苏古籍出版社 2000 年版。

《龙树六论:正理聚及其注释》,圣龙树菩萨造,汉藏诸大论师释译,民族出版社 2000 年版。

《摩诃止观之研究》,李志夫著,(台北)法鼓文化事业股份有限公司

2001 年版。

《天台宗研究》,董平著,上海古籍出版社 2002 年版。

《唯识现象学 1:世亲与护法》,吴汝钧著,(台北)学生书局 2002
年版。

《六朝判教论的发展与演变》,蓝日昌著,(台北)文津出版社有限公
司 2003 年版。

《中国佛教与唯识学》,王恩洋著,宗教文化出版社 2003 年版。

《禅的世界:禅宗的传承与修禅方法》,洪启嵩著,中国社会出版社
2004 年版。

《法相唯识学》,太虚著,商务印书馆 2004 年版。

《隋唐佛教文化》,砺波护著,韩昇编,韩昇、刘建英译,上海古籍出版
社 2004 年版。

《唐代禅宗心性思想》,张国一著,(台北)法鼓文化事业股份有限公
司 2004 年版。

《天台宗概说》,朱封鳌著,巴蜀书社 2004 年版。

《中国佛教史》,蒋维乔著,上海古籍出版社 2004 年版。

《天台判教论》,韩焕忠著,巴蜀书社 2005 年版。

《善与恶:天台佛教思想中的遍中整体论、交互主体论与价值吊诡》,
(美)任博克著,吴忠伟译,上海古籍出版社 2006 年版。

《中国曹洞宗通史》,毛忠贤著,江西人民出版社 2006 年版。

《中国禅学思想史》,洪修平著,中国人民大学出版社 2007 年版。

《隋唐佛教史稿》,汤用彤著,武汉大学出版社 2008 年版。

《杨仁山卷》,杨仁山著,武汉大学出版社 2008 年版。

《宗教思想史论集》,孙昌武、陈洪主编,南开大学出版社 2008 年版。

《中国三论宗通史》,董群著,凤凰出版社 2008 年版。

《中国华严宗通史》,魏道儒著,凤凰出版社 2008 年版。

《中国唯识宗通史》,杨维中著,凤凰出版社 2008 年版。

《中国天台宗通史》，潘桂明、吴忠伟著，凤凰出版社 2008 年版。

《欧阳竟无佛学文选》，欧阳竟无著，武汉大学出版社 2009 年版。

《映彻琉璃：魏晋般若与美学》，赵建军著，中国社会科学出版社 2009
年版。

《佛性与般若》，牟宗三著，吉林出版集团有限责任公司 2010 年版。

《佛教宗派观念发展的研究》，蓝日昌著，（台北）新文丰出版股份有
限公司 2010 年版。

《隋唐佛教各宗与美学》，王耘著，上海古籍出版社 2010 年版。

《唐代佛教》，斯坦利·威斯坦因著，张煜译，上海古籍出版社 2010
年版。

《中国禅宗史》，印顺著，江西人民出版社 1999 年版。

《中国佛教文化史》，孙昌武著，中华书局 2010 年版。

《中国佛教通史》，赖永海主编，江苏人民出版社 2010 年版。

《百丈怀海禅师》，谢重光著，厦门大学出版社 2011 年版。

《禅宗思想的形成与发展》，洪修平著，江苏人民出版社 2011 年版。

《唯识学探源》，印顺著，中华书局 2011 年版。

《欧阳渐大德文汇》，欧阳渐著，华夏出版社 2012 年版。

《原始佛教思想论》，木村泰贤著，欧阳瀚存译，贵州大学出版社 2013
年版。

《中国佛教史》，黄忏华著，吉林人民出版社 2013 年版。

《中国佛学》总第 33 期，《中国佛学》编委会编，社会科学文献出版社
2013 年版。

《"空"之美学释义》，王耘著，上海人民出版社 2016 年版。

《汉魏两晋南北朝佛教美学史》，王振复著，北京大学出版社 2018
年版。

三、中国美学、文学研究

《文心雕龙注》,范文澜著,人民文学出版社 1958 年版。

《美学论集》,李泽厚著,上海文艺出版社 1980 年版。

《佛教与中国文学》,张中行著,安徽教育出版社 1984 年版。

《中国美学史大纲》,叶朗著,上海人民出版社 1985 年版。

《中古文学史论》,王瑶著,北京大学出版社 1986 年版。

《诗源辨体》,许学夷著,人民文学出版社 1987 年版。

《艺境》,宗白华著,北京大学出版社 1987 年版。

《佛教与中国文学》,孙昌武著,上海人民出版社 1988 年版。

《唐诗中的佛教思想》,陈允吉著,(台北)商鼎文化出版社 1993
　　年版。

《唐五代志怪传奇叙录》,李剑国著,南开大学出版社 1993 年版。

《嵇康美学》,张节末著,浙江人民出版社 1994 年版。

《再论美是和谐》,周来祥著,广西师范大学出版社 1996 年版。

《中国诗歌艺术研究》,袁行霈著,北京大学出版社 1996 年版。

《中国叙事学》,杨义著,人民出版社 1997 年版。

《天人合一——中华审美文化之魂》,朱立元主编,王振复副主编,上
　　海文艺出版社 1998 年版。

《中国小说史略》,鲁迅著,上海古籍出版社 1998 年版。

《唐诗论学丛稿》,傅璇琮著,京华出版社 1999 年版。

《敦煌变文研究》,陆永峰著,巴蜀书社 2000 年版。

《唐诗风貌》,余恕诚著,安徽大学出版社 2000 年版。

《禅宗诗歌境界》,吴言生著,中华书局 2001 年版。

《初盛唐佛教禅学与诗歌研究》,张海沙著,中国社会科学出版社
　　2001 年版。

《诗论》,朱光潜著,朱立元导读,上海古籍出版社 2001 年版。

《意境探微》,古风著,百花洲文艺出版社 2001 年版。

《古典文学佛教溯缘十论》,陈允吉著,复旦大学出版社 2002 年版。

《历史本体论》,李泽厚著,生活·读书·新知三联书店 2002 年版。

《隋唐佛学与中国文学》,陈引驰著,百花洲文艺出版社 2002 年版。

《中国美学的文脉历程》,王振复著,四川人民出版社 2002 年版。

《中国诗学史:隋唐五代卷》,倪进、赵立新、罗立刚、李承辉著,鹭江出版社 2002 年版。

《禅宗美学思想的嬗变轨迹》,皮朝纲著,电子科技大学出版社 2003年版。

《民族审美心理学》,梁一儒、宫承波著,中央民族大学出版社、内蒙古大学出版社 2003 年版。

《中国美学史教程》,王振复著,复旦大学出版社 2004 年版。

《中国艺术结构论》,赵建军著,中央广播电视大学出版社 2005 年版。

《大易之美——周易的美学智慧》,王振复著,北京大学出版社 2006年版。

《唐诗研究》,沈松勤、胡可先、陶然著,浙江大学出版社 2006 年版。

《中国中古文学史讲义》,刘师培著,上海古籍出版社 2006 年版。

《20 世纪中国美学本体论问题》,陈望衡著,武汉大学出版社 2007年版。

《论块垒——文学理论元问题研究》,夏之放著,人民出版社 2007年版。

《唐五代仙道传奇研究》,段莉芬著,(台北)花木兰文化出版社 2007年版。

《佛教与中国古典文艺美学》,蒋述卓著,岳麓书社 2008 年版。

《夏商周美学思想研究》,朱志荣著,人民出版社 2009 年版。

《唐代的文学传播研究》,柯卓英著,中国社会科学出版社 2009 年版。

《中国佛教美学史》,祁志祥著,北京大学出版社 2010 年版。

《审美文化学导论》，姚文放主编，社会科学文献出版社 2011 年版。

《魏晋南北朝美学范畴史》，赵建军著，齐鲁书社 2011 年版。

《中国美学通史：隋唐五代卷》，汤凌云著，江苏人民出版社 2011 年版。

《审美与时间——先秦道家典籍研究》，谢金良著，复旦大学出版社 2012 年版。

《兴与象：中国古代文化史论集》，夏含夷著，上海古籍出版社 2012 年版。

《唐诗风格美新探·唐代美学》，王明居著，文化艺术出版社 2012 年版。

《艺术与语言的关系研究》，赵宪章、王汶成主编，人民出版社 2013 年版。

《朱雀：唐代的南方意象》，薛爱华著，程章灿、叶蕾蕾译，生活·读书·新知三联书店 2014 年版。

《存在与转换：幻象美学本体论研究》，赵建军、林欢、高梦纳著，世界图书出版公司 2015 年版。

《原诗（第四辑）：源流与新旧的透析与诠释》，刘强主编，河南人民出版社 2022 年版。

四、西方哲学、美学

《哲学史讲演录》第四卷，黑格尔著，贺麟、王太庆译，商务印书馆 1978 年版。

《1844 年经济学—哲学手稿》，马克思著，刘丕坤译，人民出版社 1979 年版。

《精神现象学》，黑格尔著，贺麟、王玖兴译，商务印书馆 1979 年版。

《人类理智新论》，莱布尼茨著，陈修斋译，商务印书馆 1982 年版。

《思想录》，帕斯卡尔著，何兆武译，商务印书馆 1985 年版。

《判断力批判》,康德著,宗白华译,商务印书馆 1987 年版。

《新教伦理与资本主义精神》,马克斯·韦伯著,于晓、陈维纲等译,生活·读书·新知三联书店 1987 年版。

《哲学和自然之镜》,理查·罗蒂著,李幼蒸译,生活·读书·新知三联书店 1987 年版。

《历史理性批判文集》,康德著,何兆武译,商务印书馆 1990 年版。

《纯粹现象学通论》,胡塞尔著,李幼蒸译,商务印书馆 1996 年版。

《美学意识形态》,伊格尔顿著,王杰、付德根、麦永雄译,中央编译出版社 1997 年版。

《美学理论》,阿多诺著,王柯平译,四川人民出版社 1998 年版。

《巴赫金全集》第一卷,巴赫金著,晓河、贾泽林、张杰、樊锦鑫等译,河北教育出版社 1998 年版。

《重构美学》,沃尔夫冈·韦尔施著,陆扬、张岩冰译,上海译文出版社 2002 年版。

《冷记忆》(1—5),让·波德里亚著,张新木等译,南京大学出版社 2009 年版。

《视差之见》,斯拉沃热·齐泽克著,季广茂译,浙江大学出版社 2014 年版。

《羞耻与必然性》,伯纳德·威廉斯著,吴天岳译,北京大学出版社 2014 年版。

《哲学宣言》,阿兰·巴迪欧著,蓝江译,南京大学出版社 2014 年版。

《语言的圣礼:誓言考古学》("神圣人"Ⅱ,3),吉奥乔·阿甘本著,蓝江译,重庆大学出版社 2016 年版。

五、外文著作

Existence and Being, by Martin Heidegger, Henry Regnery Company, 1949.

The Masks of God: Primitive Mythology, by Joseph Campbell, Martin

Secker & Warburg, 1960.

The Origin of Our Knowledge of Right and Wrong, by Franz Brentano, Routledge & Kegan Paul, 1969.

Content and Consciousness, by Daniel C. Dennett, Routledge, 1986.

Manifesto for Philosophy, by Alain Badiou, State University of New York Press, 1992.

Psychology from an Empirical Standpoint, by Franz Brentano, Routledge, 1995.

Emancipation and Illusion: Rationality and Gender in Habermas's Theory of Modernity, by Marie Fleming, The Pennsylvania State University Press, 1997.

Heidegger Reexamined (Volume 1): Dasein, Authenticity, and Death, by Hubert Dreyfus and Mark Wrathall, Routledge, 2002.

Reason in Revolt Vol. II: Dialectical Philosophy and Modern Science, by Alan Woods and Ted Grant, Algora Publishing, 2003.

Being and Event, by Alain Badiou, Continuum, 2005.

Emerson, Romanticism, and Intuitive Reason: The Transatlantic "Light of All Our Day", by Patrick J. Keane, University of Missouri Press, 2005.

Handbook of Inaesthetics, by Alain Badiou, Stanford University Press, 2005.

Phantasy, Image Consciousness, and Memory (1898–1925), by Edmund Husserl, Springer, 2005.

Mikhail Bakhtin: The Word in the World, by Graham Pechey, Routledge, 2007.

The Writing of Weddings in Middle-Period China, by Christian de Pee, State University of New York Press, 2007.

Metametaphysics: New Essays on the Foundations of Ontology, edited by

David J. Chalmers, David Manley, and Ryan Wasserman, Oxford University Press, 2009.

The Aesthetic Unconscious, by Jacques Ranciere, Poliry Press, 2009.

后　记

本著从酝酿到完成经历时间较久。原拟对《映彻琉璃：魏晋般若与美学》《魏晋南北朝美学范畴史》进行拓展，后发现隋唐般若令人叹绝，遂以"中古后期佛教般若范畴与美学流变研究"为题展开研究。2013 年申报国家社科基金项目获批，项目实际重做了中古前期这一段。至 2018 年，项目验收获优秀评定，感觉仍未臻完善，乃时改时辍，迄今终于完成定稿。本书是我对佛教美学和中国美学倾心投入的成果，诚挚欢迎学界专家和读者批评指正。

感谢撰述期间学术界同道、师友的支持、鼓励和帮助，恕不一一具名。感谢中华书局上海分公司的推荐，感谢中华书局领导和责编的精心审阅和编校！感谢家人默默的支持、关心和付出。

2022 年 9 月 19 日

识于蠡湖畔般若斋